*Advanced
Selling
Strategies*

Advanced
Selling
Strategies

브라이언 트레이시의

전략적 세일즈

브라이언 트레이시의

전략적 세일즈

초판 인쇄 | 2012년 12월 1일 초판
초판 발행 | 2013년 11월 30일 초판 2쇄 발행

지은이 | 브라이언 트레이시
옮긴이 | 홍성화
감　수 | 김동수
발행인 | 박명환
펴낸곳 | 비즈토크북

주　소 | 서울시 마포구 상수동 341-6, 2층
전　화 | 02) 334-0940
팩　스 | 02) 334-0941
홈페이지 | www.vtbook.co.kr
출판등록 | 2008년 4월 11일 제 313-2008-69호

편집장 | 경은하
마케팅 | 윤병인 (010-2274-0511)
디자인 | 이미지웍스 02) 3474-8192
제　작 | (주)현문

ISBN 978-89-961049-7-1 13320

전략적 세일즈

브라이언 트레이시 지음 | 홍성화 옮김 | 김동수 감수

저자 서문

이 책은 지금까지 읽었던 다른 어떤 책이나 자료보다 판매를 늘리는데 더 큰 도움을 줄 것이다. 왜냐하면 이 책은 30년 이상에 걸쳐 고객들과 직접 대면하면서 상품과 서비스를 판매한 경험에 기초하고 있기 때문이다. 이 책에 담긴 내용 하나하나는 혹독한 실제 판매 현장에서 시험을 받고 검증된 것이다. 온갖 다양한 분야에서 일하는 셀 수 없이 많은 세일즈맨들이 이 책에 담긴 아이디어, 방법, 기법을 사용함으로써 자신이 속한 조직에서 최고가 되었다.

오랫동안 직접 판매 일선에서 일한 후 나는 이 아이디어와 방법을 세일즈맨들에게 가르치기 시작했다. 세미나는 폭발적인 인기를 끌었고, 참가자들이 배운 방법은 즉시 현장에서 높은 판매로 연결되었기 때문에 '판매의 심리 the psychology of selling'라는 오디오 프로그램이 만들어졌다. 이 프로그램은 〈나이팅게일 코난 nightingale-conant〉에 의해 판매되기 시작한 후 지금까지 100만 세트 이상 판매되었고, 세일즈 오디오 프로그램 역사상 최고의 판매량을 기록했다. 그 후 기존의 세미나를 개선해 35부로 구성된 '**피닉스 세일즈 세미나** the new psychology of selling'라는 비디오 프로그램을 출시했다. 미국과 캐나다 전역에 소재하는 대기업은 물론 중소기업체에서 일하는 수만 명의 세일즈맨들이 프로그램에 참가했다. 참가자 대부분은 판매 실적이 극적으로 증가했다.

이 강력하고 실질적인 프로그램은 25개 언어로 번역되었고, 한국과 중국을 포함해 50여개 국가에서 운영되고 있다. 세계에서 가장 인기 있는 세일즈 훈련 프로그램이라고 불러도 과언이 아닐 것이다.

판매에 관해서 내가 가진 아이디어를 가르치기 시작한 후에 지금까지 100만 명 이상의 다양한 참가자를 대상으로 강의했다. 누구나 내 세미나에서 배운 아이디어를 적용해서 판매를 크게 향상시켰고 소득도 두 배 혹은 세 배 이상 높아졌다. 지금부터 공부하게 될 방법과 기법을 통해서 판매 인생에 혁명적인 변화를 이룰 수 있었다고 수많은 참가자들이 감사의 편지를 보내왔다.

이 책에 담긴 내용을 소개하기 전에 먼저, 나는 세일즈맨인 여러분에 관해서 세 가지 사실을 알고 있다. 그 세 가지는 모두 여러분이 세일즈맨으로서 크게 성공할 수 있음을 말해 줄 뿐 아니라 다른 어떤 분야에서라도 성공하려면 필수 불가결한 요소들이다.

첫째, 여러분은 세상에서 가장 어려운 분야에서 일하고 있다. 어려움에도 어렵거나, 대단히 어렵거나, 엄청나게 어렵거나 등 정도의 차이가 있겠지만 여러분이 일하는 분야는 어느 곳이나 어렵고, 판매는 힘들다. 지금까지도 항상 힘들었고 앞으로도 그럴 것이다. 그리고 경제가 어려워지면 어려워질수록, 경쟁이 심해지면 심해질수록 판매는 더욱 어려워진다. 그럼에도 불구하고 여러분은 판매를 계속한다. 수없이 거절당하고, 실패하고, 실망하고, 냉혹한 현실에 직면하고, 기대가 무너져 내리지만 그것들을 세일즈맨의 피할 수 없는 삶의 부분으로 받아들이고 매일 계속해서 고객들을 방문하고 성장해 간다. 너무 힘들어서 넋두리를 할 때도 있지만 그래도 포기하지 않고 계속한다. 여러분은 그래서 우리 사회의 진정한 영웅이다.

둘째, 여러분은 행동하는 사람이다. 말만 앞서는 사람이 아니라 행동으로 보여주는 사람이다. 상황에 수동적으로 끌려가는 사람이 아니라 능동적으로 자신이 원하는 모습으로 이끌어 가는 사람이다. 여러분은 주도적으로 자신의 삶을 산다. 자신이 부딪치는 상황이 만족스럽지 않으면 즉시 그것을 개선하기 위한 행동을 한다. 이 책을 읽는다는 것 자체가 바로 여러분의 강한 행동지향성을 증명해 준다.

셋째, 여러분은 어떤 일이 있더라도 개인적으로 그리고 직업적으로 성장해 가겠다고 결심한 사람이다. 여러분은 스스로가 성장해야만 여러분의 삶도 향상될 수 있다는 점을 인식하고 있다. 여러분은 이 세상이 지식에 뿌리를 내리고 있어서 능력을 개발하는 수준만큼 사회적으로 두각을 나타낼 수 있음을 알고 있다. 최고 세일즈맨들은 누구나 자신이 일하는 분야를 열심히 공부하는 학생들이다.

판매에 관한 책들은 몇천 권 이상이나 되고 그 책들은 모두 가치 있는 아이디어를 담고 있으며, 그 중에는 훌륭한 아이디어를 담고 있는 것들도 있다. 그렇지만 이 책은 지금까지 출판된 그 어떤 책이나 연구 자료와도 다르다. 이 책은 20세기 초부터 판매 분야에서 발견된 최고의 아이디어와 실무 경험을 추출해서 지금까지 개발된 다른 어떤 것보다 더 종합적이고 효과적인 방법으로 통합한 결과물이다. 수많은 세일즈맨들이 이 책에 담긴 아이디어들을 활용해서 최악의 세일즈맨에서 최고 세일즈맨으로, 풋내기 세일즈맨에서 그 업계의 리더로 성장했다. 또한, 가난하고 겁 많은 사람에서 최고의 보수를 받고 강한 자신감을 가진 사람으로 변신했다.

여러분에게 판매에 관해 이야기하기에 앞서 이 책을 쓴 나에 관해서 이야기하고 싶다. 나도 처음부터 판매를 했던 것은 아니다. 어렸을 때는 판매를 직업으로 선택할 생각은 전혀 없었다. 아무도 나를 고용해 주지 않아서 다른 방법이 없게 되었을 때 우연히 판매 일을 시작하게 되었을 뿐이다. 나는 고등학교를 중퇴한 후 조그만 호텔의 주방에서 접시를 닦았다. 거기서 쫓겨난 후에 얻은 자리는 세차 일이었다. 그리고 다음에 얻은 자리가 건물 바닥 청소였다. 그러다 보니 한때는 뭔가를 닦는 일이 내 천직인가 하는 생각을 하기도 했다. 여러 가지 이유로 인해서 나는 한 가지 일을 오랫동안 계속하지 못했다. 고등학교 졸업장도 없었고 내놓을 만한 자격증과 보여줄 만한 기술도 없었기 때문에 자리만 있으면 어떤 일이라도 닥치는 대로 했다.

제재소에서 목재 쌓는 일, 우물 파는 일, 건설 공사장 막노동, 공장의 단순 작업, 화물선의 주방장 보조일, 농장일 등 갖가지 일을 했는데, 스물세 살 이후 더는 노동일을 구할 수 없게 되자 세일즈를 시작했다. 잘 알지도 못하는 마을이었고 돈도 거의 떨어져서 절박한 상황이었기 때문에, 나는 판매액에 따라서 수당을 주겠다는 곳에 바로 입사해서 이곳저곳 사무실을 돌아 다니면서 사무용품을 팔았다.

다른 수많은 세일즈맨들과 마찬가지로 나는 약간의 상품지식 외에는 전혀 훈련을 받지 못했다. 다른 사람들보다 너무 늦게 시작했기 때문에 내가 얼마나 뒤쳐져 있는지도 모른 채 오히려 남보다 빠르다고 생각했다. 판매라는 직업에 내해서 아는 것이 전무해서 판매가 과학임과 동시에 진문 기술이라는 사실을 전혀 모르고 있었다. 막연히 그냥 밖으로 나가서 관심이 있을 만한 사람들을 무작정 찾아 상품에 대해서 이야기하는 방식으로 가능한 한 많은 사람과 만나면 그 중에 일부는 막연히 사줄 것이라고 생각했다. 그런 생각으로 이곳저곳 찾아다녔지만 시간만 허비하고 피곤할 뿐이지 겨우 굶주림을 면할 정도 이상의 돈은 벌 수 없었다. 주머니 사정상 잠은 허름한 여인숙, 여관, 혹은 싸구려 모텔에서 잘 수밖에 없었다. 이리저리 직장을 옮겼지만 항상 기본급 없이 수당으로 살아야 했기 때문에 열심히 팔지 않으면 노숙을 해야 할 처지였다. 언제나 지갑은 텅텅 비어 있었고 하루 종일 돈 걱정을 하면서 지냈다.

다행스럽게도 나는 두 가지 강점을 갖고 있었는데, 그것이 결국 나를 그런 절망스러운 삶에서 구해 주었다. 첫째, 힘든 일을 두려워하지 않았다. 가망고객을 찾아서 상품 설명을 할 수만 있다면 나는 기꺼이 아침 일찍 일어나서 온종일 그리고 밤늦게까지도 이곳저곳의 문을 두드릴 자세가 되어 있었다.

둘째, 판매에 관해서 열심히 배우는 학생이어서 다음에 어떻게 하면 더 잘할 수 있는지를 경험 속에서 배우고자 노력했다. 그럼에도 불구하고 나는 스물네 살 때까지 다림질이 필요 없는 단벌 와이셔츠를 숙소에서 내 손으로 빨아서 입었다. 또 하나밖에 없는 넥타이를 매고 항상 거리를 헤매면서 물건을 팔았다. 한 켤레 밖에 없는 헌 신발은 너무 커서 헐거웠기 때문에 걷기에 불편했다. 한마디로 겨우 입에 풀칠을 하는 정도였다.

그러다가 내 인생에 전환점이 찾아왔다. 소크라테스가 기원전 410년에 처음으로 말했던 법칙을 발견한 것이다. '소크라테스의 인과율 The Socratic Law of Causality' 이라고 불리는데, 지금은 '인과의 법칙 The law of cause and effect' 이라고 알려져 있다. 인과의 법칙은 기가 막히게 단순하다. 한마디로 우리가 살아가고 있는 우주는 우연이 아닌 법칙에 의해서 지배되고 있다는 것이다. 인과의 법칙에 의하면 이 세상에서 일어나는 일은 반드시 원인이 있어서 일어난다. 또한, 우리가 원하는 결과 즉 부, 건강, 행복 혹은 판매 성공 등을 명확하게 정의하고 그러한 결과를 가져오는 원인이 되는 행동을 추적하여 찾아낸 후, 그와 동일한 행동을 실행에 옮기기만 한다면 같은 결과를 얻을 수 있다. 처음엔 법칙이 너무 단순하다는 점이 놀라웠다. 법칙이 의미하는 것은 만일 내가 혹은 다른 어느 누구라도, 판매에서 성공하고 싶다면

전략적 세일즈

특정 분야를 제외하고 다른 성공한 세일즈맨들이 어떤 행동을 하고 있는 지를 알아낸 다음에 그와 같은 행동을 계속해서 반복하기만 하면 나도 동일한 결과를 얻을 수 있다는 사실이다.

우리 회사에서 최고 세일즈맨은 피터라는 사람이었다. 피터는 값비싼 옷을 입고 고급 아파트에서 살았다. 또 비싼 차를 타고 다니면서 최고의 음식점에서 식사를 했고 지갑은 항상 고액권으로 채워져 있었다. 업무는 물론이고 휴가를 갈 때도 비행기를 타고 다녔다. 피터는 내가 얻고 싶은 결과를 이미 성취했기 때문에 그에게 조언을 구했고, 그는 기꺼이 내 부탁을 들어주었다.

오랜 세월이 흘렀지만 지금도 그때 그에게 도움을 청했던 때와 장소를 생생하게 기억한다. 나는 피터에게 어떻게 하면 판매를 그렇게 잘 할 수 있는지 질문했는데, 그는 오히려 내게 판매를 위해서 매일매일 어떤 일을 하고 있으며 어떻게 판매하고 있느냐고 반문했다. 솔직히 나는 그가 말하는 의미를 이해할 수 없었다. 앞에서 말했듯이 나의 판매 방식은 일단 거리로 나가서 아무 사무실이나 아파트의 문을 두드린 다음, 누군가가 문을 열고 내 이야기를 들어주면, 상품 소개서에 나와 있는 대로 상품의 장점을 모두 나열하는 것이었다. 내가 머뭇거리자 그는 다시 이렇게 요청했다. "어떻게 판매 프레젠테이션을 하고 있는지 보여주겠어요?"

나는 당황스러웠다. 왜냐하면 구체적으로 판매 프레젠테이션이 무엇인지조차 몰랐기 때문이다. 그래서 대신 피터에게 그가 하는 판매 프레젠테이션을 보여 달라고 부탁했다. 피터는 백지 한 장을 꺼내더니 나를 자신의 옆에 앉게 했다. 그리고 나를 가망고객으로 가정하고 질문을 하기 시작했다. 내가 대답을 하면 무엇인가 메모를 하고 다시 계속 또 다른 질문을 했다. 그 다음에는 상품을 구입하게 되면 어떤 도움이 되는지 설명하면서 내가 동의하는지, 확실하게 이해했는지를 중간 중간 확인했다. 나는 피터의 판매 프레젠테이션 방식에 완전히 매료되었다. 일반적인 것에서 구체적인 것으로, 상품의 특성에서 상품을 구입하면 얻게 될 이익으로, 그리고 상품에 대한 막연한 흥미에서 상품을 구매하고 싶다는 구매 욕구와 최종적인 판매마무리로 자연스럽게 이어졌다. 지금 돌이켜 봐도 정말이지 뛰어난 프레젠테이션이었다. 그것이 내 판매 인생의 전환점이 되었다. 그때부터 나는 내내 말을 하는 대신에 보여주고, 설명하고, 질문을 던졌다. 내가 팔고자 하는 상품을 상세하게 설명하는 것보다 먼저 고객의 상황을 이해하는데 더 많은 시간을 사용했다. 또 고객의 이야기를 더 자세히 경청하고 메모도 더 꼼꼼히 하게 되었다. 가망고객들의 욕구를 충족시킬 수 있는 방법을 제안하기도 했고, 그들이 가진 주요한 구매 욕구와 구매 결정을 가로막는 핵심적인 장애 요소를 알아내기 위해서 질문을 던졌다. 시간이 지나면서 내 판매 실적이 드디어 올라가기 시작했다.

피터에게 조언을 더 해달라고 부탁하자 이번에도 그는 흔쾌히 들어주었다. 고객들로부터 상담 약속을 잘 이끌어 내는 법, 가망고객을 선별하는 법, 상품이 가진 강점을 잘 알리는 법, 고객의 거절에 효과적으로 대응하는 법, 판매를 마무리하는 여러 가지 방법에 관해서 좋은 아이디어들을 이야기해 주었다. 그리고는 내게 판매에 관한 책 한 권을 말하면서 그 책을 읽었는지 물었다. 책이라고? 판매에 관해서 쓴 책도 있었나? 부끄러운 일이지만 그때까지 나는 판매 업무에 관한 책이 있을 뿐 아니라 그것도 엄청나게 많다는 사실을 전혀 모르고 있었다. 그것이 나에게 있어서 두 번째 전환점이었다. 나는 부근에 있는 서점들을 시간이 날 때마다 다니면서, 보다 효과적으로 판매할 수 있는 방법에 관한 책들을 모조리 사서 읽었다. 아침 다섯 시에 일어나서 두 시간 동안 책을 읽으면서 떠오르는 아이디어를 메

전략적 세일즈

모하고, 그날 그 아이디어를 어떻게 판매에 활용할지 계획을 세워 반드시 실천했다. 내 판매 실적은 계속해서 상승 곡선을 그렸다.

판매에 관련된 책을 읽기 시작한 즈음에 우연히 오디오 교재를 발견했는데, 나의 삶과 판매 인생에서 또 하나의 커다란 발전의 계기가 되었다. 그 안에는 믿을 수 없을 만큼 엄청난 양의 귀중한 정보가 들어 있었다. 나는 매일 몇 시간이나 오디오 교재에 들어 있는 판매 전문가들의 이야기와 판매 프레젠테이션에 관한 강의를 들었다. 좋은 강의는 몇 번씩이나 반복해서 듣고 중요한 내용은 메모했다. 얼마 지나지 않아서 내 서재는 판매에 관한 책과 오디오 교재로 가득 찼다. 학습을 하고 학습한 내용을 실무에 적용해 가면서, 내 판매 프레젠테이션은 모든 면에서 점점 세련되고 완성도가 높아져 갔다. 그에 따라 내 판매 실적도 끊임없이 증가했다.

이것도 아마 역사상 가장 놀라운 발견 중 하나일 것이다. "이미 목표를 달성한 사람들이 그것을 달성하기 위해서 어떻게 했는지를 알아냄으로써, 우리는 자신이 원하는 어떤 목표라도 달성하는데 필요한 모든 것을 배울 수 있다." 성공의 열쇠는 전문가들로부터 배우는 것이다. 여러분이 일하는 분야의 최고 전문가들을 찾아서 연구하고 모방하라. 그것이 제2의 천성이 될 때까지 매일 그들이 하는 대로 따라 해라. 그러면 정말 놀랍게도 여러분도 그들과 같은 성과를 얻게 된다.

내 판매 인생을 바꾸어 준 세 번째 전환점은 세미나와 훈련 프로그램의 발견이었다. 단 몇 시간 안에 최고의 세일즈 강사들이 몇 년이나 걸려서 학습한 것을 배울 수 있었기 때문이다. 같은 내용을 스스로 알아내려면 수백 시간 아니 수천 시간이나 걸릴지도 모르는 시간을 절약할 수 있었다. 판매에 관련된 책을 섭렵하고, 손에 넣을 수 있는 모든 오디오 교재를 듣고, 내가 아는 한도 내에서 모든 판매 관련 세미나와 프로그램에 참가한지 1년도 지나지 않아서 나는 가난뱅이에서 부자가 되었다. 사는 곳은 싸구려 여관에서 가정부가 딸린 넓고 고급스런 아파트로 변했고, 1달러에도 신경 써야 하던 형편에서 지갑 속에 1천 달러 미만을 넣고 다니는 일이 없게 되었다. 담당하는 지역을 돌아볼 때는 피터처럼 비행기를 탔고 대도시에 있는 최고급 식당에서 식사를 했으며 이윽고 회사의 판매담당 부장 그리고 판매담당 임원으로 승진했다. 내 담당 지역은 여섯 개 나라가 되었고, 시장 개발비뿐만 아니라 직원들의 판매에 따라 인센티브도 받았으며 과거에는 꿈도 꿀 수 없었던 삶을 살게 되었다. 그것이 가능했던 것은 내가 최고 세일즈맨들이 일하는 방법을 배우고 그들과 동일한 결과를 얻을 때까지 그 방법을 반복해서 실천했기 때문이었다.

나는 펀드와 다른 투자 상품을 팔았고, 주거용 부동산과 부동산 투자신탁 그리고 공장용·상업용 부동산도 팔았다. 수천만 달러 상당의 사무실 빌딩과 쇼핑센터를 개발해서 임대하기도 했다. 또 인쇄용품과 광고, 사무용품과 워드 프로세서, 할인 클럽의 회원권, 성경과 백과사전을 방문 판매했으며 자동차와 건설 자재도 팔았다. 세미나와 컨설팅 그리고 교육 훈련 서비스도 팔았다. 항공사에서 동물원에 이르기까지 거의 모든 산업체를 대상으로 판매 컨설팅을 하고 판매 훈련 프로그램을 설계하고 교육했다.

시간이 흘러서 이직과 전직을 했고, 지금까지 6개 대륙에 걸쳐 100여 개 나라를 여행하면서 일하고 있다. 거리를 따져 보면 지구를 몇 번이나 돌았다. 내게 무엇보다 중요한 것은 아름다운 가정을 갖고 있고, 가족들에게 세상의 좋은 것을 무엇이든 해 줄 수 있다는 사실이다. 이 모든 것은 내가 판매 업무에 관한 인과의 법칙을 배우고 실천했기 때문에 가능했다.

판매 컨설턴트이자 세미나의 리더로서 나는 미국, 캐나다, 유럽, 호주, 뉴질랜드는 물론이고 아시아 지역과 다른 수많은 국가에서 최고 세일즈맨들을 만나 함께 일할 수 있는 기회를 가졌다. 그들과 셀 수 없이 많은 시간을 함께 보내면서 그들의 행동을 관찰했고 그들이 어떻게 각자의 분야에서 최고가 되었는지 들을 수 있었다. 내 경험은 물론이고 그들의 경험을 각계각층에서 일하고 있는 수천 명의 다른 세일즈맨들의 경험과 비교도 해 보았다. 그 결과 모든 산업 분야에서 최고의 대우를 받는 세일즈맨들의 삶과 활동에는 여러 측면에서 공통점이 있다는 사실을 발견했다.

나는 판매 책임자 세미나를 진행하면서 이따금 참가자들에게 그들이 일하고 있는 회사의 최고 세일즈맨이 어떤 사람인지 말해 보겠다고 제안했다. 그런 다음 내가 그들의 자질, 특성, 행동, 태도를 이야기하면 참석하고 있던 판매 책임자나 경영진들은 거의 예외 없이 어떻게 직접 보지도 않았으면서 그렇게 정확하게 묘사할 수 있느냐고 놀라곤 했다.

최고 세일즈맨은 누구나 비슷한 유전자를 갖고 있다는 것이 내 대답이었다. 그들의 기질, 태도, 특성은 거의 일치한다. 그들은 동료들과 고객들로부터 동일한 감정과 반응을 이끌어 낸다. 그들은 누구나 같은 일을 유사한 방식으로 반복함으로써 거의 동일한 결과를 얻고 있다.

나는 대단히 실용적이며 현실적인 사람이다. 새로운 판매 아이디어나 개념이 있을 경우 항상 나 자신과 고객늘 그리고 내가 관리하는 판매 소직을 일종의 실험실로 사용해서 시험한다. 언제나 스스로에게 "이 경우가 나에게도 해당하는가?"라는 질문을 한다. 나는 어떤 것도 액면 그대로 비판 없이 받아들이지 않는다.

여러분도 마찬가지일 것이다. 나는 이미 읽은 판매 관련 책들과 논문들 중에서 상당수를 폐기했다. 왜냐하면 그 책이나 논문에서 권하는 것들이 내게는 뭔지 모르게 어색하고 불편하게 느껴졌기 때문이다. 다른 사람들이 내게 그런 방법을 강요하지 않았으면 좋겠다는 생각이 들었기 때문에 나도 앞으론 강요하지 않을 것이다.

여러분도 이 책을 읽으면서 내면의 소리를 들어보기 바란다. 이 책에서 제시하는 아이디어, 방법 그리고 기법들을 자신의 경험과 비교해 보라. 그리고 "정말 그 말이 맞아!"라는 느낌이 드는지 확인하라. 그 다음에는 그 아이디어를 실제 상황에서 가망고객에게 확인해 본다. 그 아이디어 혹은 방법이 자신의 내적 발달과 관련된 것이어도 역시 직접 시도해 봐야 하며 참을성과 인내가 있어야 한다. 안전지대에서 벗어나서 자신이 과거에 해 보지 않은 일들을 하는 것이 우리가 성장할 수 있는 유일한 길이기 때문이다. 단 그 아이디어가 그 상황에서 올바른 선택이라는 내면의 소리가 들릴 때 과감히 행동으로 옮겨야 한다.

지금부터 공부할 전략적 세일즈 시스템은 총 10개의 장으로 구성되어 있다. 한 번에 한 장씩 순서대로 읽도록 만들었다. 읽다가 떠오르는 아이디어가 있으면 그때마다 여백에 메모하고 나중에 다시 읽고 싶은 핵심 아이디어에는 밑줄을 그어 두기를 부탁한다. 책을 다 읽고 나면 참고 자료로 옆에 두고서 그 상황에서 가장 도움이 될 수 있는 부분을 그때그때 찾아서 실천하고 적용해 보기 바란다.

1장에서는 '판매의 심리 the psychology of selling'를 배운다. 모든 산업 분야에서 최고의 보수를 받는 세일즈맨들이 가진 공통적인 자질과 특성, 행동 양식을 살펴보고 그것을 자신의 성품과 성격의 한 부분으로 통합시키는 방법을 공부한다. 어떤 판매 상황에서도 유리한 위치를 차지할 수 있게 해 줄 자아 이미지와 자신감을 개발하는 방법을 배운다.

2장 '개인역량 개발 the development of personal power'에서는 언제든 흔들리지 않는 자신감, 낙천성 그리고 긍정적인 태도를 배운다. 이것들은 판매 활동에서 겪을 수밖에 없는 감정적인 부침에서 회복할 수 있는 힘을 준다. 아울러 항상 최고의 상태에서 판매 활동을 하도록 도와주는 여러 가지 정신적 도구들과 전략들을 배우게 된다. 또한, 어떤 판매 상황에서도 강인한 성품을 드러내도록 도와주는 사고와 행동 기법들도 배운다.

3장에서는 '프로 세일즈맨의 전략적 계획 personal strategic planning for the sales professional'에 관해서 공부한다. 판매 계획을 세우는 방법을 배우면 판매 목표를 일정 계획대로 달성할 뿐만 아니라 초과 달성하게 된다.

또한, 2장까지 배웠던 모든 것을 활용해서 종합 판매 계획을 다음 판매 기간 동안 매달, 매주, 매일의 세부 계획으로 만드는 프로세스를 배움으로써 자신이 속한 업계에서 최고의 실적을 올릴 수 있다.

4장 '판매의 핵심 the heart of the sale'에서는 판매를 성공으로 이끄는데 있어서 고객과의 신뢰 관계가 갖는 중요성과 우선 순위 결정하기에 관해서 배운다. 모든 판매에서 결정적 역할을 하는 정서 요소에 관심과 노력을 집중함으로써 고객들과 보다 높은 수준의 신뢰를 구축하는 방법을 배운다.

5장에서는 '판매는 전문직 the profession of selling'라는 개념과 과학적 관리의 원리들을 적용해서 판매 과정의 모든 영역을 향상시키는 방법을 학습한다. 모든 최고 세일즈맨들이 사용하고 있는 것과 동일한 조직적이고 체계적인 프로세스를 통해서 판매에 접근하는 방법을 배우게 된다. 판매 성공의 생명유지 기능을 파악하고, 자신이 일하고 있는 분야에서 선두에 나설 수 있도록 만들어 주는 비교 우위를 만드는 방법을 학습한다.

또한, 여러분이 일하고 있는 분야에서 최고의 대우를 받는 사람이 되기 위해 무엇을 어떻게 해야 하는지도 공부한다.

6장은 '구매 욕구 일으키기 motivating people to buy'다. 고객이 구매를 하도록 하는 핵심 동기유발 요인들을 파악하는 방법을 학습한다. 사람들이 왜 동일한 제안에 대해서 각기 다른 방식으로 반응하는지와 구매 욕구를 자극할 수 있도록 상품을 설명하는 방법을 배운다.

또한, 동기유발 이론의 핵심적인 개념과 구매 행동을 자극하는 불만의 역할과 함께, 고객 한 사람 한 사람이 고유하게 갖고 있는 핫 버튼을 찾아서 공략하는 방법도 공부한다.

7장 '구매 결정에 영향 미치기 influencing the buying decision'에서는 가망고객의 잠재의식에 호소해서 영향을 미치는 방법을 학습하게 된다. 자신의 외모와 몸동작, 목소리와 언어를 조율해서 첫인상을 좋게 하는 방법 그리고 자신과 상품을 최고로 신뢰할 수 있도록 판매 상담의 모든 요소를 다루는 방법도 배운다.

8장은 '가망고객 발굴: 판매 파이프라인 채우기 prospecting : filling your sales pipeline'다. 여기에서는 가망고객을 선별하는 방법을 배운다. 시장을 분석하고, 이상적인 고객을 정의하고, 영향력이 큰 가망고객을 파악하고, 고객과의 미팅약속을 잘 이끌어 내는 법을 학습한다.

또한, 세일즈맨들을 뒤로 잡아당기는 내적 그리고 외적 장애물들을 극복하는 방법과 함께 추천 판매와 반복 판매의 황금 사슬을 만드는 법도 공부한다.

9장 '강력한 프레젠테이션을 하는 방법 how to make powerful presentations'에서는 고객의 가장 절박한 욕구를 찾아내어 자신의 상품과 연결시키는 방법, 경쟁자와 차별화하는 방법, 최고의 공급자가 되는 방법과 자신의 상품을 구입함으로써 고객이 누리게 될 구체적인 이익을 보여 주는 방법을 배운다.

또한, 회의적인 고객의 마음속에도 구매 욕구를 불러일으킬 수 있도록 효과적으로 프레젠테이션을 하는 방법도 공부한다.

10장 '판매마무리: 판매의 최종 단계 closing the sale : the endgame of selling' 에서는 판매를 마무리하는 방법을 배운다. 판매를 지체시키거나 중단시킬 수 있는 질문, 걱정, 거부의 여러 가지 형태를 파악하고 적절하게 대응하는 방법을 학습한다.

또한, 가격에 대한 불만을 다루는 다양한 방법과 불만을 누그러뜨리는 방법을 공부한다. 이 장에서 우리는 지금까지 발견된 그 어떤 방법보다 훨씬 효과적인 최고의 판매마무리 방법을 배우게 될 것이다.

이 책의 내용을 익히고 실천하면 당신의 판매 인생은 반드시 변화할 것이다. 우리가 가진 판매 능력을 100퍼센트 발휘할 수 있는 열쇠가 이 책에 들어 있기 때문이다. 이 책에서 학습하게 될 내용을 실제 판매 활동에 적용하면, 당신도 자신의 분야에서 나처럼 분명히 최고 세일즈맨이 될 수 있다.

역자의 말

나이가 들어갈수록 '인연', 그리고 '기본'이라는 단어가 더 크고 중요하게 느껴진다. 인연이 닿아 '피닉스 세미나' 프로그램을 통해서 브라이언 트레이시 Brian Tracy를 만났고, 또 인연이 닿아서 그의 저서 중에서도 가장 기본이 되는 두 책 『Maximum Achievement』와 『Advanced Selling Strategies』를 번역하게 되었다.

세계적인 판매 컨설턴트이자 세미나 리더인 브라이언 트레이시는 뛰어난 인생 지침서인 그의 책 『Maximum Achievement 잠들어 있는 성공 시스템을 깨워라』에서 실행력과 노력만으로는 인생에서 성공할 수 없고, 그에 더해서 전문가로부터 올바른 방법을 배워야 한다는 점을 강조하고 있다. 그렇다면 이 세상에서 가장 치열한 경쟁이 이루어지고 있는 판매 분야에서 성공할 수 있는 올바른 방법은 무엇일까? 이 책 『브라이언 트레이시의 전략적 세일즈』는 바로 그 질문에 대한 세계적인 판매 전문가 브라이언 트레이시의 대답인 『Advanced Selling Strategies 』의 번역서이다.

그의 책을 번역하면서 느끼는 것은 그가 사물의 핵심을 찾아내는 능력이 뛰어나고, 무척 실용적인 사람이라는 점이다. 또한 복잡한 사상을 누구라도 이해할 수 있도록 쉽게 설명해 낸다. 어려운 가정에서 태어나서 세계적인 판매 전문가로 큰 성공을 이룬 저자는 최고의 판매 전문가들로부터 배우고, 자신이 직접 실행해 봄으로써 효과성을 검증한 판매의 가장 핵심적인 아이디어, 방법, 기술을 이 책 안에 고스란히 담아냈다. 누구라도 세일즈를 이해할 수 있도록 체계적으로 쓰여진 이 책을 읽어가면서 독자들도 역자의 이러한 생각에 공감하리라 믿는다.

최고의 세일즈맨이 되고 싶은가? 자신의 능력을 100퍼센트 발휘하고 싶은가? 그렇다면 이 책을 사서 옆에 두고, 반복해서 읽기를 권한다. 이 책은 한 번 읽고 치워버리는 책이 아니라 사전처럼 옆에 두고 의문이 생길 때마다 참고할 만한 책이기 때문이다. 총 10장으로 구성된 이 책의 6장 '구매 욕구 일으키기' 단계부터 10장 '판매마무리' 단계까지는 판매의 각 단계별로 최고의 방법을 대단히 구체적으로 설명하고 있으므로, 각 단계를 체계적으로 공부하려는 사람들에게 큰 도움이 될 것이다. 그러나 매출이나 성과의 작은 성장이 아닌 커다란 도약을 꿈꾸는 사람이라면 구체적인 판매 단계와 기술의 토대가 되는 1장 '판매의 심리'에서 5장 '판매는 전문직'까지를 특히 정독하면서 현재의 자기 자신을 돌아보기를 권하고 싶다. 매출이나 성과의 커다란 도약이라는 외면의 성공을 위해서는 내면의 승리, 즉 자신의 내면 깊이 자리한 패러다임의 성찰과 전환이 선행되어야 히기 때문이다.

책을 내기까지 많은 노력을 해온 피닉스 리더십센터, 코난미디어, 비즈토크북 여러분께 고마움을 전한다. 또 내 삶을 지탱해 주고, 인간적으로 성장해 가도록 힘을 주는 두 딸 정연, 승연 그리고 아내에게 마음 깊은 사랑을 보낸다. 이 번역서는 우리 가족들에게 보내는 내 고마움의 표현이자, 사랑의 작은 흔적 중의 하나이다.

감수자의 말

브라이언 트레이시는 세일즈 및 자기계발과 동기 부여 분야의 세계적인 전문가이다. 피닉스 리더십센터에서는 그를 2003년과 2007년 두 번 한국에 초청해서 '피닉스 리더십 세미나'와 '피닉스 세일즈 세미나'의 진수를 대중에게 전달하는 기회를 마련했었다. 그의 '피닉스 세미나'를 알리고 교육해 온 당사자로서 이번에 그의 최고작 중 하나인 『Advanced Selling Strategies 전략적 세일즈』를 다시 번역, 출간하게 되어 반갑고 관련된 모든 분들께 진심으로 감사의 말씀을 전한다.

사회는 넓은 의미에서 시장이다. 모여 살면서 맺는 모든 사회적 관계가 시장의 논리를 기반으로 하고 있다. 사회 속에서 우리 모두는 유형 또는 무형의 상품이나 서비스를 사고 팔면서 살아간다. 실제 사업을 하고 있는 경영자와 회사 임원, 세일즈맨들과 관리자, 개인 사업을 하고 있는 자영업자는 물론이고 전통적인 농축수산업 분야에 종사하는 이들과 의사, 변호사, 교사, 공무원, 군인, 정치인도 예외가 아니다.

디지털시대는 누구나 자신의 능력을 제대로 팔아야 살아남을 수 있다. 자신만이 가진 가치나 서비스를 효과적으로 알려 삶의 가치를 확장해야 하며 유형의 상품을 필요한 사람에게 최대한 잘 팔 수 있어야 한다. 내가 일하고 있는 비즈니스 분야에서 최고로 성공하겠다고 결심하고, 고객으로 하여금 올바른 선택을 통해 자신의 상품을 구매할 수 있도록 최선을 다해야 한다.

이 책에는 당신을 최고의 위치로 안내해 줄 세일즈 전략과 판매 성공 시스템이 담겨 있다. 세일즈 어느 분야를 막론하고 누구나 적용할 수 있고 성공 효과가 입증된 아이디어와 방법 그리고 기술이 제시되어 있다. 저자 브라이언 트레이시는 판매 성공을 위해서 자기 자신과 자신의 능력에 대한 기존의 사고방식을 바꾸고 행동을 변화시켜 근본부터 변화해야 한다고 말한다. 그리고 그 실천 방법으로써 고객과 친한 친구 이상으로 신뢰 관계를 구축하고, 고객에게 필요한 것뿐 아니라 도움이 되는 것이 무엇인지 파악하고, 그에 부응하는 제품이나 서비스가 무엇인지 정확하게 전달하여 가장 확실하게 판매를 마무리하는 방법을 제시한다.

매출이나 성과를 1,000퍼센트 성장시키고 싶은가? 여기 이 책에 브라이언 트레이시의 방법이 고스란히 담겨 있다. 이 책을 정독하고 마음에 깊게 새기자.

지금 당장 망설이지 말고 시작하라. 내 분야에서 최고가 되기 위해 무엇을 해야 할지 간절히 바라고 묻고 실천하라. 사업과 인생에서 획기적인 변화가 시작될 것이다.

1. 판매의 심리
The Psychology of Selling
26

태도 attitude와 적성 aptitude / 자아개념 : 성과의 마스터 프로그램 / 마음의 구조 : 자아 이상, 자아 이미지, 자부심
판매 성공의 주요 장애물 / 가장 우선적인 과제 / 자아 이미지 바꾸기

2. 개인역량 개발
The Development of Personal Power
64

성공을 보장해 주는 태도 / 판매에 대한 일곱 가지 마음의 법칙 / 정신 건강을 위한 일곱 가지 훈련
판매의 핵심 원칙 / 개인역량 개발 / 최고의 판매 성과 / 멘탈 리허설

3. 프로 세일즈맨의 전략적 계획
Personal Strategic Planning for The Sales Professional
110

가치관과 비전 / 가치관 정립 / 비전의 중요성 / 사명서의 중요성 / 상황 분석 / 경력 분석 / 자원의 결합체
개인적 상황 / 제로베이스 사고 / 자기 분석 / 핵심 성공 요인 / 소속회사 분석 / 시장 분석
투입 에너지 대비 성과를 높이는 방법 / 알기 쉬운 전략 계획 / 이정표 방식

4. 판매의 핵심
The Heart of The Sale
158

구매 결정의 주요 장애물 / 핵심 요인 : 불안 / 새로운 판매모델 / 경청 : 판매 성공의 열쇠 / 경청이 주는 이익
판매 성공을 위한 경청 방법 / 장기적인 인간관계의 중요성 / 우정 / 인간관계 구축을 위한 일곱 가지 열쇠
신뢰 대 전폭적 신뢰 / 전폭적 신뢰를 형성하는 방법

5. 판매는 전문직
The Profession of Selling
218

전문가의 업무 접근 방법 / 기본 판매 과정 / 뛰어난 판매 사고 능력을 가진 세일즈맨 되기 / 판매의 생명유지 기능
판매 기술 수준의 평가 / 생명유지 기능의 점진적 향상이 가져오는 효과 / 판매의 핵심 성공 요인
탁월한 수행 기준의 벤치마킹 / 지속적인 향상 / 대규모 고객에 대한 판매 과정 분석

6. 구매 욕구 일으키기
Motivating People to Buy
258

사람들이 구매하는 이유 / 1차 동기유발 요인과 2차 동기유발 요인 / 핫 버튼 판매 / 동기유발 요인과 동기저하 요인
상품과 서비스의 네 가지 요소 / 품질, 서비스, 가치, 그리고 가격 / 구매 동기저하 요인과 장애 요인
기업의 구매 이유 / 세일즈맨은 동기유발자 / 고객의 구매 이유

7. 구매 결정에 영향 미치기
Influencing The Buying Decision
302

성공을 위한 옷차림 / 고객 주위 전문가 집단의 옷차림 / 비즈니스 정장과 관련된 논쟁 / 옷 구입
액세서리 / 결정의 순간 / 넥타이 선택 방법 / 신발과 양말도 메시지를 전달 / 단정한 몸치장의 요소
단정한 머리 / 치아도 중요 / 세일즈우먼이 추가로 고려할 사항 / 냄새를 관리해야 성공
시각이 판매 성사 여부를 결정 / 자세와 앉는 위치 / 고객의 몸동작 따라 하기
구매를 촉진하는 사무실 환경 만들기 / 메시지의 구성 요소 / 어휘력의 중요성 / 터치의 중요성

8. 가망고객 발굴: 판매 파이프라인 채우기
Prospecting : Filling Your Sales Pipeline
336

우수 가망고객 / 가망고객 발굴 전략 : 스스로에게 해야 할 질문 / 까다로운 가망고객
정상으로 가기 위한 고객 발굴 / 가망고객을 찾을 수 있는 정보원 / 큰 거래처 발굴하기
전화를 통한 가망고객 발굴 기법 / 미리 답변을 준비하고 있어야 할 핵심 질문
가망고객 발굴에 대한 두려움 / 파블로프 기법 / 대중 연설 / 가망고객 발굴을 위한 멘탈 리허설
첫 대면 상담 / 첫 상담에서 서두에 말하는 네 가지 방법 / 2단계 판매

9. 강력한 프레젠테이션을 하는 방법
How to Make Powerful Presentation
400

차이 분석 / 미래는 질문하는 사람의 것 / 주도권을 유지할 수 있는 세 가지 유형의 질문
질문할 때 사용할 수 있는 세 가지 강력한 단어 / 고객이 던지는 무언의 질문 / 증언:전폭적 신뢰의 열쇠
우리가 대답해야 할 다른 질문들 / 고객 유형별 상담 방법 / 가망고객의 성격 유형을 파악하는 방법
자기 자신이 되라 / 판매 과정 / 가격을 논의하는 시점 / 강한 인상을 주면서 판매 상담 시작 / 문제점 확인
해결 방안 제시 / 구매 과정 / 네 가지 핵심 항목 / 핫 버튼 / 프레젠테이션 도구 / 프레젠테이션 과정
전폭적 신뢰 형성 방법 재확인 / TDPPR 기법

10. 판매마무리 : 판매의 최종 단계
Closing The Sale : The Endgame of Selling
470

판매마무리 / 판매마무리가 어려운 이유 / 판매에서 거부 반응의 역할 / 6의 법칙
고객의 거부 반응을 다루는 기본 태도 / 거부 반응 처리 시기 / 거부 반응에 대응하는 방법
거부 반응의 일반적인 유형 / 남은 거부 반응 마무리 / 판매 실패 기법 또는 문손잡이 기법 / 막판 거부 반응
가격에 대한 거부 반응 / 가격을 논의할 올바른 시기 / "가격이 너무 비싸요." / 가격 대 가치:가망고객의 관점
우리 상품 구매에 그다지 큰돈이 들지 않는다는 점을 알리기 / 공감대 형성 기법 / 지불한 만큼 받기 / 판매마무리
판매마무리의 열 가지 조건 / 판매마무리 단계에서 범해서는 안 될 다섯 가지 실수 / 판매마무리의 장애물
구매 신호 / 침묵의 소리 / 일곱 가지 판매마무리 기법 / 판매마무리에 대해서 마지막으로 하고 싶은 말

시간 관리가 필요한 이유에 대해 브라이언 트레이시는 실천할 수 있는 12가지 원리로 설명하고 있다.

1. 시간 관리를 통해서 회사나 가족에게 내 능력을 더 발휘할 수 있다.

2. 시간 관리에 더 많이 투자할수록 삶의 모든 영역에서 더 큰 성과를 올릴 수 있다.

3. 훌륭한 시간 관리를 하기 위해서는 지속적으로 스스로에게 '나는 무엇을 생산하길 기대하는가'라고 질문해야 한다. 그리고 그 질문의 대답에 초점을 맞추면 일이 더 잘 되고, 효과적으로 일하는 사람이 될 수 있다.

4. 삶의 모든 영역에 있어서 성취나 목표 달성 여부는 내가 얼마나 훌륭하게 시간 관리를 했느냐에 달려 있다.

5. 시간은 성취에 있어서 가장 소중한 자원이다. 일과 성취에는 반드시 시간이 필요한 반면 시간은 임의로 늘릴 수가 없고, 어떤 것으로도 대체할 수 없다.

6. 시간 관리 기술을 실천하게 되면 판단력, 통찰력, 자신감, 자기 수양 등을 계발할 수 있다.

7. 시간 관리에 초점을 맞추는 태도를 지니면 성과 지향적인 사람이 될 수 있다.

8. 시간 관리는 단지 일을 열심히 하도록 만드는 것이 아니라 더 현명하게 일을 할 수 있도록 도와준다.

9. 시간 관리는 에너지, 열정, 긍정적인 마인드의 원천이고 시작이다.

10. 시간 관리에 대한 훈련은 성격, 자신감, 자신과 자신의 능력에 대한 확고한 신념 등을 키워 준다.

11. 성취감만이 지속적으로 동기를 부여해 준다. 더 많은 것을 성취할수록 스스로에 대해 더 긍정적으로 느끼고, 더 많은 것을 성취하고자 열정을 가지게 된다.

12. '나의 시간을 값지게 보내려면 지금 무엇을 해야할지 스스로에게 물어라!' 내 시간을 더욱 철저히 관리할수록 반드시 멋진 삶을 영위하게 될 것이다.

The Psychology of Selling

"What others have done, you can do as well."
다른 사람이 이미 한 것은 당신도 할 수 있다.

"One of the major reasons for failure in life is falling into
the comfort zone."
인생에서 실패하는 가장 주된 원인 중 하나는
안전지대에 머무는 것이다.

판매의 심리
The Psychology of Selling

어떤 세일즈맨들은 주위 상황에 관계없이 항상 뛰어난 성과를 올린다. 그들은 돈을 많이 벌고, 멋진 집에 살면서 새로 나온 고급차를 타고 일류 식당에서 식사한다. 지갑에는 항상 돈이 가득하고 은행에는 충분한 잔고가 예치되어 있다. 무엇보다도 그들은 행복하고, 낙관적이고, 긍정적이며 편안해 보이고 자신의 생각과 삶을 잘 통제하고 있다고 여겨진다. 어떤 조직에서나 최고 세일즈맨들은 그렇게 살아가며 그가 속한 조직이 높은 성과를 지속할지는 그들에게 달려 있다.

나는 가장 성공한 세일즈맨들을 연구하기 위해서 수천 시간과 수백만 달러를 투자했다. 그들과 수없이 만나서 이야기를 들었다. 또 그들의 고객과 동료 그리고 상사도 만났다. 이 연구의 결과로 각자 일하고 있는 분야에서 최고 세일즈맨에 속하려면 어떻게 해야 하는지에 관해서 과거 그 어느 때보다 더 많이 알게 되었다. 연구를 통해서 알게 된 사실 중에서도 제일 핵심은 판매에서 가장 중요한 것은 '심리'라는 점이다.

성과 연구에서 발견된 가장 중요한 원칙 중의 하나는 '비교 우위 개념 winning edge concept'이다. "능력의 작은 차이가 결과에서 엄청난 차이를 만들어 낼 수 있다."는 사실이다. 이것은 판매의 특정 영역에서 아주 작은 향상만 이루더라도 판매 결과를 크게 증가시킬 수 있음을 의미한다. 바로 지금 이 순간 과거에 했던 것과 다른 아주 작은 것 하나를 새로 배워서 판매에 적용한다면, 판매 인생에서 엄청난 도약을 이루게 될 것이다. 경마에서 아주 간발의 차이로라도 1등으로 들어온다면 그 말은 2등으로 들어온 말보다 열 배의 상금을 받는다. 상금이 열 배가 많다고 해서 간발의 차이로 우승한 말이 2등으로 들어온 말보다 열 배나 빠르다는 뜻일까? 물론 그렇지 않다. 그렇다면 두 배, 아니면 50퍼센트, 그것도 아니면 단 10퍼센트라도 빠를까? 우승마는 2등 마보다 간발의 차이로 빨랐을 뿐이지만, 그 작은 차이가 열 배의 상금으로 나타나는 것이다.

마찬가지로 판매에 성공한 세일즈맨만이 그 판매를 100퍼센트 독점하고 수수료도 100퍼센트 받는다. 판매를 성사시킨 세일즈맨의 상품이 경쟁자의 상품보다 100퍼센트 우수하거나 100퍼센트 가격이 쌀까? 물론 그렇지 않다. 심지어 그가 파는 상품이 경쟁자의 상품보다 나쁠 수도 있고 가격도 경쟁자보다 더 비쌀 수 있지만, 그럼에도 불구하고 최고 세일즈맨은 판매에 성공한다. 판매에 성공하는 사람이 실패하는 사람보다 훨씬 뛰어난 경우는 극히 드물다. 단지 경쟁자보다 작은 비교 우위를 갖고 있을 뿐이지만 바로 그것이 판매 성공의 열쇠다.

이 비교 우위는 성공에 결정적인 영향을 미치는 개념이다. 파레토 법칙에 대해서 들어본 일이 있을 것이다. '80대 20 법칙'이라고도 하는 파레토 법칙을 판매에 적용해 본다면, 판매의 80퍼센트는 20퍼센트의 세일즈맨들에 의해서 이루어진다는 말이다. 산업의 고도화와 전반적인 훈련 수준에 따라서 그 비율은 90대 10 혹은 70대 30이 될 수도 있지만, 나라 전체적인 차원에서 보면 80대 20 법칙은 여전히 유효하다. 세일즈맨의 20퍼센트가 전체 판매의 80퍼센트를 차지하고 80퍼센트의 수수료를 받는다.

그리고 나머지 80퍼센트의 세일즈맨들은 20퍼센트밖에 판매하지 못하고 따라서 수수료도 20퍼센트만 챙긴다. 이것을 돈으로 환산해 보면 놀랍다. 예를 들어서 10명의 세일즈맨이 일정 기간에 총 100만 달러를 판매한다고 하자. 파레토 법칙을 적용해 보면 10명 중에서 2명이 80만 달러, 평균 한 명당 40만 달러를 판매하고 나머지 8명이 모두 합쳐서 20만 달러, 평균 한 명당 2만 5천 달러를 판매한다는 것을 의미한다. 이것을 비율로 환산해 보면 16대 1이다. 즉 최고 세일즈맨들은 다른 세일즈맨보다 16배나 많이 판다는 사실이다.

판매 성과에서 나타나는 이러한 차이를 단순히 판매 기법이나 방법론의 차이만으로는 설명할 수 없다. 다른 무엇인가가 있는데 그것이 바로 세일즈맨의 사고방식 혹은 심리 상태다. 어느 기업에서나 다른 세일즈맨들은 연간 2만 5천 달러를 버는데 비해 어떤 세일즈맨들은 연간 소득이 25만 달러로 10배나 차이 나는 일이 흔히 발생한다. 그들은 모두 동일한 상품을 비슷한 고객들을 대상으로 똑같은 가격에 팔고 있고, 유사한 경쟁 상황과 조직에서 일하고 있음에도 그런 격차가 나타난다.

그렇다면 소득이 10배나 되는 사람은 그렇지 않은 사람보다 10배나 더 노력하고 10배나 많은 시간을 판매에 투자하는 것일까? 아니면 만나는 가망고객의 숫자가 10배나 많은 것일까? 어느 분야에서나 높은 소득을 올리는 세일즈맨들은 그들의 10분의 1의 소득밖에 올리지 못하는 사람들보다 10배나 더 우수한 것일까? 물론 그렇지 않다. 사실 동료 세일즈맨보다 10배나 더 버는 세일즈맨이 겨우 생계를 꾸릴 정도의 소득을 올리는 선배 세일즈맨보다 나이도 어리고, 교육도 덜 받고, 사람들도 덜 만나고, 일하는 시간도 적고, 경험도 적은 경우가 종종 있다.

이 책은 우리가 상위 10퍼센트 세일즈맨이 되고, 전국에서 가장 높은 보수를 받으며 이 멋진 전문 직업을 통해서 자신이 가진 모든 목표와 꿈을 달성할 수 있는 길을 알려 줄 것이다. 그렇게 하기 위해서는 다른 무엇보다도 먼저 심리적인 비교 우위를 개발해야 한다. 심리적인 비교 우위에 관해서는 지금부터 설명하겠다.

태도 attitude 와 적성 aptitude

80대 20의 법칙은 큰 판매 조직에도 적용되지만 세일즈맨 개인에게도 적용될 수 있다. 세일즈맨으로서 성공의 온전한 80퍼센트는 태도에 의해서 그리고 나머지 20퍼센트만이 적성에 의해서 결정된다.

긍정적인 태도 즉 자신과 자기 일을 건설적이고 낙관적인 시각으로 보는 것은 판매 성공을 가져온다. 어느 분야에도 또 어느 시장에도 다 해당된다. 이러한 확고한 자신감과 열정이라는 태도를 개발하는 것은 주변 상황과 관계없이 최고 세일즈맨으로 가는 열쇠다.

판매 성과의 20퍼센트를 결정하는 상품 지식과 전문적인 판매 기술도 마찬가지로 극히 중요하다. 자신이 파는 상품에 관해서 완벽한 지식을 갖고 그 상품을 효과적으로 프레젠테이션 할 수 있는 능력이 잘 갖춰져 있어야만 긍정적인 태도를 갖는데 필수인 자신감과 확신이 생기기 때문이다.

"생각의 질이 삶의 질을 결정한다." 이 말은 어느 분야에서든지 생각의 질을 높이면 삶의 질도 높아진다는 뜻이다. 자신의 마음과 사고력을 사용함으로써 자신의 삶을 주도하고 운명을 스스로 결정할 수 있다. 무기력한 사람에서 활력 넘치게 변할 수 있다. 자신에게 일어나는 모든 일을 자신이 원하는 방향으로 미리 생각함으로써 자신이 판단할 수 있다. 당신이 생각하고 있는 자신은 진짜 당신이 아닐 수도 있다. 그러나 당신의 생각을 실행하는 것, 그것은 당신이다.

자신의 성격 그리고 판매 성과를 가장 빨리, 좋은 방향으로 바꾸는 방법은 자기

자신과 자신이 가진 가능성에 관한 생각을 바꾸는 것이다. 자신이 힘을 갖고 있다는 느낌, 스스로 통제하고 있다는 느낌을 갖도록 잠재의식을 새롭게 프로그램하면 우리 삶의 모든 부분이 즉시 향상되기 시작한다. 하버드 대학교의 윌리엄 제임스 William James 는 "우리 세대에서 가장 위대한 혁명은 내면의 정신적인 태도를 바꿈으로써 우리 삶의 외부를 바꿀 수 있다는 사실을 발견한 것이다."라고 말했다.

최고 세일즈맨들은 침착하고, 자신감이 넘치고, 긍정적인 자기 기대를 한다. 그들은 자신을 좋아하고, 지금 하고 있는 것들이 모두 자신의 필연적인 성공에 도움을 준다는 믿음을 갖고 있다. 또한, 자신의 삶과 경력에 대해서 조급해 하지 않는다. 그들은 자신이 업무에 뛰어나며 자신의 고객들도 그것을 알고 있다고 확신한다. 고객들은 판매 프레젠테이션이나 상품과 서비스에 관한 설명을 듣기도 전에 그들로부터 사겠다고 미리 결정하는 일이 자주 있다. 그들은 어디에서나 어떤 분야에서도 판매왕이 된다. 인과의 법칙에 따라서 여러분도 그들과 동일한 태도와 특성을 개발하게 되면 최고 세일즈맨이 될 수 있다.

자아개념 : 성과의 마스터 프로그램

자아개념 self-concept 의 발견은 성과와 효과성에 있어서 20세기에 거둔 가장 위대한 혁신적인 성과물 중의 하나다. 자아개념은 우리가 자기 자신과 세상에 관해서 갖고 있는 믿음의 보따리다. 자아개념은 잠재의식이라는 컴퓨터의 마스터 프로그램이다. 이러한 믿음 보따리는 유아기의 최초 경험에서부터 형성되기 시작했다. 그 이후 오랜 세월에 걸쳐서 다양하고 복합적인 아이디어, 의심, 두려움, 의견, 태도, 가치관, 기대, 희망, 공포, 사회적 통념, 그리고 다른 느낌들을 경험했고, 그것들은 마음 안으로 들어와서 사실로 받아들여졌다. 이렇게 형성된 믿음 보따리는 잠재의식이라는 운영

시스템으로 말하고, 행동하고, 생각하고, 느끼는 모든 것을 통제한다. 스스로 의식적으로 어떤 변화를 일으키지 않으면, 우리는 언제까지나 지금처럼 행동하고, 생각하고, 말하고, 느낄 것이다.

자아개념에는 자신이 누구이고 어떤 일을 할 수 있는가에 관한 복합적 아이디어인 총체적인 자아개념과 함께, 삶의 특정한 분야에 국한된 미니 자아개념도 있다. 미니 자아개념은 우리가 사람, 스포츠, 건강, 인간관계, 일, 학습, 그리고 그밖에 우리가 하는 모든 것들에 관해서 어떻게 생각하고, 느끼고, 수행하는가를 결정한다.

우리는 돈을 얼마나 버는지에 관한 미니 자아개념도 갖고 있다. 현재의 소득에 자신이 만족하는지 여부와 관계없이, 자신의 현재 소득은 과거 소득과 현재의 신념 체계에 기초해서 자신이 그 정도의 금액을 벌어야 한다고 우리 스스로가 입력한 금액이다. 그것이 우리가 가진 소득 수준에 대한 자아개념이다. 소득 수준에 대한 자아개념은 처음으로 직장에 입사했을 때부터 지금까지 돈을 벌었던 모든 경험의 집합이다. 그것은 잠재의식에 프로그램 되어 있기 때문에 직장을 옮기거나 다른 도시로 가더라도 그 정도의 급여를 받게 되고, 우리 잠재의식 깊이 뿌리내리고 있다.

사실 이 소득 수준에 대한 자아개념은 뿌리가 너무 깊어서 만일 현재의 수준보다 훨씬 더 많거나 적게 벌게 되면 불편한 느낌을 갖게 된다. 심지어 그런 생각을 하는 것만으로도 기분이 이상해진다. 예를 들어서 자아개념 수준보다 10퍼센트 이상 더 번다면 그 돈을 써 버리기 위해서 온갖 일을 다 하게 된다. 밖에 나가서 돈을 쓰거나 필요하지도 않은 물건을 사는데 돈을 펑펑 써 버리고 싶다는 억제하기 힘든 충동을 느낀다. 또 일정 기간 동안 자신이 편안하게 느끼는 수준 이상의 논을 벌게 되면 자신이 선혀 알지 못하는 분야에 투자하거나 돌려주지 않을 사람에게 돈을 빌려 주거나 심지어 그냥 줘 버리고 싶은 충동마저 느낀다.

만일 자신의 소득에 관한 자아개념 수준보다 덜 번다면, 우리는 자신이 편안하게 느끼는 소득 수준을 회복하려고 별의별 일을 다 하게 된다. 더 오래, 더 열심히 일하고 업무 기술을 향상시킨다. 부업이나 자기 사업을 새로 시작하는 것도 생각해 보고, 경우에 따라서는 더 많은 소득을 올릴 수 있는 이직도 검토한다.

심지어 모든 변화는 시도하는 것만으로도 우리를 불편하게 한다. 변화를 시도하는 것은 심리적인 **안전지대** comfort zone 에서 벗어나는 것을 의미하기 때문이다. 점점 불안감이 증가하고 스트레스와 긴장을 느낀다. 너무 급격한 변화를 시도할 경우에는 신체적 그리고 정신적 건강에도 악영향을 미칠 수 있다. 불면증, 소화 불량 혹은 피로 누적으로 인해 고생한다. 조급해지고, 예민해지거나 화를 자주 낸다. 마치 감정의 롤러코스터를 타고 있는 것 같은 느낌이 든다.

따라서 이제부터 **더 많이 판매하고 소득을 더 높이고 싶다면 자신이 현재 갖고 있는 소득 수준에 관한 자아개념을 높여야 한다.** 다시 말해 자신이 벌 수 있다고 생각하는 금액을 높여야 한다. 자신의 욕구 수준을 높이고, 더 높은 목표를 세운 다음, 그것을 달성하기 위한 구체적인 계획을 수립해야 한다. 현재 일하는 분야에서 지금 즉시 자신이 최고 소득을 올리는 세일즈맨이 될 능력이 있다고 가정하고 또 그렇게 생각해야 한다. 자신이 마음속으로 달성하고 싶어 하는 것과 일치하도록 판매와 소득에 대한 새로운 자아개념을 주도적으로 개발해 가야 한다.

자아개념은 우리가 하는 모든 일에서 성과와 효과성을 결정한다. 판매에 관한 미니 자아개념이 판매에 관한 모든 활동을 지배한다. 판매 안에서도 가망고객 발굴, 방문 판매나 모르는 고객에게 구입 권유 전화를 하는 콜드콜 cold call, 고객과의 상담 약속, 프레젠테이션, 판매마무리, 추천 받기, 후속 판매에 대한 각각의 미니 자아개념이 있다. 또 자신의 상품 지식 수준, 자기 관리 능력, 동기 수준, 다양한 유형의 고객들과 관계를 맺는 방식에 대한 미니 자아개념도 있다. 분명한 것은 어떤 일을 하더라도 항상 자신이 갖고 있는 자아개념과 일치하는 결과를 얻는다는 점이다.

세일즈맨은 자아개념이 높은 분야에서는 항상 좋은 성과를 얻는다. 예를 들어서 전화로 일하는 것을 좋아하는 사람은 전화로 가망고객을 찾고 판매하는 것이 즐겁고 따라서 결과도 좋다. 또 프레젠테이션이나 판매마무리에 대해서 높은 자아개념을 가진 사람은 그 일을 할 때는 언제나 편안하고 자신감이 넘친다. 판매하는 과정에서 긴장이 되거나 불안을 느낀다는 것은 곧 그 분야에 대한 자아개념이 낮다는 것을 의미한다. 아마 가능하면 그 활동을 피하려고 할 것이다.

특정한 활동에 대해서 자신감이 없을 경우에는 그 활동을 생각하기만 해도 불편을 느낄 것이다. 전화 판매에 자신이 없다면 전화 판매를 회피하려고 하고, 가망고객을 발굴하는 것에 자신이 없으면 그것도 피하려고 할 것이다. 또 판매를 확정하고 주문을 마무리하는 것에 능숙하지 못하면 프레젠테이션을 마칠 때 긴장으로 굳어져서 가망고객에게 확실한 결정을 내려달라고 요구하지 못할 것이다. 이들 중 어디에 해당하더라도 더이상 그러지 않겠다는 변화의 결단을 내릴 때까지 소득과 판매에 부정적인 영향을 미칠 것이다.

판매하는 과정에서 스트레스를 느끼게 되면 부담스럽지 않았던 과거의 낮은 수준 즉 안전지대로 돌아가는 것이 자연스러운 반응이지, 스트레스를 느끼는 새로운 높은 수준을 편안해질 때까지 지속하지는 않는다. 사기 파괴로까지 이어질 수 있는 이런 불편과 불안을 사람들은 '성공에 대한 공포’로 오해하는 경우도 있는데, 그것은 성공에 대한 공포가 아니라 단지 자신이 믿고 있는 성취의 한계를 넘으려고 할 때 겪는 심리적 불편함이다. 그런 점에서 최고 세일즈맨들이 판매의 전 과정에 높은 자아개념을 갖고 있다는 사실은 전혀 놀랄 일이 아니다. 그들은 판매 분야에서 발생하는 소득의 대부분을 독차지한다. 또 자신의 조직이나 그들이 만나는 고객들로부터 가장 존경받고 소중하게 대우받는 사람들이다. 그들이 가진 판매에 대한 높고 긍정적인 자아개념은 뛰어난 판매 성과와 자신과 가족들의 멋진 인생으로 이어진다.

마음의 구조 : 자아 이상, 자아 이미지, 자부심

자아개념은 세 가지 요소로 이루어져 있는데 각 요소는 다른 요소들에 영향을 미친다. 마음을 구성하는 이 세 가지 요소의 역할을 이해하게 되면 우리는 마음이라는 컴퓨터의 키보드를 두드려 스스로 프로그램을 바꿀 수 있다. 또 세일즈맨으로서의 자기 자신에 대해서 새롭고 더 높은 자아개념을 만드는 방법을 배우게 되면 판매 성과를 스스로 통제할 수 있다.

자아개념의 첫 번째 요소는 **자아 이상** self-ideal 이다. 삶의 방향을 대부분 결정하는 것이 자아 이상이다. 자아 이상은 성품과 성격의 성장과 진화를 이끈다. 자아 이상은 자신이 가장 존경하는 사람들이 갖고 있는 모든 자질과 특성을 합쳐서 한 곳에 모은 것이다.

지금까지 살아오면서 용기, 자신감, 따뜻함, 사랑, 강인함, 끈기, 인내, 용서, 진실성을 행동으로 보여 주는 사람들을 보거나 책에서 접했을 것이다. 시간이 흐르면서 그 자질들은 자신의 내면에 자신이나 다른 사람들이 되고 싶은 이상적 인간형으로 자리잡게 된다. 그 최고의 모습대로 항상 살 수는 없다고 스스로도 알고 있지만, 최소한 잠재의식 속에서라도 자신이 가장 원하는 그 모습이 되려고 항상 노력하고 있다. 사실 우리는 어떤 일을 하든지 자신의 행동을 자신이 바라는 이상적인 자질들과 비교하면서 그와 일치시키려고 끊임없이 노력한다.

성공한 세일즈맨들은 자기 자신과 자신의 경력에 대해서 매우 명확한 자아 이상을 갖고 있다. 그렇지 못한 사람들은 자아 이상을 아예 갖고 있지 않거나 갖고 있더라도 모호하다. 성공한 세일즈맨들은 자신의 업무와 개인 생활의 모든 면에 있어서 장점이 두드러진다. 그렇지 못한 사람들은 그것에 대해서 깊이 생각하지도 않는다. 모든 분야에서 성공한 사람들의 가장 주된 특징 중의 하나는 현재 자신의 행동이 자신이 생각하는 이상적인 행동과 일치하는지 항상 평가한다는 사실이다.

자아 이상의 한 부분이 목표인데, 더 높고 더 도전적인 목표를 세우게 되면 자아 이상도 향상된다. 자신이 되고 싶은 사람과 자신이 원하는 삶에 대해서 명확한 목표를 세우게 되면 자아 이상은 삶의 안내자와 동기유발자로서 더 큰 힘을 발휘하게 된다. 자아 이상을 개발하는데 있어서 가장 중요한 점은 다른 누군가가 해냈거나 될 수 있었던 것이라면 우리도 할 수 있다는 사실을 깨닫는 일이다. 자아 이상을 향상시키는 것은 상상에서 시작되는데, 상상에는 우리 스스로 받아들이지 않는 한 한계란 없다.

자신이 될 수 있다고 생각하는 가장 이상적인 모습은 어떤 것인가? 자신이 이미 그런 사람이 되어 있다면 하루하루 어떻게 행동하겠는가? 이런 질문을 스스로 던져 보고 자신의 대답과 일치하도록 사는 것이 이상적인 모습을 구현하는 첫 단계다.

자아개념의 두 번째 요소는 **자아 이미지** self-image 다. 자아 이미지란 현재의 자신을 보고 자신에 관해서 생각하는 방식이다. 자아 이미지는 종종 '내면의 거울 inner mirror' 이라고도 불린다. 이 거울을 슬끝 보면서 우리는 사신이 특정한 상황에서 어떻게 행동해야 하는지를 판단하며 항상 내부에 있는 자신의 그림과 일치하도록 외부에서 행동한다. 예를 들어서 자신을 판매의 모든 영역에서 침착하고, 자신감이 있고, 유능한 사람이라고 본다면 우리는 실제 그 활동을 할 때면 언제나 자신이 침착하고, 자신 있고, 유능하다고 느낄 것이다. 또한, 긍정적이고 행복하며 일을 잘 해내고 뛰어난 성과를 거둘 것이다. 만일 어떤 이유에서건 일이 뜻대로 되지 않을 경우 일시적으로 문제가 있었다고 생각하고 머릿속에서 지워 버린다. 우리가 가진 자아 이미지는 명확해서 마음의 눈으로 자신이 그 영역에서 뛰어나며 유능하다고 보고 있기 때문에 어떤 것도 그 마음의 그림을 흐트러뜨리지 못한다.

판매 성과를 가장 빨리 향상시키는 방법은 자신이 갖고 있는 자아 이미지를 바꾸는 것이다. 자신을 달리 보는 순간 행동이 변화하고, 행동이 변화하면 느낌도 바뀐다. 행동이 달라지고 느낌이 달라지기 때문에 얻는 결과 역시 달라진다.

자아개념의 세 번째 요소는 **자부심** self-esteem 이다. 자부심은 자아개념의 정서적인 부분이다. 원자력 발전소에 비유한다면 핵분열이 일어나는 핵심적인 곳으로 내적인 힘에 에너지를 제공해 주는 원천이다. 또한, 태도와 성격을 결정하는 가장 중요한 요소다. **자부심은 우리 인생의 성공과 실패를 결정하는 열쇠다.**

자부심을 측정하는 가장 좋은 방법은 자기 자신을 얼마나 좋아하는지 보는 것이다. 자기 자신을 소중하고 가치 있는 사람으로서 좋아하고, 받아들이고, 존경하면 할수록 자아개념은 높아진다. 자신이 훌륭한 사람이라고 느끼면 느낄수록 더 긍정적이 되고 행복해진다. 자부심은 에너지, 열정 그리고 자신에 대한 동기유발 수준을 결정한다. 자부심은 성과와 효과성을 결정하는 제어 밸브다. 높은 자부심을 가진 사람들은 엄청난 힘을 갖고 있으며 자신이 하고자 하는 모든 일을 잘 해낸다.

자아 이상은 언젠가 미래에 되고 싶은 이상적인 모습이다. 자아 이상은 삶 그리고 한 인간으로서의 성장과 진화의 방향을 결정한다. 한편 자아 이미지는 현재 우리의 행동 방식을 결정한다. 자아 이미지는 현재 이 시점에서 자신을 보는 방식이다. 자부심은 대부분 자아 이미지와 자아 이상의 관계 혹은 현재 우리의 평상시 행동 양식과 자신이 되고 싶은 이상적인 사람의 행동 양식의 비교에 의해서 결정된다. 평상시 행동이 자신이 되고 싶은 이상형과 일치하면 할수록 자부심도 높아진다. 그 경우 스스로를 좋아하고 존중한다. 또 행복하고 건강하며 낙관적이 되고, 높은 성과를 올리는 사람이 된다.

자부심은 긍정적인 자아개념의 기반이다. 높은 자부심은 판매 성공의 핵심적인 요소다. 자신을 좋아하고 존중할수록 어떤 일을 하든지 더 잘한다. 높은 수준의 자부심을 개발하고 유지하는 것은 자신이 가진 목표를 모두 달성할 수 있도록 자신을 성장시키기 위해서 매일 할 수 있는 가장 중요한 일이다.

<table>
<tr><td colspan="2" style="background:#333;color:#fff;text-align:center">자아 개념의 3가지 요소</td></tr>
<tr><td>1. 자아 이상 Self-ideal</td></tr>
<tr><td>2. 자아 이미지 Self-image</td></tr>
<tr><td>3. 자부심 Self-esteem</td></tr>
</table>

판매 성공의 주요 장애물

자부심이 높으면 판매에서 큰 성공을 거둔다. 같은 이유로 낮은 자부심은 판매 실패의 주요 원인이다. 낮은 자부심은 열등감, 스스로 가치 없는 존재라는 느낌, 자격이 없다는 느낌으로 이어지고, 그것은 다시 무능력하다는 느낌과 부족한 사람이라는 느낌으로 나타난다. 자부심이 낮은 사람은 다른 사람의 특성은 실제보다 과대평가하고, 자신의 능력은 과소평가함으로써 자신이 그들보다 뒤떨어졌다고 생각한다. 자부심이 낮은 사람은 반쯤 찬 유리잔을 보면 반이나 남아 있다고 하지 않고 절반이나 비어있다고 말한다. 낮은 자부심은 스트레스, 부정적인 태도, 비관적인 성격, 두려움과 자기 불신으로 이어져 거의 모든 상황에서 자신의 능력을 제대로 발휘할 수 없게 만든다.

판매에서 낮은 자부심의 부정적인 영향은 거절에 대한 두려움으로 나타난다. 거절에 대한 두려움은 판매 성공을 가로막는 가장 큰 장애물로서 자신의 잠재능력을 충분히 발휘할 수 없도록 하고 자신의 진정한 가치보다 훨씬 낮은 수준에서 타협하도록 한다. 더 많은 잠재 고객을 만나서 그것을 더 큰 판매로 연결시키는 일을 막는 것도 거절에 대한 두려움이고, 또한 판매 분야에서 커다란 성취를 거두는 일에 제동을 거는 것도 거절에 대한 두려움이다. 거절에 대한 두려움은 자신이 일하고 있는 분야에서 궁극적으로 최고가 되려면 반드시 제거해야 할 대상이다.

거절에 대한 두려움이 가진 유일한 좋은 점이라면 그 두려움이 습득되었다는 사실이다. 처음부터 거절에 대한 두려움을 갖고 태어나는 사람은 없다. 단지 유아기부터 조건화 과정을 통해서 지속적으로 학습되었을 뿐이다. 사람들은 거의 대부분 성장 과정에서 이 부정적인 행동 습관을 익힌다. 거절에 대한 두려움은 학습된 것이기 때문에 제거할 수도 있다. 때때로 학습된 두려움의 제거는 대단히 신속하게 이루어지기도 한다. 현재 우리가 지닌 모든 두려움은 성장 과정에서 부모님, 형제자매, 친구 등을 통해 반복과 강화를 거쳐 형성된 것들이다. 거절 혹은 거부에 대한 두려움의 뿌리는 '조건부 사랑'이다. 조건부 사랑이란 예를 들어서 부모 모두 혹은 부모의 한쪽이 아이가 특정한 방식으로 행동할 경우에만 사랑하고 지원하는 것이다. 아이가 엄마나 아빠가 원하는 대로 하지 않으면 더는 사랑해

전략적 세일즈

주거나 인정해 주지 않고, 아이에게 화를 내거나 부정적인 태도를 보인다. 또 아이를 자신들이 원하는 대로 하게 하려고 파괴적인 비판을 하고 때로는 체벌을 가하기까지 한다.

성장해 가면서 우리의 자아 이미지 즉 스스로에 관해서 어떻게 생각하는지는 다른 사람들이 자신을 어떻게 본다고 느끼는지에 따라서 크게 영향을 받는다. 경우에 따라서는 남들이 우리를 대하는 방식이나 평가에 과도하게 예민해져 버릴 수도 있다. 타인으로부터 호감과 존경 그리고 인정을 받으려고 자신의 행동을 억제하기도 한다. 존경받고 존중받기 위해서 자신의 고유한 특성을 포기하기 시작하는 것이다.

정도의 차이는 있겠지만 누구나 다른 사람들이 어떻게 생각하는지에 대해서 두려워하고 걱정한다. 자부심이 낮은 사람들은 이따금 다른 이들의 의견에 대단히 민감해서 심지어 동의를 받지 않고는 의사 결정을 하지 못하는 경우마저 있다. 아내가 동의하지 않으면 구매 결정을 하지 못하는 남편도 있고, 남편의 동의가 없으면 구매 결정을 내리지 못하는 아내도 있다. 부모의 동의 없이는 구매 결정을 못하는 몸만 어른인 사람이 있는가하면 친구, 변호사, 회계사 혹은 고문에게 물어본 다음이 아니면 구매 결정을 못하는 사람들도 있다. 그들은 비즈니스를 할 때도 누군가 다른 사람에게 사업 전체를 설명하고 나서 진행해도 되겠다는 말을 듣기 전까지는 결정짓지 못한다.

판매에서 거절에 대한 두려움은 모르는 사람을 방문하는 일을 두려워하는 것으로 나타난다. 판매하는 상품이나 서비스를 사 줄 새로운 가망고객을 찾아 나서는 것을 꺼리는 마음의 뿌리에는 바로 이 두려움이 있다. 거절에 대한 두려움은 스트레스와 걱정, 심지어 우울증까지도 초래한다. 또한, 가망고객 발굴 활동을 마비시키고 판매 활동 프로세스 전반에 걸쳐서 세일즈맨의 능력 발휘를 방해한다. 거절에 대한 두려움은 수많은 세일즈맨들이 판매 업무를 중도에 포기하고, 회사와 경영진을 비난하며 자신의 능력에 비해서 보수가 훨씬 적은 일을 하게 만드는 가장 큰 이유다. 거절에 대한 두려움은 다양한 형태로 나타나기 때문에 세일즈맨이 느끼는 두려움의 형태는 사람에 따라서 다르다. 이를테면 낮은 자부심과 열등감 때문에 거절에 대한 두려움을 일으키는 세일즈맨들은 사회적으로나 경제적으로 자신보다 우월하다고 생각되는 가망고객을 방문하는 것에 대해서 긴장과 불안을 느낀다. 그들은 고객에 비해서 자신이 부족하다고 느끼기 때문에 고위 임원이나 전문 직업인들은 방문하지 않는다. 또 많은 세일즈맨들이 인간관계를 해치지 않을까 혹은 무시당할까봐 친구나 동료들에게 판매하는 일을 두려워한다. 이들은 우선 세일즈를 하고 있다는 사실을 부끄러워하기 때문에 상품이나 서비스를 팔기 위해 자신이 아는 사람들에게 접근하는 것 자체를 두려워한다.

가장 일반적인 거절에 대한 두려움은 낯선 사람 즉 알지 못하고, 과거에 이야기해 본 적도 없는 사람들과 관련된 두려움이다. 거의 일반화되어 있는 이 거부에 대한 두려움은 유망한 세일즈맨의 미래를 망가뜨리는 가장 큰 요인으로, 상대방이 무례한 말을 하거나 "관심 없어요."라고 말하지나 않을까 하고 지레 겁을 먹는 것이다. 거절에 대한 두려움은 언제나 상대방의 호감을 얻지 못하는 것에 대한 두려움이다. 상대방의 무례, 비판, 부정적인 반응에 대한 두려움이고, '노(No)'라는 대답을 듣는 것에 대한 두려움이다. 만일 여러분이 '노(No)'라는 대답을 듣는 것이 두렵다면 직업 선택을 잘못한 것이다.

거절에 대한 두려움을 극복하는 출발점은 "거절은 개인적인 감정이 아니다."라는 사실을 깨닫는 것이다. 거절은 여러분의 인격과는 관계가 없다. 가망고객은 여러분을 인격적으로 거절할 만큼 잘 알지 못한다. 그가 거절하는 것은 상황이나 그 사람의 성격과 관련될 뿐이지 여러분의 성격, 인품, 능력과는 관계가 없다. 다시 한 번 강조하지만 거절은 전혀 개인적인 것이 아니다. 현대 사회에서 거절은 거의 모든 판매 제안에 대해서 표준화되었다고도 할 수 있는 반응이기 때문이다.

현재 자신의 최우량 고객 중에도 처음 그들과 접촉했을 때 부정적으로 반응했던 사람들이 있을 것이다. 그것은 충분히 예측 가능한 일이다. 현대인들은 매일같이 수백 가지의 광고물에 시달린다. TV, 라디오, 신문, 잡지, 우편물, 그리고 이메일은 상품과 서비스 광고로 넘쳐난다. 가망고객은 우리 상품을 사고 싶고 필요하더라도 이런 광고의 홍수로 인해 처음에는 대부분 부정적인 반응을 보이게 마련이다. 또 가망고객들은 업무와 다양한 일 때문에 정신을 차릴 수 없을 정도로 바쁘다. 우리가 해야 할 일은 침착한 태도로 인내와 끈기를 발휘해 가망고객의 어떤 부정적인 반응에도 영향을 받지 않도록 대처하는 것이다. 그가 보이는 반응은 다시 강조하지만 개인적인 것이 아니기 때문이다.

얼마 전 판매 세미나를 할 때 한 남자가 다가오더니 과거 세미나에서 내가 했던 말이 자신의 인생을 변화시켰다고 말했다. 그의 이야기에는 대단히 귀중한 교훈이 담겨 있었다. 1년 전 그는 판매 실적이 너무 좋지 않아서 더이상 세일즈맨을 계속할 수 없는 지경에 이르렀다. 과거의 부정적 기억으로 인한 두려움 때문에 가망고객을 만나는 일이 너무 싫어져서 점점 더 그 일을 소홀히 하게 되었고 판매 실적도 나날이 떨어졌다. 그는 자신이 해고당할 날이 머지않았음을 직감했다.

그는 내 세미나에 와서 "거절은 개인적인 것이 아니다."라는 말을 듣고 정신이 번쩍 들었다. 세일즈맨으로서 자신의 삶을 망치고 있는 것은 알지도 못하고 관심도 없는 타인들을 방문하는 것에 대한 과도한 두려움이라는 점을 깨달았다. 두려움을 극복하지 못하고 사로잡힘으로써 스스로 자신과 가족들에게 정서적 그리고 경제적인 고통을 주고 있었던 것이다.

그것이 계기가 되었다. 그는 바로 그날부터 전화 판매와 방문 판매를 통한 고객 발굴에서 두각을 나타낼 수 있다면 필요한 모든 일을 하겠다고 결심했다. 세일즈 프로그램을 학습했고 운전 중에는 오디오 교재를 들었다. 또 가망고객 발굴에 관한 책과 자료를 매일 읽으며 아침에 일찍 일어나서 가망고객 발굴 기술을 연습했다. 6개월도 채 지나기 전에 그는 다니던 회사에서 가망고객 발굴 능력이 가장 뛰어난 사람이 되었고, 판매 실적도 400퍼센트 이상 증가했다. 최근에는 세일즈 매니저로 승진해서 높은 급여뿐 아니라 신규점포 개설에 따른 개발비를 인센티브로 받고 직원들의 실적에 따른 수당도 받는다. 1년이 채 못 되어서 그의 인생과 경력은 완전히 달라졌다. 스스로 결심한 후 그를 가로막는 거절에 대한 두려움을 제거했기 때문이다. 이제 자아 이미지도 변해서 그는 자신이 가망고객 발굴 능력이 뛰어난 사람이라고 생각한다. 새로운 자아 이미지는 그가 가진 생각, 느낌, 행동을 결정하므로 이제 그의 가망고객들은 그를 보다 열린 마음과 흥미를 갖고 대한다. 그 결과 그는 자신의 성과를 결정해 온 유일한 요소는 자신의 태도였다는 점을 드디어 깨달았다.

가장 우선적인 과제

두려움은 이제까지 사람들이 가진 가장 큰 적 중의 하나였고, 지금도 그렇다. 두려움은 우리들의 삶과 경력을 가로막는 제일 큰 장애물이다. 두려움이 끼치는 영향은 포착하기 어려우면서도 그 피해가 엄청나다. 두려움은 잠재의식 깊은 곳에 영향을 미쳐서 세상을 부정적으로 보도록 하고 사건을 자신에게 불리하게 해석하도록 만든다. 또한, 같은 방식으로 생각하고 느끼는 사람들하고만 어울리게끔 해서 각자가 가진 두려움과 믿음을 강화시킨다. 이와 같은 영향이 축적되어 성격과 경력에 미치는 결과는 비극적이다. 판매에서 커다란 성공을 거두고자 한다면 두려움이 우리 삶에 영향을 미칠 수 없도록 제거하는 일이 가장 최우선적인 과제다.

두려움과 자부심 사이에는 시소와 같은 반비례 관계가 있다. 두려움이 클수록 자부심은 낮아진다. 반면에 자부심이 높을수록 두려움은 작아진다. 자부심을 높여 주는 모든 활동은 우리를 방해하는 두려움을 감소시키고, 두려움을 감소시켜 주는 모든 활동은 자부심을 높여 주고 성과를 향상시킨다.

모든 두려움은 그것을 불러일으키는 사건이나 그러한 사건에 대한 생각을 반복함으로써 학습된 것이기 때문에, 반응을 거부하는 용기 있는 행동을 반복하면 제거된다. 예를 들어서 자신이 콜드콜에 대해서 두려움을 갖고 있다면 그것을 극복하는 가장 좋은 방법은 두려움이 다시는 생기지 않을 때까지 콜드콜을 계속하는 것이다. 이것을 '체계적 둔감화'라고 부른다. 두려움을 주는 행위가 더는 두려워지지 않을 때까지 반복하는 것이다. 체계적 둔감화는 삶의 모든 분야에서 용기와 자신감을 배양하는 가장 뛰어나고 효과적인 방법이다. 랄프 왈도 에머슨 Ralph Waldo Emerson 은 "두려워하는 그 일을 하라. 그러면 두려움은 분명히 사라진다."고 말했다.

거절에 대한 두려움을 극복하는 또 한 가지 방법은 대중 연설 능력을 기르는 것이다. 어떤 누려움들은 마치 선선처럼 잠재의식 속에 서로 연결되어 있어서 한 가지 두려움이 촉발되면 같은 회로 속에 들어 있는 다른 두려움들도 함께 작용하게 된다. 거절의 두려움과 함께 연결되어 있는 두려움은 대중 연설에 대한 두려움이다. 성인들 중 54퍼센트가 대중 연설의 두려움이 경우에 따라서는 죽음에 대한 두려움보다 크다고 표현했다. 예를 들어서 크리스토퍼 리더십 Christopher Leadership 과정에 참석해서 대중 연설 능력을 기르게 되면 다른 사람과 일대일로 만나서 이야기하는 데에 자신감이 커진다. 대중 연설을 잘할 수 있게 되면 그와 동시에 고객 발굴과 판매 활동도 강력하고 설득력 있게 할 수 있다.

거절의 두려움을 제거하는 2가지 방법
1. 체계적 둔감화
2. 대중 연설 능력 기르기

그러나 가망고객 발굴이 반드시 판매 성공을 가져오는 것은 아니다. 판매 성공은 새로운 고객을 만나고자 하는 열망에서 온다. 상품과 서비스를 고객이 가진 문제의 해결책으로 제시하고자 하는 열망이 판매 성공을 가져온다. 판매 성공은 고객들이 구매를 거절하는 것이 왜 손해가 되는지를 보여 주고자 하는 열망에서 온다. 또한, 열정을 갖고 고객들에게 다음으로 미루지 말고 그 자리에서 즉시 구매 결정을 하도록 요청하는 것에서 온다. 판매 성공은 고객들에게 다른 고객을 추천해 달라고 정중히 요청하고 그 고객에게 다음에도 판매하고자 하는 열망에서 온다. 그리고 판매 성공의 핵심이 되는 열망은 거절에 대한 두려움에 직면해서 그것을 극복해 낼 때 자연스럽게 높아지는 자부심으로부터 온다.

자아 이미지 바꾸기

자부심의 수준이 판매 수준을 결정하고, 얼마나 행복하고 긍정적이며 낙관적으로 살 수 있는지를 결정한다. 자부심은 자기 자신을 얼마나 좋아하고 받아들이고 존중하는지 그리고 자신을 얼마나 가치 있고 소중한 존재라고 느끼는지에 따라서 결정된다. 자부심을 높여 주는 행동은 우리 삶의 영역 전반을 향상시킨다.

자부심의 이면에는 자아 유능감 self-efficacy이 있다. 자아 유능감의 수준은 자신이 어떤 일을 얼마나 잘한다고 느끼느냐에 따라서 결정된다. 잘하면 잘할수록 더 좋은 느낌을 갖게 되고 더 좋은 느낌을 받을수록 더 잘하게 된다. 자부심과 자아 유능감은 서로 상대방을 키워 준다. 서로 다른 쪽을 지원하고 강화한다. 자신에 대해서 좋은 느낌을 지녔는데 일을 잘 못하거나 반대로 일을 잘 못하는데 자신에 대해서 좋은 느낌을 갖는 것은 불가능하다. 자신의 현재 행동이 자신이 되고자 하는 최고의 모습, 즉 자아 이상과 일치하면 할수록 자부심은 높아지고 자신을 더 좋아하고 더 존중하게 된다.

긍정적이고 전문가다운 행동을 의식적으로 신중하게 반복해서 하게 되면 결국 자기 자신을 긍정적인 사람으로, 전문가로 보게 된다. 가망고객과 기존 고객을 대할 때 긍정적인 느낌, 전문가로서의 느낌을 갖게 되고 자신이 통제하고 있는 행동은 그 행동과 일치하는 느낌과 이미지를 만들어 내게 된다. 사람들은 그들을 대하는 행동을 통해서 당신을 판단한다. 그들은 대부분 당신을 액면 그대로 받아들인다. 그들을 대할 때 어떤 모습인지, 어떻게 말하고 행동하는지에 따라서 당신을 평가하는 것이다. 만일 모든 면에서 최고의 판매 전문가답게 행동하면, 그들은 당신을 그에 합당하게 대우할 것이다.

최고 세일즈맨은 영입 환경이 좋은 지역에서 좋지 않은 지역으로 전환 배치하더라도 전과 같이 뛰어난 성과를 올린다. 마찬가지로 실적이 나쁜 세일즈맨을 영업 환경이 좋지 않은 지역에서 아주 좋은 지역으로 보내더라도 성과는 예전과 별반 다르지 않다. 자아 이미지 즉 자신을 어떤 사람이라고 생각하는지에 따라서 현재의 성과가 결정된다. 자신이 연간 5만 달러를 버는 세일즈맨이라고 생각하면 경세 상황과 경생 상대 혹은 회사 여건과 관계없이, 또 근무지나 근무 조건에 관계없이 5만 달러를 벌 수 있을 만큼 판매한다. 판매 성과는 외부에서 어떤 일이 벌어지는지와 거의 관계가 없다. **판매 성과는 개개인의 내면에서 어떤 일이 일어나고 있는지에 의해서 주로 결정된다.**

내 기업고객 한 곳은 31개의 지점이 있다. 그 중 한 지점은 다른 곳과 비교할 수 없을 정도로 아주 특출했다. 매년 계속해서 판매 실적이 1위였고, 2위 지점보다 실적이 두 배에서 세 배에 이르는 경우도 종종 있었다. 그 지점의 책임자는 뛰어난 판매 관리자였는데, 그는 최고의 인재를 채용하여 교육시켰다. 그는 직원 채용에 대단히 까다로웠다. 가장 중요하게 생각하는 것은 태도와 성격이었다. 그런데 다른 회사 혹은 다른 지점에서 평범한 수준에 머물렀던 세일즈맨들도 이 지점에서는 근무한지 몇 개월이 지나지 않아 뛰어난 실적을 보여 주었다. 이런 경향은 여러 해에 걸쳐서 지속되었다.

이유가 무엇일까? 답은 아주 간단했다. 새로 들어온 직원 주위에는 뛰어난 판매 기법과 판매 성과의 모범이 되는 승자들이 가득했기 때문이었다. 긍정적인 태도를 갖고 열정적인 직원들이 다른 곳보다 더 일찍 출근해서 열심히 일하고 더 늦게까지 근무하는 모습을 매일 볼 수 있었다. 신입 직원은 팀워크와 서로 협력하는 태도를 배우려고 노력했고, 주위에 있는 동료들은 호의적이며 서로 돕고자 했다. 함께 근무하는 사람들은 누구나 최고의 지점에서 최고의 직원들과 같이 일한다는 점에 대해 자부심을 가졌다. 새내기 직원은 얼마 지나지 않아서 자신을 둘러싼 열정에 물들어 다른 사람들과 비슷한 방식으로 일하기 시작했고 동일한 성과를 냈다.

자아 이미지를 바꾸는 것이야말로 우리들이 가진 판매 잠재력을 끌어내는 열쇠다. 자아 이미지를 바꾸는 것은 최고 세일즈맨들의 생각과 느낌 그리고 행동을 우리 안에 프로그램해서 입력하는 일이다. 현재 어떤 분야에서 일하

고 있는지와 상관없이 자신을 보는 방법을 바꾸면 판매 실적이 즉시 개선
되기 시작한다.

최고 세일즈맨들은 그들이 어떤 분야에서 일하고 있든지 다음과 같은 일
곱 가지 방식으로 자신들을 바라보고, 자신들에 대해서 생각하고, 가망고
객과 기존 고객들에게 대응한다. 이것이 자아 이미지 혹은 자부심을 높이
는 일곱 단계다. 그들과 동일하게 자신의 자아 이미지를 만들고 바꾸면 다
른 어떤 방법보다도 더 빨리 그리고 확실하게 판매 실적을 높일 수 있다.

1. 자신을 자신이 경영하는 1인 기업의 사장이라고 생각하라

다른 모든 특성들의 근원이 되는 가장 중요한 특성 혹은 자아 이미지는 자
신을 자신이 소유한 1인 기업을 경영하는 사장이라고 보는 태도다. 이런
태도는 업무, 회사, 상품과 서비스, 가망고객과 기존 고객을 대하는 여러
분의 방식 그리고 그밖에 여러분이 하는 모든 행동에 영향을 미친다. 자
신이 스스로 경제적인 운명에 대한 책임을 지고 있다는 태도야말로 뛰어
난 세일즈맨과 그렇지 못한 세일즈맨을 구분하는 핵심적인 차이다. 자신
을 자기가 경영하는 1인 판매 회사의 사장이라고 보게 되면, 한 인간으로
서의 자신이나 본인에게 일어나는 모든 일에 대해서 자연스럽게 책임을
지게 된다.

자부심이 판매 성공의 첫째 기둥이라면 자기 책임은 두 번째 기둥이다.
자신을 좋아하면 할수록 자신의 삶에 대해서 더 큰 책임을 느끼게 되고,
반대로 자신의 삶에 대해서 더 큰 책임을 느끼면 느낄수록 자신을 더욱더
좋아하게 된다. 자부심과 자기 책임은 서로가 서로를 지원하고, 어느 것
도 다른 쪽 없이는 존재할 수 없다.

현재의 법 체계 아래에서 우리들은 누구나 자신이 소유하는 회사의 사장
이 될 수 있다. 누구의 허락도 받을 필요 없이 그냥 사장이 되겠다고 결정

만 내리면 된다. 자신의 마음속에서 자기 자신을 사장으로 임명함으로써 스스로 삶에 대해서 완전한 책임을 지게 된다. 판매 결과에 대해서 전적으로 책임을 지고 완전히 독립된 인간으로서 자신의 개인적, 경제적인 운명을 결정하고 통제하게 된다. 자기에게 일어나는 모든 일에 대해서 완전하게 책임을 받아들이게 되면, 변명을 하거나 남의 탓을 하지 않게 된다. "누군가가 책임을 져야 한다면 내가 지겠다."고 말한다. 우리 자신이 우리 인생의 책임자고 최종 결정권자다. 우리 뒤에 책임을 떠넘길 수 있는 사람은 존재하지 않는다. 판매 실적이 좋으면 노력의 결과이고, 나쁘면 자신이 책임을 진다. 결코 불평하지도 변명하지도 않는다.

모든 분야에서 상위 3퍼센트에 해당하는 사람들은 자신이 마치 '그곳의 주인'인 것처럼 행동한다. 자기가 일하고 있는 회사에서 발생하는 모든 일을 자신이 그 회사의 주식 전부를 갖고 있는 소유주와 같은 관점에서 본다. 그들은 고객, 판매, 품질, 손익, 유통, 비용 효율성에 대해서 책임감을 느낀다. 그리고 자신의 업무, 상품과 서비스에 몰입한다.

삶에서 어떤 것들은 우리가 선택할 수 있지만 필수적인 것들도 있다. 다음 겨울 휴가를 하와이에서 보내겠다는 것은 선택적이다. 상황에 따라서 가도 되고 안 가도 된다. 그러나 1인 기업의 사장이 되는 것은 필수적이어서 선택권이 없다. 여러분은 이미 그 회사의 사장이 되었다. **우리가 삶에서 저지르는 최대의 실수는 자기 자신을 위해서가 아니라 다른 사람을 위해서 일한다고 생각하는 것이다.** 우리는 처음 취직할 때부터 은퇴할 때까지 1인 기업의 사장이며 우리 스스로가 책임자다. 궁극적으로 우리의 급여를 결정하고 지급하는 것은 바로 우리 자신이다. 엄밀히 말해 직장생활의 조건을 결정하는 것도 우리다. 현재 우리가 직면하고 있는 상황에서 마음에 들지 않는 부분이 있다면 그것을 바꾸는 것도 우리 몫이다. 다른 누구도 그것을 바꿀 수 없고, 또 그렇게 해 주지도 않는다.

더 많은 돈을 벌고 싶은가? 그렇다면 가까운 거울 앞에 서서 거기에 비치는 자신의 '상사'와 협상하라. 거울에 비치는 사람이 우리가 얼마나 잘 해낼 것인지 그리고 급여를 얼마나 받을지를 결정하는 사람이기 때문이다.

실습 과제를 제시하겠다. 매달 첫째 날 그달에 자신이 받고 싶은 급여를 수첩에 적어라. 그 다음 사장으로서 어떻게 하면 급여를 지급할 수 있을지에 집중한다. 급여를 인상하기 위해서 판매를 증가시켜야 한다면 어떻게 하면 판매를 증가시킬 수 있는지 방법을 찾는 것은 스스로의 몫이다. 1인 판매 기업의 사장으로서 현재 근무하고 있는 회사는 가장 중요한 고객이다. 물론 평생 현재의 회사에서만 근무하는 것은 아닐 수도 있다. 전에 다른 회사에서 근무했을 수도 있고, 경제 상황이 급변하고 있으므로 앞으로 다른 회사로 옮길지도 모른다. 그러나 변하지 않는 것이 있다. 언제나 우리 자신을 위해서 일한다는 점과 자신이 경영하는 1인 기업의 사장이라는 사실을 잊어서는 안 된다.

직원 신분에서 1인 서비스 기업의 사장 신분으로 바꾸겠다는 결정은 자기 자신이 스스로의 삶에서 가장 중요한 창조적 힘의 원천이 되겠다는 사실을 의미한다. 다시는 자신을 회생자 또는 외부 경제 상황이 수동적인 수용자로 보지 않는 것이다. 대신 적극적인 추진자가 되서 상황을 주도하고 일터에 나가서 자신의 삶을 가꾸어 간다. 가장 높은 가격을 제시하는 사람에게 자신의 서비스를 팔고, 1인 기업이 할 수 있는 최고의 서비스를 제공한다. 좋은 일이 일어나기를 마냥 기다리거나 바라는 대신에 일이 일어나게끔 만든다.

우리는 자신이 경영하는 1인 기업의 사장으로서 사업과 관련된 모든 활동을 관장한다. 판매, 마케팅, 제조, 품질 관리, 유통 그리고 재고 관리 등 모든 것이 우리 책임이다. 우리는 또한 교육훈련 부서의 책임자이기도 하다. 따라서 스스로를 지속적으로 개발해서 자신이 제공하는 서비스의 가치와 대가도 높여 가야 한다. 개인적인 면에서 그리고 업무적인 면에서 우리 삶 전반에 대한 책임은 우리 자신에게 있다.

프로 세일즈맨과 평범한 세일즈맨과의 가장 큰 차이 하나를 든다면 무엇일까? 그것은 프로 세일즈맨은 의사, 변호사, 건축가, 엔지니어, 치과의사처럼 판매에 대한 서적과 전문 자료로 가득한 서재를 갖고 있으며 경력이 쌓일 수록 지속적으로 관련 자료를 늘려 간다는 점이다.

자신을 단순히 종업원 혹은 경제의 희생양으로 보는 평범한 세일즈맨들은 자기 자신에게 거의 투자하지 않을뿐더러 판매에 관한 책이나 교재가 전혀 없는 경우도 많다. 그들은 자신들의 훈련을 위해 회사에서 시간과 비용을 투자해 주길 기다린다. 그들은 스스로 사업을 하고 있다는 사실과 자신이 1인 기업의 사장이며 세월이 흐를수록 자신의 미래가 제한되어 간다는 점을 인식하지 못한다.

지금까지 이야기한 것을 정리해 보면, 1인 기업의 사장으로서 우리가 개발해야 할 가장 우선적이고 중요한 자아 이미지는 우리 삶에 대한 책임은 우리 자신에게 있다는 것 그리고 우리를 고용하고 있는 것은 다른 누구도 아닌 자기 자신이라는 것이다. 지금부터 우리에게 일어나는 모든 일에 대해서 100퍼센트 책임지는 일도 그리고 현재 상황이 마음에 들지 않으면 그것을 어떤 식으로든지 변화시키거나 개선하는 일도 우리 몫이 되어야 한다.

2. 컨설턴트가 되라

최고의 성과를 올리는 세일즈맨들이 갖고 있는 두 번째 자아 이미지는 컨설턴트다. 그들은 자신을 세일즈맨이 아니라 컨설턴트라고 본다. 자신을 상품 판매업자가 아니라 자신이 가진 상품과 서비스를 통해 문제를 해결하는 사람으로 여긴다. 그들은 오직 판매만을 목적으로 굽실거리며 고객에게 접근하지 않는다. 대신 고객들이 문제를 해결하거나 목표를 달성할 수 있도록 돕기 위해 방문한 컨설턴트와 같은 태도로 고객에게 다가간다. 자신을 컨설턴트로 보기 때문에 그들은 신중하게 질문하고 경청한다. 고객들이 진정으로 원하고 필요로 하는 것에 기초해서 좋은 해결책을 제시할 수 있도록 고객의 상황을 이해하는 일에 초점을 맞춘다.

그들은 컨설턴트로서 일을 제대로 하려면 자신이 일하는 분야에서 전문가 또는 권위자가 되어야 한다는 점을 잘 알고 있다. 따라서 자신이 다루는 상품과 서비스를 완벽하게 이해하기 위해서 학습에 많은 시간을 투자한다. 자신이 판매하는 상품은 물론이고 경쟁자의 상품에 대해서도 아주 세밀한 부분까지 철저하게 공부한다. 또 상품의 특징과 효능, 장점과 단점, 유리한 점과 불리한 점에 대해서 연구한다. 상품에 대해서 꿰뚫고 있기 때문에 고객들은 그것을 느낄 수 있고 대화하는 과정에서 서로 신뢰가 깊어진다.

최고 세일즈맨들은 자신이 컨설턴트로서 고객들이 필요로 하는 것을 제공해 주는 역할을 맡고 있다고 생각한다. 자신을 고문, 멘토, 친구로 인식하고 그에 따라 행동한다. 그들은 판매를 통해서 맺게 되는 인간관계에 정서적으로 깊이 몰입해서 자신이 제공하는 상품이나 서비스가 사망고객의 진정한 필요에 대한 이상적인 해결책인지 심사숙고한다. 상품이나 서비스를 판매하는 것보다는 고객들에게 도움을 주는 것에 더 높은 관심을 갖고 있다는 점에서 다른 경쟁자들과 차별화된다. 고객들은 그들이 상품의 판매보다는 자신들에 대해서 더 큰 관심을 갖고 있다고 느낄 때가 많고 실제로도 그렇다.

자신을 세일즈맨보다는 컨설턴트로, 상품과 서비스의 판매자보다는 문제 해결사로 보는데 있어서 마지막 요소가 한 가지 있다. 그것은 고객에게 어떤 상품이나 서비스를 구매하도록 추천하기 전에 먼저 충분한 시간을 투자해서 고객의 상황을 완전하게 이해하려고 한다는 점이다. 고객과 미팅을 하기 전에 사전 조사를 하고, 미팅에서는 그 조사 결과에 기초해서 핵심을 찌르는 질문을 던져 고객이 필요로 하는 것이 무엇인지를 보다 심층적으로 파악한다. 그 다음에는 고객의 필요에 맞도록 재단된 상품과 서비스를 제공함으로써 고객은 구매하는 상품이 자신이 직면한 문제에 대한 이상적인 해결책이라는 결론을 내리게 된다. 이처럼 고객에게 자신의 상품을 이상적인 해결책으로 제시하려면 제안을 하거나 해결책을 제시하기 전에 먼저 충분한 시간을 들여서 고객의 사업과 상황을 완벽하게 간파하지 않으면 안 된다. 그것이 컨설팅적인 접근법의 핵심이다.

3. 판매 전문의가 되라

최고 세일즈맨들이 사용하는 세 번째 자아 이미지는 판매 전문의다. 그들은 자신을 대단히 엄격한 윤리 강령을 지켜야 하고 환자의 이익을 최대한 보호해야 하는 전문의로 본다. 판매 전문의로서 우리는 고객들을 대할 때 의사가 환자를 진료할 때와 동일한 전문가적인 행동과 활동 순서를 지켜야 한다. 우리는 고객들이 우리의 활동 순서나 판매 과정에 개입하도록 허용해서는 안 된다.

의사들의 진료 프로세스는 어디에서나 동일하다. 상황이 어떠하든지 담당 과목이 무엇이든지 진료를 받으러 가면 의사는 진찰, 진단, 처방의 3단계 절차에 따라서 진료한다. 의사가 이 3단계에 따라서 순차적으로 진료하지 않는 것을 상상할 수도 없듯이, 우리도 판매 전문의로서 고객들의 압박이 있더라도 이 3단계 프로세스를 거치지 않고 상품을 제안하는 일이 있어서는 안 된다. 이것은 방문 판매를 할 때나 엑슨모빌에 유조선을 판매할 때도 반드시 지켜져야 할 철칙이다.

진찰 단계에서는 환자의 상태와 상황을 완전하게 파악할 수 있도록 순서에 따라서 세심하게 준비된 질문을 던진다. 철저하게 진찰해서 고객의 문제점을 만족스럽게 파악하기 전에는 두 번째 단계로 넘어가서는 안 된다.

두 번째 단계는 진단이다. 진단 단계에서는 진찰 결과를 고객에게 알려 주고 우리가 찾아낸 증상이 환자가 실제로 경험하는 증상과 일치하는지를 재확인한다. 추가적인 질문을 던져서 확인하고 입증한다. 진단이 환자의 상태 혹은 환자가 가진 문제를 정확하게 설명해 준다는 점에 관해 환자와 합의한다. 치료해야 할 문제가 있다는 것과 그 문제를 정확하게 찾아냈다는 것에 대해서 상호 합의가 이루어지면 다음 세 번째 단계로 넘어간다.

세 번째 단계는 처방이다. 처방 단계에서는 모든 상황을 고려할 때 진단한 질병에 대한 최선의 치료 방법은 우리가 가진 상품이나 서비스라는 점을 고객에게 알려 준다. 우리가 제시하는 치료법이 고통을 제거하거나 문제를 해결할 수 있음을 알려 준다. 물론 제시하는 상품이나 서비스를 사용할 경우 발생할 수도 있는 부작용과 문제점의 설명도 필요하지만, 전체적으로 보면 우리가 제시하는 방법이 가장 최선책이라는 점을 고객에게 납득시킨다. 의사가 환자를 치료하는 것과 같은 방식으로 고객들에게 판매하는 프로 세일즈맨들은 판매 활동이 훨씬 더 부드럽게 이루어지고 짧은 시간에 더 많이 판매할 수 있다는 사실을 인식하고 있다.

4. 전략적 사고를 하라

최고 세일즈맨들은 전략적 사고를 한다. 그들은 자신이 원하는 것을 얻기 위해서 명확한 목표를 설정하고 그 목표를 달성하기 위한 체계적인 계획을 수립한다. 그들은 먼저 생각한 다음에 행동하며, 행동은 단호하고 신속하게 한다. 그들은 일을 계획하고 계획한 것은 반드시 실행에 옮긴다. 그들

은 현재의 위치에서 자신이 원하는 곳으로 어떻게 움직일 것인지를 미리
정확하게 결정하고 행동한다. 반면 비전문가들은 다르다. 그들은 마치 불
나방이 불속으로 뛰어들듯이 시장에 몸을 던져 소리지르며 바삐 뛰어다니
지만 사실 힘만 빼고 별 소득은 얻지 못한다.

그러나 프로는 확실히 다르다. 주말이나 저녁에 시간을 내서 판매 목표
를 달성할 수 있는 방법을 연구한다. 하루의 매 순간 자신이 어떤 일을 하
고 있는지 명확하게 인식하고 있다. 주간 계획, 월간 계획, 연간 계획이
수립되어 있다. 일정 기간에 벌어야 할 소득과 그 소득을 벌기 위해서 얼
마를 팔아야 할지 알고 있다. 가망고객과 기존 고객들이 있는 곳과 그들을
확보할 수 있는 계획을 갖고 있다. 명확한 청사진을 갖고 자신이 운영하는
판매 사업의 모든 영역을 철저히 파악하고 있는 사람은 사전에 활동 계획
을 세우지 못하는 사람에 비해서 훨씬 여유와 자신감이 넘치고 유능해 보
인다. 좋은 계획이 있다는 것은 자신이 달려야 할 길을 알고 있다는 말이
다. 단기적인 좌절이나 실패는 큰 문제가 되지 못한다. 긴 안목으로 볼 수
있게 되고, 보다 객관적인 관점을 갖게 되어 특정한 미팅이나 가망고객 혹
은 판매에 연연하지 않게 된다. 서두르거나 시간낭비 없이 꾸준하게 체계
적으로 일할 수 있다. 전략적 사고와 계획 수립이 주는 커다란 이득 하나
는 그 과정에서 자아 이미지와 자부심이 높아진다는 것이다.

5. 결과 지향적이 되라

최고 세일즈맨들이 공유하는 한 가지 핵심적인 자질은 그들이 대단히 결
과 지향적이라는 점이다. 그들은 항상 자기가 맡은 일을 제대로 시간에 맞
춰서 해낼 것이라고 믿어도 되는 유형의 사람들이다. 우리도 자신을 그런
사람으로 만들어야 한다. 또 최고 세일즈맨들은 공감과 야망이라는 두 가
지 특성을 지니고 있다. 공감은 고객들의 최대 이익에 민감하게 반응할 수

있도록 해 주고, 야망은 판매를 성사시키는 것에 집중할 수 있도록 해 준다. 그들은 이 두 가지 특성 사이에서 균형을 지키며 고객과 판매 모두 신경을 쓴다.

거절에 대해서 과도하게 걱정하는 사람들은 고객의 마음을 상하게 만들지 않으려고 지나치게 신경쓰다가 주문 요청을 하지 못한다. 또 판매하는 데만 관심이 있는 사람들은 고객의 심기를 건드려서 판매에 실패한다. 유능한 세일즈맨은 두 가지 모두에 신경을 써야 한다.

또한, 높은 수준의 결과 지향성을 유지하려면 시간을 매우 효율적으로 사용해야 한다. 아주 작은 시간도 소중하게 생각해야 한다. 세밀한 분석을 통해서 높은 가치를 지닌 고객들과 그렇지 않은 고객들을 구분한 다음, 투자하는 시간에 비해서 가장 잠재적 가치가 큰 고객들과 더 많은 시간을 보내야 한다. 결과 지향성이 아주 강하다는 자아 이미지를 가지려면 자신이 해야 할 가장 우선적인 일은 상품과 서비스의 판매라는 점을 항상 기억하고, 어떤 일을 할 때도 잊지 말아야 한다.

6. 최고가 되라

일류 세일즈맨들은 자신이 일하고 있는 분야에서 최고가 될 수 있다고 믿는다. 그들은 큰 야망을 갖고 있고 자신이 일하는 분야의 최고 세일즈맨을 롤모델로 삼고 있다. 그들의 책을 읽고, 그들의 교재를 듣고, 그들의 세미나에 참가한다. 회사 내에서는 가장 뛰어난 동료들과 시간을 보내고, 참고 서적과 교재 그리고 일에 대해서 조언을 구하며 최고 세일즈맨들과 일체감을 느낀다.

높은 자부심은 스스로 발전하고자 하는 욕구를 불러일으킨다. 자신을 진정으로 좋아하는 사람은 탁월성을 기준으로 삼는다. 그는 최고를 목표로 하는 것을 두려워하지 않는다. 자신이 일하는 분야에서 최고라고 인정받는 사람들을 보면서 어떻게 하면 그들처럼 될 수 있을까에 대해서 매일 고민한다. 그리고 그 꿈을 위해 꾸준히 자신을 개발하고 전문 능력을 키운다.

지금의 분야에서 최고 세일즈맨이 될 수 있는 능력을 지녔다고 생각하는 바로 그 행동이 전반적인 자아개념을 향상시키고 자부심을 높여 준다. 심리학자인 나다니엘 브랜든 Nathaniel Branden 은 자부심을 '자기 자신에게 비치는 자기 모습'이라고 말한다. 자신에 대해서 높은 기준을 설정하게 되면 자신에 대한 평가는 즉시 높아지고 자신을 더 좋아하고 존경하게 된다. 자신이 큰 업적을 남길 수 있다고 믿게 되는 한편, 내면에서 자아 이미지가 높아짐과 동시에 외부에서는 판매 성과가 올라간다.

앞부분에서 모든 대규모 판매 조직에는 1년에 2만 5천 달러를 버는 사람들도 있지만 25만 달러 이상을 버는 사람들도 있다는 점을 지적한 바 있다. 중요한 사실은 현재 25만 달러를 벌고 있는 사람들도 과거에 최고가 되겠다고 결정하기 전까지는 2만 5천 달러밖에 벌지 못했다는 사실이다. 최고가 되겠다는 결정이 그들의 인생에 전환점이 되었던 것이다.

우리 역시 마찬가지다. 최고 세일즈맨이 되는 출발점은 바로 자신이 현재 일하고 있는 분야에서 반드시 최고가 되고 말겠다는 명확하고 분명한 결정을 내리는 일이다. 그것이 우리의 가장 우선적인 목표로 우리가 가는 방향이고 그것을 달성하려면 매일 어떤 일을 해야 하는지 보여 준다. 탁월성은 목표라기보다는 여정이다. 탁월해지겠다고 결단을 내렸다면 끈기와 확고한 각오로 그것을 성취하기 위한 노력을 경주해야 한다.

7. 황금률 판매를 실천하라

자아 이미지를 높이고 판매 실적을 향상시키기 위한 일곱 번째 단계는 황금률 사고방식 golden rule mentality 을 갖는 것이다. 황금률은 "남에게 대접받고자 하는 대로 남을 대접하라."는 것이다. 판매에 있어서 황금률도 마찬가지로 "남들이 나에게 팔기를 바라는 방법으로 남들에게 팔라."는 것이다.

이것은 무슨 의미일까? 세상에는 수없이 다양한 사람들이 있기 때문에 접근 방법도 달라야 하고 기법도 달라야 하는 것이 아닐까? 결론부터 말하자면, 그렇기도 하고 아니기도 하다. 판매에서 황금률을 실천한다는 것은 쉽게 말하면 다른 사람들이 우리에게 물건을 팔 때 우리가 그들에게 바라는 것처럼, 우리도 정직하고 진실하게 그리고 상대방을 이해하고 배려하면서 사려 깊게 판매해야 한다는 의미다.

제품 구매시 세일즈맨이 먼저 우리와 우리 상황을 완벽하게 이해한 후에 가장 좋은 상품이나 서비스를 추천해 주기를 바라는 것처럼 우리도 고객에게 그렇게 해야 한다. 우리가 지혜로운 구매 결정을 할 수 있도록 세일즈맨이 정직한 정보를 제공하기를 바란다면 우리도 역시 고객에게 똑같이 해야 한다. 세일즈맨이 자신의 상품은 물론이고 경쟁자 상품의 장단점에 대해서 완벽하게 파악하고 설명하기를 바란다면 우리 상품과 경쟁자의 상품에 관해서 그렇게 해야 한다. **아마도 황금률 판매** golden rule selling **에서 가장 중요한 것은 '따뜻한 관심'이라는 단어에 담겨 있는 정서적 측면일 것이다.**

일류 세일즈맨은 자신의 고객들에게 관심을 갖고 그들을 소중하게 대한다. 그들은 또한 자기 자신, 자신이 일하는 회사, 자신의 상품과 서비스에 관심을 갖고, 특히 자신의 고객들이 올바른 구매 결정을 내리는 것에 많은 관심을 기울인다.

자신이 알고 있는 최고 세일즈맨을 떠올려 보라. 그들 모두 고객들에게 관심을 갖고 소중하게 대해 주는 사람들이라는 것을 알 수 있다. 또 자신에게 최고의 고객이 누구일까 생각해 보면 예외 없이 자신이 관심을 갖고 소중하게 대하는 사람들이고, 그들도 자신을 그렇게 대해 준다는 것을 알 수 있다. 자신이 누구에게서 구매하고 있는지 떠올리면 그들이 다른 사람들보다 더 많은 관심을 보여 준다는 생각이 들 것이다.

우리의 업무 생활 어느 부분을 살펴보더라도 그 분야의 중요한 사람들에게서는 공통적으로 성품과 특성 속에서 '따뜻한 관심'이라는 항목을 발견하게 될 것이다.

진정으로 정직한 사람들만이 따뜻한 관심을 보일 수 있다. 높은 자부심을 갖고 자신을 수용하는 사람들만이 손을 내밀고 진심으로 다른 사람들의 행복에 관심을 가질 수 있다. 자신의 고객에게 따뜻한 관심을 가진 사람만이 고객을 만나기 전에 언제나 충분한 시간을 들여서 철저하게 준비한다. 자신이 일하는 회사에 대해서 따뜻한 관심을 가진 사람만이 회사가 무엇을 하고, 보유한 자원들을 어떻게 사용해야 고객의 욕구를 충족시켜 줄 수 있는지 알아내고자 시간과 노력을 들인다. 또 상품과 서비스에 대해서 따뜻한 관심을 가진 사람만이 시간을 투자해 모든 측면에서 철두철미하게 연구해서 고객에게 유용한 조언을 할 수 있다.

자신이 완벽하게 준비되어 있고, 유능하며, 지적이고, 동시에 따뜻하고, 애정 어린 관심을 품고 있다고 생각하는 프로 세일즈맨이라면 어떤 상황에서도 최고의 모습을 보여줄 것이다. 자신이 일하고 있는 분야에서 최고 세일즈맨이라는 마음의 자세를 갖게 되면 실제로 그런 결과를 얻게 된다.

자아 이미지 혹은 자부심을 높이는 7단계
1. 자신을 자신이 경영하는 1인 기업의 사장이라고 생각하라
2. 컨설턴트가 되라
3. 판매 전문의가 되라
4. 전략적 사고를 하라
5. 결과 지향적이 되라
6. 자기 분야에서 최고가 되라
7. 황금률 판매를 실천하라

판매 성공의 80퍼센트는 자신의 내면에서 어떤 일이 일어나고 있는가에 따라서 결정된다. 즉 자신을 어떻게 생각하는지 그리고 자신과 직업에 대해 어떻게 느끼는지가 성공을 좌우한다. 자신과 능력에 대한 사고방식을 개선함으로써 며칠 사이에도 판매 성과를 높일 수 있다.

인간이 말하고 행동하는 모든 것을 관장하는 마스터 프로그램인 자아개념은 복잡하고 다면적이다. 이것은 우리들 내면의 모든 암시적인 힘과 생각하고, 느끼고, 보고, 듣고, 읽고, 만지고, 맛보는 모든 것과 주변 사람들에게 영향을 받는다. 자아개념은 끊임없이 진화하고 있고, 자신의 통제하에 있다. 또한, 우리를 목표와 열망을 향하도록 할 수도 있고 목표로부터 멀어지게 할 수도 있다. 따라서 우리는 내면의 움직임을 완벽하게 통제해서 자신이 선택한 방향으로 움직이도록 해야 한다.

자신에 대해서 100퍼센트 책임을 받아들이고, 스스로를 자신이 소유한 1인 판매 기업의 사장이라고 생각하면 생각과 감정 그리고 미래의 주인이 될 수 있다. 자신의 삶을 창조하는 주체가 되고, 수동적이 아니라 주도적인 사람이 된다. 주어진 상황의 포로가 되는 것이 아니라 적극적으로 자신이 원하는 상황을 만들어 간다.

자신을 컨설턴트로 생각하면 고도의 전문성과 능력을 지닌 사람의 자세를 갖고 행동하게 된다. 그러면 고객들도 우리를 컨설턴트로 대우하게 되어 가치도 높아지고 상품이나 서비스도 전보다 더 많이, 더 쉽게 팔 수 있다. 무엇보다도 고객들이 우리를 더 존중하기 때문에 우리도 스스로를 더 좋아하게 되고, 자부심이 올라간다.

고객을 대할 때마다 자신이 판매 전문의로서 철저하게 훈련받은 전문가라는 사실을 인식하고 진찰, 진단, 처방의 절차에 따라서 상담한다. 자신감을 갖고 항상 고객들에게 최대한 도움이 될 수 있도록 행동하며 고객들은 우리를 만날때 그점을 느낀다.

전략적으로 사고하고 계획을 세우게 되면 매순간 자신이 지금 무엇을 하고 있는지, 왜 하고 있는지를 알게 된다. 정확하게 얼마나 많은 돈을 벌고자 하는지 그리고 그 돈을 벌기 위해서 무엇을 얼마나 팔아야 하는지 알게 된다. 자신이 삶과 경력을 통제하고 있다고 느낀다.

확고한 결과 지향성에 따라 우리는 결코 목표에서 눈을 떼지 않는다. 자신이 해야 할 일은 판매하고 주문을 받는 것이라는 점을 인식하고 있다. 1분 1초를 소중하게 사용하고 행동 하나하나를 판매 목표에 비추어 판단한다. 지속적으로 높은 판매 성과를 올리기 때문에 승리자의 느낌을 갖게 되고 동시에 자부심이 높아진다.

그리고 자신이 현재 일하는 분야에서 최고 세일즈맨이 될 수 있는 능력을 소유하고 있다고 믿으며 주위에 있는 일류 세일즈맨들의 행동을 보고 배운다. 자신이 내적으로 이미 뛰어난 프로 세일즈맨이 되어 있는 것처럼 외적으로 행동하므로 모든 면에서 지속적으로 향상된다.

무엇보다도 판매의 황금률을 실천한다. 자신이 고객으로서 대접받기를 원하는 대로 고객들을 대접한다. 그들의 문제 해결과 목표 달성을 돕기 위해서 최선의 노력을 집중한다. 고객들에게 따뜻한 관심을 갖고 배려하며 고객들은 그것을 느낀다.

이러한 사고방식으로 우리의 자아 이미지는 현재 일하고 있는 분야에서 최고 세일즈맨들과 닮아가고 그들과 같은 방식으로 자신을 바라본다. 바로 이것이 판매의 심리다.

다음은 고급 판매 훈련을 시작하는 기초를 알아보기 위해 디자인된 테스트다. 각각의 특성, 성격과 기술들에 대해 자신을 훌륭하다든지(◎) 좋다든지(○) 평균이라든지(△) 부족하다든지(×) 어떻게 생각하는지 체크한다.

☐ 참을성 있는	☐ 감사할 줄 아는	☐ 공정한	☐ 독창적인
☐ 야심 있는	☐ 정직한	☐ 말하기	☐ 적극적인
☐ 쓰기	☐ 듣기	☐ 리서치	☐ 의사결정
☐ 자부심	☐ 진실성	☐ 예의 바른	☐ 활동적인
☐ 호기심이 강한	☐ 설득력 있는	☐ 박학다식한	☐ 협조적인
☐ 공감할 수 있는	☐ 신뢰할 수 있는	☐ 융통성 있는	☐ 부지런한
☐ 실패했을 때 품위를 지키는			

위의 25개의 응답 결과를 연구한 후 가장 부족하다고 평가한 분야에서의 향상을 위한 목표를 정하라. 그리고 마음속에 항상 이 목표들을 간직하라.

1. 매일 계획하는 자신만의 시간을 두고 있는가?

2. 일과가 시작되기 전 활동 목록을 작성하고 우선순위를 정하는가?

3. 항상 우선순위 첫 번째 일을 먼저 하고 정해진 기간내에 완료하는가?

4. 각 활동에 대해 마감 시한을 정하고 지키는가?

5. 활동 시작 전에 필요한 모든 것을 준비하는가?

6. 일상 속에 가족과 함께 하는 시간을 계획하고 실천하는가?

7. 계획한 활동을 미루지 않고 기간안에 완료하는가?

8. 월간, 주간, 일간 목표를 명확히 구체적으로 세우고 실행하는가?

9. 자신이 정한 습관과 약속들을 빠짐없이 실천하는가?

10. 업무나 활동을 할 때 집중하고 몰입하는가?

체크갯수

4개 이하 : 변화의 노력이 필요하다.

5 ~ 7개 : 조금 더 노력하면 성공 가능성이 높아질 것이다.

8개 이상 : 성공의 습관을 잘 실천하고 있다.

The Development of Personal Power

" Allow yourself to dream big dreams."
자신에게 큰 꿈을 꾸는 것을 허용하라.

" Become a lifelong learner and you will be amazed at
how many opportunities will open up for you."
평생 배우면 당신을 위해 얼마나 많은 기회가 열릴런지
스스로 놀라게 될 것이다.

개인역량 개발
The Development of Personal Power

아마도 세상에서 가장 어려운 직업 중 하나가 판매일 것이다. 세일즈맨들은 다른 사람들이 경험해 보지 못하는 계속되는 거절, 실패의 가능성, 실망, 좌절, 장애물과 어려움에 직면하면서 하루하루를 살아간다. 판매가 어렵다는 것은 전혀 새로운 일이 아니다. 이제까지 계속해서 어려웠고 앞으로도 그럴 것이다. 따라서 판매에서 성공하려면 우리는 이러한 어려움을 극복할 수 있을 정도로 강인하지 않으면 안 된다.

판매에서 성공의 80퍼센트는 태도에 달려 있다. 태도는 현재의 나와 태어나서부터 지금까지 형성되어 온 내가 외부적으로 표현된 것으로, 우리가 대하는 사람들에게 가장 큰 영향을 미친다. 따라서 긍정적인 태도를 개발하는 것은 성공에 필수적인 선행 조건이다.

심리학자들은 근래와 같은 혹독한 비즈니스 환경에서 가장 적합한 것은 강인한 성격이라고 말한다. 우리가 개발해야 할 강인한 성격이란 어려운 일이 있어도 곧 기운을 회복하고, 낙관적이며 동시에 역경에 굴하지 않고 강하면서 아무리 여러 번 실망과 좌절을 겪더라도 다시 힘차게 일어나는 것을 말한다. 긍정적인 태도에 대한 가장 적절한 정의는 '스트레스에 대한 건설적인 반응'으로, 우리가 매일 직면하는 어려움과 도전에 대해서 해결 지향적이고 객관적인 접근을 하는 태도다. 긍정적인 태도를 가진 사람들은 인생에 대해서나 세상을 살아가면서 겪기 마련인 온갖 좋은 일, 나쁜 일에 대해서 낙관적으로 생각한다. 긍정적인 태도는 성공한 사람들에게서 가장 두드러지게 나타나는 특성으로 판매의 성공과도 상당히 밀접한 관계가 있다.

신체적으로 건강해지고 또 그 건강을 유지하기 위해서는 규칙적으로 운동을 해야 한다. 마찬가지로 정신적으로 건강하고 성공과 행복을 가져올 수 있는 태도를 가지려면 정신적 운동도 지속적으로 하지 않으면 안 된다. 이러한 신체적 운동과 정신적 운동은 평생 동안 지속된다. 신체적으로 건강해졌다고 해서 신체적 운동을 중지하지 않는 것처럼 정신적 운동도 숨을 쉬는 것과 마찬가지로 매일 끊임없이 해야 한다.

인간은 감정적인 동물이다. 우리들의 생각은 주로 감정에 따라서 결정된다. 또한, 우리가 하는 모든 행동을 지배하고 통제하는 것도 감정이다. 건강, 행복, 인간관계의 질은 물론이고 밤에 잠을 잘 자는지, 스트레스를 얼마나 받는지 그리고 판매를 잘하는지를 결정하는 것도 그 순간에 느끼는 감정이다. 인생을 얼마나 잘 살고 있는지를 결정하는 진정한 척도도 그 순간의 감정이다. 지혜로운 사람들은 자신의 감정이 질 즉 어떤 느낌이 드는지가 그 분야에서 자신의 효과성을 결정하는 핵심 요소라는 사실을 알고 있다. 따라서 어떤 일을 하든지 그 일을 할 때 자신의 마음속에 최고 수준의 긍정적인 감정을 만드는 것을 목표로 삼아야 한다. 2장의 핵심 내용도 바로 그것이다.

나는 여러 해에 걸쳐서 수많은 나라에서 수천 명의 세일즈맨들을 채용하고, 훈련시키고, 관리하고, 동기유발 해왔다. 그것은 내게 엄청난 학습 경험이었다. 나는 세일즈맨들이 빈털터리에서 부자로, 가난과 절망에서 풍요와 높은 자신감을 지닌 사람으로 변화하는 것을 목격했다. 또한, 오랫동안 바닥에서 헤매던 세일즈맨들을 훈련시켜서 정상에 빨리 도달하도록 도움을 주었다. 정부의 생활 보조를 받고 있거나 실직 중이거나 심지어 감옥에서 출옥한 사람들을 세일즈맨으로 고용한 후, 적절한 훈련과 동기 유발을 통해서 자신이 일하는 분야에서 최고가 되는 방법을 알려 주었다. 어느 경우에나 **핵심적인 성공 요소는 사고방식의 변화였다.**

랄프 왈도 에머슨은 "인간은 자신이 주로 생각하는 사람이 된다."고 말했다. 자기 자신에 대한 생각 그리고 주변 사람들과 상황에 대한 생각을 통제하면 자신에게 일어나는 일을 통제할 수 있다. 정신의 힘을 이해하고 통제하게 되면 판매는 물론이고 삶 전체에서 무한한 가능성이 열리게 된다.

고무적인 것은 신체적 건강과 마찬가지로 정신적 건강도 올바른 일을 올바른 방식으로만 하면 얼마든지 누릴 수 있다는 사실이다. 사람들은 성공한 사람들을 보면서 자신도 그들처럼 재능과 기회가 있으면 얼마나 좋을지 그들을 부러워한다. 그런데 정신적 건강은 내가 이름 붙인 '슈워제네거 효과 Schwarzenegger effect'에 따라서 얻어진다. 사람들은 아놀드 슈워제네거의 온통 근육으로 이루어진 멋진 몸을 보면서 "와, 저렇게 훌륭한 몸을 갖고 태어나다니 참 운이 좋다."라고 말하지 않는다.

여러분도 알다시피 미스터 올림피아 우승 타이틀 일곱 번과 미스터 유니버스 타이틀을 다섯 번이나 따낸 아놀드 슈워제네거는 20년 이상 수천 시간을 투자해 무거운 기구를 들면서 몸매를 만들었고, 여러 영화에서도 주역을 맡아서 성공했다. 그러나 사실 그도 우리들과 동일한 610개의 근육을 갖고 있을 뿐이다. 또 그가 지금은 우리들보다 훨씬 발달된 근육을 갖고 있지만 운동 전에는 지금의 우리와 다를 바 없었다. 그는 단지 우리가 상상할 수도 없을 만큼 진지한 자세로 오랜 세월에 걸쳐서 근육을 발달시켜 왔을 뿐이다. 그는 몸을 만들기 위해서 엄청난 대가를 치렀고, 이제 마땅히 받아야 할 보상을 즐기고 있는 것이다.

정신도 마찬가지다. 우리는 다른 사람들과 동일한 정신 근육을 갖고 있다. 슈워제네거와 같은 사람들이 신체적 근육을 발달시키기 위해서 신체적 운동을 해왔던 것처럼 우리가 반복해서 정신적 운동을 하게 되면 정신적 근육을 발달시킬 수 있다. 둘 사이의 가장 큰 차이는 신체적 운동은 그 결과가 바로 눈에 띄지만, 정신적 운동은 최종 결과가 나타날 때까지 거의 보이지 않는다는 점이다. 그 때문에 많은 사람들이 정신적 훈련을 소홀히 한다. 상당수의 세일즈맨들이 사고방식에 치명적인 문제점을 갖고 있는데, 바로 오랜 세월에 걸친 잘못된 업무 습관과 준비 부족을 단번에 해결해 줄 긴급 처방 혹은 기적 같은 해결책을 찾는 경향이다. 우리도 그런 사고방식을 갖지 않도록 조심해야 한다.

내 세미나 참가자들 중에도 '판매 성공의 비결'을 묻는 사람들이 많이 있다. 그들이 찾는 것은 상품이나 서비스의 판매를 확 높여줄 수 있는 단 하나의 교재, 단 한 권의 책 또는 단 한 가지의 특별한 비법이다. 이처럼 성공에 필요한 장기간의 힘든 과정을 피해갈 수 있는 빠르고 쉬운 길이 있다고 믿는 사람들은 항상 지름길을 찾는다. 불행하게도 이렇게 비밀 통로를 찾으려고 하년 반드시 도중에 막다른 길에 봉착하게 된다. 그들은 절대 자신의 능력을 개발하는 데에 필요한 지속적인 노력을 기울이시 않는다.

성공을 보장해 주는 태도

하버드 대학교 에드워드 밴필드 Edward Banfield 박사는 미국의 계층 상승에 대해서 여러 해 동안 연구했다. 그는 어떤 사람들은 한 세대 만에 경제적 지위가 상위 계층으로 상승하는데 비해 다른 이들은 그렇지 못한 이유를 분석했다. 여러 해에 걸쳐서 다양한 가설들을 시험한 후, 그는 성공은 주로 태도에 의해서 정해진다는 결론을 내렸다. 성공은 시간에 대한 그 사람의 태도에 의해서 결정된다는 것이다.

밴필드 박사는 이를 '시간 관점'이라고 불렀다. 성공한 사람들은 예외 없이 장기적인 시간 관점을 갖고 있었다. 그들은 장기적인 관점에서 하루, 주간 그리고 월간 활동 계획을 수립했다. 그들은 5년, 10년, 20년 후를 내다보았다. 자신의 선택이 몇 년 후 자신의 목표에 어떤 영향을 미칠 것인가를 고려하면서 자원을 배분하고 의사 결정을 했다. 반대로 실패한 사람들은 모두 단기적인 관점을 갖고 있었다. 그들은 장기적인 관점에서 생각하지 않았다. 장기적인 성공이나 성취보다는 즉각적인 만족을 원했다. 장기적인 경제적 안정이나 성공보다는 단기적인 즐거움을 추구했다. 이러한 태도 때문에 그들은 단기적인 관점에서 선택을 했고, 그것은 결국 장기적인 고통으로 이어졌다.

'시간 관점'의 발견은 성공에 관한 지금까지의 연구에서 가장 중요한 것 중의 하나다. 이것이 의미하는 바는 **자신이 원하는 것을 모두 달성하려면 자신의 삶과 직업에 대해서 장기적인 관점을 가져야 한다**는 사실이다. 자신이 원하는 만큼의 돈을 벌고 자신이 원하는 방식으로 살 수 있으려면 몇 개월 혹은 몇 년 동안 꾸준하게 자기계발을 하지 않으면 안 된다. 진정으로 가치 있는 목표를 달성하려면 몇 개월 혹은 몇 년에 걸쳐 반복해서 기꺼이 대가를 지불해야 한다. 성공은 장기적인 관점을 가져야만 이룰 수 있다.

어떤 분야에서든지 성공하려면 최소한 5년 동안 그 일에 모든 것을 걸어야 한다. 어떤 일이든지 자신의 능력을 충분히 발휘하고 성취를 이루려면 5년간은 그 일에 전념할 각오가 되어 있어야 한다는 말이다. 경쟁이 심한 시장에서 자신의 상품에 정통해지고 성공하려면 많은 시간이 걸리기 때문에, 자신의 직업에 대해서 장기적인 관점을 가져야만 정상에 오를 수 있다.

최소한 5년 동안 전념해야 된다는 것이 반드시 지금의 회사에서 현재의 상품과 서비스를 5년 이상 판매해야 한다는 말은 아니다. 기술, 상품과 서비스가 급격하게 변하기 때문에 1년이나 2년 뒤에 다른 회사에서 다른 상품을 팔 수도 있다. 판매 경력과 관련하여 장기적인 관점을 갖는다는 것은 내적·외적으로 자신이 원하는 능력을 갖추고 프로 세일즈맨으로서 멋진 삶을 즐기려면 최소한 5년은 헌신해야 함을 의미한다. 그렇게 장기적인 관점을 갖고 헌신하겠다는 각오를 다지게 되면 교육, 일상 업무, 고객들, 자기 자신, 지역사회 그리고 자신이 하는 모든 일을 대하는 태도가 완전하게 변한다. 우리 사회에서 뛰어난 사람들은 누구나 자신과 자신의 삶에 대해서 장기적인 관점을 갖고 있다.

판매에 대한 일곱 가지 마음의 법칙

우리는 정신적인 존재이며 우리들의 삶은 생각이 만든다. 우리 삶의 모든 것을 결정하고 통제하는 것은 우리가 가진 사고방식이다. 사실 우리 신체는 소중한 두뇌를 담아서 이동하기 위한 도구일지도 모른다. 그 소중한 두뇌를 어떻게 사용하는가 하는 것이 우리에게 일어나는 모든 일을 결정하는 가장 커다란 요소다. 생각의 질을 바꾸면 삶의 질이 바뀐다.

사람이란 본질적으로 정신적인 존재이므로 우리의 성공 여부는 정신적인 프로세스를 이해하고 활용함으로써 자신의 능력을 얼마나 발휘할 수 있느냐에 달려 있다. 아득한 옛날부터 현자들은 생각이 사람에게 주는 영향을 연구했다. 그리고 우리들의 삶에 어떤 일이 왜 일어나는지를 모두 설명해 줄 수 있는 마음의 법칙과 원칙 그리고 정신 활동을 도출해 냈다. 우리가 이 법칙들을 이해하고 삶에 적용하면 그렇지 않은 대부분의 사람들이 도저히 믿기 어려울 만큼 빠른 속도로 성장할 수 있다.

판매에 적용할 수 있는 마음의 법칙에는 일곱 가지가 있다. 이 법칙과 조화를 이루게끔 생활하고 행동한다면 세일즈맨으로서 비약적인 성장을 할 수 있다. 자신에 대해서 높은 자부심을 갖게 되고 어떤 가망고객을 만나든지 쉽게 잘 팔 수 있다. 우리의 모든 성공은 마음의 법칙과 조화를 이루면서 사는가에 달려 있다.

1. 인과의 법칙 the law of cause and effect

첫 번째 마음의 법칙은 '소크라테스의 인과율' 혹은 '인과의 법칙'이다. 이 법칙은 대단히 심오하고 강력하기 때문에 인간의 운명을 결정하는 철칙이라고 불린다. 이 법칙은 우리에게 일어나는 모든 일을 설명해 준다.

인과의 법칙이란 한마디로 "우리 삶에서 일어나는 모든 결과에는 반드시 원인이 있다."는 것이다. 인과의 법칙을 우리들의 삶에 적용한다면 "만일 우리가 삶에서 원하는 것이 있고, 그것이 무엇인지 명확하게 정의할 수 있다면 자신이 원하는 결과를 만들어 내는 원인을 찾아내 실천함으로써 자신이 바라는 것을 이루어낼 수 있다."는 점을 의미한다.

성공적인 판매는 노력의 결과다. 성공적인 판매라는 결과에는 반드시 원인이 있다. 우리도 성공적으로 판매하는 사람을 찾아서 그가 하고 있는 것과 동일한 행동을 하면 그와 동일한 결과를 얻을 수 있다. 어떤 분야에서든지 같은 원인 행위를 하면 다른 사람들과 똑같은 결과를 얻게 된다. 그것은 기적도 아니고 행운도 아니다. 우연히 그때 그 장소에 있었기 때문도 아니다.

인과의 법칙을 세일즈에 적용하면 어떻게 될까? 자신이 일하는 분야에서 최고의 성공을 거두고 가장 높은 보수를 받고 싶다면, 이미 성공하고 높은 보수를 받고 있는 사람들이 어떻게 하고 있는가를 파악해서 그들이 하는 대로 하면 된다. 그들과 동일한 행동을 반복해서 하게 되면 결국에는 동일한 결과를 얻게 될 것이다. 이것은 이론이나 의견이 아닌 법칙이다.

중력의 법칙과 마찬가지로 불변이고 피할 수도 없다. 인과의 법칙은 거꾸로도 적용된다. 즉 우리가 원하는 결과를 얻는 사람들과 같은 원인 행위를 하지 않으면 그들과 똑같은 결과를 얻을 수 없다. 즉 성공한 사람들이 하는 대로 하지 않으면 그들이 얻는 결과를 얻을 수 없다.

세상에는 세일즈를 하는 사람들이 무척 많다. 그러나 불행하게도 이 단순한 법칙을 이해하지 못하는 사람들이 대부분이다. 그들은 늦게 일을 시작하고, 시간 관리를 제대로 하지 못하고, 휴식 시간과 점심시간을 오래 즐기며 사람들과 만나서 잡담하고, 신문을 읽고, 시간을 허비하고, 일찍 일을 마친다. 그러면서도 많은 돈을 벌며 행복하게 살 수 있다고 생각한다. 평범한 세일즈맨들은 인과의 법칙이 순간순간 조금의 예외도 없이 냉정하게 적용되고 있으며, 그 법칙을 자신의 활동에 어떻게 적용하는지에 따라서 성공과 실패가 결정된다는 점을 이해하지 못한다.

긍정적인 태도가 판매 성공에 필수적이라는 것을 우리는 이미 알고 있다. 그리고 태도는 인과의 법칙에 따른다. 누구나 행복하고 긍정적인 사람들이 하는 것과 같은 행동을 하면 긍정적인 태도를 개발하고 유지할 수 있다. 체력을 기르기 위해서 매일 체육관에 가서 운동하는 것과 마찬가지다. 같은 운동을 하면 같은 결과를 얻는다. 운동을 통해 몸이 좋아진다고 해서 놀라거나 기적이나 행운이라고 하지 않는다. 인과의 법칙이 작용하고 있을 뿐이다.

인과의 법칙에서 나오는 것이 '파종과 수확의 법칙 the law of sowing and reaping'이다. 이것은 어떤 씨를 뿌리면 혹은 자신의 삶과 일에 어떤 것을 투입하면 많지도 적지도 않게 꼭 그만큼을 수확한다는 법칙이다. 열심히 노력하고 절제력과 의지 그리고 끈기라는 씨앗을 뿌리면 존경과 지위, 존중, 판매 성공과 경제적 성취를 거둔다. 정확하게 자신이 뿌린 대로 거두게 되는 것이다.

파종과 수확의 법칙은 "오늘 수확하는 결과는 과거에 씨를 뿌린 결과다."로 바꾸어 말할 수 있다. 현재 자신의 삶 즉 건강, 인간관계, 소득, 판매 실적, 직업에 대한 만족감과 안정성 등을 살펴보자. 눈에 보이는 모든 것들은 우리들이 과거에 씨를 뿌린 결과일 뿐이다.

어떤 이유에서든지 현재 자신이 수확하고 있는 결과에 만족하지 못한다면, 즉시 자신이 뿌리고 있는 씨앗을 바꿔야 한다. 삶에서 다른 것을 수확하고 싶다면 삶에 다른 씨를 뿌려야 한다. 농부가 다른 작물을 수확하고 싶다면 다른 씨앗을 뿌려야 하듯이 우리도 다른 결과를 얻고 싶다면 다른 생각과 다른 행동이라는 씨앗을 뿌려야 한다.

2. 보상의 법칙 the law of compensation

두 번째 법칙인 보상의 법칙은 파종과 수확의 법칙의 다른 표현이다. 보상의 법칙이란 "우리들은 항상 자신이 노력하고 기여한 꼭 그만큼 보상받게 된다."는 것이다. 또한, 보상의 법칙에 따르면 장기적으로 볼 때 우리는 자신이 기여한 것 이상의 보상은 결코 받을 수 없다. 오늘 우리가 얻고 있는 수입은 우리가 과거에 한 일에 대한 보상이다. 자신이 받는 보상을 키우고 싶다면 자신이 기여하고 있는 가치를 높여야 한다. 태도 그리고 행복감과 만족감도 마음속에 집어넣는 것들의 결과다. 마음속을 성공에 대한 생각과 그림, 아이디어 그리고 행복과 낙관적인 사고로 채우면 일상생활에서 긍정적인 경험으로 보상받게 된다.

인과의 법칙에서 파생되는 법칙이 '보상 이상의 법칙 the law of overcompensation'이다. 보상 이상의 법칙에 의하면 받는 것보다 더 많이 주는 습관을 가진 사람들이 큰 성공을 한다. 그들은 자신들이 받는 보상 이상으로 일한다. 그들은 언제나 기대 이상으로 일할 수 있는 기회를 찾는다. 그들은 항상 자신이 받는 보상 이상으로 일을 하기 때문에 고용주나 고객들로부터 존중

전략적 세일즈

받고 판매 성공에 따른 금전적 보상도 받는다.

삶을 잘 살기 위해서 반드시 해야 할 일 중의 하나는 자기 자신과 자신의 활동을 인과의 법칙과 거기서 파생되는 법칙들에 맞추는 것이다. 왜냐하면 인과의 법칙은 남들이 보거나 보지 않거나에 관계없이 항상 예외 없이 작용하기 때문이다. 우리가 해야 할 일은 인생에서 원하는 결과를 만들어 내는 원인 행위를 찾아서 실천하는 것이다. 그렇게 하면 자신이 바라는 것을 실현하고 누릴 수 있다.

3. 통제의 법칙 the law of control

판매에 적용되는 세 번째 마음의 법칙은 통제의 법칙이다. 통제의 법칙이란 "삶을 자신이 통제하고 있다고 느끼는 만큼 자신에 대해서 긍정적인 느낌을 갖게 된다."는 것이다. 이 법칙을 뒤집어 보면 삶을 자신이 통제하지 못하고 있다고 느끼는 만큼 자신에 대해서 부정적인 느낌을 갖게 됨을 의미한다. 심리학자들은 이것을 '통제의 원천' 이론이라고 부른다. 우리가 느끼는 행복의 수준은 주로 삶의 중요한 영역을 자신이 얼마나 통제하고 있다고 느끼는지에 따라서 결정된다. 자신이 자기 삶의 주인이라고 느낄 때, 자신이 자기 삶의 방향을 결정하는 운전석에 앉아 있다는 느낌이 들 때, 무슨 일을 히든지 기장 행복하고 자신감이 크게 넘친다.

긍정적인 태도의 열쇠는 '동세 의식' 즉 사신의 삶을 만들어 가는 수된 창조적 힘이 자기 자신이라는 의식이다. 통제 의식은 어떤 일을 할지 혹은 어떤 일이 일어날지를 자신이 완전하게 통제하고 있다는 느낌이다. 긍정적이고 낙관적인 사람이 되려면 이런 통제 의식 즉 스스로 자신의 삶을 지배하고 있다는 느낌을 개발하고 유지하는 것이 필수적이다. 여기서 인과의 법칙과 통제의 법칙이 서로 잘 들어맞는다는 사실을 알 수 있다. 어떤 일도 우연히 일어나지 않는다. 자신이 원하는 결과를 일으키는 원인 행동들을 완벽하게 통제함으로써 자신의 삶을 완벽하게 통제할 수 있다. 자신이 원하는 목표와 일치하는 일을 함으로써 긍정적인 태도를 가질 수 있다.

4. 신념의 법칙 the law of belief

판매에 적용되는 네 번째 마음의 법칙은 신념의 법칙이다. 신념의 법칙이란 "무엇이든지 감정을 담아서 믿으면 현실이 된다."는 것이다.

신념의 법칙에 따르면 우리는 눈으로 보는 것을 믿는 게 아니라 자신이 믿기로 결심한 것을 본다. 믿음이 현실을 제어하므로 우리는 언제나 내면 깊숙이 자리한 신념과 확신에 따라서 행동한다. 사실 사람들이 어떤 행동을 하는가를 보면 그 사람이 어떤 믿음을 갖고 있는지를 알 수 있다. 그 사람의 믿음을 보여 주는 것은 말하는 것, 희망하는 것, 글로 쓰거나 바라는 것, 의도하는 것이 아니다. 중요한 것은 오직 행동이다. **행동만이 그 사람의 진실한 믿음을 알려 준다.**

신념의 법칙은 거꾸로도 작용한다. 행동은 믿음의 표현이고, 행동은 우리가 통제할 수 있기 때문에 우리들은 믿음을 간접적으로 만들어 내고 통제할 수 있다. 즉 역기를 들어 올림으로써 근육을 만들어 내는 것과 같이 자신이 개발하고자 하는 믿음과 일치하는 행동을 함으로써 믿음을 만들어 낼 수 있다. 가령 자신이 세일즈 분야에서 엄청난 성공을 할 운명을 갖고 태어났다는 것을 확신하고, 하루하루 그렇게 성공한 사람처럼 말하고 행동하면 결국 세일즈 분야에서 성공한 사람의 마음가짐을 갖게 되고 그 마음가짐에 상응하는 결과를 내기 시작한다. 즉 믿음이 현실이 된다.

사람들은 "판매에 성공하기 시작하면, 판매 능력을 향상시키는 방법을 배우는데 많은 투자를 하겠다."고 말한다. 세미나를 할 때마다 이런 말을 듣는데 안타깝기 그지 없다. 왜냐하면 그것은 틀린 말이기 때문이다. 그것은 위대한 자연의 법칙을 뒤집고자 시도하는 것과 마찬가지다. 원인과 결과의 순서를 뒤바꾸고, 현실로 이루어 내는데 필수적인 믿음도 없이 먼저 현실로 만들어 내겠다고 시도하는 것이다.

자신이 세일즈에서 커다란 성공을 할 것이라고 진심으로 믿는 사람이라면 꾸준하게 자기 자신에게 투자할 것이다. 어려움이 있더라도 극복하고 지속적으로 능력을 향상시킬 것이다. 만일 어떤 사람이 지속적인 능력 향상에 투자하지 않는다면 그 사람은 행동을 통해서 자신이 성공하리라는 믿음을 갖고 있지 않다고 말하는 것과 다름 없다. 긍정적인 믿음이 긍정적인 결과를 만들어 내는 것과 마찬가지로 긍정적인 믿음이 없으면 부정적인 결과를 초래한다.

믿음 중에서도 가장 위험한 믿음이 '자기 제한적 믿음'이다. 자기 제한적 믿음은 의심이나 두려움으로 자신이 원하는 성공을 달성하는 데에 필요한 행동을 못하게 제약한다. 자신에게 능력, 지성, 외모, 창의성, 활력, 기술이 부족하다고 부정적으로 생각하는 것이다. 자신을 의심하고, 자기 제한적 믿음에 따라서 스스로 제약할 때마다 그 믿음을 강화하게 된다. 자기 제한적 행동을 반복하면 할수록 부정적인 믿음은 커져 간다.

우리가 할 수 있는 가장 좋은 결정 중의 하나는 자신이 가진 자기 제한적 믿음에 맞서서 도전하는 것이다. 부정적 신념들을 히나히나 세밀하게 살펴보고 철저하게 확인해야 한다. 그냥 그럴 것이라고 받아들어서는 안 된다. 제한은 오직 마음속에만 존재한다고 믿고 자신이 원하는 모든 재능, 지성, 그리고 능력을 갖고 있다면 어떻게 할 것인지 생각해 보라.

연습을 해 보자. 자신이 달성하고자 하는 목표를 결정하고 다음과 같은 프로세스를 밟아라. 먼저 자신에게 "내 분야에서 상위 10퍼센트의 세일즈맨이 되고 싶은가?"라고 물어라. 이 질문에 대한 답은 "그렇다."가 되어야 한다. 다음에 "왜 나는 아직 상위 10퍼센트가 되어 있지 않을까?"라고 스스로에게 다시 물어보라. 왜 이미 상위 10퍼센트가 되어 있지 않은 가? 왜 자신의 분야에서 최고가 되어 있지 않은가? 무엇이 자신을 제약하고 있는가? 발전을 가로막고 있는 두려움, 의심, 제한에는 어떤 것들이 있는가? 지금 내 목표를 달성하지 못하고 있는 이유는 무엇인가?

자신이 갖고 있는 목표 혹은 바람에 대해서 이 질문을 던질 때 맨 먼저 떠오르는 것이 대체로 자기 제한적 믿음이다. 사람들은 경기만 좋았더라면, 나이가 너무 어리지 않았더라면, 너무 나이가 많지 않았더라면, 가방 끈이 너무 길지 않았더라면, 가방 끈이 너무 짧지 않았더라면 혹 경험이 너무 적지 않았더라면, 경험이 너무 많지 않았더라면 최고 세일즈맨이 되었을 것이라고 말한다.

마크 트웨인Mark Twain이 언젠가 이런 말을 했다. "실패에는 항상 수천 가지의 변명이 있지만 제대로 된 이유는 하나도 없다." 자신이 하는 변명이 타당한지를 확인해 보려면 주위를 둘러보고 다음과 같이 자문해 보라. "나와 동일한 제약 조건을 갖고도 성공한 사람이 있는가?" 정직하게 주위를 살펴보면 상상할 수도 없는 어려움을 극복하고 성공한 사람들을 어렵지 않게 찾을 수 있을 것이다. 그들이 자신에게 주어진 제약에도 불구하고 성공할 수 있었다는 사실은 우리도 마찬가지로 자신에게 주어진 제약조건을 거부함으로써 성공할 수 있음을 의미한다. 의심이나 두려움이 발전을 가로막지 못하게 하겠다고 마음먹는 순간, 의심과 두려움은 더는 우리를 구속하지 못한다. 저 멀리 뒤로 사라져서 다시는 우리 삶에 영향을 주지 못하게 된다.

5. 집중의 법칙 the law of concentration

판매에 적용되는 다섯 번째 마음의 법칙은 집중의 법칙이다. 집중의 법칙은 "우리가 어떤 것에든 집중해서 생각하게 되면 그것은 점점 현실에서 자라고 커진다."는 것이다. 집중의 법칙에 따르면 어떤 생각을 하면 할수록 더 많은 정신력이 그 생각에 할당된다. 그 생각을 반복하게 되면 결국 그것은 우리의 사고를 지배하고 우리 행동에 영향을 미친다.

이 법칙은 양날의 검과 같다. 우리가 계속해서 목표와 자신이 달성하고자 하는 일에 대해서 생각하면 그 생각이 우리가 하는 모든 말과 행동을 지배하게 된다. 세일즈맨으로서의 효과성을 높이는 것에 대해 생각하면 실제로 그것을 실현하기 위해서 필요한 행동을 한다. 자신이 원하는 목표에 집중하면 할수록 목표를 달성하고자 하는 각오는 더 굳어지고 집중력은 더 강해진다. 목표에 대해서 생각하면 할수록 목표는 더욱 빨리 현실에서 자라고 커진다.

그러나 반대로 자신이 두려워하는 것에 대해서 생각하거나, 청구서에 대해서 걱정하고, 신규 고객 발굴이나 주문 요청에 대해서 겁을 내게 되면 이번에는 그 두려움이 점점 커져서 생각과 행동을 지배하게 된다. 결국 자신이 원하는 성공을 이루려고 결심하면 꼭 해야 할 일들을 피하고자 온갖 구실을 대고 있는 자신을 발견하게 된다. 자신이 바라지 않는 것에 대해서 계속 생각함으로써 자신도 모르게 스스로 방해하는 셈이다. 부정적인 것에 대해서 생각하면 할수록 그 부정적인 것이 현실에서 자라고 커진다는 것은 삶에 있어 대단히 비극적이다.

집중의 법칙은 인과의 법칙, 통제의 법칙, 그리고 신념의 법칙에서 자연스럽게 만들어진 하위 법칙이다. 성공한 사람들은 자신이 원하는 것에 대해 줄곧 생각하는 사람들이다. 반대로 실패하는 사람들은 자신이 원하지 않는 것에 대해서 생각하고 몰두하도록 방치한 사람들이다. 그 결과 성공한 사람들은 점점 더 자신이 원하는 것을 더 많이 얻게 되고, 실패한 사람들은 점점 덜 갖게 된다.

우리는 자신이 되고 싶은 사람 그리고 자신이 달성하고 싶은 판매 성공에 생각을 집중해야 한다. 집중의 법칙을 효과적으로 활용하려면 끊임없이 자신이 원하는 것에 대해서 생각하고 그것을 달성하려면 어떤 인물이 되어야 하는지에 대해서 살펴야 한다. 자신이 바라는 것과 일치하지 않는 것은 무슨 일이 있더라도 생각, 대화, 행동에서 삼가야 한다.

6. 인력의 법칙 the law of attraction

여섯 번째 법칙인 인력의 법칙은 판매의 모든 영역에 영향을 미치고, 판매 성공 여부와 수입 금액을 결정하는데도 도움을 준다. 인력의 법칙은 "우리는 살아있는 자석이기 때문에 자신의 지배적인 생각과 어울리는 사람과 상황을 자기 삶에 끌어들인다."는 것이다.

우리가 가진 생각은 주위에 정신 에너지로 이루어진 힘의 장을 만든다. 그래서 자신, 자신의 상품이나 서비스에 대해서 긍정적이고 낙관적으로 생각하면 주변에 긍정적인 정신 에너지를 방출하게 되고, 그 에너지는 다시 수많은 판매 실마리, 가망고객, 추천, 판매 기회로 이루어진 고리를 끌어들인다. 고객들에게 더 좋은 서비스를 제공하면 할수록 더 나은 고객들이 나타난다. 성공이 더 큰 성공을 불러오고 더 많이 가지면 가질수록 더욱더 많은 것을 얻게 된다.

유유상종이다. 이것은 인생의 위대한 진리 가운데 하나다. 지금 우리가 갖고 있는 모든 것은 우리가 어떤 사람인가에 따라서 우리 삶에 끌려온 것이다. 자신의 내면 즉 지배적인 생각을 바꿈으로써 우리들은 삶에서 더 많은 것을 소유할 수 있다. 생각에 더 많은 감정을 불어넣으면 넣을수록 생각은 우리 삶에 더 큰 힘을 발휘하게 된다.

자신이 하는 일에 더 긍정적이고 낙관적이며 열정적이 될수록 마음의 자력은 더욱 커지고, 자신의 목표를 달성하는데 필요한 사람들과 기회를 더 빨리 자신의 삶으로 끌어들인다. 비결은 매일 매 순간 자신의 생각을 통제하는 것이다.

7. 상응의 법칙 the law of correspondence

판매에 적용되는 일곱 번째 법칙은 상응의 법칙으로 앞에서 설명했던 법칙들을 다르게 표현한 것이다. 상응의 법칙이란 **"우리의 외부세계는 우리 내부세계의 반영이다."**라는 것이다. 이것은 인간의 조건을 이해하는 원리로써 우리 삶의 거의 모든 모습을 설명해 준다. 우리의 외부세계는 자신의 내부가 어떤 사람인지를 비추어 보여 주는 거울이다. 외부세계는 자신이 되고 싶은 모습 혹은 꾸며서 보여 주는 모습이 아니라 그 순간의 실제 모습 그대로를 보여 준다.

우리 내면의 진짜 성품은 사람과 상황에 대해 우리가 가진 태도에 담겨 있다. 사람들은 우리가 그들을 대하는 태도에 따라서 우리에게 반응한다. 사람들이 우리를 대하는 모습은 우리가 자신과 그들을 어떻게 생각하는지 비춰 주는 거울이다. 따라서 사람들이 자신을 잘 대접해 주고, 긍정적으로 대해 주길 바란다면 우리가 먼저 그들에 대해서 긍정적인 태도를 보여야 한다. 다른 사람들과의 인간관계를 보면 자신의 진짜 성격과 품성이 잘 드러난다. 인간관계는 내면의 태도와 일치한다. 우리가 함께 시간을 보내는 사람들을 통해서 우리 내면의 참모습을 들여다볼 수 있다. 우리가 더 좋은 사람이 되어 갈수록, 우리 주위에도 더 좋은 사람들이 모인다. 생각을 바꿈으로써 우리 외부 모습도 바꿀 수 있다.

판매에 대한 7가지 마음의 법칙		
1. 인과의 법칙	2. 보상의 법칙	3. 통제의 법칙
4. 신념의 법칙	5. 집중의 법칙	6. 인력의 법칙
7. 상응의 법칙		

자기 분야에서 얼마만큼 성공할 수 있는가 하는 것은 훈련, 경험 그리고 세일즈맨으로서 자신에 대해 어떻게 생각하는지에 달려 있다. 현재 일하는 분야에서 자신이 뛰어난 사람이라고 진실로 믿을 수 있을 정도로 학습과 훈련을 통해 능력을 개발하게 되면, 그 태도는 모든 행동에서 드러나게 되고 그것은 다시 성과로 나타난다.

랄프 왈도 에머슨은 "우리는 자주 그리고 많이 생각하는 그런 사람이 된다."고 말했다. 가장 먼저 할 일은 다음에 설명하는 정신 건강 훈련을 시작하는 것이다. 이것은 자신이 되고 싶은 사람 그리고 자신이 달성하고 싶은 목표를 자주 그리고 많이 생각할 수 있도록 해 주는 훈련이다. 이 훈련을 통해 자신의 생각을 모든 면에서 의식적, 의도적, 체계적으로 통제하면 세일즈맨으로서의 미래를 완벽하게 통제할 수 있다. 단 몇 달 사이에 지금까지 여러 해에 걸쳐서 거둔 것보다 더 큰 발전을 이룰 수 있을 것이다. 이제부터 이야기하는 방법은 진정한 '성공의 비결'로 불릴 만하다.

정신 건강을 위한 일곱 가지 훈련

정신 건강이란 낙관적이고 자신감이 있으며 쾌활한 태도로 우리가 하는 모든 일에 긍정적인 영향을 미친다. 정신 건강은 신체 건강과 대단히 비슷하다. 정신이 건강하려면 정신 건강이 자신의 성격과 품성의 일부가 될 때까지 하루도 빠짐없이 훈련해야 한다. 그 과정은 물론 쉽지 않지만 꾸준히 그리고 일관되게 노력하면 그에 상응하는 결과를 얻게 된다. 또한, 그 과정에서 삶 전체가 바뀐다고 해도 과언이 아니다.

긍정적이고, 낙관적이며, 정신적으로 건강하기 위해서 우리가 할 수 있는 훈련에는 일곱 가지가 있다. 어느 분야에서든지 최고의 성과를 올리고 있는 전문가들은 이 방법을 사용하고 있다. 이 기법들은 모든 분야에서 커다란 성공을 하려면 반드시 필요한 정신적인 기본 구조물이다.

첫 번째 훈련은 '긍정적인 자기대화'이다. 수십 년간에 걸친 심리학적 연구 결과, 자신과의 대화는 어떤 느낌을 갖게 되는지를 결정하는 가장 커다란 요소라는 점이 밝혀졌다. 우리의 감정이나 분위기는 우리가 스스로에게 말하는 것과 믿는 것에 의해서 결정된다는 사실이다.

펜실베니아 대학교의 마틴 셀리그만 Martin Seligman 박사는 자신의 저서 『학습된 낙관주의 learned optimism』에서 이것을 우리 각자의 '설명 스타일'이라고 불렀다. 설명 스타일이란 우리가 어떤 사건을 자기 자신에게 설명하는 방식을 말한다. NLP Neurolingustic programming 전문가들은 이것을 구조화라고 부르고, 자신에게 설명하는 방식을 긍정적 혹은 부정적으로 바꾸면 재구조화라고 칭한다. 이것은 우리가 주위에서 일어나는 일을 해석하는 방식이다. 구조화는 외부 환경에서 정보를 입수해서 생각을 통해 처리할 때 일어나는 내면의 대화 혹은 우리의 마음속에 떠오르는 단어로 이루어진다. 셰익스피어가 말한 대로 "세상에는 좋은 일 혹은 나쁜 일이 있는 것이 아니다. 단지 생각이 그렇게 만들 뿐이다."

우리는 온통 부정적인 사건들로 가득 찬 것처럼 보이는 세상에서 살고 있다. 라디오와 TV, 신문과 잡지에는 부정적이고 자극적인 이야기들이 가득하다. 주변 사람들의 이야기도 대부분 문제점이나 바람직하지 않은 이야기, 걱정거리, 그리고 미래의 불확실성에 대한 것들이다. 고객들과의 대화도 주로 고객들의 개인적 그리고 직업적인 문제로 인해 우리가 제시하는 상품이나 서비스를 사기 어려운 이유를 중심으로 이루어진다.

따라서 조심하지 않으면 우리의 생각 습관도 부정적이 되기 쉽다. 상황을 볼 때 긍정적인 면보다 부정적인 면을 먼저 보기 시작한다. 우리 마음은 원래 부정적인 사고방식으로 흐르는 경향이 있다. 자신을 부당하게 대우한 사람들에 대해서 화를 내고 있을 수도 있고, 경제적인 걱정, 개인적인 문제 혹은 두려움을 계속해서 떠올릴 수도 있다. 그럴 의도가 없으면서도 자신도 모르게 부정적인 태도를 형성해서 궁극적으로 성격과 판매에 악영향을 끼칠 수도 있다. 조금씩이지만 점점 부정적이고, 회의적이고, 냉소적인 사람으로 변해갈 수 있다. 그리고 주변 사람들도 대부분 비슷하기 때문에 "세상이 원래 그렇다."고 잘못 결론내리기 쉽다.

그러나 이런 부정적인 경향은 내면의 대화를 통제하고 스스로 긍정적으로 대화함으로써 상쇄시킬 수 있다. 자신과 어떻게 대화할 것인지를 결정함으로써 자신의 생각과 감정을 제어하는 것이다. 내면의 대화 방식을 결정한다는 행위 그 자체가 우리에게 낙관적인 느낌과 자신이 힘을 갖고 있다는 느낌을 준다.

일상생활을 하면서 간단한 자기 긍정을 하는 일은 엄청나게 큰 힘이 있다. 예를 들어서 "나는 내가 좋다!" 혹은 "나는 내 일을 사랑한다!"와 같은 긍정적인 말을 스스로 열정적으로, 확신을 갖고 하면 할수록 그 말은 점점 더 잠재의식 속에 깊이 들어간다. 그러면 점점 더 긍정적이고 낙관적이며 삶을 잘 통제하고 있다는 생각이 들고, 자신이 더욱 유능하다는 느낌과 자신감을 갖게 된다. 다음 고객 방문과 프레젠테이션을 즐거운 마음으로 기다리게 된다. 그 말을 반복하면 할수록 더욱더 그 말이 진실로 느껴진다. 자신이 '최고'라는 믿음을 갖게 되면 우리가 하는 모든 말과 행동도 '최고'라는 말에 일치해 간다. 내가 가장 좋아하는 자기 긍정은 "**나는 내가 좋고 내 일을 사랑한다!**"이다. 오랫동안 사용해 온 말인데, 하루를 시작할 때 그리고 방문 판매를 하기 전 마음을 가다듬을 때 특히 강력한 힘을 발휘한다.

내면의 대화 즉 자기 자신에게 말하는 방법을 통제하는 것이야말로 최고의 성과를 내기 위한 열쇠다. 내면의 대화를 통제함으로써 우리는 마음의 주인이 되어 현재의 모습이 아니라 자신이 바라는 모습에 집중할 수 있게 된다. 또한, 여러 가지 어려움과 장애물을 극복하고 항상 긍정적으로 생각하고 긍정적인 느낌을 가질 수 있다. 꼭 기억해야 할 것은 현재 자신의 모습이 아니라 되고 싶은 모습을 자신에게 이야기해야 한다는 점이다. 현재의 진실이 아니라 미래의 진실을 미리 이야기하라는 것이다.

정신 건강을 위한 두 번째 훈련은 '긍정적 이미지화'다. 우리의 외부세계는 내부세계를 반영하고 있기 때문에 모든 외부세계의 향상은 우리가 갖고 있는 마음속 그림의 향상에서 시작된다. 긍정적 이미지화 혹은 긍정적 시각화는 자신의 외부세계에서 실제로 이루고 싶은 경험과 일치하도록 마음속에 명확하고 생생한 그림을 그리는 것이다.

자신감 있고, 긍정적이고, 확고한 의지를 갖고 있고, 완벽하게 성공한 자신의 모습을 시각화해 보라. 자신이 오랫동안 꿈꿔온 멋진 집에서 살고 있는 모습을 상상해 보라. 이상적인 몸매를 유지하고 있고 오랫동안 원했던 멋진 옷을 입고 있는 자신의 모습을 떠올려 보라. 최고로 멋진 차를 몰고 멋진 휴가를 즐기고 있는 자신의 모습을 생생하게 마음속에 그려 보라. 기회가 있을 때마다 마음속을 성공과 풍요의 그림으로 가득 채워라.

성공하고, 행복하고, 높은 성과를 올리는 사람들을 인터뷰하면서 무슨 생각을 하고 무엇을 상상하는지 물어보면, 그들은 항상 자신들이 갖고 싶은 것을 생각하고 상상한다고 대답한다. 그들은 생각하는 훈련이 잘되어 있어서 자신들이 원하지 않는 경험이나 결과에 대해서 생각하거나 상상하는 것을 거부한다.

데니스 웨이틀리 Denis Waitley는 『성공의 씨앗 Seeds of Greatness』에서 "상상은 우리에게 다가올 인생의 예고편이다."라고 말한다. 집중의 법칙에 따라서 우리들은 자신이 상상하는 것에 대해 자연스럽게 점점 더 많이 생각하게 된다. 그리고 그 일에 대해서 그것이 긍정적이든 부정적이든 더 많이 생각하게 되면 그것을 현실에서 이루는 데 필요한 일에 집중하고, 그것에 대해서 더 많이 이야기하게 된다. 머릿속 그림은 점점 더 선명해져서 삶의 일부가 된다. **지금 자신이 하는 생각 그리고 머릿속에 그리는 이미지를 통해서 자신의 미래를 제어할 수 있다.** 우리 삶과 일에 관련된 모든 향상은 우리 내면 그림의 향상에서 시작된다. 상응의 법칙에 따라서 우리가 하는 외부세계에서의 경험은 우리 내면에 자리한 이미지와 그림을 보여 준다. 내면의 그림을 바꾸면, 외부의 현실도 바뀐다.

정신 건강을 위한 세 번째 훈련은 긍정적인 마음의 양식을 지속적으로 공급하는 것이다. 우리는 자주 생각하는 대로 되기 때문에 우리의 태도, 성격, 가치관 그리고 감정들은 매 순간 우리 마음에 공급하는 마음의 양식에 의해서 만들어진다고 말할 수 있다.

우리의 몸, 건강, 활력 수준, 소화기능, 피부 등은 모두 우리가 먹는 음식에 의해서 결정된다. 마찬가지로 우리들의 생각, 느낌, 태도 그리고 기대는 우리가 섭취하는 마음의 양식이 결정한다. 우리가 생각하고 느끼는 방식이 우리의 행동을 결정하고, 그 행동은 다시 우리의 활동과 성과를 결정한다. 인과의 법칙, 작용과 반작용의 법칙이 작용하기 때문에 다른 길은 없다.

우리 주변의 모든 것들은 크든 작든 우리의 생각과 그에 따른 행위에 암시적인 영향을 미친다. 우리가 보는 인터넷과 TV, 우리가 듣는 라디오, 우리가 읽는 신문과 잡지 그리고 그밖에 우리가 접하는 모든 것들은 우리의 사고방식과 인품에 영향을 미치고 그 영향은 누적된다.

신체적으로 건강하려면 건강에 좋고 영양분이 많은 음식을 먹어야 한다. 마찬가지로 정신적으로 건강하고 긍정적인 태도를 가지려면 정신적인 자양분이 풍부한 마음의 양식을 섭취해야 한다. 최고의 상태에서 일하려면 사탕이 아니라 단백질을 섭취해야 한다. 의미 없는 TV 프로그램이나 라디오에서 흘러나오는 잡담 그리고 잡지와 신문에 담겨 있는 효용 가치도 없는 정보 등 정신적인 유해 식품을 멀리 해야 한다. 대신에 책과 오디오 교재, DVD 등을 통해서 영양이 풍부하고 몸에 좋은 건강한 아이디어를 섭취해야 한다. 마음이 어떤 것을 생각하는지가 자신의 운명을 결정한다는 사실을 명심하고, 마음에 들어오는 자료에 대해서 명확한 기준을 갖고 통제해야만 한다. 오늘 우리가 섭취하는 마음의 양식은 인과의 법칙과 상응의 법칙에 따라서 우리가 어떤 사람이 될지를 결정하고 궁극적으로는 우리가 성취하는 결과를 결정하게 된다.

　정신 건강을 위한 네 번째 훈련은 긍정적인 사람들과 어울리는 것이다. 우리가 자주 만나는 사람들은 직접 만나든지 아니면 자주 생각하든지간에, 우리가 어떤 사람이 되느냐에 엄청난 영향을 미친다. 독수리와 함께 나는 것을 목표로 해야 한다. 즉 자신이 아는 최고의 사람들과 어울리라는 말이다. 승자들과 지내고 목표 없이 살아가는 사람들을 멀리해야 한다. 우리 주변 사람들의 80퍼센트는 여러 가지 이유로 인해서 그다지 긍정적이거나 큰 꿈을 갖고 있지 않고, 목표 지향적이거나 성공한 사람들이 아니다. 그들은 삶에서 뚜렷한 성취를 이루지 못한다. 하루 종일 시간을 낭비하면서 틈만 나면 불평을 늘어놓는다. 이런 사람들과 어울리면 우리도 그렇게 된다.

　데이비드 맥글러랜드 David McClelland 박사는 하버드 대학교에서 다년간의 연구 끝에 우리가 선택하는 준거 집단이 다른 어떤 요소보다도 자신의 삶에 더 큰 영향을 끼친다는 결론을 내렸다. 준거 집단이란 자신이 동일시하거나 어울리거나 자신과 유사하다고 생각하는 사람들이다. 가족이 첫 번째 준거 집단이다. 가족은 우리가 자신과 자신을 둘러싼 세상에 대해서 생각하는 방식에 놀랄 만큼 큰 영향을 미친다. 자신과 자신의 가능성에 대해서 높은 평가를 하도록 격려해 주는 긍정적이고 지지적인 부모에 의해서 양육되었다면, 우리는 성장과정에서 자연스럽게 자신과 비슷한 사람들을 찾고 그런 사람들에게 끌릴 것이다. 그들과 공통점이 많다고 느끼기 때문에 그들과 동일시하게 되고, 의사 결정을 하거나 행동을 할 때도 참조한다.

또 나이가 들면서 학교 동창, 직장 동료들이 준거 집단이 된다. 자신이 참여하는 사회단체와 정당도 준거 집단의 일부가 된다. 시간이 흐르면서 마음속에 자신 그리고 자신과 비슷한 사람들이 어떤 사람이라는 이미지를 갖게 된다. 그러면서 그들과 비슷한 가치관과 태도, 행동과 복장, 철학과 이념 그리고 신념을 지니게 된다.

긍정적인 사람들과 어울리면 더 긍정적이 된다. 반대로 부정적인 사람들과 어울리면 더 부정적이 된다. 성공하고 성취 지향적인 준거 집단과 직접 어울리거나 혹은 자주 그들에 대해서 읽고 생각하기만 하는 것도 우리를 성공으로 이끌고 성취 지향적이 되도록 해 준다. 부정적이고 목표 없이 방황하는 준거 집단은 마찬가지로 우리를 부정적이고 목표 없이 방황하게 만든다. 친구와 동료의 선택이 우리의 미래를 결정한다. 준거 집단이 갖는 엄청난 영향력을 생각해 보면 부정적인 사람들은 멀리 해야 한다. 자신이 존경할 수 없는 사람, 닮고 싶지 않은 사람들은 의식적으로 피해야 한다. 사고방식과 성격 그리고 자신에게 일어나는 모든 일에 지대한 영향을 미친다는 것을 인정한다면 어울리는 사람을 선택할 때는 아무리 신중해도 지나치지 않다.

성공한 세일즈맨들은 누구나 동료들로부터 외톨이로 묘사된다. 외톨이라고 해서 외롭다거나 혼자서 시간을 보낸다는 의미는 아니다. 단지 자신이 어울리는 사람들을 대단히 신중하게 선택한다는 말이다. 그들은 부정적인 사람들과 함께 시간을 보내지 않는다. 어떻게 해서든지 그들을 피하려고 한다. 부정적인 사람들은 유독성 물질과 같아서 활력과 열정을 빼앗아 피곤하고 비관적이 되게 한다는 점을 알기 때문이다. 긍정적인 사람들은 반대로 우리를 행복하고 낙관적으로 만든다. 그들은 긍정적이고 쾌활하다. 열정적이며 힘을 북돋아 주고 항상 기회와 가능성에 대해서 이야기한다. 함께 있는 것이 즐겁고 헤어져서 돌아올 때는 자신과 자신의 일에 대해서 더 좋은 느낌을 갖게 된다. 다른 사람들이 함께 있고 싶어 하는 사람이 되는 것을 하나의 목표로 삼아야 한다. 우리가 더 긍정적이고 매력적인 사람이 되면, 긍정적이고 매력적인 사람들이 우리에게 다가온다.

정신 건강을 위한 다섯 번째 훈련은 '지속적인 교육 및 자기계발'이다. 더 효과적인 판매 방법에 관해서 새로운 아이디어와 정보를 습득하면 할수록 그 아이디어에 대해 더 많이 생각하게 되고, 그 아이디어는 우리가 하는 모든 일을 통해서 밖으로 표현된다. 우리들의 외부세계는 내부세계를 반영하므로 우리들은 자주 생각하는 그런 사람이 된다. 우리가 집중해서 생각하는 것은 현실에서 자라고 확장되어 간다. 더 유능한 세일즈맨이 되는 방법을 학습하기 위해서 책을 읽고, 오디오 교재를 듣고 세미나에 참석하면 할수록 점점 더 자신이 일하는 분야에서 최고 전문가처럼 걷고 말하고 생각하고 느끼게 된다. 그리고 사언스럽게 뛰어난 세일즈맨들과 같은 성과를 올리기 시작한다.

프로에게 학습은 평생 함께 할 동반자다. 결코 학습을 중단해서는 안 된다. 사실 정규 교육을 마침과 동시에 실질적인 학습이 시작된다. 많은 사람들이 학교를 떠나면서 다시는 책을 읽지 않겠다고 결심한다. 나는 실제로 그 다짐을 지켜온 서른다섯 살과 마흔 살 된 세일즈맨을 만난 적이 있다. 그들은 학교를 떠나면서 학습을 멈췄고 그에 따라서 성장도 중단되었다. 그들이 학습을 중단한 것은 학습이 평생에 걸쳐서 지속되어야 하는 과정이라는 점을 몰랐기 때문이다. 그 결과 당연히 그들의 직장 생활도 오래전에 정점에 도달해서 더이상 성장하지 못하고 있었다.

지속적인 교육과 훈련은 우리를 낙관적이 되게 하고, 스스로 유능하고 통제력을 갖고 있다는 느낌이 들게 한다. 또한, 더 나은 잠재 고객과 기존 고객들을 영향력의 원안으로 끌어들이고 자기 자신과 미래에 대한 믿음을 확장해 준다. 능력 개발을 통해 스스로 설정한 목표를 달성하기 위해서 필요한 것이라면 무엇이든지 배울 수 있다. 지속적으로 자신을 향상시키는 것은 미래를 위한 도약대다.

정신 건강을 위한 여섯 번째 훈련은 '좋은 건강 습관'이다. 판매는 대단히 힘든 직업이다. 판매를 잘하려면 그날그날 엄청난 신체적, 정신적, 감정적 에너지를 필요로 한다. 이 때문에 성공한 세일즈맨들은 누구나 보통 사람들보다 더 높은 에너지와 열정을 갖고 있다고 보인다. 최고가 되려면 직장 생활 내내 자신의 건강을 최고 상태로 만들어야 한다. 자신의 업무 활동을 효과적으로 설계해서 판매 활동이 이루어지는 매 순간 최고의 에너지와 활력을 유지할 수 있어야 한다. 때로는 섭취하는 음식과 운동 방법의 조그만 변화가 에너지 수준을 크게 높일 수 있다.

에너지 수준을 높이는 네 가지 열쇠는 다음과 같다. 첫 번째 열쇠는 즉시 '음식에서 지방을 가능한 한 제거하는 일'이다. 지방은 건강한 삶의 가장 큰 적이라는 사실이 밝혀졌다. 지방은 다양한 퇴행성 질병과 함께 비만, 고혈압, 심장 질환, 그리고 전반적인 피로감이나 우울증과 깊은 관계가 있다. 지방 섭취를 줄이려면 대체의 원칙을 사용해서 과일, 채소, 비정백 식품 whole grain과 같은 저지방이나 무지방 음식을 더 많이 먹어야 한다.

에너지 수준을 높이는 두 번째 열쇠는 '규칙적인 운동'이다. 일주일에 5일 동안 하루에 3.2킬로미터만 걸으면 건강에 필요한 충분한 운동량을 확보할 수 있다. 또한 수영, 달리기, 자전거 타기, 테니스, 스키, 트레킹을 할 수도 있고 헬스클럽에서 기구를 활용해 운동할 수도 있다. 신체적인 운동과 식이 요법을 병행하면 더 건강하고, 행복하고, 활력이 넘친다. 또한, 잠을 더 푹 자고 상쾌한 기분으로 일어나며 머리도 더 맑고 빨리 움직인다. 즉 최고의 상태에서 일을 하게 된다. 행복하고 활력이 넘치면 고객을 대할 때도 더 긍정적이고 낙관적이 된다. 사람들이 좋아하는 사람이 되는 것이다. 이런 긍정적인 성격은 즉시 더 높은 판매 성과로 연결된다.

에너지 수준을 높이는 세 번째 열쇠는 일상생활을 하면서 '물을 많이 마시는 것'이다. 사람들은 특별한 활동을 하지 않으면 평균적으로 하루 3.8리터(8컵) 이상의 수분을 배출한다. 물을 많이 마시면 몸속의 독소와 소금, 설탕, 그리고 다른 불순물들을 씻어 내어 온몸을 정화함으로써 건강을 증진하고 에너지를 높여 준다. 탈수와 그에 따르는 피로를 예방하려면 몸 밖으로 배출된 수분을 보충해 주어야 한다.

건강과 에너지 수준을 높이는 네 번째 열쇠는 '충분한 휴식을 취하는 것'이다. 낮에 효과적인 판매 활동을 하려면 매일 일곱 시간에서 여덟 시간의 수면이 필요하다. 충분한 수면은 힘든 판매 활동을 하면서 소진된 정신적 그리고 신체적 에너지를 재충전해 준다. 충분한 수면을 취해야만 우리들의 면역 체계가 강화되어 감기나 다른 질병에 걸리지 않게 된다. 판매 활동을 하기 전날 밤에는 TV를 끄고, 인터넷을 멀리하고, 일찍 잠자리에 들어서 충분한 휴식을 취하는 습관을 익혀라. 이렇게 하면 판매 활동에서 겪을 수밖에 없는 거절과 실망감 속에서도 에너지와 열정을 유지하며 최상의 컨디션에서 일힐 수 있다.

<table>
<tr><td colspan="1">에너지 수준을 높이는 4가지 열쇠</td></tr>
<tr><td>1. 음식에서 지방을 가능한 한 제거하기</td></tr>
<tr><td>2. 규칙적인 운동하기</td></tr>
<tr><td>3. 물 많이 마시기</td></tr>
<tr><td>4. 충분한 휴식 취하기</td></tr>
</table>

정신 건강을 위한 일곱 번째 훈련은 '적극적인 행동'이다. 더 빨리 움직이면 더 많은 에너지가 생기고 더 많은 사람들을 만나고 경험을 하므로 더 빨리 배울 수 있고, 더 많은 고객을 확보할 수 있다. 더 빨리 움직이면 더 열정적이 되므로 자신의 삶을 자신이 통제하고 있다는 느낌도 커진다.

빠른 템포는 성공에 필수적이므로 빠른 행동 템포를 설정하라. 미루지 말고 할 일이 있으면 즉시 하라. 지금 당장 하라! 계속하라! 빨리 빨리 움직여라! 더 빨리 움직이라고 마인드 콘트롤을 해 보자. 더 빨리 움직이면 더 짧은 시간에 더 큰 성공을 거두게 된다. 그 성공은 다시 동기를 유발해서 우리가 하는 일에 더 긍정적이고 열정적이 되도록 한다. 그 열정은 다시 우리를 더 빨리 움직이게 하고 그것은 다시 높은 판매 성과로 이어진다. 조금 더 일찍 일을 시작하고, 조금 더 열심히 일하고, 조금 더 늦게까지 일하고, 조금 더 빨리 움직이면 지금까지 이야기한 정신 건강을 위한 다른 방법들의 효과도 더욱 높아진다. 프로 세일즈맨으로서 성공적인 장래도 보장된다.

<table>
<tr><td>정신 건강을 위한 7가지 훈련</td></tr>
<tr><td>1. 긍정적인 자기 대화</td></tr>
<tr><td>2. 긍정적 이미지화</td></tr>
<tr><td>3. 긍정적 마음의 양식을 지속적으로 공급</td></tr>
<tr><td>4. 긍정적인 사람들과 커뮤니티 형성</td></tr>
<tr><td>5. 지속적인 교육 및 자기계발</td></tr>
<tr><td>6. 좋은 건강 습관</td></tr>
<tr><td>7. 적극적인 행동과 실천</td></tr>
</table>

판매의 핵심 원칙

축적의 법칙 the law of accumulation에 따르면 모든 커다란 성공과 성취는 사람들이 대부분 이해하거나 중요하다는 것을 알지도 못하는 수백 혹은 수천 가지의 노력이 축적되어 나타난다. 즉 우리가 삶에서 거두는 커다란 성공은 다른 사람들이 인식하지 못하는 방식으로 수주, 수개월 혹은 수년에 걸쳐서 준비하고 능력을 개발해 온 결과라는 것이다.

축적의 법칙에서 파생되어 나오는 원칙이 **"모든 것이 해당된다(Everything counts).**"는 것이다. 이것이야말로 판매에 있어서 핵심이 되는 원칙이다. 성공한 사람들은 모든 것이 해당된다는 것을 믿고 받아들여서 그에 따라 살아가는 이들이고, 실패한 사람들은 모든 것이 해당되지 않기를 바라는 이들이다. 그들은 자신이 하는 일이 자신의 삶에 별 상관이 없을 것이라고 스스로 자기 최면을 건다. 그 결과는 좌절과 어려움의 연속이다.

『백만 불짜리 습관 Million Dollar Habits』의 저자인 로버트 링어 Robert Ringer는 이것을 현실 습관이라고 부른다. 그에 따르면 성공한 사람들은 자기기만을 거부한다. 그들은 사실이 아닌 것을 믿지 않는다. 그들은 자신이 바라는 모습 혹은 공상이 아니라 현실을 있는 그대로 직시하는 습관을 갖고 있다.

저명한 심리학자인 에이브러헴 매슬로우 Abraham Maslow는 자기실현을 하는 사람들에 관한 연구를 통해서, 그들에게서 드러나는 가장 두드러진 특징 중의 하나가 '지적인 정직성' 혹은 '객관성'이라고 결론지었다. 그들은 자신이 가진 강점과 약점들에 대해서 대단히 엄격한 객관성과 정직성을 견지했다. 자신이 원하는 목표를 달성하기 위해서 무엇을 배워야 하고 어떤 사람이 되어야 하는지를 알고 있었다. 자신을 기만하거나 현실을 왜곡하고 싶은 유혹을 거부했다. 그런 태도 덕택에 그들은 사회에서 가장 건강하고, 가장 행복하고, 가장 높은 성과를 거두는 사람들이 되었다.

종종 세일즈맨들이 내게 찾아와서 판매에서 성공하는 것이 너무 어렵다고 불평한다. 그들은 또 자신이 일하는 분야에서 최고가 되려면 해야 할 일이 너무 많다고 투덜댄다. 그리고 판매가 왜 이렇게 복잡한지, 더 쉬운 방법은 없는지 문의한다.

사실 어느 분야에서든지 성공하는 사람은 극히 소수다. 오늘날 직업을 가진 사람 20명 중에서 한 명만이 은퇴 시 경제적으로 자립할 수 있다. 나머지 19명은 약간의 예금이 있기는 하지만 다른 가족들이나 연금에 의존해야 하거나 아니면 완전히 빈털터리가 되어 쉬지 않고 일을 해야 하는 처지다. 다시 말해, 경제적 자립이라는 목표를 달성할 수 있는 확률이 20분의 1밖에 되지 않는다. 따라서 확률을 높이려면 활발하게 일할 수 있는 시기에 자신이 할 수 있는 일이라면 어떤 일이라도 해야 한다. 아마도 우리가 할 수 있는 일 중에서 가장 중요한 것은 지금부터 "우리가 하는 모든 일이 해당된다."는 사실을 깨닫는 것이다.

판매와 삶에서 이 성공의 원칙을 온전하게 받아들일 때, 우리는 미래에 대한 완벽한 통제권을 갖게 되고 행운 혹은 우연에 더는 의지하지 않게 된다. 기분 좋은 날이 되었으면 좋겠다고 바라는 대신에 밖으로 나가서 자신이 기분 좋은 하루를 만들어 내게 된다.

개인역량 개발

판매는 정신 게임이다. 판매에서 성공하려면 강한 의지와 정신력이 필요하다. 정신적인 강인함과 지구력 그리고 유연성을 갖기 위해서는 매일 빠짐없이 훈련해야 한다. 다음에 제시하는 것들은 보다 끈기 있고 설득력 있게 판매하는데 필요한 개인역량을 길러 준다.

첫째, 자신에 대해서 100퍼센트 책임을 져야 한다. '현재 자신의 상황', '현재 자신의 모습'은 전적으로 과거의 자신 때문이라는 것을 받아들여야 한다. 나의 성과는 전적으로 나 자신의 책임이다. 나는 내 인생과 경력 그리고 '나'라는 1인 판매 기업의 사장이다.

자신의 생각과 감정을 통제하는데 사용할 수 있는 가장 강력한 말은 "내 책임이다!"라는 말이다. 이 말은 우리가 경험하는 분노를 중단시키고 부정적인 감정을 무력하게 만들어 버린다. 또한, 걱정을 제거하고 수동적이 아니라 능동적으로 생각할 수 있게 한다. "내 책임이다!"라는 태도는 자신이 삶의 주인이 될 수 있도록 해 준다. 자신의 삶에 대해서 완전히 책임을 지게 되면 다시는 어떤 일에 대해서 변명을 늘어놓거나 다른 사람 탓을 하지 않는다. 성공해도 내 성과이며, 실패해도 내 책임이다.

책임감은 항상 그 방향이 미래를 향하고 언제나 문제보다는 해결책에 관심을 갖는다. 책임감이 강한 사람은 다른 사람들을 비난하기보다는 문제해결에 집중한다. 그들은 일이 잘못되어 가면 즉시 중단하고 "내 책임이다."라고 말한 다음 이미 일어나버린 과거의 문제가 아니라, 그 문제를 어떻게 해결해야 하는지에 대해서 생각한다.

책임감이 강한 사람은 미래의 기회에 집중한다. 이미 엎질러진 물에 대해서 울고불고하지 않는다. 그들은 이미 일어난 과거의 일은 어쩔 수 없다는 점을 안다. 실패하거나 장애물이 나타나면 교훈을 찾고 "다음에는 … 하겠다."고 다짐한다. 책임삼이 상한 사람들의 좌우명은 "앞으로 일이 이떻게 되는가는 나 자신에게 달려 있다."는 것이다. 이렇게 스스로의 삶에 대해서 책임을 지는 태도는 프로 세일즈의 모든 영역에서 높은 성과 그리고 뛰어난 능력으로 연결된다.

개인역량 개발의 두 번째 요건은 '긍정적 설명 스타일'이다. 이것은 한마디로 말해서 자신에게 일어나는 일을 긍정적으로 해석하는 습관을 말한다. 어려움과 실패는 귀중한 교훈이나 기회를 담고 있다고 생각한다. 문

The Development of Personal Power

제가 발생하더라도 그것이 영구적이라거나 개인적인 능력 부족이라고 보는 것을 거부한다. 어깨를 으쓱하면서 흘려보내고 자신과 다른 사람들에게 "다음번에는 다를 거야."라고 말한다.

낙관적인 사람들은 사물을 긍정적으로 해석하는 습관을 갖고 있고 비관적인 사람들은 부정적으로 해석하는 습관을 갖고 있다. 낙관적인 사람들은 문제를 머릿속에서 치워 버리고 오래 생각하지 않는다. 그러나 비관적인 사람들은 문제가 발생하면 자신이 부족하다는 증거 혹은 자신의 상품이나 서비스에 문제가 있다는 증거로 여긴다. 낙관적인 사람은 상황을 개선하기 위해서 자신이 해야 할 일이 무엇인가를 생각하는데 반해 비관적인 사람들은 왜 문제가 생겼는지에 골몰하면서 의기소침해지고 낙담한다.

개인적 역량을 개발하는 세 번째 요건은 '최고가 되겠다는 확고한 의지'다. 자신의 분야에서 최고가 되겠다고 결심해야 한다. 그리고 '최고'를 기준으로 설정하고 최고를 향해서 노력을 아끼지 말아야 한다.

많은 사람들이 낮은 자부심으로 인해서 자신의 분야에서 진정한 전문가가 되겠다는 생각을 진지하게 하지 않는다. 심지어 열심히 노력해서 어느 정도 성공을 거둔 경우에도 자신의 성공을 운이나 우연 덕분으로 깎아내리려고 한다. 자신을 좋아하고 존중하지 않기 때문에 자신이 선택한 분야에서 뛰어난 성과를 거둘 수 있는 능력을 지녔다고 생각하지 못하는 것이다.

우리들이 자녀 교육에서 저지르는 가장 큰 문제 중의 하나는 '자격'과 관계가 있다. 많은 사람들이 자신이 성공을 누릴 자격이 없다고 생각한다. 외부적으로는 목표를 달성하기 위해서, 할당량을 채우기 위해서, 수입을 올리기 위해서 노력하지만 내면에서는 자신이 그것을 달성할 수 있는 능력이 없다고 느낀다. 또 열등감이나 자격이 없다는 느낌 때문에 좋은 성과를 내지 못하거나 그런 느낌들이 너무 강해서 아예 시도조차 하지 못한다.

"자격이 있는가?"라는 문제는 언제든 반드시 다루고 해결해야 할 과제다. 확고한 의지와 노력을 통해서 이룬 정직한 성공이라면 어떤 성공도 누릴 자격이 있음을 받아들여야 한다. 우리는 바라고 상상하는 모든 것들을 누릴 만한 자격이 있다. 또한, 자기계발과 새로 개발한 능력의 실행을 통해 얻는 보상도 누릴 자격이 있다. 우리는 다른 누구에게도 뒤지지 않는 능력을 갖고 있으며 다른 사람들이 할 수 있는 일이라면 우리도 못할 것이 없다. 우리가 바라는 건강, 행복, 그리고 부를 가로 막는 유일한 장애물은 밖이 아니라 우리 안에 자리하고 있다.

삶이란 2보 전진하고 1보 후퇴하는 과정이다. 우리들은 조금 전진했다가 조금 후퇴한다. 또 조금 앞으로 나갔다가 거기서 멈추기도 한다. 올바른 선택을 하기도 하지만 때론 잘못된 선택을 하기도 한다. 중요한 것은 '최고가 되겠다는 굳은 의지' 다. 그것은 평생 이탈해서는 안 될 길이고 추구해야 할 목표다. 나는 전 세계 여러 나라의 최고 세일즈맨들과 함께 일해 왔다. 그들은 예외 없이 자기 분야에서 최고가 되겠다고 굳게 다짐한 다음에야 성공할 수 있었다. 결심한 후에는 최고가 되기 위해서 노력을 집중했다. 그들이 점차 자기 분야에서 다른 세일즈맨들보다 앞서 나가는데 몇 달 혹은 몇 년까지도 걸렸지만 결국에는 목표를 성취했으며, 그 후로도 그들은 노력을 멈추지 않았고 차이는 점점 벌어졌다. 그리고 마침내 최고의 자리에 올라서 주위에 있는 모든 사람들의 찬사와 존경을 받았다. 이 모든 것의 출발점은 최고가 되겠다는 굳은 결심이었다.

개인적 역량의 네 번째 요건은 끈기다. 끈기란 기꺼이 다른 누구보다 더 오래, 그리고 더 열심히 일하는 것으로써 때때로 인생에서 성공과 실패를 가르는 요소로 작용한다. 인내력이 강한 사람은 강한 의지를 갖고 절대로 포기하지 않기 때문에 업계에서 일하는 다른 모든 사람들을 점차 추월하게 된다. 사실 끈기란 많은 특성들이 하나로 응축된 것이다. 끈기는 자기 자신과 자신의 성공 능력에 대한 믿음의 척도가 된다. 상황이 어려워질 때 스스로 얼마나 끈기 있게 버티는지를 보면 자신에 대한 믿음의 정도를 알 수 있다. 끈기는 자기 규율 Self-discipline의 실천 행동이다. 또한, 성품의 척도이기도 하다. 지치고 용기를 잃어서 포기하고 싶을 때 자신이 하는 행동을 살펴보면 자기 규율의 정도를 알 수 있다. 끈기와 깊은 관계를 맺고 있는 것이 용기다. 용기의 첫 번째 요소가 불확실한 상황에서 새롭게 시작하는 능력이라면 두 번째 요소는 성공에 대한 확신이 없을 때 견디어 내는 능력이다. 루이스 C. S. Lewis는 "용기는 단순히 여러 가지 덕목 중의 하나가 아니다. 모든 덕목은 용기라는 형태로 진정성을 평가받는다."라고 말했다. **끈기가 없으면 성공도 없다.**

개인역량의 다섯 번째 요건은 진실성이다. 진실성이란 자기 자신과 다른 사람에게 완벽하게 정직함을 말한다. 정직하기 위해서는 자기 자신 그리고 자신의 내면에 최고로 진실해야 한다. 그래야만 누구에게든 솔직할 수 있다. 정직은 고객들이 장기적인 구매를 결정할 때 판매자에게 요구하는 가장 중요한 특성이다. 최고 세일즈맨들이 말과 행동에서 완벽하게 정직한 이유가 바로 이것이다. 그들은 고객에게 적합하지 않은 상품이나 서비스를 결코 팔지 않으며 고객들도 그 사실을 알고 있다.

신뢰가 모든 인간관계의 기초가 되는 특성이라면 진실성은 그 신뢰를 실천하고 표현하는 것이다. 최고 세일즈맨들은 고객들과 대단히 좋은 인간관계를 맺고 있기 때문에 고객들은 심지어 가격을 물어보지도 않고 구매하기도 한다. 고객들은 가격이 얼마든 공정하고 정직할 것이라는 사실을 알고 있다. 그렇지 않다면 최고의 세일즈맨들이 그 물건의 구매를 권하지 않았을 것이기 때문이다.

　진실성은 또한 자신감 self-confidence을 기르는 필수 요건이다. 자기 자신과 주변 사람들에게 진실하게 대하면 자신에 대한 호감이 놀라울 만큼 증가한다. 진실한 사람들은 자신과 자신이 하는 일의 가치에 대해서 깊고 변함없는 믿음을 갖고 있다. 그들은 사람들이 계속해서 추천하고 소개하는 최고의 세일즈맨이 된다.

　개인역량의 여섯 번째 요건은 '감사하는 태도' 다. 감사하는 태도는 수확 체증의 법칙 the law of increasing returns을 바탕으로 하고 있다. 수확 체증의 법칙에 따르면 "자신이 가진 것에 대해서 더 많이 감사하면 할수록, 감사할 수 있는 일은 점점 더 많아진다."는 사실이다. '감사하는 태도' 는 온전한 인격체의 표상이다. 감사하는 태도를 가진 사람은 모든 상황에서 좋은 점을 찾고, 자신의 문제에 대해서 불평하는 대신에 자신이 누리는 좋은 점에 대해 고마워하면서 하루하루를 살아간다.

　감사하는 태도를 가진 세일즈맨은 삶의 많은 부분에 대해서 깊이 감사한다. 자신의 건강, 가족, 집, 자동차, 그리고 자신의 일에 대해서 감사하고, 자신이 일하는 회사 그리고 자신이 판매하는 상품과 서비스에 대해서도 감사한다. 또한, 고객들에게 봉사할 기회가 있다는 것과 그것을 통해서 살아가는데 필요한 돈을 벌 수 있다는 점에 대해서도 감사한다. 그들은 다른 사람들의 작은 친절에 대해서도 항상 고맙다고 말한다.

　감사하는 태도는 긍정적인 태도와 긴밀한 관계가 있다. 감사할 줄 아는 사람들은 본질적으로 낙관적이고 항상 즐겁다. 그들은 어떤 일이 일어나도 항상 좋은 점을 찾아서 친절하게 그리고 긍정적으로 말한다. 아무리 까다로운 고객을 만나더라도 항상 따뜻하게 대하고 감사를 표한다. 그들은 잠시 만났던 대단히 까다로운 고객에게도 감사 카드를 보내는 사람들이다.

다행스럽게도 감사하는 태도는 습관성이 있다. 잠시 동안이라도 감사하는 마음을 갖고 그 마음을 표현하면 감사하는 태도가 성격의 일부가 되기 시작한다. 그만큼 우리는 더 따뜻하고 더 다정한 사람이 된다. 고객들은 거래를 원하고 친구들은 함께 시간을 보내고 싶어 한다.

개인역량의 일곱 번째 요건은 '명확하고 구체적인 목표'다. 최고의 성과를 달성하려면 월별, 분기별, 그리고 연도별로 문서화된 판매와 수입 목표가 있어야 한다. 또한 건강, 주택, 그리고 가족에 대한 목표도 필요하다. 재무적 목표, 자기계발 목표, 그리고 영적인 목표도 세워야 한다. 새로운 집을 짓기 위해서 청사진이 필요한 것처럼 우리 인생에 대해서도 청사진이 필요하다. 매일 무엇을 할 것인가에 대한 계획도 있어야 한다. 어느 분야에서든지 최고 세일즈맨들이 가진 가장 두드러진 특징은 '강한 목적의식'이다. 나이, 교육, 경험, 지능이 동일할 경우 네 그룹 어디에서나 성공하고자 하는 욕구가 강한 사람이 욕구가 약한 사람보다 더 높은 성과를 올렸다. 판매 그리고 삶의 모든 영역에서 강한 목적의식을 갖고 있는 사람은 커다란 성공과 성취를 이룬다. 목표를 기록하고, 그 목표를 달성하기 위한 계획을 문서로 작성하고, 계획에 따라서 하루하루 실천해 가면 강한 목적의식을 개발할 수 있다.

목표는 우리가 판매 분야에서 엄청난 능력을 가진 사람이 될 수 있는 힘을 준다. 목표는 내면의 긍정성을 드러나게 해 주고 목표를 달성하기 위한 에너지와 아이디어를 준다. 명확한 목표는 관심과 에너지를 집중시키고 비전과 명료성을 제공한다. 또한, 일을 시작할 용기와 어려움에 부딪칠 때 견디어 낼 수 있는 끈기를 갖게 한다. 명확하게 문서화된 목표가 있으면 보통 사람들에게 5~10년이 필요한 일을 1~2년 내에 해낼 수도 있다.

목표가 가진 힘은 이것만이 아니다. 목표는 우리 삶이 모든 정신 법칙과 조화를 이룰 수 있게 해 준다. 목표는 또한 수확의 법칙을 가장 효과적으로 적용할 수 있게 해 준다. 목표는 우리가 바라는 결과를 정의해 놓은 것이므로 목표를 통해서 우리가 바라는 결과가 명확해지면, 그것을 달성하기 위해서 우리가 해야 할 원인 행위를 찾아내는 것은 비교적 쉽다.

목표는 삶에 통제력을 갖게 해 준다. 목표를 통해서 변화의 방향을 통제할 수 있고 더 좋은 의사 결정과 선택을 할 수 있다. 목표는 시간과 자원을 보다 지혜롭게 배분할 수 있게 해 준다. 자신이 바라는 것이 무엇인지 100퍼센트 명확하게 알고 있으면 어떤 일을 하든지 차분하고 자신감 있게 할 수 있다. 목표는 자신이 성공할 수 있다는 믿음을 강화한다. 목표를 명확하게 하고 문서화하면 의심과 두려움을 극복할 수 있으며 목표 달성이 가능하다는 믿음이 생기기 시작한다. 믿음이 커져가면서 목표 달성에 필요한 활동을 점점 더 많이 하게 된다. 그리고 목표를 이루고 싶다는 바람과 목표 달성이 가능하다는 믿음 사이의 경계가 흐려진다. 성공에 대한 확신과 의지가 깊어지고 어느새 목표가 현실에서 이루어지기 시작한다.

'집중의 법칙 the law of concentration'에 따르면 "무엇에든지 생각을 집중하면 그것은 현실에서 자라고 확장된다." 우리가 생각해야 할 것은 무엇일까? 그것은 '목표'다. 우리가 목표에 대해서 많이 생각하면 할수록, 목표를 현실화하는데 더 많은 정신력이 할낭된다.

아이작 뉴턴 Isaac Newton은 물리학과 수학에 그렇게 큰 공헌을 할 수 있었던 비결이 무엇이었느냐는 질문에 대해 "다른 것들에 대해서는 전혀 생각하지 않았기 때문이다."라고 대답했다. 오직 목표에 대해서만 생각하고 다른 것들에 대해서는 생각하지 않는 단계가 되면, 우리가 목표를 소유하는 것이 아니고 목표가 우리를 통제하게 된다. 그때부터는 줄곧 그 이전에 성취했던 것보다 훨씬 더 많은 것을 성취할 수 있다.

우리들의 확신에 찬 태도는 또한 주변 사람들의 행동에도 영향을 미친다. 인력의 법칙에 따라서 살아있는 자석처럼 목표 달성에 도움이 되는 사람들과 상황을 우리에게 끌어당긴다. 목표에 대해서 더 많이 생각하면 할수록, 정신적 진동도 더 강해진다. 생각 에너지의 파동이 방출되고 그 파동은 목표를 현실화하는데 도움을 주는 기회와 사건들을 우리의 삶으로 불러들인다. 고객들이 구매할 것이라는 강한 확신이 고객들에게 영향을 미쳐서 그것 때문에 구매가 이루어지기도 한다.

상응의 법칙에 따라서 우리들의 외부세계는 우리 내면의 지배적인 생각과 아이디어 그리고 그림을 반영한다. 외부세계가 내부세계와 일치되어 가는 것이다. 무엇이든 마음속에 계속해서 담고 있으면 그것은 현실세계에서 이루어지기 시작한다. 목표, 목표를 달성하는 방법, 목표 달성이 가져올 기쁨에 대해서 더 많이 생각하면 할수록, 외부세계에서 이루어지는 현실은 점점 더 내부세계와 일치되어 간다. "안에서 이루어진 대로 밖에서도 이루어진다(As within, so without)."

행복은 '가치 있는 이상이나 목표의 점진적인 실현'으로 정의된다. 목표를 향해서 내딛는 한걸음 한걸음은 행복, 열정 그리고 자신감을 증가시킨다. 하루하루 목표 달성을 위해서 노력하면 목표를 실현할 수 있다는 확신이 마음속에 생긴다. 매일매일 목표를 향하여 다가갈수록 두려움과 의심도 사라진다. 긍정적인 생각 positive thinking 에서 긍정적인 앎 positive knowing 으로 바뀌고 그 어떤 것도 우리를 막을 수 없다.

개인역량 개발의 7가지 요건
1. 자신에 대해서 100퍼센트 책임지기
2. 긍정적 설명 스타일
3. 최고가 되겠다는 확고한 의지
4. 포기하지 않는 끈기와 인내력
5. 진실성과 진정성
6. 감사하는 태도
7. 명확하고 구체적인 목표

최고의 판매 성과

1895년 에밀 쿠에 Emile Coue 라는 프랑스 의사가 현대 의학에 혁명을 일으킨 심리 기법을 개발했다. 그것은 간단했지만 대단히 강력한 효과가 있음이 밝혀졌다. 그는 환자들에게 규칙적으로 "나는 매일 모든 면에서 좋아지고 있다."라는 말을 반복하도록 했다. 이 긍정적 자기 대화 self-talk 혹은 긍정문 기법은 처음에는 너무 단순하고 비효과적이라고 해서 무시되었지만, 치료 효과는 부인할 수 없었다. 유럽 전역의 다른 진료소나 병원과 유사한 질환의 치료 결과를 비교할 때, 완치율이 무려 5배나 더 높았던 것이다.

1905년 독일 의사인 요하네스 슐츠 Johannes Schultz 는 에밀 쿠에의 연구를 토대로 자기 조절이라는 치료 방법을 개발했다. 그는 이완, 자기 긍정하기, 그리고 창조적 시각화를 통해서 환자들이 잠재의식을 재구조화하도록 했다. 이런 생각의 개선은 환자들 자신에 대한 태도에 급속한 변화를 만들었고, 그것은 다시 환자 상태의 빠른 호전을 가져왔다. 슐츠 박사의 연구는 그 이후 특히 동유럽과 러시아에서 보다 발전된 고도의 자기 조절 기법 개발로 이어졌다. 특히 교육과 스포츠 분야에서 활발했다. 오늘날 자기 조절은 스포츠 심리학의 한 부분이 되었고 모든 스포츠에서 거의 대부분의 정상급 선수들이 경기력 향상을 위해서 배우고 있다. 아주 작은 차이로 승부가 갈리는 세계 수준의 경기에서 모든 정상급 선수들은 고도의 자기 조절 혹은 심리 조절 기법을 사용해서 비교 우위를 확보하려고 한다. 정상급 세일즈 선수들도 그들과 동일한 기법을 사용해서 판매 성과를 극적으로 향상시킬 수 있다.

지금까지 이 장에서 이야기했던 모든 것들은 정신 조절 기법이다. 여기에서 제시된 방법들을 사용하면 판매 성과를 높여 주는 강인한 성격을 개발할 수 있다. 모든 아이디어들은 경쟁이 심한 시장에서 최고의 성과를 낼 수 있는 비교 우위를 갖게 하는 것을 목표로 한다.

멘탈 리허설

우리가 배우게 될 '멘탈 리허설 Mental Rehearsal' 기법은 여러 가지 다양한 상황에서 사용할 수 있다. 이것은 간단하고, 알기 쉽고, 효과적이다. 이 기법을 사용하면 실적이 즉시 좋아지고, 자신감과 통제력 그리고 창의력을 높인다. 또한 어떤 판매 상황에서도 차분하고, 침착하고, 여유 있게 행동할 수 있게 해 준다. 멘탈 리허설을 하게 되면 고객을 만났을 때 최고의 모습으로 응대할 수 있게 된다.

고객을 만나기 전에는 반드시 멘탈 리허설을 해야 한다. 운동경기를 하기 전에 어김없이 준비 운동이 필요한 것과 마찬가지로 멘탈 리허설은 고객을 만나기 전에 정신적으로 준비 운동을 하는 것이다.

멘탈 리허설은 다음과 같이 5단계로 이루어진다. 첫 번째, 몇 초 동안 최근의 판매 성공 경험에 대해서 생각한다. 자신이 원한대로 잘 마무리되었던 판매 상담을 회상한다. 자신이 최고의 모습을 보였던 때를 머릿속에 떠올리고 그때 고객이 보였던 긍정적인 반응을 생각한다. 고객이 계약서 혹은 수표에 서명하고 판매 실적을 올리면서 고객과의 면담을 마무리 지었던 모습을 떠올린다.

잠재의식은 실제 경험과 선명한 상상 혹은 기억을 잘 구분하지 못한다. 성공 경험이 단 한 번뿐이었더라도 그것을 반복해서 생각하면 잠재의식은 매번 그것을 새로운 경험으로 기록한다. 만일 우리가 구체적인 성공 경험을 반복해서 회상하면 잠재의식은 우리가 계속해서 성공하고 있다고 여긴다. 마음이 움직이는 이런 놀라운 방식은 우리에게 도움이 되기도 하고 해를 끼치기도 한다. 세일즈맨들은 누구나 거절당하거나 무례한 대접, 일시적인 실패와 같은 부정적인 경험을 가지고 있다. 그런데 많은 세일즈맨들이 그 경험을 털어버리지 않고 반복해서 그 일에 대해 생각하는 큰 실수를 저지른다. 동료들에게 그 일을 털어놓기도 하고 집에 가서 배우자에게 이야기하기도 한다. 문제는 실패한 경험에 대해서 생각할 때마다 우리의 잠재의식은 그 일이 실제로 다시 일어나는 것으로 기록한다는 점이다. 그렇게 되면 나중에는 판매에 대해서 생각만 해도 실패와 거절에 대한 두려움을 불러일으키게 된다.

따라서 멘탈 리허설의 첫 단계는 행복하고 성공적인 판매 경험에 대해서 생각하거나 그런 경험이 없다면 상상이라도 하는 것이다. 침착하고, 자신감이 있고, 통제력을 느낀 성공 경험에 대해서 끊임없이 생각하라. 의식에서 그 성공 경험을 아주 상세하게 반복해 되살림으로써 그 경험을 잠재의식 속으로 집어넣어라. 이 정신적 그림은 결국 잠재의식에 의해서 다음번 방문 판매에서도 성공 경험을 반복하라는 명령으로 받아들여진다.

두 번째 단계는 방문 판매를 하기 전에 눈을 감고 심호흡을 한 후 긴장을 푸는 것이다. 이것은 어디서나 편한 장소에서 할 수 있다. 차 안, 사무실이나 집에서 출발하기 전, 혹은 화장실에서까지도 가능하다. 심호흡은 몸과 마음의 긴장을 풀어 주고 명료성과 창의성을 갖게 하여, 판매 상담을 시작하기 전에 최고의 상태가 되도록 해 주는 대단히 강력한 마음 조절 방법이다. 심호흡을 할 때는 횡격막에 압박을 느낄 때까지 아주 깊이 숨을 들이마신다. 그 다음 몇 초 동안 숨을 멈춘 다음 천천히 내쉰다. 이렇게 다섯 번에서 일곱 번 반복하면 마음이 차분해지고 이완될 것이다. 그러면 다가오는 방문 판매에서 최고의 모습을 보여 주도록 자신의 마음을 조절할 준비가 끝난다.

세 번째 단계는 다가오는 상담에서 자신이 원하는 결과를 상세하게 시각화하는 것이다. 눈을 감은 채로 최고의 모습으로 상담하고 있는 자신의 모습을 그려 보라. 편안한 모습으로 미소 짓고 있는 고객을 상상하라. 상황을 완벽하게 제어하고 있는 자신의 모습과 함께 특히 상담을 마치면서 주문서 혹은 수표에 서명하거나 구매 결정을 확정하는 고객의 모습도 그려 본다.

판매 과정뿐만 아니라 자신이 원하는 최종적인 결과를 시각화하는 것이 대단히 중요하다. 자신이 바라는 이상적인 모습을 시각화하는 것은 곧 잠재의식에게 판매를 성사시키는데 필요한 말과 행동을 하도록 지시하는 것이다. 판매 과정만을 시각화하면 상담 과정은 대단히 즐겁지만 판매는 성사되지 못하는 결과를 초래한다.

네 번째 단계는 자신이 원하는 목표를 기술하는 긍정문을 소리 내어 말하는 것이다. 예를 들어서 "나는 이 상담이 완벽하게 마무리된다고 믿는다."고 말하라. 나는 방문 판매를 하기 전에 "이번 상담은 대단히 좋은 상담이 될 것이다."라고 여러 번 시각화하고, 긍정문을 소리 내어 말하곤 한다. 어떤 긍정문을 선택하든지간에 중요한 것은 머릿속으로 자신이 원하는 이상적인 방문 판매를 그리면서 그 말을 여러 번 반복하는 것이다. 원하면 언제든지 머릿속에 그리고 말로 표현할 수 있도록 긍정문과 이상적인 방문 판매의 모습을 확실하게 기억해야 한다.

멘탈 리허설의 다섯 번째 단계이면서 지금까지 말한 네 단계가 제대로 작동하도록 해 주는 것이 '느낌을 갖는 것'이다. 숨을 내쉬고, 미소를 짓고, 긴장을 풀면서 전 과정을 머릿속으로 진행한다. 방문 판매가 자신이 시각화한 그대로 이미 끝났다고 상상한다. 거래는 성공적으로 마무리되고 모든 목표는 달성되었다. 미소를 지으면서 실제로 고객이 구매를 하고 다음 고객을 방문하러 갈 때와 같은 기쁨을 느껴라.

멘탈 리허설의 전 과정에서 가장 중요한 부분은 이미 성공적인 방문 판매가 이뤄졌다고 잠재의식이 믿도록 하는 것이다. 이러한 정신적 이미지와 그에 따르는 느낌이 합쳐지면 침착해지고 자신감을 갖게 된다. 걱정이 줄어들고 스트레스도 덜 느낀다. 그리고 올바른 때에 올바르게 말하고 행동해서 자신이 준비해 온 대로 원하는 결과를 얻게 된다.

가망고객과 상담할 때, 멘탈 리허설에서 느꼈던 것처럼 침착하고 자신감 있게 몸을 움직여야 한다. 고개를 들고 턱을 당기고 미소를 지어라. 머리를 들면 초조함과 불안감을 느끼는 것이 불가능하다. 허리와 어깨를 똑바로 하면 어떤 일이 생기더라도 대처해 낼 수 있다는 느낌이 들 것이다.

판매 상담을 하러갈 때는 지금 막 100만 달러짜리 판매 계약을 체결했다고 상상하라. 자신이 현재 일하는 분야에서 최고 세일즈맨이라고 생각하면서 편안한 마음을 갖고 상담 결과에 대한 불안감을 털어버려라. 혹시 불안감이 다시 생기면 심호흡한 후에 멈췄다가 천천히 내쉬어라. 자신이 최고의 모습으로 상담하고 있는 모습을 시각화하라. 우리의 외부 행동은 내면에서 자신에 대해 갖고 있는 그림과 항상 일치한다는 점을 기억하라. 내면에서 이루어지는 준비가 외부의 행동과 결합되면, 상응의 법칙에 따라서 외부는 내면을 그리고 내면은 외부를 표현한다. 잠재의식은 우리의 생각, 느낌, 그리고 말을 조정해서 최고 세일즈맨처럼 행동하게 한다.

멘탈 리허설의 5단계
1. 최근의 판매 성공 경험에 대해 생각한다.
2. 눈을 감고 심호흡을 한 후 긴장을 푼다.
3. 최고의 모습으로 상담하는 자신을 시각화한다.
4. 원하는 결과를 명확하게 말로 표현한다.
5. 성공의 느낌과 그에 따른 만족감을 즐긴다.

이 멘탈 리허설은 매우 강력한 힘이 있다. 따라서 방문 판매를 하기 전에는 반드시 5단계 멘탈 리허설을 해야 한다. 항상 상담을 하러 방에 들어가기 전 잠시 동안 정신적 그리고 감정적으로 준비하자. 이제 우리는 인생

최고의 모습을 보여줄 준비가 되어 있다. 며칠 뒤에 중요한 판매 프레젠테이션이 있다면 매일 밤 잠자리에 들기 전에 멘탈 리허설을 하라. 다가오는 상담을 생각하면서 몇 초 동안 심호흡을 하고 최고의 모습으로 상담을 진행하고 있는 자신을 시각화하라. 자신이 원하는 결과를 명확하게 말하라. 성공의 느낌을 즐겨라. 이 멘탈 리허설 프로세스를 반복하면 할수록 긴장감은 감소하고 자신감은 증가한다. 실제 상담을 할 때는 준비가 완료되어 최고의 모습을 보여줄 수 있다.

멘탈 리허설은 판매에서 '비교 우위'를 확보할 수 있는 획기적인 기법이다. 이것은 잠재의식이 가진 엄청난 힘을 발휘하도록 해 주기 때문에 어떤 상황에서도 자신이 가진 최고의 모습을 보여 줄 수 있다.

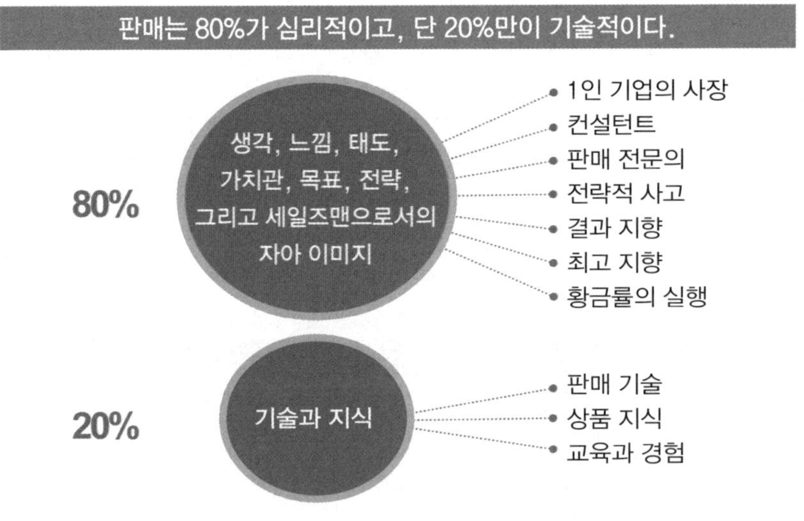

주요 내용 정리

판매는 지금도 엄청나게 복잡한 프로세스이지만 시간이 갈수록 점점 더 복잡해질 것이다. 판매 성공의 80퍼센트는 가망고객 그리고 기존 고객들과의 상호작용에서 나타나는 우리의 성격에 의해서 결정된다. 고객들이 우리에게서 구매하는 이유는 우리를 좋아하고, 함께 있으면 기분이 좋기 때문이다. 사람들이 보여주는 반응은 우리가 어떤 사람인지와 직접적인 관계가 있다. 그들이 우리를 대하는 태도는 우리가 자기 자신을 대하는 태도에 의해서 결정된다.

판매에서 가장 중요한 원칙은 "모든 것이 영향을 미친다."는 것이다. 자신의 분야에서 최고가 되기 위해서 정신을 단련할 때는 올림픽 금메달리스트가 훈련하는 것처럼 해야 한다. 운동선수들과 마찬가지로 우리도 엄청나게 경쟁적인 분야에서 일하고 있다. 차이가 있다면 우리는 그들보다 더 지속적으로 경쟁하고, 끝이 없다는 사실이다. 이처럼 극심한 압박감을 고려할 때, 우리는 프로 운동선수들보다 더 강도 높게 훈련해야만 한다.

방문 판매를 하기 전에는 반드시 5단계 멘탈 리허설을 해야 한다. 첫째, 최근의 성공 경험을 생각한다. 둘째, 눈을 감고 심호흡을 하고 긴장을 푼다. 셋째, 최고의 모습으로 상담하는 자신의 모습을 시각화한다. 넷째, 자신이 원하는 결과를 명확하게 말로 표현한다. 다섯째, 성공의 느낌과 그에 따른 만족감을 즐긴다.

만약 진정으로 멋진 몸매를 갖고 싶다면, 일주일에 세 번씩 역기를 들고 열심히 체력 훈련을 하면 누구든 그 바람을 이룰 수 있다. 마찬가지로 매일 열심히 정신 훈련을 한다면 판매에 성공할 수 있는 성격을 개발할 수 있다. 멘딜 리허설, 긍정적 자기 대화, 자신이 원하는 목표의 시각화를 실천하면 긍정적, 낙천적, 열정적인 사람이 된다. 자신 있게 목표를 세우고, 완벽하게 계획하고, 반드시 달성하기 위해 헌신적인 노력을 경주해서 어떤 목표라도 이루는 강인한 성품을 만들어 낼 수 있게 된다. 현재 자신의 성과를 가로막고 있는 요소들은 사라지고 무한한 가능성의 미래가 펼쳐질 것이다.

당신은 내면보다 외면에 더 많은 것을 가질 수 없다. 자신의 분야에서 최고가 되기 위해 어떻게 해서든지 최선을 다하는 사람이 되어야만 한다. 내면의 향상에 매진할수록, 큰 성공과 더 큰 행복을 가져오는 외면에서 중대한 관계를 맺는 일이 더 쉬워질 것이다. 판매에서나 인생에서 성공을 위해 없어서는 안 될 12가지 원칙들이 있다. 아래 연습 문제에서 이 12가지의 원칙들 각각에 대한 수행 능력 향상을 위해서 두 가지 실천 방안을 마련하고 실천해 보자.

1. 명확성 : 당신이 누구이고 무엇을 원하는지 결정한다 / 이해한다

2. 용기 : 당신의 비전, 가치, 미션과 목표에 따라 행동한다

3. 상식 : 경험을 통해 배우고, 객관성을 유지한다

4. 진로 : 앞으로 몇 년간의 당신의 인생을 계획한다

5. 능력 : 당신이 하는 일에 매우 능숙하다

6. 집중 : 당신에게 가장 가치가 높은 것을 향해 끊임없이 노력한다

7. 창의성 : 일하면서 새롭고, 더 낫고, 더 쉬운 방법을 찾는다

8. 끝없는 개인적 / 전문적 성장 : 배움을 유지한다

9. 지속성 : 꾸준히, 믿음직하게 수행한다

10. 전념 : 당신이 하는 것에 온 마음을 쏟는다

11. 배려 : 인간관계 속에서 행복을 찾는다

12. 품성 : 자신의 최고 가치로 일관되게 산다

Personal Strategic Planning for
The Sales Professional

" Your values are expressed in your actions under stress."
당신의 가치관은 스트레스 상황에서 당신이 하는
행동으로 표출된다.

" You can accomplish extraordinary things by
becoming a tiny bit better each day."
매일 아주 조금씩 나아짐으로써
당신은 대단한 일들을 성취할 수 있다.

프로 세일즈맨의 전략적 계획

Personal Strategic Planning for The Sales Professional

전략적 계획은 우리가 개인 차원에서 세운 목적과 목표를 달성하기 위해서 사용하는 프로세스로, 현재 있는 곳에서 가고자 하는 목적지까지 데려다 주는 수단이다. 전략적 계획은 우리 삶의 모든 영역에서 성취 속도를 상상하기 어려울 만큼 높여 주는 가속기다. 또한, 정신적 그리고 신체적 에너지를 모아서 목적과 목표 달성을 도와주는 강력한 프로세스이기도 하다. 전략적 계획은 우리가 어떤 일을 하든지 노력 대비 가장 높은 수익을 보장해 준다.

판매에서 개발해야 할 가장 중요한 태도는 자신을 자영업자 즉 자신이 소유한 1인 기업의 사장으로 보는 것이다. 그렇게 되면 우리는 자기 자신과 자신에게 일어나는 모든 일에 대해서 완전하게 책임을 받아들이게 된다. 즉 자기 운명의 주인이 되는 것이다. 자신의 문제와 어려움에 대해서 변명을 늘어놓거나 다른 사람 탓을 하지 않게 된다. 자신의 삶을 주도하고 미래를 제어한다. 자신의 삶과 직업에 대해서 완전하게 책임을 받아들이면, 어느 분야에서나 최고의 프로페셔널이 된다. 행동하기 전 시간을 갖고 신중하게 계획을 수립하게 되면 판매와 수입 목표를 달성할 가능성이 크게 높아진다. 따라서 전략적 계획은 자신이 가진 잠재력의 한도까지 성공을 이룰 수 있도록 도와주는 가장 중요한 기법이다.

1953년 예일 대학교의 졸업반 학생들에게 설문지가 배부되었다. 설문지의 내용은 "당신은 졸업한 이후에 무엇을 할 것인지 삶에 대한 명확하고 구체적이고 문서화된 목표가 있으며, 그 목표를 달성하기 위한 상세한 계획을 갖고 있는가?"였다. 조사 결과는 놀라웠다. 4학년 학생들의 단 3퍼센트만이 졸업한 이후에 무엇을 할 것인지에 대한 명확한 목표와 계획을 갖고 있었다. 13퍼센트는 목표를 갖고 있었지만 문서화하지는 않았다. 나머지 84퍼센트는 얼른 졸업해서 여름휴가를 즐기겠다는 것 외에는 어떤 목표도 갖고 있지 않았다.

20년 후인 1973년에 그들을 대상으로 해서 다시 설문 조사를 실시했다. 질문 내용 중의 하나는 "현재 당신의 재산은 얼마인가?"였다. 설문을 취합하여 평균을 내본 결과, 20년 전 졸업할 때 명확하게 문서화된 목표와 계획을 갖고 있던 3퍼센트가 나머지 97퍼센트가 가진 것보다 더 많은 재산을 소유하고 있었다. 상위 3퍼센트가 가진 유일한 공통점은 '목표 설정과 계획' 뿐이었다. 성적은 좋았던 사람도 있었지만 나빴던 사람도 있었고 일한 분야도 제각각이었다. 어떤 사람은 전국을 돌아다녔고 어떤 사람은 한곳에 정착했다. 가장 성공한 졸업생들이 가진 단 한 가지 공통점은 그들이 처음부터 대단히 목표 지향적이있다는 사실이었다.

나는 여러 해에 걸쳐서 최고 세일즈맨들과 대화를 나누다가 그들의 공통점을 하나 발견했다. 바로 누구나 명확하고 문서화된 목표를 갖고 있다는 점이다. 그들은 모두 시간을 내서 자기 자신과 자신의 미래에 대해 청사진을 만들었다. 그들은 목표 설정과 전략적 계획이 가진 엄청난 힘에 놀라움을 금할 수 없었고, 모두 판매에서 상상하지도 못했던 큰 성공을 서둘 수 있었다. 거의 대부분의 최고 세일즈맨들은 자신의 성공을 삶과 일 전반에 대해 사전에 깊이 생각한 다음, 자신이 원하는 목표로 갈 수 있는 상세하고 문서화된 로드맵을 준비했기 때문이라고 생각했다.

앞에서 얘기했듯이 행복은 '가치 있는 이상이나 목표의 점진적인 실현'으로 정의되어 왔다. 한 걸음 한 걸음 스스로 중요하게 생각하는 것을 향해서 나아갈 때, 우리들은 성공과 성취의 느낌을 갖게 된다. 자신의 삶을 통제하고 있다는 느낌이 강해지고 더 큰 행복감과 만족감을 느낀다. 또한 '승리자'라는 느낌을 갖게 되며 심리적인 추진력이 생겨서 장애물을 극복하고 평범한 사람들이라면 좌절해 버릴지도 모를 역경들도 헤쳐 나갈 수 있게 된다. 자신에게 소중한 목표를 이루기 위해서 일하게 되면 과거의 성과를 뛰어넘게 해 주는 힘과 끈기를 갖게 된다.

가치관과 비전

전략적 계획은 자신이 믿는 것이 무엇인지 그리고 자신이 상징하는 것이 무엇인지 즉 가치관을 정립하는 데서 시작된다. 가치관은 전인적 존재인 우리의 가장 깊은 곳에 자리하고 있다. 가치관은 성격과 성품의 통합 원칙이자 핵심적인 믿음이다. 우리가 믿는 덕목과 표방하는 특성이 태어나서부터 지금까지의 '나'다. 삶의 수레바퀴는 가치관, 덕목, 그리고 내적 신념이라는 축을 중심으로 돈다. 모든 삶의 질적 향상은 자신의 진정한 가치관을 찾고 그 가치관에 따라 살겠다는 확고한 결심으로부터 시작된다.

자기 이상은 우리가 가장 소중하게 생각하는 가치들과 가장 바람직하게 생각하는 특성들로 이루어져 있다. 성공한 사람들은 자신의 가치관이 분명했기 때문에 성공한다. 반대로 성공하지 못한 사람들은 가치관이 흐릿하거나 불분명했으며, 실패자들은 가치관을 전혀 갖고 있지 않다.

가치관을 정립하는 것은 자신감, 자부심, 그리고 성품을 향상시키는 출발점이다. 시간을 들여서 자신의 핵심적인 가치관에 대해 깊이 생각한 후에 그 가치관에 따라서 삶을 살겠다고 확고하게 결심하면, 더 강한 사람이 되었다는 느낌과 함께 더 큰 자신감을 갖게 되고 안정감이 커진다. 자신이 우주의 중심에 자리하고 있다는 느낌과 아울러 스스로 설정한 목표를 성취할 수 있는 능력이 넘친다고 느낀다.

가치관 정립

당신의 가치관은 무엇인가? 당신이 지지하는 것은 무엇인가? 당신 삶의 기본 원칙은 무엇인가? 당신의 핵심적인 신념은 무엇인가? 당신이 가장 갖고 싶고, 다른 사람들이 가진 것 중에 높이 생각하는 덕목은 무엇인가? 당신이 도저히 지지할 수 없는 것은 무엇인가? 자신을 희생하고, 고통을 감수하고, 목숨까지도 던질 수 있는 것은 무엇인가? 이러한 질문은 무척 중요하지만 이런 질문을 스스로에게 던지는 사람들은 극소수이다. 그러나 그 소수들은 어떤 사회에서나 가장 중요하고 가장 영향력이 큰 사람이 된다.

몇 년 전 처음으로 이 가치관 정립 작업을 시작했을 때, 내가 갖고 싶은 덕목들은 총 163가지였다. 사전에서 성격과 성품에 관련된 덕목이나 가치 그리고 긍정적 형용사를 모두 찾아낸 결과였다. 163가지 모두가 중요해 보였기 때문에 그들 모두를 내 성품에 담아내려고 했다. 하지만 곧 그것이 너무 이상적이라는 사실을 깨달았다. 수십 가지는 고사하고 단 한 가지의 새로운 덕목을 개발하거나 바꾸는 일도 대단히 힘들었기 때문이다. 그래서 꿈을 낮추고 내가 단련할 수 있을 성도로 가치를 압축했다. 나섯 개의 핵심 가치를 확정하고 단련을 시작하자 성과가 나타나기 시작했다.

여러분도 이렇게 하면 된다. 먼저 삶에서 가장 중요한 가치 다섯 가지를 적은 다음, 그것들의 중요도에 따라서 순서를 정한다. 가상 중요한 것은? 그리고 그 다음은? 스스로 결정하는 것이다.

우리가 하는 모든 선택과 결정은 가치관에 따라서 이루어진다. 여러 가지 대안 중에서 한 가지를 선택할 때, 우리는 예외 없이 가장 소중하게 생각하는 것을 선택한다. 한 번에 한 가지 일밖에 할 수 없으므로 우리가 하는 모든 일은 그 시점에서 무엇을 가장 소중하게 생각하는지 보여 준다. 따라서 자신의 핵심 가치를 찾고 그 가치들의 우선순위를 결정하는 것이 개인적 전략 계획의 출발점이다. 먼저 자신이 소중하게 생각하는 것들이 무엇인지 그리고 그것들의 우선순위를 명확히 한 다음에야 삶의 다른 활동들을 계획하고 조직할 수 있다.

핵심 포인트는 바로 이것이다. **상위 가치는 항상 하위 가치에 우선한다.** 자신의 가치 우선순위에서 한 가치가 다른 가치보다 상위에 있을 때 우리가 두 가지 행동 중에서 하나를 선택해야 한다면, 우리는 항상 상위의 가치와 일치하는 행동을 선택할 것이다. 따라서 우리가 가치의 우선순위를 명확히 하면 지금까지보다도 더 좋은 결정을 더 신속하게 내릴 수 있다.

현재 자신의 가치관을 어떻게 판단할 수 있는가? 자신의 행동 특히 자신이 심한 압박을 받고 있는 상황에서 하는 행동을 관찰하면 된다. 가치관은 행동을 통해서 나타난다. 말하는 것, 바라는 것, 기대하는 것, 의도하는 것에서 나타나는 것이 아니다. 오직 행동을 통해서만 나타난다. 지금 이 순간 자신의 가치관을 알고 싶다면, 최근 자신이 했던 행동을 돌아보고 선택의 갈림길에서 어떤 선택을 했는지 살펴보라. 선택과 그에 뒤따르는 행동은 자신과 다른 사람들에게 가장 가치 있게 그리고 중요하게 생각하는 것이 무엇인지 드러내 보여 준다.

예를 들어 보자. 똑같이 가족, 건강, 출세라는 세 가지 가치를 중시하는 두 사람이 있다고 가정하자. 차이가 있다면 그 세 가지 가치의 우선순위다. 한 사람은 "가족이 첫째, 건강이 둘째, 그리고 출세가 세 번째다."라고 말한다. 다른 사람은 "출세가 첫째, 다음이 가족이고, 건강은 그 다음이다."라고 한다. 이 두 사람의 성품과 성격에 차이가 있을까? 물론이다. 그렇다면 그 차이는 클까 아니면 작을까? 대화하면서 이 두 사람의 차이를 알아낼 수 있을까? 당신은 둘 중 누구를 더 좋아하고 신뢰할까? 이 두 사람 중에서 누구와 더 친해지고, 친구가 되고 싶을까? 이 질문들에 대한 대답은 분명하다. 가치의 우선순위가 바람직한 사람이 그렇지 않은 사람보다 나에겐 더 좋은 사람이기 때문이다.

또 가치관이 성품의 질적 수준을 결정한다. 진실성, 사랑, 용기, 정직, 탁월함, 책임 등의 가치를 선택하고 그 가치관에 따라서 매 순간을 살아간다면 우리는 더 나은 사람이 될 수 있다. 우리가 가진 진정한 성품의 수준을 결정하는 것은 가치관이다. 그렇다면 성품은 무엇일까? 성품은 긍정적이고, 삶의 질을 높여 주는 가치관에 따라 살고 있는 인격 수준이다. 성품이 좋지 않은 사람은 단기적인 이익을 위해서 상위의 가치를 희생하거나 아니면 아예 가치관이 없는 사람이다. 자신이 옳거나 참이라고 믿는 것을 얼마나 굳건히 지키느냐는 지금까지의 성품과 인간성을 재는 진정한 척도다.

어떤 가치를 실행에 옮기기 위해서 시간, 돈, 혹은 감정을 투입해야만 할 때, 우리는 그것이 자신의 가치관에서 얼마나 중요한 위치에 있는지 알 수 있다. 사람들은 곤경에 처해서 어려운 선택을 해야 할 처지에 놓이기 전까지는 멋지고 고상한 가치들을 선택한다. 그러나 높은 가치를 선택하면 경우에 따라서는 커다란 대가를 치룰 수 있고, 반대로 만일 낮은 가치를 선택하면 경제적으로는 피해를 입지 않고 벗어날 수 있을지는 모르지만 정서적으로는 상처를 입을 수 있다. 바로 이런 선택의 순산에 자신이 진정으로 중요하게 생각하는 가치가 드러난다.

자신의 가치관 중의 하나가 '탁월함'이라고 하자. 그리고 자신이 생각하는 탁월함의 정의는 "내가 하는 모든 일에서 가장 높은 기준을 정한다. 어떤 상황이나 환경에서도 최선을 다한다. 업무를 더 잘 수행하고, 인간관계에서 더 성숙한 사람이 되기 위하여 꾸준히 노력한다. 탁월함은 평생에 걸친 긴 여행이라는 것을 이해하고 매일 모든 면에서 성장하기 위해서 힘쓴다."라고 하자.

이렇게 탁월함을 정의하게 되면 자신의 행동에 대한 명확한 핵심 원칙을 갖게 된다. 자신의 행동을 평가할 수 있는 기준을 갖게 되고 의사 결정을 위한 기본 틀도 만들어진다. 자신이 하는 모든 일에서 스스로를 측정할 수 있는 척도가 생기는 것이다. 그러면 활동을 더 하거나 아니면 줄임으로써 지속적으로 개선해 갈 수 있다.

다른 가치들도 마찬가지다. 자신의 핵심가치 중의 하나가 가족이라고 하자. 가족이라는 가치는 이렇게 정의할 수 있다. "가족과 관련된 일은 다른 모든 것에 우선한다. 가족의 행복, 건강, 그리고 안녕에 관련된 일과 다른 일 사이에서 선택해야 할 경우에는 언제나 가족이 먼저다." 일단 그렇게 정해 놓으면 그 이후에는 선택이 쉬워진다. 가족이 우선이기 때문이다. 가족들의 욕구를 충족시키기 전까지는 다른 하위 가치를 위한 활동에 시간을 들이지 않게 된다.

가치관 정립은 우리에게 큰 선물을 준다. 주도적으로 자신의 성품을 개발하고 형성해 갈 수 있다. 자신의 가치관과 목표, 내적 삶과 외적 삶이 완벽하게 일치하게 되면 자신에 대해서 대단히 긍정적인 느낌을 갖게 된다. 자부심이 높아지고 자신감이 솟구친다. 가치관과 목표가 완벽하게 일치하면 강하고, 행복하고, 건강하며 인간으로서 온전하다는 느낌을 갖게 된다. 용기가 생겨서 의사 결정을 하거나 실행에 옮길 때 두려움을 느끼지 않는다.

자신이 소중하게 생각하는 가치에 따라서 살면 삶 전체의 질이 향상된다.

비전의 중요성

비전은 가치관에서 나온다. "비전이 없으면 멸망한다."는 말이 있다. 리더들의 성격을 조사한 3,300건 이상의 연구를 검토해 보면, 모든 리더들이 공통적으로 갖고 있는 특성이 바로 비전이다. 평범한 사람들이 개인적 그리고 직업적으로 뛰어난 리더십을 발휘할 수 있도록 해 준 것은 이상적인 미래를 훨씬 먼저 그릴 수 있는 능력이었다. 이것은 우리에게도 해당된다.

비전은 우리가 살고 싶은 가장 이상적인 삶을 그린 상상의 산물이다. 비전은 우리가 가장 소중하게 생각하는 가치관을 표현하거나 구체화한 것이다. 자신이 누구인지 그리고 삶의 방향은 어디인지에 대해서 명확한 비전을 수립하면 그 즉시 우리들은 더 나은 사람이 되고 뛰어난 성과를 내기 시작한다.

위대한 성공의 비결 가운데 하나는 '큰 꿈을 꾸는 것'이다. 큰 꿈을 품고 있으면 우리들의 마음은 아무런 제약 없이 미래를 자유롭게 여행하면서 어떤 사람이 되고, 무엇을 갖고, 무엇을 할 것인지 상상할 수 있다. 잠시 바라는 최고의 목표를 달성하는데 필요한 자원을 자신이 모두 갖고 있다고 상상해 보라. 또 되고 싶은 사람이 되는데 필요한 모든 시간, 돈, 사람, 네트워크, 그리고 정보와 지식을 전부 갖고 있나고 생각해 보라.

그리고 꿈 목록을 작성해 상상 속에서 미래로 여행해 보라. 무엇을 하고 싶은가? 어디에 가고 싶은가? 무엇을 성취하고 싶은가? 그리고 무엇보다도 어떤 사람이 되고 싶은가? 인간은 자신의 내면과 조화를 이루는 사람과 상황을 자기 삶에 끌어들인다. 그렇다면 자신이 좋아하는 사람들과 함께 최고의 삶을 살기 위해서 어떤 특성이나 자질을 개발하고 싶은가?

판매업 그리고 다른 모든 분야에서 큰 영향력을 행사한 사람들은 모두 비전을 가진 사람 혹은 꿈을 가진 사람들이었다. 그들은 이른바 '미래에서 현재를 살펴보기 Back from the Future'라는 사고 기법을 사용했다. 그들은 3년 내지 5년 후 자신의 모습을 그려본 후에 그 가상의 지점에서 뒤를 돌아보고 그 지점에 도달하려면 어떤 일을 해야 하는지 생각해 보았다. 미래의 목표 지점에서 출발해서 뒷걸음으로 현재로 되돌아 왔다. 비전이 명확하게 앞에 펼쳐져 있기 때문에 그 미래의 비전을 실현하기 위해서 자신이 해야 할 일이 무엇이고, 어떤 사람이 되어야 하는지 더 좋은 아이디어를 낼 수 있었다.

당신의 비전은 무엇인가? 아무런 제약도 없다면 지금과 무엇을 다르게 하겠는가? 다음의 질문에 대한 당신의 대답은 무엇인가? "절대 실패하지 않는다면 어떤 위대한 일을 시도해 보겠는가? 100퍼센트 성공이 보장되어 있다면 어떤 목표를 세우고 자신의 삶을 어떻게 변화시키겠는가?" 이것은 대답하기 쉽지 않은 질문들이다. 그러나 힘들더라도 대답해 보면 자신의 비전이 명확해지고 삶이 완전히 바뀌기 시작할 것이다.

사명서의 중요성

성공한 회사들과 세일즈맨들은 모두 명확한 사명서를 갖고 있다. 자신의 삶과 직업을 책임지고 있는 1인 기업의 사장으로서, 우리는 두 가지의 사명서가 필요하다. 두 가지의 사명서는 서로 지원하고 강화해 준다. 사명서 작성은 비전과 가치관이 정립되고 나면 자연스럽게 뒤따르는 단계다. 사명서는 개인의 신조가 되고 미래를 결정한다. 개인 사명서는 자신이 미래에 어떤 사람이 되고 싶은지를, 직업 사명서는 고객들에게 어떤 사람으로 알려지고 싶은지를 정의한다.

개인사명서와 직업사명서의 예를 들어보자.

나는 모든 면에서 뛰어난 사람이다. 나는 내 삶에서 중요한 사람, 가족, 그리고 다른 사람들과의 관계에서 따뜻하고, 사랑이 가득하며, 인정이 많고, 진지하고, 관대하다. 나는 정직한 사람이고 좋은 친구다. 사람들은 내가 인심이 후하고, 다른 사람들을 잘 도와주며, 진실하고, 이해심이 많고, 끈기 있는 사람이라고 생각한다. 나는 긍정적이고, 열정적이며, 행복하고, 열심히 살고 있다. 나를 아는 사람들은 누구나 나를 좋아하고, 칭찬하며, 존경한다.

나는 모든 면에서 뛰어난 프로 세일즈맨이다. 나는 내 상품과 서비스 그리고 고객의 상황에 대해서 아주 잘 알고 있으며 언제나 완벽하게 준비된 상태에서 고객과 상담한다. 나는 아주 건전한 성품을 갖고 있고, 정직해서 믿고 신뢰할 수 있으며, 결단력이 있는 사람이라고 알려졌다. 나는 따뜻하고 다정하며 호감을 주는 사람으로서 모든 고객들을 대단히 잘 대접한다. 나와 거래하는 것은 모든 면에서 고객들에게 도움이 되며 즐거움이다.

고객 중 한 사람이 가망고객과 식사하는 중인데, 가망고객이 당신에 대해 어떤 세일즈맨이냐고 물어본다고 가정해 보자. 지금부터 1년 혹은 그 이전에 사명서에 기술한 대로 고객이 대답하도록 하는 것이 우리의 목표다. 작성한 사명서의 내용이 무엇인지 모르면서도 그는 같은 단어를 사용해서 당신에 대해 설명할 것이다. 왜냐하면 당신은 줄곧 사명서와 일치하게 고객들을 대해 왔기 때문이디.

직업 사명서는 고객들이 나를 어떻게 보고, 어떻게 생각해 주기를 바라는지 규정한 것이다. 그들이 나에 대해 이야기할 때 그리고 다른 사람들에게 나에 관해서 이야기할 때, 이렇게 해 주었으면 좋겠다고 생각하는 내용이다. 1인 판매 기업의 사장으로서 직업 사명서를 작성하게 되면 모든 판매 활동에서 올바르게 말하고 행동하는 것을 도와주는 지침서를 갖게 된다.

사명서는 자신이 기술한 대로 이미 되어 있는 것처럼 항상 현재형으로 작성해야 한다. 사명서는 부정적이 되어서는 안 되고 긍정적이어야 한다. 자신이 극복하고 싶은 결점 대신에 자신이 갖고 싶은 특성을 서술해야 한다. 사명서는 나 자신에 관한 것이다. 따라서 문장의 시작은 "나는 …이다." "나는 … 을 할 수 있다." "나는 … 을 성취한다."와 같이 항상 '나는'이 되어야 한다.

잠재의식은 사명서가 현재 시제, 긍정문, 그리고 개인적일 때에만 명령으로 받아들인다. "나는 대단히 뛰어난 세일즈맨이다."는 아주 좋은 예다. 방문 판매를 마친 뒤에는 언제나 자신의 사명서를 다시 읽고, 그 방문에서 자신이 되고 싶은 사람처럼 행동했는지 아닌지 자문해 보아야 한다. 최고 세일즈맨인 우리는 언제나 자신의 세일즈 활동을 최고 수준에 견주어 보고 그 수준으로 높여야 한다. 그리고 보다 높은 수준으로 향상시키기 위한 노력을 지속해야 한다. 자신이 그리는 이상적인 사람에 가까워지기 위해서 하루하루 모든 면에서 의식적으로 힘써야 한다.

사명서를 작성한 다음에는 정기적으로 읽고, 검토하고, 수정하고, 개선할 수 있고 다른 특성들을 추가하거나 기존의 특성을 더 명확하게 정의할 수 있다. 사명서는 자신의 행동 규범, 삶의 철학, 신념이 되어 다른 사람들과의 관계에서 지침이 되어 준다. 매일 자신의 행동을 돌이켜보고 사명서에 설정한 기준과 비교해 볼 수 있다.

시간이 지나면 놀라운 일이 생긴다. 사명서를 읽고 검토하는 과정에서 자신의 말과 행동을 사명서와 일치시키려고 무의식적으로 노력하면서 점점 스스로 생각하는 이상적인 모습이 되어 간다는 사실을 깨닫게 된다. 사람들도 곧 우리의 변화를 알아채고, 자기 자신도 그동안 부러워하고 갖고 싶었던 다른 사람의 특성들을 스스로 내면에 만들어 가고 있음을 느낀다. 어느새 자신의 운명을 만드는 주인이 되어 있는 것이다.

통계를 보면, 판매의 84퍼센트는 구전을 통해서 이루어진다. 가장 중요한 판촉 활동은 고객과 가망고객, 친구와 동료들 사이에서 무엇을 살지 사서는 안 되는지와 누구에게서 살지 사면 안 되는지에 관해 이루어지는 조언이나 추천이다.

자신이 일하는 분야에서 상위 10퍼센트의 세일즈맨이 되는 유일한 방법은 기존 고객이 기회가 있을 때마다 우리를 위해서 홍보해 주는 일이다. 기존 고객들이 우리를 완벽하게 신뢰하게 되면 그들은 가는 곳마다 우리가 새로운 고객들에게 접근할 수 있는 길을 열어 주기 위해서 최선을 다한다. 최고 세일즈맨들은 누구나 어느 시점에 도달하면 더는 가망고객을 발굴하기 위해서 직접 노력할 필요가 없어진다. 고객들이 자신을 대신해서 판매해 주기 때문이다. 개인 사명서와 직업 사명서에 따라서 살게 되면 그 둘은 서로 상승 작용을 하면서 세일즈맨으로서의 우리를 크게 성장시켜 주고, 따라서 판매 성과와 수입도 훨씬 높아진다.

비전, 가치관, 그리고 사명서와 관련하여 한 가지 감안할 점은 "자신에게 관대하라."는 것이다. 우리가 현재의 모습이 되기까지는 지금 나이만큼의 시간이 걸렸다. 그리고 아주 특별한 경우가 아니라면, 아직도 완벽한 존재는 아니다. 성장하고 개선할 여지가 많은 것이다. 자신이 바라는 뛰어난 사람이 되려면 성품과 성격에서 많은 변화가 있어야 한다. 그러나 성품과 성격을 변화시키는 것은 하루아침에 이룰 수 있는 쉬운 일이 아니다. 인내하고 더 노력해야 한다.

시간이 지나면서 사람들이 성장하고 향상되는 것은 그들이 목표와 꿈을 향해서 결코 포기하지 않고 여유를 가지고 꾸준히 매진하기 때문이다. 그들은 하룻밤 사이에 혁신적인 변화가 이루어지기를 기대하지 않는다. 결과가 바로 나타나지 않아도 실망하지 않고 계속해서 전력을 다한다. 우리도 지금부터 그렇게 해야 한다.

자신이 되고 싶은 이상적인 모습, 그리고 자신이 원하는 이상적인 삶과 직업을 결정한 다음에 할 일은 즉시 그 목표 달성을 위해서 자신이 해야 할 일을 실행에 옮기는 것이다. 매일 아침 업무를 시작하기 전에 사명서를 읽어라. 자신의 성품으로 만들기 원하는 덕목과 특성을 실행에 옮길 수 있는 다양한 방법을 생각해 보라. **꼭 기억할 점은 우리가 어떤 사람이 되었는지를 보여줄 수 있는 것은 오직 행동뿐이라는 사실이다.** 우리가 꾸준하게 노력하기만 하면 결국 우리가 되고 싶은 바로 그 모습이 될 수 있다.

상황 분석

삶에서 큰 목표를 달성하는 데는 4가지 기본 단계가 있다. 첫째, 자신의 현재 모습과 현재 위치 그리고 현재 하고 있는 일을 명확하게 정의해야 한다. 둘째, 자신의 과거를 검토하고 어떻게 해서 현재의 위치에 오게 되었는지 판단해야 한다. 셋째, 현재 어디로 가고 있으며 앞으로 1년, 3년, 5년 그리고 10년 후 어디로 가고 싶은지 결정해야 한다. 마지막으로 현재의 지점에서 자신이 원하는 미래의 지점까지 어떻게 갈 것인지 결정해야 한다.

대기업 임원들을 대상으로 전략 기획 세미나를 할 때 나는 상당한 시간을 현재 회사의 상황을 분석하는데 사용한다. 현 상황을 철저히 분석하다 보면 앞으로 회사가 어떻게 해야 하는지에 관해 대단히 중요한 핵심적인 아이디어를 얻는 경우가 종종 있다. 개인적으로 전략 계획을 세울 때도 이와 같이 해야 한다. 한 걸음 뒤로 물러서서 현재의 개인적인 삶과 함께 자신의 판매 경력을 살펴보면서 넓은 시야에서 정직하게 스스로를 평가해야 한다.

상황 분석을 통해서 과거, 현재, 그리고 미래의 우리 삶과 직업 경력을 볼 수 있고, 그들 상호간에 어떻게 영향을 미치는지도 보다 분명하게 알 수 있다. 자신이 어디에서 왔고, 현재 어디에 있으며, 앞으로 어디로 갈지 확실하게 알고 있으면 계획과 목표를 훨씬 명확하고 효과적으로 세울 수 있다.

먼저 현재의 판매 실적과 수입에서 시작한다. 지금 얼마나 팔고 있으며 수입은 얼마나 되는가? 1년 전에는 얼마나 팔았으며 수입은 얼마였는가? 2년 전에는 어떠했는가? 그리고 3년 전은? 판매 실적의 추세는 어떠한가? 판매 실적과 수입은 점진적으로 매년 증가하고 있는가? 아니면 제자리걸음 혹은 하락 추세인가?

뛰어난 사람들의 핵심적인 사고 기법 중의 하나는 상황 분석에서 사용하는 '빙산의 일각' 기법이다. 잘 알고 있듯이 빙산의 90퍼센트는 수면 아래에 있어서 눈에 보이지 않는다. 선원들은 빙산의 일각이 보이면, 그 밑에 눈에 보이지는 않지만 거대한 빙산이 있다는 사실을 알기 때문에 그것을 고려해서 항로를 조정한다. '빙산의 일각' 규칙이란 직업상 혹은 삶에서 무엇인가 일이 생기면 그렇지 않다는 점이 밝혀지기 전까지는 그것을 단순한 1회성 사건이 아니라 일반적인 추세라고 생각해야 한다는 것이다. 판매의 증가나 감소 혹은 생활에서의 어떤 변화든지 간에 그 일이 빙산의 일각이라고 생각해야 한다. 그 일은 저 깊이 숨어 있는 추세 혹은 경향을 드러내 주지만 그 일이 일어나는 낭시에는 보이지 않고 설명할 수도 없다.

그것이 주문 취소이든 혹은 판매의 증가이는 시상에서 일어나는 변회와는 아무 관계가 없는 일회성 사건이라는 점이 나중에 밝혀질 수도 있다. 그러나 한편, 그 일은 우리의 미래에 큰 영향을 미칠 커다란 흐름을 보여주는 신호일 수도 있다. 뛰어난 세일즈맨은 추세의 변화 가능성에 대단히 민감하다. 그리고 이런저런 방법으로 자신의 판매 활동에 어떤 추세가 형성되고 있는지를 확인한다.

판매 경력이 쌓여 가면서 판매 실적은 매년 증가해야 하고 수입도 마찬가지다. 매년 수입을 10~20퍼센트 늘린다는 목표를 세워야 한다. 전략 계획은 그 목표를 달성하기 위한 방법이다. 자신의 지난 3년에서 5년간 수입 증가 추세는 어떠했는가? 그 추세가 만족스럽지 않다면, 새로운 계획을 세워서 그 방향을 바꾸는 것이 바로 우리가 해야 할 일이다.

상황 분석의 다음 단계는 자신이 현재 판매하는 상품과 서비스를 살펴보고 판매 비율을 분석하는 것이다. 파레토 법칙을 판매에 적용해 보면, 판매액의 80퍼센트가 상품의 20퍼센트에서 나온다는 사실을 발견하게 될 것이다. 동시에 시간의 80퍼센트는 매출의 20퍼센트에 해당하는 판매 활동에 사용된다. 현재 어떤 상품이나 서비스를 판매하고 있으며, 자신이 사용하고 있는 시간에 비춰 볼 때 판매 비율과 추세는 어떠한가? 작년에는 무엇을 판매했고 그 전년도는 어떠했는가? 현재 상황이 계속된다면 내년에는 무엇을 판매하고 그 다음 해에는 어떤 것을 판매할 것인가?

기존의 고객 기반도 분석해 보라. 주요 고객은 누구이며 소액 고객은 누구인가? 그들의 공통점은 무엇인가? 고객들은 어떤 기업에서 일하며 그들의 직책은 무엇인가? 특히 지난 1~2년에 걸쳐서 고객들에게는 어떤 변화가 있는가? 매년 완전히 새로운 고객들을 발굴하는가 아니면 기존 고객들과의 반복 거래가 대부분인가? 거래의 대다수를 차지하는 고객들은 누구인가? 현재의 추세가 계속된다면 앞으로 몇 달 혹은 몇 년 후에는 누구에게 판매하고 있을까? 현재의 추세는 판매업에서 성공하는데 바람직한가?

판매에서 기억해야 할 중요한 포인트가 있다. 그것은 우리가 가장 잘 팔 수 있는 특정한 고객 유형이 있다는 사실이다. 시장에는 수많은 가망고객들이 있지만 그들 모두가 나의 가망고객이 되는 것은 아니다. 우리는 각각 독특한 성품과 성격을 갖고 있어서 특정한 유형의 사람들이 더 편하게 느껴진다. 그 유형의 사람들과 많이 만나면 만날수록 더 많이 팔 수 있다.

전략적 세일즈

현명한 세일즈맨들은 자신에게서 구매하는 고객들과의 관계에서 자신이 가진 강점과 약점을 잘 인식하고 있다. 그들은 가장 빠른 시간 내에 구매할 가능성이 높은 사람들에게 더 많은 시간을 사용할 수 있도록 자신의 판매 활동을 계획한다. 자신의 고객들 특히 주요 고객들의 공통점은 무엇인가?

상황 분석에서 다음 단계는 자신의 재무 상황을 파악하는 것이다. 은행 대출을 준비하는 것처럼 자산, 부채, 순자산이 담긴 명세서를 작성하라. 자신이 소유하고 있는 모든 것들의 목록을 작성하고 그 옆에 가치를 적어라. 자신의 부채를 모두 기록하고 마찬가지로 그 옆에 금액을 적어라. 자산에서 부채를 차감하면 현재 자신의 경제적인 가치를 알 수 있다. 이 숫자는 우리가 미래를 계획하는데 있어서 의미가 크고 도움을 준다. 세일즈맨들의 약 70퍼센트는 재량 소득 discretionary income (가처분 소득에서 기본 생활비를 뺀 금액)을 전혀 갖고 있지 못하다. 그들은 자신이 매달 버는 돈을 다 써 버리고 추가해서 약간의 돈을 더 쓴다. 연구에 따르면 젊은 부부들은 평균적으로 수입의 110퍼센트를 소비하며, 수입과의 차이는 빚이나 부모의 도움에 의존한다.

사업이라는 관점에서 보면 우리의 주요 관심사 중 하나는 순이익이다. 자신의 대차대조표를 종합해서 얻게 되는 순자산(혹은 순부채)이 유보 이익이다. 유보 이익은 지금까지 사업을 얼마나 수익성 있게 운영해 왔는지를 보여 주는 척도다. 동시에 1인 기업체 사장으로서의 효율성과 효과성을 보여 준다.

자신의 현재 자산 가치를 일한 햇수로 나누면 판매업을 시작한 이후의 연평균 이익을 구할 수 있다. 순자산 가치가 2만 달러이고 10년 동안 일했다면 매년 2천 달러의 이익을 낸 것이다. 연간 근무 일수가 250일이라면 비용을 제하고 하루 평균 8달러를 번 것이다. 이 정도면 사업을 잘한 것일까? 아니면 보다 높은 수익을 올릴 수도 있는 것일까? 자신의 경제적인 상황을 분석하는 것은 경제적 독립을 성취하는 출발점이다.

경력 분석

현재까지의 경력을 분석하는 것도 상황 분석에서 중요하다. 첫 번째 직업에 대해서 잠시 생각해 보자. 그리고 두 번째와 세 번째 직업에 대해서도 생각해 보자. 지금까지 자신이 가졌던 직업의 목록을 작성하라. 그리고 스스로에게 이런 질문을 던진 다음 그 옆에 답을 적어라.

나의 주요한 성과는 무엇이었는가? 업무는 무엇이었는가? 회사가 나에게 기대한 것은 무엇이었는가? 그 직무 수행에 합당한 어떤 기술과 능력을 보유하고 있었는가? 지금까지 수행한 업무들에 어떤 공통점이 있었는가? 경력에서 발견되는 추세는 어떤가? 업무가 점점 복잡해져서 필요한 지식과 기술도 많아지고 보수도 증가했는가? 아니면 지난 몇 년간 업무도 거의 비슷하고 성과도 변화가 없이 그대로였는가? 현재의 추세가 지속된다면 지금부터 1년 후에는 무엇을 하고 있을까? 2년 후에는? 5년 후에는? 업무에 점점 능숙해져서 가치가 높아지고 보수도 높아져 갈까? 그렇지 않다면, 성장과 발전의 속도를 높이기 위해서 무엇을 해야 할까?

자신의 교육 수준을 분석해 보라. 그리고 지금까지 자신이 받은 모든 교육의 목록을 작성해라. 고등학교 혹은 대학교를 졸업했다면 그렇게 기록하고 그곳에서 배운 것 중에 현재 자신의 업무에 가장 도움이 되는 것이 무엇인지 적어라. 우리가 정규 교육에서 배운 것 중에서 80퍼센트는 업무 현장에서 별로 도움이 되지 않는다는 사실을 발견하게 될 것이다. 그러나 현재 하는 일에 도움을 줄 만한 것을 배웠다면 그것은 무엇인가? 특히 도움이 되었던 현장 직무교육 on-the-job training(OJT)은 무엇이었는가? 지금까지 학습한 것 중에서 판매 성과와 수입에 가장 큰 공헌을 한 것은 무엇인가? 지금 근무하고 있는 회사에서 활용할 수 있는 교육 기회에는 어떤 것들이 있는가? 읽은 책 중에서 자신의 판매 경력에 가장 도움을 주었던 책들은 무엇인가? 이동하면서 규칙적으로 듣고 있는 자기계발 오디오 교재는 어떤 것들인가? 판매 기술을 향상시키기 위해서 어떤 외부 판매 세미나에 참가했는가?

자신의 타고난 재능과 능력은 무엇인가? 지금까지의 직업상 성공에 가장 커다란 도움을 준 기술과 능력은 무엇인가? 다른 사람들에게는 어렵고 힘든 일인데도 자신에게는 배우기도 실행하기도 쉬운 일이 있는가? 그것은 무엇인가? 판매 성과와 수입을 지속적인 상승 추세로 만들기 위해서 미래에 필요한 기술과 능력은 무엇인가?

삶에서 가장 중요한 교훈 중에 하나는 이것이다. "우리 자신이 발전해야 삶도 향상된다." 우리가 내면에서 더 많이 성취하지 않으면 외부에서 더 높은 성과를 올릴 수 없다. 이것을 다른 면에서 보면 고객 수준이 지금보다 나아지기를 바란다면 우리 자신이 더 나은 세일즈맨이 되어야 함을 의미한다. 부하직원이 발전하기를 바란다면 우리 자신이 더 뛰어난 상사가 되어야 한다. 가족 관계가 좋아지길 바란다면 자신이 먼저 더 바람직한 배우자나 부모가 되어야 한다. 인간관계가 진전되기를 바란다면 먼저 자신이 더 선한 사람이 되어야 한다. 우리 자신이 나아져야민 세상도 진보한다. 자신을 둘러싼 상황이 호전되기를 바란다면 자신의 식업과 개인석인 삶의 어느 부분이 먼저 개선되어야 할지 스스로 자문해 보자.

자원의 결합체

자신과 자신의 판매 경력에 대해서 전략적으로 사고하는 방법 중의 하나는 자신을 자원의 결합체로 보는 것이다. 자신을 다양한 성과를 만들어 낼 수 있는 재능, 능력, 역량의 결합체로 보라. 우리는 다양한 목표를 달성할

Personal Strategic Planning for The Sales Professional

수 있는 능력을 갖고 있다.

모든 연구에서 공통적으로 나타나는 리더들의 특징 중의 하나는 그들이 자신에게 가장 유리하도록 자신의 자원을 사용한다는 것이다. 그들은 자신의 책임을 완수하고 목표로 하는 결과를 내기 위해서 자신의 시간을 최대한 활용할 수 있는 방법이 무엇인지 항상 고민하고 있다. 프로 세일즈맨으로서 최고의 성과를 내기 위해서 어떻게 하면 자신의 정신적, 정서적, 신체적 자원을 더 효과적으로 사용할 수 있을까?

개인적 상황

판매 경력과 직장 생활은 개인적인 삶과 서로 결합되어 있어서 서로 분리될 수 없다. 그래서 우리들은 대부분의 시간을 두 가지 모두에 대해 생각하면서 보낸다. 성공한 세일즈맨들은 누구나 두 가지 삶이 잘 통합되어 있다. 그들의 개인적인 삶과 판매 업무 사이에는 자연스러운 흐름이 있는 것처럼 보여서 그 둘을 명확하게 구분하기 어렵다. 왼손과 오른손을 번갈아 가면서 쓰는 것처럼 그들의 판매 활동과 개인 활동은 서로 보완적이다.

개인적 상황을 분석하려면 잠시 뒤로 물러서서 가족과 인간관계를 살펴보아야 한다. 기혼인가, 미혼인가? 별거 상태인가, 이혼했는가? 아니면 배우자가 사망했는가? 행복한가? 앞으로도 쭉 현재의 상황 혹은 인간관계를 평생 동안 유지할 것인가? 만약 그렇다면 현재의 상황에서 최대한의 행복감과 만족감을 얻기 위한 계획은 무엇인가? 현재의 상황을 무한정 계속하고 싶지 않다면 그것을 변화시키기 위한 계획은 무엇인가? 지금부터 1개월 혹은 1년 후에 다른 상황에 있기를 원한다면 그러기 위해서 매일 무엇을 하고 있는가?

지금 현재의 상황이 어떠하든지 그것은 우리 책임이다. 왜냐하면 우리 스스로 자신의 삶을 책임지고 있기 때문이다. 지금 어디에 있고, 무엇을 하고 있고, 누구와 함께 하든지 간에 그렇게 하겠다고 결정한 것은 자기 자신이다. 지금 현재 우리의 삶은 우리가 했던 개인적 선택의 결과다. 지금 우리의 삶은 미래의 다른 삶을 위한 예행연습이 아니라 실제다. **개인 생활의 문제를 해결하지 않고는 판매 생활에서 혁신적인 변화를 기대할 수 없다.**

자녀가 있는가? 자녀들의 나이는 몇 살인가? 자녀들은 공부와 개인 생활을 잘 해나가고 있는가? 자녀들의 나이가 어리다면, 그들의 미래에 대해서는 어떤 계획을 갖고 있는가? 자녀들이 대학교에 진학하기를 바라는가? 자녀들이 고등학교를 졸업한 이후에 최고 교육을 받을 수 있게 하기 위해서 체계적으로 저축하고 있는가? 만일 그렇지 않다면, 언제부터 저축할 계획인가? 어떤 일을 하게 되는 최고의 동기유발 요인 중의 하나는 자녀다. 자녀들에게 보다 나은 삶을 보장해 주기 위해서 부모는 초인적인 노력을 하기도 한다. 우리가 보다 적극적으로 충족시켜 주어야 할 자녀의 신체적, 경제적, 정서적 욕구는 무엇인가?

누구나 언젠가, 어디엔가 이상적인 집을 갖고 싶은 꿈을 꾼다. 당신은 어떤가? 현재 집을 갖고 있는가, 아니면 전세나 월세로 살고 있는가? 집은 아파트인가, 아니면 단독주택인가? 현재의 주거 상황에 만족하고 있는가, 아니면 더 좋은 곳으로 옮기고 싶은가? 만일 옮기고 싶다면, 어떤 계획을 갖고 있는가? 지금부터 2년, 5년, 10년 후 어디에서 살 생각인가? 잘 알다시피 세상에 저절로 되는 일은 없다. 상황이 나아지기를 바란다면 스스로 좋게 만들어 가야 한다.

재산 목록을 만들어라. 어떤 차를 갖고 있는가? 그 차에 만족하는가? 앞으로 더 크고, 좋고, 빠른 차를 갖고 싶은가? 그 차를 어떻게 구입할 계획인가? 옷, 가구, 가전제품, 보석, 기타 개인 물품은 어떤가? 연습 삼아 개인적으로 갖고 싶어 했던 것 중에서 생각나는 것을 모두 적어라. 잠깐 그 물건 값을 어떻게 치룰 것인지에 대해서는 걱정하지 마라. 지금 가장 중요한 것은 마음이 자유롭게 움직이도록 내버려두고 큰 꿈을 꾸는 일이다. 만일 기혼자라면 배우자와 함께 지금까지 갖고 싶었던 것들을 모두 적어라. 목록에 포함된 항목이 많으면 많을수록 판매 목표와 수입 목표 달성에 더 집중하게 되고 더 많은 에너지를 얻게 된다.

지금까지 던졌던 질문에 대한 대답들이 그림 맞추기 퍼즐의 조각들이고, 이제 퍼즐 박스를 열어서 조각들을 바닥에 쏟아 붓는다고 생각해 보자. 퍼즐을 할 때 조각들을 눈 앞에 늘어놓고 하나하나 맞추어 나가는 것처럼 우리의 삶도 과거, 현재, 그리고 미래의 구성 요소들을 늘어놓고 그것들을 자신이 원하는 멋진 삶의 청사진으로 만들어 나가는 것이다. 개인적 전략 계획이 완성되면 놀랄 만큼 빠른 속도로 목표를 달성해 갈 수 있다.

제로베이스 사고

제로베이스 사고는 전략적 사고의 핵심적인 부분이다. 제로베이스 사고란 모든 지출은 매년 그 정당성이 증명되어야 하고 그렇지 못하면 자동으로 폐기된다는 제로베이스 회계에서 확장된 개념이다. 제로베이스 사고에서는 자신이 지금까지 했던 모든 결정에 대해서 철저히 분석하고 그 결정의 정당성을 확인한다. 스스로 "지금까지 새롭게 알게 된 지식과 정보를 고려해서 다시 결정을 한다고 해도 과거와 동일한 결정을 내리게 될까?"라고 자문해 보는 것이다.

사람들은 거의 대부분 지금이라면 아예 시작하지도 않았을 골치 아픈 상황을 한두 가지 정도는 갖고 있다. 이 골치 아픈 상황들은 자신이 원하는 이상적인 삶을 살아가는데 장애 요인이 된다. 삶의 중요한 부분인데도 가급적 바꾸고 싶은 마음을 갖고 있다면 높은 수준의 성공과 만족을 얻을 수 없다. 그것은 종종 우리들이 가진 가능성에 족쇄 역할을 하고 자신의 가능성을 충분히 발휘할 수 없도록 만든다. 자신감과 자부심을 떨어뜨리고 무력감과 덫에 걸린 것 같은 느낌을 갖게 한다. 또한, 자신도 모르는 사이에 뛰어난 세일즈맨으로서의 잠재력 발휘를 가로막는다.

자신이 지금이라면 아예 시작하지도 않았을 상황에 있다는 사실을 직시하는 것은 용기를 필요로 한다. 덫에 걸린 느낌이라는 사실을 인정하는 것, 자신을 뒤로 잡아당기는 실패, 거절, 두려움에 직면하는 것도 용기가 필요하다. 이처럼 덫과 같은 상황에서 벗어나겠다는 결정을 하는 데에는 용기도 필요하지만, 자신의 잠재력을 충분히 발휘하기 위해서는 지금이라면 아예 시작하지도 않았을 부정적인 상황을 처리해야만 한다.

제로베이스 사고가 가장 도움이 될 수 있는 세 가지 주요 분야가 있다. 첫째는 인간관계다. 개인적인 관계든지 아니면 직업적인 관계든지 지금 새로 시작한다면 관계를 맺고 싶지 않은 사례가 있는가? 예를 들어서 수많은 사람들이 잘못된 결혼을 하고 나서는 불행하다고 느끼면서도 그 결혼을 유지하는 일에 자신이 가진 모든 에너지를 소비하고 있다.

당신이 경영자라고 하자. 지금이라면 채용하지 않았을 직원이 있는가? 많은 경영자가 채용을 잘못한 후 성과 부진 탓에 고통 받는다. 그 사람에 대해 알고 있는 지금이라면 결코 채용하지 않았을 사람을 고용하고 있는 한, 당신은 항상 스트레스와 불민을 느낄 것이다.

주위에 좋아하지 않는 사람이 있는가? 자신의 삶에 부정적인 영향을 미치는 사람과 교류하고 있는가? 자신에게 전혀 도움이 되지 않는 사람들과 어쩔 수 없이 좋지 못한 관계를 지속하고 있는 사람들이 많다. 지금 관계를 유지하고 있는 사람들 중에 다시 시작할 수 있다면 관계를 맺고 싶지 않다고 여기는 사람이 있는가?

만일 있다면 그런 사람들과 관계를 끊겠다고 결심해야 한다. 사람은 거의 변하지 않는다는 것 그리고 상황은 우리가 좋아지도록 만들지 않으면 호전되지 않는다는 일반적인 사실을 받아들여야 한다. 불편한 상황에서 벗어나려면 스스로 떠나거나 아니면 상대방이 떠나도록 할 수 밖에 없다.

내가 만났던 경영자들은 누구나 다시는 채용하고 싶지 않은 직원들이 있었다. 내가 그들에게 줄 수 있는 최고의 조언은 채용하고 싶지 않은 직원들 때문에 힘들어서는 뛰어난 조직을 만들 수 없다는 사실이다. 새롭고 더 좋은 조직을 만들려면 먼저 현재 갖고 있는 '사람' 문제를 풀어야 한다.

제로베이스 사고를 적용할 두 번째 영역은 투자다. 지금 알고 있는 것을 그때도 알았더라면 투자하지 않았을 곳에 투자하고 있는 분야가 있는가? 만일 이 질문에 대한 답이 긍정이라면 스스로에게 다음과 같은 질문을 던져야 한다. "어떻게 하면 이 투자에서 발을 뺄 수 있을까? 얼마나 빨리 처리해야 할까?"

원숙한 사람의 특성 가운데 하나는 자신에 대해서 그리고 자신의 삶에 대해서 정직하고 객관적이 되고자 하고, 필요할 경우 손절매를 한다는 점이다. 그는 자신이 실수했다는 것을 인정할 수 있는 인품을 갖고 있다. 자신을 속이려고 하거나 기적을 바라지 않는다. 자신이 시간, 돈, 혹은 감정 투자를 잘못했다는 것을 받아들이고 손실을 최소화하기 위해서 필요한 일이라면 가리지 않고 한다.

제로베이스 사고를 적용할 세 번째 영역은 활동이다. 현재 자신이 맡고 있는 업무 활동, 사회 활동 혹은 지역사회 활동 중에서 지금이라면 시작하지 않았을 활동이 있는가? 자신의 삶을 살펴보고 시간과 돈이 소요되는 모든 일을 이 관점에서 분석해 보라. 무엇이든지 어디에서든지 빠져나오고 싶은 것이 있는가?

스트레스 테스트를 해 보면 제로베이스 사고를 적용해야 할 곳이 어디인지 알 수 있다. 우리 삶에서 가장 스트레스를 많이 받는 곳이 바로 우리가 빠져나와야 할 상황이다. 해서는 안 될 일을 시작해서 이럴 수도 저럴 수도 없는 덫에 빠져있다고 느낄 때 우리는 언제나 걱정, 불만, 분노와 우울증까지 겪는다. 자신의 삶에 커다란 발전을 이루고 싶다면 이런 상황에서는 항상 지금 알고 있는 것을 그때도 알았더라면 어떻게 했을지 생각해보고, 즉시 필요한 조치를 취해야 한다.

제로베이스 사고가 도움이 되는 3가지 분야
1. 인간관계 분야
2. 투자 분야
3. 활동 분야

자기 분석

우리의 커다란 목표는 완전한 자유와 자기표현이어야 한다. 삶의 목표는 인간으로서 자신의 잠재력을 100퍼센트 발휘하고 자신이 될 수 있는 최고의 존재가 되는 일이어야 한다. 자기 자신과 경력을 개발하고자 하는 노력도 자아실현을 극대화하는데 맞춰서 가장 성숙하고 온전하게 기능하며 완벽하게 조화로운 성품을 가진 사람이 되어야 한다. 경력 면에서는 자신이 일하는 분야에서 최고 세일즈맨이 되는 일에 혼신의 노력과 철저한 준비를 다해야 한다.

판매 전문직의 세계에서 이러한 자아실현으로의 여행은 판매 업무 전반에 걸쳐서 자신의 실제 기술과 능력에 대한 신중하고 정직한 평가를 필요로 한다. 자신의 실제 능력에 대한 자기기만은 장기적인 성공에 치명적이다. 자신의 취약점에 대해서 정직하게 직면하지 못한다면 결코 강해질 수 없다. 사람은 누구나 다른 사람들에 의해서 평가받거나 비판받는 것에 대해 대단히 민감하다. 이에 대한 두려움이 다른 사람들의 말이나 의견에 대해서, 심지어 우리를 돕고자 하는 경우에도 과민 반응을 하게끔 한다. 세일즈맨들은 판매 관리자가 고객 방문 시 따라와서 관찰한 후 피드백해 주는 일을 싫어한다. 실패와 거절에 대해 예민하므로 특정 영역에서 능력이 부족할 수도 있다는 가능성을 회피하거나 감추려고 온갖 노력을 다한다.

개인적 리더십을 실천하는 중요한 방법 중의 하나는 '현실 원칙'의 적용이다. 자신과 자신의 삶을 정직하고 객관적으로 다루는 능력은 뛰어난 사람의 특징이다. 심리학자인 매슬로우는 자아를 실현해 가는 사람들은 스스로에 대해 완벽하게 솔직하고 정직하다는 점을 발견했다. 또한, 심리학자 칼 로저스 Carl Rogers는 이와 같이 완전하게 자기 수용적이며 방어적이지 않은 사람들을 '완전히 기능하는 사람 fully functioning person'이라고 불렀다. 가장 앞선 사람들은 자신을 정직한 눈으로 바라보고 설명하거나 변명할 필요성을 느끼지 않는다.

현실 원칙은 "세상을 자신이 원하는 모습이 아니라 있는 그대로 받아들여야 한다."는 뜻이다. 현실을 산다는 것은 개인적인 정직성의 연장으로써 자기기만에 빠지는 것을 거부한다는 사실을 의미한다. 자신의 강점과 함께 약점도 인정한다는 것이다. 자신이 바라고, 희망하고, 그렇게 되었으면 하고 기도하는 모습이 아니라 있는 그대로의 삶을 살아간다는 의미다.

핵심 성공 요인

세상에서 일어나는 모든 일은 인과의 법칙에 따른다. 어떤 일이 벌어지는 것은 모두 이유가 있다. 결코 우연히 일어나는 일은 없다. 성공은 특정한 원인의 결과이고 실패 또한 그렇다. 판매 성공 역시 '원인'들이 출발점이 되어서 만들어 내는 결과이며 거의 예측할 수 있다. 개인적 그리고 사업적 성공 분야에서 가장 커다란 업적 중의 하나는 '핵심 성공 요인'의 발견이다.

기업 혹은 개인의 성공과 실패 여부를 결정하는 것이 바로 핵심 성공 요인이다. 어느 한 요인에서라도 성과가 낮으면 기업 전체에 엄청난 피해를 줄 수 있다. 다행스럽게도 핵심 성공 요인은 다섯 가지에서 일곱 가지를 넘는 일이 거의 없지만, 사업 혹은 업무에 문제가 있을 경우 대부분 이들 요인 중 하나에 취약점이 있다.

지금까지 이 책 전반에 걸쳐서 판매의 핵심 성공 요인에 대해 이야기해 왔다. 가망고객 발굴, 친밀감 형성, 문제점 확인, 해결 방안 제시, 경쟁자 분석, 고객 우려의 극복과 구매 약속 받기, 자기 관리 등이 그것이다. 이들 분야의 어느 곳이라도 취약하다면 판매 성공에 지장을 주거나 치명적인 해를 끼칠 수 있다. 핵심 성공 요인들 하나하나를 뛰어나게 잘 할 수 있어야 다른 분야의 기술과 능력도 충분히 발휘할 수 있다.

핵심 성공 요인이라는 아이디어는 폭넓게 적용될 수 있다. 사업, 가정, 결혼, 건강, 경제적 성공 등에도 핵심 성공 요인이 있다. 이중에서 어느 분야라도 뛰어나려면 그 분야의 핵심 성공 요인을 찾아내어 자신이 각각의 요인에서 어느 정도인지 1점에서 10점까지로 냉정히 평가한 후, 뒤처진 요인들에서 어떻게 점수를 높일지에 대한 계획을 수립해야 한다. 핵심 성공 요인에서는 어느 한 요인이라도 능력이 떨어져서는 안 된다.

핵심 성공 요인에서 가장 중요한 포인트는 취약한 요인이 다른 모든 재능과 능력을 활용할 수 있는 수준을 결정한다는 사실이다.

예를 들어 다른 모든 요인에서는 7점 이상인네, 단 한 가지 요인은 3점이라고 하자. 그러면 3점이 다른 모든 능력을 활용할 수 있는 수준을 결정하고 판매와 수입의 한계를 설정한다. 가장 취약한 요인이 다른 모든 활동에서의 성공 여부에 영향을 미친다.

우리가 판매의 모든 영역에서 높은 기량을 갖고 있는데, 단 한 가지 시간 관리 능력이 떨어진다고 하자. 그 단 한 가지 시간 관리 능력 부족이 진체적인 판매 성과에 부정적인 영향을 미친다. 잘못된 시간 관리는 비생산적인 활동에 너무 많은 시간을 쓰도록 하고 그에 따라서 꼭 필요한 판매 활동과 질 높은 가망고객이나 기존 고객에게는 너무 적은 시간을 할애하도록 한다. 가망고객 발굴도 마찬가지다. 판매의 모든 분야에서 뛰어나지만 단 한 가지 고객 발굴 능력이 상대적으로 떨어진다면, 그 단 한 가지 약점으로 인해서 판매 경력이 완전히 끝나 버릴 수도 있다.

자신의 현재 업무에서 핵심 성공 요인은 무엇인가? 그 요인들에 대해서 자신을 1점에서 10점까지로 평가한다면 각각 몇 점이나 되는가? 가장 강한 요인은 무엇인가? 가장 약한 요인은? 만일 잘 모르겠으면 매니저, 동료, 혹은 고객에게라도 물어보라. 자존심은 잠시 접어 두자. 우리의 판매 경력이 이런 질문에 대해 올바른 답을 얻을 수 있는지에 달려 있다.

내 세미나를 마친 세일즈맨 한 사람이 이 조언을 따랐다. 그리고 믿을 만한 고객에게 가서 판매 과정에서 자신이 가장 약한 부분이 무엇인지 물었다. 고객은 그가 기분 나빠하거나 화내지 않으리라는 것을 알고 이렇게 말했다. "당신은 질문을 잘 하지만 내가 막 대답을 하려고 하면 가로막고는 상품이나 당신 자신에 대해서 말을 해요." 그 세일즈맨은 깜짝 놀랐다. 자신이 고객의 말을 가로막는다는 사실을 전혀 모르고 있었기 때문이다. 우리들 대부분이 그렇듯이 그 세일즈맨도 자신의 행동을 전혀 인식하지 못했다. 그는 다른 고객에게 한 번 더 확인해 보았고 역시나 같은 대답을 들었다. 그 단 한 가지 사실을 통해서 그는 자신의 행동에 중요한 변화를 만들어 냈고, 그 결과 판매 성과를 크게 높일 수 있었다.

피드백이 그다지 유쾌하지 않다고 해도 논쟁하거나 방어하려고 하지 말고 그냥 "더 말씀해 주세요."라고 말하라. 상대방이 내가 어떤 일을 했다거나 혹은 하지 않았다고 지적했는데 동의할 수 없을 때는 다투지 말고 그냥 "예를 들어 주시겠어요?"라고 부탁하라. 반박하거나 방어해야 한다고 생각하지 말고 그냥 듣고 내용이 무엇인지 확인하는 선에서 그쳐라.

이 두 가지를 정기적으로 이용하면 얼마나 솔직하고 질 높은 피드백을 받을 수 있는지 놀라게 될 것이다. 그 피드백을 활용해서 자신의 능력을 즉시 개선시켜 나갈 수 있다. 자신을 방어하거나 정당화하는 데 엄청난 에너지를 사용할 이유는 전혀 없다.

자기 분석 결과, 자신이 우수한 영역은 무엇인가? 당신이 세일즈맨으로서 가진 '고유 판매 제안 Unique Selling Proposition(USP)'은 무엇인가? 경쟁자들과 다른 것은 무엇인가? 개인 차원에서 경쟁 우위는 무엇인가? 유형적인 경쟁 우위는 무엇이며 무형적인 것은 무엇인가? 당신 회사의 다른 사람이나 다른 회사가 아니라, 당신에게서 꼭 구입해야 할 이유는 무엇인가?

사람들은 누구나 각자의 분야에서 뛰어난 사람이 될 수 있는 능력을 갖고 있다. 자신의 성품이나 성격에서 높은 잠재력이 있는 요소를 찾아내고 그것을 발전시킴으로써 대단히 뛰어난 세일즈맨이 될 수 있다. 그러므로 그 분야를 연구하고 연습하는데 헌신해야 하고 판매 상담에서 그 기술을 사용해야 한다.

건실한 성품 그리고 고객의 욕구에 대해 높은 관심을 갖는 것이 여러분이 가진 고유한 무형 경쟁 우위 요소가 될 수 있다. 훌륭한 세일즈맨들은 이따금 "고객님! 이 상품은 다른 사람에게서 살 수 있을지 모르지만 누구에게서도 살 수 없는 것이 한 가지 있습니다. 바로 저입니다. 이 상품을 저한테서 구입하시면 저를 함께 얻는 것입니다. 이보다 더 좋은 거래를 하실 수 있다면 그쪽을 택하십시오."라고 말한다.

마찬가지로 자신의 개인적 이미지도 분석해야 한다. 가망고객에게 어떻게 보이는가? 자신의 복장, 매무새, 그리고 액세서리를 평가하라. 거울을 보고 스스로에게 물어라. "내 분야의 최고 세일즈맨처럼 보이는가?" 의문이 생기거나 확실하지 않은 것이 있으면 다른 사람들에게 조언을 구하라. 사람들에게 어떻게 하면 이미지를 개선할 수 있는지 물어라. 우리가 방어적이지만 않다면 어떻게 하면 고객들에게 주는 이미지를 크게 향상할 수 있는지 알려줄 것이다.

개인적 전략 계획의 기초가 되는 것은 시간을 충분히 갖고 자신의 가치관, 비전, 그리고 사명을 주의 깊게 찾아서 정의하는 일이다. 그 다음에 판매와 관련된 자신의 상황을 전반적으로 분석한다. 커다란 창고의 재고 조사를 하는 것처럼 개인 생활과 전문 능력에 대해서 전체적으로 재고 조사를 하는 것이다. 자신의 현재 상황, 과거 그리고 자신이 바라는 목적지로 가기 위해서 해야 할 일이 무엇인지 더 정직하고, 정확하고, 객관적으로 분석하면 할수록 발전은 더욱 빨라지고 판매는 증대될 것이다.

소속회사 분석

최고 세일즈맨은 시간을 갖고 자신이 일하는 회사의 모든 면에 대해서 철저히 공부한다. 그들은 회사가 언제 어떻게 설립되었으며 핵심 인물들이 누구인지 안다. 회사 내 권력관계와 여러 의사 결정에 영향력을 행사하는 사람들이 누구인지 살핀다. 각 부서에서 일하는 여러 임원들 간의 상호 관계도 이해한다. 회사의 움직임에 주의를 기울이고 회사와 관련된 다양한 정보를 잘 파악하고 있다.

회사의 규모와 관계없이 우리는 회사의 주요 상품과 중요한 고객들 그리고 목표 시장에 대해서 알고 있어야 한다. 회사가 어떻게 설립되었으며 그 당시에 팔던 상품은 무엇인가? 특히 지난 3~5년 동안 회사의 주력 상품, 고객, 그리고 시장은 무엇이었나? 그때와 지금은 어떻게 다른가? 회사 내부에서는 어떤 변화가 있었는가? 앞으로 회사의 주요 상품, 고객 그룹, 시장은 무엇이 될 것인가?

세 가지 유형의 사람들이 있다고들 한다. 일이 일어나도록 만드는 극소수, 어떤 일이 일어나는지 관심을 갖고 지켜보는 소수 그리고 나중에야 "무슨 일이 있었어요?"라고 묻는 대다수가 있다. 일이 일어나도록 만드는 극소수가 되고자 움직일 때, 우리는 먼저 주위에서 실제로 어떤 일이 일어나고 있는지 잘 관찰해야 한다.

회사의 기업 전략은 무엇인가? 현재의 시장에서 회사가 추구하는 것, 피하고 싶은 것 혹은 유지하고 싶어하는 것은 무엇인가? 회사가 추구하는 가치는 무엇인가? 회사가 표방하는 것은 무엇인가? 이러한 회사의 가치는 문서화되기도 하고 혹은 되지 않기도 하지만 어떤 경우든지 확실히 존재하고 있다. 회사의 가치는 직원들과 고객들을 대하는 방법에서 드러난다.

가치관은 우리 성격의 핵심이다. 마찬가지로 회사의 가치는 회사 성격의 핵심이 된다. 우리의 가치관과 회사의 가치가 일치하면 이상적이다. 어떤 갈등이나 대립도 발생하지 않는다. 사실 자신의 가치관과 조화를 이루지 않는 회사에서 일하면서 잠재력을 충분히 발휘하기는 어렵다. 따라서 자신의 가치관을 정립하고 그 다음에는 회사의 가치가 무엇인지 찾아보라. 그 둘이 일치하도록 하라.

회사의 마케팅 전략은 무엇인가? 회사의 고유 판매 제안은 무엇인가? 경쟁 우위를 갖고 있는 분야는 어디인가? 다른 회사보다 잘하는 것은 무엇인가? 사람과 회사 모두 그 중심이 되는 것은 핵심 역량이다. 핵심 역량이란 회사가 잘하는 것, 그냥 잘하는 정도가 아니라 다른 어떤 회사들보다 월등히 잘하는 것을 말한다.

회사의 모든 프로세스, 기능, 상품과 서비스는 회사의 핵심 역량으로부터 나온다. 우리가 개인적으로 핵심 능력을 갖고 있는 것과 마찬가지로 회사도 시장에서 가장 뛰어난 분야가 있다. 그것은 무엇인가? 현재의 시장에서 회사의 포지셔닝 전략은 어떠한가? 이것은 우리의 판매 성과에 다른 어떤 요소 못지않게 큰 영향을 미친다. 사람들이 구입을 하거나 하지 않겠다고 결정하는 중요한 이유 중의 하나는 회사의 평판이다. 평판이 아주 좋은 회사에서 일하면 판매하기가 훨씬 더 쉽다. 그 반대의 경우라면 우리가 최선을 다하는 판매 노력을 방해하고 만다.

하버드 경영대학원의 시어도어 레빗 Theodore Levitt 박사는 그의 저서 『마케팅 상상력 The Marketing Imagination』에서 '회사의 가장 귀중한 재산은 고객들의 평판'이라고 말한다. 고객들의 회사에 대한 평판이 매우 중요하므로 회사의 평판이 좋으면 다른 회사에서 그 이름을 사려고 수백만 달러에 달하는 거금을 지불하기도 한다.

사람들은 우리 회사에 대해서 어떻게 생각하고 말하는가? 특히 품질과 관련해서 회사의 순위는 어떤가? 마케팅 전략이 수익성에 미치는 영향에 관해서 620개 회사를 분석한 연구 결과에 따르면, 회사 수익률에 가장 중요한 단일 변수는 경쟁사간의 품질 순위였다.

품질이 어떤지를 결정하는 것은 고객이다. 고객이 품질이 어떻다고 말하면 그것이 바로 품질이 된다. 고객이 생각하는 경쟁 상품 대비 우리 상품의 품질은 시간과 함께 변화한다. 기본적으로 품질은 상품 자체와 상품에 따르는 서비스로 구성되며, 심지어 상품이 판매되는 방식까지도 구성 요소에 포함된다. 가격 대비 고객이 인식하는 상품 가치 또한 품질 평가의 한 부분이다. 다시 말해서 공정한 가격이라고 생각되면 품질 인식은 높아지지만 가격이 높아지면 떨어진다. 어쨌든 품질을 판매 포인트로 활용하려면, 먼저 고객이 생각하는 품질이 어떤지를 우선 확인해야 한다.

또한, 회사 내에는 개인별 우수성 순위가 있다. 회사 내의 모든 세일즈맨들은 공식적이든지 아니면 비공식적이든지 1위부터 최하위까지 순위가

전략적 세일즈

매겨진다. 당신의 순위는 어떤가? 앞에는 누가 있고 뒤에는 누가 있는가?

핵심적인 질문은 이것이다. "어떻게 하면 순위를 높일 수 있을까? 순위를 높이기 위해서 내가 해야 할 일은 무엇인가?"

판매액과 수입 그리고 우수성 순위에는 직접적인 관계가 있다. 목표는 최고를 향해서 위로 올라가는 것이다. 물론 하룻밤 사이에 5위에서 1위로 올라가라는 것은 아니다. 현재 5위라면 먼저 4위가 되어야 한다. 다음에는 3위 이렇게 올라가면 된다. 시장에서 회사의 품질 순위를 높이기 위해서 혼신의 노력을 다하는 것이 회사의 성공에 중요하듯이, 회사에서 자신의 우수성 순위를 높이고자 최선을 다하는 것 역시 중요하다.

시장 분석

모든 전략은 궁극적으로 시장 분석이다. 모든 전략 계획은 결국 시장을 대상으로 세워지며, 경쟁 시장에서 상대적인 성과를 향상시키는 것을 목표로 한다. 따라서 현재의 고객과 경쟁사들을 향해 중점을 두고, 미래의 가망고객에 초점을 맞춰 전략의 공백에서 발생할 수 있는 결과를 바꾸는데 목적이 있다. 전략 계획은 그것을 수립하지 않았을 때에 비해서 그 이상으로 판매액을 높이고자 여러 가지 자원들을 조직하거나 재조직하는 것이다. 대부분의 세일즈맨들은 이른바 '실행 상태'에 있다. 그들은 매일 일상적인 업무에 파묻혀서 앞으로 한 달 혹은 1년 후에 어떤 일이 일어날 것인지에 대해서는 거의 생각하지 않는다. 그러나 우리가 개인 차원의 전략 계획과 함께 시장 분석을 하게 되면 '관리 상태'로 이동하게 된다.

다른 대부분의 세일즈맨들처럼 물결치는 대로 이리저리 휘둘리지 않고, 자신의 판매 경력의 방향을 스스로 주도한다. 지속적인 시장 분석은 지평선을 탐지하는 레이더와 같이 노력을 집중하고 더 빨리, 더 쉽게 팔 수 있는 질 높은 가망고객을 정확하게 찾을 수 있도록 도와줄 것이다.

투입 에너지 대비 성과를 높이는 방법

전략적 계획 수립의 기본 원리는 '에너지 대비 성과'다. 지속적인 시장 분석의 목적은 최고의 위치를 차지하는 것이다. 그것은 투입하는 에너지에 대비해서 성과를 최대화할 수 있도록 해 준다.

자신의 담당 구역에서 판매 성과를 최대화하는 방법은 두 가지가 있다. 하나는 '돈 나무 개념 money tree concept'이고 다른 하나는 '농부 개념 farmer concept'이다. 돈 나무 개념은 모든 가망고객을 가지가 많이 달린 유망한 '돈 나무'로 보는 것이다. 그 나무의 가지 하나하나는 고객의 회사뿐만 아니라 수많은 다른 회사로의 판매와 추천으로 연결될 수 있다.

이것은 '살라미 전략 salami-slice concept'으로 불리기도 한다. 가망고객에게 처음 접근할 때는 큰 거래를 따내려고 하지 말고, 대신 다른 공급자에게 주고 있는 거래의 작은 조각 slice을 얻는 것에 집중하라. 이 작은 조각을 통해서 우리는 고객에게 더 좋은 서비스, 더 신속한 고객 대응, 더 뛰어난 품질의 상품, 더 적절한 가격, 그리고 회사가 제공하는 다른 여러 가지 경쟁용 혜택을 제공할 수 있는 기회를 갖게 된다.

이제 '돈 나무'의 가지 하나를 손에 넣은 것이다. 고객을 만족시킨 다음에는 즉시 고객에게 가서 새로운 상품과 서비스를 제공할 수 있는 방법을 찾아보라. 고객의 기존 사업 내에서 다른 상품을 활용할 수 있는지도 알아본다. 다른 회사와 거래하기 위한 추천장을 받거나 고객 추천을 부탁한다. 첫 번째 거래를 트기 위해서 고객의 사업에 대해 많은 공부를 해야 했다면, 비슷한 회사나 비슷한 상황에 있는 가망고객들에게 판매할 때 활용할 수 있는 지식과 정보 데이터베이스가 이미 상당히 쌓이기 시작했다고 봐야 한다. 가장 최근에 거래했던 고객을 살펴보고 그가 어떤 산업에 속해 있는지 생각해 보라. 그리고 그 고객과 같은 업계에 있는 다른 이들에게 동일한 상품과 서비스로 도움을 줄 수 있는 방법을 강구해 보라.

수많은 세일즈맨들이 특정 산업에 속한 한 고객에게 판매한 후, 그 거래를 기반으로 자신의 전체적인 세일즈 경력을 확산시켜 간다. 회계사를 하는 내 친구는 의사들이 장부 기장과 회계시스템을 구축하는 것을 도와주었다. 시장에서 관련 프로그램을 구할 수가 없었기 때문에 그는 환자기록과 청구서를 자동으로 작성해 주는 프로그램을 직접 개발했다. 그가 개발한 프로그램을 작동시키려면 각 병원에서는 컴퓨터와 서버, 다른 소프트웨어, 프린터 그리고 기타 여러 가지 품목들을 특정한 방식으로 구성해야 했다. 효율적으로 운영하는데 필요한 여러 가지 제품들을 모두 설치하는데 거의 1년이 걸렸다. 설치하자마자 고객들은 청구서 관리와 병원 운영이 개선되었다고 말했다. 그는 유망한 '돈 나무'를 만들었다는 사실을 깨달았다. 그리고 고객들에게 동료 의사들을 소개해 달라고 부탁했다. 그는 사무자동화 시스템을 다른 의사들에게도 팔기 시작했고, 얼마 지나지 않아 미국 서부 전역에 걸쳐서 16명의 프로 세일즈맨을 고용한 수백만 달러 규모의 비즈니스를 일궈 냈다.

우리는 이와 같은 결과를 이루어 내지 못할 수도 있다. 그러나 지금 유망한 돈 나무의 가지를 붙들고 있는지도 모른다. '돈 나무'에서 모든 거래는 같은 고객이나 혹은 비슷한 상황에 있는 다른 고객들에 대한 판매 혹은 추천으로 연결될 가능성을 갖고 있다.

'농부 개념'에서는 자신의 판매 구역을 농부가 농토를 대하듯이 한다. 우리가 해야 할 일은 땅을 갈고, 준비하고, 씨를 뿌리고, 모종하고, 물을 주고, 비료를 주고, 잡초를 제거하고, 보호해 주고, 키우고, 씨앗을 개발하고, 수확한다. 그리고 같은 프로세스를 처음부터 반복한다.

담당 구역이라는 개념을 활용하려면 자신의 담당 구역이 엄청난 판매 잠재력과 경제적 가능성을 갖고 있다고 생각해야 한다. 그리고 특정한 고객이나 특정한 지역에서 판매액을 극대화하기 위한 노력을 아끼지 말아야 한다. 시장 분석은 중단되어서는 안 된다. 고객들이 우리를 긍정적으로 볼 수 있도록 더 좋고, 더 바르고, 더 편리하고, 더 가치가 높고, 비용이 절약되는 방법을 찾고, 동시에 경쟁자들의 단점과 취약점을 강조해서 그들의 강점을 약화시켜야 하기 때문이다. 지속적인 시장 분석을 통해 목표 시장에서 우리 상품을 점점 더 많이 팔 수 있다.

농부개념 Farmer concept 프로세스	
땅갈기 cultivating	네트워크를 최대한 동원해서 자신이 방문하고자 하는 고객에 관해서 최대한 알아두는 것이다.
준비하기 preparing	전화, 이메일, 광고, 판촉 활동, 그리고 추천장을 통해 고객을 방문했을 때 좋은 위치에 서는 것을 말한다.
씨뿌리기 seeding	가망고객과 처음 만나서 그에게 문제가 있으며 자신의 상품이나 서비스가 문제에 대한 해결책이 될 수 있다는 점을 알리는 것이다.
모종하기 planting	가망고객에게 자신의 상품이나 서비스가 고객의 문제에 대한 최고의 해결책이라는 점을 확실하게 보여주는 프레젠테이션에 해당한다.
물주기 watering	자신의 상품이나 서비스를 구매하는 것이 실수가 아닐까 하는 고객의 두려움을 줄이고자 추천서, 확인, 보증 등을 제공하는 것이다.
비료주기 fertilizing	상품을 큰 회사에 팔아서 그들로 하여금 상품의 효능에 대해서 증언하도록 하는 것이다.
잡초제거와 보호하기 weeding & protecting	거래선에서 경쟁자를 제거하고 접근하기 어렵게 만드는 것이다.
수확하기 harvesting	모든 것을 실행에 옮겨서 고객이 상품과 서비스에 대한 우리의 제안을 받아들이고 판매가 성사되는 것이다.
지속적으로 수확하기 continuous harvesting	고객과 좋은 관계를 유지하고 오랜 시간에 걸쳐서 형성된 관계를 잘 관리해야만 가능하다. 고객이 계속해서 우리의 상품과 서비스를 구매하도록 하는 방법이다.
세일즈와 재판매하기 resale & selling	재판매란 현재의 경작 활동을 고객의 추천을 받아서 다른 조직으로 확대하는 것이다.

알기 쉬운 전략 계획

효과적인 전략 계획을 세우려면 반드시 전체 프로세스를 구성 요소로 나눈 다음에, 다시 부드럽게 작동하는 효과적인 전략적 판매 장치로 재결합해야 한다. 지금까지 이 장 전체를 통해서 우리가 해왔던 것 즉 사업의 모든 측면을 분석하고 여러 가지 문제들에 대해서 답을 해왔던 것이 바로 그것이다. 이제 드디어 이들을 모두 통합해서 고도의 판매 성과를 거둘 준비가 되었다.

가장 단순한 전략 계획 방법은 GOSPA모델이다. GOSPA는 목표 goals, 세부 목표 objectives, 전략 strategies, 계획 plans, 그리고 활동 activities을 나타낸다. 이 장에서는 앞의 4단계를 다룬다. 마지막 5단계 활동에 대해서는 이 책 전반에 걸쳐서 다룬다.

판매 활동으로 달성하고 싶은 것이 무엇인지 확실하게 결정해서 목표와 중간 목표를 정한다. 장기, 중기, 단기 목표를 세우는데 장기 목표에서 중기 목표가 나오고, 중기 목표에서 단기 목표가 나온다. 목표와 세부 목표는 개인적 삶과 업무 모두에 대해서 세워야 한다. 청사진을 그려 보면 정확하게 무엇을 하는지, 왜 하는지, 무엇을 성취하고 싶은지, 언제까지 달성하고 싶은지, 그리고 성공했을 때 어떤 모습인지를 일 수 있다. 이들 요소들을 문서화된 계획으로 만들면 성공은 이미 보장되어 있는 것이나 다름없다.

목표는 우리가 달성하고자 하는 구체적이고, 장기적이며, 측정 가능하고, 시간에 제한이 있는 대상이다. 예를 들어서 1년 등의 일정한 판매 기간동안 일정한 판매액을 달성하겠다면 그것이 목표다.

세부 목표는 전체적인 목표를 달성하기 위해서 거쳐야 할 중간 목표다. 예를 들어서 일정한 수준의 신규 거래를 일으키려면 일정 수의 신규 가망고객을 방문해야 한다. 일정한 판매 기간 내에 방문해야 할 가망고객의 수가 장기 목표를 달성하기 위해서 성취해야 할 세부 목표다. 먼저 지금부터 1년, 2년, 3년, 4년 그리고 5년 후의 수입 목표부터 시작한다. 매년 얼마를 벌고 싶은가? 지금 얼마를 벌고 있는지를 판단해서 앞으로 5년 후를 추정한다. 지금부터 시작해서 매년 수입 목표를 10~25퍼센트까지 증가시켜라. 이것이 개인적으로 달성해야 할 목표다.

그 다음 회사의 판매 수당을 검토한다. 판매 수당은 일정한 상품과 서비스에 대해 일정 수준의 판매 실적을 토대로 보상해 주도록 설계되어 있다. 우리가 해야 할 일은 자신과 회사를 위해서 최고의 판매 성과를 거둠으로써 판매 수당을 최대화하는 것이다. 자신이 원하는 해당 년도의 수입을 얻으려면 판매액은 정확하게 얼마가 되어야 하고, 상품과 서비스의 구성은 어떻게 되어야 하는지 결정하라. 해당 년도의 상품 구성은 해당 년도에 가서 결정해도 된다. 예상 가능한 미래의 판매와 수입 목표를 기록한 다음에는 자신이 왜 그 목표를 달성하고자 하는지 그 이유를 모두 적어라. 이유는 동기유발이라는 용광로의 연료다. 이유가 많으면 많을수록 동기유발이 더 많이 되고 더 확고해진다. 내년에 수입 목표를 달성하게 되면 하고 싶거나 갖고 싶은 것들의 목록을 만들어라. 자신, 배우자, 자녀, 다른 가족들과 친구들, 그리고 지역 사회를 위해서 하고 싶은 것들의 목록도 만들어라.

판매업의 주된 경제적 목표는 궁극적으로 경제적 독립이라는 해안에 도착해서 더 높은 고지로 올라가고, 경제적 요새를 쌓아 올리는 것이다. 자기 자신에 대한 책임 중에서 건강을 제외하고 가장 큰 것은 경제적 안녕을 구축하는 일이다. 우리가 일하고 있는 이유 중의 하나이고 삶의 경제적 측면을 분석하는 이유 중의 하나도 경제적 성취를 위한 청사진을 그리기 위해서다.

회사가 경쟁이 심한 시장에서 이익을 내고 지속적으로 성장하려고 하듯이 우리도 이익을 내고 장기간 저축하려고 노력해야 한다. 자신의 경력 어느 시점에선가 돈에 대해서는 더는 걱정할 필요가 없는 지점에 도착하는 것을 목표로 해야 한다.

경제적 독립을 이루는 유일한 방법은 매번 급여를 받을 때마다 저축하고 투자하는 것이다. 예로부터 경제적 성공의 열쇠는 항상 "자신에게 먼저 지불하라."는 것이었다. 급여를 받을 때마다 총금액에서 일정 비율을 먼저 자신에게 지불하라. 저축 계좌에 불입해서 장기간 투자하고 그 어떤 이유로도 그 계좌에 손을 대지 마라.

경제적 독립의 가장 큰 적은 '파킨슨 법칙 parkinson's law'이다. 이것은 "지출은 수입에 맞춰서 증가한다."는 법칙이다. 우리가 아무리 많이 벌어도 결국 비용이 증가해서 그 수입을 전부 혹은 초과해서 소비해 버린다는 것이다. 경제적 독립을 하려면 반드시 파킨슨 법칙을 의식적 그리고 의도적으로 깨뜨려야 한다. 그렇게 하려면 증가하는 소득과 생계비 사이에 쐐기를 박아 넣어야 한다. 자신의 분야에서 더 유능해져서 수입이 10퍼센트 증가하면 생계비를 5퍼센트 증가시켜도 좋다. 단, 5퍼센트만 증가시켜야 한다. 나머지 5퍼센트는 경제적 자유를 위해서 저축하거나 투자해야 한다.

해를 서듭하면서 수입과 생계비 사이에 쐐기를 점점 더 깊이 박아 총 급여의 10퍼센트, 15퍼센트, 그리고 궁극적으로 20퍼센트를 저축할 때까지 계속해야 한다. 먼저 지출한 후에 남는 돈을 저축하지 말고, 자신에게 먼저 지불하고 그 나머지로 사는 법을 배우면 결국 빚에서 벗어나 상당한 종자돈을 마련할 수 있게 된다. 이것이 지금까지 밝혀진 경제적 독립으로 가는 가상 확실한 길이다.

돈을 저축하는 능력을 통해서 성품을 알 수 있다. 저축은 자기 규율과 의

지력을 측정하는 시험이다. 저축하는 것은 인간으로서 우리의 근본적인 가치관을 드러낸다. 만약 자립과 자기 책임이 가치관에 포함되어 있다면 3개월에서 6개월의 소득에 상당하는 현금을 최대한 신속하게 마련해야만 한다. 보험회사의 설립자인 클레멘트 스톤 W. Clement Stone은 "돈을 저축할 수 없다면 위대함의 씨앗이 당신 안에 없는 것이다."라고 말했다.

현재 미국에서 자수성가한 백만장자의 5퍼센트는 세일즈맨이다. 그들은 열심히 일하고, 지속적으로 자신의 역량을 향상시키고, 안락한 생활 유지에 필요한 돈을 벌어 매달 상당한 금액을 저축함으로써 그 자리에 도달했다. 우리도 그렇게 하지 못할 이유가 없다. 뛰어난 세일즈맨이 되어 자신이 번 돈의 일부를 저축해서 경제적 독립을 이루지 못할 이유가 없다.

전략과 계획은 자신의 세부 목표와 목표를 달성하는 방법이다. 산에 오르는 길이 여러 개 있듯이 목표 혹은 세부 목표에 접근하는 방법도 여러 가지다. 전략의 목적은 시간과 에너지 소비에 대해 최고의 성과를 거둠으로써 자신의 목표를 달성할 수 있도록 하는 것이다. 전략 혹은 정상으로 가는 길을 결정한 다음에는 정상에 오르기 위해서 매일, 매주, 매달 해야 할 활동을 계획한다.

예를 들어서, 개인적 전략 계획을 수립할 경우에는 자신의 판매 사이클과 구매 프로세스를 주의 깊게 검토한다. 유망한 가망고객이 구매 결정을 하고, 제품을 인도받고, 대금을 지불하는데 평균 얼마나 걸리는가? 많은 회사들이 몇 개월씩의 긴 판매 사이클을 갖고 있다. 가령 평균 판매 사이클이 7개월이라면 세일즈맨은 그해에 달성하고자 하는 모든 판매에 대해서 가망고객과의 첫 접촉을 5월 말까지는 마쳐야 한다. 뚜렷한 판매 목표를 가진 프로 세일즈맨은 연초 몇 달 동안을 편안하게 별다른 노력 없이 보내지 않는다. 다음 해 그에게 할당된 판매 목표를 달성하려면 1월 2일에는 출근해야 하고, 5월까지는 모든 가망고객들이 순서대로 체계화되어야 한다.

　많은 가망고객들을 대상으로 이루어지는 소액 판매에서 판매 전략의 핵심은 활동이다. 전략 계획은 매일 가능한 한 많은 가망고객을 만날 수 있도록 활동을 체계화하는 것을 담고 있어야 한다. 금액이 크고 판매 사이클이 길 경우에는 판매 성공의 열쇠가 고객에 대한 접근과 침투 계획을 신중하게 세우는 데에 있다. 세일즈맨들 중에는 전체 시장에서 잠재 고객이 단 10명밖에 안 되는 사람들이 있다. 이 경우에는 잠재 고객 한 사람 한 사람이 엄청나게 중요하다. 세일즈맨이나 회사는 판매 노력을 소홀히 해서 단 한 사람의 고객도 잃거나 관계를 해쳐서는 안 된다. 판매 접근의 모든 측면 즉 판매로 이어지는 제안, 프레젠테이션, 후속 작업에 대해서 많은 검토와 계획 활동이 이루어져야 한다. 아무리 사소한 것이라도 중요하지 않은 것은 없다.

GOSPA 모델
1. 목표 **G**oals
2. 세부목표 **O**bjectives
3. 전략 **S**trategies
4. 계획 **P**lans
5. 활동 **A**ctivities

이정표 방식

규모가 크고 여러 번 방문이 필요한 판매의 경우에는 '이정표 방식'의 판매가 대단히 유용하다. 이정표 방식에서는 고객이 최종적으로 판매 결정을 하기까지 해야 할 모든 일의 목록을 작성한다. 먼저 고객의 관점에서 상황을 분석한다. 고객이 갖고 있는 문세는 무엇인가? 욕구는 무엇인가? 해소되어야 할 의문점은 무엇인가? 이 거래를 따내기 위해서 물리쳐야 할 경쟁자들은 누구인가? 이 고객이 완벽하게 만족하려면 사전 접촉 단계에서 부터 배달과 설치에 이르기까지 전 과정에서 어떤 일을 만들어 내야 하는 가? 고객이 구매 전까지 알아야 할 것은 무엇이고, 무엇에 대해서 확신해야 하는가?

이들 질문에 대한 답변은 30여 가지에 달한다. 어떤 방문에서는 한 가지 답밖에 얻지 못할 수도 있고, 다른 방문에서는 한 번에 여러 가지 항목에 대한 답을 얻을 수도 있다. 그러나 가망고객이 구매 결정을 내릴 수 있으려면 모든 항목에 대한 답변이 다 이루어져야 하고 그것도 일반적으로 일정한 순서에 따라야 한다.

이정표 방식에서는 고객 접촉의 진척 상황을 파악할 수 있다. 판매 관리자가 "지금 어떻게 진행되고 있지요?"라고 물으면 "지금 이정표 17번까지 진행되어 있고, 다음 미팅에서 18, 19, 20번을 처리할 수 있을 것 같습니다."라고 대답할 수 있다. 현재 무엇을 하고 있는지, 왜 하고 있는지를 정확하게 알 수 있다. 현재 성취하려고 하는 것이 무엇이며 다음 단계로 나가기 전에 해야 할 일이 무엇인지도 안다. 프로세스 전반을 자신이 완벽하게 통제하고 있는 것이다.

또한 '경험곡선 이론'의 중요성을 기억하기 바란다. 경험곡선 이론이란 "특정한 업무 혹은 활동을 많이 하면 할수록 그 일을 점점 더 잘하게 된다."는 것이다. 그 일을 더 잘하면 잘할수록 실수는 줄어들고 더 많은 양을 할 수 있다.

경험곡선 이론에 따라서 특정한 상황에서 특정한 고객과의 거래를 뛰어나게 잘하게 되면, 그 거래 과정에서 비슷한 상황에 있는 비슷한 고객과의 거래를 매우 잘해 낼 수 있는 많은 것들을 배우게 된다. 동일한 분야라면 처음 판매에 6개월이 걸렸을 때 다음에는 3~4개월밖에 걸리지 않고, 그 다음에는 1~2개월밖에 걸리지 않는다. 새로운 유형의 고객과 처음 거래를 하는 데는 어마어마한 시간과 노력이 들지만, 그 시간과 노력은 다음에 더 큰 거래를 더 쉽게 할 수 있도록 해 준다.

주요 내용 정리

이제 개인 차원의 전략 계획을 작성할 준비가 되었다. 먼저 가치관을 정하고 의미를 규정했다. 자신이 누구이고 어디로 가고자 하는지에 대한 비전도 수립했다. 몇 개월 그리고 몇 년 후의 활동에 대해서 안내해 주고 지침을 줄 개인 사명서와 직업 사명서도 작성했다.

철저한 상황 분석도 실시했다. 한 인간으로서 그리고 프로 세일즈맨으로서 삶의 모든 측면을 살펴보았다. 자신이 어디에서 오고, 현재 어디에 있는지 그리고 앞으로 가는 곳은 어디인지 판매 경력의 과거, 현재, 미래를 검토해 보았다.

투입 에너지 대비 최고의 성과를 얻고 판매 실적을 극대화하기 위해서 최고의 위치를 차지하는 방법을 다각도로 고려했다. 또한, 자신의 삶에 대해서 모든 측면에서 꼼꼼하게 검토했다. 제로베이스 사고를 삶에 적용하여 자신이 변화시키고자 하는 사람들과 상황에 대해서 명확한 결정을 내림으로써 다른 영역에 대해서도 개선을 시작할 수 있게 되었다.

철저한 자기 분석을 통해 자신이 갖고 있는 강점과 약점에 대해서 정직하게 평가했다. 자신의 일에 대해서 성공 핵심 요인이 무엇인지 알아보고 가장 취약한 중요 영역을 확인했다. 자신을 전체적으로 향상시키기 위해서 성품, 건강, 외모 그리고 행동의 모든 측면을 살펴보았다.

자신이 일하는 회사에 대해서도 냉철하게 분석했다. 회사에 관해 깊이 이해하기 위해서 시간을 충분히 갖고 질문을 던지고 자료를 조사했다. 회

Personal Strategic Planning for The Sales Professional

사가 어떻게 설립되었는지, 상품의 경쟁력은 무엇인지, 주력 시장은 어디인지 그리고 회사의 과거, 현재, 미래에 대해서 알게 되었다. 회사의 내부와 외부 문제에 대해서 질문을 던져봄으로써 시장내에서의 위치와 그 원인을 파악하게 되었다. 회사의 시장 전략, 탁월한 분야, 고유 판매 제안에 대해서도 잘 알고 있다. 회사가 경쟁사들에 비해서 경쟁 우위에 있는 이유와 어떤 판매 상황에서도 소속 회사의 강점을 부각시킬 수 있는 방법도 안다.

시장 분석을 빈틈없이 했으며 앞으로 몇 개월이나 몇 년에 걸쳐 판매와 수입을 최대화한다는 관점에서 가망고객 기반을 보기 시작했다. 자신의 판매 구역에 대해서 '돈 나무 개념'과 '농부 개념'을 적용하고, 판매 활동을 통해서 더 좋은 씨를 뿌리고 수확할 수 있는 방법에 대해서 계속 고민하고 있다.

수 개월, 다년간의 목표와 세부 목표를 세웠다. 얼마나 벌고 싶은지, 얼마나 팔아야 하는지를 알고 있고, 특히 왜 성공해야 하는지 그 이유를 확인했다. 스스로 선택한 목표와 세부 목표를 달성하기 위해서 내적 동기유발이 되어 있고, 자신과 자신의 성과에 대해서 100퍼센트 책임진다. 이제 모든 전략과 계획을 통합할 때다. 이 책에서 이야기해 온 모든 것을 통합해서 계획을 현실로 바꾸어 줄 청사진을 그린다.

인생에서 자각은 중요하다. 현실 자체가 아닌 현실에 대한 자각이 종종 사람들이 당신을 어떻게 보는지, 어느 정도까지 당신을 신뢰하는지를 결정한다. 판매에서 자각은 매우 중요하다. 그리고 현실 자각에 대한 비평이 포지셔닝이다. 자신의 분야에서 상위에 오르거나 판매를 광범위하게 시작하기에 앞서 자신, 당신의 회사, 상품과 서비스를 경쟁자와 비교해 어떻게 포지셔닝할지 검토하라. 모든 것은 포지셔닝과 함께 시작하기 때문에 다음 연습문제는 당신이 누구인지, 무엇을 할지 그리고 판매 활동에서 무엇을 하기 원하는지를 찾는데 도움이 될 것이다.

1. 일반고객 / 충성고객은 당신의 회사를 어떻게 말할까?

2. 일반고객 / 충성고객이 당신의 회사를 어떻게 말했으면 하는가?

3. 일반고객 / 충성고객이 당신을 어떻게 말할까?

4. 일반고객 / 충성고객이 당신을 어떻게 말했으면 하는가?

5. 구매고객 / 충성고객들이 당신과 당신의 회사를 가장 좋게 해석하도록 하기 위해 당신은 무엇을 할 수 있는가?

6. 당신의 상품이나 서비스 구매에 있어서 가장 빈번한 다섯 가지 저항은 무엇인가?

7. 당신의 목적이 지각된 위험을 줄이는 것이라면 위의 각각의 저항에 대해 어떻게 대응해야만 하는가?

8. 당신의 경쟁 우위는 무엇인가?

9. 명시된 경쟁 우위를 바탕으로, 전문화와 포지셔닝 강화 목표에 초점을 맞춘 개인적인 마케팅 전략을 세워라.

오늘날 모든 세일즈맨이 직면하고 있는 도전은 무한 경쟁의 확산이다. 어떤 시장도 그러한 상황을 장기간 피할 수 없다. 고객은 당신만 존재하는 진공 상태에서 결정을 내리지 않는다. 그들은 당신의 직간접적인 경쟁자들로부터 경쟁적 메시지들에 쉴 새 없이 공격당한다. 이 도전은 반드시 정면으로 마주치게 되어 있다. 경쟁에 대한 비교에서 당신의 강점과 약점들을 이해하는 것은 필수이다. 고객들의 구매 기준 내에서 당신을 어떻게 위치시킬지 아는 것은 중요하다.

다음 연습문제는 경쟁자들의 위치를 확인하고, 경쟁을 직시해 정면으로 뚫고 나가기 위한 판매 전략의 체계화를 도울 것이다.

1. 당신의 모든 직접적인 경쟁자들, 즉 당신과 같은 상품이나 솔루션을 판매하는 사람들을 기입하라.

2. 당신의 간접적인 경쟁자들, 즉 다르거나 대안적인 솔루션을 판매하는 사람들을 기입하라 (가능하면, 그들의 대안적인 솔루션이 무엇인지를 기입하라).

3. 세 명의 탑 가망고객을 기입하고 그들이 당신의 경쟁자로부터 구입했는지 혹은 구입하지 않았는지에 대해 검토하라.

4. 당신의 경쟁 우위는 무엇인가? (당신은 이미 이 질문에 대답했을 것이다. 하지만 새로운 지식을 근거로 당신의 대답이 달라졌는가?)

5. 당신의 최고 판매 포인트를 기입하고, 그것의 가치 / 강점을 차례로 분류하라.

6. 세 명의 강력한 경쟁자들에 대해 4번과 5번 문제에 대해 다시 대답하라.

7. 당신의 경쟁 전략으로 다음의 비가격 결정 요인을 고객에게 강조할 수 있는 방법들을 고안하라.

   a.품질   b.배달   c.설치   d.기일   e.서비스   f.사후 관리   g.평판

제로베이스 사고는 지금까지 했던 모든 결정에 대해서 철저하게 분석하고, 그 결정의 정당성을 확인할 수 있게 도와주는 전략적 사고의 핵심적인 부분이다. 자신의 잠재력을 충분히 발휘하기 위해서는 지금이라면 아예 시작하지도 않았을 부정적인 상황을 찾아내서 즉시 필요한 조치를 취해야 한다.

다음 연습문제들은 여러 분야에서 제로베이스 사고를 통해 자신의 삶을 분석할 수 있도록 도움을 줄 것이다.

1. 비즈니스상이든 개인적이든 지금이라면 다시 맺고 싶지 않은 관계가 있는가?

2. 지금 알고 있는 것을 그때도 알았더라면, 현재 제공하거나 판매를 시작하지 않았을 제품이나 서비스가 있는가?

3. 지금 알고 있는 것을 당시에도 알았더라면, 지금 거래를 원하지 않거나 떠맡지 않았을 고객이 있는가?

4. 현재 사용하고 있는 판매 프로세스나 방법 중에서 지금이라면 시작하지 않았을 것이 있는가?

5. 지금이라면 투자하지 않았을 시간이나 돈, 감정 중에 투자하고 있는 곳이 있는가?

6. 이 연습문제의 결과로 나는 어떤 행동을 취하거나 멈출 것인가?

7. 지금 당장 내가 취해야 할 한 가지 행동은 무엇인가?

01 큰 꿈을 꿔라.

오로지 큰 꿈만이 가지고 있는 모든 잠재력이 발휘되도록 당신에게 동기를 부여하고 고무시킬 수 있다. 이때 원하는 모든 것을 성취할 수 있다고 가정하고 목표를 설정한다.

02 당신의 목표를 현재형으로 기술하라.

당신의 목표는 현재형으로, 마치 이미 실현된 것처럼 기술해야 한다. 무의식은 오직 현재형으로 서술된 명령만 받아들이기 때문이다. 부가적으로 목표를 매일 다시 기록하고, 목표에 대해 규칙적으로 확인하는 습관을 실천해야 한다.

03 목표에 균형 감각을 유지하라.

목표들은 조화로워야 하며 상충되어서는 안 된다. 바퀴가 부드럽게 돌아가기 위해 완벽한 균형을 이루어야 하는 것처럼 삶 역시 당신이 행복하며 효과적이라고 느낄 수 있도록 균형 감각을 유지해야 한다.

- 사업, 경력, 재정적인 목표
- 개인적이고 가정적이며 건강에 관련된 목표
- 개인적인 면과 직업적인 면에서 성장하고 발전하기 위한 목표

목표를 설정한 후 당신의 무의식은 주변사람과 여건을 당신의 삶으로 끌어들여 그 목표와 조화를 이루게 만들고, 도움이 되는 아이디어와 영감을 얻게 해준다. 즉, 목표를 지향하면 무의식을 통해 당신을 밀어주는 기운을 경험할 수 있게 된다.

04 당신의 주요 확정 목표를 인식하라.

"주요 확정 목표"란 인생에서 그 어느 것보다 중요한 하나의 목표를 의미한다. 성취하게 되면 다른 것들보다 더 많은 것을 얻을 수 있는 목표이다. 주요 확정 목표를 결정하게 되면 육체적/정신적 에너지를 한 곳에 집중할 수 있게 되며 당신의 인생에 엄청나게 긍정적인 영향을 끼친다.

The Heart of
The Sale

4

" You can always find something about another person
that is worthy of admiration."
당신은 언제나 다른 사람에 대해서 칭찬할 가치가 있는
무언기를 찾을 수 있다.

" Unconditional acceptance of another person is
one of the greatest gifts that you can give."
조건 없이 다른 사람을 받아들이는 것은 당신이 해줄 수 있는
가장 훌륭한 선물 중 하나다.

판매의 핵심
The Heart of The Sale

판매란 무엇인가? 아주 쉽게 말하면 **상품이나 서비스가 요구하는 가격보다 더 큰 가치가 있다는 점을 고객에게 설득하는 과정이다.** 시장 경제는 선택의 자유 그리고 상호 이익의 원칙을 기반으로 하고 있다. 거래 당사자 양쪽 모두 하지 않을 때에 비해서 거래를 하면 더 이익이라고 느낄 때만 성사된다. 고객은 자유 시장에서 어떤 구매 결정이든지 항상 세 가지 선택권을 갖고 있다. 첫째, 고객은 우리의 상품과 서비스를 구매할 수 있다. 둘째, 고객은 다른 사람으로부터 상품과 서비스를 구매할 수 있다. 셋째, 고객은 구매하지 않거나 혹은 전혀 다른 상품을 사기로 결정할 수 있다.

고객이 우리의 상품과 서비스를 구매하려면 우리 것이 해당 상품이나 서비스 중에서 최선의 선택이어야 할 뿐만 아니라 그 비용을 더 가치 있게 사용할 수 있는 방법이 없어야 한다. 세일즈맨으로서 우리가 할 일은 고객에게 이 두 가지 조건이 모두 충족된다는 점을 설득하고, 우리의 제안을 받아들이겠다는 결정을 이끌어내는 것이다.

어떤 의미에서, 판매 방법이란 그저 고객 요구에 대한 반응일 뿐이다. 예전 고객들은 비교적 단순했고 선택에 필요한 정보를 거의 갖고 있지 않았다. 세일즈맨들은 세심하게 계획하고 연습한 판매 프레젠테이션, 강한 열정, 구매 저항을 극복하기 위한 다양한 기법들을 사용해서 고객의 요구를 충족시키면서 큰 노력 없이도 주문을 받을 수 있었다.

그러나 단순하고 정보가 없던 고객은 영리한 고객으로 변했다. 고객들은 이제 그 어느 때보다 더 현명하고 많은 지식을 갖고 있다. 그들은 경험이 아주 많은 구매자들로서 다양한 세일즈맨들과 거래해 왔고, 믿을 수 없을 만큼 숱한 상품과 서비스뿐만 아니라 상대적 강점과 약점까지도 파악하고 있다. 고객들 중에서 대다수는 세일즈맨들보다 더 머리가 좋고, 교육 수준도 더 높고, 구매 결정을 내리는 것도 과거에 비해서 훨씬 더 신중하다.

또한, 고객들은 업무와 처리해야 할 다른 일들이 감당할 수 없을 만큼 많기 때문에 시간이 부족하다. 급격하게 빨라지는 변화의 속도, 다운사이징, 업무 재설계, 주위의 경쟁적 압력으로 인해 그들은 고통 받고 있다. 그래서 고객들은 참을성이 없고 요구 조건이 많다. 이와 같은 고객들에게 판매하는 것은 그 어떤 때보다 고도의 전문성을 요구한다. 그리고 시간이 지날수록 더 힘들고 경쟁적이 될 것이다.

현재의 판매는 프로세스 전반에 걸쳐서 그 어느 때보다도 복잡하다. 과거에는 1인 고객을 한 번 방문하면 우리 상품이나 제안에 대해서 구매 여부를 결정했다. 이런 단순한 판매 세계에서는 주의 attention, 흥미 interest, 욕구 desire, 행동 action의 네 요소로 이루어진 AIDA 모델을 사용했고, 여러 방식을 활용해서 거래를 마무리하는데 집중했다. 판매가 종결된 다음에는 고객을 다시 만날 필요가 거의 없었다. 그러나 지금은 모든 것이 달라졌다. 판매를 완료하려면 평균 다섯 번에서 여섯 번 정도 고객을 방문해야 한다. 고객 회사 내에도 의사 결정자가 여럿 있어서 그들이 다 구매에 영향을 미칠 수 있다. 대부분의 판매는 우리가 자리에 없는 채로 이루어진다. 계약서에 사인하는 최종 의사 결정자를 한 번도 만나지 못하는 경우도 있다. 또한, 최종 단계에서 전혀 예상하지 못한 일이 발생해 판매가 좌절되는 경우도 허다하다.

그뿐만이 아니다. 경쟁자들은 그 어느 때보다 많고, 자세는 더 확고하며 결의에 차 있다. 유사한 상품이나 서비스를 판매하는 다른 판매자들과 가격, 품질, 서비스, 생산 능력, 금융, 품질 보증을 바탕으로 경쟁하는 것에 더해 고객의 지갑을 노리는 모든 다른 상품과 서비스 판매자와도 경쟁해야 한다. 경쟁자들도 우리와 마찬가지로 더 치열해진 경쟁, 더 줄어든 거래, 더 까다로운 고객에 쫓기고 있다. 경쟁자들은 더 일찍 일을 시작하고, 더 열심히 일하고, 더 늦게까지 남아서 갖은 노력을 다한다.

가망고객들은 갖가지 판매 제안에 둘러싸여 있으며 온갖 상세한 정보, 대안, 선택의 홍수 속에 있기 때문에 구매 결정을 서두를 필요성을 느끼지 못한다. 시장이 변화하고 축소됨과 동시에 가용 자금마저 줄어들어서 고객들은 그 어느 때보다도 조심스럽다.

기업의 목적은 고객을 창출하고 유지하는 것이다. 기업이 이 활동을 잘하면서 적정하게 비용을 통제하면 이익을 낼 수 있다. 이익이란 효과적으로 고객을 창출하고 유지한 결과다. 마찬가지로 1인 판매 회사의 사장으로서 우리도 고객을 창출하고 유지해야 한다. 고객 중심 시장의 변화하는 취향을 만족시키고자 기업은 경쟁이 심한 상품과 서비스를 재설계한다. 고객을 충분하게 많이 확보하려면 우리도 세일즈맨으로서 판매 절차와 접근 방법을 끊임없이 향상시켜야 한다.

구매 결정의 주요 장애물

과거부터 지금까지 변하지 않은 인류 최대의 적 두 가지는 두려움과 무지다. 두려움은 저절로 커지는 습성이 있어서 우리를 뒤로 끌어당기고 자신이 가진 잠재력과 가능성을 의심하게 한다. 또한, 사건과 상황을 긍정적이기 보다 부정적으로 해석하게 한다. 두려움은 소리 없이 우리들 내면 저 깊은 곳에서부터 희망을 좀먹어 가고 열망을 억제하도록 만든다.

또 무지는 두려움의 사육장이어서 어떤 것을 이해하지 못하거나 어떻게 해야 할지 모를 때, 우리는 불안감과 심지어 두려움을 느낀다. 많은 실패와 좌절이 무지와 불확실성에 기인한다. 반대로 어떤 것에 익숙해지면 익숙해질수록 두려움은 줄어들고, 결국 완벽한 자신감을 갖게 되는 시점이 되면 두려움이 사라진다. 지식과 기술을 통해 두려움과 무지를 뛰어넘을 수 있고, 우리 앞에는 무한한 가능성이 열린다.

세일즈맨이 경험하는 판매의 최대 장애물이 거절에 대한 두려움이라면 고객이 경험하는 최대 장애물은 구매 실패의 두려움이다. 실패의 두려움은 오늘날 우리 사회에서 모든 성공을 가로막는 가장 큰 장애물일 것이다. 실패의 두려움은 다른 어떤 요인보다도 더 사람들을 뒷걸음질 치게 하고 의사 결정 능력을 마비시킨다. 가망고객들이 구매하지 않는 이유는 실수하는 것이 두렵기 때문이다. 그들은 잘못된 물건을 사고 나서 이럴 수도 저럴 수도 없는 곤란한 상황에 처하는 일을 두려워한다. 아주 비싸게 구매했는데, 다른 곳에서 더 싼값에 팔지 모른다는 의심에 겁이 난다. 구매 결정을 잘못했다고 비난받는 것을 두려워하고, 상품이나 서비스가 제대로 작동하지 않거나 세일즈맨 혹은 회사가 제대로 서비스를 해 주지 않아서 어떻게 해야 할지 모르게 되는 상황도 두렵다. 고객들은 또 상품이나 서비스에 세일즈맨이 말하는 기능이 없거나, 도움을 줄 것이라고 했는데 실제로는 그렇지 않을지도 모른다는 사실이 겁난다. 즉 고객은 상품을 구입하려고 하는 순간 온갖 두려움에 휩싸이게 되고, 그 결과 "다시 한 번 생각해 봐야겠네요."라고 반응하게 된다.

얼마 전 여섯 살 난 아들 데이비드가 슈퍼마켓에서 엄마와 함께 집에 돌아왔다. 그 애는 매주 약간의 용돈을 받는데 용돈 중에서 1달러로 싸구려 플라스틱 총을 사겠다고 고집을 부렸다. 아내는 아이에게 총이 싸구려고 약해서 갖고 놀자마자 바로 부서질 테니 사지 말라고 이야기했지만, 아이는 말을 듣지 않았다. 엄마를 계속 졸라대서 결국은 사 주고 말았다.

아이는 집에 도착하자마자 상자에서 총을 꺼내 놀기 시작했다. 채 몇 분도 지나지 않아 방아쇠가 부러지고 손잡이에 금이 갔다. 투명한 플라스틱 총 내부에 있는 기계 장치는 부서져서 조각들이 이리저리 굴러다니는 것이 보였다. 완전히 못쓰게 되어 버린 것이다. 아이는 화가 잔뜩 난 표정으로 "무슨 이런 총이 다 있어. 완전 고물이잖아."라고 말하며 쓰레기통에 던져 버렸다. 그리고는 "저런 엉터리는 다시는 안 살 거야."라고 하더니 씩씩거리면서 나가 버렸다.

상업 사회를 살아가는 소비자로서 데이비드의 교육이 시작된 것이다. 이것은 아이가 구매 결정을 통해서 앞으로 수백 번 수천 번 받게 될 교육 중의 하나다. 아이가 내리는 구매 결정의 다수는 잘못된 결정일 것이고, 아이는 '이 물건을 사지 않았으면 얼마나 좋았을까?'라고 생각할 것이다. 그리고 좋지 못한 구매 경험을 할 때마다 분노와 두려움을 함께 쌓아 간다. 속았다는 것에 대한 분노와 같은 일을 또 당할지도 모른다는 두려움이 그것이다. 성인이 될 때까지 데이비드는 지금과 같은 복잡한 사회에서 소비자로 살아갈 수 있도록 철저한 준비를 갖추게 될 것이다.

우리가 세일즈맨으로서 매일 만나는 고객들이 바로 이처럼 성인이 된 데이비드다. 평생 동안의 좋지 못한 경험 때문에 고객들은 본능적으로 우리를 값은 비싸면서도 품질은 약속한 것에 못 미치는 상품을 팔려고 하는 사람으로 본다. 따라서 우리를 대할 때 회의, 의심, 적대감, 저항, 그리고 긴장감을 갖게 되는 것이다. 또다시 좋지 못한 경험을 하지 않으려고 고객들은 이렇게 말한다.

"당장 살 생각은 없어요."

"살 돈이 없어요."

"너무 비싸요."

"관심이 없어요."

"다른 데서 더 싸게 살 수 있어요."

"구매 예산에 들어 있지 않습니다."

"기존 제품과 공급업자에게 아주 만족해요."

"필요성을 재검토하고 있는 중이라서 지금은 구매할 입장이 아닙니다."

"요즘 사업이 어렵고, 현금 사정이 안 좋아서 지금은 때가 아닙니다."

"다른 분과 협의해야 하는데 그분이 지금 안 계십니다."

"자료를 남겨두시면 나중에 연락드리겠습니다."

이런 말이나 이와 유사한 말을 수도 없이 들었을 것이다. 만일 이런 말이 모두 사실이라면 어떤 사람에게도 판매할 수 없을 것이다. 처음 판매 제안을 할 때 이런 말 한 두 가지를 하지 않는 고객은 거의 없기 때문이다. 실패의 두려움 즉 잘못된 구매 결정을 내리지 않을까 하는 두려움에 기인한 판매 저항은 초기에 당연한 것이다. 애초에 "나는 흥미가 없어요."라고 말하는 것이 잘못 구매해서 화가 나고 좌절감을 느끼는 것보다 당연히 낫다.

대부분의 판매 상담에서 우리는 두 가지 최악의 조건을 모두 갖고 있다. 우리들 세일즈맨은 거절에 대한 두려움 때문에 떨고, 우리가 상대하는 가망고객은 실패의 두려움 때문에 떠는 것이다. 세일즈맨은 가망고객이 거절하지 않도록 하려고 고민하고, 가망고객은 구매 실수를 저지르지 않으려고 고민한다. 이런 상황에서 많은 세일즈맨과 가망고객은 서로 상대방을 난처하게 만들지 않겠다는 일종의 암묵적인 계약을 한다. 그들은 사교

적 언행을 주고받으면서 어느 쪽도 상대방의 감정을 해치지 않은 상태로
예의 바르게 상담을 마친다.

하루 일과를 마치고 사무실에 도착한 세일즈맨 두 명이 하는 이런 식의
대화를 들어본 적이 있을 것이다. 한 명이 이렇게 말한다. "와~오늘 참
기분 좋은 상담을 많이 했어!" 그러면 두 번째 세일즈맨은 이렇게 대답한
다. "그랬어? 나도 오늘 하나도 못 팔았어."

핵심 요인 : 불안

오늘날 판매의 핵심 요인은 위험이다. 계속되는 상황 변화, 급변하는 기술
혁신, 그리고 불확실한 경제로 인해 잘못된 상품이나 서비스를 구매할지
모르는 위험이 그 어느 때보다도 높다. 우리가 가진 가장 강력한 욕구 중
하나가 안전이다. 따라서 불확실성을 담고 있는 모든 구매 결정은 그 안전
을 위협하므로 위험하다는 느낌을 유발한다.

고객들이 위험을 인지하는데 영향을 미치는 주요 요인에는 네 가지가 있
다. 첫째, '판매 규모'다. 판매 규모가 크고 금액이 크면 클수록 위험은 크
다. 과자 한 봉지를 산다면 만족 혹은 불만족에 대한 위험은 아주 작다. 그
러나 회사의 컴퓨터 시스템을 구입한다면 위험 요인은 수십만 배나 증가
한다. 값이 비싼 상품은 구매자가 바로 위험을 고려하기 시작한다는 사실
을 명심해야 한다.

위험을 인지하는데 영향을 미치는 두 번째 요인은 구매 결정에 의해서 영
향을 받는 '사람 수'이다. 혼자서 새로운 식당에 점심을 먹으러 간다면 위
험은 대단히 낮다. 음식과 서비스가 형편없더라도 혼자만 불편을 견디면
된다. 그 정도 불편한 경험은 곧 잊어버린다. 그러나 상당수의 고객들을
식당에 초대해 큰 거래에 대해 상의하는 경우라면 위험성은 대단히 높다.

대부분의 복잡한 구매 결정에는 여러 사람이 관여하게 된다. 상품이나

서비스를 사용하는 사람들이 있고 대금을 지불하는 사람들이 있다. 또 상품이나 서비스로부터 기대되는 결과에 의존하는 사람들도 있다. 최종 구매 결정자의 평판도 관련 있다. 만일 그가 다른 사람들의 의견에 민감한 사람이라면 그 한 가지가 구매 결정을 무한정 연기시킬 수도 있다.

위험을 인지하는데 영향을 미치는 세 번째 요인은 '상품의 수명'이다. 상품이나 서비스가 일단 설치되고 나서 여러 해 동안 사용해야 한다면 조심해야 한다는 느낌이 든다. 고객들은 "제대로 작동을 안 하는데 해결책이 없으면 어떡하지?"라는 생각을 하게 된다. 물건을 잘못 샀다는 것을 알게 되었는데도 해결 방법이 없었던 적이 얼마나 있는가? 이미 지불한 금액 때문에 더 알맞은 물건으로 바꿀 수 없었을 것이다.

네 번째 주요 위험 요인은 고객이 우리, 우리 회사, 그리고 우리 상품과 서비스에 대해서 느끼는 생소함이다. 상품이나 서비스를 구매해 본 적이 없거나 혹은 구매했더라도 우리에게 구매했던 경험이 없는 첫 거래자는 불안감을 느낄 수 있으므로 그것을 덜어줄 수 있는 안내와 격려가 많이 필요하다. 따라서 새로운 상품이나 서비스, 거래 관계는 고객이 이미 해 오고 있는 방식을 자연스럽게 연장하는 것으로 제시되어야 한다. 어떤 경우든지, 판매를 하려면 우리는 고객이 느끼는 위험에 대한 두려움을 극복해야 한다. 첫 번째 접촉에서부터 계약 체결, 상품 혹은 서비스의 배달 및 설치, 판매 후 관리에 이르기까지 우리가 하는 모든 일은 고객이 느끼는 위험을 최우선 순위로 놓고 이루어져야 한다.

성공한 세일즈맨은 자신의 상품이나 서비스를 고객의 특정 목표 달성에 필요한 특정 욕구를 충족시킬 수 있는 가장 위험이 적은 상품이나 서비스로 포지셔닝한 사람들이다. **우리가 할 일은 최저 가격 판매자가 아니라 최저 위험 판매자가 되는 것이다.** 우리 상품이나 서비스가 단순히 가장 가격이 싸다거나 가장 품질이 좋다기보다는 가장 안전한 구매 결정이 될 것이라는 점을 확신시켜야 한다. 두 가지 상품 중 하나는 가격이 낮지만 위험이 높고 다른 하나는 가격은 높지만 위험이 낮다고 할 때, 가망 고객이 구매 결정에 따르는 긴장을 줄이기 위해 어느 쪽을 선택할 것이라고 생각하는가? 고객들 대부분은 돈을 절약하려고 저가격-고위험을 택하기 보다는 구매 긴장을 줄이기 위해서 고가격-저위험을 택할 것이다.

지금 우리가 만나는 고객들은 역사상 가장 경험이 풍부한 고객들이다. 그들은 높은 가격과 안전 및 질 좋은 사후 서비스 사이에는 상관관계가 크다는 점을 알고 있다. 우리가 할 일은 판매 제안을 할 때 이 차이를 부각시키는 것이다. 특히 낮은 가격을 제시하는 경쟁자와 대항할 때는 더욱 그렇다.

새로운 판매모델

우리가 가진 거절에 대한 두려움과 가망고객이 가진 실패에 대한 두려움을 줄여 주면서, 동시에 중요한 구매 결정에 따른 위험 인식도 극적으로 감소시켜 주는 판매 방식이 있다면 어떨까? 실제로 그런 방식이 있다. 이 장의 나머지 부분에서는 바로 그 방식에 대해서 이야기한다. 그 방식은 판매의 증가, 더 많은 수입, 지금까지 판매 경력에서 상상하지도 못했을 더 큰 만족감으로 가는 열쇠다.

판매라는 직업도 다른 전문직 혹은 기술 분야와 마찬가지로 지난 몇 년간 역사상 그 어느 때보다 더 급속하게 발전해 왔다. 신 판매모델은 지난 25년 동안 판매가 어떻게 변했는지 살펴볼 수 있는 놀랍게도 간단한 방법이다. 신 모델은 더 나은 성과를 낼 수 있도록 우리가 가진 강점과 약점을 분석하고 활동을 조정할 수 있게 해 준다.

신 판매모델이 가진 단순성, 힘, 그리고 중요성을 이해하려면 구 모델과 비교해 봐야 한다. 구 판매모델은 2차 세계 대전 이전에 등장했던 모델이다. 그때는 고객들이 기본적인 형태의 판매 프레젠테이션에도 좋은 반응을 보였다. 그 이후에는 판매 트레이너들이 자신의 경험에서 나온 지혜를 다른 세일즈맨들에게 가르쳐서 따라 하도록 했다. 시간이 지나면서 판매 트레이너들은 대부분 다른 트레이너들의 경험과 판매 지혜를 서로 빌려와 자신의 세일즈 방법 및 기법과 통합하였다. 그래서 자기 고유 판매 방법과 유사하고 간단한 판매 방법을 만들어 냈다.

여러 분야 최고 세일즈맨들의 상담 현장을 실제로 참관하고 그 결과를 바탕으로 이루어진 모든 판매 연구 조사는 최고 세일즈맨들이 구 판매모델이 아니라 신 판매모델을 활용한다는 점을 보여 준다. 닐 래컴 Neil Rackham 은 'S.P.I.N 판매' 기법을 연구하면서 최고 세일즈맨들은 구 판매모델 훈련을 받았지만, 의도적으로 그 모델을 사용하지 않았기 때문에 성공할 수 있었다는 사실을 발견했다.

내가 수많은 세일즈맨들을 대상으로 세미나를 하면서 발견한 것은 구 판매모델에서 신 판매모델로 바꾸면 즉시 판매 성과가 향상된다는 점이다. 하룻밤 사이 혹은 바로 당일 성과가 향상되는 경우도 자주 있다. 그러나 왜 신 모델이 그렇게 효과적인지를 이해하려면 먼저 구 모델을 살펴보아야 한다.

구 판매모델은 아래 그림과 같이 판매를 네 가지 단계로 나눈다. 삼각형의 꼭지에 해당하는 첫 번째 단계는 판매 활동에서 10퍼센트를 차지한다. 이 단계는 고객에게 접근하고 고객의 관심을 이끌어내는 단계다. 이것은 보통 대담한 말이나 강렬한 질문을 통해서 이루어진다. 내가 판매를 막 배우기 시작했을 때는 이 단계를 '주의 끌기'라고 불렀다. 이것은 당나귀의 양미간 사이를 나무 막대기로 때려서 주의를 끄는 것과 비슷하다. 단지 세일즈맨은 나무 막대기 대신에 말, 묘책, 혹은 도구를 사용한다는 점이 다를 뿐이다.

나는 조 그룬델 Joe Grundel 이라는 대단히 성공한 세일즈맨과 함께 일한 적이 있다. '소도구 사나이 gadget man'라는 애칭을 갖고 있던 그는 가망고객을 만나면 인사를 하고 나서 3분짜리 모래시계를 고객의 책상 위에 놓았다. 그리고는 이렇게 말했다. "제게 3분만 시간을 내 주십시오. 3분 후 마지막 모래알이 떨어질 때 고객님이 이야기를 계속하라고 요청하지 않으시면 바로 떠나겠습니다." 그는 모래시계, 자명종, 20달러짜리 지폐, 수수께끼, 그림, 그 밖에 다양한 도구를 사용해서 고객이 상품에 관심과 흥미를 갖게 될 때까지 자리를 뜨지 않고 자신의 이야기를 듣도록 만들었다.

예전 판매모델		
10%	1	친밀감 형성 (rapport)
20%	2	자격 확인 (qualification)
30%	3	제안 (presenting)
40%	4	마무리 (closing)

구 모델에서 우리는 즉시 방문 목적으로 들어가라고 배웠다. "시간을 낭비하지 마라. 쓸모없는 잡담을 너무 많이 늘어놓으면 안 된다. 날씨, 최근 야구·축구 경기, 혹은 아내와 아이들에 대해서 가볍게 물어보고 난 후에 곧바로 판매로 들어가라."는 말이 우리가 자주 들었던 말이다.

구 모델의 두 번째 단계는 자격 확인 단계로써 판매 과정의 20퍼센트를 차지한다. 우리는 이 단계에서 다양한 기법을 사용해서 판매 제안을 하기 전에 가망고객이 구매능력이 있는지를 판단하라고 배웠다. "판매마무리를 할 때 돈을 지불할 수 있다는 점이 확실하지 않은 가망고객에게 시간을 낭비하지 마라."는 것이 자주 들었던 말이다.

우리는 "고객님, 제가 이 분야에서 최고의 상품이나 서비스를 보여 드리면 오늘 구매 결정을 하실 수 있는지요?"라고 질문했다. 이것은 자격 확인 마무리라고 불리는 것으로, 판매 제안이 다 끝난 다음에 가서야 고객이 "돈이 없어요."라거나 "결정을 하려면 다른 사람과 상의해 봐야 합니다."라고 말하는 난처한 상황을 피하기 위해서 고안되었다.

구 모델의 세 번째 단계는 제안인데 판매 과정의 30퍼센트를 차지한다. 제안의 목적은 상품이나 서비스가 가진 특징과 구매로 가망고객이 얻게 될 이익을 알려 주는 것이다. 세일즈맨들은 재치 있고 교묘한 말이나 기법을 사용해서 구매 저항을 약화시키고 구매 성향이나 구매 욕구를 키워 줘야 한다고 들었다. 그들은 또 목소리를 높이거나 낮추고, 몸을 움직이고, 가망고객이 자신이 원하는 대답을 하도록 유도하는 질문을 하라는 것도 배웠다.

구 모델에서 판매의 네 번째 단계는 마무리 단계다. 이것은 전통적인 판매 과정에서 40퍼센트를 차지한다. 수많은 이들이 마무리하는 방법과 망설이거나 우유부단한 가망고객으로부터 확고한 결정을 이끌어 내는 방법에 대해서 책과 논문을 쓰고 세미나를 열었다. 예전에는 세일즈맨, 판매관리자, 판매 트레이너들 대부분이 진체 판매 과정에서 미무리를 기장 중요한 단계라고 믿었다. 그 결과 세일즈맨들은 다양한 마무리 기법을 교육 받았다. 어떤 책들은 저항을 극복하고 판매를 마무리하는 100가지 방법을 가르쳐 준다고 주장하기도 했다.

판매마무리를 지나치게 강조하는 것은 단 한번, 한 사람만 방문하면 되는 일회성이고 단순한 판매일 때만 유효하다. 이 경우에는 상품의 크기가 작고, 요구가 명확하고, 결정에 필요한 모든 정보가 한 번에 제시될 수 있어야 한다. 또한, 새로운 상품이나 서비스의 구매를 고려할 때 모든 고객들이 경험하기 마련인 자연스러운 구매 저항만이 극복해야 할 유일한 장애물이어야 한다.

그러나 과거의 판매 과정에 혁명이 일어났다. 판매 삼각형이 다음 그림과 같이 뒤집히고 판매 과정 전체가 완전히 변했다. 이것은 지금까지 일어났던 그 어떤 변화보다도 더 중요하고 의미가 큰 기본 판매 기법의 혁신이다. 이 새 모델을 완벽하게 익히는 것이 앞으로 계속해서 뛰어난 판매 성과를 낼 수 있는 열쇠다. 역삼각형 모양의 신 모델도 구 모델과 같이 4단계로 이루어져 있다. 오늘날 최고 세일즈맨들은 모두 이 4단계 프로세스를 따른다.

신 모델의 첫 단계는 신뢰 구축으로써 판매 과정에서 40퍼센트를 차지한다. 세일즈맨과 가망고객 간에 일정한 수준의 신뢰가 형성되어 있어야만 나머지 판매 프로세스가 진행될 수 있다. 그러나 어떤 이유에 의해서든지 처음에 일정한 수준의 신뢰를 형성하지 못하면 판매를 위해 필요한 인간관계는 출발조차 할 수 없다. 오늘날 고객들은 서로 다르고 상반되는 수없이 많은 정보의 홍수 속에 있기 때문에 모든 거래 관계에서 신뢰는 필수적인 요소가 되었다.

신 모델의 두 번째 단계는 상품과 서비스에 관한 고객의 진정한 욕구를 파악하는 것이다. 욕구를 파악하기 위해서는 미리 잘 준비해 둔 질문을 하고 나서 고객의 답변을 주의 깊게 들어야 한다. 고객의 말 속에 숨은 의미를 잘 읽고 난 후, 정확하게 이해했는지 확인하기 위해서 고객의 말과 우려를 자신의 언어로 피드백해야 한다. 그다음에야 고객의 욕구를 우리 상품과 서비스가 경제적으로 만족시킬 수 있다고 확신할 수 있다. 신뢰의 구축과 욕구 파악이라는 이 두 가지 요소가 판매 상담의 70퍼센트를 차지한다. 이 두 가지 요소가 능숙하고 전문적으로 이루어지면 세일즈맨이나 고객 모두에게 큰 두려움이나 긴장 없이 판매가 부드럽게 이루어지게 된다.

이 새로운 판매 방식에서 가장 멋진 부분은 구매자와 판매자 사이의 질 높은 인간관계 형성에 기초하고 있다는 점이다. 이 방식은 질문하고, 주의 깊게 들으면서 가망고객이 목표를 달성하거나 문제를 해결할 수 있도록 진정으로 도울 수 있는 방법을 찾는 프로세스다. 이렇게 관계를 구축하게 되면 세일즈맨에게는 거절의 두려움을 그리고 고객에게는 실패의 두려움을 일으키는 긴장과 스트레스를 경감시켜 준다.

고객과 그들이 가진 진정한 욕구와 필요에 관심을 집중하고, 질문을 던진 후에 그 답변을 주의 깊게 들으면 고객은 자연스럽게 긴장을 풀고 우리를 더 신뢰하게 된다. 우리가 자신을 돕기 위해서 그곳에 왔다는 사실을 느끼기 시작하면, 고객은 자신이 가진 문제와 걱정거리를 더 솔직하고 숨김없이 털어놓는다. 고객이 말할 때 주의 깊게 들으면 우리를 더 신뢰하고 더 많은 이야기를 한다. 처음 이 두 단계의 판매 상담에서 충분히 오랫동안 열심히 고객의 말을 경청하면, 고객은 판매 성공에 필요한 정보 혹은 구매할 가능성이 없다고 판단하는데 필요한 정보를 모두 이야기하게 된다.

오래 전 뉴욕을 방문했을 때, 새 양복에 어울릴 만한 와이셔츠를 사고 싶었다. 마침 시간이 나서 맨해튼 Manhattan에 있는 남성복 가게에 들어가 이것저것 살펴보기 시작했다. 나는 대도시에서 혼자 쇼핑을 하고 있었으므로 바가지를 쓰지 않을까 하는 생각에 약간 긴장도 되고 불안했다.

첫 번째, 그리고 두 번째와 세 번째 가게에서는 판매원이 다가와서 "무엇을 도와드릴까요?" 아니면 "도움이 필요하세요?" 정도의 말을 했다. 나는 머뭇거리면서 와이셔츠를 한두 장 사고 싶다고 말했다. 그러자 세 곳 모두 판매원의 반응은 "네, 보여드릴 테니 마음에 드는 것을 골라 보시죠."였다. 그 다음에는 와이셔츠가 가득한 진열대로 데려가더니 이것저것 꺼내서 보여 주면서 "이건 어떠세요?", "저건 어떠세요?"라고 물었다. 이것저것 보다 보니 너무 정신이 없었다. 결국 고마움을 표하고 "그냥 둘러보고 있었어요. 나중에 다시 오지요."하고는 서둘러 나와 버렸다.

그래도 와이셔츠를 사야 했기 때문에 전보다 더 조심스럽게 네 번째 가게로 들어갔다. 중년의 판매원이 매장 중간쯤에서 나를 보면서 미소를 지었다. 그리고는 부드러운 목소리로 "어서 오세요. 편안하게 둘러보십시오."라고 말했다.

이곳저곳 둘러보고 있을 때 그가 다가오더니 조금 떨어진 곳에서 멈췄다. 그리고 "특별히 찾으시는 것이 있습니까?"라고 물었다. 와이셔츠 몇 장을 사고 싶다고 대답하자 그는 내가 전에는 보지 못한 행동을 했다. 나중에 알고 보니 그것이 바로 모든 최고 세일즈맨들의 작업 방식이었다. 그는 "와이셔츠를 어떤 용도로 입으실 겁니까?"라고 물었다. 내가 판매 업무를 하고 있다고 대답하자, 그는 다시 "어떤 색깔의 양복에 맞춰서 입으실 건지요?"라고 물었다. 양복 색깔을 말하자 그는 "특별히 좋아하는 색깔이 있으신가요? 그리고 가격대는 어느 정도로 생각하고 계신가요?"라고 물었다. 나는 특별히 마음에 두고 있는 스타일은 없고 가격대에 대해서도 별로 생각해 보지 않았다고 말했다. 그러자 그는 "그러면 제가 와이셔츠를 보여 드리면서 가격과 재질을 설명해 드리겠습니다. 살펴보시고 가장 마음에 드는 것을 고르세요."라고 제안했다.

그와 여기까지 이야기를 나누고 나니, 내게 필요한 것을 찾기 위해서 진정으로 도와주고자 하는 세일즈맨을 만난 사실이 너무 좋아서 기꺼이 그의 말에 동의했다. 그는 여러 가지 와이셔츠를 보여 주면서 재질, 재단, 바느질, 소매 끝부분, 가격, 손질 방법을 설명해 주었다. 또한, 와이셔츠의 색깔과 정장을 어떻게 맞춰 입는지 그리고 어떤 색깔의 넥타이가 어떤 와이셔츠 및 정장과 잘 어울려서 가장 멋지게 보이는지 알려 주었다. 내가 감탄해서 이것저것 계속 질문하자 그는 낮은 목소리로 전문가답게 대답했다. 30분 뒤 그 가게를 나올 때 내 손에는 와이셔츠와 넥타이가 가득 든 쇼핑백이 두 개나 들려 있었다. 나를 문 앞까지 배웅하면서 그는 명함을 주더니 혹시라도 궁금한 점이나 걱정스러운 것 또는 도움이 필요한 일이 있으면 언제라도 연락을 달라고 말했다.

지금도 분주한 뉴욕 거리의 보도에서 명함을 보면서 그 상점의 간판을 쳐다봤던 기억이 난다. 명함에는 '해리 로젠먼 Harry Rosenman, 남성의류 전문'이라고 적혀 있었고, 상점의 간판도 '해리 로젠먼, 남성의류 전문'이었다. 그 세일즈맨이 그 가게의 주인이었던 것이다. 그가 어째서 그렇게 성공하여 분주한 뉴욕 거리에서 큰 옷가게를 하고 있는지는 너무나 분명했다. 그는 판매의 대가였던 것이다.

새로운 판매모델		
40%	1	신뢰 구축 (building trust)
30%	2	욕구 파악 (identifying needs)
20%	3	해결책 제안 (presenting solution)
10%	4	확인과 마무리 (confirming and closing)

그의 행동은 신 판매모델의 첫 두 단계에 초점을 맞춘 것이었다. 그는 대화의 방향을 내 상황과 내 욕구로 돌려서 긴장을 푸는데 집중했다. 그 다음 내가 말하는 동안 그는 끈기 있게 그리고 즐겁게 들어 주었다. 그는 무엇도 나에게 팔려고 하지 않았다. 질문하고, 주의 깊게 듣고, 자신이 파는 옷을 통해서 어떻게 다양한 욕구 충족이 가능한지 알려 주었다. 오랜 시

간이 지났는데도 나는 그때 일을 생생하게 기억한다. 그가 부자로 은퇴했다고 하더라도 나는 전혀 놀라지 않을 것이다. 왜냐하면 그는 그럴 자격이 충분한 사람이기 때문이다.

신 모델의 세 번째 단계는 해결책의 제안 단계로써 전체 프로세스에서 20퍼센트밖에 차지하지 않는다. 신 모델의 처음 두 단계가 완벽하게 수행되었다면 이 제안 단계는 비교적 간단하다. 이 단계에서 세일즈맨은 자신이 제안하는 상품이나 서비스가 어떻게 고객의 욕구를 만족스럽게 충족시킬 수 있는지 보여 준다. 최고 세일즈맨들은 그렇지 못한 세일즈맨과 비교해서 더 능숙하게 가망고객의 욕구와 상품을 연결시킨다. 그들은 가망고객이 분명하게 관심과 흥미를 갖고 있는 제품의 특징만을 소개한다. 제품이나 서비스가 10여 가지의 특징을 갖고 있는데, 질문하는 과정에서 고객이 그 중 두 가지를 중요하게 고려한다고 판단되면 세일즈맨은 그 두 가지만 강조해야 한다. 고객에게 구매하면 두 가지 주요 욕구가 충족됨을 보여 주는데 노력을 집중해야 한다.

신 판매모델의 마지막 단계는 '확인과 구매 결정' 단계다. 구매 결정을 이끌어내기 위해서 세일즈맨은 "지금까지 말씀드린 것에 동의하세요?"라거나 "생각하셨던 것이 이것 아닌가요?" 등의 질문을 한다. 그는 자신이 파는 것과 고객이 원하는 것이 일치한다는 사실을 재차 확인한다.

전문적인 상담 대화에서 판매의 마무리는 세일즈맨과 고객 모두 싫어하는 고통스런 프로세스가 아니라 자연스럽게 도달하는 결론이다. 판매 과정을 잘 지켜왔다면 많은 고객들이 전혀 망설이지 않고 "물건을 받으려면 얼마쯤 걸립니까?"라고 물을 것이다. 혹은 심지어 "확신이 생깁니다. 사겠습니다. 빨리 서두릅시다."라고 까지 말하기도 한다. 고객들은 종종 가격도 묻지 않고 구매할 것이다. 왜냐하면 우리들에 대한 신뢰 수준이 아주 높아서 얼마를 청구하든지 그것이 공정하고 합리적인 가격일 것이라는 점에 의문의 여지가 없기 때문이다. 가격을 묻는다고 해도 그것은 단순히 정보를 얻기 위해서거나 아니면 수표나 주문서에 가격을 적기 위해서일 것이다.

신 판매모델을 사용하면 판매라는 직업이 더 즐거워진다. 누군가에게 무엇인가를 팔아야 한다는 사실에서 생기는 걱정과 스트레스가 대부분 사라지기 때문이다. 오늘날의 소비자들은 무엇인가 판매당하는 것을 싫어한다. 대신 자신이 현명한 구매 결정을 할 수 있도록 도움을 받고 싶어 하는데, 그러면서도 자신의 이익에 상반되는 무언가를 하도록 설득당했다거나 조종당했다는 느낌이 드는 것은 질색한다.

최고 세일즈맨들은 이것을 직감적으로 안다. 그리고 자신이 해야 할 일은 돕는 것이지 압력을 가하는 것이 아니라는 점을 잊지 않는다. 그들의 업무는 훌륭한 조언을 하고 자신의 상품과 서비스를 제대로 사용하고 즐길 수 있도록 전문적인 도움을 주는 것이다.

경청 : 판매 성공의 열쇠

판매 성공에 절대적으로 필요한 열쇠가 경청이다. 사실 잘 듣는 능력은 모든 인간관계에서 성공하려면 결코 없어서는 안 될 필수적인 요소다. 판매 상담에서 훌륭한 경청자가 되는 것은 신 판매모델의 핵심적인 기술이다. 적극적이고 진지하게 경청하면 판매가 쉬워지고, 수입이 높아지고, 판매 업무에서 더 큰 즐거움을 얻을 수 있다.

많은 세일즈맨들이 성장 과정에서 유능한 세일즈맨이 되려면 말을 잘해야 한다고 오해하게 된다. 아마 "너는 참 말재간이 있구나. 세일즈를 하면 잘하겠다."라는 말을 들어 봤을 것이다. 사실 이것은 일도당토않은 말이다. 최고 세일즈맨 중에서 무려 75퍼센트가 심리 테스트에서 내성적으로 분류된다. 그들은 차분하고, 서두르지 않으며, 타인 중심적이다. 또한, 다른 사람들의 생각과 느낌에 주의를 기울이고, 편안한 마음으로 가망고객과 같이 앉아서 이야기를 듣는다. 그들은 판매 상담 자리에서 말하기보다 듣기를 즐겨 한다. 서투른 세일즈맨들은 주로 말을 하지만 최고 세일즈맨들은 주로 듣는다. 경청은 긴장을 풀게 하고 마음을 열게 한다. 세일즈맨이 뛰어난 경청자일 경우 가망고객과 기존 고객들은 그와 함께 있을 때 편안함과 안정감을 느낀다. 그들은 더욱 망설임 없이 그리고 더 자주 구매한다.

신이 인간에게 두 개의 귀와 하나의 입을 주었기 때문에 그 비율대로 사용해야 한다는 말을 들었을 것이다. 최고 세일즈맨들은 70/30 법칙을 지킨다. 그들은 말하고 질문하는 것은 총시간의 30퍼센트 이하로 하고, 70퍼센트 이상의 시간은 고객들의 말을 경청한다. 즉 귀와 입을 신이 정한 올바른 비율로 사용하고 있는 것이다.

오래전 판매를 막 시작했을 때, 나는 레온 캐헌 Leon Cahan 이라는 사람과 같이 일했는데, 지금까지 내가 만난 최고 세일즈맨 중 한 사람이었다. 그는 가망고객을 방문할 때 나를 데리고 다녔다. 그가 고객의 정면에 바위처럼 앉아서 말없이 고객의 얼굴을 뚫어지게 응시하던 기억이 난다. 침묵이 견딜 수 없을 정도가 되면 레온은 몸을 앞으로 숙이고 고객을 응시하면서, 우리가 파는 상품과 관계되는 고객의 현재 상황에 관하여 미리 세심하게 준비한 질문을 던졌다. 고객이 대답하기 시작하면 더욱 몸을 숙이고 고객의 눈을 뚫어질 듯이 쳐다보았다. 레온이 진지하게 듣고 있는 것을 보면 고객은 자신의 상황, 하고 있는 일, 관심사나 문제에 대해서 상세하게 설명했다. 레온은 이야기를 들으면서 고개를 끄덕이기도 하고 가끔씩 미소를 지었다. 그는 단 한 순간도 고객의 얼굴과 말에서 주의를 흩뜨리지 않았다.

나는 가만히 앉아 옆에서 그 상황을 지켜보곤 했다. 지금까지도 판매 상담에서 침묵을 그보다 더 효과적으로 사용하는 사람을 보지 못했다. 우리가 팔고 있던 것은 뮤추얼 펀드였는데 내가 5천 달러짜리 투자 상품을 팔려고 노력하고 있을 때, 레온은 고객의 욕구와 자금력을 알아내서 내가 몇 주 혹은 몇 달간에 걸쳐서 팔려고 노력해 왔던 바로 그 고객에게 2만 5천 달러, 5만 달러 그리고 심지어 10만 달러짜리를 팔곤 했다.

경청이 주는 이익

경청에는 말하는 것으로는 결코 얻을 수 없는 몇 가지 이익이 있다. 첫째, 경청은 신뢰를 형성한다. 이것은 프로 세일즈에서 가장 중요한 진실 중의 하나다. 말하는 것은 신뢰를 형성하지 않는다. 그러나 경청은 신뢰를 형성한다. 신뢰를 얻는데 있어서 상대방이 말하는 것을 열심히 듣는 것보다 더 빠른 방법은 없다. 신 판매모델에서 40퍼센트를 차지하는 것이 가망고객과 세일즈맨 사이의 신뢰감을 형성하는 일인데, 그렇게 할 수 있는 가장 빠르고 확실한 방법은 고객이 하는 말 하나하나를 그저 열심히 듣는 일이라는 사실을 명심하라. 반대로 신뢰를 무너뜨리고 고객을 짜증나게 하는 가장 신속한 방법은 말을 많이 하고 적게 듣는 것이다.

둘째, 경청은 저항을 낮춰준다. 경청은 고객의 긴장과 방어 자세를 완화시킨다. 또한, 지불과 함께 실수를 저지를 가능성이 있을 때 세일즈맨과 거래하는 고객들이 자연스럽게 느끼게 되는 불안을 줄여 준다. 가망고객의 말을 더 들으면 들을수록, 가망고객은 더욱 편안하면서 긴장이 풀리고, 마음의 문이 활짝 열려서 우리의 판매 제안을 진지하게 검토하게 된다.

셋째, 경청은 자부심을 높여준다. "열렬한 관심은 최고의 아첨이다."라는 말이 있다. 다른 사람의 말을 열심히 듣고 그가 말하는 것에 진심으로 관심을 보이면 그 사람의 자부심은 올라간다. 자신이 소중한 존재라는 느낌이 증가하는 것이다. 상대방이 하는 말이면 그것이 무엇이든지 따뜻하고 부드럽게 진심으로 들어줌으로써 상대방이 스스로에 대해서 크게 만족감을 갖도록 할 수 있다. 경청의 반대는 무시다. 우리는 항상 자신이 가장 가치 있다고 생각하는 것을 듣는다. 그리고 가치가 없다고 생각하는 것은 무시한다. 사람들의 마음을 멀어지게 하고, 감정을 해치고, 무시당한다는 느낌을 갖게 하고, 화나게 하는 가장 빠른 길은 그저 그가 말하는 것을 무시하거나 생각을 방해하는 것이다. 무시나 방해는 정신적으로 뺨을 때리는 것과 마찬가지다. 남자들은 특히 대화 도중에 한마디 해 주고 싶은 특유의 본능적인 욕구를 자제해야 한다. 이것 때문에 판매 상담이 바로 실패로 돌아가는 경우가 종종 있다.

넷째, 경청은 성품과 자제력을 향상시킨다. 우리는 분당 500단어에서 600단어를 듣고 이해하지만 보통 사람의 경우, 분당 125단어에서 150단어만 말한다. 이것은 듣는 시간의 3분의 2는 다른 일을 생각할 수 있다는 의미다. 따라서 계속해서 가망고객에게 집중할 수 있도록 훈련해야 한다. 그러지 않으면 자신도 모르게 생각이 다른 곳으로 흘러가 버린다. 카드 청구서, 고민되는 문제들, 자금 사정, 혹은 다가오는 주말을 생각하기 시작한다. 가망고객이 우리 질문에 대답하고 자신의 상황을 설명할 때 고객의 말과 그 의미에 집중을 지속하는 것은 엄청난 극기와 자제를 필요로 한다. 그리고 더 많이 더 잘 들을수록 우리는 더 훌륭한 사람이 되어 간다. 모든 위대한 리더들, 각 분야에서 두각을 나타내는 사람들은 훈련을 통해서 뛰어난 경청자가 된 사람들이다. 경청 능력은 특히 프로 세일즈 분야에서 더욱 필요하다.

경청의 4가지 이익	
1. 신뢰를 구축한다.	3. 자부심과 자신감을 높여 준다.
2. 저항을 낮춰 준다.	4. 성품과 자제력을 향상시킨다.

재미있는 것은 자부심이 높을수록 다른 사람들의 말을 차분하고 편안하게 듣는 일이 더 쉽다는 사실이다. 진정으로 자신을 좋아하고 수용할 때 우리는 자신의 생각과 느낌에 덜 사로잡히고 더 느긋하게 다른 사람들과 대화할 수 있다. 이것은 판매에서 대단히 중요하다. 왜냐하면 효과적으로 판매하기 위해서는 자신으로부터 벗어나 가망고객의 생각과 느낌 안으로 들어갈 수 있어야 하기 때문이다. 우리는 자신과 자신의 상품이나 서비스를 가망고객의 관점에서 볼 수 있어야 한다.

자신에게 편안해지면 편안해질수록 더 쉽게 가망고객의 입장에서 생각할 수 있다. 가망고객의 생각과 느낌에 더 예민해지고 그가 하는 말의 진정한 의미를 더 뚜렷이 인식하게 된다. 특히 가망고객이 두려워하거나 걱정하는 것이 무엇인지 더 잘 파악할 수 있게 된다. 가망고객의 진정한 정서적 욕구를 정확하게 알 수 있으면 그것을 반영하여 상품을 제안할 수 있다.

판매 성공을 위한 경청 방법

경청에 관해서는 도서와 논문도 있고 며칠짜리 교육 프로그램도 있으며 몇 시간에 걸친 교육과 다양한 활동을 담은 오디오나 비디오 프로그램도 있다. 이런 것들은 모두 경청을 배우는데 도움을 주지만 가르치는 내용은 네 가지 기본 기술로 압축할 수 있다. 훈련과 연습을 통해서 이 네 가지 기술만 습득하게 되면 뛰어난 경청사가 되어서 그것이 주는 모든 이익을 누릴 수 있다.

첫 번째 기술은 **주의 깊게 듣는 것**이다. 몸을 앞으로 기울이고 가망고객을 비스듬히 보기보다는 마주 본다. 그리고 가망고객의 얼굴이나 입과 눈에 주의를 집중한다. 중간에 끼어들지 말고 들어라. 가망고객의 말 한 마디 한 마디에 운명이 달려 있는 것처럼 들어라. 가망고객이 로또 1등 당첨 번호를 알려 주는데, 들을 기회가 단 한 번밖에 없는 것처럼 들어라. 백만 달러가 걸린 가망고객이 지금 주문하기 직전인 것처럼 들어라. 지금 현재 이 세상에서 자신이 가장 듣고 싶은 이야기는 이 가망고객이 하고 있는 이야기라고 생각하고 들어라.

상대방이 이야기하고 있을 때 세심하게 계속해서 주의를 집중할 수 있는 능력이 가장 중요한 경청 기술이다. 이것은 가장 개발하기 어려운 기술이면서 동시에 가장 중요한 기술이기도 하다. 지속적인 연습과 훈련을 필요로 하고 쉬운 일이 아니다. 이것저것 딴 생각이 나지 않도록 하는 것은 어려운 일이지만 그 보상은 엄청나다.

경청의 두 번째 기술은 그냥 **대답하기 전에 잠시 침묵하는 것**이다. 가망고객이 말하기를 멈추면 그 순간 머리에 떠오르는 것을 바로 말해 버리지 말고, 2~3초 정도 조용히 침묵하고 기다려라. 뛰어난 경청자들은 모두 이 기술의 대가다. 그들은 침묵을 불편하게 여기지 않는다. 상대방이 말을 마치면 그들은 대답하기 전에 심호흡을 하면서 긴장을 풀고 미소 짓는다. 그들은 잠시 침묵하는 것이 뛰어난 커뮤니케이션의 핵심 구성 요소라는 점을 안다.

잠시 침묵하는 것은 세 가지 명확한 이점이 있다. 첫 번째 이점은 가망고객이 잠깐 생각을 정리하기 위해서 말을 중지했을 때 중간에 끼어들어 방해하는 위험을 피할 수 있다.

판매 상담에서 우리가 일차적으로 해야 할 일은 높은 신뢰를 구축하고 유지하는 것이고, 경청은 신뢰를 구축한다는 점을 잊어서는 안 된다. 몇 초 동안 침묵하면 가망고객이 다시 말을 계속하는 경우가 종종 있을 것이다. 그것은 그의 이야기를 더 들을 수 있는 기회가 되기 때문에 판매를 성사시키는데 필요한 정보를 보다 많이 입수할 수 있다.

두 번째 이점은 침묵이 그가 방금 이야기한 내용에 대해서 우리가 신중하게 생각하고 있음을 말해 준다는 사실이다. 상대방의 말을 신중하게 생각한다는 것은 그에게 경의를 표하는 일이다. 표현하지는 않지만 은연중에 고객이 한 말이 중요하기 때문에 깊이 생각할 가치가 있다고 말하는 것과 같다. 침묵을 통해서 우리는 가망고객이 자신을 더 가치 있는 존재로 느끼도록 한다. 그의 자부심을 높여 주고 자신을 더 좋아하게 만든다.

세 번째 이점은 가망고객의 말을 몇 초 동안 생각하고 있으면 실제로 가망고객의 말을 더 잘 듣고 충분히 이해할 수 있다는 것이다. 더 오래 생각하면 할수록 그가 하는 말의 진짜 의미를 잘 알게 된다. 그가 하는 말이 상품과 서비스에 관련해 우리가 그에 대해서 이미 알고 있는 것과 어떤 연관성이 있는지를 더 잘 알아챌 수 있다.

어느 분야에서나 성공한 사람들이 갖고 있는 대단히 중요한 한 가지 자질은 그들이 사려 깊다는 점이다. 판매 분야에서는 더욱 그렇다. 성공한 사람들은 다른 사람들보다 더 사려 깊다. 그들은 말하거나 행동하기 전에 더 오랫동안 생각한다. 그들은 신중해서 말이나 행동을 하기 전에 그것이 어떤 결과를 가져올 것인지 깊이 생각한다. 잠시 침묵하면 더 사려 깊은 사람이 될 뿐만 아니라 동시에 그런 사람이라는 사실이 고객에게 전달된다. 즉 거래할 가치가 높은 사람이 되는 것이다. 고객이 말을 마친 다음에 바로 말을 하지 않고 몇 초 동안 침묵하는 것만으로 이런 큰 성과를 얻게 된다.

경청의 세 번째 기술은 **확인 질문을 하는 것**이다. 가망고객들은 종종 오해의 소지가 있는 말을 한다. 애매하거나 확실하지 않아서 자신조차 잘 모르는 경우도 있다. 따라서 "가망고객의 말에 조금이라도 의문이 생긴다면 그것은 우리가 그의 말을 제대로 이해하지 못한 것이다." 라는 사실이 우리의 기본적인 운영 원칙이 되어야 한다. 확인 질문을 하면 가망고객이 대답할 때 더 많이 들을 수 있는 기회가 생길 뿐만 아니라 가망고객이 말한 것과 우리가 들은 것이 일치하는지 확인도 할 수 있다. 확인 질문은 대화의 속도를 늦추고, 커뮤니케이션의 명확성을 높여 주며, 높은 신뢰를 구축한다.

세일즈를 할 때 내가 가장 좋아하는 확인 질문은 "무슨 뜻인지요?"와 "정확하게 어떤 의미인가요?"다. 이 질문은 고객이 어떤 말을 한 경우에도 다 사용할 수 있다. 이 질문에는 저항하기가 어려워서 일단 질문을 받은 사람은 자신이 생각하고 있는 것 혹은 말했던 것을 부연해서 설명하지 않을 수 없다. 조금이라도 의문 나는 점이 있거나 가망고객이 판매 제안의 어느 부분에 대해서든 거부할 경우에는 그저 잠시 침묵하고, 미소를 지으면서 "정확하게 어떤 의미인가요?"라고 물어라. 가망고객이 질문을 하거나 제안에 대해서 거부 의사를 표현할 때는 정확하게 어떤 의미인지 묻고 확인하기 전까지는 고객의 말을 알거나 이해한다고 생각해서는 안 된다. 항상 확인 질문을 해야 한다.

경청의 네 번째 기술은 가망고객이 말한 것을 정리해서 **자신의 말로 피드백해 주는 것**이다. 이때 실제로 성실하게 그의 말을 듣고 있었다는 점을 가망고객에게 확실하게 보여 준다. 또한, 그가 말하는 것에 온 신경을 집중하고 있었다는 점도 보여 준다. 정리해서 피드백해 주는 것은 그것을 증명하는 방법이다. 가망고객이 상황 설명을 마치고 나면, 잠시 침묵한 다음에 확인 질문을 한다. 그 다음에 가망고객의 주요한 생각과 관심사를 정리해서 자신의 말로 피드백해 준다.

예를 들어서 "지금까지 말씀하신 것을 제가 정확하게 이해하고 있는지 확인해 보고 싶습니다. 제가 느끼기에 고객님은 두 가지 문제에 대해서 특히 마음이 쓰이는 것 같습니다. 그리고 과거 몇 번의 경험 때문에 이런 결정에 대단히 신중하신 듯합니다."처럼 말할 수 있다. 그런 다음에 가망고객이 했던 말을 정확하게 반복해서 말하고 잠시 침묵한 후 확인 질문하는 과정을 반복하여, 마지막에 고객이 "예, 바로 그겁니다. 정확하게 이해하셨네요."라고 말할 때까지 계속한다.

가망고객과 함께 철저한 검사를 마치고 진단 결과에 서로 합의가 이루어져야만 우리 상품과 서비스에 관해서 이야기를 시작할 수 있다. 쉽게 말해서, 이것은 판매 상담의 약 70퍼센트가 진행되기 전에는 상품 안내 책자와 가격표를 꺼내서 고객에게 우리 상품과 서비스가 어떻게 고객이 가진 문제를 해결할 수 있는지에 관해 이야기해서는 안 된다는 뜻이다. 그 전에는 아직 그렇게 할 수 있는 권리를 획득하지 못했고, 당황스럽지 않게 제대로 된 프레젠테이션을 할 수 있을 만큼 충분하게 잘 알지 못하기 때문이다.

판매 성공을 위한 경청의 4가지 기술
1. 주의 깊게 듣는다.
2. 대답하기 전에 잠시 침묵한다.
3. 확인 질문을 한다.
4. 가망고객이 말한 것을 정리해서 자신의 말로 피드백해 준다.

이 네 가지 핵심 기술을 실천하면 우리도 뛰어난 경청자가 될 수 있다. 이 기술은 매일 어디서나 친구와 가족, 직장상사와 동료, 그리고 특히 가망고객을 대상으로 실천할 수 있다. 이제 적극적 경청의 70/30 법칙을 모든 활동에 적용해서, 우리는 주로 듣고 다른 사람들이 말하도록 하는 습관을 키우자. 더 많이 그리고 더 잘 들으면 들을수록, 더 많은 사람들과 더 훌륭한 사람들이 우리를 좋아하고, 신뢰하고, 우리와의 거래를 원하게 된다. 사람들은 우리와 개인적으로 더 가까워지고 싶어 하고 우리 인기는 높아진다. 뛰어난 경청자는 어디에서나 어느 분야에서나 환영받는다. 그리고 결국에 가서는 자기 분야에서 정상에 오른다.

장기적인 인간관계의 중요성

이 장에서 지금까지 이야기해 온 것들을 모두 모아서 큰 솥에 집어넣고 끓인 다음에 증류시켜 핵심을 추출한다면, 그것은 인간관계가 판매 성공에서 차지하는 중요성일 것이다. 장기적인 거래 관계를 구축하고 유지하는 것은 모든 판매 분야에서 상위 10퍼센트에 해당하는 사람들의 핵심 행동이고 기술이다.

삶에서 성공의 대부분은 다른 사람들과 잘 지내는 능력과 인간관계의 질에 달려 있다. 심리학자인 시드니 주라드 Sidney Jourard 는 삶에서 우리가 얻는 행복의 85퍼센트는 다른 사람들과의 행복한 관계에서 나온다는 사실을 발견했다. 그 반대도 마찬가지다. 삶에서 우리가 느끼는 불행과 문제의 85퍼센트는 다른 사람들과의 관계가 원만하지 않아서 생긴다.

몇 사람에게 가끔 파는 것은 누구나 할 수 있다. 그러나 다양한 사람들에게 반복적으로 언제든지 팔 수 있는 것은 오직 최고 수준의 인간관계 전문가들뿐이다. 최고의 판매 성과를 올리는 유일한 방법은 가망고객들에게 더 쉽게, 더 자주 팔고 그 가망고객들이 추천이나 소개를 통해서 새로운 고객과 연결해 주는 것이다. 최고 세일즈맨들이 누구나 고객들과 대단히 좋은 사업 관계를 유지해 매년 반복해서 그들에게 판매하는 것이 바로 이 때문이다.

우리는 누구나 다른 사람들과의 인간관계의 질에 대해서 예민하다. 인간은 본래 감정적인 동물이기 때문에 내면에서 어떻게 느끼느냐에 따라서 대부분의 의사 결정을 한다. 구매 결정과 관련해서 논리적 그리고 현실적인 이유를 주의 깊게 검토하지만, 마지막에 가서는 결국 본능적인 감정에 따른다. 내면의 목소리를 듣고 마음의 명령에 복종한다. 우리는 그 사람과의 인간관계에 대한 느낌에 따라서 구매한다. 관계가 없는 곳에는 판매도 없다.

판매라는 전문 영역에서 우리가 배우는 모든 것, 즉 상품이나 서비스 혹은 사람에 대해서 배우는 모든 것은 고객과 높은 수준의 인간관계를 맺는 데 도움을 주는 정도만큼만 의미가 있다. "여우는 여러 가지를 많이 알아서 영리하다. 그러나 고슴도치는 한 가지 중요한 것을 알고 있기 때문에 더 영리하다."는 속담도 있다. 최고의 성과를 올리는 세일즈맨들이 알고 있는 한 가지 중요한 사항은 판매 인생의 모든 것이 고객들과의 관계에 달려 있다는 사실이다. 따라서 그들은 그 관계를 개발하고 유지하는 일에는 어떤 것도 개입을 허용하지 않는다.

오늘날 액수가 크거나, 많은 사람들이 개입되거나, 오래 지속되거나, 과거에 해 왔던 것과 다른 대규모 상품이나 서비스의 구매 결정은 세일즈맨과 그가 일하는 회사와의 장기간에 걸친 관계를 필요로 한다. 경험을 통해서 이미 알고 있겠지만 인간관계는 대단히 중요하다. 따라서 우리는 인간관계를 매우 신중하게 맺고, 원만하게 이루어지고 있는지에 대해서 굉장히 예민하다. 특히 우리 삶의 핵심적인 영역에서는 더 그렇다.

장기적인 관계에서 핵심이 되는 정서적 요소는 의존성 dependency 이다. 고객이 구매를 하기 전까지 그는 우리로부터 독립적이다. 고객은 우리를 좋아할 수노 있고 싫어할 수도 있다. 우리를 선택할 수도 있고 안 할 수도 있다. 그러나 구매 결정을 하고 상품이나 서비스의 대금을 지불하는 순간, 고객은 우리에게 매인 몸이 된다. 프레젠테이션에서 우리가 했던 약속을 지키는가의 여부를 온전히 우리에게 의존하게 되는 것이다. 이제는 신속한 배달, 설치와 유지 보수, 그리고 품질 보증도 우리에게 의존해야 한다. 일단 구매 결정을 하고 돈을 지불하고 나면 고객은 손이 묶여 있는 것과 마찬가지다.

다른 사람에게 의존하는 것을 좋아하는 사람은 없다. 따라서 고객들은 상대가 어떤 판매자든지 장기적인 관계를 맺는 것을 망설인다. 우리가 만나는 고객들은 누구나 과거에 상품과 서비스를 구매했다가 결과가 좋지 못했던 경험을 갖고 있다. 고객들은 같은 상황에 다시 빠지지 않을까 걱정한다. 신뢰가 왜 그렇게 중요한가 하는 이유가 바로 이것이다. 신뢰는 소중하며 매우 천천히 그리고 어렵게 구축되지만, 깨지기 쉽다. 단 한 가지 실수로도 흔들리거나 무너져 내릴 수 있다. 신뢰를 구축하고 유지하는 것은 모든 인간관계를 새로 만들고 지속하는데 있어서 필수적인 전제 조건이다.

오늘날 상품과 서비스는 갈수록 더 복잡해지고 급속하게 변하고 있다. 고객이 우리가 판매하는 상품과 서비스의 품질과 신뢰성을 정확하게 평가할 수는 없다. 가망고객이 상품이나 서비스와 관련해서 우리 판매 제안의 모든 요소를 정확하게 평가할 수 있는 방법은 없다. 하물며 회사의 경영, 운영, 생산, 품질, 서비스, 정직성, 유통, 배달, 대금 청구의 정확성, 사후 지원을 어떻게 정확하게 평가할 수 있겠는가?

게다가 고객이 회사와 하는 접촉의 95퍼센트 이상이 세일즈맨을 통해서 이루어진다. 결국 고객은 우리들 세일즈맨을 사는 것이다.

고객이 구매 결정을 하는 것은 판매와 관련해 우리가 했던 약속을 지키리라고 신뢰하는 일이다. 이렇게 장기간에 걸친 관계를 맺고 그에 따르는 결과를 받아들이겠다고 결정하는 일은 고객에게 있어서 엄청나게 힘든 선택이다. 세일즈맨이나 회사를 잘못 선택하게 되면 금전적인 손실, 상사의 질책, 지체와 그로 인해 구매자 자신의 고객을 만족시키기 위한 추가 비용, 당혹감, 좌절감 등 온갖 문제를 초래하게 된다. 대규모 구매 결정에 따른 위험은 엄청나다. 이 위험을 줄이지 못하는 것이 가망고객이 우리에게서 구매하지 않는 주요 원인일지도 모른다.

사실 상품이나 서비스를 구매할 때 고객 입장에서는 잘 알지 못하는 것들이 너무 많다. 따라서 고객은 상품이나 서비스 자체보다도 관계를 더 중요하게 생각하는 경우가 많다. 가망고객은 회사의 내부 사정이나 우리가 판매하는 상품이나 서비스에 대해서는 평가할 수 없을지 모르지만 우리에 관해서는 평가가 가능하다.

이 단계에서 우리가 할 일은 고객에게 우리 그리고 우리 회사와의 거래가 안전하다는 점을 확신시켜 주는 것이다. 신뢰에 기초해서 거래 관계를 구축하는 일은 판매 성공의 주요 장애물인 근심과 위험할지도 모른다는 걱정을 줄여 준다.

판매를 위한 인간관계 구축에는 우회 노력의 법칙 the law of indirect effort이 적용된다. 우회 노력의 법칙이란 사람들과의 관계에서는 직접적인 방법보다는 간접적인 방법으로 원하는 것을 얻는 경우가 더 많다는 것이다. 예를 들어서 우리가 다른 사람들에게 먼저 관심을 갖는 간접적인 방법으로 다른 사람들이 우리에게 관심을 갖도록 할 수 있다. 내가 먼저 다른 사람들을 좋아하면 다른 사람들도 나를 좋아한다. 친구를 갖는 최고의 방법은 먼저 친구가 되는 것이다.

우회 노력의 법칙을 판매에 적용해 보면, 인간관계에 관심을 집중하면 할수록 판매가 저절로 이루어질 가능성은 더 커진다는 사실이다. 그러나 반대로 판매에 관심을 집중하고 인간관계를 무시하면 판매는 성사되지 못한다. 고슴도치처럼 우리도 한 가지 중요한 것을 알아야 한다. 그것은 "인간관계가 전부이고 인간관계가 없이는 아무것도 안 된다."는 사실이다.

장기적인 거래 관계는 단 한 번의 만남으로 이루어지는 것이 아니다. 여러 가지 요소들이 갖추어져야 한다. 거래 규모가 클수록, 우리 회사와 거래 기간이 짧을수록, 가망고객이 기존 거래처에 만족하면 할수록, 경쟁자의 수가 많으면 많을수록, 우리와 거래하는 것을 진지하게 검토할 수준까지 인간관계에서 신뢰를 구축하는데 걸리는 시간은 그만큼 더 많아진다.

한두 번 정도 방문해서 가망고객이 우리 그리고 우리 회사와 장기적인 관계를 맺을 것이라고 기대하기는 어렵다. 빗물이 바위를 뚫는 것과 같은 인내와 끈기로 모든 가망고객이 처음 접촉할 때 느끼기 마련인 자연스런 저항을 조금씩 극복해 가야 한다. 가망고객을 방문할 때는 "관심이 없습니다."와 같은 말을 할 것이라는 사실을 예상하고 있어야 한다. 이것은 너무나 정상적이고 자연스러운 반응이다. 따라서 실망해서는 안 된다. 전에 한 번도 우리를 보거나 우리에 대해서 들어본 적도 없는데, 어떻게 우리에게 관심을 가질 수 있겠는가?

만일 고객이 이미 다른 곳과 거래를 하고 있다고 말한다면 고객이 기존 관계에 별로 불만이 없다는 것을 의미한다. 기존 거래처는 고객들의 안전지대가 되기 때문에 비록 품질이 떨어지거나 가격이 비싸더라도 더 나은 신규 거래처로 바꾸는 불편을 감수하기보다는 동일한 거래처로부터 특정한 상품이나 서비스를 계속 구매하려고 한다. 이것은 특정한 개인만의 문제가 아니다. 구매 업무와 판매 업무가 보통 이렇게 이루어진다. 세일즈를 할 때는 항상 그 점을 고려해야 한다.

상대가 가망고객이든지 아니면 다른 누구든지 간에 일단 관계가 형성되기 시작하면 그 추진력을 잃지 않기 위해서 절대적으로 필요한 것이 일관성이다. 일단 상대방에게 2주일에 한 번이든지 아니면 한 달에 한 번 연락하겠다고 말했으면 반드시 그렇게 해야 한다. 무엇이든지 하겠다고 했으면 꼭 해야 한다. 가망고객에게 상품 안내 책자나 뉴스레터를 보내겠다고 말하면 고객은 그 말을 절대 잊지 않고, 우리가 얼마나 신속하고 흔쾌히 그 약속을 지키는지 보면서 우리의 인격과 진실성을 판단한다.

고객과의 첫 약속에서 옷을 잘 차려입고, 철저하게 준비하고, 시간에 맞취 도착한다면 앞으로도 그렇게 해야 한다. 나중에 가서는 옷을 대충 입고, 약속시간에 늦고, 준비가 안 된 상태로 고객을 만나는 등의 행동을 해서는 안 된다. 일관성의 결여는 신뢰를 떨어뜨리고 인간관계에 대한 믿음도 약화시킨다. 세일즈맨의 일관성 결여는 그의 회사나 상품과 서비스도 일관성이 없을 것이라고 짐작하게 한다.

최고 세일즈맨들은 누구나 자신을 인간관계 전문가로 본다. 그들은 끊임없이 고객들과의 관계에 대해서 생각한다. 그리고 관계를 강화할 수 있는 방법을 찾는다. 가장 좋은 판매, 가장 쉬운 판매는 만족스러워하는 고객들과 그들의 소개에서 나온다는 사실을 알기 때문이다. 만일 관계의 시작 단계에서 형성된 신뢰가 커지면, 앞으로 몇 달 또는 몇 년 동안에 걸쳐서 커다란 판매 신장으로 연결될 수도 있다.

세일즈맨들에게 고객이 상품이나 서비스를 구매하거나 구매하지 않는 이유를 물어보면 대부분 가격 때문이라고 대답한다. 그러나 고객에게 상품이나 서비스를 왜 구매했는지 구매하지 않았는지 물으면 가격은 거의 언급하지 않는다. 오히려 고객들은 거의 대부분이 회사의 평판이나 세일즈맨과의 인간관계를 이야기한다. 그들은 또한 서비스를 포함한 상품의 품질, 세일즈맨과 회사의 신뢰성, 세일즈맨과 회사의 신속한 대응, 회사의 시원 서비스의 중요싱에 대해서 밀한다.

그러나 고객이 구매 결정을 하는 시점에서 보면, 이런 것들은 모두 앞으로 어떻게 하겠다는 회사의 약속에 지나지 않는다. 따라서 실제로 구매 결정 시점에서 고객의 결정을 이끌어내는 것은 세일즈맨과의 신뢰와 우리를 통해서 형성되는 우리 회사 그리고 우리 상품과 서비스에 대한 신뢰다.

사실 고객들이 우리 상품과 서비스를 구매하지 않는 주된 이유는 우리를 신뢰하지 못하기 때문일지도 모른다. 혹은 우리를 좋아하지 않거나 믿지 못해서일 수도 있다. 아니면 확신이 부족하거나 우리와 거래하는 것이 너무 위험하다고 느낄 수도 있다. 그렇다면 가망고객이 우리 그리고 상품과 서비스에 관한 우리 이야기를 전적으로 믿고, 동시에 우리가 약속한 것이 모두 이행되리라는 점을 확신하면서도 구매 결정을 하지 않는다면 그 이유는 무엇일까? 만약 가망고객이 우리를 전적으로 믿고 우리가 파는 상품이나 서비스를 필요로 하고 값을 지불할 능력이 있다면 구매하지 않을 이유가 없다. 그럼에도 가망고객이 구매하지 않는 것은 여전히 그가 실수하는 것에 대한 두려움을 갖고 있기 때문이다. 즉 우리가 아직도 구매 결정을 해도 되겠다고 확신할 수 있는 수준까지 두려움을 줄여 주지 못한 것이다.

우리가 일하는 분야는 '관계 비즈니스' 다. 아무리 강조해도 지나치지 않을 핵심 포인트가 바로 이것이다. 구 판매모델은 치고 빠지기 식의 접근 방법에 따른 것이었다. 세일즈맨은 자신이 가망고객과 적대 관계에서 싸우고 있다고 생각했다. 싸워서 얻는 전리품은 바로 고객의 돈이었다. 세일즈맨들은 가망고객을 적으로 보고, 판매 과정을 잘 계획해서 적을 무찌르고 돈을 끌어내야 한다고 배웠다. 구 모델에서 우리는 "고객은 거짓말쟁이다. 따라서 그들과의 거래 관계는 빨리, 자주 종결해야 한다."고 교육 받았다.

반면 신 모델에서 우리의 접근 방법은 대립적이기보다는 협력적이다. 한번 판매하고 나면 고객을 다시 만나지 않을 것이라고 생각하는 단시간의 일회성 판매가 아니라, 장기간에 걸쳐서 서로에게 도움이 되는 거래 관계의 구축에 기초하고 있다. 신 모델에서는 신뢰를 구축하고 우리와 고객들 사이에 이미 형성되어 있는 인간관계의 질을 유지하는데 초점을 맞춘다. 신 모델은 협력적이고 서로간의 대화를 중시하며, 판매에 있어서 우정이라는 요인에 기반을 두고 있다.

우정

모든 위대한 성공 뒤에는 우정이라는 요인이 자리하고 있다. 고객은 우리가 자신의 친구이고 따라서 그에게 이익이 되도록 행동한다는 확신이 생기기 전까지는 구매하지 않는다. 고객이 우리를 좋아하지 않으면 우리에게서 구매하지 않는다. 우리도 좋아하지 않는 사람에게는 팔 수 없다. 우리와 가망고객 사이의 이런 정서적인 연결 관계가 판매를 성사시키는 촉매제다. 우정은 시간 time, 관심을 갖고 보살핌 caring, 존경 respect이라는 세 가지 요소에 바탕을 두고 있다.

우리는 가망고객과 가망고객을 둘러싼 상황에 시간을 투자함으로써 사업상의 우정을 쌓는다. 가망고객과 함께 있을 때는 절대로 서둘러서는 안 된다. 가망고객이 정확한 구매 결정을 하도록 돕기 위해서라면 기꺼이 얼마든지 시간을 사용하겠다는 점을 밝혀야 한다. 조급한 마음을 가져서는 안 된다. 여유 있고, 느긋하고, 고객 중심적이어야 한다. 아무리 바쁘더라도 세상에 있는 모든 시간을 다 갖고 있는 것처럼 행동해야 한다. 고객과의 관계를 구축하는데 초점을 맞추어야 한다.

몇 년 전 샌디에이고로 이사하기로 결정하고 가족들과 함께 일주일 동안 집을 둘러본 적이 있었다. 부동산 업체 몇 군데에 전화를 해서 처음부터 솔직하게 이야기했다. 앞으로 1년 정도는 집을 살 입장이 아니라고 일려 주면서 시장에 어떤 물건들이 나와 있는지 그리고 값은 어느 정도인지 알고 싶다고 했다. 다들 우편으로 정보를 보낼 테니 구매할 준비가 되면 연락을 달라고 했다.

그러나 단 한 사람 조안 Joan은 예외였다. 조안은 우리가 당장 사지 않는다는 것을 알면서도 기꺼이 시간을 내서 우리 가격내에 맞는 집을 몇 군데 보여 주겠다고 말했다. 3일 동안 조안은 마음에 드는 집을 찾기만 하면 당장 구매할 수 있는 사람인 듯이 우리를 대했다. 우리를 매력적인 고객으로 대우하면서 약속을 잡고 여러 곳의 집을 보여 주었다. 하루에 열 곳에서 열다섯 곳을 보여준 적도 있었다. 집 구경을 끝냈을 때는 나중에 어느 곳에 자리를 잡게 될 것인지에 대해서 어느 정도 감을 잡을 수 있었다. 우리는 조안에게 시간을 내준 것에 대해 고마움을 표시했다.

14개월 뒤에 우리는 조안의 고객으로 샌디에이고에 돌아왔다. 미리 전화로 도착 예정 시간을 알려 준 뒤에 원하는 집을 찾을 때까지 그녀와 함께 있었다. 우리는 조안을 통해서 집을 구입했고, 그녀는 2만 달러의 수수료를 벌었다. 나중에 계산해 보니 지난 14개월 동안 투자한 시간 당 200달러 이상을 번 셈이었다. 그 정도면 나쁘지 않은 보수가 아닐까? 핵심 요인은 조안이 기꺼이 우리에게 시간을 투자했고, 그렇게 함으로써 우리가 다른 사람을 통해서 집을 산다는 것은 생각하지도 않을 정도까지 정서적인 신뢰를 쌓았다는 사실이다.

우정의 두 번째 요소는 관심을 갖고 보살피는 것이다. 가망고객에게 관심을 갖고 잘 보살피면 보살필수록 고객은 우리와 거래하는데 더 흥미를 느낀다. 관심을 갖고 보살핀다는 정서적 요인은 대단히 강해서 가격, 상대적인 품질, 납기 준수 가능성, 회사 규모 등에 대한 걱정 등을 압도하는 경우가 종종 있다. 관심을 갖고 보살피는지는 우리가 일과 고객을 대하는 태도에서 명확하게 드러난다. 고객들은 우리가 자신과 자신의 상황에 대해서 진심으로 관심을 갖고 보살펴 준다고 확신하면 판매의 세부 상황이 어떻든지, 경쟁자가 뭐라고 하든지 우리로부터 구매하고 싶어 한다.

우정의 세 번째 요소는 존경이다. 우리가 어떤 것을 하거나 혹은 하고 싶더라도 참는 것은 우리가 존경하는 사람의 존경을 얻기 위해서라는 말이 있다. 우리의 자존심, 품위, 자부심은 상당 부분 다른 사람들이 우리를 얼마나 존경한다고 느끼는지의 정도에 따라서 결정된다. 어떤 사람의 의견을 중시하면 할수록 그 사람의 존경이 우리 행동에 미치는 영향력은 그만큼 커진다.

다른 사람이 우리를 존경한다고 느낄 때마다 우리는 그 사람을 호의적으로 생각한다. 어떤 사람이 우리를 존경하면 우리는 그 사람을 더 좋은 사람, 판단력이 뛰어난 사람, 통찰력을 가진 사람, 그리고 인품이 좋은 사람이라고 여긴다. 고객을 진정으로 존경한다는 것을 보여 주면 고객은 자신에 대해서 더 좋은 느낌을 갖고 더 행복감을 느낀다. 존경한다는 것을 보여 주려면 필수적인 경청 기술을 사용하고, 예의 바르고, 인내하고, 세심하게 배려하고, 고객과 고객의 업적을 칭찬해 주어야 한다. 고객이 자신에 대해서 더 좋은 느낌을 갖도록 하면 할수록 고객은 우리를 더 좋아하고 우리와 더욱더 거래하고 싶어 한다.

인간관계 구축을 위한 일곱 가지 열쇠

데일 카네기가 『카네기 인간관계론 How to Win Friends and Influence People』을 저술한 이후 널리 알려져 검증을 거친 일곱 가지 인간관계 구축을 위한 열쇠가 있다. 이 일곱 가지 열쇠는 언제나 효과가 있었고 앞으로도 그럴 것이다. 나는 경쟁이 극심한 분야에서 순수한 수수료 수입으로만 1년에 100만 달러 이상을 받는 세일즈맨들로 가득 찬 강당에서 그들을 대상으로 여러 번 세미나를 했다. 그들은 누구나 공통적으로 이 일곱 가지 자질을 지니고 있었다.

첫 번째 열쇠는 결코 비판하거나 불평하거나 비난하지 마라. 이것은 데일 카네기가 처음 기술했던 것과 마찬가지로 지금도 훌륭한 조언이다. 긍정적이고, 열정적이고, 유쾌한 사람이 되라. 낙관적이고, 고무적이 되라. 행복하고 느긋해져라. 사람들이 끌리는 매력적인 사람이 되라. 사생활에 어떤 문제가 있더라도 가망고객에 말하지 마라. 가망고객이 목표를 달성하거나 문제를 해결하는 것을 돕는 것을 제외하면 세상에 걱정이 하나도 없는 사람처럼 행동하라.

정치적 혹은 종교적인 문제로 누구도 그리고 어느 것도 비판하지 마라. 결코 경쟁자를 비판하거나 험담해서는 안 된다. 경쟁 회사의 이름이 화제에 등장하면 그냥 미소 지으면서 이렇게 말하라. "괜찮은 회사지요." 그리고 상담을 계속하라. 경쟁자가 우리를 비판하더라고 하면 그냥 미소 지으면서 흘려보내라. 업무에 관해서든지, 회사에 관해서든지, 아니면 업계 전체에 관해서든지 누구도 무엇에 대해서도 결코 비난하지 마라. 사람들은 온갖 부정적인 것들로 둘러싸여 있다. 거기에 세일즈맨까지 나서서 부정적인 이야기를 더하는 것을 절대 원하지 않는다.

누군가 요즈음 회사 매출이 어떤가 물으면 항상 "최고예요. 이달이 연간 최고입니다."라고 대답하라. 그것이 사실이 아닐 수도 있지만 누구도 상황이 좋지 않은 사람이나 회사와 거래하고 싶어 하지 않는다는 점을 기억하라. 누구도 판매가 저조한 회사의 상품을 원하지 않는다. 불가피한 사유로 상황이 좋지 않더라도 항상 현재에 대해서 낙관적으로 이야기함으로써 미래에 대해서도 긍정적이고 낙관적으로 말할 수 있도록 하라. 자신, 자신이 일하는 회사, 자신이 일하는 업계에 대해서 긍정적이 되면 될수록 가망고객은 우리와 거래하는데 더 자신감을 갖게 된다.

두 번째 열쇠는 그냥 수용하는 것이다. 사람들이 잠재의식 저 깊은 곳에 갖고 있는 욕구 중의 하나는 다른 사람들의 무조건적인 수용이다. 우리는 미소를 짓거나 따뜻하고 다정하게 대함으로써 상대방을 수용한다는 사실을 표현한다. 사람들은 판단하거나 비판하지 않고 있는 그대로의 자신을 받아들이는 사람과 함께 있고 싶어 한다. 다른 사람들에 대해서 더 수용적이 되면 될수록 다른 사람들도 우리에 대해서 더 수용적이 된다.

인간관계 구축의 세 번째 열쇠는 인정이다. 누군가를 인정한다는 것을 표현하면 그 사람의 잠재의식에 자리 잡은 또 다른 욕구인 성취에 대해 인정받고 싶은 욕구를 충족시켜 준다. 무엇에 대해서든지 상대방을 칭찬하고 인정해 주면 상대방은 행복감을 느낀다. 활력이 생기고 심장 박동이 증가한다. 자신에 대해서 좋은 느낌을 갖게 된다. 기회가 있을 때마다 다른 사람들을 칭찬하고 인정할 수 있는 방법을 찾으려고 노력하면 어디에 가거나 환영받을 수 있을 것이다.

네 번째 열쇠는 감사다. 감사는 마법의 언어인 "고맙습니다."라는 말을 통해서 표현된다. 무엇에 대해서든지 감사를 표현하면 상대방의 자부심이 높아진다. 상대방은 스스로를 더 소중하게, 중요하게 느끼게 된다. 모든 사람에게 그리고 그들이 하는 모든 일에 대해서 감사하는 습관을 가져야 한다. 특히 그들이 앞으로도 계속해서 해 줬으면 하는 행동에 대해서 감사하다는 표현을 하라. 비서들에게 감사하고, 가망고객들에게 감사하고, 기존 고객들에게 감사하라. 동료들에게 감사하고, 상사에게 감사하고, 배우자와 자녀들에게 감사하라. 어떤 이유에서든지 나를 위해서 무엇인가 해 준 사람 모두에게 감사하라. 감사를 함으로써 받는 가장 놀라운 혜택은 다른 사람들에게 고맙다고 말 할 때마다 우리 사신의 자부심도 높아진다는 사실이다. 더 행복해지고 더 긍정적이 된다. 더 효과적이고 효율석이라는 느낌이 든다. 자신의 운명을 스스로 통제하고 있다는 느낌이 커지고 만나는 사람들에 대해서 더 좋은 느낌을 갖게 된다. 단순히 "고맙습니다."라는 말을 계속함으로써 이런 모든 혜택을 누릴 수 있다.

인간관계 구축의 다섯 번째 열쇠는 찬사다. 어떤 사람의 업적, 특성, 소유물에 대해서 찬사를 표현하면 그 사람의 자부심은 높아지고 스스로에 대해서 더 좋은 느낌을 갖게 된다. 우리가 보내는 찬사, 인정, 감사, 그리고 수용이 진실하기만 하면 상대방에게 긍정적인 영향을 줄 수 있다. 우리가 상대방으로 하여금 자신과 자신의 삶에 대해서 좋은 느낌을 갖게 하는 정도만큼 그들도 우리에 대해서 좋은 느낌을 갖는다. 에이브러햄 링컨 Abraham Lincoln은 언젠가 "누구나 찬사 받기를 좋아한다."고 말했다. 누군가 찬사를 받을만한 일을 하는 것을 보면 그때마다 반드시 그 일을 언급하면서 경의를 표하라.

몇 년 전 시의회 회의에 참석했을 때였다. 한 사업가의 옆에 앉게 되었는데, 그 사업가가 대단히 멋지고 정교한 다기능 손목시계를 차고 있는 것을 보았다. 그 손목시계는 일 / 월 / 년, 시 / 분 / 초로 시간을 보여 주었다. 또한 기압계, 스톱워치, 그리고 나침반 기능을 추가로 갖고 있었다. 무척 잘 만든 시계였다. 나는 그에게 몸을 기울이면서 "참 좋은 시계군요."라고 말했다. 그는 내게 그 시계에 대해서 열정적으로 5분간이나 설명했다. 어떤 기능을 갖고 있는지, 그런 금액을 지불하고 시계를 사야 하는지 고민한 것 등의 이야기였다. 또 시계를 갖게 돼서 얼마나 기쁜지 그리고 시계를 사용하는 다양한 용도에 대해서도 말했다.

다음 12개월 동안 나는 이 사업가와 함께 50만 달러 이상의 부동산 개발과 판매 업무를 했다. 그 이후에도 그는 여러 건의 거래로 나를 찾았는데 매 거래마다 나와 회사에 수천 달러의 수수료 수입을 가져왔다. 몇 년 후 회의에 참석했다가 우연히 그를 만났는데, 그는 아직도 자신의 시계에 대해서 찬사를 보냈던 그날을 기억하고 있다고 말했다. 그는 "내가 이 시계를 차고 있던 그 오랜 시간동안 이 시계의 가치를 알아준 사람은 당신이 유일했어요. 사실 아무도 관심 자체를 보이지 않더군요."

인간관계 구축의 여섯 번째 열쇠는 원만함이다. 원만함이란 쉽게 말해서 어떤 일이 있더라도 가망고객과 다투지 않는 것을 말한다. 가망고객이 어떤 말을 하든지 우리는 고객에게 끄덕이고, 미소 짓고, 흔쾌하게 동의해야 한다. 고객들은 원만한 사람과 거래하고 싶어 한다. 거꾸로 말하면 고객들은 따지기 좋아하는 사람과는 거래하고 싶어 하지 않는다. 비록 자신이 분명하게 잘못했다고 하더라도 그것을 지적하면 화를 낸다. 고객이 실수를 하더라도 그것이 세상이 무너지는 정도의 실수가 아니면 그냥 넘어가라. 항상 관계에 초점을 맞춰라. 올바르면서 동시에 행복할 수 없는 경우가 있다. 그 경우에는 선택을 해야 한다. 인간관계 구축을 위해서는 상대방의 말이 맞지 않는다는 것을 알면서도 입술을 깨물고 그냥 넘어가야 할 때가 있다.

인간관계 구축의 일곱 번째 열쇠는 주의 집중이다. 주의 집중은 경청에서 배운 그대로다. 가망고객이 이야기할 때 주의를 집중하는 일은 그에게 큰 찬사를 보내는 것과 같다. 상대방에게 자신이 소중하고, 가치 있고, 중요하다는 느낌이 들게 한다. 새로 거래 관계를 맺을 때 나타나기 마련인 저항, 긴장, 의심을 극복하게 해 준다. 가망고객과 그가 하는 말 한 마디 한 마디에 온전히 집중하는 바로 그 행동이 그를 안심시켜 준다.

우리가 할 일은 관계 전문가 즉 인간관계 전문가가 되는 것이다. 자기가 일하는 분야에서 가장 친절하고 함께 있고 싶은 사람이 되어야 한다. 그러려면 말하기 전에 신중하게 생각하고, 고객과의 관계의 질을 높이는데 필요한 모든 행동을 열심히 연습해야 한다.

우리가 로빈슨 크루소처럼 외딴 섬에 산다면 자기 자신만 생각하면 된다. 혼자 살기 때문에 다른 사람이 어떻게 생각하는지, 어떻게 느끼는지 생각할 필요가 없다. 그러나 판매라는 경쟁을 피할 수 없는 전장에서는 우리들의 성공과 행복이 다른 사람들의 성공과 행복에 얼마나 도움을 주는지가 중요하다. 가망고객이나 기존 고객과 높은 수준의 신뢰 관계를 구축하고 유지하는데 필요하다면 그것이 무엇이든지 수용할 수 있다는 자세로 자신의 접근법이나 스타일을 조절해야 한다. 이런 인간관계 능력은 연습하면 할수록 좋아지고, 인간관계 능력이 좋아질수록 더 많은 고객을 확보할 수 있다.

무엇보다도 회사의 안과 밖에서 함께 일하는 모든 사람들의 존경과 높은 평가 그리고 칭찬을 받게 될 것이다. 또한, 상사들의 찬사와 고객들의 높은 충성도도 함께 할 것이다.

인간관계 구축을 위한 7가지 열쇠

1. 결코 비판하거나 불평하거나 비난하지 마라.
2. 그냥 수용하라.
3. 인정하라.
4. 감사하라.
5. 찬사를 표현하라.
6. 원만하게 넘어가라.
7. 가망고객이 이야기할 때 주의를 집중하라.

신뢰 대 전폭적 신뢰

개인적으로 그리고 세일즈맨으로서 우리의 성공은 신뢰라는 토대에 자리하고 있다. 신뢰는 인간관계에서 산소와 같이 필수적인 요소다. 우리와 함께 어떤 일이든 하고자 하는 사람들은 누구나 우리의 신뢰도를 고려한다. 판매를 시작이라도 하려면 최소한의 신뢰도는 쌓아야 한다.

우리와 고객 사이에 존재하는 신뢰의 수준과 인간관계의 질은 현대의 판매에서 핵심적인 변수다. 신뢰와 인간관계는 판매의 기본적인 요건이기 때문에 그것이 없으면 그 어떤 판매도 이루어질 수 없다. 그 두 가지는 고객들이 우리가 그들에게 한 약속을 지킬 것이라는 확신을 갖도록 하는데 절대적인 영향을 끼친다. 모든 구매 결정에는 위험과 실패의 두려움이라는 요소가 따르기 때문에 거래가 이루어지려면 신뢰는 필수적인 요소가 될 수밖에 없다. 고객이 우리와 우리의 판매 제안을 믿으면 믿을수록 그들이 가진 실패의 두려움과 위험에 대한 걱정은 줄어든다.

판매라는 경기장에 뛰어들려면 신뢰가 필요하다. 그러나 치열한 경쟁에서 이기려면 단순한 신뢰만으로는 부족하다. 일반적인 수준을 훨씬 뛰어넘는 엄청난 신뢰 즉 전폭적 신뢰가 필요하다. 경쟁자들보다 훨씬 크고, 가망 고객으로 하여금 구매 결정을 망설이거나 미루고 구매하지 않도록 하는 두려움과 의심을 압도할 수 있는 어마어마하게 큰 전폭적 신뢰가 필요하다.

판매에서 가장 중요한 원칙 중의 하나는 "모든 것이 해당된다."는 것이다. 이 원칙은 특히 전폭적 신뢰에 잘 들어맞는다. 진정한 전문가들을 나타내는 표상 중의 하나는 그들이 "어려움은 세부 항목에 있다."는 점을 수긍한다는 사실이다. 성공과 실패는 언제나 아주 작은 일에 달려 있다. 그리고 작은 일에는 "모든 것이 해당된다."

"모든 것이 해당된다."는 원칙은 우리가 하는 모든 활동 영역에 적용되는 성공 원칙이다. 우리가 아침부터 저녁까지 하거나 하지 않는 모든 것이 해당된다. 어떤 것은 성공에 도움이 되고, 어떤 것은 성공에 해가 된다. 목표를 향해서 가도록 하거나 목표에서 밀어지도록 한다. 중립적인 것은 없다. 모든 것이 해당된다.

세상에는 "모든 것이 해당된다."는 원칙을 받아들이고 믿고 그에 따라서 살아가는 사람들이 있다. 그들은 삶의 모든 영역에서 승자들이고 커다란 성취를 이룬다. 반대로 그 원칙이 작용하지 않기를 바라는 사람들이 있다. 그들은 자신의 목표 달성에 필요한 일들을 모두 하지 않아도 목표를 달성할 수 있다고 믿는 사람들이다. 그들은 필요한 단계를 일일이 밟지 않고

서도 성공의 사다리를 올라갈 수 있다고 믿고 항상 지름길을 찾는 사람들이다. 그들은 사람들이 보지만 않으면 괜찮다고 생각하므로 결국 실패하기 마련이고, 그렇게 되면 뒤돌아서서 다른 사람 탓을 한다. 그들은 모든 것이 해당된다는 원칙을 무시하는데, 마침내 그에 대한 대가를 치루는 것은 그들 자신이다. 이 원칙은 아주 작은 일을 하거나 하지 않음으로써 중요한 거래가 이루어지거나 이루어지지 않는 판매에서 결정적으로 중요하다. 진정한 전문가의 징표는 그들이 어떤 일도 운에 맡겨 두지 않는다는 것이다. 그들은 세부 사항 하나하나를 철저하게 검토한다. 꼼꼼하게 준비하고 "모든 것이 해당된다."는 핵심 원리를 언제나 유념하고 있다.

판매 활동에서 우리가 하는 모든 일은 가망고객의 두려움과 위험에 대한 인식을 높이거나 낮춘다. 가망고객은 세일즈맨을 둘러싼 아주 세세한 부분에 대해서도 극도로 예민하다. 가망고객의 마음은 세일즈맨을 처음 만날 때부터 마치 컴퓨터처럼 긍정적인 것과 부정적인 것을 더하거나 빼는 계산을 하고 있다. 이런 느낌들이 합쳐져서 하나의 인식으로 종합되는데, 그 인식에 근거해서 가망고객은 구매를 하거나 하지 않는다.

우리의 과제는 공급하는 상품이나 서비스에서 가장 위험이 낮은 공급자로 자리매김하는 일이다. 그것은 우리가 가망고객의 단순한 신뢰가 아니라 전폭적 신뢰를 얻을 수 있도록 가능한 한 모든 노력을 다해야 한다는 사실을 의미한다.

전폭적 신뢰를 형성하는 방법

우리, 우리의 상품과 서비스, 회사, 거래 여부에 대해서 가망고객들이 갖게 되는 전체적인 인상에 영향을 미치는 몇 가지 전폭적 신뢰 결정 영역들이 있다. 항공기 조종사가 매번 비행하기 전에 체크리스트에 따라서 확인하듯이 세일즈맨도 이 신뢰 결정 체크리스트를 통해서 스스로를 확인해야 한다. 가망고객이 알아채지 못할 것을 바라면서 자신을 속여서는 절대 안 된다. 고객들은 모든 것을 기억하고 기록한다. 그리고 "모든 것이 해당된다."

신뢰도를 형성하는 첫 번째 영역은 우리들의 인격, 외모, 태도 그리고 성격이다. 첫인상은 오래간다. 좋은 첫인상을 줄 수 있는 두 번째 기회는 결코 없다. 고객의 마음은 즉시 굳어 버리는 시멘트와 같다. 고객은 우리를 처음 보는 순간 인상을 형성하기 시작하는데, 그것은 지워지지 않는 흔적을 남긴다. 일단 인상이 형성되고 나면 좀처럼 바꾸기 어렵다. 사람들은 어떤 결론에 도달하게 되면 그것을 뒤집는 증거보다는 그것을 보강하는 증거를 찾는 경향이 있다. 고객도 그런 경향을 갖고 있고 우리 또한 마찬가지다.

외모와 관련해서 우리는 복장, 몸치장, 액세서리에 각별히 유의해야 한다. 매일 집을 나서기 전에 전신 거울 앞에 서서 스스로에게 이렇게 물어보라. "현재 내 모습은 우리 회사를 대표하는 일류 프로 세일즈맨다운가?" 사람들은 이 영역에서 거의 유사하다. 우리는 외모로 사람을 판단한다. 우리도 다른 사람들을 외모로 판단하고 그들도 우리를 외모로 판단한다. 사람들을 성품과 성격으로 판단해야 하며 외모는 무시해야 한다고 주장해 봐야 소용없다. 세상은 그렇게 움직이지 않는다. 우리늘의 외부 모습을 우리 스스로 통제하므로 사람들은 현재 우리의 의복, 매무새, 액세서리가 외부에 본모습을 알리기 위해 선택한 것이라고 생각한다.

의복, 색깔, 몸치장, 액세서리 그리고 다른 것들의 중요성에 대해서는 7장에서 설명하겠지만, 여기서는 우리 외모의 모든 것들이 상담에 도움이 되거나 해가 된다는 점만 우선 지적해 둔다. 고대 그리스부터 전해 오는 의사들의 히포크라테스 선서 안에는 "환자에게 해를 끼치지 말라."는 부분이 있다. 이것은 동시에 우리의 신조가 되어야 한다. 최소한 우리의 외모에 고객에게 심어주고자 하는 신뢰와 전문성을 해칠 만한 요소가 없어야 한다.

신뢰의 두 번째 영역은 회사와 관련이 있다. 고객들은 우리를 받아들이거나 배제시킬 방법을 내내 찾고 있다. 우리와 우리의 판매 제안을 신뢰하거나 신뢰하지 않을 이유를 찾고 있는 것이다. 모든 회사는 고객들의 신뢰를 얻는데 도움이 될 수 있는 다양한 요소들을 갖고 있다. 우리가 해야 할 일은 회사가 가진 긍정적인 특징이 무엇인지 찾아내어 상담 과정에서 그것들을 가망고객에게 제시하는 것이다.

회사의 신뢰도와 관련된 첫 번째 요소에서 가장 중요한 세 가지 요인은 회사의 규모, 사업 기간, 해당 상품이나 서비스의 시장 점유율이다. 이 요소들은 안정과 신뢰의 징표로써 가망고객들이 구매 결정을 쉽게 하도록 해 준다. 예를 들어서 우리 회사의 규모가 크다면 우리가 현재 상담을 진행하고 있는 고객과 유사한 다른 많은 고객들을 오랜 시간에 걸쳐서 만족시켜 왔다는 의미다. 큰 회사들은 작은 회사들에 비해서 대부분 유리하다고 보아도 틀림없다. 왜냐하면 규모가 크다는 것은 고객들의 욕구를 충족시킬 수 있는 능력이 있다는 증거이기 때문이다.

사업을 해 온 기간도 중요하다. 지금과 같이 경쟁이 심한 시장에서 상품이나 서비스의 종류와 관계없이 구매자들은 다양한 선택권을 갖고 있으므로 잘 알지 못하는 신생 기업에서 구매하는 일을 망설이게 된다. 새로운 세일즈맨들과 마찬가지로 많은 신생 기업들도 실패한다. 현재의 시장에서 진지하게 검토할 만한 공급업체로 받아들여질 수 있을 만큼의 신뢰를 형성하는데 많은 시간이 걸리기 때문이다. 가망고객들이 진지하게 검토할 정도가 되려면 2년에서 4년은 지나야 한다. 만일 우리 회사가 여러 해 동안 사업을 해 왔다면 그것은 고객을 만족시킬 수 있는 능력을 가졌다는 증거가 된다. 때로는 회사의 오랜 역사만으로도 상담에서 비교 우위를 갖는다.

회사의 시장 점유율 또한 신뢰를 구축해 준다. 우리가 참여하고 있는 시장에 25개의 회사가 있는데, 우리 회사가 그중 3분의 1의 시장 점유율을 차지하고 있다면 그것은 가망고객이 우리와 거래를 해도 된다는 좋은 근거가 된다. 경쟁을 뚫고 높은 시장 점유율을 기록했다는 것은 경쟁자들에 비해서 더 많은 고객들에게 더 큰 만족을 주는 상품이나 서비스를 제공하고 있다는 사실을 의미하기 때문이다.

얼마 전에 세일즈맨 한 사람이 우리 사무실에 와서 자기 회사의 서비스에 대해서 프레젠테이션을 한 적이 있다. 그의 접근 방법은 무척 효과적이었다. 그는 먼저 자신을 소개하고 악수를 한 뒤 자리에 앉았다. 그리고 이렇게 질문했다. "프레젠테이션을 하기 전에 질문을 하나 드려도 될까요? 우리 회사에 대해서 잘 아세요?" 그가 "혹시 우리 회사에 대해서 아는 것이 있으세요?"라고 묻지 않았다는 점에 주목하기 바란다.

그 질문은 두 가지 반응을 이끌어 냈다. 첫 번째는 "아니요. 잘 알지 못합니다."라고 잘 모른다는 점을 시인한 것이다. 두 번째는 호기심이었다. 호기심은 인간이 가진 동기 중에서 가장 강력한 것 중의 하나이기 때문에 그 질문은 두 개의 전선이 만나서 불꽃을 튀기는 것처럼 즉시 호기심을 자극했다.

간단한 질문 하나로 그는 상담의 주도권을 잡았고 우리들의 관심을 집중시켰다. 이어서 그는 "우리 회사는 이 서비스를 제공하는 회사 중에서 규모가 가장 큽니다. 이곳에서 22년 동안 영업해 왔고, 지난 10년 동안 13명에서 230명으로 직원수가 증가했습니다. 또한, 시장 점유율은 약 30퍼센트 정도이고 고객들은 대부분 우리 회사의 서비스에 만족해서 계속 거래하는 고정 고객들입니다."라고 말했다.

또한, 간단한 몇 마디 대화를 통해서 그는 자신과 자신의 회사에 대한 신뢰도를 최저 수준에서 최대 수준으로 끌어올렸다. 그는 "거래를 해도 안전할까?"라는 우리의 의문에 답을 한 것이다. 우리 마음의 문을 열고 심리적인 방어벽을 낮췄기 때문에, 우리는 그의 기존 고객들이 어떤 혜택을 받았고 우리들도 앞으로 어떤 혜택을 받게 될지에 대해서 흥미를 느끼게 되었다. 저항적이고 회의적이었던 마음의 상태가 개방적이고 수용적으로 변했다. 상담을 할 때는 항상 자기 회사가 가진 가장 긍정적인 점을 부각시키면서 상담을 시작해야 한다.

회사의 신뢰도와 관련된 두 번째 요소는 팸플릿, 유인물, 가격표, 명함과 관련이 있다. 고객들은 세일즈맨의 외모와 사용하는 자료의 시각적 측면에 무척 민감하다. 그들은 우리가 판매 상담 시에 사용하는 자료의 품질을 매우 잘 알아낸다. 가망고객들에게 있어서 우리가 사용하는 판매 자료는 우리 회사와 우리가 판매하는 상품과 서비스를 대표한다.

가망고객을 방문하기 전에는 항상 완벽한 최신 판매 자료가 준비되어 있는지 확인하라. 명함도 충분한 양이 준비되어 있는지 확인하라. 자료를 순서에 맞도록 잘 정리해서 필요할 때 바로 사용할 수 있도록 하라. 진정한 프로 세일즈맨들은 누구나 아주 작은 서류 하나하나까지 철저하게 준비해서 가망고객에게 보여 주거나 혹은 남겨두고 온다. 그 어떤 것도 운에 맡겨두지 않는다. 자료가 매력적이라고 해서 반드시 판매가 이루어지는 것은 아니지만 판매 자료를 잘못 제시하면 쉽게 판매를 망쳐 버린다.

나는 명함을 갖고 있지 않거나 명함을 갖고 있기는 하지만 메모가 되어 있든지 구겨지거나 모서리가 닳은 명함을 갖고 다니는 세일즈맨들을 수도 없이 많이 만났다. 또 세일즈맨들이 여백에 메모가 되어 있거나 밑에 커피

자국이 있거나 이전 상담에서 사용해서 구겨지고 접힌 가격표나 팸플릿을 꺼내는 것도 보았다. 그러나 가장 안타까운 점은 너무나 많은 세일즈맨이 고객을 방문할 때 잘못된 자료를 가져가거나 자료가 부족해서 고객의 질문에 제대로 대답하지 못하고 쩔쩔맨다는 사실이다. 그것은 신뢰를 스스로 무너뜨리고 고객으로 하여금 상담을 수락했던 일을 후회하게 만든다.

회사의 신뢰도와 관련된 세 번째 요소는 '전화 예절'이다. 여기에는 우리들은 물론이고 가망고객들이 우리 회사에 전화를 걸 때 통화하는 사람들의 예의와 응대 능력이 포함된다. 성공적인 세일즈맨이 되려면 훌륭한 전화 응대 능력은 필수다. 사업 도구로써 전화가 가진 힘 덕택에 여러 해 동안 직접 만나지 않고도 거래를 잘하고 있는 사람들이 많이 있다. 전화 통화를 할 때의 작은 차이가 고객의 마음에 대단히 강한 인상을 남길 수 있다.

가망고객에게 전화를 할 때는 언제나 분명하고, 정직하고, 직접적으로 말하라. 예를 들어서 이렇게 말하는 것이다. "안녕하세요? 저는 OO회사의 OO입니다." 그다음에 전화를 건 이유를 설명한다. 누군가가 전화를 걸어오면 "안녕하세요? 저는 OO입니다. 무엇을 도와 드릴까요?"라고 응답하라. 즐겁고 낙천적으로 말하라. 또한, 따뜻하고 다정해야 한다. 전화를 받은 상대방이 전화 받기를 잘했다 혹은 전화 걸기를 잘했다는 느낌이 들도록 하라.

사무실을 나올 때는 정확하게 얼마동안 자리를 비울 예정이고, 전화가 걸려오면 언제 회신할 수 있는지 고객 응대 직원에게 이야기해 두어야 한다. 세일즈맨과 통화하기 위해서 회사에 전화를 했는데 고객 응대 직원으로부터 "그분이 지금 어디에 있는지, 언제 돌아올지 모르겠습니다."라는 말을 듣는 것보다 가망고객을 더 짜증나게 하는 일은 없다. 회사에서 전화에 응대하는 직원이 뛰어난 응대 능력을 갖추도록 하라. 모든 일류 기업들은 그렇게 한다. 무수한 공급자 중에서 누구라도 선택할 수 있는 성급한 가망고객들로부터 신뢰를 획득하려면 이것은 대단히 중요한 요소다. 운에 맡겨 두어서는 안 된다.

전폭적 신뢰의 세 번째 영역은 로버트 치알디니 Robert Cialdini가 말하는 '사회적 증거'로써 매우 강력한 힘을 갖고 있으므로 우리가 저지르는 대부분의 실수를 덮어줄 수 있다. 치알디니는 『설득의 심리학 Influence』을 저술하기 위해 연구하는 과정에서 사람들이 자신과 비슷하다고 생각하는 이들의 선택에 큰 영향을 받는다는 사실을 알게 되었다. 일반적인 가망고객들은 "나와 비슷한 사람들이 이 상품이나 서비스를 샀다면 나도 사는 것이 좋겠다."라고 판단한다.

고객들은 구매 여부를 고민할 때 구매에 따른 위험을 줄일 수 있는 모든 방법을 강구한다. 그 두려움을 줄여줄 수 있는 가장 빠르고 좋은 방법은 동일한 상황에 있는 다른 많은 사람들이 이미 그 상품을 만족스럽게 사용하고 있으며, 올바른 선택을 했다고 확신한다는 점을 알게 되는 일이다. 그것을 아는 것만으로도 고객의 마음에서 위험에 대한 인식이 제거된다. 우리와 유사한 사람이 특정한 상품이나 서비스를 구입해서 만족스럽게 사용하고 있다는 사실을 알게 되면 크게 마음이 놓인다. 그래서 우리들은 새로 나온 상품이나 서비스를 구매하고자 할 때 먼저 "다른 사람도 이것을 샀어요?"라고 묻는다. 그것을 구매하는 일이 위험하지 않다는 증거를 찾는 것이다. 그 가망고객과 비슷한 사람들이 그 상품이나 서비스를 많이 구매했으면 그만큼 세일즈맨과 회사의 신뢰도는 높아진다.

회의적인 고객들에게 신뢰를 주는 가장 빠른 방법은 구매에 만족한 고객들의 증언이다. 증언은 대단히 큰 힘을 갖고 있어서 종종 그것만으로도 판매가 이루어진다. 명망이 높은 구매자들의 증언은 가망고객들의 두려움과 구매 저항을 없애서 판매를 성사시켜 준다. 가망고객들은 "이렇게 많은 사람들이 이 물건을 구매하고 만족해 하는데 내가 구매하더라도 무슨 문제가 있겠어?"라고 생각하는 것이다.

증언은 주로 세 가지 형태로 이루어진다. 편지, 명단 그리고 사진이다. 구매에 만족한 고객들로부터 받은 편지는 아마도 가장 강력한 판매 보조 도구일 것이다. 증언 편지는 온갖 복잡한 장애물들을 뚫고 바로 구매 결정을 이끌어 낸다. 증언 편지는 그 상품이 좋은 상품이고 구매해도 안전한 상품이라는 점을 보증해 준다. 가망고객들은 종종 명망이 높은 한 사람 혹은 한 회사의 신뢰할 만한 증언 편지만으로도 구매를 결정한다.

그렇다면 증언 편지는 어떻게 받을 수 있을까? 오랫동안 다양한 방법을 사용해 왔는데 모두 효과적이었다. 그 중 첫 번째는 구매에 만족한 고객에게 그냥 증언 편지를 부탁하는 것이다. 판매 업무를 얼마간이라도 해 왔다면 고객들 중에는 우리를 좋아해서 부탁하면 편지를 써줄 친한 사람들이 있을 것이다. 그들에게 까다로운 고객에게 우리한테 구매해도 괜찮다는 사실을 확인시켜 줄 수 있는 멋진 증언 편지가 필요하다고 말하라.

판매 상담 도중에 특정한 문제에 대한 거부 반응이 있다면, 구매에 만족한 고객에게 자신노 구매하기 선에는 동일한 걱정을 했었는네 나중에 보니 걱정할 필요가 없더라는 내용의 편지를 부탁하라. 때때로 고객들이 너무 바빠서 편지를 써 줄 수 없는 경우가 있다. 그때는 편지의 내용을 이쪽에서 작성해서 고객이 내용을 확인한 후에 서명만 해 주는 것은 어떤지 물어보라. 고객들은 시간을 절약할 수 있으므로 거의 대부분 수락할 것이다.

구매에 만족해 하는 고객들의 명단은 전폭적 신뢰를 얻는 대단히 좋은 방법이다. 비밀보호 의무를 위반하지 않으면서 고객 명단을 만들 수 있다면 가망고객에게 강한 인상을 줄 수 있다.

전폭적 신뢰에 도움을 주는 고객 증언의 세 번째 형태는 상품이나 서비스가 고객에게 전달되거나 고객이 상품을 사용하고 있는 사진이다. 한 장의 사진은 수천 마디 말과 동일한 가치가 있다. 우리는 편지 속의 사람들 그리고 사진 속의 인물들과 자신을 동일시하는 경향이 있다. 따라서 사진이 많으면 많을수록 가망고객들은 더욱 쉽게 만족한 고객들과 자신들을 동일시한다. 가망고객들이 만족해 하는 고객들과 동일시하면 할수록 그들 자신도 만족해 하는 고객이 되고 싶다는 욕구가 강해진다. 고객들의 긍정적인 증언은 그 형태가 편지든 명단이든 아니면 사진이든지간에 가망고객의 구매 저항을 90퍼센트 이상 극복할 수 있다. 정규적인 판매 활동의 하나로 증언을 수집해서 기회가 닿을 때마다 활용해야 한다.

나는 판매 교육을 받는 참가자들에게 매주 다음 훈련 때까지 고객들의 증언 편지를 두 건 이상 받아오도록 부탁한다. 다음 시간에 참가자들은 자신이 받은 고객들의 증언 편지를 가져와서 다른 참가자들과 편지의 내용에 대해 서로 이야기한다. 참가자들은 자신들이 받아온 증언 편지를 보면서 가장 강력한 문구에 노란색 형광펜으로 표시하고 투명 파일 안에 넣어서 바인더에 철한 다음 항상 가지고 다닌다. 많은 참가자들이 열 건에서 열두 건의 편지를 모아서 바인더에 철하고 판매 상담 때 지참함으로써 신뢰를 쌓고 구매 저항을 극복하는 강력한 도구로 활용할 수 있었다.

세일즈맨들이 증언을 판매 상담에 사용하기 시작하면 그 즉시 판매 성과는 올라간다. 증언에 담긴 내용들이 세일즈맨의 자신감을 증대시키고 경쟁자들에 맞서서 공격적인 고객 발굴과 판매를 할 수 있도록 해 주기 때문이다. 실제로 증언은 너무나 강력한 힘을 갖고 있으며 최고 세일즈맨들이 애용하는 방법이기 때문에 "증언을 활용하지 않는 세일즈맨은 가족들을 굶주리게 한다."라는 말까지 있을 정도다.

전폭적 신뢰를 얻을 수 있는 네 번째 영역은 상품이나 서비스의 가치와 품질에 대해서 보증해 주는 외부의 권위자와 전문가들이다. 세일즈맨의 주장은 고객의 눈으로 볼 때는 증거가 아니라는 점을 잊지 말아야 한다. 상품이나 서비스를 팔고자 한다는 바로 그 사실 때문에 고객들은 세일즈맨이 말하는 모든 것에 대해서 의심을 품고 듣는다. 세일즈맨은 상품이나 서비스를 실제 이상으로 부풀려서 아주 좋다고 이야기한다고 생각한다. 상품이나 서비스에 대해서 과장하고 기능과 가치에 대해서 그럴듯한 말로 호도할 것이라고 생각한다. 이것은 판매라는 게임의 한 부분이다.

사실 법률적인 면에서 보면 부정확한 판매 진술에는 세 가지가 있다. 첫째는 사기성 허위 진술, 둘째는 허위 진술, 셋째는 과대 선전이다. 사기성 허위 진술이란 세일즈맨이 상품이나 서비스에 대해서 거짓이라는 것을 알면서도 하는 진술이다. 이 경우 법원은 판매를 무효로 할 수 있다. 허위 진술은 세일즈맨이 상품이나 서비스에 대해서 거짓이라는 것을 알지 못하고 말을 했는데 나중에 거짓으로 밝혀지는 것이다. 이 경우 세일즈맨은 선의로 진술한 것이다. 이 때문에 허위 진술은 선의의 허위 진술이라고 불리기도 한다. 고객이 세일즈맨의 말을 믿고 구입한 후 그 결과로 손해를 입었다면 법원은 선의의 허위 진술을 근거로 판매를 무효로 할 수 있다.

부정확한 판매 신술의 세 번째 유형은 과대 선전이다. 세일즈맨이 "이 상품이나 서비스는 세계 최고입니다."라고 말한다면 그것은 과대 선전이다. 과대 선전은 법적으로 판매를 무효로 할 수 있는 근거가 되지 못한다. 관습법에 따르면 세일즈맨은 자신의 상품이나 서비스를 부풀리고, 과장하고, 비교되는 다른 상품보다 더 좋은 것이라고 말하는 사람들이다. 그것이 불법은 아니다. 세일즈맨이 그렇게 할 것이라는 점을 고객들도 예상하고 있기 때문이다.

하지만 제삼자가 객관적인 분석에 기초해서 상품이나 서비스가 훌륭하다고 말하면 그것은 가망고객에게 큰 의미가 있다. 우리가 파는 상품이 훌륭하며 가치가 있다고 외부의 믿을 만한 소식통이 증언해 주면, 고객의 마음속에서 우리에 대한 신뢰도는 올라간다. 때로 고객은 그 증언 때문에 모든 구매 저항을 벗어던지고 즉시 구매하기도 한다.

이를테면 출판물, 잡지 혹은 뉴스에서 우리 상품이나 서비스에 대해서 호의적으로 보도하면 고객들은 호감을 갖게 된다. 사람들은 객관적이라고 생각하는 제삼자가 우리 상품이나 서비스에 관해서 쓴 것을 읽기 전까지는 우리가 하는 말을 믿지 않는 경향이 있다.

제삼자 증언의 또 다른 형태는 그 분야에서 전문성과 지식으로 존경받는 사람들의 추천이다. 최근에 약품 광고를 하나 봤는데, 거기에는 "4만 2천 명의 의사들이 이 약을 미국에서 가장 효과가 좋은 진통제로 선정했다."라고 적혀 있었다. 도대체 어느 누가 4만 2천 명이나 되는 의사들의 권위와 전문성에 도전할 수 있겠는가? 이것은 구매를 권유하는 대단히 강력한 설득력을 가진다.

지역사회에서 유명한 사람이 자신의 상품이나 서비스를 구입해서 사용한다면 가망고객에게 이야기할 때 잊지 말고 그 점을 알려라. 상공회의소 의장, 시장, 주요 기업의 사장, 유명한 스포츠 선수나 연예인, 그밖에 고객들이 존경하거나 우러러보는 사람이라면 누구라도 자신이 취급하는 상품을 구매했다는 사실을 언급함으로써 우리와 우리 상품에 대한 신뢰를 엄청나게 높이고, 그것이 판매로 연결되는 결정적인 요소가 될 수 있다.

구매 결정에 엄청난 영향을 미치는 또 다른 형태의 권위는 세일즈맨이 입거나 사용하는 성공과 부의 상징물에 담겨 있다. 멋진 차를 타고, 옷을 잘 차려 입고, 값비싼 서류가방을 들고 다니는 세일즈맨은 가망고객에게 강한 인상을 준다. 세일즈맨이 풍기는 성공과 부의 분위기는 상품이나 서비스 그리고 그가 일하는 회사로 확대되어 간다.

사람들은 성공한 사람이나 성공한 기업과 거래하고 싶어 한다. 세일즈맨이 상을 받으면 그 사실을 자랑스럽게 명함에 나타내는 이유가 바로 그 때문이다. 당신이라면 자동차나 집을 살 때 이제 막 영업을 시작한 사람을 통해서 사겠는가, 아니면 그 분야의 최고 세일즈맨을 통해서 사겠는가? 투자 상품을 산다고 할 때 점심값도 제대로 낼 수 없을 것 같은 사람으로부터 사겠는가, 아니면 부유하고 성공한 것처럼 보이는 사람으로부터 사겠는가? 사소한 것처럼 보이는 것들이 큰 차이를 만들어 낸다는 사실 그리고 모든 것이 해당된다는 점을 명심하라.

전폭적 신뢰를 만들어 내는 다섯 번째 영역은 상품이나 서비스 그 자체와 관련이 있다. 사실 이것만으로도 거래가 성사되기도 하고 아니면 실패할 수도 있다. 상품이나 서비스가 모든 면에서 고객에게 완벽하게 이상적이고 고객이 그 시점에서 긴급하게 필요로 하는 요구를 충족시켜 줄 수 있다면 다른 조건들이 동일할 경우 거래를 따낼 수 있다.

가망고객에게 우리 상품이나 서비스가 고객이 찾고 있었던 바로 그 요구 사항을 제공해 준다는 점을 납득시키면 큰 신뢰를 얻을 수 있다. 고객의 욕구를 세심하게 파악해서 우리의 상품이나 서비스가 구체적으로 이렇게 그 요구 사항을 완벽하게 충족시켜 주는가를 고객에게 보여 주면, 엄청난 신뢰가 구축되고 아무리 강한 구매 저항도 극복할 수 있게 된다.

우리 상품이나 서비스를 통한 해결책의 가치가 상품이나 서비스의 구입 비용을 크게 능가한다는 점을 구매 고객에게 보여 주면 고객이 거부하기 어려운 신뢰가 축적된다. 내 고객사는 최근에 중간 규모의 기업에게 컨설팅 비용으로 5만 5천 달러를 지급했다. 내가 굉장히 큰 금액이라고 말하자 그는 "나도 그런 생각이 들었습니다. 그런데 그쪽에서 시스템이 설치되면 첫해 수익이 15만 달러 증가한다고 말하면서 그것을 보증했거든요. 어떻게 안할 수가 있겠어요?"라고 대답했었다.

실제로 그 컨설턴트가 제시한 채용, 해고, 보상 시스템은 첫해에만 20만 달러 이상의 비용을 절감시켜 주었다. 그 컨설팅 회사는 내 고객사의 추천서를 받아서 거의 모든 가망고객에게 서비스를 팔고 있다. 그들은 고객이 요구하는 사항을 정확하게 제공함으로써 높은 신뢰를 쌓았고, 그 평판을 활용해서 사업을 빠르게 확장해 가고 있다.

판매 활동은 복잡하지만 실제로 수표에 사인하는 사람의 관점에서 보면 결정적인 요소는 그 거래가 회사의 이익에 도움이 되는가의 여부다. 상품이나 서비스를 기업에 판매할 때는 언제나 의사 결정권자에게 해당 상품이나 서비스를 구입하게 되면 그 비용 이상의 수익을 기업에 가져온다는 점을 납득시킬 수 있도록 준비해야 한다. 뻔히 손해가 날 줄 알면서 거래를 할 기업가는 없다. 기업은 이익을 가져오는 의사 결정을 통해서 존속하고 성장한다. 우리가 할 일은 가망고객이 상품이나 서비스의 가용 기간 내에 우리의 상품이나 서비스의 구입 비용을 넘어서는 비용을 절감하거나 수익을 낼 수 있는 다양한 방법을 찾는 것이다. 그렇게 할 수 있다면 고객에게 엄청난 신뢰를 얻을 수 있다.

세일즈맨과 그가 다루는 상품이나 서비스에 전폭적 신뢰를 이끌어내는 여섯 번째 영역은 자신이 한 말에 대해서 보증이나 보장을 기꺼이 해줄 수 있느냐 하는 점이다. 이것을 리스크 리버설 risk reversal 이라고 부른다.

리스크 리버설은 자신이 말한 대로 상품이나 서비스가 제 역할을 다할 것이라는 사실에 대해서 너무나 자신이 있으므로, 만에 하나라도 상품이나 서비스에 대해서 만족하지 않으면 구입 비용을 되돌려 주겠다는 보장이 가능함을 가망고객에게 보여 주는 행위다.

만일 세일즈맨의 회사에서 보증과 보장을 해 준다면 거래를 따내는데 필요한 고객의 신뢰를 획득할 수 있는 강력한 방법이 된다. 필요하다면 세일즈맨 개인의 보증도 제공함으로써 가망고객이 필요로 하는 추가적인 보증 욕구를 만족시킬 수 있다.

얼마 전에 거래가 없던 기업의 세일즈맨이 찾아와서 프레젠테이션을 했다. 그는 자신의 회사가 얼마나 오랫동안 사업을 해오고 있는지 그리고 고객 만족을 통해서 얼마나 빠르게 성장했는지 설명했다. 또한, 자신의 회사와 거래해 오면서 만족해 하고 그 결과 다른 거래처를 추천해 준 사람들에 대해서도 이야기했다. 상품의 품질과 품질 관리 방법, 고객 한 사람 한 사람이 완벽하게 만족하도록 하는데 얼마나 정성을 기울이고 있는지에 대해서도 말했다.

마지막으로 이 말을 함으로써 그는 거래를 따냈다. "브라이언 선생님, 이 상품에 대해서 회사가 제공하는 보증과 보장 외에도 선생님이 반드시 만족해 하실 것이라는 점을 제 개인적으로도 보장하겠습니다. 선생님의 구매 결정이 가장 잘하신 최고의 결정이었다고 생각하실 수 있도록 제가 할 수 있는 모든 것을 다하겠습니다. 제 고객이 되어 주시면 정말 좋겠습니다." 나도 사람인데 그 말을 듣고 어떻게 마음이 움직이지 않겠는가? 결국 여러 해에 걸쳐서 그 세일즈맨과 그가 일하는 회사에 수천 달러를 지불하게 되었다. 그의 마지막 발언이 내 마음속에 끝까지 남아 있던 회의와 망설임을 제거해 버린 것이다.

전폭적 신뢰를 구축할 수 있는 마지막 영역은 판매 프레젠테이션이다. 이 영역은 너무나 중요하므로 9장에서 별도로 다루겠지만, 여기에서는 상품을 프레젠테이션 할 때 신뢰를 키우기도 하고 떨어뜨리기도 하는 네 가지 핵심 요소에 대해서 설명하겠다.

첫째, 고객에 초점을 맞추고 문제 중심적인 프레젠테이션을 하면 상품이나 서비스 중심으로 프레젠테이션을 하는 것보다 더 큰 신뢰를 쌓을 수 있다. 고객의 상황과 욕구에 관심을 갖고, 질문하고, 몸동작을 하고, 경청하고, 프레젠테이션을 하면 할수록 고객의 신뢰는 커지고 우리에게 구매할 가능성은 높아진다.

둘째, 상품의 특성과 상품 구매를 통해서 얻게 되는 이익에 대해 질문을 통해서 파악한 다음, 고객의 확인을 거친 해당 고객 고유의 필요성과 능숙하게 부합시키면 신뢰가 쌓인다. 상품이나 서비스가 고객의 실제 상황과 밀접한 관계를 맺으면 맺을수록 신뢰도는 높아지고 고객의 구매 가능성도 높아진다.

셋째, 관계와 사람에 초점을 맞춤으로써 신뢰를 구축할 수 있다. 우회노력의 법칙에 따라서, 판매를 성사시키는 것보다도 고객과 인간관계를 더 소중하게 생각한다는 점을 지속적으로 알려주게 되면 신뢰를 구축하고 유지할 수 있다. 우리가 판매보다도 자신을 더 소중하게 여긴다는 점을 확신하게 되면 고객은 우리에게서 구매하고 싶어 하고 또 그렇게 하기 위해서 필요한 모든 노력을 다하게 된다.

넷째, 판매에 대해서 온전히 책임을 짐으로써 전폭적 신뢰를 구축할 수 있다. 고객이 100퍼센트 만족하도록 서류를 완벽하게 마무리하고, 상품이나 서비스를 배달해서 설치하고, 제때 수리를 받고 지원받는 것은 세일즈맨의 책임이다. 판매 프레젠테이션을 마무리하면서 이렇게 말하는 것이 바람직하다. "이 거래를 승인만 하신다면, 나머지 문제는 제가 맡겠습니다. 모든 세부 사항은 제가 책임지고 처리하겠습니다."

무엇보다도 가망고객은 문제가 없는 깨끗한 구매를 원한다. 일단 우리의 판매 제안을 받아들이고 난 다음에는 이 일은 잊고 자신이 해야 할 다른 여러 가지 일들을 하고 싶어 한다. 여러 가지 해결되지 않은 세부 사항이나 문제 처리를 위해서 다시 계속해서 이 구매 건에 대해서 신경 쓰고 싶어 하는 고객이 어디에 있겠는가? 고객은 이 거래를 하는 것이 100퍼센트 올바른 결정이고 우리와 거래한 사실에 대해서 결코 후회하는 일이 없으리라는 확신을 하고 거래하길 원한다.

전폭적인 신뢰를 형성하는 7가지 영역
1. 인격, 외모, 태도와 성격
2. 회사의 신뢰도
3. 사회적 증거(고객들의 긍정적 증언)
4. 외부의 권위자와 전문가들
5. 상품이나 서비스 자체
6. 한 말에 대한 보증이나 보장
7. 판매 프레젠테이션

주요 내용 정리

오늘날 프로 세일즈의 핵심은 깊은 신뢰를 기반으로 고객과 높은 수준의 인간관계를 구축하고 유지하는 일이다. 세일즈맨의 역할은 계속해서 고객을 만들고 유지하는 것이다. 고객을 만들려면 그들에게 우리가 가장 위험이 적고, 가치가 크며, 거래하기에 편하다고 확신시켜 주어야 한다. 고객을 유지하려면 약속을 지키고, 계약 사항을 이행하고, 관계를 해치지 않도록 지속적으로 노력해야 한다.

판매는 '황금률 the golden rule'과 '우정의 요소 the friendship factor'에 기초해서 이루어진다. 고객 한 사람 한 사람을 특별하고 중요한 사람으로 대하라. 상품이나 서비스를 판매하는 사람이 우리에게 해줬으면 하고 바라는 것처럼 꼭 그렇게 고객을 대하라. 철저하게 준비하고 완벽한 지식을 갖고 있어야 한다. 우리가 고객으로서 대접받고 싶은 것과 마찬가지로 고객이 훌륭한 구매 결정을 할 수 있도록 돕는 일에 온 힘을 다하라.

이제 당신과 당신의 사업을 다른 방식으로 봐야한다. 그것은 당신이 이익 파트너가 되는 방법을 제시해 준다. 파트너가 되기 위해서는 고객의 사업에 대한 전문화된 지식과 신뢰에 바탕을 둔 고품격의 관계를 갖춰야 한다. 따라서 자신에게 물어야 할 핵심 질문은 "어떻게 내가 고객의 비즈니스 라이프에 진정한 차이를 만들 수 있을까?"이다. 당신의 평판이 가장 큰 자산이라는 것을 꼭 기억하라. 다음 연습 문제들은 지금 현재 당신의 평판이 어떤지, 어떻게 바뀔 수 있는지, 어떻게 당신의 경쟁 우위로 사용될 수 있는지를 정의하는데 도움이 될 것이다.

1. 1~10까지의 범위에서 당신의 가장 중요한 구매 고객/충성 고객 5명과 당신의 관계 혹은 평판을 평가하라. (1은 적대적이고 경쟁적인 것을 의미하고, 10은 우호적이고 협조적인 것을 의미함)

2. 위의 5명의 고객들을 위해 당신이 그들 각자의 경제적 성장을 도울 수 있는 한 가지 방법을 고안하라.

3. 기존의 만족한 고객들이 새로운 고객의 가장 훌륭한 원천이므로, 판매 제안의 일종으로 사용 가능한 증언을 해 줄 세 명의 만족한 고객을 찾아 기입하라. 또한, 그들이 진술할 것이라고 기대할 수 있는 점이 무엇인지와 가망고객에게 이용할 수 있는 어떤 방법이 있을지 간략히 서술하라.

4. 당신의 고객들과 더 좋은 이익 파트너가 되기 위해 당장 할 수 있는 세 가지 일은 무엇인가?

5. 적어도 6개월 동안 성취할 목표로써 당신의 가장 가치 있는 자산과 평판이 되었으면 하는 것은 무엇인지 구체적으로 서술하라.

The Profession of Selling

" Asking focused questions is the real art of
the creative person."
초점을 맞춘 질문을 하는 것이 창조적인 사람의 진정한 기술이다.

" The only way to prove that you are a person of courage is
to act courageously."
당신이 용기 있는 사람이라는 것을 증명하는 유일한 방법은
용감하게 행동하는 것이다.

판매는 전문직
The Profession of Selling

판매는 우리 사회에서 가장 중요한 일 중의 하나다. 회사가 돌아가려면 먼저 판매가 이루어져야 하기 때문에 어떤 의미에서 보면 사장에서부터 경비원에 이르기까지 모든 직원들의 고용과 급여가 판매에 달려 있다고 할수 있다. 따라서 세일즈맨의 판매 능력은 회사 성공의 필수 요건이고, 세일즈맨으로서 우리가 유능한지 아닌지가 회사의 성공이나 실패를 결정하는 핵심 요소다.

판매는 명예로운 전문직이다. 세일즈맨은 경제 전반의 발전과 성장을 선도한다. 다른 직무에 대한 수요를 창출하는 것도 궁극적으로는 세일즈맨이다. 판매가 일어나면 도미노 효과가 생겨서 사회의 다른 모든 분야에서 고용이 발생하지만, 판매가 일어나지 않으면 당연히 그 효과도 생길 수없다. 세일즈맨은 상품과 서비스에 대한 새로운 시장을 만들어내고 그들의 업무 활동 결과 토지, 노동, 원재료, 자본 그리고 기술에 대한 수요가발생한다. 판매가 줄거나 중단되면 회사도 침체되거나 망한다. 세일즈맨들이 얼마나 활동을 잘하느냐에 따라서 회사의 성공과 실패가 결정된다.

모든 경제 지표 혹은 보고서는 어떤 형식으로든지 해당 기업이나 해당산업의 판매 수준을 다루고 있다. 주가 지수, 도매 물가 지수, 소비자 물가 지수, 상품 지수 등도 모두 일정기간 상품과 서비스의 판매량은 얼마나 되는지 그리고 가격은 어떤지를 보여 준다. 판매 활동의 약화 혹은 판매량의 실질적인 감소는 그 상품이나 그 분야의 경제 활동에 문제가 있다는 사실을 알려준다.

판매는 세일즈맨이 자신의 업무를 대하는 태도에 따라서 일반적인 직업이 될 수도 있고 전문직이 될 수도 있다. 낮은 보수를 받고 그저 생계를 꾸려 가는 수단이 될 수도 있고, 우리 사회에서 가장 높은 급여를 받는 전문직이 될 수도 있다. 판매직은 그저 입에 풀칠하는 수준이 될 수도 있지만 엄청난 성공으로 인도해 줄 수도 있다. 1년에 겨우 만 달러를 버는 세일즈맨도 있지만 같은 기간에 백만 달러를 버는 세일즈맨도 있다. 그중에서 어떤 세일즈맨이 될 것인지를 결정하는 것은 바로 자기 자신이다.

최고 세일즈맨은 우리 사회에서 가장 존경받는 그룹에 속한다. 나는 오랫동안 각 분야를 선도하는 세일즈맨들과 함께 일해 왔다. 내 메일함에는 각 분야에서 세일즈맨으로 일하면서 판매라는 전문직을 자신의 목표와 꿈을 실현하기 위한 도약대로 사용하여 멋진 삶을 살아가는 이들의 메일이 가득하다.

오늘날 미국에서 〈포춘 Fortune〉지가 선정하는 1,000대 기업의 고위 임원이나 사장을 보면 판매와 마케팅 업무 출신이 다른 어떤 업무 출신보다 많다. 성공한 세일즈맨은 대통령, 국무총리, 영화배우, 스포츠 스타들과 식사를 하며 지역 사회에서 중요한 인물이 되고 사회에 커다란 영향을 미친다. 최고 세일즈맨은 사회적, 경제적 진보의 원동력이 된다. 그들의 활동과 성공은 '아메리칸 드림 American dream' 이 무엇인지를 보여 준다. 메리 케이 Mary Kay사는 연봉 10만 달러를 넘는 여성 임원을 미국의 다른 어떤 회사보다도 더 많이 배출했다. 비결은 판매 전문가가 되도록 교육시키는 데에 있다. 미국에서는 여성 창업자가 남성 창업자의 3배인데, 여성 창업자들이 가진 가장 큰 강점은 상품과 서비스의 판매 능력이다. 판매 기술의 개발은 남녀를 막론하고 성공할 수 있는 가장 빠르고 신뢰할 수 있는 방법이다.

판매는 누구에게나 개방되어 있는 특별한 분야다. 누구라도 밑바닥부터 판매를 시작할 수 있고 실제로 그렇게 한다. 일정한 조건에서, 일정한 장소에서, 일정한 물건을 판매하는 직업을 구하기는 쉽다. 남녀를 불문한다. 그렇지만 쉬운 것은 거기까지다. 세일즈맨들이 대부분 저지르는 치명적인 실수는 판매라는 직업 세계에 쉽게 들어올 수 있었던 것처럼 판매 실적을 올리는 일도 쉬우리라 착각하는 것이다. 그러나 천만의 말씀이다. 판매직을 시작하는 것은 성공으로 올라가는 사다리의 가장 아래 칸 손잡이를 잡은 것에 불과하다. 더구나 그 손잡이는 견고하지 못하다. 그 다음부터는 온전히 자신의 몫이다. 위로 올라가려면 헌신적인 노력이 필요하다. 정상에 가려면 계단을 올라야 한다. 부단한 노력이 없으면 안 된다. 성공하는 데 있어서 가장 중요한 법칙 중의 하나는 이것이다. **"우리를 정상에 오르도록 해 준 것이 무엇이든지 간에 그것만으로는 끝없이 정상에 머물 수 없다."**

누구나 판매 일을 시작할 수 있기 때문에 판매를 평범한 직업 중의 하나일 뿐이라고 생각하는 사람이 많다. 그들에게 있어서 판매란 단순히 직업이나 생계 수단일 뿐이다. 평범한 세일즈맨들이 판매를 통해서 얻는 소득은 자신이 일하는 산업에서 평균 정도다. 이직률은 높고, 성과도 보통이고, 높은 소득을 올릴 기회도 별로 없다. 두각을 나타낼 때 비로소 진정한 기회의 문이 열린다. 판매가 평범한 직업 중의 하나가 될지 아니면 전문직이 될지를 결정하는 것은 우리 자신의 태도와 활동이다. 우리가 매일 하는 활동이 바로 사람들이 우리를 프로 세일즈맨으로서 존중하고 존경할지를 결정하는 핵심적인 요인이다. 우리가 하는 판매라는 직업을 명예롭게 하는 것은 우리 자신이다. 회사, 상품과 서비스, 시장, 경쟁자 그 어느 것도 아니다. 판매 활동을 다른 사람들이 좋아하고 존경하는 활동으로 만들 수 있을지 결정하는 것은 언제나 바로 우리 자신이다. 어느 현자는 이렇게 말했다. "미래를 보장해 주는 것은 직업이 아니라 오직 우리 자신뿐이다."

전문가의 업무 접근 방법

전문직은 구체적인 방법론과 절차를 가진 수준 높은 직업이다. 체계를 갖추고 있고 질서정연하다. 표준화된 업무 수행 절차가 있어서 처음부터 끝까지 순서에 따라서 업무가 진행되어야 한다. 이런 의미에서 판매라는 전문직은 일련의 번호가 순서대로 맞춰져야 열리는 다이얼 자물쇠와 비슷하다. 다이얼 열쇠는 번호를 모르거나 번호를 돌리는 순서가 틀리면 아무리 열정과 에너지가 넘치더라도 열리지 않는다. 마찬가지로 요즘처럼 경쟁이 심한 시장에서는 열정과 야망이 가득한 사람이라도 하지 말아야 할 일을 하거나 올바른 일을 하더라도 순서가 틀리게 되면 판매에 성공할 수 없다.

판매는 가르치고, 학습하고, 영향을 주고, 설득하고, 포지셔닝하고, 가망고객을 고객으로 만들면서 자연스럽게 나타날 수 있는 구매 저항을 극복하는 복잡한 과정이다. 판매는 쉽지 않다. 사람들을 많이 만나기만 하면 되니까 판매가 쉬울 것이라고 기대하는 것은 판매 성공에 해를 끼치고, 경우에 따라서는 치명적일 수도 있다.

어떤 일이 쉬울 것이라고 생각했던 사람들은 실제로는 그렇지 않다는 사실을 알게 되면 사기가 떨어지고 좌절한다. 판매를 전문직으로 생각하고 접근하게 되면 자기 분야에서 고급 세일즈맨으로 진입하기 시작한다. 뒤로 물러서서 자신이 하고 있는 일을 바라보고 진지하게 생각할 때 비로소 자기 자신과 업무를 보다 높은 단계로 향상시키는 과정이 시작된다. "가장 멀리 돌아가는 길이 가장 빠른 길이다."라는 말이 바로 여기에 해당된다.

1905년 프레데릭 테일러 Frederick Taylor라는 사람이 생산 과정에 혁명을 일으키기 시작했는데 그 혁명은 지금까지 계속되고 있다. 바로 '과학적 관리'라고 불리는 생산 방법으로 그는 그 분야에서 세계 최고의 권위자가 되었다. 테일러는 생산의 질과 양을 향상시키는 열쇠는 모든 업무를 개별 활동으로 세분화한 다음에, 근로자들이 그 각각의 개별 활동을 고도로 효율적으로 수행하도록 훈련시키는 것에 있다고 생각했다. 근로자들은 장식장을 만드는 숙련된 장인처럼 원목을 자르는 것부터 시작해서 제품의 완성에 이르기까지 모든 일을 다 하는 것이 아니라, 한 가지 기능을 빨리 그리고 완벽하게 수행하도록 훈련받았다.

과학적 관리는 수행해야 할 업무를 철저한 분석에서 시작한다. 그리고 분업 시스템을 만든, 다음 생산 체계 혹은 생산 라인을 구축함으로써 공동 작업을 통해서 엄청난 양의 제품을 만들어 낸다. 과학적 관리로 인해서 미국은 불과 몇 년 만에 세계에서 가장 강력한 산업 강국으로 도약할 수 있었다. 헨리 포드 Henry Ford는 과학적 관리를 도입해서 적용한 첫 기업가였고, 10년 후에는 세계 최고의 부자가 되었다.

그와 같은 체계적인 기법을 판매에 적용하는 것이 세일즈맨으로서 생산성을 신속하게 향상시킬 수 있는 열쇠다. 키워드는 '과정 분석'이다. 판매 기법은 주로 무형적이고 대인관계에 관한 것이지만 전체 판매 과정을 개별적이고 구체적인 활동으로 나눈 다음에, 분석하고 개선할 수 있다는 점에서 과정 분석을 적용할 수 있다.

몇 년간에 걸쳐 수백만 달러의 비용과 수많은 시간을 투자해서 다양한 수준의 숙련도를 가진 세일즈맨들의 수천 건에 달하는 상담을 관찰하고 연구했다. 연구 결과 최고 세일즈맨은 예상했던 대로 고유의 판매 방식을 갖고 있었다. 평범한 세일즈맨은 그때그때 무계획적으로 판매했다. 그리고 실적이 떨어지는 세일즈맨은 아무 생각 없이 실패를 부르는 방식으로 판매했다. 판매 전·판매 중·판매 후 세일즈맨의 모든 활동은 세분되고, 각각 별도로 정의되며 분석을 통해서 강점과 약점을 찾을 수 있다. 그리고 그 분야에서 가장 높은 수입을 올리는 세일즈맨과 비교할 수 있다. 그다음에 각각의 세분된 항목에 대해서 그 항목에서 최고인 세일즈맨들의 특정한 행동을 배우고 실천하면 엄청난 향상이 가능하다.

인과의 법칙은 모든 결과에는 특정한 원인이 있다고 말한다. 또한, 자신이 원하는 결과가 무엇인지 명확하게 정의할 수 있다면(판매 성공) 그 원인을 추적할 수 있고(다른 성공한 세일즈맨들의 행동 방식), 우리도 그 원인 행동을 따라하면 원하는 결과를 얻을 수 있다고 말한다. 기적이 아니다. 사실 너무나 단순해서 우스울 정도다. 그러나 세일즈맨들의 실적이 저조한 가장 큰 이유는 수많은 세일즈맨들에 의해서 효과가 있다는 사실이 이미 증명된 이 방법을 배우지 않았거나, 배운 다음에 실천하지 않았기 때문이다.

기본 판매 과정

최고 세일즈맨들은 일정한 활동 순서를 따른다. 가망고객이 부정적이거나 서두른다고 해서 절차를 바꾸지 않는다. 그들은 자신을 판매 전문의나 지기 분야에 대한 완전한 전문가로 보기 때문에 전문가답게 행동한다.

판매 과정을 분석해 보면 판매는 기본적으로 세 가지 요소로 이루어져 있다. 세 가지 요소에는 순서가 있는데 (1)친밀감 형성 (2)문제점 확인 (3)해결 방법 제시다. 세 번호로 이루어진 다이얼 자물쇠처럼 판매의 세 가지 요소는 정확하게 차례대로 이루어져야 한다. 번호나 단계를 빠뜨리거나 순서가 잘못된 채로 자물쇠를 열려고 하거나 판매하려고 하는 시도는 실패로 이어진다. 자물쇠는 열리지 않고 판매도 이루어지지 않는다.

가망고객은 우리가 자신의 친구이고 자신을 위해서 행동한다는 사실을 확신하기 전에는 우리의 제안을 진지하게 고려하지 않는다.

따라서 우리는 먼저 충분한 시간을 갖고 가망고객과의 사이에 따뜻한 공감대를 형성한 후에 다음 단계로 진행시켜야 한다. 이것은 의사와 환자 관계에서 보면 진찰 단계에 해당한다. 충분한 시간을 갖고 가망고객을 이해하지 않으면서 판매만 하려고 들면, 고객은 겉으로 공손하게 대할지 모르지만 거래는 이루어지지 않는다.

기본 판매 과정의 두 번째 단계는 문제점 확인이다. 이것은 의사와 환자 관계의 진단 단계에 해당한다. 판매 컨설턴트로서 우리의 역할은 문제 해결자다. 우리가 판매하는 상품이나 서비스는 가망고객이 현재 갖고 있거나 앞으로 갖게 될지 모를 문제에 대한 해결책이다.

친밀감을 형성하고 문제점을 확인하는 과정에서 우리는 세심하게 준비한 질문을 던진 다음 고객의 답변을 주의 깊게 들어야 한다. 가망고객의 개인적인 상황을 파악하기 위해서 개인적인 질문도 어느 정도 하지만, 질문의 대부분은 가망고객이 가진 문제나 상황에 집중해야 한다.

우리가 고객이 겪고 있는 진정한 문제 혹은 고통을 찾아내고 그것에 초점을 맞추면, 고객은 그때 비로소 우리를 평범한 세일즈맨이 아니라 전문가로 보고 그에 맞게 대우한다. 고객이 가진 문제에 대해서 서로 인식을 함께 하는 2단계에 뒤이어서 기본 판매 과정의 세 번째 단계는 해결책을 제시하는 것 즉 의사와 환자 관계라면 처방을 내리는 것이다. 우리 상품이나 서비스가 고객이 필요로 하는 해결책이나 해답이 될 수 있는 문제점을 찾아야 한다. 질문과 대화는 가망고객이 우리 상품이나 서비스를 어떻게 경제적으로 구매하고 사용할 수 있을지에 초점을 맞춰야 한다.

프레젠테이션을 할 때 가격은 해결 방안 제시 단계의 맨 마지막에 다루는 것이 올바른 방법이다. 그 전에 가격에 관해서 이야기하는 것은 적절하지 않고 오히려 해가 되기도 한다. 가망고객이 우리가 제시하는 해결책을 받아들이기로 결정하기 전에 가격에 대해서 협의하게 되면 판매 성사 가능성을 약화시키거나 아예 망쳐 버린다. 가망고객들은 판매 상담을 할 때 언제나 가격에 대해서 먼저 묻는다.

그러나 구매 욕구가 충분히 무르익기 전에 가격에 관해서 논의하는 일은 적절하지 못하다. 한 마디로 너무 빠르다. 가망고객이 우리 상품이나 서비스가 자신이 가진 문제점에 대한 가장 좋은 해결책이라고 생각하지 않는 한 가격은 중요한 문제가 아니다.

간단한 예를 들어 본다면, 의사가 환자와 면담하면서 진찰이나 진단 과정에서 수술 비용을 먼저 제시하고 협상하는 일을 상상이나 할 수 있는가? 그런 일은 있을 수 없다. 가망고객이 우리 상품이나 서비스를 구매하겠다고 결정하기 선까시는 사실 가격은 문제 자체가 되지 못한다.

뛰어난 판매 사고 능력을 가진 세일즈맨 되기

판매 과정 분석의 출발점은 판매의 3단계에 관해서 생각하는 것이다. 최고 세일즈맨들은 누구나 뛰어난 사고 능력의 소유자다. 그들은 행동하기 전에 미리 생각한다. 그들은 가망고객을 만나서 이야기하기 전에 미리 철저하게 계획을 세우고, 만난 다음에도 철저하게 분석한다.

세월이 흐를수록 더 지혜롭고 더 유능해지는 사람들은 시간을 갖고 자신의 경험을 깊이 성찰하는 사람들이다. 그들은 경험을 모든 각도에서 분석한다. 그리고 학습한 내용이 미래에 활용될 수 있는가 하는 관점에서 그 경험을 평가한다. 자신의 분야에서 성장하지 못하는 사람들을 보면 경험은 많을지 모르지만 그 경험에 대해서 시간을 갖고 반성하지 않거나 자신의 경험에서 배우지 않는다.

정기적으로 자신과 자신의 업무에서 뒤로 물러나 자신의 판매 방식을 돌아보면서 판매의 각 단계 즉 친밀감 형성, 문제점의 명확한 파악, 효과적인 해결 방안 제시를 얼마나 잘하고 있는지 평가하라. 그것이 과정 분석의 출발점으로써 짧은 시간 내에 판매 성공의 길로 우리를 안내한다.

판매의 생명유지 기능

우리 몸은 생명과 활력의 신호이자 척도가 되는 생명유지 기능을 갖고 있다. 그 중 어느 하나라도 없으면 임상적으로 사망에 해당한다.

몸이 좋지 않아서 병원에 가면 의사는 제일 먼저 생명유지 기능 검사를 한다. 생명유지 기능의 검사만으로도 몸에 어떤 이상이 있는지 알게 되는 경우도 종종 있다. 건강하게 살려면 그 기능 하나하나가 모두 제대로 작동해야 한다.

판매에도 생명유지 기능이 있다. 이 생명유지 기능들의 건강 상태가 우리들의 판매 성과와 판매 경력을 결정한다. 생명유지 기능들 중에서 한가지라도 나빠지면 판매 성과도 나빠진다. 생명유지 기능들 중에서 어느 하나라도 작동을 중지하거나 정상적인 작동을 못하게 되면 판매 경력의 종말을 의미할 수 있다.

과정 분석의 중요한 부분 중 하나는 이들 생명유지 기능 하나하나에 대해서 자신의 강점과 약점을 평가하고 기능별로 능력 향상 계획을 수립하는 것이다.

　　판매의 일곱 가지 생명유지 기능은 (1)긍정적인 태도 (2)건강과 호감을 주는 외모 (3)완벽한 상품 지식 (4)지속적인 가망고객 발굴과 신규 사업 개발 (5)프레젠테이션 기법 (6)거절 처리와 구매 약속 확보 (7)자기 관리 기술이다. 사람에 따라서 그리고 상품에 따라서 달라질 수 있지만 내 경험에 비춰볼 때 이 일곱 가지가 프로 세일즈맨으로서 잠재력을 최고로 발휘하는데 가장 중요한 사항들이다. 이 일곱 가지 기능 중에 어느 하나가 없거나 크게 취약하면 다른 모든 노력을 망쳐서 낮은 성과와 실패의 아픔을 안겨 준다.

　　예를 들어 보자.

(1)긍정적인 태도가 결여되었다는 것은 곧 부정적인 태도를 갖고 있다는 뜻이다. 자신의 상품이나 서비스에 관해서 긍정적이고 낙관적인 태도를 갖고 사람들에게 그 상품이나 서비스가 그들에게 얼마나 도움이 되는지 열정적으로 알려 주지 않으면, 우리에게서 구매하지 않을 것이고 우리는 곧 판매를 그만둘 수밖에 없을 것이다.

(2)거래하고 싶을 만큼 건강하고 호감을 주는 외모를 갖고 있지 않으면 가망고객들은 우리에게서 구매하지 않을 것이다. 피곤해 보이거나 병색이 있어 보이거나 초라해 보이면 판매 경력이 오래가지 못할 수 있다.

(3)완벽한 상품 지식이 없으면 높은 성과를 올리는 세일즈맨들과 같은 자신삼과 사기 확신이 생기지 않는다. 자신의 상품이나 서비스에 관한 질문에 자신 있게 대답하지 못하면, 가망고객은 우리를 신뢰하지 않을 테고 우리는 판매를 계속하지 못할 것이다.

(4)판매에 성공하려면 지속적으로 가망고객을 발굴하고 새로운 사업 기회를 만들어야 한다. 새로운 가망고객을 찾아서 고객으로 만드는 능력의 부족이 판매 실패의 가장 큰 이유이다.

(5)효과적으로 프레젠테이션을 하는 능력, 즉 일반적인 사항에서 시작해

서 구체적인 사항으로 옮겨 가면서 흥미와 욕구를 일으키는 능력은 판매에서 핵심 기술이다.

(6)고객의 거부 반응에 대해 효과적으로 대응해서 확실한 구매 약속을 확보하는 능력은 판매의 마지막 단계다. 다른 모든 것을 잘한다고 할지라도 이것을 잘하지 못하면 판매 분야에서 성공할 수 없다.

(7)일곱 번째 생명유지 기능은 자기 관리 기술, 즉 일정한 시간 내에 가능한 한 많은 가망고객을 만날 수 있도록 자신의 활동을 계획하고 조직화하는 능력이다. 세일즈맨들이 판매 성과를 제대로 올리지 못하는 것은 판매 기술이 나빠서이기도 하지만 다른 중요한 이유는 시간 관리를 잘못하기 때문이다. 잘못된 시간 관리가 너무 오래 계속되면 판매는 회사에서 받아들일 수 있는 최저선 아래로 떨어지게 되고, 결국 실직으로 이어진다.

판매의 7가지 생명유지 기능
1. 긍정적인 태도
2. 건강과 호감을 주는 외모
3. 완벽한 상품 지식
4. 지속적인 가망고객 발굴과 신규 사업 개발
5. 프레젠테이션 기법
6. 거절 처리와 구매 약속 확보
7. 자기 관리 기술

판매 능력을 향상시키려면 지금까지 이야기한 일곱 가지 생명유지 기능 하나하나에 대해서 자신을 분석하는 일부터 시작해야 한다. 마치 자신의 건강 상태를 파악하기 위해서 건강 진단을 받는 것과 같다.

간단한 자기 분석 방법은 각 영역에 대해서 자신의 상태를 가장 낮은 1점부터 가장 높은 10점까지 부여하는 것이다. 스스로 평가한 다음에는 판매 관리자에게 자신이 평가한 것에 대해서 의견을 부탁한다.

생명유지 기능	점수
긍정적인 태도	
건강과 외모	
상품 지식	
가망고객 발굴	
프레젠테이션 기법	
거절 처리와 구매 약속 확보	
자기 관리 기술	
전체 평균 (합산 점수를 7로 나눈다)	

판매 기술 수준의 평가

세일즈맨은 삶에 대해서 극히 개인주의적인 성향을 갖고 있다. 다른 사람들의 말을 듣는 것도 도움을 요청하는 것도 좋아하지 않는다. 관리자에게 평가받는 것도 싫어한다. 이처럼 심리적으로 비판을 싫어하는 성향이 있으므로 그들은 자신의 능력을 향상시키기 위해 다른 사람들의 솔직한 조언을 구하는 일을 꺼린다.

그러나 자신의 목표가 자기 분야에서 최고 세일즈맨이 되는 것이라면 우리가 일하는 모습을 관찰하고 우리가 얼마나 잘하고 있는지에 대해서 평가할 수 있는 사람들에게 객관적인 피드백을 부탁해야 한다. 마음을 열고 외부의 피드백을 구하면 한두 달 안에 혼자서 온갖 노력을 다할 때보다 더 크게 성장할 수 있다. 뛰어난 사람들은 언제나 기꺼이 다른 사람들의 의견을 받아들인다. 묻는 것을 두려워하지 마라.

여기에 자신의 판매 능력을 향상시키고 판매 성과와 수입을 높이는 강력한 방법이 있다. 현재의 모든 판매 성과는 자신의 일곱 가지 판매 생명유지 기능의 현재 수준이 결합되어 나타난 결과라고 생각하라. 이 시점의 성과야말로 세일즈맨으로서 현재 우리 수준을 보여 주는 진정한 척도다. 현재 각 기능의 수준이 출발점 혹은 비교 기준이 된다.

이제 각각의 생명유지 기능을 단 10퍼센트씩만 향상시키겠다고 결정하라. 1년 동안 각 핵심 기능을 10퍼센트 향상시키기 위해 필요한 점을 배우고 실천하겠다고 결정하는 것이다. 10퍼센트 더 긍정적이고 낙천적이 된다. 건강과 체력 그리고 외모도 10퍼센트 향상시킨다. 자신의 상품과 경쟁 상품에 관한 상품 지식도 10퍼센트 늘린다. 다른 생명유지 기능에 대해서도 마찬가지로 10퍼센트 증가시킨다.

이제 질문해 보자. 1년 뒤에 우리의 판매 성과는 어떻게 될까? 앞으로 12개월 동안 각 생명유지 기능이 10퍼센트씩 향상된다면 우리들의 총 판매 실적에는 어떤 영향을 미칠까? 그 결과는 믿기 어려울 만큼 놀랍지만 틀림없는 사실이다. 이 점진적 향상이라는 개념을 이해하게 되면 그것만으로도 우리의 판매 경력에 혁명적인 변화를 가져온다.

생명유지 기능의 점진적 향상이 가져오는 효과

신체의 생명유지 기능으로 돌아가 보자.

가령 의사에게 찾아갔는데 의사의 진찰 결과 과체중, 고혈압, 높은 콜레스테롤 수치로 인해서 생명유지 기능이 떨어져 있고, 더구나 흡연탓에 호흡 상태도 정상적이지 않다고 해 보자. 그래서 의사가 하루에 2~3킬로미터 정도 걷기 운동을 시작하라고 말한다. 의사가 보기에 규칙적인 걷기 운동이 우리 건강과 활력의 중요한 척도인 심장 기능을 향상시켜 줄 것이기 때문이다.

그래서 매일 3킬로미터를 걷기 시작한다. 이렇게 규칙적으로 걷기를 하면 심장의 기능을 향상시켜 줄 것이다. 그 외에 어떤 변화가 생길까? 근력이 향상되고, 혈압이 내려가고, 호흡 기능이 향상되고, 신진대사가 좋아지고, 보다 차분하고 편안한 사람이 될 것이다.

생명유지 기능의 어느 하나가 좋아지면 다른 모든 생명유지 기능에도 긍정적인 영향을 미친다. 우리의 신체는 시스템을 이루고 있어서 우리가 하는 모든 일은 다른 모든 것에 영향을 미치기 때문이다.

같은 맥락으로 판매의 생명유지 기능의 어느 하나를 향상시키기 위해서 하는 모든 노력은 다른 생명유지 기능 전부를 향상시킨다. 각 기능은 다른 기능들과 상호 관련이 있고, 상호 연계되어 있기 때문에 한 가지 기능을 향상시키면 복합적인 효과를 누릴 수 있다. 노력이 성공했는지를 판단하는 기준은 판매 실적이다.

예를 들어서 다른 모든 기능은 그대로 두고 시간 관리 기술을 10퍼센트 향상시키기로 결정했다고 하자. 앞으로 12개월에 걸쳐서 시간을 10퍼센트 더 효과적으로 사용하고 다른 부분에 대해서는 어떠한 향상 노력도 하지 않아서 그대로라면, 판매 성과는 10퍼센트 향상될 것이다.

왜냐하면 현재의 시간 관리 방법으로 현재의 성과를 거뒀다면 시간 생산성을 10퍼센트 높이게 되면 판매 성과도 그만큼 올라야 하기 때문이다. 만일, 일곱 가지 생명유지 기능들을 모두 10퍼센트씩 향상시키면 표에서 보듯이 복리 효과 혹은 승수 효과에 의해서 판매 성과는 두 배가 된다.

생명유지 기능	현재	1년 후	승수효과
긍정적인 태도	1.0	1.1	1.1
건강과 외모	1.0	1.1	1.21
싱품 지식	1.0	1.1	1.33
가망고객 발굴	1.0	1.1	1.46
프레젠테이션 기법	1.0	1.1	1.61
거절 처리와 구매 약속 확보	1.0	1.1	1.77
자기 관리 기술	1.0	1.1	1.92
합계	1.0	?	= 2.0

12개월에 걸쳐서 각 영역에서 10퍼센트씩 향상되면
판매 능률과 판매 실적이 두 배로 상승한다

산술적으로 증가하는 대신 기하급수적으로 향상되는 것이다. 한 기능의 향상은 다른 기능의 향상과 상승 작용을 일으키고 다른 모든 부문에 긍정적인 영향을 미친다. 12개월 후에는 전체적으로 상승 효과가 95퍼센트에 달해서 우리의 삶이 바뀐다.

이 방법이 효과가 있을까? 물론이다. 전 세계 다양한 분야에서 일하는 세일즈맨들이 이 간단한 방법을 사용해서 판매 성과를 높이는데 성공했다. 이 방법은 계획과 인내, 자기 규율을 요구하지만 사용하기만 한다면 효과가 있다. 다음 장부터 생명유지 기능들을 매년 10퍼센트 이상 향상시키는데 필요한 모든 것을 배운다.

판매의 핵심 성공 요인

장인은 자기 일의 모든 면에 대해서 완벽한 기술을 갖고 있는 사람이다. 최고의 목수를 생각하면 여러 가지 공구를 능숙하게 사용하는 사람, 그리고 원목을 정교하게 자르고 마무리해서 멋진 가구를 만들어 내는 사람을 떠올린다. 뛰어난 외과 의사는 처음 절개부터 마지막 봉합까지 수술의 모든 것에 대해서 높은 전문성을 갖고 있다. 같은 맥락에서 뛰어난 세일즈맨은 판매 과정의 모든 요소에 대해서 잘 알고, 각 활동을 고도로 숙련되게 수행할 수 있는 체계적인 계획을 갖고 있는 사람이다.

생명유지 기능의 향상을 통해서 판매 능력을 키우는 것은 뛰어난 판매 성과를 달성하는데 있어서 핵심적인 요소다. 그것은 기본 판매 과정인 친밀감 형성, 문제점 확인, 해결 방안 제시의 자연스런 연장이다. 판매 과정을 판매의 핵심 성공 요인으로 확장하는 것은 자신의 분야에서 최고로 올라가는데 있어서 논리적인 다음 단계다.

모든 업무 그리고 그 업무를 수행하기 위한 모든 활동은 각각의 핵심 성공 요인으로 나누어질 수 있다. 핵심 성공 요인은 활동과는 다르다. 활동이란 업무 중에 하는 일이다. 핵심 성공 요인은 성취하는 것으로써 측정할 수 있고, 과거의 일정 기간과 비교할 수 있다.

세일즈맨은 자신의 성과를 객관적으로 평가받는 것을 싫어하는 경향이 있다. 측정과 평가를 싫어하고 자신들의 실적이 얼마인지 정확한 숫자로 말해 주는 일이 싫다. 자신이 일정한 기준에 미치지 못함을 보여 주는 구체적인 비교를 두려워한다. 그러나 각 구체적인 활동에 대해서 자신의 성과를 철저하게 평가하지 않으면 성장과 향상은 기대할 수 없다. 운동 경기 우승자들이 최종 점수 한 점 한 점이 어떻게 득점되었는지, 전 구간을 정확하게 어떻게 달렸는지, 모든 면에서 경기를 어떻게 했는지 분석하는 것과 마찬가지로, 우리도 역시 판매 성과에 영향을 미치는 모든 영역에 대해서 얼마나 잘하고 있는지 철저하게 평가해야 한다.

핵심 성공 요인이란 우리가 하는 일 중에서 성공과 실패를 결정하는 것을 말한다. 그래서 핵심이란 말이 들어간다. 핵심 성공 요인 모두를 다 잘하면 크게 성공한다. 반대로 모두 잘 못하면 기껏해야 겨우 생존하는 정도가 된다. 어떤 것은 잘하고 어떤 것은 못하면 전체적인 성과 역시 좋지 못할 것이다. 핵심 성공 요인 하나하나는 구체적인 활동으로써 각 활동은 구체직인 결과를 낳는다. 각 영역에서 요구되는 결과를 모두 이루어내면 종합적인 결과는 자기 분야에서의 성공이다.

어느 특정한 영역에서 요구되는 결과를 얻지 못하면 그 단 한 가지 문제가 판매 실적과 판매 경력 전체를 망칠 수 있다. 각 핵심 성공 요인에는 성과 기준이 설정되어야 하고 그 기준은 수치화되어야 한다. 그리고 목표가 설정되어야 한다. 매일 그리고 매달 성과를 측정할 수 있는 방법이 있어야 한다. 성과 기준은 '탁월한 성과'가 기준이 되어야 한다. 위대하게 되려면 위대해지고 싶다는 열망을 가져야 한다. 탁월해지려면 탁월한 기준을 세우고 그것을 달성하는데 헌신해야 한다. 우리가 이야기할 판매의 아홉 가지 핵심 성공 요인 전부에 대해서 탁월성을 목표로 해야 한다. 의식적으로 탁월성을 목표로 하겠다고 결심하지 않는 것은 무의식적으로 평범함을 수용하는 것과 마찬가지다.

기본 판매 과정의 연장이고 생명유지 기능 중 일부의 새로운 표현이기도 한 아홉 가지 핵심 성공 요인은 다음과 같다. (1)가망고객 발굴 (2)상담 약속 확보 (3)자격 확인 (4)문제점 확인과 명확화 (5)프레젠테이션 (6)거절 처리 (7) 마무리 (8)후속 조치와 배달 (9)재판매 및 추천 받기.

이들 핵심 성공 요인들은 앞선 요인이 성공적으로 이루어져야 다음 요인으로 진행할 수 있다. 최고 세일즈맨이 되려면 이들 아홉 가지 핵심 성공 요인 모두를 성공적으로 수행할 수 있어야 한다. 핵심 포인트는 이것이다. **"가장 약한 핵심 성공 요인이 다른 모든 기술의 활용 수준을 결정한다."**

가장 약한 기술에 의해서 판매 수입의 한계가 결정되는 것이다. 아홉가지 각 요인에 대해서 1점에서부터 10점까지 점수를 매긴다고 가정해 보자. 만일 그 중 여덟 가지 요인에서 10점을 받고 마지막 아홉 번째 요인에서 3점을 받는다면, 그 3점이 우리의 판매 성과와 판매 수입의 한계를 결정한다. 예를 들어 판매 과정 중 가망고객 발굴을 제외한 모든 면에서 탁월하다면, 가망고객 발굴이라는 그 한 가지 요소가 얼마나 많은 고객을 만날지 그리고 얼마나 많은 판매를 할지 결정한다. 만일 다른 것은 모두 대단히 잘하는데 거절 처리 혹은 판매마무리가 미흡하다면 그 두 가지 요인이 판매 실적을 결정한다. 가장 약한 요인이 우리가 올리는 성과의 한계를 정하기 때문에 하나가 처지더라도 다른 것들을 잘해서 평균을 높이겠다고 할 수 없다. 다른 대안이 없다. 판매 활동의 모든 영역에 대해서 높은 성과 기준을 설정해야 한다.

세미나를 하다 보면 참가자들이 종종 내게 다가와서 모든 영역에 다 뛰어나야 한다는 말에 대해 다른 의견을 제시하는 경우가 있다. 가령 이렇게 말한다. "가망고객 발굴을 하지 않더라도 판매에서 성공할 수 있는 방법은 없을까요? 저는 가망고객 발굴이 너무 싫거든요." 여러 판매 활동 중에는 자신이 별로 하고 싶지 않은 판매 활동이 있기 마련이다. 이유는 그 활동을 잘하지 못하기 때문인 경우가 대부분이다. 어떤 일을 잘 할 수 없다고 느끼게 되면 그 일을 하는 것이 불편하다. 그래서 가능하면 그 활동을 피하려고 한다.

많은 세일즈맨들이 최고 세일즈맨이 되기 어렵다는 사실을 잘 이해하지 못해서 실직한다. 자신의 분야에서 최고가 되려면 안전지대에서 벗어나 불편함을 느끼는 곳으로 나가야 한다. 새로운 기술을 배우고 실천해서 더욱더 높은 성과를 올리고, 그 높은 성과가 편안하게 느껴질 때까지 끊임없이 자신을 채찍질해야 한다.

오래 전에 내가 판매에 대해서 공부하기 시작했을 때 일이다. 다른 세일즈맨에게 배우거나, 책을 읽거나, 오디오 교재를 듣거나 세미나에 참석하면서 새로운 아이디어를 얻게 되면 나는 어떻게 해서든지 그 아이디어를 활용하려고 했다. 그러나 새로 얻은 아이디어들이 효과가 없다는 사실을 바로 알게 되었다. 가망고객을 방문해서 새로 배운 방법을 사용해 보면 거의 예외 없이 기대하던 반응이 나오지 않았기 때문이다. 그래서 새로운 아이디어를 시도하는 일을 포기하고 원래의 안전지대로 돌아가고는 했다.

내게 전환점이 온 것은 새로운 방법이나 기법의 효과성을 제대로 평가하려면 최소한 열 번은 가망고객에게 써 보아야 한다는 점을 깨달으면서였다. 그 전까지는 새 방법이 불편하고 부적절하게 느껴졌다. 따라서 아직 익숙해지지 않은 시점에서 그 방법이 좋은지 나쁜지를 평가하게 되면 정확한 평가가 되기 어렵다.

어떤 일을 처음 시도하게 되면 어색하고 불편하기 때문에 대부분 높은 성과를 내지 못한다. 자신에게 기회를 주어라. 일리가 있고 판매에 도움이 될 수 있다고 생각되는 무엇인가를 배우면, 그것이 좋은지 나쁜지 판단하기 전에 먼저 여러 번 연습해 보라. 어떤 것이라도 오랫동안 연습하면 익숙해진다. 익숙해질 수 있는지는 우리에게 달려 있다.

핵심 성공 요인들을 향상시키는데 가장 도움이 되는 기법 중의 하나는 벤치마킹이다. 벤치마킹은 자신의 수준을 자신보다 우수한 사람의 수준과 비교해서 그 사람과 동일한 수준이 될 수 있도록 노력하는 체계적인 과정이다.

많은 세계 최고 기업들은 벤치마킹을 공격적으로 활용해서 사업의 모든 부분에서 수행 기준을 높이고 있다. 판매에서 벤치마킹의 핵심은 아홉 가지 핵심 성공 요인 하나하나에 대해서 '탁월한 수행 기준'을 정하는 것이다. 이 기준은 해당 요인에 관해 조직 내에서 가장 뛰어난 사람의 업무수행을 택하거나 아니면 자신이 생각하는 완벽한 업무 수행 모습을 기초로 만들 수도 있다. 어느 경우든지 자신의 기준을 정해서 매일, 매주, 매달 그 기준과 자신의 성과를 비교한다.

벤치마킹 실습은 이렇게 시작한다. 먼저 각 수행 요소에 대해서 현재 자신의 점수를 1점부터 10점 사이에서 매긴다. 이것이 출발점이 된다. 그 다음 그 영역에서 10점이 되면 어떤 모습일지를 정의한다. 그리고 매일 그 기준에 자신의 모습을 비춰 보면서 자신을 향상시킬 수 있도록 판매 활동을 생각하고, 계획하고, 체계화한다. 기억해야 할 것은 업무 수행에서의 작은 발전이 결과에는 엄청난 향상을 가져올 수 있다는 점이다.

얼마 전 대형 유통 회사에서 컨설턴트로 일한 적이 있다. 이 회사에서는 매년 11월에 판매 콘테스트를 개최했다. 자신의 월 평균 매출액보다 일정 수준 이상의 판매 실적을 올린 직원은 누구나 그해 겨울에 일주일 동안 카리브 제도행 여행 상품권을 받을 수 있었다. 세일즈맨 한 사람이 있었는데 그는 여행 상품권을 받기 위해서 매년 10개월 동안 꾸준히 평범한 판매 실적을 유지하다가 11월이 되면 엄청나게 판매 실적을 높였다. 3년 연속 그런 일이 반복되자 우리는 그 직원의 11월 판매 활동을 분석했다. 그 결과 놀라운 사실이 발견되었다.

그 세일즈맨은 일 년 내내 매주 8명의 가망고객을 방문해서 평균 세 건의 판매 실적을 올렸다. 그런데 11월에는 매주 10명의 가망고객을 방문해서 평균 네 건을 성사시켰다. 판매 콘테스트가 끝나고 나면 그는 즉시 원래의 안전지대로 돌아가서 그 후 11개월 동안 다시 매주 8명의 가망고객을 방문하고 평균 세 건의 판매 실적을 올렸다.

우리는 그에게 왜 계속해서 11월 판매 수준을 유지하지 않는지 물었다. 11월 수준을 1년 내내 유지할 수 있는 능력이 없다는 것이 그의 대답이었다. 그래서 그 세일즈맨의 자료를 찾아봤더니 그는 11월 중에 판매 실적을 25퍼센트 올리기 위해서 하루 한 시간 이내의 시간을 추가로 사용하고 있었나. 그에게 11월에 판매 수당이 25퍼센트 증가하는데 그 실적을 1년 내내 유지하면 40년 동안 무려 10년간에 해당하는 판매 수입을 추가로 받게 된다는 점을 알려 주자 깜짝 놀랐다. 바꾸어 말하면, 그가 판매 실적을 25퍼센트 증가시키고 그 수준을 계속해서 유지하면 40년 걸려서 벌 수 있는 돈을 30년 만에 벌 수 있다는 말이다. 65세에 은퇴하는 것이 아니라 55세에 은퇴할 수 있게 되는 것이다. 하루에 몇 분씩 더 일하고 매주 두 번 더 고객을 방문하고 한 건 더 실적을 올리면 회사에서는 우수한 세일즈맨에서 최고 세일즈맨으로 올라갈 수 있다. 작은 노력이 커다란 성과를 가져오는 것이다.

탁월한 수행 기준의 벤치마킹

벤치마킹을 통한 지속적인 향상 과정은 판매를 아홉 가지 부분 혹은 아홉 가지 핵심 요인으로 나누고, 자신이 각 영역에서 목표로 하는 수준을 정하는데서 출발한다.

가망고객 발굴은 판매 파이프라인을 구축하는 첫 번째 기술 분야다. 새로운 고객의 지속적인 개발은 세일즈맨과 회사 모두에게 활력의 근원이다. 회사가 거래 실마리를 제공해 주든지 아니면 스스로 개발하든지 간에 가망고객을 효과적으로 발굴하고 판매 파이프라인을 가망고객으로 채우는 일은 다른 모든 활동의 기반이 되는 핵심 성공 요인이다. 가망고객 발굴을 '판매 목표를 제시간에 예측 가능하게 달성하거나 초과하기 위해 질적으로, 양적으로 충분한 가망고객을 개발하는 능력'이라고 정의하자. 매일의 판매 활동에서 자신이 이 기준을 얼마나 충족시키고 있는지 1점에서 10점까지 점수를 매긴다. 가망고객의 숫자가 너무 적거나 가망고객 파이프라인이 줄고 있거나 다음 판매 대상이 누구인지 알기 어렵다면 낮은 점수를 준다. 자신이 처리하기 어려울 만큼 많은 유망한 거래 실마리와 가망고객을 갖고 있다면 높은 점수를 준다. 회사에서 자신의 업무 습관과 성과를 잘 알고 있는 동료들에게 자신이 몇 점을 받을 만한지 물어보는 것도 한 가지 방법이다. 정확한 점수를 알게 되면 그 점수가 향상을 위한 출발점이 된다.

상담 약속 확보는 판매에서 두 번째 핵심 성공 요인이다. 이것은 많은 세일즈맨들이 유망 구매 고객이나 유망 회사의 목록을 갖고 있는데도 그들과 상담 약속을 이끌어내지 못하고 있다는 점에서 가망고객 발굴과는 다르다. 유망한 가망고객과 상담 약속을 더 많이 얻어내는 능력은 판매에서 성공과 실패를 결정하는 열쇠다.

상담 약속 확보를 "나는 전화, 메일, 직접 방문을 활용하는 잘 갖춰진 시스템을 갖고 있어서, 항상 바쁘게 지낼 만큼 아주 많은 가망고객과의 상담 약속을 확보할 수 있다."라고 정의하자. 자신의 현재 판매 활동을 그 정의에 비추어서 평가해 보고 1점에서 10점을 부여한다. 그 점수를 보고 자신이 이 분야의 기술을 향상시켜야 할 필요가 있는지 결정한다. 여기서도 다른 핵심 성공 요인들과 마찬가지로 목표는 10점 만점이 되어야 한다.

자격 확인은 판매에서 세 번째 핵심 성공 요인이다. 자격 확인은 상담하고 있는 고객이 프레젠테이션을 통해서 구매하고 싶다는 마음이 충분히 들 때 구매 결정을 할 수 있는 권한과 수단을 갖고 있는지 판단하는 능력이다. 놀랄 만큼 많은 세일즈맨이 구매하고 싶은 마음이 들더라도 어떤 이유에서든지 구매할 능력이 없는 사람들과 이야기하면서 시간을 낭비한다.

집집마다 방문하면서 서비스를 파는 판매 회사와 함께 일을 한 적이 있었다. 어떤 집을 방문해서 누군가가 나오면 세일즈맨은 그 사람을 대상으로 30~40분이 걸리는 판매 프레젠테이션을 시작한다. 그런데 프레젠테이션을 마치고 나면 그 사람이 "그런데, 저는 이 집에 안 살거든요. 잠시 들르러 왔어요."라고 말하는 경우가 자주 있었다.

우리는 세일즈맨들에게 아주 간단한 질문을 활용하도록 지도해서 판매 실적을 30퍼센트나 올릴 수 있었다. 누군가가 나오면 세일즈맨은 미소를 지으며 자신을 소개한 다음에 "여기에 사세요?"라고 묻는다. 그렇다고 대답하면 원래대로 프레젠테이션을 하지만, 만일 그렇지 않다고 대답하면 다음에 다시 오겠다고 말한다. 이 간단한 자격 확인 절차가 수많은 불필요한 고생과 사기 저하를 피할 수 있도록 해 주었다.

자격 확인의 정의는 다음과 같다. "나는 가망고객이 내 프레젠테이션에 충분하게 만족할 경우, 내 상품이나 서비스를 살 수 있는 능력이 있는지 조심스럽게 미리 확인한다.” 만점을 10점으로 해서 이 핵심 요인에 대한 자신의 경험을 바탕으로 현재의 자신을 평가한 다음 점수를 부여하라.

네 번째 핵심 성공 요인인 문제점 확인 및 명확화는 이렇게 정의할 수 있다. “나는 질문하고, 조심스럽게 경청하면서 내 상품이나 서비스가 비용 대비 효과적인 방법으로 고객의 문제점 혹은 요구를 충족시킬 수 있는지 판단한다.” 많은 세일즈맨이 처음 3단계를 성공적으로 수행해 놓고도 가망고객과 대면하면서 실패해 버린다. 너무 말을 많이 하고, 너무 적게 듣기 때문에 가망고객이 보내는 메시지를 놓쳐 버린다. 그리고는 가망고객이 갖고 있지도 않은 문제에 대해서 해결책을 제시하는 용서받기 어려운 실수를 범한다. 가망고객이 세일즈맨을 거부하게 되는 이유가 이것 말고도 있겠지만 그다지 많지는 않을 것이다.

프레젠테이션 기법이 다섯 번째 핵심 성공 요인이다. 결국 마지막에 판매는 프레젠테이션을 통해서 이루어진다. 우리는 프레젠테이션을 통해서 능숙하게 우리 상품과 고객의 욕구를 일치시킨다. 최고 세일즈맨은 다른 무엇보다도 프레젠테이션에 뛰어나다. 어떤 회사에서는 판매의 다른 모든 기능은 다른 세일즈맨들이 처리하도록 하고, 결정적인 장면에서 최고 세일즈맨이 등장해 프레젠테이션만 하도록 하기도 한다.

프레젠테이션은 이렇게 정의할 수 있다. “나는 프레젠테이션을 능숙하게 잘해서 가망고객이 우리 상품이나 서비스가 자신이 가진 긴급한 욕구를 모두 해결해 줄 것이라는 점을 확신한다.” 지금까지 모든 과정을 잘 처리해 왔고 프레젠테이션을 완벽하게 준비했다면, 가망고객들 대부분은 프레젠테이션이 끝났을 때 구매할 준비가 되어 있을 것이다. 자신의 프레젠테이션 능력을 평가해 보고 1점에서 10점을 부여하라.

전략적 세일즈

여섯 번째 핵심 성공 요인은 거절 처리다. 고객의 질문이나 걱정 없이 이루어지는 판매는 없다. 고객이 우리 상품이나 서비스를 구매해야겠다고 확고하게 마음을 먹더라도 아직 걱정되고 확신이 가지 않는 부분이 있기 마련이다. 실수를 하는 것은 아닐까 하는 고객의 걱정을 줄여 주고, 우리가 제안한 대로 하는 것이 안전하다는 확신을 갖게 하는 능력은 판매의 성공과 실패를 좌우하는 핵심 기술이다.

몇 년 전 보험 판매원 한 사람이 나에게 100만 달러짜리 보험을 권유하는 프레젠테이션을 했다. 나는 상상도 못했던 거액의 보험이었다. 그에게 수고해 줘서 고맙지만 이미 갖고 있는 보험만으로도 충분하다고 말했다. 그는 이미 답을 알고 있으면서도 금액이 얼마냐고 물었고 나는 20만 달러라고 대답했다. 그러자 그는 나에게 사고가 생겨서 보험금을 받게 되면 어떻게 쓸 생각이냐고 물었다. 나는 주택 대출금과 빚을 모두 갚겠다고 대답했다. 그러자 그는 다음과 같은 결정적인 질문을 했다. "얼마나 오랫동안 죽은 상태로 계실 수 있을까요?"

질문을 받고 깜짝 놀라서 정신이 번쩍 들었다. 그 질문에 대해서 생각하는 동안 그는 미소를 지으면서 그 정도 보험금은 몇 달 못가서 모두 없어질 것이고, 내 가족은 경제적으로 아주 어려울 수밖에 없을 것이라고 말했다. 그는 "그 정도의 보험금이라면 6개월 이내에 직장에 복귀하실 수밖에 없을 겁니다. 오랫동안 시망 상대로 계실 생각이 없으신 거지요."라고 말했다. 말할 필요도 없이 상황에 대한 그의 재구성은 내 생각을 완전히 바꾸어 놓았다. 나는 그 보험은 물론이고 그 이후 여러 해에 걸쳐서 그가 권유한 다른 보험에도 가입했다. 나는 그 일을 결코 잊을 수 없다. 그가 나에게 판매할 수 있었던 것은 보험 상품을 구입하는 사람이라면 누구나 가질 수 있는 주요한 거절 이유를 능숙하게 처리했기 때문이다.

거절 처리는 이렇게 정의할 수 있다. "나는 가망고객의 질문과 걱정을 미리 예상하고 잘 처리함으로써 가망고객이 내 대답에 만족해서 거절을 철회하고 다시 꺼내지 않도록 한다." 자신의 거절 처리 능력을 평가해서 1점에서 10점을 부여하라. 거절 처리는 프로 세일즈에서 핵심 성공 요인이다. 이 능력은 너무나 중요하기 때문에 나중에 별도로 한 장 전체를 할애해서 설명한다.

판매에서 일곱 번째 핵심 성공 요인은 마무리다. 마무리는 상담의 끝에 돈을 지급할 것을 생각하면서 결정을 못하고 미루는 자연스런 경향을 극복하는 방법이다. 마무리는 우리가 한 제안에 대해서 구매 약속을 받아 내는 것이다. 마무리는 이렇게 정의된다. "나는 자신 있고 편안하게 주문을 요청한다. 나는 가망고객에게 주문을 요청해야 할 정확한 시점에 대해서 민감하며 그 시점을 알고 있다. 나는 쉽게 그리고 능숙하게 최종 결정을 유도해 자연스럽게 마무리한다."

판매 프레젠테이션 마지막에 구매 약속을 받는 일은 압력이 전혀 혹은 거의 느껴지지 않는 부드러운 절차다. 구매 약속이란 모든 것을 고려할 때 이 상품이나 서비스가 상담 과정을 통해서 확인한 고객의 특정한 욕구에 대한 이상적인 해결책이라는 점에 서로 동의하는 방법이기 때문이다. 구매 약속은 우리가 상품을 고객의 욕구와 잘 일치시켰고 모든 질문에 답을 주었으며, 가망고객이 갖고 있는 구매를 망설이게 할 수도 있었던 근심을 해결해 주었다는 확인이다. 세일즈맨과 가망고객은 모두 거래에서 마무리 단계를 싫어한다. 그들은 공통으로 느끼고 있는 거절과 실패에 대한 두려움으로 인해서 긴장하고 불편해 한다. 이 힘든 부분을 양쪽 모두에게 편안하고 쉽게 만드는 일이 프로 세일즈맨의 역할이다. 이 영역에서 자신의 모습은 어떤지 1점부터 10점을 부여하라.

판매의 여덟 번째 핵심 성공 요인은 후속 조치와 배달이다. 이것은 판매가 완결되기 전에 가망고객에게 갑자기 떠오르는 질문이나 걱정거리 등 모든 세부 사항을 처리하는 일이다. 상품이나 서비스가 예정된 시기에 제대로 배달되고 만족스럽게 설치되리라는 사실을 확신시켜 줌으로써 고객이 구매 결정에 대해서 편안하고 기분 좋게 느끼는 것도 이 단계다.

많은 세일즈맨들이 계약서에 서명을 받고 수표를 받으면 판매가 끝났다고 생각하는 실수를 저지른다. 그러나 최고 세일즈맨은 고객에게 올바른 결정을 내렸다는 느낌을 갖도록 추가적인 노력을 하지 않으면 판매가 최종 단계에서 다시 잘못될 수도 있다는 점을 안다. 지혜로운 세일즈맨은 결승선을 통과한 다음에도 고객의 손을 놓지 않음으로써 소송까지 포함한 여러 가지 문제를 예방한다. 후속조치와 배달은 이렇게 정의할 수 있다. "나는 상품이나 서비스가 고객에게 완전히 만족스럽게 배달될 때까지 진행 상황을 확인하고 필요한 후속 조치를 취함으로써 고객이 구매 결정에 대해서 행복감과 만족감을 느끼도록 한다." 이 영역에서 자신에게 1점에서 10점 사이의 점수를 부여한 다음에, 능력을 향상시킬 수 있는 방법을 생각해 보라. 세일즈맨이 "끝나기 전에는 끝난 것이 아니다."라는 경구를 잊어서 마지막 순간에 거래가 물거품이 되는 것을 보는 일은 엄청난 비극이다.

아홉 번째 핵심 성공 요인은 재판매와 추천 받기다. 최고 세일즈맨들은 이 영역에서 탁월한 능력을 보인다. 고객들에게 정성을 다하면 고객은 우리 상품이나 서비스를 추가로 구매할 뿐만 아니라 친구들에게도 적극적으로 추천한다. 추천은 일방적인 구매 권유 전화나 방문 혹은 새로운 거래 실마리보다 10배에서 20배 더 가치가 있다.

최고 세일즈맨들은 추천의 황금 고리를 만들어 내기 위해 현재의 고객들을 만족시키는 일이 얼마나 중요한지 잘 알고 있다.

판매 분야에서 가장 소득이 높은 그룹에 들어가려면, 고객들이 고객임과 동시에 우리의 세일즈맨이 되도록 하는 것이 유일한 방법이다. 고객이 우리를 위해서 일하지 않으면 판매가 끝날 때마다 고객 발굴부터 새로 시작해야 한다. 자신에게 1점부터 10점까지의 점수를 부여하라. 내 판매 실적에서 얼마만큼이 재판매와 추천에서 나오고, 얼마만큼이 신규고객에게서 나오는지 자신에게 물어보라. 이 영역에서 뛰어난 능력을 발휘하게 되면 나중에는 판매 실적의 대부분이 만족스러워하는 기존 고객들로부터 나올 것이다.

판매의 9가지 핵심 성공 요인
1. 가망고객 발굴
2. 상담 약속 확보
3. 자격 확인
4. 문제점 확인과 명확화
5. 프레젠테이션
6. 거절 처리
7. 마무리
8. 후속 조치와 배달
9. 재판매 및 추천 받기

지속적인 향상

판매 과정 분석은 판매 분야에서 큰 성공을 거두기 위한 발사대에 해당된다. 판매를 각 구성 요소로 나누고 각 영역에서 자신의 수행 능력에 대해 점수를 매기는 일은 빠른 향상을 위한 출발점이다.

자신의 강점과 약점 모두를 객관적으로 분석하라. 그리고 각 핵심 영역의 점수를 다음 12개월에 걸쳐서 1점(10퍼센트)씩 올릴 수 있는 계획을 문서로 작성하라. 무엇보다도 자신이 가장 약한 능력이 무엇인지 찾아서 목록의 맨 위에 놓고 가장 우선적인 향상 목표로 설정하라.

다른 무엇보다도 우리를 가로막고 있는 것은 가장 취약한 영역이다. 그것이 무엇인지 자신이 없으면 판매 관리자에게 물어라. 아니면 만족스러워하는 고객에게 물어볼 수도 있다. 언제나 자신보다는 다른 사람들이 우리를 더 정확하게 볼 수 있다. 그래서 우리가 방어적이 되거나 화를 내지 않고 진정으로 피드백을 요청하면 주변 사람들은 우리의 수행 능력에 관해서 큰 도움이 되는 좋은 아이디어를 제공해 준다. 그 아이디어 덕택에 몇 달 간에 걸친 힘든 고생을 피할 수도 있다.

앞으로 1년 동안에 각 영역에서 모두 10퍼센트씩 향상되면 판매 성과에 미치는 종합적인 효과는 엄청나다. 축적의 법칙은 "인간의 노력을 통해서 이루어지는 위대한 성공은 아무도 알아보거나 알아주지 않는 수백 수천 가지의 작은 사건과 활동의 축적이다."라고 말한다. 판매에서 위대한 성공을 거두는 사람들은 자신의 영역에서 뛰어난 사람이 되기 위해서 수없이 많은 시간을 연구와 연습에 매진한 사람이다.

축적의 법칙을 확장한 것이 지속적 향상의 법칙이다. 이것은 카이젠 Kaizen 이라는 이름으로 전 일본 기업에서 실행되고 있다. 카이젠이란 '지속적인 향상'을 의미하는 말로써 매일 새롭고 향상된 방식을 찾겠다는 전사적인 다짐이다. 지속적으로 개선해 나가겠다는 개인적 다짐은 모든 뛰어난 세일즈맨들의 공통된 특징이다. 그들은 언제나 결코 현재에 만족하지 않고 조금이라도 더 잘해 낼 수 있는 방법을 찾는다.

경영 저술가이자 대중 연설가인 톰 피터스 Tom Peters 는 "최고의 기업들은 한 가지 분야에서 수백 퍼센트 우월한 것이 아니고, 수백 가지 분야에서 단 1퍼센트씩 우월하다."라고 말한다.

모든 위대한 성공은 축적의 법칙과 거기에서 파생된 지속적 향상의 법칙에 바탕을 두고 있다. 출발점이 어디인지, 판매를 얼마나 오랫동안 해오고 있는지는 중요하지 않다. 언제든지 우리는 이 법칙들을 자신의 삶에 활용할 수 있다. 우리가 개선해 갈수록 그만큼 판매 성과와 수입은 증가해 갈 것이다.

가만히 앉아서 정직하게 각 핵심 성공 요인별로 자신의 능력을 분석하고 평가하려면 성품과 용기 그리고 자기 규율이 요구된다. 그런데 그렇게 할 수 있는 의지력과 개선하고 말겠다는 결단을 내릴 수 있다면 놀라운 성과를 거두게 될 것이다.

앞으로도 계속해서 위에서 설명한 핵심 성공 요인들을 더욱 잘 수행할 수 있도록 더 많은 아이디어, 방법과 기법들을 제시할 것이다. 지속적인 향상의 출발점은 판매를 전문 직업으로 생각하고, 최고가 되겠다고 엄숙하고 확고하게 결정하는 일이다. 판매에서 자신이 가진 가능성을 다 이루기 위해서 필요하다면 모든 시간과 돈을 기꺼이 투자하겠다고 결심해야 한다. 뛰어난 세일즈맨이 되겠다는 열망이 너무 강하고 확고해서 그 열망이 대부분의 사람들을 가로막는 두려움과 의심, 불확실성을 뚫고 우리를 앞으로 밀어낼 수 있어야 한다.

대규모 고객에 대한 판매 과정 분석

인간의 노력을 필요로 하는 모든 영역에서 수행 능력 향상의 출발점은 그 활동을 구성 요소로 나눈 다음에 구성 요소들을 하나하나 분석하는 것이다. 대규모 고객에게 판매를 성사시키기 위해서는 일곱 가지 핵심 요인이 갖춰져야 한다. 앞으로 여러 가지 추가적인 판매 요소에 대해서 논의하겠지만 지금부터 말하는 일곱 가지가 핵심이다. 자신이 하는 일에서 최고가 되고 싶다면 이 일곱 가지 요인에서 자신이 얼마나 뛰어난지 평가해 보고 각각의 요소에서 향상을 이룰 수 있도록 계획을 세우고 실천해야 한다.

대규모 고객에 대한 판매에서 성공하기 위한 첫 번째 핵심 열쇠는 명확성이다. 명확성은 어떤 분야든지 해당되지만 특히 판매 분야에서 성공에 필요한 단어 중 가장 중요한 하나다. 사람들이 불만과 낮은 성취 속에서 힘들게 살아가는 가장 큰 이유도 자신이 무엇을 원하는지 명확하게 알지 못하기 때문이다. 반대로 자신이 무엇을 성취하고자 하는지 100퍼센트 확실하게 아는 것이 성공의 제일 큰 원동력이다. 명확성은 모든 목표 달성의 출발점이다. 판매 활동을 하면서 우리는 고객의 관점에서 자신이 팔고 있는 것이 무엇인지 명확하게 알아야 한다. 고객이 사려고 하는 것은 정확하게 무엇인가? 고객은 구매를 통해서 엄밀하게 무엇을 얻는가? 고객의 관점에서 구매 결정의 확실한 목적은 무엇인가? 너무나 뻔해서 질문 같지도 않지만 놀랍게도 이 질문에 분명하게 답하는 세일즈맨들은 거의 없다.

내 세미나에 참석했던 참가자 한 사람이 사무 자동화 시스템을 더 잘 팔려면 어떻게 해야 하는지 물었다. 판매로 이어질 수 있는 프레젠테이션은 말할 것도 없고, 의사 결정권을 가진 사람들과 상담 약속도 잡을 수 없어서 답답하고 벽에다 머리를 찧고 싶은 기분이라고 했다.

그래서 그에게 이렇게 질문했다. "지금 팔고 있는 것이 정확하게 무엇이죠?" 그는 약간 답답하다는 표정으로 "기업들이 행정 업무를 자동화하는 데 사용하는 사무 자동화 시스템, 컴퓨터, 워크스테이션, 네트워크를 팝니다."라고 처음 말을 반복했다. 그래서 또 물었다. "정확하세 무엇을 팔지요?" 그는 얼굴이 굳어지면서 마치 자신이 이미 한 말을 내가 듣지 않은 것처럼 다시 자신의 말을 반복하기 시작했다. "사무자동화 시스템…." 그러다가 그는 갑자기 내가 그의 답변을 이해하지 못하고 있거나 아니면 자신이 내가 하는 질문을 제대로 이해하지 못하고 있는 것이 분명하다는 점을 깨달았다. 그리고 문제가 자신에게 있다는 것을 알아차렸다. 그는 세미나 앞부분에서 배운 것을 상기하면서 "정확하게 어떤 의미죠?"라고 물었다. 나는 그에게 "사무 자동화 시스템을 설치하면 회사에 정확하게 어떤 이익이 있습니까? 고객이 구매하고 대금을 지급하는 것은 기업이 받는 이익이지 장비가 아니니까요."라고 말했다. 그는 "우리 시스템을 설치하는 회사들은 비용을 절감하고, 효율성이 높아지고, 직원 수가 줄어듭니다. 비용 절감 효과가 대단히 크기 때문에 1년 안에 시스템 구매 비용을 회수할 수 있습니다. 가끔 3개월에서 6개월에 회수하는 경우도 있고요."라고 말했다.

나는 그에게 "그렇다면 지금 당신이 팔고 있는 것은 금방 회수가 가능한 비용으로 누리는 낮은 운영비, 더 높은 효율성과 이익이군요. 그리고 고객들은 당신의 상품과 서비스를 통해서 높은 투자 이익률을 얻는 것이구요."라고 이야기했다. 마침내 그도 내 말을 이해했다.

그는 자신의 관점에서 파는 데에만 집중하고 있었으므로 고객의 관점에서 자신이 무엇을 팔고 있는지를 놓치고 있었다. 자신의 잘못을 인식하게 되자 그는 접근 방법을 완전히 바꿔서, 세미나가 끝나기도 전에 여러 달 동안 통화도 하지 못하고 있던 의사 결정권자들에게 전화해서 상담 약속을 두 건이나 받아 냈다. 자신이 무엇을 팔고 있는지 완벽하게 파악하게 되자 그의 판매 실적은 도약하기 시작했다.

전략적 판매에서 고객들이 쉽게 구매할 수 있도록 명확성의 수준을 높여주는 몇 가지 방법을 검토해야 한다. 우리가 판매하는 대상이 누구인지, 진짜 의사 결정권자가 누구인지를 명확하게 할 필요가 있다. 경쟁자가 누구인지 그리고 경쟁 상품이 무엇인지도 명확해야 한다.

상담 대상에 따라서 상품이나 서비스를 어떻게 프레젠테이션 할 것인지도 명확하게 알아야 한다. 〈무엇을〉, 〈왜〉, 〈어떻게〉, 〈누구에게〉를 확실히 하면 할수록 우리는 더 적절하고 효과적인 판매 활동을 할 수 있다.

대규모 판매에서 두 번째 핵심 성공 요인은 집중이다. 판매에서 그리고 인생에서 성공하려면 자신에게 가장 가치 있는 한 가지 일에 외골수로서 집중하는 능력을 개발하고, 성공하거나 그 일이 완수될 때까지 끈기 있게 지속하도록 자신을 단련해야 한다. 초점을 맞추는 것 그리고 집중하는 것이 성공의 핵심이다. 초점을 맞추지 못하고 집중하는 능력이 부족하다는 것은 실패의 보증 수표다.

자신이 무엇을 팔고 있는지 그리고 최고의 가망고객이 누구인지 알고 난 다음에, 그들을 고객으로 만드는데 모든 에너지를 집중시키는 일이 최고 세일즈맨이 되는 가장 빠른 길이다.

통계학자들은 표본 집단이라는 용어를 사용한다. 표본 집단이란 조사 연구에서 조사의 대상이 되는 사람들을 말한다. 표본 집단이 크면 클수록 평균의 법칙에 의해서 표본 조사의 일반화 결과는 정확해진다.

가망고객들에 대한 표본 집단에는 시장에서 우리 상품이나 서비스를 구매하고 혜택을 볼 가능성이 있는 모든 사람들이 속한다. 이 집단 안에는 소규모, 중간 규모, 그리고 대규모의 잠재 고객이 있다. 소규모 고객들은 짧은 시간 내에 구매 결정을 한다. 중간 규모 고객들은 결정에 더 많은 시간이 걸린다. 그리고 대규모 고객들은 의사 결정을 하는데 아주 오랜 시간이 걸리는 경우가 낳다.

대규모 고객들에게 판매하는 것이 보통 가장 어렵다. 대규모 고객들은 비유하자면 고객 집단에서 고래에 해당한다. 잔챙이 물고기 1천 마리를 잡아도 양동이로 하나밖에 안 된다. 그러나 고래는 한 마리만 잡아도 배 전체를 가득 채울 수 있다. 사업을 발전시키는 핵심은 '고래를 잡는 것'이다. 표본 고객 집단을 분석하여 가장 크고, 가장 우수하고, 가장 중요한 가망고객들이 누구인지 판단해야 한다. 그리고 그 가망고객들을 고객으로 만드는데 모든 힘과 관심을 집중하라.

대규모 고객 판매에서 세 번째 핵심적인 요인은 자문이라는 단어에 담겨 있다. 대규모 고객에게 판매하기 위해서는 자문 방식의 접근법을 취해야 한다. 자신이 고문, 상담역, 문제 해결사, 친구인 것처럼 가망고객을 대해야 한다. 고객들의 눈에 문제 해결이나 목표 달성에 있어서 현명한 의사 결정을 하도록 돕는 일이 주된 목적인 조력자로 보여야 한다.

자문 방식은 일반적인 판매 접근법과 무척 다르다. 전통적인 판매는 말하는 것에 기반을 두고 있다. 자문 방식은 듣는 것이 기반이다. 전통적인 판매는 가르치는 것이 기반이다. 자문 방식은 배우는 것이 기반이다. 전통적인 판매는 주문을 받는 것이 기반이다. 자문 방식은 관계 구축이 기반이다. 모든 산업 분야에서 상위 1퍼센트의 세일즈맨은 고객들이 친구이자 자문역으로 생각하는 사람들이다. 고객들은 구매 결정을 할 때 그들의 권유에 따른다. 그들은 자문을 해 주는 세일즈맨을 의사, 변호사, 혹은 회계사같이 생각한다. 자신의 이익을 위해서 최선을 다하는 전문가로 보는 것이다.

예의는 네 번째 핵심 요인이다. 예의는 뛰어난 인물을 나타내는 표상이다. 또한, 세일즈맨 내부에 자리한 마음의 평화가 외부로 표출되는 것이기도 하다. 예의, 친절과 따뜻함은 대규모 고객 판매에서 가장 큰 성공을 누리는 사람들의 행동 특성이다.

예의는 가짜로 꾸미기가 무척 어렵다. 예의가 있든지 아니면 없든지 둘 중의 하나다. 좋은 점은 우리가 점잖고 예의 바른 사람이 될 수 있다는 사실이다. 아침에 일어나서부터 잠자리에 들 때까지 만나는 모든 사람들에게 예의 바르게 대하면, 유쾌하고 함께 하고 싶은 사람이 될 수 있다. 중요한 점은 고객 회사에서 만나는 모든 사람들을 그 사람의 지위와 관계없이 예의 바르게 대하는 일이다.

대기업의 사장 한 사람이 최근에 큰 계약을 하려고 했다가 마지막 순간에 세일즈맨의 실수로 중단하고 다른 회사에서 구매했던 이야기를 해 주었다.

마침 여름이었는데, 사장의 딸이 휴가로 자리를 비운 사람들 대신 일을 하고 있었다. 비서 대신 손님 접대를 하고 있었는데, 세일즈맨이 그 거래의 상세한 내용을 마지막으로 조율하려고 들어왔다. 그 세일즈맨은 의사 결정권자들과 상품에 관해서 협의할 때에는 언제나 예의 바르게 행동했지만 응접실에서 비서에게는 무례하게 대하고 지나친 요구를 하고는 했었다.

그 날도 마찬가지로 세일즈맨은 비서 역할을 하는 사장 딸에게 부하 직원에게 하는 것처럼 함부로 대하는 실수를 저질렀다. 세일즈맨이 사장을 만나러 들어가기 전에 딸이 먼저 들어가서 그가 한 말을 아버지에게 이야기했다. 결과가 어떻게 됐는지는 말할 필요도 없을 것이다. 아버지는 딸에게 정확하게 어떤 일이 있었는지 묻고 나서 자기가 알아서 처리하겠다고 말했다. 세일즈맨이 사장실로 들어오자 아버지는 그에게 그 세일즈맨은 물론이고 그 회사와는 거래하지 않겠다고 말했다. 사장은 세일즈맨의 무례한 태도를 참을 수 없었고, 그처럼 무례하게 고객 회사의 직원을 대하는 사람이나 회사와는 거래하고 싶지 않았던 것이다. 사장은 그 세일즈맨을 사장실 문밖으로 안내했고 그것으로 그 거래는 끝이었다. 불행하게도 진국에 있는 사무실에서 이런 일이 매일 벌어지고 있다.

오랫동안 내가 만나고 함께 일을 했던 최고 세일즈맨들은 누구나 만나는 모든 사람들에게 친절하게 대하려고 특별한 노력을 하는 이들이었다. 세일즈맨뿐만 아니라 큰 인물들은 모두를 똑같이 대한다. 사장이나 고위 임원들을 대할 때와 마찬가지로 택시 기사에게도 예의 바르다. 중요한 고객 회사 사람들을 대하는 것처럼 자기 회사 사람들도 예의 바르게 대한다. 그렇게 오랫동안 호감이 쌓여 가면, 상품이나 서비스를 구입해 사용하는 과정에서 피치 못할 문제나 어려움이 생기더라도 장기간에 걸친 관계에 손상을 주지 못한다.

대규모 고객 판매의 다섯 번째 핵심 성공 요인은 능력이다. 경험이 적은 세일즈맨은 경험이 적은 고객에게 판매하고, 경험이 많은 세일즈맨은 경험이 많은 고객에게 판매한다. 경험이 아주 많고 완벽하게 능력을 갖춘 세일즈맨은 조직 내에서 최고위층 고객들에게 판다. 능력은 학습과 연습에서 나온다. 자신의 전문 분야에 모든 것을 걸고 매일 어떻게 해서든지 자신의 수행 능력과 지식을 쌓아 가야 한다.

세일즈맨의 능력 수준과 전문성은 가망고객과 처음 만나서 입을 여는 순간에 그대로 드러난다. 대규모 거래를 하는 고객들은 즉시 신참 세일즈맨과 고참 세일즈맨을 구분해 낸다. 태도, 외모, 접근 방법을 통해서 차이를 알 수 있다. 고객들은 질문의 질과 지적 수준을 알아챈다. 특히 능력 수준이 잘 드러나는 것은 미팅을 시작하기 전에 얼마나 완벽한 준비를 했는가 하는 점이다.

우리는 판매 과정의 모든 것들을 처음부터 끝까지 철저하게 미리 생각해보고, 고객과 얼굴을 대하기 전에 완벽하게 준비함으로써 고객의 눈에 비치는 우리의 능력 수준과 대규모 거래의 성사 가능성을 높일 수 있다. 고객들은 거래와 관련된 모든 것들에 정통한 세일즈맨에게 설득당하는 것을 즐긴다. 그리고 능력을 향상시키는 것은 오랜 기간에 걸친 노력 외에는 방법이 없다.

대규모 고객 거래에서 여섯 번째 핵심 요인은 자신감이다. 자신감은 수행 능력의 부산물이다. 자신감은 판매의 모든 요소에 대해서 세일즈맨이 얼마나 철저하게 파악했는지에 비례한다. 자신이 판매하는 상품이나 서비스에 대해서 그리고 고객의 진정한 욕구를 확실하게 알게 되면 자신감이 생긴다. 높은 가치를 창출하는 가망고객과 기존 고객에 온 힘을 다하여 집중하면 더 자신감을 갖게 된다. 또 상담을 힘들게 하고 불편하게 하는 실패와 거절에 대한 두려움을 자문 방식을 취함으로써 줄여 주면 자신감이 커진다. 고객에게 예의 바르고 고객의 말과 감정에 주의를 집중하면 자신감이 증가한다.

특히 자신이 판매를 잘하고 상담 과정에서 어떤 일이 생기더라도 완벽히 처리할 수 있는 능력이 있다는 점을 깨닫게 되면 더 큰 자신감을 갖게 된다. 불확실한 시장에서 잘 알지 못하는 가망고객들을 대하면서 불가피하게 경험하게 되는 의심과 두려움이라는 부정적인 영향에 대처하려면 자신감을 키워야 한다.

자신감은 무엇보다도 우리 상품이나 서비스가 뛰어나고 가망고객들의 욕구에 잘 맞는다는 절대적인 믿음과 확신에서 나온다. 우리가 파는 상품이나 서비스의 품질과 가치에 대한 확신은 절제된 열정으로 변화해, 판매 상황에서 누구도 저항하기 어려운 큰 힘을 우리에게 준다. 우리가 판매하는 상품이나 서비스에 대해서 믿음이 강하면 강할수록 우리는 자신감을 더 갖게 되고 더 낙천적이 된다.

대규모 고객 거래에서 일곱 번째이자 마지막 성공 요인은 용기다. 전에 가본 적이 없는 곳에 기꺼이 가는 용기 그리고 두려움이 없는 태도는 판매에서나 삶에서나 성공하는데 있어서 필수적인 자질이다. 우리가 상담 약속을 얻어내고, 솔직하게 질문하고, 고객 상황을 다루고, 구매 결정을 요청하는 과정에서 생기는 두려움에 직면할 수 있는 내적인 강인함과 정신적 힘을 갖게 된다면 판매에서 성공할 수밖에 없을 것이다.

대규모 고객 대상 판매의 7가지 성공 요소

1. 명확성

2. 집중

3. 자문

4. 예의

5. 능력

6. 자신감

7. 용기

주요 내용 정리

판매는 그 어떤 때보다도 힘들어졌다. 내년에는 지금보다 더 어려워질 것이고 내후년에도 그보다 더할 것이다. 우리는 작은 돈을 벌 수도 있고 큰 돈을 벌수도 있다. 평범한 판매 실적을 올려서 그럭저럭 살 수도 있고 다른 사람들보다 5배, 10배, 20배를 판매해서 특별한 삶을 살 수도 있다. 선택은 우리 몫이다.

수확의 법칙에 따르면 "뿌린 대로 거둔다." 오늘 우리가 수확하는 것은 과거에 우리가 뿌린 결과다. 투입한 만큼 결과를 얻는다. 결코 자신이 투자한 것 이상의 성과를 얻을 수 없다. 그것이 철칙이다. 그 법칙에는 긍정적인 부분도 있다. 우리가 무엇인가를 뿌리면 언젠가는 수확한다는 것이다. 즉 뿌린 대로 우리에게 돌아온다.

판매에서 성공의 비밀은 거둬들이는 것 이상으로 뿌리는 것이다. 한 걸음 더 나가는 것이다. 언제나 자신이 받는 보상 이상으로 일하는 것이다. 자신에게 최고 수준의 수행 능력과 행동 기준을 정하고 그 수준을 달성하기 위해서 끊임없이 노력하는 것이다.

5장의 목적은 일련의 목표를 제시하는 것이다. 판매 능력의 각 영역별로 명확한 기준을 설정하는 것은 우리의 책임이다. 기준을 명확하게 정의하고 측정 가능하게 만들고 기록한 다음에, 매일 그 기준에 비추어서 자신을 측정한다.

브라이언 트레이시의 9단계 목표 설정 기법

❶ A4 용지에 자신이 꼭 이루어야 한다고 생각하는 것들을 적어 리스트를 만든다.

❷ 중요하지 않다고 생각하는 것부터 차례차례 지워 나간다.

❸ 마지막으로 남은 것을 자신의 넘버원(No.1) 목표로 정하고, 이를 다시 A4 종이에 옮겨 쓴다.

❹ 목표가 실현 가능한 것인지 생각해 본 후 언제부터 목표달성을 위해 뛸 것인지 출발점을 정한다.

❺ 현실적이고 명확한 데드라인(deadline)을 설정한다.

❻ 목표를 이루는 데 장애요소(obstacles)가 될 만한 것들을 적어보고, 지금까지 내가 왜 이 목표를 달성하지 못했는지 구체적으로 써 본다.

❼ 목표를 이루기 위해 나를 도와야만 하는 사람들의 리스트를 작성한다. 그 사람들에게 어떻게 협조를 구할 것인지도 자세히 적는다.

❽ 목표를 달성하기 위해 내게 필요한 기술(skill)을 적는다. 이 중 현실적으로 당신이 개발할 수 있는 게 무엇인지 우선순위를 적어본다.

❾ 목표 달성을 위한 세부적인 스케줄표를 작성한다. 이때 작성하는 플랜은 구체적이면 구체적일수록 좋다.

판매 분야에서 정말로 중요한 사실은 당신이 무엇을 하는지가 아니라 당신이 누구인가이다. 판매에서 성공하는 사람들은 외적으로 판매 기술을 배우는 것뿐만 아니라 내적으로 자신을 개발하는데 엄청난 시간을 보낸다는 점을 발견했다. 조직화, 자각, 자기 훈련은 모두 당신의 분야에서 탑 클래스에 도달하는 데에 가장 중요하다. 다음 연습 문제들은 개인적인 성과를 높이기 위해서 자신을 최대한 활용하도록 도울 것이다.

1. 1~10 (1은 큰 개선을 필요로 함을 의미하고, 10은 탁월함을 의미) 까지의 범위에서 다음의 주요 성공 요인들 각각에 대해 자신을 평가하라.

   a. 고객 발굴하기

   b. 약속 잡기

   c. 교감/신뢰성 설정하기

   d. 정확한 상품/욕구 찾기

   e. 최선의 해결책으로써 상품 제안하기

   f. 고객의 우려/저항에 답하기

   g. 고객이 행동하도록 만들기

   h. 개인/시간 관리하기

2. 세 명의 현재 구매 고객/충성 고객에 대한 주된 제한 요소를 확인하라.

3. 그 제한 요소 각각에 대해 가능한 해결책은 무엇인가?

4. 세일즈맨으로서 당신의 강점은 무엇인가?

5. 세일즈맨으로서 당신의 약점은 무엇인가?

6. 당신이 했던 마지막 두 건의 판매 전화에 대해 심사숙고한 다음, 아래의 필수적인 질문에 대해 각각 답하라.

   a. 당신이 바르게 한 것은 무엇인가?

   b. 당신은 무엇을 다르게 할 것인가?

Motivating People
to Buy

“ Be perfectly honest with yourself in all things.”
모든 것에서 자신에게 완벽하게 정직해라.

“ No matter what the price, no matter what the circumstance,
always tell the truth.”
가격과 상황에 상관없이, 항상 진실을 말하라.

구매 욕구 일으키기
Motivating People to Buy

경쟁이 극심한 시장에서 바쁜 사람들에게 복잡한 상품을 판다는 것은 가장 어렵고 도전적인 일 중의 하나다. 구매하도록 사람들을 설득하는 과정이 복잡한 것은 사람 자체가 감정적 존재이기 때문이다. 판매에 성공했다는 것은 그 시점에서 가망고객이 가진 가장 중요한 욕구를 충족시킬 만큼 정확하게 어필했다는 사실을 의미한다. 반대로 판매에 실패했다는 것은 가망고객의 구매동기를 자극할 수 있도록 상품이 가진 특징이나 유익함을 제대로 전달하지 못했다는 의미다. 사람들이 가진 진정한 구매동기를 정확하게 밝혀내는 능력은 다른 어떤 요인 못지않게 판매 성공 여부를 결정한다.

판매는 본질적으로 창조적인 행위이며 시장에 뛰어들어서 새로운 비즈니스를 만들어 내는 것이다. 판매는 우리 상품과 서비스를 원하거나 또는 필요로 하지 않던 사람들을 찾아낸 후에 귀중한 돈을 지불하고 그것을 구매하도록 설득하는 일이다. 판매는 가망고객의 마음 깊이 자리하고 있는 진정한 동기유발 요인을 알아내서 효과적으로 그 요인을 자극해야 하는 일이다. 프로 세일즈맨으로서 자신이 가진 잠재력을 최고로 발휘하려면 보다 창의적으로 판매 활동을 해야만 한다. 창의성을 개발해서 사람들이 상품이나 서비스를 구매하는 진정한 이유를 알아낼 수 있다면 자기 분야에서 최고 세일즈맨이 될 수밖에 없으며 더 좋은 가망고객을 찾아낼 수 있다. 창의성을 발휘하면 상품이나 서비스를 더욱 효과적으로 프레젠테이션하고 더 잘 판매할 수 있는 방법도 발견할 수 있으며, 상품이나 서비스를 활용해 고객의 진정한 욕구를 충족시킬 수 있는 새로운 방법을 강구할수도 있다. 창의성은 프레젠테이션을 더욱 효과적으로 구조화시켜서 고객들이 가진 의문을 해결하고 판매를 방해하는 거부 반응을 극복할 수 있도록 도와준다. 그렇게 되면 상품이나 서비스가 가망고객의 절박한 필요성을 충족시켜줄 수 있다는 점을 어렵지 않게 납득시킬 수 있다. 가망고객을 구매고객으로 전환시키는 동기가 무엇인지를 창의적으로 분석하면 판매과정의 각 단계마다 더욱 신속하게 판매할 수 있는 방법을 찾을 수 있다.

끝으로 구매동기를 창의적으로 분석하고 찾아내게 되면 고객의 구매저항을 극복할 수 있다. 가망고객이 현재 직면하고 있는 문제에 대해서 우리상품이나 서비스가 더 적절한 해결책이 될 수 있는 영역을 중심으로 판매상담을 할 수 있기 때문이다.

판매의 성공과 실패는 가망고객의 핵심 구매동기를 찾아서 우리가 가진상품이나 서비스로 가망고객이 가진 욕구를 가장 잘 해결할 수 있다는 점을 설득할 수 있느냐에 달려있나.

사람들이 구매하는 이유

가망고객이 우리 상품이나 서비스에 관해 직면한 상황은 다음 세 가지 중하나다. 첫째, 가망고객이 가진 문제점이나 욕구가 분명하고 그에 대해 명확하게 알고 있는 경우다. 둘째, 가망고객이 문제점이나 욕구를 가지고 있지만 그것이 무엇인지 확실하게 모르거나, 우리 상품이나 서비스가 그 문제나 욕구를 해결해 줄 수 있다는 사실을 모르는 경우다. 셋째, 어떤 욕구가 있다고 가망고객 스스로 혹은 우리가 생각하고는 있지만 우리 상품이나 서비스를 필요로 하지 않는 경우다. 나중에 다룰 가망고객 발굴 프로세스는 많은 시간을 투자하기 전에, 고객이 이 세 가지 상황 중에서 어디에 해당하는지를 알아내는 과정이다.

사람들이 구매하는 이유는 무엇일까? 또 구매하지 않는 이유는 무엇일까? 사람들이 특정한 행동을 하는 이유는 무엇일까? 이런 질문에 정확하게 답변하려면 인간의 행동을 이해할 필요가 있다. 다행히 우리 자신이 인간이기 때문에 우리들은 이미 내부 정보를 가지고 있다. 아주 좋은 참고자료들을 갖고 있는 셈이다. 자신의 행동을 고객들의 행동과 비교해보면 상황이 비슷할 경우 행동도 아주 유사함을 알 수 있다.

한마디로 말하면 사람들은 불만족을 줄이기 위해서 구매한다. 사람들의 모든 행동은 불만족을 느끼는 것에서 시작된다. 사람들은 불만족을 줄이기 위해서 더 큰 만족을 주는 상황으로 움직인다. 따라서 모든 행동은 상황을 개선하고자 하는 시도라고 말할 수 있다.

인간 행동의 가장 주된 동기유발 요인은 특정한 행동을 하기 전보다 행동을 한 후에 더 나은 상황을 만들고자 하는 욕구다. 행동의 결과가 행동하기 전보다 좋지 않을 것이라고 생각되면 당연히 아무런 행동도 하지 않을 것이다. 가망고객의 경우에는 "자료를 두고 가시면 생각해 볼게요."라고 말하는데, 그 말은 "잘 가시오. 나는 아직 그 물건을 사는 것이 사지 않고 돈을 갖고 있는 것보다 좋다는 확신이 생기지 않소."라는 의미다.

상품이나 서비스를 프레젠테이션 할 때는 가망고객이 기존에 하고 있는 일의 개선 방안이라고 말해 주어야 한다. 인간은 대부분 변화를 달가워하지 않고 두려워하며 어떤 대가를 치루더라도 피하고 싶어 한다. 그러나 동시에 누구나 지금보다 더 상황이 호전되고 향상되는 것에는 관심을 가진

다. 상품이나 서비스가 고객이 현재 하는 일의 연장선 위에 있고, 단지 그것을 더 잘 해낼 방법일 뿐이라고 말해 주면 고객은 언제나 우리 제안에 마음을 연다. '새로운', '더 좋은', '향상된' 등은 판매에서 사용할 수 있는 가장 강력한 단어다. 인간 행동의 기본 동기를 자극하기 때문이다.

사람들은 누구나 자신의 상황을 개선하기 위해 행동하기 때문에 모든 행동은 합리적이다. 행동은 행위 당사자의 인식에 기초하고 있으며 행동은 목적을 갖고 있는데, 그 목적은 개선이다. 행동이 원하는 개선을 이루어낼 수도 있고 이루어내지 못할 수도 있지만, 고객의 관점에서 보면 행동은 언제나 합리적이다. 고객이 어떤 행동을 하는 것은 그 행동이 그 상황에서 자신이 원하는 목표를 달성할 수 있는 최선의 방법이라고 믿기 때문이다.

판매의 제1법칙은 "고객은 언제나 옳다."는 것이다. 제2법칙은 "의문이 있을 때는 항상 제1법칙을 참고하라."는 것이다. 현재 갖고 있는 정보 그리고 상품이나 서비스가 자신의 상황을 개선할 수 있다는 믿음은 고객의 관점에서 보면 언제나 옳다. 이것이 인간 행동을 이해하는 가장 기본이 되는 원리다.

필요와 욕구의 차이에 대해서 많은 논쟁이 이루어지고 있다. 때로 고객들은 실제로 그들이 필요한 것이 있는데도 그것이 아닌 다른 것을 원한다. 사실 그들에게 전혀 필요가 없어 보이는 것을 구매하는 경우도 있다. 고객에게 무엇이 필요한지 확실한데도 고객이 자신의 생각을 받아들이지 않을 때 세일즈맨들은 무척 답답하다. 그럴 때 가망고객이 말하는 상품이나 서비스가 아닌 자신의 상품이나 서비스가 진짜로 고객이 원하는 것이라고 설득하려는 잘못을 저지른다. 그러나 답답해지기만 할 뿐, 판매로 연결되지는 않는다.

인간의 동기유발을 설명하는 이론 중에 'ABC이론'이 있다. ABC이론에 따르면 인간의 동기는 거의 예외 없이 선행요인antecedents, 행동behavior, 결과consequences를 토대로 유발된다. 고객들은 자신의 선행요인 즉 과거 경험과 현재 상황을 토대로 행동한다. 그들은 일정한 결과 즉 일반적으로 불만족의 감소 혹은 상황의 개선이라는 결과를 얻기 위해 행동하며 결과는 구매 결정의 성과다. ABC 접근법은 판매 프레젠테이션을 계획하는데 도움이 된다. 동기유발 관점에서 볼 때 선행요인은 행동의 원인을 15퍼센트 정도 설명할 수 있다. 고객들이 구매하는 원인의 나머지 85퍼센트를 설명해 주는 것은 결과다. 달리 표현하면 고객들은 자신이 얻게 될 결과에 대한 기대를 바탕으로 구매한다는 사실이다. 따라서 고객이 우리 상품이나 서비스를 사용하게 되면 상황이 얼마나 나아질지에 프레젠테이션의 초점을 맞추면 맞출수록 그만큼 동기유발 효과가 커진다.

최고 세일즈맨은 판매 프레젠테이션을 할 때 언제나 구매 결과, 즉 상품이나 서비스를 구매함으로써 얻게 되는 소유와 사용의 즐거움에 초점을 맞춘다. 그에 반해 평범한 세일즈맨은 상품이나 서비스의 사용방법이나 개발 배경, 아니면 다른 경쟁 상품과의 비교에 집중한다. 다시 말해서 최고 세일즈맨은 상품이나 서비스가 주는 유익에 대해서 말하고 평범한 세일즈맨은 상품이나 서비스가 무엇인지에 대해 말한다.

사람들은 상품이나 서비스의 소유와 사용에서 기대되는 결과를 구매하는 것이지 상품이나 서비스 자체를 구매하는 것이 아니다. 고객들의 마음 속에서 상품이나 서비스는 원하는 목표를 이루는 수단이다. 고객이 현재의 상황에서 원하는 상황으로 가는 방법일 뿐이다. 그런 관점에서 볼 때 상품이나 서비스는 그 자체로는 어떤 감정적인 가치도 갖고 있지 않다. 구매 결정을 이끌어내는 힘을 가진 것은 오직 가망고객이 추구하는 목표밖에 없다.

고객은 상품을 사는 것이 아니라 자신이 가진 문제에 대한 해결책을 산다고 말하는 게 바로 이 때문이다. 고객은 서비스를 사는 것이 아니라 자신의 목표를 달성하는데 도움이 되는 방법을 구매한다. 가망고객은 상품이나 서비스가 가진 특성을 사는 것이 아니라 그 특성으로 인해 자신의 삶과 업무에서 기대되는 즐거움을 산다. **어떤 구매 결정이든지 핵심적인 동기유발 요인은 소유와 사용에서 얻을 수 있으리라고 기대되는 유익이다.**

이를테면 사람들이 구매하는 것은 생명보험 그 자체가 아니다. 그들이 구매하는 것은 자신에게 사고가 생겼을 경우 사랑하는 가족들이 경제적으로 어려움을 겪지 않을 것이라는 예상에서 오는 안도감이다. 또. 사람들은 자동차를 구매하는 것이 아니다. 그들은 자신의 삶에서 중요한 여러 가지 일을 더 자유롭고 편리하게 해주는 믿을 수 있고 매력적인 교통수단을 구매한다. 그리고 사람들이 구매하는 것은 컴퓨터가 아니다. 그들이 구매하는 것은 일을 더 빠르게, 더 정확하게, 그리고 더 적은 비용으로 가능하게 해주는 높은 효율성이다. 어떤 경우든지 상품이나 서비스를 구매하도록 동기를 유발하는 것은 구매가 가져올 바람직한 미래 고객의 모습을 그려내는 능력이다.

1차 동기유발 요인과 2차 동기유발 요인

동기유발 요인에는 1차 요인과 2차 요인이 있다. 1차 동기유발 요인은 사람들이 무엇인가를 구매하는 기본적인 이유다. 상품이나 서비스가 충족시켜야 하는 최소한의 요건으로써 이것이 충족되지 않으면 고객들은 우리에게 말할 기회조차 주지 않는다. 자동차는 운전이 가능해야 하고, 컴퓨터는 컴퓨터의 기본 기능을 수행할 수 있어야 하며, 카메라는 사진을 찍을 수 있어야 하고, 연수 프로그램은 사람들을 교육시켜서 더 유능한 사람으로 만들어야 한다. 즉 1차 동기유발 요인은 기본적인 필수 조건이다.

　2차 동기유발 요인은 사람들이 여러 상품이나 서비스 중에서 우리 상품이나 서비스를 구매하는 이유다. 우리 상품이나 서비스를 경쟁 상품이나 서비스와 차별화하는 부가적인 요소다. 정서적 반응을 일으켜서 구매 결정으로 연결시키는 구체적인 유익이다.

　예를 들어 보자. 상업용 사무 공간을 임차한다고 할 때 1차 동기유발 요인은 사무 공간의 품질, 주차 공간, 건물의 미관, 직원들이 사용할 수 있는 생활시설의 접근성 등일 것이다. 2차 동기유발 요인은 더 섬세한 것들이다. 빌딩의 지명도, 다른 세입자의 수준, 다른 의사 결정자들과 동료, 고객들의 예상 반응, 그리고 무엇보다도 최고경영자 자택과의 거리 등이 여기에 속한다. 80퍼센트 이상의 사무실이 최고경영자의 집에서 8킬로미터 이내에 위치한다. 이것은 핵심적인 동기유발 요인으로 산업용과 상업용 공간의 임차에 있어서 미묘하지만 관건이 되는 경우가 많다. 모든 상품에는 이러한 2차 동기유발 요인이 있다.

　구매 결정의 상당수에는 이원성의 법칙이 작용하고 있다. 이원성의 법칙은 "모든 행동에는 항상 두 가지 원인이 존재한다. 하나는 '그럴듯한 이유'이고, 다른 하나는 '진짜 원인'이다."라는 법칙이다. '그럴듯한 이유'는 현실적이고, 논리적이며, 실리적인 원인으로써 지적이고, 합리적이며, 신중한 사람이라면 누구나 수긍할 수 있는 원인이다. 사람들은 누구나 다른 이들에게 자신이 올바른 일을 하는 것으로 보이고 싶은 강한 욕구를 갖고 있다. 판매 상담, 제안, 입찰, 수주 노력은 보통 '그럴듯한 이유' 중심으로 이루어진다. 그러나 구매 결정이 이루어지는 것은 일반적으로 '진짜 원인' 때문이다. 진짜 원인은 본질적으로 심리적이고 감정적이다. 비합리적으로 보일 수도 있지만, 그럼에도 불구하고 구매 결정을 이끌어내는 것은 바로 이 진짜 원인이다. 판매 과정에서 우리가 맨 처음에 해야 할 일은 '그럴듯한 이유'와 '진짜 원인'을 둘 다 찾아낸 다음, 가망고객에게 우리 상품이나 서비스가 그 두 가지 원인 모두를 충족시킨다는 점을 보여주는 것이다. 판매의 성공은 이 일을 해낼 수 있느냐에 달려있다.

구매 결정은 어떤 것이나 감정적이다. 왜냐하면 인간의 모든 말과 행동이 100퍼센트 감정적이기 때문이다. 감정적으로 결정하고 나서 논리적으로 그 결정을 정당화하며, 경우에 따라서는 순간적으로 결정을 내린 다음에 그 결정을 합리화하고 정당화하는데 많은 시간을 보낸다.

판매 분야에서 여성들이 두각을 나타내는 이유 중의 하나는 남성들보다 더 고객의 의사 결정 과정에서 감정적인 요소에 초점을 잘 맞추기 때문이다. 남성들은 사실 금액, 숫자, 세부 사항, 그리고 논리적 주장에 집중하는 경향을 보인다. 여성들은 합리적인 주장 너머에 자리한 특정 상품을 구매하거나 구매하지 않는 진짜 원인을 본다. "남성들은 시야를 갖고 있지만 여성들은 통찰력을 갖고 있다."고 하는 이유가 바로 이것이다.

상품이나 서비스를 프레젠테이션 할 때, 가망고객의 감정 혹은 잠재의식에 얼마나 호소할 수 있느냐에 따라서 판매 성공 여부가 결정된다. 우리가 이 일을 잘해낼 수 있는 능력을 갖고 있어서 판매에 성공할 수도 있고, 아니면 고객 스스로 우리 상품이나 서비스가 자신의 감정적 욕구를 충족시킨다고 판단해서 구매가 이루어질 수도 있다. 그러나 어느 경우든지 고객들이 구매하는 이유는 그때 같은 금액을 다른 어떤 곳에 사용하는 것보다도 우리 상품이나 서비스를 구매하는 것이 자신의 진정한 욕구를 모자람 없이 충족시켜준다고 인식하기 때문이다.

짐 뉴먼 Jim Newman 박사는 "우리가 만나는 사람들은 누구나 가슴에 버튼이 가득 달려있고, 각각의 버튼은 각기 다른 감정들과 연결되어 있다."고 말한다. 어떤 버튼들은 초록색으로 긍정적인 감정들과 연결되어 있고 다른

Motivating People to Buy

버튼들은 빨간색으로 부정적인 감정들과 연결되어 있다고 상상해 보라. 사람들을 만날 때 우리는 항상 초록색 버튼이나 빨간색 버튼 중에 하나를 누르게 된다. 올바른 버튼을 누르면 상대방은 우리가 바라는 감정을 느끼고 그에 맞는 반응을 한다. 우리가 할 일은 가망고객이 구매 결정을 내리도록 올바른 버튼을 누르는 것이다.

사람들은 누구나 일련의 초록색 버튼들을 가지고 있다. 그 버튼들 중에서 무엇이든 하나를 누르면 사랑, 자부심, 존경, 행복, 안정감과 같은 긍정적인 감정이 유발된다. 상대방의 가족, 성공, 외모 혹은 강점에 대해서 이야기하면, 즉시 이런 긍정적인 감정들이 생긴다. 또한, 사람들은 누구나 일련의 빨간색 버튼들도 가지고 있다. 이 버튼들은 과거 경험에 기초한 부정적인 감정들과 연결되어 있어서 과거에 느꼈던 두려움, 분노, 원한, 불안을 불러일으킨다. 이 버튼 중에서 하나를 누르면 상대방은 즉시 노여움, 걱정, 의심 혹은 적개심을 가지고 반응한다. 이 빨간색 버튼은 성격, 업무 혹은 가정과 같은 삶의 일부분과 연결되어 있어서, 업무에 서투르다고 한다든지 아니면 좋은 남편이나 아버지가 아니라고 암시하는 것만으로도 이 버튼을 누르게 되어 상대방을 화나게 할 수 있다. 반응은 즉각적이어서 상대방은 즉시 스스로를 방어하고 우리를 공격해 올 것이다.

판매에서 우리가 할 일은 특별히 목표 달성에 도움이 되는 경우가 아니라면 부정적인 빨간색 버튼을 피하고 긍정적인 초록색 버튼을 누르는 것이다. 경우에 따라서는 먼저 빨간색 버튼을 눌러서 우리 상품이나 서비스를 구매하지 않을 경우에 어떤 문제점이 발생하는지 설명한 다음에, 파란색 버튼을 눌러서 상품이나 서비스를 구매하게 되면 어떤 이익과 장점이 있는지 보여줘야 할 때도 있다.

두 가지 주요 동기유발 요인은 이득에 대한 욕구와 상실의 두려움이다.

모든 구매 결정은 이 두 가지 감정 중 하나에 의해서 이루어진다. 어떤 상황에서도 이 두 가지 동기유발 요인을 십분 활용할 수 있도록 프레젠테이션을 창조적으로 구성해야 한다.

예를 들어보자. 나는 최근에 새 차를 구매했다. 사실 기존에 갖고 있던 차에 만족하고 있었기 때문에 차를 살 계획은 없었다. 그런데 정비공장에서 타이어를 전부 교체하고, 휠얼라인먼트와 몇 가지 중요한 수리를 하는데 3천 달러가 든다고 했다. 출고된 지 6년이 지난 차여서 나중에 다시 팔거나 중고차를 넘기는 조건으로 새 차를 구매하더라도 그 정도 큰 수리비를 회수하기는 불가능했다. 그 순간 나는 가망고객이 되었고, 차를 고치기보다는 새 차를 구매하기로 결심한 것이다.

상실의 두려움은 회수할 수 없는 3천 달러의 비용이었고, 이득에 대한 욕구는 새 차를 소유하고 운전하면서 느낄 즐거움이었다. 시험 운전과 협의 도중에 핵심 구매 요인은 영업소에 있는 신 모델 중에서 2천 달러를 할인해 주는 차가 단 한 대밖에 남아있지 않다는 점이었다. 내가 사고 싶은 모델이었고, 색상과 옵션도 대부분 마음에 들었다. 그날 그 차를 구매하면 나중에 동일한 모델을 살 때보다 2천 달러나 싸게 살 수 있다는 말에 욕구와 두려움이 합쳐져서 결국 구매 결정을 내리고 말았다.

모든 구매 결정은 삼성석이브로 판매 상담을 할 때 가장 중요한 일 중의 하나는 가망고객의 행동에 영향을 미칠 가능성이 있는 모든 감정적 요인들을 파악하는 것이다. 그렇게 하려면 능숙하게 질문을 던지고 주의 깊게 고객의 대답을 경청해야 한다. 사람들의 심리적 구조는 가장 중요한 문제가 마음의 가장 위에 위치하도록 구성되어 있다. 따라서 상품이나 서비스에 대해 이야기할 때는 그 문제와 관련된 욕구와 두려움이 생각의 맨 앞에 튀어나와서 우리의 주의력을 통제한다.

　심리학에 '프로이드의 실언 *freudian slip*' 이라는 말이 있는데, 그것은 사람들이 말을 하다가 자신도 모르게 진실을 언급해 버리는 경향이 있다는 사실이다. 실제로 가망고객이 상품이나 서비스에 관해서 자신의 상황을 이야기하는 것을 잠자코 세심하게 들어 보면, 감정적으로 가장 중요한 진짜 과제를 드러내는 신호, 단서, 단어 등을 찾을 수 있다. 판매를 성사시키려면 바로 이 감정적 의도를 충족해야 한다. 고객들은 누구나 이런 감정적 의도를 갖고 있어서 대화 과정에서 그것을 드러내는 단어와 표현을 사용하므로 그것이 무엇인지 파악할 수 있다. 가망고객의 말을 들을 때는 고객이 사용하는 단어와 표현에 주의를 기울여 생각해 두고 있다가, 나중에 판매 프레젠테이션을 할 때 그 단어와 표현을 사용해야 한다.

　고객은 감정적인 단어와 표현을 통해서 자신의 마음속 의도를 드러낸다. 감정적 단어와 표현이란 어떤 두려움이나 욕망이 전기 스파크처럼 가득 담긴 것을 말한다. 상품에 대해서 '가슴이 두근거린다.'는 감정이 가득한 단어이지만 '재미있다.'는 그렇지 않다. 고객이 감정이 충만한 단어 혹은 표현을 사용할 때는 야구에서 플라이 볼을 잡는 것처럼 그 단어나 표현을 잡아두었다가 뒤에 대화할 때 고객에게 던져 주어야 한다. 가망고객이 "나는 이것이 수익에 어떤 영향을 미칠 것인지 외에는 관심이 없어요."라고 말한다면 나중에 "이 상품이 틀림없이 수익에 큰 도움을 줄 겁니다."라고 언급해서 초록색 긍정 버튼을 누를 수 있다.

　감정적인 핫 버튼 *Hot Button* 을 정확하게 파악해 건드리면 고객들은 신체적 반응을 보이는 경향이 강하다. 자세를 바로 하고, 앞으로 몸을 기울이며, 더 생기를 띤다. 말하는 속도가 빨라지고 우리 상품이나 서비스에 대해서 가장 관심을 갖고 있는 점을 꺼내기도 한다. 우리가 핵심적인 감정적 단어를 말할 때마다 가망고객의 구매 욕구는 커진다.

핫 버튼 판매

프로 세일즈맨은 눈에 보이지 않지만 고객의 가슴 속에 있는 여러 개의 버튼 중에서 무엇이 핫 버튼인지 찾아내는 일에 능숙하다. 일단 찾아낸 다음에는 프레젠테이션 과정 내내 쉼 없이 고객의 핫 버튼을 누른다. 판매 제안도 핫 버튼에 초점을 맞추고 판매마무리를 할 때도 반복해서 핫 버튼을 언급한다. 핫 버튼에 관한 질문을 던지고, 구매 결정을 하면 고객의 핫 버튼인 특정한 감정적 욕구가 어떻게 충족될 수 있는지에 대해 지속적으로 설명한다.

핫 버튼은 항상 감정적이고, 거의 대부분 다른 사람들로부터의 존경이나 존중과 연관되어 있다. 자신의 상품이 주택, 사무용 건물, 자동차, 보험, 투자 상품, 컴퓨터 네트워킹 시스템 그 어느 것이라도, 가망고객은 그 물건을 구매할 경우 다른 사람들이 자신을 어떻게 볼 것인지에 관심을 갖고 있다. 아메리칸 익스프레스 American Express 사의 광고 중에 바로 이 점을 잘 활용하는 뛰어난 광고가 있다. "아메리칸 익스프레스 카드, 당신의 참모습을 말해 줍니다."가 바로 그것이다.

거의 모든 판매 상황에서 사용할 수 있는 몇 가지 질문이 있다. 이 가정 질문을 던지면 고객도 구매를 가정하고 대답할 것이다. 그러나 판매를 성사시키려면 제품의 구매가 가져올 핵심적인 유익을 반드시 증명해야 한다. 고객의 진정한 구매동기를 알아내기 위해서 내가 가장 즐겨 사용하는 세 가지 질문은 다음과 같다.

1. "고객님, 만일 이 상품을 구매하시게 된다면 이 상품에서 가장 기대하는 것은 무엇입니까?"

2. "고객님, 만일 이 상품을 구매하신다면 반드시 확인하고 싶은 것은 무엇입니까?"

3. "고객님, 만일 이 상품이나 서비스가 무료라면 받으시겠습니까?" 가망고객
이 받겠다고 대답하면 잠시 기다렸다가 다시 묻는다. "이유가 무엇입니까?"

일단 고객의 핫 버튼을 확인한 다음에는 우리 상품이나 서비스를 구매하게 되면 고객이 원하는 핵심적인 유익을 틀림없이 얻을 수 있다는 사실을 의심의 여지없이 확신시키는 것에 집중해야 한다. 판매 프레젠테이션 전체가 그것을 중심으로 이루어져야 한다. 우리 상품이나 서비스가 고객이 가진 문제에 대한 최상의 해결책이고, 고객의 목표 달성을 위한 최선의 방법이라는 점을 보여 주어야 한다.

예를 들어 보자. IBM은 한창 전성기 때에 미국에서 최고로 훈련이 잘되고 유능한 임원들을 배출했다. 그리고 그들 중 상당수는 IBM 고객사에 고위직으로 영입되어 갔다. 이후 그들이 일하는 기업에서 컴퓨터를 구입하거나 업그레이드를 할 때 IBM 출신 임원들은 언제나 IBM에서 컴퓨터나 주변기기를 구입했다. 핫 버튼은 무엇이었을까? 그들의 IBM에 대한 높은 자부심과 믿음이었다. IBM은 그들이 근무할 때 회사에 대한 깊은 애정과 충성심을 심어 주는데 성공했고, 그 결과 컴퓨터와 관련된 의사 결정을 할 때 IBM 제품외에는 거들떠보지도 않도록 만들었다. 따라서 IBM 출신 임원들이 핵심적인 역할을 하는 기업에 다른 경쟁사가 들어가는 일은 거의 불가능했다.

IBM 세일즈맨들은 그들과 상담할 때, 자사 제품이 경쟁사 제품보다 더 빠르지 않거나 저렴하지 않을지도 모르지만 A/S측면에서 보면 누구도 쉽게 따라올 수 없는 IBM 제품이라고 말함으로써 핫 버튼을 눌렀다. 그리고 그 전략은 성공적이었으며 IBM을 떠나서 다른 기업에서 일하는 사람들이 늘어날수록 그들이 일하는 기업에서 IBM 제품의 판매 규모도 더 커져 갔다. 바로 이 결정적인 핫 버튼 덕분이었다.

세일즈맨과 고객 사이의 인간관계가 구매 결정의 핵심적인 요인일 수도 있고, 회사가 시장에서 누리는 뛰어난 평판이 핵심적인 요소일 수도 있다. 상품이나 서비스를 사용해 본 후에 만족해서 고객에게 추천해 준 친구나 직장 동료가 핫 버튼일 수도 있고, 상품이나 서비스를 다른 곳에서는 공급할 수 없는데 우리 회사에서는 즉시 가능한 점이 핫 버튼일 수도 있다. 때론 상품의 색상이나 부동산 전망 같은 단순한 요소가 핫 버튼이 될 수도 있다.

또, 고객이 직면하고 있는 상황에 대한 깊은 이해가 핫 버튼일 수도 있고, 과거에 다른 고객들의 유사한 목표 달성이나 문제 해결을 도왔다는 개인적인 평판이 핫 버튼이 될 수도 있다. 어떤 경우든지 판매를 성사시키기 위해서는 고객이 가진 핵심적인 감정, 즉 핫 버튼을 찾아내서 반복적으로 눌러 주어야 한다. 핫 버튼은 우리가 만족시키지 않으면 안 될 구체적인 욕구이다.

구매 동기유발 요인과 동기저하 요인

사람들에게 상품이나 서비스를 구매하도록 동기를 유발하려면 구매하려고 하는 이유와 주된 구매 동기에 호소하는 방법을 알아야 할 뿐 아니라, 그들이 왜 구매하지 않는지와 어떻게 하면 도움이 되지 않는 분야에 대한 노력을 피할 수 있는지도 알아야 한다.

심리학자이자 동기유발 분야의 선구자인 프레데릭 허즈버그 Frederick Herzberg 는 회사가 조성하는 상황에 따라 직원들의 생산성을 높이거나 낮추는 요인들에 관한 욕구이론 연구를 통해서 '위생요인과 동기요인'이라는 개념을 만들어 냈다. 이 두 가지 요인의 차이를 이해하는 것은 우리의 성공에 필수불가결한 조건이다. 요즘처럼 품질, 가치, 가격, 그리고 서비스가 구매 이유와 동의어로 사용되는 시장에서는 더욱 그렇다.

허즈버그는 경영진들이 직원들을 위해서 하는 활동 중 대개가 실제로는 직원들의 사기나 생산성을 높여주지 못한다는 점을 발견했다. 안락한 근무환경을 조성하기 위해서 많은 돈을 들였는데도 불구하고 업무성과는 높아지지 않았는데, 경영진들은 그 까닭을 알 수 없었다.

허즈버그는 금전적 보상, 건강과 연금 혜택, 휴가비, 상여금 그리고 정기적인 급여 인상의 역할도 살펴보았다. 그는 이 요인들 중 어느 것이라도 향상시키면 동기가 유발되고 생산성이 높아지지만, 그것은 일시적일 뿐 얼마간의 시간이 지나면 다시 예전 수준으로 돌아간다는 점을 발견했다. 경영진은 이러한 현상을 도무지 이해할 수 없었다.

그러나 욕구는 일단 충족되고 나면 더 이상 동기유발 요인이 되지 못한다는 사실을 알게 되면서 그 이유가 명확해졌다. 허즈버그는 이처럼 충족된 결핍욕구를 '위생요인'이라고 불렀다. 그는 위생요인이 효율적인 업무 수행의 기본 조건으로써 직원들의 동기를 유발하지는 않지만, 그 중의 어느 것이라도 결핍되면 동기가 저하된다는 점을 발견했다.

다시 말해서 회사가 만족스런 급여와 정기적인 급여인상 등 좋은 근무환경에 필요한 모든 조건을 제공하더라도, 직원들이 기존 수준 이상으로 높은 생산성을 발휘하도록 동기를 유발하지는 못했다. 그러나 이들 요인 중 어느 하나라도 소홀히 하면 그것은 동기저하 요인으로 작용하여 전체적인 생산성을 떨어뜨리게 된다.

반면, 동기유발 요인은 모두가 심리적이고 감정적인 것이었다. 예를 들어서 도전적인 업무, 흥미로운 업무, 책임의 증가, 동료 및 상사와의 긍정적인 상호작용, 더 도전적이고 중대한 업무에 대비한 규칙적인 직원 훈련, 회사에서 일어나는 일에 관해서 아는 것, 다양한 업무 등이 이에 해당한다. 이것들 모두 직원들의 동기를 유발했다. 직원들의 업무에 이러한 요인들이 더 많이 포함되면 될수록 직원들은 더 만족하고 생산성이 향상되는 경향을 보였다. 허즈버그는 동기유발 요인들이 거의 무한정으로 증가될 수 있다는 점을 발견했다. 업무환경 전체를 적절하게 구축하면 생산성은 시간의 경과에 따라서 꾸준하게 증가될 수 있다는 사실이다. 그는 재미있고, 즐거운 환경에서 일하는 직원들이 지속적으로 더 높은 성과를 내고, 더 뛰어난 품질의 제품을 만들어 낸다는 점을 발견했다.

마찬가지로 같은 원칙이 판매에도 적용된다는 사실을 곧 알게 될 것이다. 상품 특성 중에서 어떤 것들은 있다고 하더라도 우리 상품에 대한 매력을 높여주지 않지만 그것이 없으면 판매 자체가 불가능하다.

한편, 우리와 경쟁사 제품의 특성 중에서 어떤 것들은 가망고객이 이미 기대하고 있는 것들이어서 더는 동기유발 요인이 되지 못한다. 그것이 바로 위생요인이다. 그런 특성들을 프레젠테이션에서 언급하는 일은 가망고객의 구매 욕구에 어떤 영향도 미치지 못한다. 기본적으로 당연하게 제공되리라고 여기는 점을 프레젠테이션에서 언급하는 것은 오히려 가망고객을 지루하게 하거나 구매의욕을 저하시킬 수도 있다.

상품과 서비스의 네 가지 요소

시어도어 레빗 Theodore Levitt 교수는 고객이 상품과 서비스를 네 가지 요소로 나눈다고 말한다. 이 네 가지 요소에 따라서 고객은 우리의 상품이나 서비스를 평가한다. 고객의 관점에서 상품이나 서비스의 첫 번째 요소는 본원적 상품이나 서비스이다. 가장 기본적인 것으로 절대적인 최소치이다. 복사기를 판매한다면 본원적 상품은 복사를 하는 기계이다. 차를 판매한다면 본원적 상품은 네 바퀴와 동력을 갖춘 차량이다. 통신 시스템을 판매한다면 세계 어느 곳과도 통화하는데 필요한 내부 부품과 연결이 본원적 상품이다.

두 번째 요소는 기대하는 상품이다. 상품 설명 자료에는 쓰여 있지 않지만 고객이 기대하는 상품의 한 부분이다. 고객이 기대하고 있는 상품이나 서비스의 어떤 부분이 제대로 이루어지지 않으면 고객의 불만족, 주문 취소, 고객과의 관계 단절로 연결될 수 있다. 이러한 기대 요소는 중요한 것이어서 그것을 제대로 이해하지 못하면 심각한 결과를 낳을 수 있다.

예를 들어보자. 고객은 관련 서류가 완벽하게 처리되고 대금 결제가 정확하게 이루어지는 것을 기대한다. 고객은 자신이 전화를 하면 적정한 시간 내에 요청 사항이 처리되는 것을 기대한다. 고객은 상품이나 서비스가 잘 포장되어 단정하고 친절하며 업무 지식을 갖춘 사람에 의해서 배달되는 것과 약속 시간을 잘 지키고, 약속한 사항을 반드시 이행할 것을 기대한다. 이러한 사항들은 상품 소개 책자에 적혀 있진 않지만 이런 기대를 충족시키지 못하면 상품이나 서비스는 물론이고 우리와 우리 회사에 대해 부정적인 영향을 미친다.

세 번째 요소는 부가 요소이다. 부가 요소는 상품이나 서비스에 우리가 추가한 것, 혹은 고객의 기대 이상으로 실행하는 것이다. 경쟁자와 우리를 차별화하는 것은 바로 이처럼 고객의 기대를 넘어선 영역이다. 이 같은 부가 요소를 통해서 고객의 증언이나 재판매, 그리고 다른 가망고객 추천으로 이어지는 고객과의 원만한 관계가 구축된다.

고객이 지불하거나 기대하는 것보다 더 많은 것을 주고, 한 걸음 더 나가는 것이야말로 고객과 뛰어난 관계를 맺는 핵심 열쇠다. 그것은 고객에게 놀라움과 기쁨을 주고, 장기적인 거래 관계를 구축하는데 도움이 되어서 어떤 분야에서든지 커다란 판매 성공을 가져온다.

상품의 세 가지 요소, 즉 본원적 요소, 기대 요소, 부가 요소를 이해하는 것은 경쟁자에 대항해 우리의 위치를 정하고 판매하는데 있어서 필수

전략적 세일즈

적이다. 이것은 허즈버그의 위생요인과 동기요인을 자연스럽게 판매에 적용한 것이다.

새로운 상품이나 서비스는 고객의 욕구를 충족시키고, 고객의 현존하는 기대를 뛰어넘는 부가 상품으로 시장에 진입하며 지금까지는 없었던 유익을 제공한다. 따라서 존재 자체가 경쟁우위라고 볼 수 있다. 고객의 특정한 욕구를 충족시켜 주는 그 상품만이 가진 독특한 기능이 상품을 구매하는 핵심 이유이다. 판매와 마케팅의 초점은 최단 시간 내에 최대한 많은 가망고객에게 상품을 소개하는 것에 맞춰지는데, 디지털카메라가 처음 시장에 진입할 때 그렇게 했다.

그러나 곧바로 경쟁자들이 비슷한 상품을 갖고 시장에 뛰어든다. 처음에는 새롭고 색달랐던 상품의 특성들이 얼마 지나지 않아 표준화된 평범한 특성이 되어 버린다. 어느 상품이나 일반적으로 갖춘 특성이 되어서 더 이상 구매에 영향을 미치거나 동기유발을 할 수 있는 힘을 잃어버린다. 이제 그 특성들은 위생요인이 된다. 모든 기업들은 어떤 방식으로든지 부가 기능을 더함으로써 상품을 개선한다. 특별한 성능, 조건, 구매방법, 서비스 선택사향 등을 추가해서 경쟁자들과 자신의 상품을 차별화한다.

하지만 한 기업에서 혁신적인 제품을 성공적으로 시장에 진입시키자마자 경쟁사들은 그 제품을 모방하거나 더 우수한 제품을 내놓는다. 순식간에 혁신 제품만이 갖고 있던 득별한 부가 기능을 모든 유사 상품들노 갖게 된다. 특별한 기능은 이제 기대 상품의 한 부분이 되고, 다시 고객의 관점에서 보면 본원적 상품의 한 부분이 된다.

이제 위생요인이 된 과거의 특별한 부가 기능은 더 이상 상품 판매에 도움을 주지 못하지만, 그 기능이 없거나 혹은 있는지 불확실하면 판매에 지장을 주거나 판매를 망친다.

아메리칸 항공사 American Airlines는 마일리지 서비스를 최초로 도입한 회사였다. 여행을 자주하는 고객들은 서비스에 가입한 후에 마일리지가 누적되면 나중에 쓸 수 있게 아메리칸 항공으로 예약하도록 여행사에 요구했다. 마일리지 판촉에 서비스가 성공적인 것을 본 다른 항공사들도 앞다퉈 마일리지 서비스를 제공하기 시작했고, 얼마 지나지 않아서 주요 항공사들은 모두 마일리지 프로그램을 완비하게 되었다. 그리고 항공사들 간에 더 좋은 마일리지 프로그램을 제공하기 위한 경쟁이 시작되었다. 요즘이라면 마일리지 프로그램을 도입한다고 해서 기뻐할 승객은 아무도 없다. 동시에 수준 높고, 편리하고, 사용하기 쉬운 최신 마일리지 프로그램을 갖추지 못한 항공사는 주요 항공사와 경쟁하는 일이 불가능해졌다.

많은 세일즈맨들이 저지르는 실수 중의 하나는 가망고객의 동기를 유발하지 못하는 본원적 특성을 중심으로 고객에게 접근하고 프레젠테이션을 한다는 점이다. 효과적으로 판매하려면 본원적 상품과 기대 상품에 추가되어 경쟁자들에 비해 우리 상품이나 서비스를 아주 매력적으로 만들어 주는 특별한 기능과 혜택을 고객들에게 강조해야 한다.

상품의 네 번째 요소는 잠재적 상품 영역이다. 이것은 창조성과 혁신 영역으로써 시장에 나와 있는 다른 상품이나 서비스와 다른 독특하고 차별화된 특성을 추가할 수 있다. 상품이나 서비스의 잠재력은 무한하다. 판매가 이루어진 이후에도 지속되는 뛰어나면서도 세심한 사후 서비스는 상품이나 서비스에 대한 부가 기능의 예로써 사소한 것이 큰 의미를 지닐 수도 있다.

최근에 내가 새 차를 구입했을 때 일이다. 판매 책임자는 세일즈맨에게 나와 같이 인근 주유소에 가서 회사 비용으로 기름을 가득 채워 드리라고 지시했다. 단돈 22달러밖에 들지 않았으므로 별 것 아닌 것처럼 생각할지 모르겠지만, 지금까지 25년 동안 여러 대의 새 차와 중고차를 구매하면서 기름이 가득 채워진 채로 산 적은 그때가 처음이었다. 그 이후 나는 두 명의 고객을 그 대리점에 추천했고 그들은 각기 4만 달러가 넘는 차를 구매했다. 그 대리점 입장에서 22달러는 훌륭한 투자였을까? 물론이다. 그 작은 친절은 우리가 자동차 대리점에 바라는 일반적인 기대를 훨씬 뛰어넘었고, 다른 가망고객들에게 열정적인 증언과 소개를 하게끔 유도했다.

잠시 자신의 상품이나 서비스에 관해서 생각해 보라. 우리가 파는 본원적인 상품은 무엇인가? 말이나 글로 표현되어 있지 않더라도 고객들이 우리 상품이나 서비스에 대해 기대하는 다양한 요소들은 무엇인가? 어떻게 하면 우리 상품을 향상시킬 수 있는가? 어떻게 하면 우리 상품이나 서비스의 판매와 배달 과정에서 고객의 기대를 뛰어넘을 수 있는가? 마지막으로 다른 누구보다 더 고객들을 만족시킬 수 있는 잠재적인 서비스 영역은 어디인가? **모든 시장과 판매의 돌파구는 부가적 요소와 잠재적 상품 영역의 확장에서 나온다.**

상품과 서비스의 4가지 요소
1. 본원적 상품이나 서비스
2. 기대하는 상품
3. 부가적 요소
4. 잠재적 상품

품질, 서비스, 가치, 그리고 가격

피닉스 세일즈 세미나를 할 때 나는 강의 도중에 이따금 이런 질문을 던진다. "나나 다른 사람들이 여러분의 상품이나 서비스를 사야 하는 이유는 무엇입니까? 시장에는 비슷한 것들이 많이 있는데, 상품이나 서비스의 어떤 점 때문에 내가 여러분 제품을 사야 합니까?" 거의 예외 없이 참가자 대다수의 입에서 나오는 단어는 "품질!", "서비스!", "가치!", "가격!" 이런 것들이다. 그중에서도 사람들이 가장 좋아하는 것은 단연 "품질과 서비스!", "품질과 서비스!"이다. 나는 이것을 앵무새 답변이라고 부른다. 앵무새가 "안녕!", "안녕!"하고 소리 내는 것처럼 대부분의 세일즈맨들도 앵무새처럼 아무 생각 없이 그냥 "품질과 서비스!"라고 소리 낼 뿐이기 때문이다. 세일즈맨들은 고객들이 특정한 상품을 사는 까닭이 품질과 서비스 혹은 가치와 가격이라고 잘못 생각하고 있다. 그러나 지금까지 우리가 이야기했던 것을 종합해 보면, 그런 생각은 어리석고 경우에 따라서는 판매 메시지에 해를 끼칠 수도 있음을 알 수 있다.

진실은 품질, 서비스, 가치, 그리고 가격은 모두 다 위생요인이라는 점이다. 그 요인들을 갖추고 있다고 해서 상품이나 서비스의 매력을 높여 주지는 않지만 그 요인들이 없으면 매력이 급속히 감소된다. 그 요인들로 인해서 판매가 성사되는 것은 아니지만, 가망고객들이 상품이나 서비스에 그 요인들이 없다고 조금이라도 의심하게 되면 판매는 실패한다.

품질은 어떤 상품의 경우에도 절대적 구매 이유가 아니다. 품질은 단지 구매 결정을 할 때 고려하는 여러 가지 요인 중 하나일 뿐이다. 상품 구입 가능성에 대한 소비자들의 더 높아진 인식과 시장에서의 극심한 경쟁이 합쳐져서 품질은 이제 시장에서 생존하기 위한 최소 요건에 지나지 않는, 즉 위생요인인 것이다. 고객들은 우리 상품이 최소한의 품질을 갖추고 있을 것이라고 기대한다. 만일 그렇지 않다면 우리 회사는 생존 자체가 불가능하다.

고객의 관점에서 볼 때 가장 중요한 것은 효용이다. 우리 상품이나 서비스는 고객이 필요로 하는 일을 해낼 수 있는가? 크로스비 품질 대학 ^{Crosby} ^{Quality College}의 설립자이자 품질에 관한 베스트셀러 작가인 필립 크로스비 ^{Philip} ^{Crosby}는 품질을 이렇게 정의한다. "제품이 우리가 말한 대로 작동하고, 고장 없이 계속해서 움직이는 것이다." 상품이나 서비스가 이 정의를 충족시키는 시간의 비율을 품질 수준이라고 부르고, 상품이나 서비스가 고장나거나 구매 목적을 충족시키지 못하는 시간을 결함 수준이라고 부른다.

품질은 고객의 욕구를 충족시키는 정도의 적정 수준이어야 한다. 그렇지 않다면 누구나 다 메르세데스 벤츠나 롤스로이스를 몰 것이다. 핵심 질문은 "모든 사항을 다 고려할 때 이것이 내가 원하는 일을 하는데 있어서 최선의 선택인가?"이다. 품질 특성을 가망고객에게 설명할 때는 그 특성이 어떻게, 그리고 왜 이익을 가져다주는지 알려 주어야 한다. 또한, 왜 우리 상품이나 서비스가 다른 상품이나 서비스에 비해서 고객의 특정한 욕구에 더 적합한지도 알려 주어야 한다.

품질에 관해서 말하기 전에 우선 우리 상품이나 서비스가 고객의 욕구에 가장 적절한 것이라는 사실을 증명해야 한다. 우리 상품이나 서비스의 구매 이유로 먼저 품질을 제시하는 일은 아무 것에도 연결되어 있지 않은 고객의 버튼을 누르는 것과 같다. 사람들은 우리 상품의 품질 우수성 때문에 구매 동기가 유발되지 않는다. 우리 상품이 그들이 가진 문제에 대한 최선의 해결책이므로 구매 동기가 유발되는 것이고, 품질은 구매 결정을 촉발시키는 몇몇 동기유발 요인의 하나일 뿐이다.

상품에 대해서 제공하는 서비스도 동기유발 요인이 아니므로 고객은 낭연히 제공되리라고 기대한다. 심지어 뛰어난 서비스도 처음 당연한 것으로 여겨지고 있다. 훌륭한 서비스를 제공하므로 우리에게서 사야 된다고 고객들에게 말할 수는 없다. 이미 누구나 다 훌륭한 서비스를 제공하기 때문이다. "우리 상품은 훌륭하지만 서비스는 별로입니다."라고 말하는 경쟁자를 본적이 없을 뿐더러 오늘날 뛰어난 서비스는 위생요인이다. 고객이 상품이나 서비스를 구매한 후 신속하고 세심한 서비스에 조금이라도 문제가 있으면 그것은 구매동기 저하 요인으로 작용하므로 사후 서비스는 동기유발 요인이 되지는 못한다. 왜냐하면 당연히 제공될 것이라고 기대되기 때문이다. 결국 서비스가 조금이라도 경쟁우위 요인이 되려면 경쟁사보다 지속적으로 뛰어난 서비스를 제공해야 한다. 고객의 마음속에 기억되려면 계속해서 우리의 서비스 표준을 높여 가야 하는 것이다.

가치 또한 지금의 시장에서는 당연한 것으로 기대된다. 고객들은 최저가격에 최고 품질을 요구하고 또 기대한다. 고객에게 높은 가치를 제공하거나 얻는다는 점을 확신시킨다고 하더라도 추가적으로 얻을 것은 없다. 하지만 모든 사항을 고려할 때 이 구매를 통해서 최고의 가치를 얻게 될 것이라는 점에 대해 고객이 조금이라도 의심할 경우 판매 혹은 거래는 불가능하다.

가치에 관해서 논의할 때는 우리 판매 제안에서 가치가 있는 다양한 요인들을 하나하나 세세하게 설명해야 한다. 그 요인들이 구체적으로 고객에게 어떻게 도움을 주는지 알려주는 것이 중요하다. 우리 상품이나 서비스가 가진 특별한 기능이 고객에게 어떻게 편의를 제공하거나 원가를 낮춰 주는지 또는 얼마나 정지 시간을 줄여 주거나 수명을 늘려 주거나 속도를 높여 주는지 보여 줘야 한다. 또한, 경쟁자에게는 없고 우리만 갖고 있는 것으로써 고객에게 진정한 가치를 추가로 제공해 주는 특별한 혜택도 내세워야 한다.

적절한 가격 혹은 낮은 가격은 세일즈맨들이 고객들에게 제시하는 또 다른 주요 구매 이유이다. 가망고객에게 자신의 가격 조건이 경쟁자에 비해서 훨씬 좋다고 이야기하면 고객의 구매 동기를 유발할 것이라고 생각하는 세일즈맨들이 많다. 그러나 가격이 구매 이유가 되는 경우는 별로 없다는 사실을 명심해야 한다. 고객들을 인터뷰한 결과에 따르면 모든 구매의 94퍼센트는 비가격 요인에 의해서 이루어진다. 심지어 차별화되기 어려운 곡물, 원유, 목재와 같은 기초 상품까지도 그렇다. 가격 역시 위생요인이기 때문이다. 사람들은 우리 상품이나 서비스의 가격이 공정하고 합리적이라고 가정한다. 합리적인 가격보다 높으면 구매 동기저하 요인이 되지만, 합리적인 가격 자체가 구매 동기유발 요인은 아니다. 고객들은 가격이 당연히 합리적일 것이라고 생각한다.

가망고객들은 가격에 대해서 많이 이야기하고 질문하며 불평한다. 또한 자기 사업의 상황, 예산, 자금 부족에 대해서 말하고 불만을 털어놓는다. 그러나 마지막에 가서 구매 결정을 할 때는 항상 비가격요인을 기반으로 한다.

닐 래컴은 자신의 저서 『S.P.I.N. 판매』에서 상품이나 서비스를 구매하지 않으면서 그 이유로 가격을 든 고객들을 대상으로 시행한 전화 조사결과를 인용하고 있다. 그들 중 68퍼센트는 가격이 실질적인 이유가 아니었다는 점을 인정했다. 무엇인가 다른 이유가 있었음에도 왜 세일즈맨에게 돈이 없어서 구매하지 못한다고 말했는지 물었더니, 그것이 세일즈맨의 구매를 거절할 수 있는 가장 쉬운 방법이었기 때문이라고 답했다.

가격을 낮춰서 고객이 원하지 않거나 필요하지 않은 물건을 사도록 동기를 유발할 수는 없다. 고객이 그 물건을 사고 싶다고 결정한 경우에는 가격을 양보해서 즉시 구매하도록 동기를 유발할 수도 있지만, 가격 할인만으로 구매 욕구를 이끌어 낼 수 있는 경우는 거의 없다.

고객은 감정적이다. 고객의 구매 여부는 우리가 그들의 진정한 동기를 유발하느냐에 달려 있다. 고객은 우리가 그들의 감정적인 과제를 정확하게 해결해 줄 때 구매한다. 고객이 구매하는 이유는 상품을 소유하면 얻게 될 이익을 고객이 가진 진정한 욕구를 만족시키는 방향으로 제시했기 때문이다. 고객이 구매하는 것은 우리 상품이나 서비스의 사용과 향유를 통

해 가장 효과적으로 자신들이 가진 문제가 해결되고 진정한 목표가 달성
될 수 있다는 사실을 우리가 명확하게 보여주었기 때문이다.

구매 동기저하 요인과 장애 요인

우리 상품이나 서비스를 사용해 이익을 얻을 수 있는 모든 사람들이 잠재
적 고객은 아니다. 판매에 끼어들어서 판매를 가로막을 수 있는 요인들이
몇 가지 있다. 그 요인들을 미리 탐지해서 제거할 수 있을 때도 있지만 그
렇지 못할 때도 있다. 그러나 최소한 그 요인들이 무엇인지 알고 그것들이
생길 때 적절하게 대응할 수 있도록 사전에 준비할 필요는 있다.

"욕구가 없으면 판매도 없다(No need? No sale!)."는 말을 들어본 적이
있을 것이다. 이 말이 실제로 의미하는 것은 "욕구가 있더라도 충분히 크
지 않으면 판매가 이루어지지 않는다."는 사실이다.

무엇인가를 구매하려면 고객은 습관과 타성이라는 두 가지 장애를 극복
해야 한다. 우리 상품이나 서비스가 우리가 파악하고 증명한 고객의 절실
한 욕구를 충족시키지 못하면, 습관과 타성이라는 힘 때문에 고객은 우리
의 판매 제안을 받아들이지 못한다.

습관의 힘은 비록 기존에 사용하던 것이 우리가 제안하는 것보다 만족
스럽지 못하더라도 그것을 계속해서 쓰게 한다. 그것을 사용하는 것이 편
해서 바꿀 필요성을 느끼지 못하기 때문이다. 우리가 제안하는 해결책으
로부터 얻을 수 있는 이익이 기존에 해오던 방식을 버리고 다른 무엇인가
를 새로 시작하는 불편에 비해서 너무 작다고 느껴지는 것이다. 타성이란
게으름을 의미한다. 사람들은 비록 그것이 개선이라고 하더라도 변화를
싫어한다. 그것이 무엇이든지 현재 하고 있는 것을 쭉 하고 싶어 한다. 기
존 방식보다 더 편하고 더 효율적인 방법을 찾기 보다는 기존 방식을 정당
화할 수 있는 방법을 찾는다. 기존 방식에는 사람들의 자아가 깊이 자리하

고 있는 경우가 많다.

사람들은 보통 무엇인가 큰 충격을 주는 일이 생기기 전에는 다른 상품이나 서비스로 바꿀 생각을 하지 않는다. 특히 현상에 만족하고 있는 가망고객이라면 기존 시스템의 고장과 동시에 품질, 가치, 서비스 면에서 무척 만족스러운 뛰어난 상품이나 서비스를 우리가 제안하는 정도의 충격이 아니면 움직이지 않는다.

우리가 제안하는 해결책이 자신이나 자신의 상황에 맞지 않는다고 느끼기 때문에 구매하지 않을 수도 있다. 우리가 보기에는 이상적인 구매 결정이지만 가망고객에게는 받아들일 수 없는 사실일지도 모른다. 가격이 그 시점에서 부담스럽게 느껴질 수도 있고, 아니면 개인적 취향 때문일 수도 있다. 상품이 고객의 미적 감각에 거슬려 구매에 대한 심리적 저항을 느낄 수 있다. 혹은 가망고객의 자금 사정에 비춰 볼 때 상품이 너무 고가일 수도 있다.

판매를 가로막는 또 한 가지 자주 발생하는 구매 동기저하 요인은 가망고객이나 아니면 그가 아는 사람이 우리 회사와 좋지 않은 기억이 있는 경우다. 이것은 극복하기 어려운 구매 저하 요인이다. 잠시 동안 품질이 떨어지는 상품이나 서비스를 생산했던 실수를 저지른 후 그때 만들어진 부정적인 평판을 극복하기 위해서 오랫동안 고생하는 회사들이 많이 있다.

오늘날의 고객들은 경계심이 많다. 한 번 구매실수를 하면 다시는 그 회사 제품을 구매하지 않으려고 한다. 뿐만 아니라 자신이 아는 사람들도 모두 그 회사 제품을 사지 않도록 하는 데서 보상심리를 느낀다. 우리 회사가 과거에 상품이나 서비스의 문제 때문에 시장에서 부정적인 평판을 얻었을 수도 있다. 그 경우에는 솔직하게 잘못을 인정하고, 과거 문제에 대한 책임을 받아들인 다음에, 가망고객이 또 한 번의 기회를 주기만 한다면 미래에는 완벽한 만족을 줄 것을 보장함으로써 위기 상황을 극복할 수 있다. 우리 상품이나 서비스가 다른 모든 점에서 가망고객에게 최선의 선택이라면, 우리가 기꺼이 책임을 수용하고 무조건적인 보장을 제공할 경우 고객의 마음을 열 수도 있다. 사람들은 일반적으로 경쟁력을 갖춘 기업에 무척 관대하며, 보통 실수를 인정하고 노력하면 기꺼이 또 한 번의 기회를 준다. 특히 자신이 과거에 저지른 문제에 대한 책임을 받아들이고 미래에 그것을 만회할 수 있는 기회를 요청할 경우에는 더욱 그렇다.

또 하나의 주된 저하 요인은 강력한 경쟁자의 존재이다. 우리 상품이나 서비스가 가망고객에게 딱 들어맞을 경우에도 마찬가지다. 경쟁자의 상품이나 서비스가 어떤 점에서 우리 상품이나 서비스보다 더 우수할 수도 있는데 그때는 상황이 더 어렵다. 특정한 고객에게는 경쟁자의 상품이 우리 것보다 더 적절할 경우도 종종 있다. 오늘날의 고객은 그 어느 때보다 더 지혜롭고, 더 풍부한 교육과 지식, 정보를 갖고 있다. 자신의 욕구가 무엇이고 그 욕구를 충족시킬 수 있는 대안에는 어떤 것들이 있는지 잘 알고 있다. 때때로 고객이 경쟁자의 상품이나 서비스가 우리보다 우수하다고 생각하고 있어서 어떤 방법으로도 그들의 마음을 바꿀 수 없을 때가 있다.

구매 동기저하 요인
1. 습관과 타성
2. 제안하는 해결책이 자신이나 자신의 상황에 맞지 않는다는 느낌
3. 회사와의 좋지 않은 기억이나 관계
4. 강력한 경쟁자의 존재

도저히 구매를 이끌어낼 수 없는 가망고객을 만날 때는 역 심리학을 활용하라. 모든 점에서 극히 정중하고 전문가다운 모습을 보여라. 시간을 내서 우리 제안을 검토해 준 점에 대해서 깊은 고마움을 표시하라. 가망고객에게 진심으로 거래하고 싶고, 만에 하나라도 마음을 바꿔서 우리 상품을

구매한다면 고객만족을 위해서 할 수 있는 모든 일을 다 할 것이라는 점을 확신시켜라. 이번에 결정한 선택이 혹시라도 기대했던 결과를 내지 못할 경우, 다음에는 우리 것을 선택해 달라고 부탁하라. 가망고객이 다른 회사를 선택했지만 그 회사가 약속한 것을 지키지 못하는 경우도 많다. 우리가 해야 할 일은 그런 경우가 발생할 때 가망고객이 즉시 우리를 대안으로 선택하도록 만드는 것이다.

"급하지 않으면 판매도 없다(No urgency? No sale!)." 는 말도 들은 적이 있을 것이다. 우리가 가망고객의 욕구를 충분히 높이는데 성공했다면 당장 사려는 마음은 저절로 생긴다. 그러나 상품이나 서비스의 성격상 오늘 구매하거나 아니면 내일, 혹은 내년에 구매하더라도 별 차이가 없어 보이는 경우가 많다. 우리가 해야 할 일은 판매 제안에 마감 시간을 설정해서 가망고객이 가능한 한 빨리 구매하도록 하는 것이다.

우리는 열정과 인내를 함께 가진 세일즈맨이 되어야 하지만 그런 세일즈맨은 드물다. 즉시 구매하는 것이 가망고객에게 유리하다는 사실을 납득시켜야 한다. 그러나 동시에 의사 결정을 하려면 시간이 필요한 경우가 많다는 점을 이해하고 인내심을 발휘해야 한다. 우리 판매 제안에 대한 고객의 진행 상황이 느리다면 그때는 내 주장을 하기보다는 인내를 요구할 때인 경우가 많다. 압박이 아니라 프로의식이 필요한 때다. 고객이 즉시 구매 결정을 하도록 하는데 도움이 될 만한 특별한 비책이 있다면 판매 상담의 마지막까지 남겨두어야 한다. 고객이 우리 상품을 소유하고 즐기고 싶다는 결정을 하기 전에 그것을 꺼낼 경우, 그 히든카드는 판매 제안의 일부분으로 간주되어서 고객이 최종적으로 구매 결심을 내리도록 만드는 동기유발 요인이나 인센티브가 전혀 되지 못한다. 항상 판매 상담의 마지막 결정적인 시기에 사용할 수 있도록 비책을 남겨두어야 한다.

자신의 판매 활동에는 어떤 동기저하 요인이 있는가? 대단히 유망한 가망고객이 우리 상품을 구매하지 않는 이유는 무엇인가? 어떻게 하면 가망고객이 우리의 판매 제안을 거부하기 위해서 제시하는 일상적인 이유를 제거하거나 극복할 수 있는가? 이것은 프로 세일즈맨으로서 우리가 스스로에게 던지고 대답해야 할 가장 중요한 질문이다.

기업의 구매 이유

기업고객도 다른 고객들과 마찬가지다. 지금까지 우리가 논의했던 다양한 욕구를 충족시키고 싶어 한다. 우리 상품이나 서비스의 구매를 검토할 때 위생요인과 동기유발 요인 모두에 영향 받으며 그들도 100퍼센트 감정적이다. 그들도 자신의 상황을 개선하기 위해서 행동한다. 한편에서 불만족을 느끼고 동시에 다른 편에서 우리 상품이나 서비스가 그 불만족을 감소시킬 수 있다는 확신이 생겨야만 구매하겠다는 결정을 한다.

대부분의 경우에 구매 결정을 이끌어 내는 것은 우리 상품이나 서비스가 제공하는 여러 가지 이익 중에서 단 몇 가지, 아니면 경우에 따라서는 단 한 가지의 이익이다. 모든 기업고객은 자신만의 고유한 핫 버튼을 지니고 있다. 우리가 할 일은 그것이 무엇인지 알아낸 다음 우리 상품이 기업고객의 저 깊숙한 곳에 자리한 감정적 욕구를 충족시킬 수 있다는 사실을 의심의 여지가 없도록 가망고객에게 확신시켜 주는 것이다.

기업고객은 자신이 현재 처한 상황에서 가장 절박한 욕구에 의해 동기유발된다. 기업고객 한 사람 한 사람은 각자 자신의 지위에서 다른 책임을 지고 있으므로 우리가 충족시켜 주어야 할 각기 다른 욕구를 갖고 있다. 그들은 특정시점에서 자신의 업무와 자신이 처한 상황의 심리역학에 따라서 모두 욕구가 다르다. 상사와 동료의 존경을 받고 유지하는 일은 기업고객에게 있어서 주요한 동기유발 요인이다. 올바른 구매 결정은 칭찬과 인정을 가져오지만 잘못된 구매 결정은 비판과 비난의 위험을 초래한다. 기업 고객에게 있어서 직책, 승진 가능성, 지위는 상품의 적정성이나 품질보다 더 중요하다. 우리는 그 점에 유념해야 한다.

기업에서 직위가 낮은 사람들은 다른 무엇보다도 상사로부터 더 인정받고 좋은 평가를 받기 원한다. 동료들이 좋아하는 사람이 되고 싶어 한다. 팀의 일원으로 인정받고 싶어 하고 소속감을 갖고 싶어 한다. 그들의 구매 결정은 주위 사람들이 자신의 결정에 어떤 반응을 보이느냐에 따라서 크게 영향을 받는다.

"권한이 없으면 판매도 없다(No authority? No sale!)."도 들은 적이 있을 것이다. 조직에서 직위가 낮은 사람들의 대부분은 "아니요."라고 말할 권한은 있지만, "예."라고 말할 권한은 없다. 심지어 세일즈맨에게까지도 호감을 주는지의 여부에 지나치게 신경을 쓰기 때문에 그들은 자신에게 구매 결정 권한이 없다고 말하지 않는다. 판매 제안과 프레젠테이션, 가격 비교와 할인, 상품이나 서비스의 변경사항에 대한 피드백을 요구하지만 실제로 그들에게는 상품이 마음에 들더라도 구매할 수 있는 권한이 없는 경우가 많다.

회사에서 판매 상담을 시작할 때는 상대방이 누구든지 언제나 "고객님 외에 누군가 최종결정에 관여하는 분이 계신지요?"라고 물어보라. 확실한 답변을 들을 때까지 확인하라. 하위 의사 결정자들이 우리 시간을 낭비하도록 허용해서는 안 된다. 시간은 우리가 가진 유일한 상품이기 때문에 대단히 조심스럽게 다루어야 한다. 하위 의사 결정자들이 주로 관심을 갖는 것이 경쟁자 대비 가격이라면, 중간 의사 결정자는 우리 상품이나 서비스의 성능에 더 관심이 있다. 그들의 기본적 욕구는 자기업무 분야의 성과와 생산성을 높일 수 있는 의사 결정을 하는 일이다. 그것이 그들의 주요 관심사이며 그들의 핫 버튼이다. 그것이 무엇인지 찾아내서 판매 상담에서 다루어야 한다. 예를 들어서 상대방이 판매 관리자라면 우리 상품이나 서비스가 어떻게 해서 그 부서의 판매 실적을 증가시킬 수 있는지에 상담의 초점을 맞추어야 한다. 그 판매 관리자의 상사가 그에게 보내는 존경과 존중은 그 부서의 판매 실적에 달려있기 때문이다. 우리 상품이나 서비스를 사용하게 되면 그가 가진 안전, 소속, 존경의 욕구가 충족될 수 있다는 점을 보여 주는데 모든 노력을 기울여야 한다. 중간 계층의 행정담당 관리자와 판매 상담을 한다면 그의 주된 관심사인 성과와 효율성의 향상이라는 일차적인 욕구에 초점을 맞추어야 한다. 업무를 더 빨리, 더 효율적으로, 그리고 더 저비용으로 처리해서 존경과 존중을 받고 싶어 하기 때문이다.

기업고객들은 언제나 상품을 회사에서 사용할 때 자신이 어떤 느낌을 갖게 될지 생각하면서 그것을 구매한다. 기분이 더 좋아지고, 안전, 존경과 존중, 그리고 자신감이 더 높아질지 그렇지 않을지 생각한다. 우리가 할 일은 우리 상품이나 서비스를 사용하게 되면 다른 어떤 상품이나 서비스보다 그 욕구가 만족스럽게 충족되리라는 사실을 하나하나 세밀하게 알려주는 것이다.

판매 상담을 할 때는 항상 관계구축 단계에서 "현재 하시는 업무가 궁금합니다.", "구체적으로 어떤 일을 하시는지요?", "회사에서 현재 고객님이 책임을 맡고 있는 일은 구체적으로 무엇입니까?"라고 질문하라. 사람마다 핵심 업무, 즉 자신이 책임을 지고 있는 주요 업무가 있다. 그 업무의 성공적인 수행여부에 따라서 직장생활의 성패가 결정된다. 우리는 판매 상담을 하고 있는 가망고객이 담당하는 업무의 핵심 성공 요인을 찾아내고, 그 핵심 성공 요인에서 고객이 더 높은 성과를 내도록 돕는 방법을 중심으로 판매 상담을 진행해야 한다.

질문을 해 보면 의외로 많은 직장인이 자신의 핵심 업무에 대해서 모호하고 분명하게 알지 못한다는 점을 알게 된다. 높은 성과를 내려면 가장 필요한 것이 무엇인지 더 잘 이해할 수 있도록 돕고, 그 목표 달성에 도움이 되는 수단으로써 우리 상품을 제시하면 우리는 세일즈맨이 아니라 컨설턴트로 인식된다. 따뜻하고 친절하게, 관심과 흥미를 담아서 "현재 업무에서 가장 중요한 일은 무엇입니까?"라고 질문하라. 개인별 핵심 업무에는 성과 기준이 있다. 그것은 문서화되어 있는 경우도 있고 그렇지 않은 경우도 있다. 직장인은 그 성과 기준에 따라서 평가받는다. 주저하지 말고 가망고객에게 물어라. "그것을 어떻게 측정하십니까?", "그 업무를 잘했는지 어떻게 아시는지요?"

기업고객과 상담할 때는 부담을 느끼지 말고 "현재 고민하고 계시는 가장 큰 문제는 무엇인지요?" 혹은 "오늘 해결하고 싶은 문제 한 가지를 들라면 무엇을 선택하시겠습니까?"라고 물어라. 그 다음에 가망고객의 답변을 끈기 있게 경청하면서, 고개를 끄덕이고, 미소 짓고, 계속 자신의 생각을 이야기하도록 격려하면 고객은 우리 상품이나 서비스에 관계되는 자신의 주요 관심사를 이야기할 것이다.

조직의 최상위 세층에 있는 고위 경영진과 이야기할 경우 그들의 주요 관심사는 조직 전체의 성공이다. 그들은 재무적 성과에 온 신경을 쓰고 경영 성과라는 관점에서 생각한다. 그들의 주요 동기유발 요인은 투자 수익률이다. 거의 대부분의 상품과 서비스를 검토할 때 조직의 재무적 성과에 얼마나 공헌할 수 있는지를 기준으로 삼는다. 우리가 해야 할 일은 우리 상품이나 서비스를 그들이 가진 가장 절박한 문제에 대한 해결책으로 자리매김하게끔 만드는 것이다. 거의 모든 상품이나 서비스를 그렇게 할 수 있다. 유형의 상품을 무형의 상품으로 만들 수 있고, 무형의 상품을 유형의 상품으로 만들 수도 있다. 예를 들어서 복사기는 시간과 비용을 절약해서 재무성과를 높여주는 무형의 상품으로 제시할 수 있다. 보험 상품은 지속적인 사업운영을 보장해서 기업의 이익 창출 능력이 상실되지 않도록 해주는 상품으로 제시할 수 있다.

기업의 고위층과 상담할 때는 언제나 가망고객이 우리 상품을 소유하게 되면 누리게 될 재무적 성과, 투자 수익률의 관점에서 상품이나 서비스를 설명하라. 우리 상품이나 서비스가 효율성 향상이나 비용 감소를 통해서 제품 사용기간 내에 구매 비용을 회수하는 것은 물론이고, 추가로 이익을 창출할 수 있다는 점을 보여주는 것이 바로 총비용을 초과하는 투자 수익 즉 투자 수익률의 관점에서 설명하는 일이다. 그것이 고위 의사 결정자에게 우리 상품을 구매하도록 설득하는 올바른 방법이다.

소매상인의 경우 주된 관심사는 순이익이다. 상품 하나를 팔 때마다 얼마나 이익을 남길 수 있고, 얼마나 빨리 판매할 수 있는지 알고 싶어 한다. 그들에게는 우리 상품을 구매하면 규칙적이고 신속한 판매와 예측 가능한 매출액이라는 주된 욕구가 충족될 수 있다는 점을 보여 주어야 한다. 거기에 추가해서 우리 상품이 그들의 상품 구색을 더 고급스럽고 완벽하게 맞춰 준다는 점을 보여 줄 수 있다면 2차 동기유발 요인을 자극해서 가망고객을 구매고객으로 만들 수 있다. 어떤 기업에 판매하든지 우리가 생각해야 할 점은 "어디가 편찮으세요?"라는 의사의 질문이다.

가망고객의 고통을 제거하고, 욕구를 충족시키고, 목표를 달성할 수 있도록 돕는 것이 우리의 목표가 되어야 한다. 우리 상품이나 서비스를 고객이 가진 가장 긴급한 문제를 해결할 수 있는 해결책으로 자리매김하도록 만들어야 한다. 가망고객이 가진 가장 큰 구매 동기유발 요인을 찾아내 그것을 강조함과 동시에 구매를 가로막는 요인을 찾아내서 제거해야 한다.

세일즈맨은 동기유발자

단 하나의 요인에 의해서 판매의 성패가 결정될 수도 있다. 모든 것이 다 영향을 미친다. 우리가 하거나 혹은 하지 않는 모든 것이 도움이 되거나 해가 된다. 우리가 하는 모든 행동이 우리를 판매 성공에 가까이 가도록 돕거나 아니면 멀어지게 한다. 모든 가망고객이 가진 가장 절박한 욕구중 하나는 훌륭한 구매 결정을 할 수 있도록 유능한 프로 세일즈맨의 도움을 받는 일이다. 고객은 지식과 경험이 풍부하고 업무에 정통한 세일즈맨을 원한다. 적절한 질문을 던지고 답변을 주의 깊게 경청한 후 구매 추천을 하는 세일즈맨을 필요로 한다.

오늘날 고객은 상품이나 서비스에 관해서 진실을 원한다. 상품이나 서비스가 그들의 사업이나 삶에 어떤 도움을 줄 수 있는지에 관해서 정직한 정보를 얻고자 한다. 판매 강요 없이 스스로 결정을 내리고 싶어 한다. 어떤 구매 압박도 받지 않으면서 구매에 도움을 받기 원한다.

가끔 세일즈맨의 성품과 능력이라는 요인에 의해서만 구매 결정이 이루어지는 경우도 있다. 고객은 다양한 경쟁 상품에 대한 복잡하고 서로 상충되는 판매 제안들을 효과적으로 처리할 능력은 없을지 모르지만 세일즈맨의 성품이 어떤지는 판단할 수 있다. 일반적으로 회사가 가진 최고의 자산은 고객들과 장기적으로 좋은 관계를 만들어 내고 유지할 수 있는 능력을 가진 세계적인 수준의 판매 조직이다. 바로 우리가 최고의 사산이나. 그리고 우리가 가진 최고의 자산은 우리의 성품이나 가망고객과 함께 있을 때 보여 주는 완벽한 프로 의식일 것이다.

고객은 몇 가지 점에서 세일즈맨의 확신을 필요로 한다. 세일즈맨의 자질에 정비례해서 고객의 자신감은 증가하고 실수에 대한 두려움은 감소한다. 세일즈맨의 외모, 옷차림, 행동, 태도 모두가 판매 상담에서 핵심적인 요소다. 고객이 자신감을 갖고 기꺼이 우리나 우리 회사와 거래할 수 있도록 하려면 외모 하나하나에 세심하게 신경 써서 준비해야 한다. 철저하게 준비되고 신중하게 계획되어 논리적으로 순서에 따라서 이루어지는 프로다운 판매 제안은 고객에게 확신을 준다. 우리가 하는 질문의 수준이나 질문의 순서까지도 고객이 구매 결정에 필요한 정서적인 임계점에 도달하는데 커다란 영향을 미친다.

고객이 우리를 인간으로서 어떻게 보는가 하는 점은 뛰어난 세일즈맨이 되는데 있어서 대단히 중요한 문제이다. 고객은 어떤 이유에서든지 거래하는데 불편한 감정이 드는 사람보다는, 비록 더 많이 지불하고 더 적게 받더라도 편안한 마음이 드는 사람에게서 구매하고 싶어 한다.

고객의 구매 이유

미국의 경우 시장 조사에 매년 1억 달러 이상이 지출된다. 시장 조사를 하는 목적은 단 하나다. 사람들이 무엇을 사고 왜 사는지 파악하는 일이다. 기업들이 그처럼 많은 비용을 지출하는 것은 상품과 서비스를 더 효과적으로 광고하고 판촉 활동을 하기 위해서다. 시장 조사 결과를 토대로 기업들은 자신의 상품이나 서비스가 충족시킬 수 있는 고객의 진정한 욕구에 광고의 초점을 맞출 수 있다. 또한, 판매 증진에 도움이 되지 않는 광고나 판촉 비용을 최소화하거나 없앨 수 있다.

최고의 전문가로서 우리는 자신에 대한 시장 조사를 해야 한다. 시간을 내서 왜 고객들이 우리에게서 우리 상품이나 서비스를 구매하는지 파악해야 한다. 동시에 사람들이 왜 우리로부터 구매하지 않거나 혹은 경쟁자로부터 구매하는지도 알아야 한다.

우리가 자신에 대해서 시장 조사를 하는 것은 기업들이 시장 조사를 하는 이유와 동일하다. 더 빠른 시간에 구매 결정을 내릴 수 있고, 더 많은 상품과 서비스를 구매할 수 있는 고객이나 다른 잠재 고객들을 여럿 소개해 줄 수 있는 질 높은 고객들에게 더 많은 시간을 투자하기 위해서다.

대부분의 세일즈맨들은 고객들이 왜 자신에게서 상품을 구매하는지 모른다. 나는 수천 명에 달하는 세일즈맨들에게 지난 주, 지난 달에 판매할 수 있었던 이유를 물었다. 대개 세일즈맨들은 질문 자체를 잘 이해하지 못했다. 먼저 자신의 상품이나 서비스가 가진 특성에 대해서 이야기했고 다음에는 고객에 대해서, 그 다음에는 경쟁자에 대해서, 그 다음에는 경제 전반에 대해서 말했다. 그리고 다시 자기 회사와 자기 자신으로 돌아와 떠들어 대다가 결국에는 포기해 버렸다.

한마디로 자신들이 판매를 성사시키는 까닭을 전혀 모르고 있었다. 사람들이 구매하거나 구매하지 않는 이유를 모른 채 판매를 성사시키는 일은 사격장에서 두 눈을 감고 총을 쏘는 것과 마찬가지다. 방아쇠를 아주 많이 당기다 보면(전화를 많이 하면), 무엇인가 맞추기는 할 것이다. 그러나 뛰어난 사수가 될 가능성은 그다지 높지 않다.

우리는 자신과 경력에 관해서 전적인 책임을 받아들이며, 누구도 우리 일을 대신해 주지 않는다는 점을 잘 알고 있다. 여기서 세일즈맨으로서의 효과성을 극적으로 높여줄 수 있는 개인적인 시장 조사 훈련 한 가지를 소개하겠다. 간단하고 실행하기 쉬운 것이다. 다음 딜에 두세 시간만 사용하면 수없이 많은 고생을 피할 수 있고 동시에 판매 실적을 극적으로 증대시켜 줄 것이다.

첫째, 가장 최근에 구매한 고객 열 명의 명단을 작성하라. 그들의 이름, 주소, 전화번호를 적어라. 원한다면 열 명 이상을 적어도 좋지만 이 훈련을 위해서는 열 명이면 충분하다. 이 명단이 우리가 하게 될 개인적인 시장조사 프로젝트의 기반이 된다.

둘째, 명단에 포함된 고객들에게 전화를 건다. 안부 인사를 하고 어느 정도 편안해지면 다음과 같은 질문을 한다. "회사에서 고객 만족도를 높이기 위해서 시장 조사를 하고 있는데 질문 몇 가지를 해도 될까요?" 가망고객은 거의 대부분 "물론이죠."라고 대답할 것이다.

"다른 대안이 많이 있었는데도 불구하고 제게 구매해 주셔서 정말 고맙습니다. 저에게 구매하기로 결정한 이유가 무엇이었는지 말씀해 주실 수 있습니까?" 그리고 입을 다물고 답변을 기다려라. 가망고객이 경쟁자가 아니라 우리에게서 구입하기로 결정한 이유를 생각해 볼 수 있는 시간을 주어라. 대답하기 시작하면 주의 깊게 듣고 가망고객이 하는 말을 모두 적어라. 1차적인 동기유발 요인(품질, 서비스, 가치, 가격, 반응, 회사의 평판 등)과 함께 2차적인 동기유발 요인, 즉 고객이 실제로 구매를 결정한 내면의 감정적인 이유에도 귀를 기울여라. 고객의 마음 속 깊이 흐르고 있는 강한 감정의 흐름을 드러내는 감정 단어에 유의하라.

열 명의 고객과 인터뷰를 마치고 나면 그들의 답변에서 유사점을 발견할 수 있을 것이다. 운이 좋을 경우에는 고객이 우리로부터 구매하는 핵심적인 이유를 파악할 수 있다. 열 명의 고객 중에서 여덟 사람은 공통의 이유가 있을 것이다. 그것은 우리, 우리 회사, 경쟁시장, 광고, 추천과 소비자 증언 등과 관련되어 있을 것이다. 그것이 무엇이든지 시간을 들여서 회사 동료들과 함께 답변을 재확인하고, 꼭 필요할 경우 해당 고객에게 다시 전화를 걸어서 정중히 물어보라.

우리가 해야 할 일은 자신이 판매하는 고객이 누구이며 왜 구매하는지 명확하게 이해하는 것이다. 고객을 명확하게 이해하면 가망고객을 정확하게 찾아낼 수 있고, 초점을 맞춘 판매 프레젠테이션을 할 수 있으므로 짧은 시간 내에 판매 성과를 크게 높일 수 있다.

얼마 전에 미국 남부 전역에서 빠르게 성장해 온 큰 트럭 운송회사와 일한 적이 있다. 그 회사는 거의 300만 달러를 들여서 컴퓨터 위치 추적시스템을 설치했다. 그리고 가망고객들이 그 소식을 들으면 시장에서 경쟁우위를 확보할 수 있고, 매출이 대폭 증가할 것이라고 기대했다. 그런데 어떤 이유로 인해 사전에 시장 조사를 하지 않았다. 회사는 컴퓨터 시스템에 300만 달러를 투자한 후에 대대적인 광고를 하며 세일즈맨들을 보내서 가망고객들에게 그 사실을 알렸으나 고객들의 반응은 냉담했다. 판매는 증가하지 않았고 겨우 현상 유지만 하는 수준이었다. 막대한 자금이 투자된 컴퓨터 위치 추적시스템 개선은 시장에 전혀 영향을 주지 못한 것이다.

그제서야 회사는 시장 조사 업체를 불렀고, 그 업체는 고객들을 모아서 포커스 그룹을 구성했다. 포커스 그룹은 여러 트럭 운송회사와 그 회사들이 가진 화물운송의 장단점에 관해서 토의했고, 그 토의 장면은 영상으로 중계되었다. 값비싼 화물 추적시스템을 설치한 것에 대해서 어떻게 생각하느냐고 물었을 때 고객들은 별로 생각해 보지 않았다고 대답했다. 고객들은 애초에 별관심이 없었던 것이다.

그러자 조사원들은 새 시스템의 목적은 화물의 분실, 훼손, 도난 시에 다른 어떤 회사보다도 더 신속하게 클레임을 제기하고 고객의 손실을 보상하기 위해서라고 설명하면서 그 점에 대해 어떻게 생각하는지 물었다. 이번에도 고객들은 그 시스템이 별로 메리트가 없다고 여긴다고 대답했다. 연유를 묻자 고객들은 이렇게 대답했다. "우리는 우리 화물이 분실되거나, 도난당하거나, 훼손되기를 바라지 않아요. 그래서 도난, 분실, 훼손된 화물을 더 빨리 처리하는 시스템을 갖췄다는 것이 홍보처럼 들리지, 처음부터 화물이 분실되거나 훼손되지 않도록 노력하는 다른 회사에 비해서 대단한 게 아니지요."

조사원들은 다시 핵심질문을 던졌다. 그렇다면 "화물을 맡기는 트럭 운송회사에 진정으로 바라는 점이 무엇입니까?" 거의 만장일치로 고객들은 이렇게 대답했다. "다른 무엇보다도 우리가 더 원하는 것은 예의 바르며 깔끔한 복장을 한 직원이 서류를 정확하게 작성한 후 수화물을 가져가고 능숙한 직원이 화물을 최종 고객에게 직접 배달하고 확실하게 마무리해 주는 일이에요." 대답이 너무나 간단해서 회사의 경영진은 깜짝 놀랐다. 어떻게 그렇게 단순한 점을 놓쳤을까? 고객들이 가장 원한 것은 고도의 기술이 아니라 친절한 감성이었다. 고객들은 운송의 전 과정에서 믿을 만한 직원들과 상대하길 원했다. 이 정보를 바탕으로 해서 그 트럭 운송회사는 컴퓨터 시스템에 관한 광고를 중단하고, 직원들의 자질에 대한 광고와 판촉활동을 시작했다. 그 후 판매는 급격하게 늘어났고 내가 아는 한 지금도 성장을 계속하고 있다.

사람들이 내게 구매하는 진정한 이유는 무엇인가? 고객에게 직접 묻는 것이 쑥스럽다면 같은 회사에 근무하는 다른 세일즈맨에게 자신의 고객에 대한 시장 조사를 부탁하고, 대신 그 세일즈맨의 고객에 대한 시장 조사를 서로 해 주면 된다. 요즘 같은 경쟁시장에서 자신이 판매에 성공하는 이유도 정확하게 모르면서 막연하게 이곳저곳을 헤매는 일이 단 하루라도 있어서는 안 된다.

시장 조사 프로젝트의 두 번째 단계는 첫 단계의 반대편이다. 자신에게 구매하지 않거나 경쟁자로부터 구매한 고객 열 명에게 전화해서 유사한 질문을 던져라. 먼저 다음과 같은 말로 고객의 방어심리를 완화시켜라. "안녕하세요? OOO입니다. 몇 주(달)전에 저희 회사의 ABC시스템과 관련해서 말씀드린 적이 있었지요. 시간을 내서 저희 시스템을 검토해 주신 것에 대해서 고맙다는 말씀을 드리고, XYZ사의 제품을 구매하기로 한(혹은 결정을 차후로 연기하기로 한) 결정을 존중한다는 말씀을 드리고 싶었습니다.", "저는 고객들에게 더 나은 세일즈맨이 되고자 노력하고 있습니다. XYZ사로부터 구매하기로 한 실제 이유가 무엇인지 말씀해 주시면 정말 고맙겠습니다.(혹은 제게서 구매하지 않기로 결정하신 실제 이유를 말씀해주시면 정말 고맙겠습니다.)", "상품은 어떤 것이든지 장점과 단점을 갖고 있습니다. 고객님께서 느끼신 제 프레젠테이션의 장점과 단점을 말씀해 주시면 제게 큰 도움이 될 겁니다."

답변을 들으면 아마도 놀랄 것이다. 가망고객이 다른 사람에게서 구매한 사유는 우리가 특정 능력을 갖추지 못했다고 느꼈기 때문인데, 실제로는 우리가 그 능력을 갖고 있었으면서도 판매 제안에서 그 핵심적인 사항을 언급하지 않아서 가망고객의 최종 거부 반응을 극복하지 못했을 수 있다. 또 내게서 구매하지 않은 이유가 나 또는 우리 회사와 거래하는 것이 편안하지 않았기 때문일 수도 있고, 가격이 주된 이유라는 대답을 들을 때도 있다. 만약 고객이 주된 이유를 대답해 주지 않을 경우엔 이렇게 물어라. "가격 외에 저희에게 구매하지 않기로 결정한 주된 이유는 무엇인지요?" **묻는 것을 두려워해서는 안 된다. 무척 중요한 일이기 때문이다. 성공한 이유와 실패한 이유를 아는 것은 앞으로 나아가기 위한 개선의 열쇠이다.**

대부분의 사람들은 거절과 반대의 두려움 혹은 비난의 두려움에 사로 잡혀서 어떻게 해서든지 고객이나 가망고객에게 직접 질문을 던지는 일을 피하려고 한다. 하지만 우리는 최고가 되는 것에 초점을 맞추어야 한다. 그렇게 하려면 자신의 업무 수행에 대한 정확한 피드백을 받아야 한다.

가망고객이 왜 우리 상품이나 서비스를 구매하는지 진정한 이유를 찾아내는 능력은 세일즈맨으로서 성장하는데 필수적이다.

가망고객의 일차적인 동기유발 요인과 우리 상품이나 서비스가 충족시켜 줄 수 있는 깊은 잠재욕구를 확실하게 알아야만 더 나은 가망고객과 더 좋은 판매 상담을 하고, 더 좋은 질문을 하고, 더 좋은 답변을 얻는데 집중하고, 더 뛰어난 프레젠테이션을 해서 그 어느 때보다 더 크고 더 많은 판매를 성사시킬 수 있다.

대부분의 세일즈맨은 어두운 방에서 조명기구의 전기 소켓을 찾고 있는 사람과 같다. 불을 켜서 방을 밝히기 위해 어둠 속에서 여기저기 더듬으면서 소켓을 찾아 헤맨다. 우리도 가망고객을 만날 때 어둠속에 있는 것과 마찬가지다. 상품이나 서비스를 가망고객의 일차적인 구매 욕구라는 소켓에 연결시킬 방법을 찾고 있다. 플러그를 소켓에 꽂을 때, 즉 우리 상품이나 서비스를 가망고객이 그 당시에 필요로 하는 바로 그 욕구에 맞도록 제시해야만 판매가 이루어진다.

시간을 갖고 꼼꼼히 준비해서 사람들이 왜 구매하는지, 왜 나에게서 구매하는지를 명확하게 파악하는 것이 커다란 판매 성공으로 가는 지름길이다. 그렇다면 어떻게 알아낼 수 있을까? 해답은 용기를 내어 고객들에게 직접 물어보라!

당신이 활동하는 업계와 시장에 대해 생각하고 상품을 포지셔닝하며, 철저히 준비하여 고객을 발굴하고 약속을 잡았음에도 여전히 수행해야 할 중요한 임무가 남아있다. 이제 현실과 이상, 실제와 원했던 것 사이의 불만족에 집중해야만 한다. 이 불만족을 고객이 느끼도록 해야하고, 당신의 상품이나 서비스 하나가 그것을 줄이거나 없앨 수 있다.

문제와 해결책을 둘 다 드러내는 질문을 함으로써 특정 문제에 대한 해결책을 미리 준비하라. 다음 연습 문제들은 불만족 분석의 시작을 나타낸다.

1. 당신의 제품이나 서비스는 어떤 종류의 불만족을 해결하는데 도움이 되는가?
2. 당신의 제품은 고객에게 어떤 해결책을 제공하는가?
3. 비용을 효과적으로 보이기 위해 해결책을 어떻게 포장하는가?
4. 과거에 당신은 가망고객의 문제점 발견을 위해 어떤 행동을 한적이 있는가?
5. 불만족 분석을 통해 판매에 도움이 되는 문제들에 집중된 질문 리스트를 작성하라.
6. 불만족 분석에서 도움이 될지 모르는 고객욕구에 집중된 질문들의 리스트를 작성하라.
7. 당신의 3대 가망고객을 위해 사례 연구, 즉 그들 각각에 대한 불만족 분석 작성에 아래 공간을 활용하라. 이것은 이미 끝낸 상세한 작업 형태를 취할 수도 있고, 새로운 지식을 채택한 후 보은 정보의 리스트를 작성한 것일 수도 있다.

   어떤 것을 취하든지 궁극적인 목표는 가망고객이 당신의 상품이나 서비스가 그의 문제를 해결하거나 욕구를 충족시킨다는 사실에 동의를 얻는 일이라는 점을 항상 명심하라.

효과적인 판매에는 논리적인 순서가 있다. 먼저 당신은 고객들과 신뢰를 쌓아야만 하고, 그러고 나서 욕구나 문제를 파악한 후 마지막으로 해결책을 제공해야 한다. 이러한 해결책의 가치는 판매의 용이함에 있다. 그것은 구매 욕구를 일으킨다. 관련 비용의 확인을 통해 가치를 만들고, 그 가격을 정량화하는 일은 판매 성공에 있어 중요하다. 당신이 할 일은 해결책을 위한 가치를 높이는 것과 행동을 취하고 해결책을 실행하려는 욕구를 강화하는 것이다. 다음 연습 문제들은 가망고객에게 구매 욕구를 일으키고, 당신이 가치를 창조하고 저항에 직면하는 데에 도움이 된다.

1. 당신은 현재 가망고객과 신뢰감을 쌓기 위해 어떤 방법으로 노력하고 있는가?

2. 어떤 방법으로 이 신뢰감 형성 과정이 개선될 수 있다고 생각하는가?

3. 2번의 개선 방법에서 가장 큰 장애 요소는 무엇인가?

4. 다음 각 판매의 가치 향상을 위해 당신이 최근에 무엇을 했는지, 특히 앞으로 무엇을 할 수 있을지 목록에 기입하라.

    a. 관계의 질   f. 준비과정과 전문성   k. 고객에 대한 신속한 반응

    b. 당신 회사의 평판   g. 프레젠테이션   l. 무한신뢰

    c. 사후 관리 서비스   h. 개인 맞춤 서비스   m.책임감

    d. 제삼자의 추천서   i. 상세한 고객 정보

    e. 전문가적인 판매 자료   j. 지속적인 판매 노력

5. 거부 반응들을 다루는데 대해 당신의 느낌은 어떤가? 당신은 어떻게 구매 저항들을 처리하는가? 당신은 그것을 처리하는 동안 최선을 다하는가?

6. 거부 반응들을 처리하는 능력을 향상시키기 위해 무엇을 할 수 있는가?

7. 다음의 예상되는 가격 저항에 대한 답을 고안하라.

    a. 그럴 여유가 없어요.   b. 그게 나에게 어떤 가치가 있는지 모르겠군요.

8. 가망고객들의 진정한 욕구와 거부 반응이 무엇인지 알아내기 위해 그들에게 물어볼 수 있는 '핫 버튼' 질문들은 무엇인가? 단, 충족시킨다는 사실을 전제로 한다는 점을 항상 명심하라.

Influencing The Buying Decision

" First impressions are lasting."
첫인상은 오래 지속된다.

" When you change your thinking you change your life."
당신의 생각을 바꾸면 당신의 인생이 바뀐다.

구매 결정에 영향 미치기
Influencing The Buying Decision

판매의 성공 여부는 처음 30초 이내에 결정되는 경우가 많다. 사람들은 자신을 둘러싼 환경의 암시적인 요인에 휘둘린다. 고객들은 세일즈맨의 외모와 태도에서 나오는 신호에 대단히 민감한 경우가 많다. 가망고객은 우리를 처음 만나는 4~5초 동안에 우리에 대해 예측한 다음 우리가 입을 여는 즉시 판단을 내린다. 세일즈맨이 가망고객에게 주는 첫인상은 그 이후 가망고객이 우리와 상호 작용하면서 행하는 모든 말과 행동에 영향을 미친다. 가망고객의 마음속에 자신과 상품에 대한 신뢰를 불러일으키게 하는 긍정적인 첫인상을 갖게 하는 능력은 판매 성공에 필수적이다. 그 때문에 어느 분야에서나 최고 세일즈맨은 처음 몇 분 동안에 역량과 전문성을 가진 사람이라는 이미지를 만들어 내기 위해서 의식적이고 의도적으로 자신이 할 수 있는 최선을 다한다.

우리는 고객과 대면하는 순간 지울 수 없는 인상을 남긴다. 그 시점 이후부터 고객은 그 첫인상을 정당화하는 정보와 증거를 찾는 한편 자신이 이미 믿기로 결정한 첫인상과 맞지 않는 정보는 거부해 버린다. 채용을 담당하고 있는 대기업 인사담당 임원들을 대상으로 한 최근의 조사에서, 채용 여부를 결정하는데 시간이 얼마나 걸리는지 물어보았다. 그들은 지원자를 만난 지 30초 안에 결정을 내린다고 솔직하게 답변했다. 인터뷰, 배경조사, 진단 테스트는 단지 형식적인 절차에 지나지 않았다. 또한, 자신이 처음에 내린 결정을 바꾸는 경우도 거의 없었다.

고객들도 우리를 처음 만나면 이와 동일한 과정을 거친다. 잠재의식은 의식의 무려 3만 배의 속도로 움직인다. 잠재의식은 시각, 청각, 후각, 촉각 등 모든 감각기관을 통해서 들어오는 정보를 흡수한 후에 순간적인 직감으로 통합하여 세일즈맨에 대해서 호감을 갖고 신뢰하거나 그렇지 않거나 하는 판단을 내린다. 따라서 우리의 주된 목표 중 하나는 처음 보는 순간부터 우리 자신과 우리 상품이나 서비스에 대해서 호감을 느끼도록 바람직한 첫인상을 만드는 일이다.

판매가 이루어질 수 있는 긍정적인 심리적 환경을 만드는 출발점은 고객의 마음속에 남기고 싶은 이상적인 인상이 무엇인지 미리 철저하게 준비하는 것이다. 어떤 감정을 일으키고 싶으며 고객에게 어떤 사람으로 보이고 싶은가? 고객이 미팅룸에서 우리와 몇 초 동안 만난 후에 자기 사무실에 돌아가 다른 사람에게 우리를 묘사하면서 어떤 말을 해 주기 바라는가?

내 세일즈 세미나에 참석한 젊은 세일즈맨 한 사람이 자신이 어떻게 조직의 정상에 올랐는지 내게 이야기해 주었다. 그는 약 4년 동안 30명으로 구성된 판매 소식에서 24번째 정도의 저조한 판매 실적을 기록하고 있었다. 그런데 어느 날 갑자기 그의 내면 깊숙한 곳에서 무엇인가가 움직였고 더 이상 바닥에 머무르고 싶지 않았다. 그는 그 순간 자기 지점에서 최고 세일즈맨이 되기로 결심했다. 그래서 자신에게 물었다. "내가 우리 지점에서 최고 세일즈맨이라면 나는 어떤 모습을 하고 있을까? 어떻게 행동할까? 하루를 어떻게 계획할까? 회사에서 최고 세일즈맨이라면 매시간 무엇을 할까?"

그리고 자신의 지점에서 일하는 최고 세일즈맨들을 살펴보았다. 그들의 복장과 일하는 방법을 유심히 관찰했다. 그들과 커피를 마시면서 일간, 주간 스케줄을 어떻게 계획하는지 방법을 물어보았다. 또 그것에 대해서 다시 관리자, 동료들과 상의했다. 점점 그들의 활동, 행동, 외모에 대해 종합적인 그림을 그리면서 자신과 비교해 볼 수 있었다.

그때부터 매일 아침 출근하기 전에 전신 거울을 쳐다보면서 이렇게 물었다. "나는 우리 회사 최고 세일즈맨처럼 보이는가?" 어떤 연유로 그렇게 보이지 않으면 문제가 된 점을 바꿨다. 머리를 짧게 자르고 몸치장을 개선했다. 구두는 광을 내고 더 좋은 와이셔츠와 넥타이를 맸다. 그리고 더 고급 옷을 구입했다. 몇 개월이 지나지 않아 출근하기 전 거울 앞에 서면 자신에게 이렇게 말할 수 있었다. "그래, 나는 정말 지점의 최고 세일즈맨처럼 보여!" 그리고 자신에게 묻곤 했다. "내가 지금 하고 있는 일은 회사 최고 세일즈맨다운 것인가?" 고객과 함께 있을 때는 스스로 "나는 회사 최고 세일즈맨처럼 이 고객을 상대하고 행동하고 있는가?"라고 물어봤다. 고객 방문을 마칠 때마다 자신을 돌아보고 성찰하면서 "내 고객들이 나를 업계 최고 세일즈맨으로 보게 하기 위한 모든 노력을 다하고 있는가?"라고 자문했다. 1년도 채 되기 전에 그는 지점에서 다섯 손가락 안에 드는 세일즈맨이 되었다. 그리고 2년 뒤에는 두 번째가 되었고, 3년 뒤에는 지점만이 아니라 그 지역 전체에서 최고 판매액을 기록했다. 내가 그를 만나서 이야기를 나눴을 때, 그는 그 업계 최고 세일즈맨처럼 보였고 실제로도 그랬다.

암시의 힘을 활용하려면 자신을 업계 최고의 인물과 비교하라. 주위에서 가장 존경하는 사람들을 관찰하면서 그들의 말과 행동이 자신과 어떻게 다른지 스스로 물어보라. 신문과 잡지에 나오는 뛰어난 사람들의 사진을 보고 그들의 스토리를 접하면서 자신과 비교해 보고 롤모델로 삼아라. 그들을 자신의 기준으로 삼고 그들처럼 되도록 열정과 노력을 쏟아라. **항상 자신이 업계에서 최고라고 생각하고 자신이 하고 있는 모든 일에서 개선 방법을 찾아라.** 이것이 바로 진정한 챔피언의 모습이다.

성공을 위한 옷차림

가망고객에게 주는 첫인상의 95퍼센트는 옷차림에 의해서 결정된다. 왜냐하면 대부분 옷이 우리 몸의 95퍼센트를 감싸고 있기 때문이다. 많은 세일즈맨들이 일상적인 판매 활동을 하면서 너무나 캐주얼하고 때로는 볼품없는 복장으로 다닌다는 사실에 어이가 없다. 프로 세일즈맨으로 대접받고 싶다면 그에 어울리는 복장을 갖추는 것이 얼마나 중요한지 아무도 가르쳐 주지 않은 것 같다. 셰익스피어는 "의복이 사람을 만든다."고 했다. 옷과 옷차림이 그렇게 중요한 이유는 자신이 옷을 선택했기 때문이며 옷은 개인적 취향의 표현이다. 우리가 입는 모든 옷은 자신이 진짜 어떤 사람인지 세상에 알리는 표시로 인식된다.

어떤 사람이 "내 옷차림으로 나를 판단해서는 안 된다."고 말한다면 그것은 현실을 부정하는 일이다. 어떤 시점에 우리가 어떤 옷을 입기로 결정했다는 사실은 사람들에게 그 옷으로 나를 판단해 달라고 공개적으로 요청하는 것과 마찬가지다. 따라서 옷을 입을 때는 매우 신중하게 선택해야 한다.

최고 세일즈맨은 누구나 '성공하기 위해서 옷을 잘 입는 방법'에 관한 책을 최소한 한두 권은 가지고 있을 뿐 아니라 다양한 상황에서 더 적절하게 입는 방법을 알려주는 책과 글을 꾸준히 읽어야 한다. 이미지 컨설턴트들은 기업인들에게 강한 인상과 영향력을 주는 옷차림에 관해 조언해 주고 하루에 1,500달러나 받지만, 우리는 그들이 쓴 책을 단 십몇 달러에 구매해 최고의 아이디어와 연구 결과의 핵심을 배울 수 있다. 또 옷과 옷차림의 선택이 우리의 성공과 실패를 결정한다는 점을 명심해야 한다. 적절한 복장 규정을 어기면 입을 열기도 전에 경쟁에서 탈락할 수 있다. 사업을 할 때는 가망고객에게 우리가 믿고 신뢰할 만한 사람이라는 이미지를 주는 일이 가장 중요하다. 진지하게 판매 상담을 시작하려면 먼저 가망고객이 우리와 함께 있는 것을 편안해 해야 한다. 가망고객이 우리의 외모나 인상에 대해서 심리적인 저항을 느낀다면 진지하게 들을 수도 대할 수도 없다. 우리의 판매 메시지가 고객에게 전혀 들리지도 않는다. 상담이 끝날 때 가망고객은 방문해 줘서 고맙다고 몇 마디 중얼거리면서 우리를 출입문으로 안내하고 다시는 만나 주지 않을 것이다.

고객들은 자신과 비슷한 사람에게서 구매하고 싶어 한다. 인력의 법칙은 인간 행동에 가장 강한 영향을 미치는 것 중의 하나다. 고객들은 자신과 모습이 비슷하고 옷차림이 비슷한 사람들과 같이 있을 때 가장 편안해 한다. 또한, 어떤 상황이든지 그 상황에 가장 적절한 옷차림을 한 사람과 함께 있을 때 더욱 편안함을 느낀다. 따라서 항상 깔끔한 옷을 입고, 상황에 가장 적합한 옷을 입어야 한다. 법무법인에 판매한다면 아주 보수적인 옷차림을 해야 한다. 어두운 색깔이나 연한 파스텔 톤이 좋다. 그러면 보다 신중하고 차분한 느낌을 줄 것이다. 그곳에 근무하는 사람들이 우리와 함께 있을 때 편안하고, 우리 제안에 신뢰감을 가질 수 있는 옷차림을 해야 한다. 그러나 농부들에게 곡물건조기를 판다면 평소보다 캐주얼한 복장이 좋다. 단정하고 깨끗하지만 다가오는 수확기에 무엇이 필요한지 편안하게 이야기할 수 있는 복장이어야 한다. 어떤 경우든 우리 옷차림이 적절한지를 판단하는 것은 고객이라는 사실을 명심하라.

한 가지 유의할 점이 있다. 경영자 혹은 의사 결정자 중에는 편안한 복장으로 사무실에 출근하는 사람들이 꽤 있다. 목둘레가 파인 셔츠를 입고 목걸이를 한 사람도 있고, 머리를 길게 기른 채로 사무실에서 격식 없이 지내는 사람도 있다. 고객이 그렇다고 해서 우리도 그렇게 해도 된다는 의미는 아니다. 세일즈맨은 아직 옷차림을 편하게 해도 되는 권리를 얻지 못했다. 우리도 고객처럼 목이 파인 셔츠와 청바지를 입고 간다면 고객은 우리를 진지하게 보지 않으며 우리 제안에 흥미를 느끼지 못한다. 아직 그럴 때가 아닌데도 우리 멋대로 편안한 복장을 한 점에 대해 고객의 마음이 상할 가능성이 크다.

판매 활동을 하는 여성들에게도 이 문제는 마찬가지로 중요하다. 여성이 조직에서 힘과 권위가 있는 위치에 오르면 남성들과 매한가지로 다소 여유를 갖고 편안한 옷차림을 하기 시작한다. 그러나 다른 여성 부하직원이나 세일즈우먼이 자기처럼 편안한 옷차림으로 자신을 대하려고 하면 부정적인 반응을 보이는 것이 일반적이다. 그녀와 동일한 지위에 오르지 못하거나 아직 편안한 관계가 아닌데도 캐주얼한 복장을 하면, 그 즉시 우리에 대한 시각이 부정적으로 변할 것이다. 어쩌면 우리와 다신 마주치고 싶지도 않을 것이다.

고객 주위 전문가 집단의 옷차림

경영자들에게 판매할 때는 그들에게 조언하는 전문가와 같은 복장을 하는 것이 좋다. 은행가와 법률가 그리고 회계사 같은 옷차림을 하라. 무엇을 구매할 것인지에 관해서 경영자들에게 조언하고 싶으면 그들이 평소 조언을 받는데 익숙해진 사람들처럼 보여야 한다. 연구에 의하면 고객의 소득이 높을수록 세일즈맨이 더 보수적이고 더 절제된 모습을 보이는 것이 판매에 도움이 된다. **어떤 복장을 해야 할지 자신이 없을 때는 언제나 가벼운 복장보다 보수적인 복장을 선택하라.** 와이셔츠와 블라우스는 눈에 띄지 않는 색깔이 좋고 액세서리도 보수적으로 선택하라. 전체적으로 안정되고 확고하며 믿음직한 느낌을 줄 수 있는 옷차림을 해야 한다.

남성의 경우 비즈니스 정장으로 가장 좋은 색깔은 진한 청색 navy blue 이나 어두운 회색 dark gray 이다. 진한 청색과 어두운 회색은 줄무늬 여부에 관계없이 여성들에게도 아주 좋은 색상이다. 남녀 관계없이 갈색 계통의 비즈니스 정장은 안 된다. 갈색은 신분이 낮은 계층의 색상이라고 간주되므로 고객에게 주는 신뢰도 면에서 좋은 색상이라고 할 수 없다. 고객의 지식수준과 소득이 높을수록 접근 방법이 점잖고 지적이어야만 고객이 구매하도록 설득할 수 있다.

비즈니스 정장과 관련된 논쟁

'성공을 위한 옷차림'이 필요한가에 대해서는 이제 논쟁을 끝낼 때가 되었다. 왜냐하면 그 대답은 강한 긍정이기 때문이다. 보수적인 복장은 판매에 필수불가결하다. 누군가가 그렇지 않다고 한다면 그것은 자기 이해관계 때문이지 결코 진실이 아니다.

요즘엔 남성과 여성들을 대상으로 널리 인기를 끌고 있는 패션 잡지들이 많다. 그런데 이 잡지들은 광고 판매에 생존이 달려 있다. 광고를 팔려면 재미있는 이야기와 기사를 실어야 하므로 광고를 끌기 위한 목적에서 캐주얼하고, 장식이 달린 밝은 색깔의 옷을 추천하는 기사를 자주 쓴다. 그런 옷을 주로 직장에서 입고 퇴근 후에도 입을 수 있는 옷, 다시 말해서 어떤 상황에도 어울리는 옷이라고 주장한다. 그러나 그런 기사가 완전히 거짓이라는 점이 입증됐다.

수없이 많은 인터뷰와 연구 끝에 오늘날의 비즈니스 세계에서 최고 소득을 올리는 세일즈맨들은 남녀를 불문하고 가망고객들이 첫눈에 자신을 진지하게 생각하게끔 옷을 입는다는 사실이 밝혀졌다. 차분하고 보수적인 옷차림을 하면 가망고객은 그를 중요한 사람으로 대하게 된다. 그러므로 즉시 외모를 적절하게 연출해서 가망고객과의 신뢰 수준을 높인다.

외모가 품위 있기 때문에 그들은 안내원이나 비서들로부터 정중한 대접을 받을뿐더러, 파티에 가는 도중인 것 같은 옷차림을 한 세일즈맨의 판매 제안에 비해서 가망고객들도 그들의 제안을 따를 가능성이 높다. 핵심은 이것이다. "보수적인 옷을 입으라는 추천이 아니라면 패션잡지에서 좋은 옷차림이라고 소개하는 것은 절대 믿지 말라."

이 말이 맞는지 검증할 수 있는 간단한 방법이 있다. 자신이 일하고 있는 분야에서 최고의 위치에 오른 사람들을 살펴보라. 신문이나 잡지에 실린 유명 인사들의 사진을 보라. 거의 예외 없이 자신의 위치에 걸맞은 보수적인 옷차림을 하고 있다는 사실을 발견할 수 있다. 만일 중하위권의 판매 실적에 만족한다면 자신이 원하는 대로 입어도 상관없다. 그러나 상위 10퍼센트에 속하고 싶다면 상위 10퍼센트와 같은 옷차림을 해서 고객들이 우리를 중요한 사람으로 대하고, 우리가 하는 모든 말을 진지하게 받아들이도록 행동해야 한다.

옷 구입

옷을 구입하는 최고의 법칙은 **"두 배 비싼 옷을 사고 수량은 절반으로 줄인다."**는 것이다. 자신이 감당할 수 있다고 생각하는 것보다 더 비싼 옷을 사되 품목 수를 줄인다. 그렇게 하는 것이 더 실용적이고 경제적이기 때문이다. 좋은 옷을 입고 있으면 영향력이 있어 보이기도 하지만 스스로도 그런 느낌이 들어서 효과적이다. 또 고급 옷은 자주 찾게 되어서 입는 횟수가 적은 싼 옷에 비해 입을 때 기회비용이 더 낮아 경제적이다. 여하튼 기업인이나 고소득층 고객을 대상으로 판매하려면 싼 옷을 입어서는 안 되고, 모나 면과 같은 자연 섬유로 만든 품질 좋은 옷을 구매하라.

하루를 보내면서 다른 사람들의 옷차림에 주목할 필요가 있다. 여러 가지 색상과 옷감이 어떻게 하면 어울리는지 살펴보라. 특히 품위 있는 옷차림을 한 사람들을 보고 배워야 한다. 사람들이 최고 세일즈맨의 모범 옷차림이라고 주변에 말할 정도가 되도록 결심한 후 꾸준히 관심을 갖고 노력하라.

액세서리

고객의 마음은 컴퓨터의 CPU와 같아서 수많은 정보를 순식간에 받아들인 다음 그것을 조합해서 우리, 회사, 판매 제안, 거래에 따른 장단점에 관해 판단을 내린다. 옷차림에 더해서 액세서리도 고객의 인식을 관리하는데 중요한 요소다. 액세서리는 우리가 믿고 신뢰할 수 있는 사람인지 그리고 거래해도 괜찮을 사람인지를 고객이 판단하는데 강한 암시적 영향을 미친다. 먼저 우리 옷차림 전체를 살펴보고 나면 고객의 시야는 의식적 그리고 무의식적으로 좁혀져서, 액세서리와 외모를 구성하는 2차적인 요소들을 근거로 우리를 평가하기 시작한다.

사람들은 자연스럽게 가격과 품질을 동일시하는 경향이 있다. 후광효과와 비슷하게 세일즈맨의 말과 행동을 그가 하고 있는 액세서리의 값을 통해서 추측한다. 액세서리가 싸구려라는 인상을 받으면 그것이 확대되어 세일즈맨과 그가 판매하는 상품도 값싸고 품질이 떨어지는 양 판단하므로 액세서리를 선택할 때는 값싼 것을 할 바에는 차라리 하지 않는 편이 낫다.

경제적 한계이론에 따르면 모든 의사 결정은 작은 차이, 즉 아마추어들이 간과하거나 무시하기 쉬운, 경우에 따라서 우연한 요소에 의해서 이루어진다. 이미 살펴본 것처럼 요즘 고객들은 제품이 잘 작동하고 유용한 기능을 가졌다는 사실만으로 구매하지 않는다. 그보다 훨씬 미묘한 인식을 기반으로 최종결정을 내린다. 우리가 입거나 가지고 다니는 품목 하나하나가 고객이 구매 결정을 할 때 결정적인 역할을 할 수도 있다.

결정의 순간

고객이 '예'라는 구매 결정을 내리려면 100도의 '구매 온도'에 도달해야
한다고 가정해 보자. 지금까지 고객이 정확하게 100도에 도달하도록 만
들었고 드디어 고객은 구매 결정을 내릴 준비가 되어 있다. 이 결정적인 순
간에 주머니에서 싸구려 볼펜을 꺼내어 주문서에 서명하도록 한다. 볼펜
을 보는 순간 고객의 경계심이 다시 올라가서 우리 상품이나 서비스도 싸
구려가 아닌지 의심할 수 있다. 고객은 순간 실수하기보다는 위험한 결정
을 피하기 위해 몸을 바로하며 이런 말을 한다. "글쎄요. 제품은 꽤 좋아
보이네요. 하루나 이틀 신중히 생각해 볼 테니 서류를 두고 가시지요."
그러면 우리는 다 된 주문을 놓치고 다시 다음 고객을 찾아 나서야 한다.

인간은 일반적으로 대단히 시각적이다. 눈에서 뇌로 가는 신경의 수는
귀에서 뇌로 가는 신경의 수보다 약 22배라고 추정된다. 이것은 고객의
눈으로 보는 것이 귀로 듣는 것보다 약 22배 더 많은 영향을 미친다는 사
실을 의미한다. 고객은 시각적 지각을 사용해서 행동을 분류한다. 즉 받
아들이는 지각을 긍정적인 것과 부정적인 것으로 나눈다. 이런 점에서 보
면 인간의 두뇌는 2진법을 사용하는 컴퓨터와 같이 정보를 받아들이거나
거부하고, 긍정적인 것과 부정적인 것으로 분류한다. 가망고객은 우리에
관한 모든 것을 신속하게 평가하여 두 목록 중 하나, 즉 차변 혹은 대변에
더한다. 차변이 커지면 커질수록 신뢰도가 높아지고 대변이 커지면 커질
수록 신뢰도가 감소한다.

머리부터 발끝까지 우리가 하고 있는 모든 액세서리는 긍정적 혹은 부정
적 인상을 만들어 낸다. 세일즈맨이 여성일 경우 가망고객은 귀걸이, 목
걸이, 브로치, 시계, 반지, 단추, 벨트, 지갑, 스카프, 스타킹, 구두를 본
다. 남성 고객들은 여성의 어떤 액세서리 하나하나가 호감을 주는지 안 주

느지는 잘 모르지만, 선택한 액세서리 전체에서 긍정적 혹은 부정적 이미지를 얻는다. 세일즈맨이 남성이라면 고객은 넥타이, 반지, 시계, 펜, 벨트와 벨트 버클, 바지의 주름, 신발, 양말 등을 통해서 한눈에 평가하고 분류한다. 고객들이 눈에 보이는 우리의 외관에 그렇게 예민한 이유는 무엇일까? 간단히 말하면 위험요인에 신경을 쓰기 때문이다. 그들은 올바른 결정을 내리고 싶어 하며 구매 실수에 대해서 비난받는 일이 두렵다. 과거에 중대한 신호를 무시해서 잘못된 결정을 내리고 난 후 내내 후회했던 경험은 이미 충분하므로 더 이상 같은 잘못을 반복하고 싶지 않다.

때론 그들은 많은 입사 지원자들을 면접해야 하는 인사 담당자와 아주 비슷하며 우리를 받아들이기 보다는 자연스럽게 밀어내려고 한다. 따라서 고객의 마음속에 신뢰할 만한 세일즈맨으로 남기 위해 가능한 한 모든 노력을 다해야 한다.

넥타이 선택 방법

넥타이는 그 사람의 품질에 대한 의식과 정장에 대한 지식을 잘 보여준다. 판매업에 종사하는 사람은 실크 넥타이를 매는 것이 좋다. 싸구려로 보이는 폴리에스터 넥타이는 되도록 피한다.

넥타이는 두 가지 기본색깔을 갖고 있어야 한다. 넥타이의 바탕색은 양복의 색상과 잘 어울려야 하고 넥타이의 무늬 혹은 포인트 부분은 와이셔츠 색깔과 맞아야 한다. 이것이 고전적인 비즈니스 옷차림이다.

자기 자신은 옷을 잘 입지 못하는 고객도 우리가 옷을 제대로 입고 있는지는 느낌으로 안다. 빨강이나 노란색 같은 화려한 넥타이를 맬 때도 넥타이의 무늬가 양복의 기본 색상을 따르고 있을 경우로 제한된다.

너무 요란해서 지적을 받거나 우리가 말하고자 하는 메시지에서 관심이 멀어지게 할 정도여서는 절대 안 된다.

신발과 양말도 메시지를 전달

신발과 양말의 색깔도 대단히 중요하다. 최근 한 조사에서 임원들의 84퍼센트가 바닥이 많이 닳았거나 광이 나지 않는 구두를 신은 직원들은 승진시키지 않겠다고 말했다.

구두는 언제나 검정색과 짙은 갈색이 좋고, 화려한 색상이라고 하더라도 진한 자주색이 한도다. 세일즈맨에게 뛰어난 옷차림의 핵심은 옷이나 액세서리 가운데 어떤 것도 시선을 끌지 않는 것이다. 외모에서 어느 부분도 가망고객의 시선을 분산시키거나 마음을 흐트러지게 해서는 안 된다.

재미있는 점은 경영자, 의사 결정권자일 것 같은 사람과 함께 엘리베이터에 타면 그 사람은 먼저 얼굴, 목, 와이셔츠, 넥타이를 보고난 다음에 아래로 눈을 돌려서 구두를 본다는 사실이다. 눈이 다시 위로 올라오면 우리에 대한 판단이 끝난다. 4~5초도 채 안 되어서 우리에 관한 판단을 마무리해 버린다.

단정한 몸치장의 요소

지금까지 이야기했던 모든 것을 다 이해했다고 하자. 그러면 고객과의 신뢰 형성이라는 긴 여정에서 첫 번째 심리적 장애물을 넘은 셈이다. 옷차림과 액세서리를 신중하게 선택했고 그것들은 서로 잘 조화를 이루고 있다. 모든 면에서 프로 세일즈맨으로서 완벽한 모습을 하고 있다.

이제 두 번째 장애물을 넘어야 한다. 그것은 얼굴, 머리카락, 그리고 치아와 입 냄새이다. 이 중대한 시점에 외모가 모든 면에서 최고 세일즈맨답지 못하면 판매 기회를 잃어버릴 수도 있다.

단정한 머리

오래 전에 양질의 상품을 판매하고 있는 젊은 세일즈맨이 나를 찾아와서 조언을 요청했다. 힘든 일을 두려워하지 않는 사람이라서 적정한 가격의 사무용품을 갖고 여러 곳을 돌아다녔지만 전혀 판매를 하지 못했다. 항상 돈에 쪼들렸고 부모님 집의 지하실에서 살았다. 과연 내가 그에게 줄 수 있는 조언이나 아이디어는 무엇이었을까? 나는 그 젊은이를 보자마자 어떤 문제가 있는지 즉시 알 수 있었다. 길고 덥수룩한 머리가 어깨까지 닿을 정도였다. 그가 방문하는 회사원들은 본질적으로 보수적이고 위험을 싫어하는 사람들이었다. 따라서 전화로 약속을 잡기는 쉬웠지만 고객의 사무실에 들어서는 순간 고객들은 차갑게 변했다. 짧고 형식적인 몇 마디를 나눈 후 바로 밖으로 쫓겨났다.

나는 그에게 성공하고 싶으면 머리카락을 지금보다 훨씬 짧게 잘라야 한다고 말했지만 그는 내 말을 들으려고 하지 않았다. 자기 나름의 방식대로 살고 싶다고 했다. 나는 그의 헤어스타일이 농장에서 건초더미를 옮기는 데는 어울릴지 모르지만 회사원들에게 물건을 파는 데는 전혀 맞지 않다고 설명해 주었다. 결국 머리카락을 자르는데 동의는 했지만 다 자르지는 않고 몇 인치 정도만 잘라서 아직도 목에 올 정도였다. 그래도 어깨에 닿을 정도는 아니었다. 바로 다음 주에 그는 몇 건의 판매를 성사시켰다. 내 조언이 맞는다는 것을 깨닫고 그는 다시 이발소에 가서 머리카락을 더 짧게 잘랐다. 머리가 짧아질수록 판매 성과는 올라갔다. 결국에는 짧고 보수적인 머리스타일을 하게 되었고 수입도 늘어서 멋진 생활을 할 수 있었다. 드디어 세일즈맨으로서 제 궤도에 들어선 것처럼 보였다.

그런데 다른 세일즈맨들처럼 그도 치명적인 실수를 반복했다. 판매에 성공하는 이유가 자신이 매력적인 사람이고 상품이 훌륭하기 때문이라고 착각한 것이다. 앞으론 자신이 실패할 이유가 없다고 판단한 그는 다시 머리를 기르기 시작했고 머리가 길어짐에 따라 판매 건수도 줄어들었다. 마침내 머리가 어깨에 닿을 정도로 길었을 때, 판매는 완전히 끊겼고 다시 부모님 집으로 들어갔으며 끝까지 남은 직원 한 명마저도 내보낼 수밖에 없었다. 마지막으로 그를 보았을 때, 그는 판매를 해 보려고 낡은 옷을 입고 거리를 헤매고 있었다. 안타까운 경우지만 그는 자신의 외모로 인해서 사람들이 그를 보자마자 미처 입을 열기도 전에 마음의 문을 닫아버린다는 사실을 인정하려고 하지 않았다. 슬프게도 이와 비슷한 일이 다른 세일즈맨에게도 자주 일어나고 있다.

치아도 중요

사람을 볼 때 맨 처음 보는 것은 옷차림과 액세서리를 포함한 전체적인 모습이다. 그리고는 몇 초 이내에 얼굴 그리고 헤어스타일로 눈이 간 후, 놀랄 만큼 빠른 속도로 그 사람에 대해 대략적인 판단을 내린다. 상대방의 눈을 응시하는 것은 불편하기 때문에 입과 코를 보다가 잠깐 눈을 들어서 상대방과 눈을 마주친다. 만약 상대방의 입이 보기에 불편하거나 입 냄새가 나면 대화하는 데 집중하기 어렵다.

내가 알고 있는 세일즈우먼 중에 앞니가 입에 비해서 너무 큰 사람이 있었다. 가망고객들은 예의상 아무 말도 하지 않았지만 그녀를 만나면 즉시 시선이 큰 잎니로 쏠렸다. 그녀도 치아에 너무 신경이 쓰여서 언제나 손으로 입을 가렸고, 누군가가 자신을 쳐다보면 불안해져서 시선을 다른 곳으로 돌리곤 했다. 치아의 크기가 자아 이미지와 자신감에 영향을 미쳤을 뿐만 아니라 판매 상담에도 지장을 줬다. 마침내 어느 친절한 사람이 그녀가 가진 문제는 치과에서 해결될 수 있다고 말해 주었다. 그녀는 용기를 내어 치과에 가서 교정 치료를 받았고 문제는 해결되었다. 그 결과 그녀는 더 외향적이 되었고 자신감도 커졌으며 더 이상 입을 다물고 있거나 손으로 입을 가릴 필요가 없었다. 물론 판매 실적이 늘었고 그녀의 삶 전체가 완전히 바뀌었다.

다른 사람들에게 어떻게 보이는지 자신이 없으면 누군가 잘 알고 믿을 수 있는 사람에게 자신의 외모가 어떤지 솔직하게 말해 달라고 부탁하라. 친구나 상사에게 물어보는 것이 어색하면 치과의사에게 가서 전문가의 의견을 들어라. 남들이 보기에 좋지 못한 치아와 더러운 치아는 판매 인생 전체에 걸쳐서 매년 수만 달러 이상의 손실을 끼칠 수 있다. 하지만 대부분의 세일즈맨들은 자신이 미소를 짓자마자 고객의 표정이 차갑게 변하는 이유를 모른체 일방적으로 판매에만 몰두한다.

세일즈우먼이 추가로 고려할 사항

나는 비즈니스에서 성공할 수 있도록 다른 여성들에게 옷차림, 메이크업, 액세서리의 조합과 전체적인 외모에 대해서 자문해 주는 이미지 컨설턴트들과 이야기를 나눴다. 그들은 모두 한 가지 핵심사항을 강조했다. 진지한 대접을 받고 싶다면 판매 상담 내내 가망고객의 모든 관심이 얼굴에 집중되도록 하고, 외모의 다른 부분에 가도록 해서는 안 된다는 점이었다. 세일즈우먼은 고객이 남성이든 여성이든 자신의 얼굴을 보면서 자신이 하는 말에 온전히 집중할 수 있도록 옷차림과 치장을 해야 한다.

고객이 자신을 올바른 판매 제안을 해 주는 진지한 비즈니스 상대로 보도록 하는 것이 중요하다. 고객이 조금이라도 그밖에 다른 생각을 하도록 여지를 주어서는 결코 안 된다.

여성들이 남성을 상대로 판매 활동을 할 때 알아야 할 점이 있다. 그것은 남성들이 어릴 때부터 여성을 특정한 시각에서 보도록 길들여져 있다는 사실이다. 남성 고객은 어린 시절 어머니의 얼굴을 보면서 어머니는 자신을 보호해 주는 사람 그리고 도와주는 사람이라고 생각했다. 여자 형제가 있을 경우에는 형제로서의 여성에 대한 시각을 갖게 된다. 그리고 성장하면서 여성들은 친구 혹은 여자 친구가 되고, 다시 연인이나 아내가 된다. 남성 고객들은 이와 같은 과거 경험에 따라서 세일즈우먼에게 반응한다.

세일즈우먼이 남성 가망고객을 방문할 경우에는 만나는 즉시 자신은 어머니, 여자 형제, 여자 친구 혹은 부인이 아니라는 점을 명확히 하는 것이 중요하다. 자신이 비즈니스상의 이유로 그를 방문한 비즈니스 우먼이라는 점을 바로 알게끔 해야 한다. 패션 잡지에서 권하는 밝고 유행에 따르거나 섹시한 옷차림을 피하는 일이 그렇게 중요한 이유가 바로 이 때문이다. 패션잡지에서 권하는 대로 하면 남성 고객들은 지금까지 길들어 온 대로 세일즈우먼을 프로 세일즈우먼이 아닌 다른 시각에서 보게 된다. 그때부터는 판매 상담이 제대로 이루어지지 않는 것이 어쩌면 당연하다.

냄새를 관리해야 성공

우리가 관리해야 할 또 하나의 암시적 요소는 냄새인데 대단히 민감한 부분이다. 흠잡을 데 없는 강렬하고 긍정적인 외모를 갖추었더라도 나쁜 냄새가 나면 모든 것이 수포로 돌아갈 수 있다. 청결하고 상큼한 냄새가 나는 세일즈맨은 판매 활동에서 만나는 모든 사람들에게 더 정중한 대접을 받는다.

최고의 모습을 갖추고 모든 장점을 최대한 활용하려면 위생에 특별한 관심을 기울여야 한다. 하두도 빠짐없이 세심하게 머리를 감고 몸을 씻어야 한다. 품질이 좋은 샴푸와 비누, 그리고 효능이 좋은 체취방지제를 써야 한다. 저녁에 잠자리에 들기 전보다는 매일 아침 출근 전에 하는 것이 좋다. 식사후 이를 깨끗이 잘 닦고 구강청결제를 사용해서 입 냄새가 나지 않도록 해야하며, 어떤 종류이든지 충치가 있으면 불쾌한 입 냄새가 나므로 정기적으로 치과에 가서 검진을 받는 것이 중요하다.

특히 흡연은 입에서 고약한 냄새를 풍기게 한다. 흡연자라면 어떤 일이 있더라도 고객과 함께 있을 때 담배를 피워서는 안 되며, 그 때문에 거래가 성사되지 않는 경우가 많다. 비흡연자는 담배를 피운다는 생각만으로도 심하게 기분 상하는 경우가 많고, 제법 떨어진 거리에서도 흡연자의 냄새를 맡을 수 있다. 흡연자 자신은 잘 모르지만 담배 연기는 옷과 머리카락에 자연스럽게 스며들어 좁은 방에서 가망고객을 만나게 되면 몸에 배어있던 담배 냄새가 밖으로 스며 나오기 때문에 도저히 숨길 방법이 없다. 흡연자가 판매업에서 성공하려면 손과 손톱은 청결해야 하고 입냄세가 나지 않도록 구강청결제를 사용해야 한다.

담배는 가능하면 밖에서 피워서 연기가 바람에 날아가도록 하고, 어떻게 해서든지 담배를 피운다는 사실을 모르게 해야 한다. 흡연은 그 하나만으로도 세일즈맨으로서 성공하는데 치명적일 수 있다.

점심식사 때는 어떤 음식을 먹을 것인지 잘 생각해서 입 냄새가 나지 않을 것만 선별해서 먹어야 한다. 항상 칫솔과 치약을 휴대해서 식사 후에는 양치질을 하라. 그래도 안심이 안 되면 입 냄새 제거를 도와주는 민트를 갖고 다니다가 상담 전에 사용하는 것도 좋다. 망설이지 말고 직장 동료나 친구들에게 입 냄새가 괜찮은지 터놓고 솔직하게 물어보면 대답해 줄 것이다. 조금이라도 냄새가 난다고 하면 신선한 냄새가 날 때까지 칫솔질과 구강청결제를 다시 해야 한다.

고객은 입, 피부, 옷, 발 어디에서든지 거슬리는 냄새가 나는 사람에게는 구매하지 않는다. 세일즈맨에게서 이상한 냄새가 난다는 한 가지 이유만으로도 상품과 서비스를 구매하지 않는 사람들이 많다. 고객들은 불쾌한 냄새가 나는 사람들과는 장기적인 관계를 맺고 싶어 하지 않는다는 사실을 명심하자.

시각이 판매 성사 여부를 결정

시각은 너무나 강력한 힘을 갖고 있어서 가망고객이 보고 평가하는 외모, 프레젠테이션, 상품은 모든 항목을 하나하나 철저하게 관리해야 한다. 사소해서 고객이 모르고 지나칠 것이라는 안일한 생각을 해서는 절대 안 된다. 지갑은 옷차림과 어울리도록 세심하게 선택해야 한다. 서류가방도 가능한 최고급 제품으로 고르고, 항상 모든 면에서 흠잡을 데가 없이 깨끗해야 한다. 판매 자료도 모두 깔끔하고 체계적으로 올바른 순서로 정리되어 있어야 한다. 고객을 방문하기 전에는 고객이 눈으로 보고 평가할 모든 항목을 군대에서 검열하는 것처럼 하나하나 빠짐없이 점검하라. 그래도 안심이 안 되면 다른 사람에게 물어봐야 하며 누구든지 우리 외모에 대해서 합당한 지적을 하면 즉시 바꿔라.

가망고객을 방문할 때는 보수적이고 전문가다운 모습을 보여 주어야 한다. 가망고객을 찾고 판매 상담 약속을 잡는 것은 판매에서 가장 비용이 많이 들고 어려운 일이라는 점을 명심하라. 그때까지의 온갖 노력에도 불구하고 외모와 인상에 대단히 중요한 부분을 깜빡해서 판매 기회를 놓친다면 낭패가 아닐 수 없다.

자세와 앉는 위치

우리가 고객인데 상담 약속을 한 세일즈맨을 맞기 위해 미팅룸으로 나간다고 생각해 보자. 그런데 세일즈맨이 마치 일요일에 자기 집에서 TV로 축구경기를 보는 것처럼 의자에 등을 기댄 채 다리를 꼬고 앉아 있다. 고객은 즉시 이 첫인상을 머릿속에 저장해 두고 그를 자신의 사무실로 안내한다. 세일즈맨이 자리에 털썩 주저앉더니 구부정한 자세로 판매 상담을 시작한다. 아마도 고객은 이 사람이 파는 것이면 그것이 무엇이든 관심 없다고 이미 마음의 결정을 내렸을 것이다.

다시 말하지만 시각적 인상이 가진 힘이 너무나 크기 때문에 판매 상담에서 바른 자세와 태도는 정말 중요하다. 항상 자신의 몸가짐에 대해서 유의해야 한다.

고객의 눈에 최고의 전문가 그리고 가장 신뢰할 수 있는 세일즈맨으로 보이기 위해서 우리가 해야 할 일이 몇 가지 더 있다. 맨 첫 번째는 서 있거나 앉아 있을 때 몸을 화살처럼 똑바로 펴는 것이다. 마치 등 전체가 널빤지에 붙어 있는 것처럼 쫙 펴야 한다. 이러한 자세를 연습하다 보면 서 있을 때나 걸을 때 더 단정하고 품위 있게 걸을 수 있다.

자세와 관련해서 한 가지 재미있는 사실은 턱을 들면 태도와 생리 기능에 변화가 온다는 점이다. 턱을 든다는 행동만으로도 더 긍정적이 되고 더 당당해진다. 자신에 대해서 자부심을 느끼면 사람은 예외 없이 턱을 높이 들고 앞을 똑바로 보고 걷지만 우울하면 턱과 어깨가 내려간다. 머리를 들고 어깨와 등을 똑바로 편 채로 걸으면 승자의 모습과 느낌을 갖게 되며 더 낙관적이 되고 더 외향적이 된다. 그리고 이런 긍정적 느낌은 즉시 고객에게 전달된다.

고객과 함께 있을 때는 절대 의자에 등을 기대지 않아야 한다. 약간 앞으로 기울여서 등을 똑바로 펴라. 고객이 이야기할 때는 의식적으로 고객을 향해 몸을 앞으로 기울이고 고객의 얼굴, 그 중에서도 특히 입과 눈에 집중하라. 마치 고객이 엄청난 정보를 주는데 단 한 번 밖에 말하지 않을 것처럼 몸을 앞으로 기울이고 경청하라. 몸을 앞으로 기울이는 바로 그 행동이 고객으로 하여금 대화의 집중도와 우리 제안을 보다 진지하게 생각할 가능성을 높여 주어서 더 정확하고 완벽한 정보를 제공할 것이다.

이것이 고객과 소통하는 핵심 대화 기술이다. 선 채로 고객과 상담할 때는 무게 중심을 발바닥 앞쪽 부분으로 옮겨라. 이렇게 무게 중심을 앞으로 옮기면 에너지도 고객에게 옮겨간다. 이 미세한 움직임을 통해서 고객은 시각적으로는 인식하지 못해도 우리의 에너지와 집중력의 힘을 실제로 느끼게 된다.

고객이 자신의 사무실로 안내하면 바로 생각해야 할 것이 우리가 앉을 자리를 정하는 일이다. 이것은 판매의 성패에 강한 영향을 미친다. 보통 고객은 우리를 먼저 자리에 앉힌 후 책상으로 돌아가서 우리를 마주보고 앉는다. 그렇게 되면 책상은 고객과 우리 사이를 가로막는 심리적 장애물인 동시에 우리 판매 제안으로부터 고객을 보호하는 방패 역할도 한다. 책상은 잘못된 결정에 대한 고객의 의심과 두려움을 나타내는 물리적 표현이기도 해서 고객과 우리 사이에 존재한다는 자체가 우리의 판매 제안에 대한 고객의 저항을 증가시키고 더 강화한다. 따라서 모든 방법을 다 동원해 판매 장애물을 제거해야 한다.

나는 세일즈맨 시절에 고객들을 그다지 어렵지 않게 책상 뒤에서 앞으로 나오도록 할 수 있다는 사실을 알게 되었다. 정말이지 그 비결은 그렇게 해 달라고 단지 부탁만 하면 된다. 고객들은 또한 우리가 책상으로 가서 그 옆에 앉는 일도 허용한다. 처음에는 반신반의했지만 맨 처음 시도했을 때부터 고객들이 매우 협조적이라는 사실을 알고 놀랐다. 이것이 내가 사용한 방법이다. 고객이 나를 책상 맞은편에 앉힌 다음에 "자, 용건이 무엇이지요?"라고 물으면 나는 바로 대답하지 않고, 난처하고 곤란한 기색을 보였다. 그리고 미안하지만 옆에 가서 설명해도 괜찮겠느냐고 정중하게 물었다. 고객들은 약간 놀라고 때론 곤혹스런 모습을 보였지만 한 번도 거절하지는 않았으며 대체로 이렇게 대답한다. "물론입니다. 그런데 뭘 하시려는 거죠?" 그것이 내가 기다리던 신호였으므로 나는 일어나서 내 의자를 들고 책상을 돌아가서 고객의 왼쪽 옆에 앉은 다음, 자료를 펼쳐놓고 판매 프레젠테이션을 시작한다. 고객들은 그것이 재미있고 합리적인 프레젠테이션 방법이라고 생각하는 것 같았다.

다른 한 가지 방법은 예전에 비해서 요즘 고객들이 별 무리 없이 받아들이는 방법이다. 고객에게 책상에서 나와서 테이블에 우리와 함께 앉아 달라고 부탁하는 것이다. 장소가 고객의 사무실이든 아니면 다른 곳이든 관계없다. 고객에게 설명을 더 잘할 수 있도록 위치를 바꾸고 싶다고 정중하게 부탁하면 거의 예외 없이 잘 받아들인다. 이때 이런 방식으로 말을 한다. "이쪽에 함께 계시면 제가 준비해 온 것들을 보여 드리는데 훨씬 쉽고 편리할 것 같습니다." 고객이 움직이는데 동의하면 우리 위치는 언제나 고객의 바로 왼편이어야 한다는 점을 기억하라. 그렇게 하면 고객에게 자료를 더 쉽게 보여 줄 수 있고, 고객 방향으로 페이지를 넘기면서 대화를 완벽하게 통제할 수 있다. 고객이 두 명이라면 우리가 고객의 왼편에 앉고 다른 고객은 그 고객의 오른편에 앉도록 한다. 고객의 사이에 앉거나 고객들의 맞은편에 앉아서는 결코 안 된다.

프레젠테이션을 하기 위해서 다른 장소로 갈 때는 반드시 정확한 자리배치의 중요성을 기억해야 한다. 자리를 잡기 전에 언제나 먼저 고객이 앉고 싶어 하는 자리를 확인해야 한다. 장소가 가정집이라면 집주인은 거의 대부분 식탁이나 거실에서 자신이 좋아하는 자리가 있다. 구매를 결정하는 집주인이 평소에 습관적으로 앉았던 자리에 세일즈맨이 앉는 실수를 범해서는 안 된다. 장소가 사무실이고 회의용 탁자에서 상담을 한다면 핵심적인 의사 결정자는 보통 탁자의 한 쪽 끝에 앉는 경우가 많다. 먼저 고객에게 원하는 자리에 앉도록 권하면, 자신도 모르게 고객의 기분을 상하게 해서 그 이후 우리가 하는 모든 말에 대해 부정적인 반응이 나오게 하는 작은 실수를 범하는 우를 미리 예방할 수 있다.

전략적 세일즈

고객의 몸동작 따라 하기

고객의 마음속에 구매에 대해서 호의적인 분위기를 갖도록 하려면, 암시의 힘을 활용해야 한다는 사실을 항상 마음 깊이 새기고 있어야 한다. 결정적으로 중요한 것이 고객과의 사이에서 높은 수준의 친밀감을 형성하는 능력이다. 친밀감이 없으면 어떤 중요한 판매도 불가능하다. 고객이 우리와 함께 있을 때 편안함을 느끼도록 하는 것은 궁극적으로 어떤 상품이나 서비스든지 판매를 마무리하는데 도움을 준다. 이미 살펴보았듯이 우리는 자신과 취미, 가치, 견해가 비슷한 사람들, 그리고 옷차림과 몸치장이 비슷한 사람들을 좋아한다. 또한, 스스로 인식하지 못하면서도 몸동작과 제스처가 자신과 같거나 비슷한 사람들을 좋아한다는 경향이 있다.

고객의 몸동작 따라 하기는 고객이 어떤 행동을 하면 5초를 기다려서 같은 행동을 따라 하는 것을 말한다. 가령 회의용 테이블에 앉아서 상담을 하고 있는데, 고객이 잠시 긴장을 풀고 몸을 뒤로 젖히면서 우리가 방금했던 말을 곰곰이 생각한다고 하자. 그러면 우리도 5초 동안 기다린 후에 고객이 했던 것처럼 천천히 몸을 뒤로 젖힌다. 마치 고객이 자신의 모습을 거울 속에서 보는 것처럼 고객과 비슷한 행동을 하는 것이다. 고객이 자세를 바로 하고 몸을 앞으로 기울이면, 우리도 5초 동안 기다린 후에 마찬가지로 천천히 자세를 바로 하고 몸을 앞으로 기울인다.

고객의 몸동작 따라 하기를 네 번 혹은 다섯 번 한 다음에는 이제 구매 행동으로 이어지는 구매 자세를 고객이 취하도록 우리가 리드할 수 있다. 예를 들어서 구매할 준비가 된 고객은 출발선에서 총소리를 기다리는 육상 선수처럼 몸을 앞으로 기울인다. 고객의 행동을 몇 차례 따라한 다음 대화 중에 몸을 앞으로 기울여서 고객과 충분히 교감이 이루어졌는지 확인할 수 있다. 높은 수준의 친밀감이 형성되어 있다면 몇 초 후에 고객도 몸을 앞으로 기울여서 우리의 몸동작과 일치시킬 것이다. 그 시점부터는 마치 춤을 출 때 상대방을 리드하는 것처럼 부드럽게 고객을 리드해서 우리 이야기에 주의를 기울여 집중하고 구매 결정을 내릴 준비를 하도록 유도할 수 있다.

최고 세일즈맨들은 이러한 고객 몸동작 따라 하기 기법을 종종 무의식적으로 사용한다. 그들의 판매 상담 모습을 비디오로 녹화해 보면 한동안 고객의 동작을 따라 하다가 그 다음에는 고객을 리드해가는 듯이 보인다. 상담이 끝난 후에 그렇게 한 이유를 물어보면 거의 예외 없이 자신이 그렇게 했다는 사실 자체를 인식하지 못했다. 고객의 동작을 따라했던 것은 고객에 대해 극도로 민감하게 반응하는 그들의 자연스런 모습 중 하나였기 때문이다. 친구와 가족들을 상대로 연습해서 이 기법의 요령을 터득하는 것도 좋은 방법이다. 상대방과 동일한 몸동작을 취하게 되면 때로 상대방이 실제로 마음속으로 어떤 느낌을 갖고 있는지 느끼는 경우도 있으며 그가 어떤 생각을 하는지 이해하게 된다. 고객이 그 당시에 갖고 있는 가장 중요한 관심사를 충족시키려면 정확하게 어떤 말을 해야 하는지 직관적으로 알게 된다.

구매를 촉진하는 사무실 환경 만들기

고객이 우리 사무실로 올 경우에는 그가 경험하게 될 환경에 대해서 폭넓게 고려해야 한다. 컬러가 감정에 미치는 영향에 관한 많은 연구 결과가 있다. 예를 들어 옅은 분홍색은 마음을 가라앉히는 효과가 있어서 사람들이 동요하거나 화가 나거나 마음이 불편한 물리적 환경이라면 어디에나 사용된다. 옅은 청색은 시원하고 차분하고 사무적인 느낌을 줘서 당면한 문제에 대해 더 효율적으로 접근하게 한다. 회색은 엄격하고 보수적이며 옅은 청색보다도 더욱 사무적이어서 은행이나 금융기관에서 사용된다. 신중하게 색상을 골라 사무실을 꾸며라. 필요하다면 이미지 컨설턴트 혹은 인테

리어 전문가를 불러서 사무실을 방문하는 고객들에게 정확히 어떤 느낌을 주고 싶은지 말하라.

사무실 환경은 성공적이고 깨끗하고 밝고 쾌활하며 사무적인 느낌이 들어야 한다. 가망고객에게 우리가 거래해도 안전한 상대라는 신뢰감을 주어야 한다. 모든 것이 깔끔하고 정리정돈이 잘 되어 있어야 한다. 잡지를 비치한다면 최신호여야 하고, 쓰레기통과 쓰레기는 눈에 띄지 않아야 한다. 우리가 가망고객에게 보여주고자 하는 성공과 풍요의 이미지를 저해하는 것은 그 무엇도 사무실에 있어서는 안 된다.

메시지의 구성 요소

커뮤니케이션 전문가 알버트 메라비안 Albert Mehrabian 박사는 커뮤니케이션은 세 가지 요소 즉 말의 내용, 목소리 톤, 그리고 몸동작으로 이루어진다고 주장한다. 그의 연구 결과에 따르면, 말의 내용은 상대방이 받아들이는 전체 메시지에서 단 7퍼센트에 불과하다. 목소리 톤이 38퍼센트이고, 몸동작 즉 외모와 자세 전체가 주는 시각적 영향은 무려 55퍼센트나 차지한다. 전화로 고객과 상담할 경우라면 몸동작의 영향은 거의 사라지고 목소리 톤의 중요성이 급격하게 증가한다. 전화 상담에서 상대방이 말하는 속도와 리듬에 주의를 기울여시 듣고, 내 말의 속도와 리듬을 맞춰야 하는 이유가 바로 이것이다. 상내방이 빨리 말하면 우리도 말을 빨리 해야 하고 상대방이 중간에 중지하기도 하면서 말을 천천히 하면 우리도 그렇게 해야 한다. 말하는 방식과 목소리 톤을 가망고객에게 맞출수록 가망고객은 우리를 편안하게 느끼고 상담의 효과성은 높아진다.

판매 상담에서 우리가 하는 말의 내용과 말을 하는 태도는 둘 다 중요하며 상호 영향을 미친다. 판매 상담에서 가장 큰 암시적인 영향을 미치는 것은 긍정적이고 미소 짓고 따뜻하며 관심 있게 경청하는 세일즈맨이다.

사람들은 긍정적이고 행복한 사람들과 함께 있고 싶어하므로 열정적이고 친절하면서도 밝은 모습으로 가망고객의 눈을 바라보면, 그가 가진 본능적인 저항이 자연스럽게 무너진다. 고객은 우리가 하는 말을 듣고 싶고 우리가 그와 함께 이야기하고 싶은게 무엇인지 궁금해진다.

훌륭한 세일즈맨은 본능적으로 '타인 지향성'을 갖고 있다. 그들은 따뜻하고 친절한 자세로 차분하고 자신감 있게 가망고객에게 다가간다. 그들은 솔직하고 정직하며 성실한 자세로 가망고객에게 관심을 집중함으로써 가망고객이 마음을 열 수 있는 정서적인 분위기를 만든다. 그들은 유능해 보이고 전문가답게 보이며 예의 바르고 정중하다. 만나 보면 다른 사람들이 함께 있고 싶어 할 사람이라는 사실을 바로 알 수 있다.

거기에 더해서 최고 세일즈맨은 어휘를 조심스럽게 선택한다. 시장 조사 결과에 따르면 세일즈맨이 말하는 처음 열 단어에서 열다섯 단어가 이어지는 상담의 정서적인 분위기를 결정한다. 따라서 훌륭한 세일즈맨은 심사숙고해서 어떤 단어를 사용할 것인지 그리고 어떤 질문을 던질 것인지 미리 계획하고 판매 상담을 할 때마다 매번 어떤 말로 상담을 시작할 것인지 구상한다. 그들은 서두에 어떤 말을 하느냐가 가망고객이 판매 제안을 진지하게 검토할지에 관해 엄청난 암시적 영향력을 발휘한다는 사실을 안다. 따라서 운에 맡겨두지 않고 고객을 만나기 전에 무슨 말을 할 것인지 미리 적어서 연습한다. 반대로 무능한 세일즈맨들은 판매 트레이너인 짐 판체로 Jim Pancero가 말하는 소위 '주차장 사고방식'을 갖고 있다. 즉 그들은 고객의 주차장에 도착할 때까지 고객에 대해서 전혀 생각하지 않으며, 상담이 끝나고 주차장에서 출발하는 순간 더 이상 고객과의 대화를 떠올리지 않는다.

고객과 처음 만날 때, 우리는 처음 몇 마디 말로 고객의 마음속에 들어가서 깊은 인상을 심어줄 수 있는 기회를 갖는다. 우리가 해야 할 일은 고객에게 긍정적인 이미지를 심어서 고객이 마음을 열고 이후의 판매 과정에 수용적이 되도록 하는 것이다. 첫 번째 목표는 기대감을 불러일으키는 일이다. 고객이 우리에게 시간을 내어준 것이 잘한 일이었다고 느끼게 하고, 앞으로 우리가 이야기할 판매 제안에 대해서 기대를 갖게 만든다. 그 두 가지를 달성하는 것은 너무나 쉽다. 그저 이렇게 말하기만 하면 된다. "시간을 내주셔서 고맙습니다. 지금부터 제가 보여 드리는 것에 만족하실 겁니다." 이 말은 호기심과 흥미를 불러일으키고 고객의 마음을 열어서 우리가 하는 말을 경청하고 그 말에 진지한 관심을 보이게 한다.

고객과 함께 자리에 앉고 나면 먼저 이런 질문으로 상담을 시작하는 것이 전문가다운 모습이다. "상담을 시작하기 전에 한 가지 질문을 드려도 될까요?" 질문하는 것에 대해 허락을 요청하고 고객이 동의하면 그것은 질문에 대해 대답을 하겠다는 동의이기도 하다. 더 많은 질문 그리고 더 좋은 질문을 할수록 신뢰 수준도 더 높아지고 관계도 더 돈독해진다. 상담도중 언제라도 잠시 침묵한 다음, "질문을 하나 더 드려도 될까요?"라고 말함으로써 상담의 주도권을 쥘 수 있다. 판매 상담을 시작하는 몇 마디 말과 그 말을 하는 태도는 너무나 중요해서 그때그때 임기응변식으로 하는 일은 위험하다. 고객과 처음 개인적인 접촉을 할 때 의식적 그리고 의도적으로 사전에 철저하게 준비해야 한다.

어휘력의 중요성

어휘, 문법, 그리고 어법의 수준과 생애 소득과의 사이에는 직접적인 관계가 있다. 불론 예외도 있지만 그다지 많지는 않다. 단어 인지와 사용에 관한 모든 연구 결과는 **어휘력이 가장 뛰어난 사람이 소득도 가장 높다**는 것을 보여 주는데 이것은 숨길 수 없는 사실이다. 우리가 입을 여는 순간, 사람들은 즉시 우리를 평가하고 우리의 교육 수준이 높은지 아닌지 구분한다. 그런데 다른 대부분의 인간 행동과 마찬가지로 어휘력도 늘릴 수 있으며 성과도 꽤 빠르게 높일 수 있다.

학교에서 공부를 잘하지 못했고 그 결과 사회생활을 시작하면서 학습 부족으로 어려움을 겪은 경험을 가진 사람들이 많다. 그런데 어휘력을 증가시켜 주는 자율학습 프로그램을 통해서 그들의 소득과 기회를 높일 수 있다는 사실을 발견했다. 그들은 더 많은 사람들 그리고 더 수준 높은 사람들과 더 효과적으로 교류할 수 있었다. 또한, 승진도 더 빨라졌고 판매업에 종사하는 사람들은 고소득층 고객들에게 더 많은 상품을 팔 수 있었다.

우리의 개인적 그리고 직업적 성장 수준이 판매의 한계가 된다. 교육 수준이 낮다면, 교육 수준이 낮은 사람들에게만 판매할 수 있다. 더 수준이 높은 사람들에게 판매하고 싶다면 먼저 자신의 수준을 높여야 한다. 더 많은 것을 원한다면 먼저 더 높은 수준의 인간이 되도록 노력해야 한다. 단어는 생각의 응축물이며 더 명확하게 생각하고 의사소통하게 해주는 도구이다. 단어를 더 많이 알고 사용할수록 생각하는 수준도 높아지고 더 논리정연하고 지적인 사람이 될 수 있다. 어휘력 증진 계획을 세워서 실천하면 실제로 지적 능력이 향상되고 더 지혜롭고 유능한 사람이 될 수 있다.

어휘력을 증가시키기 위해서 가장 중요하고 또 가장 먼저 해야 할 것은 항상 전자사전을 옆에 두고 책을 읽는 일이다. 잘 모르는 단어가 나오면 즉시 밑줄을 긋고 찾아보라. 페이지를 접어두거나 표시를 해 두고 나중에 다시 찾아서 복습하라. 대화를 하면서 그 단어를 사용해 보거나 그 단어를 이용해서 문장을 만들어 보라. 가능하면 편지, 보고서, 혹은 일기를 쓸 때 그 단어를 사용해서 단어가 자기 것이 될 수 있도록 가능한 모든 일을 다하라. 어떤 이유로든 교육을 덜 받아서 독서 능력이 떨어진다고 느낄 경우에는 지금이라도 다양한 방법으로 1년이나 2년만 꾸준히 노력하면, 독서 능력과 어휘력을 비약적으로 향상시킬 수 있다. 덩달아 소득도 하늘 높은 줄 모르고 솟아오를 것이다. 몇 년만 지나면 우리는 자신이 일하고 있는 분야나 사교모임에서 가장 논리정연하고 말을 잘하는 사람 중의 한 명이 될 수 있다. 또한, 어휘력이 향상되면서 정확한 사고 능력도 높아지며 의사소통 능력과 설득 능력 역시 증가한다. 따라서 더 많은 고객들에게 더 큰 규모로 판매할 수 있게 된다.

터치의 중요성

인간은 주로 시각적, 언어적, 그리고 감각적 방법을 통해서 정보를 처리한다. 인구의 35퍼센트는 '시각파'로서 정보를 시각적으로 처리한다. 그들은 자기 눈으로 보는 것만 믿고, 시각적 형태로 정보가 제공될 때만 이해한다. 그들은 독서파이고 특정한 아이디어나 개념을 파악하려면 그래프, 도표, 차트, 소책자, 그림, 그 밖에 다른 시각적 자료를 선호한다. 우리가 하는 말을 인정할 때도 "무슨 의미인지 알겠습니다 (I **see** what you mean)."라고 표현한다.

30퍼센트는 '청각파'로서 정보를 청각을 통해서 처리한다. "좋은 얘기로 들리는군요 (That **sounds** good to me)."와 같은 표현을 자주 사용한다. 그 정보에 관해서 이야기함으로써 정보를 처리하며 대화와 토론을 즐긴다. 그들은 보통 질문하기를 좋아하고 우리와 대화중에는 우리가 판매 자료를 건네주더라도 잘 읽기 보다 우리가 하는 말과 말하는 톤에 흥미를 느낀다.

나머지 30~35퍼센트는 느낌을 통해서 정보를 처리하는 '감각파'이다. 그들은 듣거나 보기보다는 느낌을 통해서 사물을 경험한다. 그들은 직관적이다. "느낌이 좋다 (That **feels** good to me)."는 표현을 자주 한다. 손과 손가락으로 만지는 것을 좋아한다. 우리가 하는 말을 들으면 깊이 생각하고 내면의 목소리를 듣고 난 후에 의사 결정을 하므로 대체로 의사 결정이 늦다. 우리와 우리 상품에 대해서 어떻게 느끼는가 하는 점이 우리말을 수용하거나 믿을 것인치에 결정적인 영향을 미친다. 따라서 손으로 터치하는 것은 가망고객의 3분의 1에 대해서 강한 암시적 영향력을 갖고 있다. 누구나 다 손의 터치에 의해 영향을 받지만, '감각파'는 특히 촉감과 관련된 우리의 모든 행동에 더욱 민감하다.

예를 들어 보자. 처음으로 타인을 만나면 악수를 통해서 그 사람과 신체적인 접촉을 하게 된다. 내가 함께 일했던 세일즈맨들 중에는 손을 완전히 잡고 힘 있게 하는 악수의 중요성을 이해하지 못하는 사람들이 있었다. 힘없이 불편한 모습으로 손을 내미는 순간, 그들에 대한 고객의 신뢰는 사라진다. 대부분의 사람들은 처음에 악수를 통해서 상대방의 성품, 진실성, 그리고 개인적인 역량을 파악한다. 미소를 띠고 눈을 쳐다보면서 하는 힘찬 악수는 상대방에게 중요한 메시지를 갖고 온 사람이라는 느낌을 준다.

특히 많은 여성들은 남성이 먼저 손을 내밀지 않으면 악수를 해서는 안된다고 교육 받아왔는데 그것은 케케묵은 예전 생각이다. 현대의 비즈니스 세계에서 직업인으로서 진지한 대접을 받고 싶다면 스스럼없이 여성도 남성 못지않게 힘차게 악수를 해야 한다. 나는 손을 반쯤 잡고 악수하는 많은 여성들을 만났는데, 그것은 잘못된 방법이다. 손을 완전히 잡는 것이 아니라 손가락 끝만을 살짝 내밀어서 마치 상대방이 손등에 입을 맞출 것이라고 생각하는 듯이 보인다. 그러면서도 어째서 상담의 출발이 좋지 않은지 의아하게 여긴다.

손으로 터치하는 행동이 가진 힘을 활용해서 가망고객에 대한 영향력을 크게 증가시킬 수 있다. 가망고객을 손으로 적절하게 터치하면 우리에 대한 호감과 신뢰가 높아진다. 손으로 터치할 때 몸은 크게 세 부분으로 나누어진다. 첫 번째는 '공적' 부위로써 팔꿈치에서 손가락 끝까지를 가리킨다. 두 번째는 '사교적' 부위로써 팔, 어깨, 등이 여기에 속한다. 가족이나 친구들이 지나치면서 만지거나 가볍게 톡톡 치는 부위다. 세 번째는 '사적' 부위로써 아주 가까운 사이에서만 만질 수 있다.

판매 업무에서 공적 부위는 상대방의 기분을 거스르지 않고 언제든지 터치할 수 있다. 무엇인가를 강조하기 위해서 손이나 팔뚝을 터치하면, 상대방은 우리를 더 따뜻하고 친절하며 성실하고 믿음이 가는 사람이라고 생각한다. 가망고객에게 회사를 안내하거나 시연을 하기 위해 팔꿈치에 손가락을 부드럽게 대면 가망고객은 우리를 더 호감이 가고 신뢰할 수 있는 사람으로 느끼며 우리를 더 편안해 한다.

재미있는 점은 판매 상담 도중에 가망고객의 손이나 팔뚝을 터치하면 그들 중 95퍼센트는 그 사실을 기억조차 하지 못한다는 사실이다. 심지어 우리의 몸동작도 기억하지 못한다. 그들이 기억하는 것은 단지 우리가 좋고, 함께 있으면 편안하고, 우리가 하는 말이 마음에 들었다는 점 정도이다. 그렇다고 해서 몸을 쑥 내밀거나 부자연스런 자세로 상대방의 팔에 손을 대라는 것은 아니다. 자신의 성격상 자연스럽고 편안하게 신체 접촉을 할 수 있다면 대화하면서 부드럽게 상대방의 팔을 손가락 끝으로 터치하는 일을 주저하지 말라는 것이 터치의 힘을 활용하는 핵심이다. 터치를 하면 상대방이 훨씬 더 따뜻한 반응을 보인다는 사실에 놀랄 것이다. 상대방은 우리를 훨씬 더 다정하고 신뢰할 수 있는 사람으로 인식한다.

터치의 또 한 가지 요소는 판매자료와 관계있다. 우리는 겉모양이 좋은 물건이 그렇지 않은 물건에 비해서 더 높은 가치를 갖고 있다고 생각한다.

판매 자료가 품질 좋은 종이에 인쇄되어 있고, 표지가 고광택 혹은 특수 가공된 고급이면 고객은 우리가 판매하는 물품이나 서비스도 품질이 좋을 것이라고 생각한다.

세일즈맨들이 저지르는 실수 가운데 하나는 바로 명함을 너무 얇은 종이로 만드는 일인데 사실 그것은 그들이 소속된 회사의 잘못이다. 잘 모르는 사람들 중에는 얇은 종이가 샤프한 느낌을 준다고 생각하는 경우가 종종 있다. 하지만 지금의 내 경험에 비추어 볼 때 오히려 정반대다. 얇은 명함은 부실한 회사, 그리고 빈약한 상품이나 서비스 이미지를 전달한다. 명함은 게임용 카드처럼 두툼해야 한다. 제대로 만들어진 명함은 우리의 상품이나 서비스도 제대로 되어 있다는 사실을 암시한다.

주요 내용 정리

고객은 우리와 마찬가지로 감정적인 성향이 지배적이다. 따라서 환경이 주는 암시적인 요인들에 의해서 강한 영향을 받는데 보고, 만지고, 냄새 맡고, 경험한 모든 것을 의식적 혹은 무의식적으로 기억한다. 고객은 호감이 가고 신뢰할 수 있는 다양한 요인에 따라 세일즈맨에 대해서 순식간에 판단을 내린다. 그리고 일단 어떤 인식이나 평가가 내려진 후에는 쉽게 마음을 바꾸지 않는다.

고객은 우리의 옷차림 전체를 재빨리 판단한 후에 그 인상을 오래 기억한다. 고객은 머리에서 발끝까지 살펴본 다음 우리를 어떻게 대할 것인지 판단한다. 그리고 그 첫인상을 우리가 말하는 것, 상품이나 서비스, 우리 회사, 그리고 우리에 대한 모든 것으로 확대시킨다.

고객이 우리 회사를 방문하면 순식간에 주위를 둘러보고 모든 정보를 다 입수한다. 바닥의 먼지도 보고, 신문에 적힌 날짜도 파악한다. 그리고 거기에서 내린 판단을 근거로 우리가 거래할 만한 상대인지를 결정한다.

전략적 세일즈

고객은 우리가 하고 있는 액세서리, 헤어와 피부상태, 그리고 손톱도 관찰한다. 또한, 자세와 몸동작, 외모와 체취 등 우리와 관련된 모든 면을 평가한다.

처음에 고객은 우리 명함과 판매자료를 주의 깊게 살펴본 후 사용하는 단어와 목소리 톤, 몸동작을 지켜보며, 한편으론 머릿속에선 바삐 온갖 정보를 처리한 후 우리의 태도와 성격을 평가한다.

우리는 외모와 행동에 관한 목록을 하나하나 점검할 필요가 있다. 거울 앞에 서서 자신을 보면서 스스로에게 이렇게 질문해 보라. "이 가망고객에게 어떤 인상을 주고 싶은가?", "지금 내 외모와 행동은 그런 인상을 주는 데 도움이 되는가?"

프로 세일즈맨에게 가장 중요한 일은 신뢰, 신용, 친밀감을 바탕으로 하는 높은 수준의 인간관계다. 목표는 가망고객의 호감을 얻고 우리가 하는 모든 말과 행동에 대해서 신뢰받는 것이다. 말을 할 때는 가망고객이 편안한 마음으로 우리 이야기를 듣고 제안을 수용할 수 있도록 정서적 분위기를 만들어야 한다.

우리가 하는 모든 행동은 이러한 분위기 조성에 도움을 주거나 해를 끼쳐서 판매 성공을 향해 우리를 전진시키거나 아니면 후퇴시킨다. 사소한 실수 하나가 수 주 또는 몇 달 동안에 걸쳐 성사시키려고 노력해 온 판매를 물거품으로 만들 수 있다.

모든 최고 세일즈맨들은 의식적, 의도적으로 자신의 외모와 행동 등 암시적인 환경 요소를 조율한다. 그래서 가망고객이 그들과 거래하는 것에 대해, 상품이나 서비스를 구매하는 것에 대해 편안하고 신뢰감을 느낄 수 있도록 만든다. 이처럼 세세한 사항에까지 관심을 보이는 것이야말로 진정한 프로 세일즈맨이다.

고객은 세일즈맨의 옷차림 전체를 순간적으로 판단한 후 그에 대한 이미지를 오래 기억한다. 그리고 그 첫인상을 당신의 상품이나 서비스, 회사, 그리고 당신에 대한 모든 것으로 확대시킨다. 가망고객의 호감을 얻고, 모든 말과 행동에 대해 신뢰받는 것은 프로 세일즈맨에게 가장 중요한 목표 중의 하나다.

다음 체크리스트는 가망고객이 상품이나 서비스를 구매하는데 편안하고 신뢰감을 느낄 수 있도록 만들기 위해서 당신이 세세한 사항에까지 관심을 갖고 있음을 나타내는 사항들이다.

헤어스타일	– 영업에 어울리는 머리형인가 (장발이나 부스스한 머리는 아닌가)?
	– 깔끔하고 청결하게 손질되어 있는가?
	– 부자연스러운 색으로 염색되어 있지 않은가?
슈트	– 청결감이 전해지는 복장인가?
	– 단추와 실밥이나 솔기가 늘어져 있지는 않은가?
	– 너무 몸에 타이트하게 달라붙지 않았는가?
셔츠	– 셔츠의 목 주위나 소맷부리는 깨끗한가?
	– 속살이 비칠 정도로 너무 얇은 소재는 아닌가?
	– 다림질이 안 된 셔츠를 입고 있지 않은가?
넥타이	– 음식물 등으로 얼룩진 타이를 매고 있지 않은가?
	– 매듭이 느슨하거나 휘어져 있지 않은가?
	– 타이의 끝이 벨트 버클의 중앙에 위치하고 있는가?
양말 & 스타킹	– 양말의 고무줄 부분이 느슨해져서 자꾸 흘러내리지 않는가?
	– 구멍 난 양말을 신고 있지 않은가? 스타킹의 올이 나가지 않았는가?
	– 무늬가 있거나 망사 스타킹은 아닌가?
구두	– 색이나 모양은 영업에 적합한가?
	– 구두의 형태가 변형되어 있지 않은가? 뒷굽이 닳지 않았는가?
	– 구두 색과 벨트 색은 통일되어 있는가?

Prospecting : Filling Your Sales Pipeline

" Do it now what you resolve to do."
당신이 하기로 결심한 것을 지금 하라.

" The only real antidote to worry is
taking action toward a goal."
걱정에 대한 유일한 진짜 해독제는 목표를 향해 행동을 취하는 것이다.

가망고객 발굴 : 판매 파이프라인 채우기
Prospecting : Filling Your Sales Pipeline

판매는 기업 활동의 기초이자 출발점이다. 그리고 어떤 일이든 시작하려면 미리 해야 할 일이 있다. 판매도 마찬가지로 먼저 해야 할 일이 있다. 다른 무엇보다도 가망고객 즉 상당 기간 안에 구매할 수 있는 능력이 있고 구매할 의사가 있는 사람을 찾는 일이다. 아무리 판매 과정의 모든 분야에 탁월하더라도 판매할 대상이 없다면 절대로 판매에 성공할 수 없기 때문이다. 판매업은 새로운 거래를 개발해 내는 일을 업으로 한다. 새로운 고객을 찾아내는 능력이 성공 수준, 동료들 사이에서의 순위, 업계에서의 위치, 그리고 생활 수준을 결정한다. 따라서 우리는 뛰어난 고객 발굴 능력을 갖춰야만 하는데, 이번 8장에서 그 방법을 배우게 된다.

삶의 모든 영역에서 성공을 가로막는 가장 커다란 장애물은 두려움이다. 특히 가망고객 발굴하기, 낯선 사람에게 전화하거나 방문하기, 자기홍보를 하는 경우에 더욱 그렇다. 사람들은 대부분 거절에 대한 두려움, 다른 사람들의 긍정적인 의견이나 인정을 받을 수 있는지에 대한 걱정 때문에 자신도 모르게 방해받는다. 이 거절에 대한 두려움은 한 사람의 인생 전체를 지배할 때까지 스스로 커져가기도 한다.

두려움이 판매 성공에 얼마나 큰 장애물이 될 수 있는지 파악하기 위해 우리 혹은 우리 회사가 굉장히 많은 비용이 들지만 탁월한 능력을 지닌 시장 조사 팀을 고용했다고 가정해 보자. 그들의 업무는 우리 시장의 모든 잠재 고객을 조사한 다음, 정교한 방법을 사용하여 우리 상품을 구매할 가능성이 가장 높은 고객을 정확하게 찾아내는 것이다. 이제 시장 조사가 끝나고 즉시 우리 상품을 구매할 뛰어난 가망고객의 명단을 오늘 그 시장 조사 팀이 작성했다고 하자. 명단에 있는 가망고객들은 우리가 요청하기만 하면 반드시 구매한다는 것을 보증하지만, 명단의 유효 기간은 오늘 단 하루뿐이다. 오늘 중으로 방문해서 구매 요청을 하기만 하면 100퍼센트 구매를 보증하는 고객 명단을 갖고 있다면 우리는 몇 시부터 업무를 시작할까? 얼마나 빨리 움직이고 얼마나 오래 일할까? 커피를 마시고, 식사를 하고, 잡담을 하는데 얼마나 시간을 허비할까? 아마도 수단과 방법을 가리지 않고 명단에 올라 있는 모든 고객을 방문하고자 할 것이다. 전화하고, 문자 메시지를 보내고, 달리고, 고객들을 만나느라 하루종일 정신없이 바쁠 것이다. 사전 약속이 안 된 고객들도 방문해서 일분일초라도 아낄 것이다.

보증 고객 명단이 있고 어떤 거절이나 실패, 난처한 입장에 빠지거나 비난받는 것에 대한 두려움도 없다면 우리는 업계 전체에서 가장 강력하고, 자신감 있고, 역동적인 세일즈맨이 될 수 있다. 이렇듯 보증 고객 명단이 있는 것처럼 매일 행동하지 않는 주된 이유가 바로 두려움이다. 이제 여러분은 두려움이 얼마나 강력한 힘을 갖고 있는지 이해할 수 있을 것이다.

자신에게 이런 질문을 던져 보라. "나에게 두려움이 전혀 없다면 어떤 식으로 가망고객을 발굴하고, 누구를 방문하고, 내 행동에는 어떤 변화가 있을까?" 이 질문에 대한 대답은 사람마다 다르겠지만 우리의 목표는 그런 사람 즉 어떤 두려움도 없는 사람이 되는 일이다. 그 목표가 달성되면 프로 세일즈맨으로서의 성공은 보장된다.

Prospecting : Filling Your Sales Pipeline

두려움이라는 부정적인 습관은 유아 시절부터 시작된 오랜 시간에 걸친 학습의 결과이다. 판매를 시작하면 거절에 대한 두려움이 따라온다. 처음에는 가망고객 발굴에 대한 경험이 없기 때문에 새로운 고객을 방문하려고 하면 잘 해내기 어려우며 결과도 신통치 않다.

불행한 일이지만 무엇인가를 시도했는데 반복해서 실패하게 되면, 그 일을 다시 시도하는 것이 신체적 긴장과 정서적 불안을 가져온다. 여러 명의 가망고객을 방문했는데 그들의 반응이 부정적이면 마음이 상하고 화가 난다. 자존심도 걸려 있어서 나중에는 자부심 문제로 연결된다. 이렇게 되면 자기 보호 본능이 작동한다. 자신의 마음에 상처를 주었던 경험과 동일한 상황에 노출되는 일을 피한다. 부정적인 사람들을 방문하지 않으려고 온갖 핑계를 만들어 낸다. 문제는 불행하게도 그들이 우리의 가망고객이고 거래와 수입의 원천이라는 점이다. 얼마 지나지 않아 이러한 고객 방문을 피하려는 행동은 습관이 되고, 가망고객 발굴은 생각조차 하기 싫어질 수 있다. 이것은 보통 정상적이고 자연스런 반응이며 대부분의 세일즈맨이 이런 일을 한 번쯤 겪는다.

어떻게 해야 옳은지 방법을 잘 모르는 것이 가망고객 발굴에서 실패하는 이유다. 가망고객 발굴에 서투르면 당연히 성과가 좋지 않고, 그것은 다시 가망고객 발굴에 대한 두려움과 걱정을 키운다. 그러면 그는 가망고객 발굴 활동을 줄인다. 점점 더 많은 시간을 가망고객 발굴 이외의 활동으로 보내거나 구매 가능성은 없지만 마음이 편한 가망고객과 지낸다. 고객 방문을 준비하거나 과거의 고객을 방문하는데 시간 대부분을 쓰기 때문에 일하는 것처럼 보이지만 실제로는 신규 고객 방문을 회피하는 것이다.

통계에 의하면 세일즈맨의 연간 이직률은 약 3분의 1이다. 그 말은 3분의 1에 해당하는 기존 세일즈맨이 떠나고, 대신 그에 해당하는 세일즈맨

전략적 세일즈

이 새로 들어온다는 뜻이다. 세일즈맨들이 판매를 그만두고 새로운 직업을 찾는 주된 원인은 새로운 고객들을 방문하는데 따르는 스트레스를 견디어내지 못하기 때문이다.

그런데 좋은 소식이 있다. 가망고객 발굴이 더 원활해지고 능숙해질수록 가망고객 발굴에 대한 두려움도 줄어든다는 사실이다. 가망고객 발굴에 대한 두려움이 완전히 없어지기는 어려울지도 모른다. 하지만 가망고객 발굴을 잘하는 방법을 배우게 되면, 자신과 가망고객 발굴 프로세스를 완벽하게 통제해서 새로운 거래처를 자신 있게 만들어 낼 수 있다.

놀라운 사실은 정말로 뛰어난 가망고객 발굴 능력을 갖게 되면 만족한 가망고객들이 추천을 너무 많이 해주어서 더는 가망고객 발굴을 할 필요가 없어진다는 점이다. 최고 세일즈맨에 대한 정의 중 하나는 '뛰어난 가망고객 발굴 능력을 갖고 있지만 그 능력을 계속 사용할 필요가 없는 사람'이다. 판매 성과를 높이려면 더 좋은 가망고객들과 보내는 시간을 늘려야 한다. 지금부터 설명하는 체계적이고 전문적인 과정을 적용하고 지속적으로 상품과 시장에 대해서 분석하면, 끊임없이 가망고객을 발굴하여 판매 파이프라인을 가득 채우고 업계 최고 세일즈맨이 될 수 있다.

우수 가망고객

가망고객에도 우열이 있다. 실제로 어떤 가망고객들은 엄청난 가치를 가져오지만 어떤 가망고객들은 시간만 낭비하게 한다. 우수 가망고객들에게 더 많은 시간을 할애하려면 먼저 그들의 특성을 명확하게 정의해야 한다. 그 다음에 그런 기준에 맞는 가망고객을 최대한 많이 발굴해 내는 것이 우리가 할 일이다. 우수 가망고객은 몇 가지 특성을 갖고 있다. 가망고객이 이 특성을 많이 갖고 있으면 있을수록 현재와 미래의 거래에서 더 큰 가치를 지닌다. 가망고객과 맨 처음 만나 상담을 시작할 때 가장 중요한 일 중 하나는 최저 1에서 최고 10까지 가망고객의 등급을 정하는데 필요한 질문을 던지는 것이다.

첫째, 우수 가망고객은 우리가 판매하는 상품이나 서비스에 대해서 '절박한 욕구'를 가지고 있다. 가망고객이 지닌 문제에 대해 우리 상품이나 서비스가 탁월한 해결 방안이 될 수 있거나 그가 우리 상품이나 서비스를 즉시 활용할 수 있는 기회를 가진 경우도 여기에 해당된다. 욕구가 절박할수록, 필요성이 긴급할수록 가격을 문제삼거나 사소한 문제에 대해 트집 잡을 가능성이 적어진다. 우리 상품이나 서비스에 대해서 명확하고 절박한 필요성을 가진 가망고객이 많으면 많을수록 더 많이 그리고 더 빨리 팔 수 있다.

예를 들어 보자. 어떤 회사가 한창 성수기에 핵심 기계가 고장 났는데 수리가 불가능하다면 그 기계를 신속하게 공급할 수 있는 개인과 회사에게 그 회사는 최고의 가망고객이다. 얼마 전 건설 자재를 판매하는 젊은 세일즈맨 한 사람이 더 공격적인 공급자에게 큰 주문을 빼앗겼다. 그런데 공사가 진행되던 중에 그 공급회사의 근로자들이 파업에 돌입했다. 다급해진 고객은 젊은 세일즈맨에게 전화를 걸어서 자재를 신속하게 공급해 줄 수 있는지 물었다. 물론 가능했고, 가격이 조금 더 비쌌음에도 불구하고 젊은 세일즈맨은 최고로 우수한 고객을 확보할 수 있었다. 그 고객은 대량으로 구매했을 뿐만 아니라 다른 가망고객들도 소개해 주었다.

우수 가망고객의 두 번째 특성은 구매 상품과 예상 용도 사이에 '명확한 비용 대 이익 관계'가 있다는 점이다. 우리 상품이나 서비스를 활용하여 얻을 수 있는 비용 절감 또는 이익 창출 등 금전상의 혜택이 분명하고 측정 가능하다. 우리 상품에 대한 투자 수익도 크고 회수도 빠르다. 이 경우 가망고객은 오랜 평가 과정 없이도 구매 타당성을 확인할 수 있으므로 판매가 신속하게 마무리 된다. 우리 직원 한 사람이 회사에서 사용할 1,500달러짜리 자동분류 기능이 있는 프린터를 구입하려고 했다. 세일즈맨은 그 프린터가 월급 1,800달러를 받는 직원에게 하루 2~3시간을 절약해줄 수 있다는 점을 확신시켜주었다. 60일도 채 되기 전에 프린터 비용을 회수할 수 있다는 말이었다. 회사가 프린터 구입에서 얻는 투자수익률은 구매 가격 기준으로 연간 600퍼센트에서 1,000퍼센트에 달했다. 더 생각할 필요도 없이 우리는 즉시 그 프린터를 구입했다.

가망고객에게 우리 상품이나 서비스를 구매하게 되면 구매 대금을 신속하게 회수할 가능성이 너무나 높아서, 구매하지 않는 것이 불합리하다는 사실을 보여 줄 수 있는 기회를 노려야 한다.

우수 가망고객의 세 번째 특성은 우리와 우리회사 상품이나 서비스에 대해서 긍정적인 태도를 갖고 있다는 점이다. 우리 혹은 우리 상품과 관련해서 과거에 좋은 경험을 한 적이 있다. 그래서 마음이 열려있고 우리 상품에 대해 관심이 있으며, 우리 도움을 받아서 어떻게 하면 최선의 구매 결정을 할지가 주된 관심사다. 우리 상품이나 서비스가 주는 혜택과 이익을 하루빨리 누리고 싶은 고객이야말로 판매하기 가장 쉬운 가망고객이다.

우수 가망고객의 네 번째 특성은 대량 거래가 가능하다는 것이다. 거래가 성사되면 많은 양을 구입한다. 한 고객과의 거래가 여러 소규모 고객을 합친 것보다 더 많다. 정말이지 좋은 고객이 아닐 수 없다.

우수 가망고객의 다섯 번째 특성은 큰 영향력을 갖고 있다는 점이다. 동종 업계에서 일하는 사람들로부터 존경을 받고 있다. 이런 개인고객이나 기업고객과 거래가 이루어지면 추천서나 소개를 받을 수 있으므로 다른 잠재 고객들에게 상당한 후속 판매가 가능할 수도 있다. 처음부터 이런 고객을 선별해서 거래를 성사시키고, 우리 상품이나 서비스의 우호 고객으로 만드는 일도 매우 뛰어난 전략이다. 이 고객에게 쏟는 추가적인 초기 노력은 그 고객을 알고 존경하는 다른 고객과 거래하려고 할 때 우리에게 힘이 된다. 하나의 거래가 승수효과 multiplier effect를 발휘한다. 예를 들어서 프로 세일즈맨은 보통 신문이나 잡지를 읽고 지역 산업계에서 가장 존경받는 사람이나 조직의 이름을 파악하려고 한다. 대기업의 사장이나 상공회의소의 회장 등이 여기에 해당한다. 최고 세일즈맨은 그 사람을 고객으로 만들기 위한 전략을 세우고, 몇 개월이 걸리더라도 판매에 성공할 때까지 지속적인 노력을 경주한다. 판매에 성공한 뒤에는 그 고객이 구매에 크게 만족할 때까지 어떤 노력도 아끼지 않는다. 이 고객의 추천서와 소개가 있으면 그를 알고 존경하는 모든 사람에게 판매하는 일이 가능하다.

우수 가망고객의 여섯 번째 특성은 재정적으로 건실하고 대금 지불이 신속하다는 점이다. 사실 최종적으로 그 가망고객이 얼마나 우수한지는 구매 대금을 얼마나 신속하게 지불할 능력과 의사가 있는지에 달려 있다. 어떤 세일즈맨이 "그 사람은 대단히 우수한 가망고객이지만 불행하게도 현재 돈이 없어."라고 말한다면, 그는 무언가를 팔고 그 대금을 받는다는 판매업의 핵심을 놓치고 있는 것이다.

우수 가망고객의 일곱 번째 특성은 가망고객의 사무실이나 집이 우리 사무실이나 집에서 비교적 가깝다는 점이다. 지리적으로 가까운 곳에 있어야 찾아가기도 쉽고 도움을 주기도 쉽다. 방문하면서 낭비하는 시간이 거의 없다. 수많은 세일즈맨들이 거절을 피하려는 무의식적인 노력으로 거리가 멀리 떨어진 가망고객부터 방문하기 시작한다. 가망고객이 살고 있는 먼 곳까지 오랜 시간 왕복하면서 자신이 열심히 일하고 있다고 착각한다. 사실 세일즈맨은 가망고객과 대면하고 있을 때만 일하는 것이다. 세일즈맨이 일정한 시간 내에 구매할 의사와 자격을 가진 가망고객과 보내는 시간이 많을수록 더 많은 판매를 할 수 있다. 가망고객을 만나러 가는데 긴 시간을 허비하는 것은 판매 경력을 망치는 가장 확실한 방법 중의 하나다.

전략적 세일즈

가망고객을 평가할 때 가장 중요한 질문은 바로 이것이다. "나는 지금 효과적으로 시간을 사용하고 있는가?", "모든 조건을 종합할 때 이 가망고객이 현재 내가 방문할 수 있는 가망고객 중에서 가장 가치가 높은가?" 기준은 노력 대비 성과이다. 이 가망고객을 방문하는 일은 가망고객을 고객으로 변환시키기 위한 나의 정신적, 정서적, 신체적 에너지를 가장 크게 보상해 주는가? 더 가치가 큰 가망고객과 시간을 보내야만 시간 가치를 높일 수 있다. 다른 사람들에 비해서 더 빠른 시간 내에, 더 크고 더 좋은 고객이 될 수 있는 가망고객들과 시간을 보내야만 판매 성과를 높일 수 있다.

이 장에서 설명하는 몇 가지 기법을 사용해서 시장 조사를 할 때 항상 스스로에게 이렇게 질문하는 습관을 길러라. **"지금 내 시간을 가장 가치 있게 보내려면 무엇을 해야 할까?"** 투입되는 가망고객의 양과 질의 수준이 높을수록 배출되는 고객의 규모와 가치도 그만큼 크다. 방문하는 가망고객의 질과 관련된 우리의 모든 선택은 반드시 최종 판매 성과에 영향을 미친다. 그리고 그 모든 선택이 합쳐져서 우리의 판매 경력과 능력을 결정한다.

가망고객 발굴 전략 : 스스로에게 해야 할 질문

상위 10퍼센트에 해당하는 세일즈맨들은 일반적으로 나머지 90퍼센트에 비해서 생각이 깊고 행동하기 전 계획 수립에 더 많은 시간을 사용한다.

판매를 시작하기 전에 먼저 판매 활동 전반을 빠짐없이 분석하고 평가한다. 스스로에게 핵심 질문을 던지고 답을 하면서 가망고객 발굴 전략을 수립하며, 그것은 평범한 세일즈맨들보다 월등한 판매 성공으로 자연스럽게 연결된다. 전략적 사고 능력이 우수할수록 판매 성과도 더 올라간다. 더 우수한 사고 능력의 출발점은 빼어난 질문을 자신에게 던지고 답하는 일이다. 잘 짜인 질문을 만들고 그 질문에 대한 답변을 찾아가면, 커다란 판매 기회를 줄 수 있는 가망고객에게 관심과 에너지를 집중시킬 수 있다.

나는 무엇을 팔고 있는가?

자신에게 해야 할 첫 번째 질문은 이것이다. 내가 팔고 있는 것은 정확하게 무엇인가? 그것은 고객에게 어떤 도움을 주는가? 고객이 판매 파이프라인의 다른 쪽 끝에 있다고 생각해 보라. 파이프라인에서 무엇이 나오는가? 우리 상품이나 서비스를 구매하면 그 결과로 고객은 실제로 무엇을 얻는가? 아마추어 세일즈맨과 뛰어난 프로 세일즈맨의 차이는 이 질문에 대한 답변에서 즉시 드러난다. 아마추어는 상품이나 서비스의 품질, 특성, 특징 중심으로 대답하며 상품이나 서비스 자체에 초점을 맞춘다. 단지 상품 소개 책자와 판매 자료에 담겨 있는 상품이나 서비스의 규격과 명세를 반복할 뿐이다. 하지만 프로 세일즈맨은 다르다. 오직 가망고객이 가진 구체적인 문제나 목표에 초점을 맞춘다. 상품이나 서비스가 어떻게 가망고객이 원하는 것을 가장 위험이 덜하면서도 효과적으로 달성할 수 있는지 이야기한다.

　프로 세일즈맨은 상품이 고객의 삶이나 업무를 향상시키는데 어떤 도움을 주는지에 초점을 맞춘다. 상품이 어떻게 개발되고 생산되어 납품되는지에 관한 세세한 내용에 집착하기보다는 최종 결과는 무엇인지, 파이프라인에서 무엇이 나오는지에 관해 말한다. **프로 세일즈맨은 상품의 이유** why

나 방법 how보다는 상품이 고객에게 주는 이익 what을 다룬다.

세일즈맨은 곧잘 자신의 상품이나 서비스에 너무 몰입하여 자기 관점에서 평가하고 그 평가를 고객에게 강요하기 쉽다. 잠시 자신을 옆으로 제쳐두고 고객의 마음속으로 들어가 고객의 관점에서 우리 상품이나 서비스를 바라보면, 그 상품이나 서비스가 고객의 삶에 어떤 의미가 있는지 더 분명하게 볼 수 있다. 고객의 관점에서 볼 때 우리 상품이나 서비스는 정확하게 무엇인가? 명심해야 할 점이 있다. 고객은 우리 상품을 구매하게 되면 누릴 것이라고 기대하는 느낌을 산다. 우리가 가장 먼저 해야 할 일은 고객이 우리 상품이나 서비스를 소유하고 사용함으로써 만족하고자 하는 정확한 욕구를 파악하는 것이다. 그것이 무엇인가?

타이어 체인점을 컨설팅 할 때였다. 세일즈맨들은 가망고객에게 자신들의 타이어가 가장 저렴하다는 점을 확신시키는데 노력을 집중하고, 가격만 토대로 구매 결정을 하도록 설득하고 있었다. 그러자 가망고객들은 이곳저곳 가격이 더 싼 곳을 찾아다니다 어디에선가 동일한 타이어를 더 싼 값에 파는 곳을 찾아내곤 했다. 이 문제가 세일즈맨들과 경영진을 끝없이 괴롭혔다. 토의를 거듭한 끝에 우리는 판매 제안의 초점을 가격에서 고객안전과 안심운전으로 바꿨다. 가격과 품질 중심으로 판매 제안을 하는 대신에, 고객에게 차를 무슨 용도로 사용하는지 질문하는 것으로 상담을 시작하도록 했다. 특히 어린이나 소중한 사람들이 타는 차에 사용할 타이어인지 먼저 묻도록 했다. 그렇다고 대답하면(실제로 거의 대부분이 그랬다) 세일즈맨은 고품질의 비싼 타이어를 추천했다. 그리고 브레이크를 밟거나 코너를 돌 때 접지력과 신뢰도 면에서 뛰어난 타이어가 갖고 있는 미묘한 차이와 사고가 났을 때 승객의 안전에 얼마나 큰 차이가 있는지도 설명했다.

가장 싼 가격의 타이어를 찾기 위해서 여러 상점을 돌아다니던 가망고객들은 승객의 안전이 최우선이라는 점과 더 높은 수준의 안전과 신뢰도를 확보하려면 약간 비싸더라도 성능 좋은 타이어를 사는 것이 가치 있다는 사실을 알게 되었다. 이 타이어 회사는 안전을 타이어 선택에서 핵심적인 결정 요인으로 강조하고 마케팅 전략을 장착, 서비스, 수리 시설로 뒷받침함으로써 시장을 지배하게 되었다.

자신이 팔고 있는 것이 고객의 관점에서 볼 때 무엇인지에 관해 100퍼센트 확신이 없다면 마치 눈을 감고 파는 것과 마찬가지다. 자신이 파는 것이 무엇인지 정확하게 알지도 못하면서 행하는 판매 활동은 두서가 없고, 계획적이지 않아서 판매도 어쩌다 우연히 이루어질 뿐이다. 가장 최근에 구매한 고객 열 명에게 전화해서 정중히 물어보라. "다른 사람이 아니라 저한테서 상품이나 서비스를 구매한 이유를 솔직하게 말씀해 주시겠어요?"

고객들에게 이것저것 필요한 질문을 던져서 그들이 구매한 진짜 이유가 무엇인지 파악하라. 우리가 상품을 팔고자 했다면 그들이 실제로 구매하고자 했던 것은 무엇이었는가? 고객 열 명에게 이 질문을 던져 보면 그들이 갖고 있던 진정한 구매 이유의 60~80퍼센트는 비슷할 것이며, 새로운 가망고객에게 어떻게 하면 더 효과적으로 접근해서 팔 수 있는지 알 수 있다. 이 정보가 있으면 판매 경력에서 비약적인 발전을 할 수 있는 토대가 마련된다.

내 고객은 누구인가?

전략적 가망고객 발굴을 위한 두 번째 질문은 첫 번째 질문에서 나온다. 그것은 "내 고객은 정확히 '누구'인가?", "누가 나의 이상적인 고객인가?"이다. 과거에 우리 상품이나 서비스를 구매했던 사람들을 돌이켜보면서 자신에게 물어보라. "내 고객들의 공통점은 무엇인가?"

앞에서 이상적인 가망고객을 정의하면서 이 작업의 일부를 이미 수행했다. 그러나 이상적인 고객의 정의는 그 이상이다. 더 구체적인 질문을 해야 한다. 예를 들어서 이상적인 고객은 남성인가 아니면 여성인가? 고객의 연령층은 어떤가? 교육 수준은 어떤가? 우리 상품이나 서비스에 대한 고객들의 경험은 어느 정도인가? 이상적인 고객은 최초 구매자인가 아니면 과거에 구매한 경험이 있는가? 이상적인 고객의 직업은 무엇인가? 소득 수준은 어떤가? 업무 경력은 몇 년인가? 가족 사항은 어떤가? 조직에서의 위치 혹은 권한은 어느 정도인가? 어떤 성격을 갖고 있는가?

내 고객은 왜 구매하는가?

이것은 판매에서 가장 중요한 질문이다. 내 고객은 '왜' 구매하는가? 어떤 이익을 얻으려고 하는가? 우리 상품이나 서비스의 구매를 통해서 그가 성취하거나 유지하려고 하는 것은 무엇인가? 우리 상품에서 고객이 얻을 수 있는 모든 이익 중에서 그가 찾고 있는 유형 또는 무형의 이익은 무엇인가?

유형의 이익은 고객이 만지거나 느낄 수 있는 것이며 손에 쥐고 다른 사람에게 보여 줄 수 있는 것이다. 유형의 이익은 그 구매가 다른 사람들에게 어떻게 보이는지와 밀접한 관계가 있어서 중요하다. 상품이나 서비스의 구성 요소와 특징을 설명하는 것이 바로 구매와 사용이 주는 유형의 이익을 제시하는 일이다. 그러나 고객이 구매하는 실질적인 이유는 무형의 이익이다. 무형의 이익은 대체로 정서적이다. 자부심, 신분, 안전, 다른 사람들의 칭찬과 존경, 그리고 우리 상품을 구매하길 잘했다고 느끼게 해주는 그 밖의 요인들과 관계가 있다.

롤렉스시계를 구입한 사람은 다른 사람들에게 구매 이유로 금으로 만든 시계 케이스, 보석으로 만든 스위스제 무브먼트, 수심 100미터에 달하는 방수기능과 익히 알려진 놀라운 정확성 등을 들 것이다. 그러나 이것은 롤렉스를 구매하는 실제 이유가 아니다. 실제 이유는 덜 비싼 시계를 차고 있는 사람들 앞에서 롤렉스를 차고 있을 때 갖게 되는 성공했다는 느낌, 위신이 선다는 느낌, 지위가 높다는 느낌이다. 사람들이 롤렉스시계를 구매하는 것은 그것이 "나도 드디어 성공했다."는 무언의 과시이기 때문이다.

우리 상품이나 서비스를 구매하고 사용하는 유형 그리고 무형의 이익은 무엇인가? 세일즈맨인 우리와 거래함으로써 얻는 유형과 무형의 이익은 무엇인가? 우리와의 거래에서 얻는 명확한 이익은 무엇이고, 그렇게 명확하게 드러나지 않는 이유는 무엇인가? 지금부터 내가 3-3-3이라고 부르는 간단한 연습을 해 보자. 이 분석은 우리가 이야기했던 가망고객 발굴 질문에서 비롯된 세 가지 질문에 대한 각각 세 가지 답변으로 구성된다.

1. 누군가가 우리 회사 혹은 다른 회사에서 해당 상품이나 서비스를 구매한다면 그 이유 세 가지는 무엇인가?

2. 누군가가 해당 상품을 다른 회사가 아니라 우리 회사에서 산다면 그 이유 세 가지는 무엇인가?

3. 가망고객이 우리 회사에 근무하는 다른 세일즈맨이 아니라 나에게서 해당 상품이나 서비스를 산다면 그 이유 세 가지는 무엇인가?

이것은 쉬운 질문이 아니다. 그러나 우리가 이 세 가지 질문에 대한 답을 잘 알아서 가망고객과 대화할 때 자동으로 나올 정도가 되지 않으면 아무리 상품이나 서비스가 훌륭하더라도 판매하는 데에 어려움을 겪을 것이다. 심사숙고한 후 세 가지 질문에 대한 답을 적어라. 그리고 판매 관리자 혹은 동료와 함께 그 답변을 검토하라. 답변의 정확성이 가망고객 발굴 과정 전체에서 대단히 중요하다.

내 가망고객은 어디에 있는가?

가망고객 발굴을 시작하기 전에 먼저 이 질문에 답변해 보라. "내 가망고객은 '어디'에 있는가?" 세일즈맨의 책임은 상품이나 서비스를 가능한 한 많이 파는 것이다. 그렇게 하려면 판매 노력을 집중할 수 있도록 먼저 가망고객이 있는 정확한 위치를 파악해야 한다. 정확한 위치가 파악되면 노력에 대한 보상이 커진다. 더 짧은 시간에 더 많은 고객을 만날 수 있고 판매 가능성도 높아진다. 더 좁은 지역 안에 거주하는 여러 가망고객을 한꺼번에 방문하는 것은 생산성을 높일 수 있는 열쇠 중의 하나이다.

가망고객의 위치를 파악할 때는 자신의 구역을 수직적, 그리고 수평적으로 보는 것이 좋다. 수직적이라는 것은 여러 가망고객이 함께 있는 높은 사무실 빌딩을 말한다. 자신의 담당구역 안에 소재하는 사무실 빌딩 중에는 가망고객 회사가 벌집처럼 밀집해 있는 곳이 있을 수도 있다. 가령 법률회사가 고객이라면 법원 부근의 법률회사가 가득 입주해 있는 사무실 빌딩은 최고 시장이 될 것이다. 시장을 수평적으로 본다는 것은 시장이 넓은 지역에 분산되어 있다는 사실을 의미한다. 상품이 무엇이냐에 따라서 몇 개의 구역, 몇 개의 구나 군, 몇 개의 시 혹은 도를 의미하기도 한다. 고객은 정확히 어디에 있는가? 고객을 지역적으로 파악하는 것은 이곳저곳 옮겨 다니는 시간을 줄이기 위해서다. 이동 시간을 줄일수록 실질적인 가치를 지닌 고객과의 대면 시간을 늘릴 수 있다.

또한, "내 가망고객은 어디에 있는가?"라는 질문을 자신에게 던질 때는 고객을 찾을 수 있는 사업이나 산업 관점에서 생각해 봐야 한다. 집중의 원칙에 의하면 가망고객 회사가 밀집해 있는 지역에서 더 많은 시간을 보내야 한다. 많은 세일즈맨들이 특정한 사업이나 산업에 특화해 그 분야에서 일하는 고객들의 욕구와 문제에 정통한 지식을 갖춤으로써 자기분야에서 정상에 올랐다.

내 친구 한 사람은 생명보험과 부동산개발 업계에서 최고의 대우를 받고 있는 세일즈맨이다. 그는 판매업을 시작한 초기에 의료 전문가들이 꾸준히 고소득을 올리고 있으므로 저축, 투자, 자금관리의 필요성이 큰 유망한 고객 그룹이라는 점을 인식했다. 그는 의료 분야에 집중해서 의료 전문가들에게 최고의 재정전문가가 되기로 결심했다. 그는 의료 산업 구조를 파악하는데 2년을 고스란히 투자했다. 의료 전문가들이 읽는 잡지를 구독하고 병원관리 분야에서 최고의 권위자들이 쓴 책을 읽고, 세미나와 컨퍼런스에도 참석했다. 특유의 상황과 특별한 욕구에 대한 이해의 폭을 넓히기 위해 수십 명의 의사 및 치과의사와 인터뷰했다. 의료 전문가들이 읽는 전문 잡지에 글을 기고했고, 얼마 지나지 않아서 연례회의에 연사로 초청을 받았다. 그는 의료 전문가들을 위한 재무관리 전문가로 차근차근 명성을 쌓아갔다. 그가 의료 서비스 산업에서 판매 자격을 갖추는 데에 무려 2년이 걸렸지만 그 이후 사업이 폭발적으로 성장했다. 다시 몇 년이 지나자 그는 자기 분야에서 가장 높은 소득을 올리는 성공한 전문가가 되었다. 다른 세일즈맨들이 그의 고객들에게 비슷한 금융 상품을 팔려고 온갖 노력을 다했지만 누구도 그 친구만큼 의료 전문가들이 가진 독특한 욕구에 대한 통찰력을 갖고 있지 못했다. 그는 의사들을 위한 재무 설계 분야에서 가장 큰 도움을 주는 사람이 됨으로써 자신의 분야에서 다른 경쟁자들과 서비스를 차별화할 수 있었다. 그는 확실히 대가를 지불했기 때문에 수확을 얻은 것이다.

때때로 "내 고객은 어디에 있는가?"라는 질문에 대한 답을 고객의 조직 내 지위에서 발견하는 경우가 종종 있다. 대기업의 특정 부서 혹은 특정 업무가 고객이 될 수도 있기 때문이다. 고객이 어디에 있는지 파악하면 판매 노력을 집중하고 판매 시간을 더 효과적으로 사용할 수 있다. 보다시피 "고객이 누구인가?" 그리고 "고객이 어디에 있는가?"라는 두 질문에 대한 답변은 때때로 중복된다. 우선 회사 혹은 조직을 파악하고, 그 다음에 직위 그리고 실제 고객을 판단한다. 그러나 가장 중요한 것 중 하나는 미래에 누가 우리 고객이 될 것이고, 그 고객이 어디에 있을지를 생각해야 한다는 사실이다.

경제가 활성화되거나 축소되는 등 급격하게 변하고, 구조 조정과 새로운 패러다임의 물결이 모든 기업을 뒤덮은 상황에서는 실제 의사 결정자 또한 바뀌기 마련이다. 올해 우리 상품이나 서비스를 구매하는 사람이 작년에 구매했던 사람과 전혀 다를 수 있다. 지속적으로 질문하고 그 정보를 개인 데이터베이스에 기록하면서 이런 변화를 따라가야 한다.

내 고객은 언제 구매하는가?

내 고객은 '언제' 구매하는가? 이것이 효과적인 고객 발굴을 위한 다음 질문이다. 토머스 스탠리 Thomas Stanley 박사는 부유층 대상 판매에 대한 연구에서 부자 고객들은 특정한 구매를 매년 한두 번만 그것도 보통 연말이나 세무 신고 시점에 한다는 결론을 내렸다. 세일즈맨들이 이런 시장 기회 이외의 시점에 부자 고객들에게 접근하면 그들은 거들떠보지도 않는다. 구매시점이 아니기 때문이다. 따라서 가망고객도 될 수 없다. 그러면 내 고객은 언제 구매하는가? 예산 계획에 따라서 1년 전에 구매하는가? 계절별로 구매하는가? 특정 예산 기간 동안에 구매하거나 구매 결정을 하는가? 아니면 필요할 때마다 1년 내내 구매하는가? **고객이 언제 우리 상품이나 서비스를 구매할 가능성이 가장 높은지를 알아야만 최적의 시기와 장소에 자리할 수 있다.** 구매 시기의 문제는 또한 고객이 구매하겠다는 마음을 먹으려면 충족되어야 할 선행 조건을 가리키기도 한다. 고객은 그 상품을 구매했던 누군가가 만족스러워 한다는 점을 확인해야만 구매하는가? 고객은 자신이 존경하는 사람이 상품을 추천하거나 소개해야 구매하는가? 고객은 외부

기관이 독립적으로 검증하고 추천할 경우에만 구매하는가? 많은 사람들이 믿을만한 영화 비평을 읽고 나서야 영화를 보러가듯이 자신이 신뢰하는 간행물이 추천하지 않으면 구매하지 않는 사람들도 많다. 우리 고객은 어떻게 구매 결정을 내리는가? 우리의 말에 고객이 귀를 기울이려면 어떤 일이 일어나야 하는가?

내 고객은 왜 구매하지 않는가?

이것은 무척 중요한 질문이다. 내 고객은 왜 구매하지 않는 것일까? 이해를 돕기 위해서 자동차의 브레이크와 액셀러레이터를 생각해 보자. 빨리 가려면 액셀러레이터를 밟거나 브레이크에서 발을 떼야 한다. 구매하지 않는 이유는 판매 과정에서 자동차의 브레이크와 같은 역할을 한다. 가망 고객이 망설이고 뒤로 미루고 판매 제안을 거절하게 만드는 주된 구매 거부 이유를 제거하면 판매가 즉시 늘어날 때가 많다.

고객들은 참 재미있다. 사는 것에도 이유가 있고 사지 않는 것에도 이유가 있다. 따라서 반드시 고객이 구매해야 할 이유를 모두 찾아서 프레젠테이션에 반영해야 한다. 동시에 고객이 구체적으로 언급하든 안 하든, 고객이 주저하는 주된 이유를 파악해서 효과적으로 다루는 일도 그에 못지않게 중요하다.

일본 업체가 가격이 더 저렴하면서도 여러 가지 특장점이 있는데다 보증 조건도 더 좋은 복사기로 시장에 진입해 오자 제록스 Xerox의 시장 점유율이 80퍼센트에서 12퍼센트로 폭락했었다. 제록스는 몇 년 동안 온갖 고생을 무릅쓴 끝에 완벽한 소비자 만족을 보장해 줌으로써 전세를 역전시켰다. 제록스 복사기를 샀는데 어떤 이유로든 만족하지 않으면 고객이 만족할 때까지 몇 번이라도 새 복사기로 교환해 준 것이다. 동시에 제조 공장에는 복사기를 완벽하게 만들어서 반품을 최소화하게끔 독려했다. 이 전략을 통해서 제록스는 복사기 부문에서 미국 최고의 소비자 만족도를 얻었고, 극심한 경쟁시장에서 재기할 수 있는 확고한 발판을 마련할 수 있었다. 제록스는 고객들이 자사 제품을 사지 않는 주된 이유가 서비스 문제라는 것을 알아내서 그 주된 부정적 요인을 제거함과 동시에 기존에 갖고 있던 긍정적인 특성과 특징을 부각시킴으로써 판매를 비약적으로 증대시킬 수 있었다.

내 경쟁자는 누구인가?

내 '경쟁자'는 누구인가? 나는 누구와 경쟁하면서 판매하고 있는가? 고객은 누구를 내 상품이나 서비스의 대안으로 생각하고 있는가? 경쟁자에게 판매를 뺏긴다면 그 이유는 무엇인가? 가망고객은 왜 우리 대신에 경쟁자와 경쟁자의 상품이나 서비스를 선택하는가? 고객은 경쟁자의 무엇이 우리와 다르고, 무엇이 우리보다 우수하다고 생각하는가? IBM의 전임 사장 토마스 왓슨 주니어Thomas J. Watson, Jr가 이런 말을 했다. "IBM에서는 직원들이 실수를 해도 문제삼지 않습니다. 실수하는 것은 죄가 아니니까요. 그러나 이유도 알지 못한 채 같은 실수를 반복하는 것은 용납되지 않습니다."

여기에서 한 가지 전략을 배울 수 있다. 만일 경쟁자에게 판매를 빼앗겼다면 몇 주 기다린 다음에 고객을 다시 찾아가서 정중하게 우리 대신 경쟁자를 선택한 이유를 물어보라. 이때는 차분하고, 예의 바르고, 점잖아야 한다. 가능하면 경쟁자의 상품이나 서비스를 검토해 보고 우리 것과 비교하라. 따지지 말고 고객의 입장에 서서 고객의 관점에서 구매 결정을 보도록 하라. 우리 경쟁 상품의 강점과 약점은 무엇인가? 어떤 점에서 우리 상품보다 우수한가? 우리 상품이 충족시키지 못하거나 못하는 것처럼 보이는 고객의 어떤 욕구를 경쟁 상품은 충족시켜 주는가? 경쟁자의 약점은 무엇인가? 어떻게 하면 경쟁자의 강점을 약화시키거나 희석시키면서 약점은 강조하고 드러나게 할 수 있는가? 무엇보다 우리 상품의 강점이 구매 결정에서 가장 중요한 고려 요소가 될 수 있도록 우리 상품과 서비스를 어떻게 자리매김할 것인가?

고객은 언제나 옳다. 고객은 자신이 생각하는 최선을 기초로 의사 결정을 한다. 우리가 할 일은 가망고객에게 그가 생각하는 최선과 다른 최선도 있다는 사실을 알려주는 것이다. 가망고객에게 그가 고려해야 할 다른 중요한 요소도 있다는 점을 인식시켜야 한다. 경쟁자에 비해서 우리 상품이나 서비스가 더 우위에 있는 요소로 의사 결정의 중심을 옮기는 것이 우리 일이다. 모든 다양한 요소를 바탕으로 종합적인 구매 결정을 할 때 우리가 최선의 선택이 되도록 우리 위치를 설정해야 한다. 그리고 가망고객 발굴을 할 때는 맨 처음부터 가망고객이 고려하고 있는 경쟁자와 경쟁 상품이 무엇인지를 파악하고 있어야 한다.

비고객은 누구인가?

'비고객'은 누구인가? 우리 상품이나 서비스가 주는 이익을 누릴 수 있지만 우리에게도 경쟁자에게도 구매하지 않는 사람들은 누구인가? **어떤 상품이나 서비스를 막론하고 가장 큰 단일 시장은 언제나 비고객이다.** 어떤 선거에서나 기권하겠다는 그룹이 매우 커서 그들에 대한 선거 운동이 투표 결과를 좌우하듯이, 판매에서도 비고객이 가장 큰 판매 기회를 제공한다.

비고객 집단에 대해서는 경쟁이 없거나 있더라도 미미하다. 비고객은 보통 무시되는데, 그들의 마음을 끄는 방법을 찾을 수만 있다면 최소한 얼마 동안은 우리가 그 시장을 독점할 수 있다. 1970년대 후반 스티브 잡스 Steve Jobs와 스티브 워즈니악 Stive Wozniak이 애플 컴퓨터를 만들었을 때 메인 프레임 컴퓨터를 만드는 거대 회사의 권위 있는 전문가들은 개인용 컴퓨터에 대한 시장 규모가 미국 전체적으로도 300~400대 정도에 지나지 않을 것이라고 예측했다. 그들은 계속 검토할 가치도 없다는 결론을 내렸다.

그러나 애플은 비고객 집단 즉 컴퓨터가 주는 이익을 누리고 싶지만 기술이 부족하고 사용법을 배울 끈기도 부족한 평범한 비전문가 그룹이 존재한다는 사실에 주목했다. 애플 컴퓨터와 맥킨토시 Macintosh는 이 욕구를 충족시켰다. 그들이 만든 개인용 컴퓨터는 수천 대씩 팔리기 시작했고 곧 다시 수만 대씩으로 늘어났다. 거대 회사들도 완전히 방향을 바꿔서 자체 모델로 시장에 뛰어들었다. 개인용 컴퓨터 시장은 폭발적으로 성장했다. 1990년대 중반까지 5천만 대 이상의 PC가 판매되었다. 성능도 믿을 수 없을 만큼 빠른 속도로 향상되어, 신제품이 발매되면 얼마 지나지 않아서 바로 구형이 되어 버린다. 컴퓨터 비고객 집단을 시장에 끌어들임으로써 정보처리 세상 전체가 엄청나게 변해버린 것이다.

스스로에게 해야 할 질문

1. 나는 무엇을 팔고 있는가?
2. 내 고객은 누구인가?
3. 내 고객은 왜 구매하는가?
4. 내 가망고객은 어디에 있는가?
5. 내 고객은 언제 구매하는가?
6. 내 고객은 왜 구매하지 않는가?
7. 내 경쟁자는 누구인가?
8. 비고객은 누구인가?

고객과 구매 소요 시간

구매 결정에 소요되는 시간에 따라서 고객은 세 가지 유형으로 나누어진다. 한 가지 유형만을 대상으로 판매할 때도 있지만 동시에 세 가지 유형 모두를 대상으로 판매할 때도 있다.

첫 번째 유형은 '단기'고객이다. 이 유형의 고객은 보통 우리 상품이나 서비스의 소규모 구매자 혹은 사용자이다. 결정하고 행동하는 것이 아주 빠르다. 이사회나 위원회의 승인을 받을 필요도 없고, 수표에 서명하는 것도 자신이 직접 한다. 이 유형의 판매는 비교적 신속하고 간단하다. 우리 상품이나 서비스가 가망고객의 삶이나 업무에 큰 도움을 줄 수 있다는 점을 보여 주면 즉시 구매 결정을 한다. 많은 세일즈맨들에게 이들은 생존에 필요한 기본 고객이다.

이 유형의 고객들만을 대상으로 해서 판매하는 회사도 있다. 그들의 상품은 오랜 시간에 걸쳐서 숙고하고, 평가하고, 비교할 필요가 없다. 상품을 이해하기 쉽고, 가망고객이 상품을 소유할 때 얻는 이익도 분명하다. 판매에서 이 유형의 고객은 즉시 수입을 가져온다. 가망고객 발굴을 할 때는 이 유형의 잠재 고객을 여러 명 발굴해야 판매량을 최대로 늘릴 수 있다.

두 번째 유형은 '중기'고객이다. 이 유형은 소규모 회사나 조직으로 몇 단계의 경영층이 있고 의사 결정자도 여러 명이다. 이 유형의 가망고객에게 프레젠테이션 할 때는 상품이나 서비스가 담당자 마음에 들더라도 다른 사람이나 위원회의 승인을 추가로 받아야 한다.

그러나 조직이 작기 때문에 승인 과정은 비교적 짧다. 이 유형의 고객에 대한 판매는 단기 고객에 비해서 규모가 일반적으로 크다. 같은 고객에 대해서 추가 판매 기회도 종종 있다. 세일즈맨이나 회사에게 이익을 가져오는 고객이다. 잠재된 거래 규모가 크기 때문에 회사 전체적인 판매량에도 큰 영향을 미친다.

이 유형의 고객은 일반적으로 여러 번 방문해야 한다. 거래 승인이나 거래 대금을 받는데 지연되기도 하며 경쟁자도 물론 존재한다. 이 유형의 판매를 성사시키려면 단기 고객에 비해서 더 열심히 노력해야 하고 시간도 더 걸린다. 그러나 거래 규모가 크기 때문에 그만한 가치가 있다. 시간을 투자할 만하다.

세 번째 유형은 '장기' 판매다. 판매 잠재력이 크고 일반적으로 대기업이나 큰 조직을 대상으로 이루어진다. 거래액과 판매량도 엄청나게 많다. 이 유형의 판매는 모든 세일즈맨과 회사가 희망하고 숱한 노력을 기울인다. 거래 규모가 회사의 연간 매출에 중요한 몫을 차지할 정도이다. 이처럼 규모가 큰 가망고객의 문제점은 거래를 성사시키는데 오랜 시간이 걸린다는 사실이다. 대기업과 큰 거래를 성사시키는데 2~3년을 보내는 것은 그다지 드문 일이 아니다.

이런 기업이나 조직은 일반적으로 연간 예산을 통해서 다음 해 지출을 미리 결정한다. 예산이 이미 결정된 다음에 접촉하면 새로운 예산에 우리 판매 제안이 반영되기 위해서는 꼬박 1년을 기다려야 한다. 고래를 낚으려면 정기적으로 바다에 나가 낚시를 해야 한다. 담당 구역을 관찰하고 분석해서, 이런 유형의 대규모 거래 가능성이 있는 회사를 파악해 둬야 한다. 이런 대규모 거래는 또한 성사시키기가 어렵기 때문에 인내력이 필요하다. 거래를 성사시키려고 몇 개월을 고생했는데도 우리가 통제할 수 없는 온갖 종류의 원인 때문에 마지막 순간에 경쟁자에게 뺏기는 경우도 잦다.

세일즈맨이라면 누구나 이따금 판매 성사 직전에 기업의 인수 합병, 새로운 전략 계획, 예측하지 못한 기업 환경, 의사 결정자 교체, 공격적인 경쟁자의 월등한 조건 제시, 성격상의 충돌, 오해, 혹은 전쟁이나 자연재해처럼 구매 과정을 혼란에 빠뜨리는 사건으로 인해 거래가 무산되어 버리는 경험을 하게 된다.

핵심은 이것이다. 한편에서는 기회가 올 때마다 이런 대규모 거래를 성사시키기 위해서 노력해야 한다. 여러 번 반복 방문하면서 거래를 마무리 짓는 방향으로 진전시켜야 한다. 그러나 절대로 이 하나의 큰 거래가 성사되는 일에 자신의 모든 것을 걸어서는 안 된다. 대형 선박을 밧줄 하나로 묶어서는 안 되는 것처럼 엄청나게 중요한 우리 인생을 단 하나의 희망에 걸어서는 안 된다. 서커스에서 접시돌리기를 하는 것처럼 우리도 소규모, 중간 규모, 대규모 가망고객을 함께 개발해야 한다. 오늘의 수입, 내일의 수입 그리고 미래의 큰 수입 잠재력을 확보하려면 단기, 중기, 장기 판매를 모두 해야 한다.

반드시 명심해야 할 점이 있다. 그것은 한 건의 큰 거래 가능성에 매달려서 판매 파이프라인을 채워주는 일상의 힘든 가망고객 발굴 활동을 소홀히 해서는 결코 안 된다는 사실이다. 판매의 세계에는 큰 거래와 관련해서 한 가지 기묘한 일이 일어난다. 나 자신도 그런 일을 여러 번 보았고, 내가 이야기해 본 세일즈맨들도 누구나 한 번씩은 경험한 불행한 상황이다. 그것은 세일즈맨이 새 가망고객 방문을 일절 중지하고, 자신의 모든 꿈과 희망을 단 한 건의 큰 거래에 거는 일이다. 슬픈 점은 그 거래가 결코 성사되지 않는다는 사실이다.

한 번의 주사위 던지기나 한 명의 큰 가망고객에게 자신이 가진 모든 것을 걸면 어김없이 실패만 맛보게 된다. 그러나 판매 파이프라인에 가망고객을 많이 확보하고 있으면 꾸준히 수입을 올릴 수 있을 뿐만 아니라 큰 거래도 언젠가는 성사된다.

가망고객의 네 가지 유형

우리가 방문하는 가망고객은 네 가지로 분류된다. 자신이 방문하는 가망고객이 어느 유형에 속하는지 빨리 파악할수록 판매 노력의 생산성은 높아진다.

첫 번째 유형은 '성공한' 가망고객이다. 이 유형은 모든 것이 순조롭게 돌아가는 기업, 산업 혹은 상황에서 일하고 있어서 사업도 잘되고 판매는 증가하고 있다. 자금 흐름도 예측 가능하다. 회사는 성장하고 있고 직원들 수도 늘어나고 있다. 핵심 의사 결정자들은 바쁘고, 행복하고, 낙관적이다. 미래가 장밋빛이다. 이 유형은 우리 상품이 적절하기만 하면 판매하기 가장 쉬운 가망고객이다. 잇달아 성공하고 있고 더욱더 잘하고 싶어 한다. 이 유형은 자신의 상황을 더 좋게 변경하기를 원한다. 열린 마음을 갖고 있으며 자신의 삶이나 업무를 개선할 수 있는 상품이나 서비스에 사용할 자금도 갖고 있다.

가망고객이 이 유형일 경우에는 우리 상품이나 서비스를 사용하면 현재 상황에 비해서 얼마나 좋아질지를 보여 주는 것이 목표가 되어야 한다. 이를테면 이 유형의 고객에게 통신 장비를 판매한다면 우리 장비로 현재 장비를 계속 사용하는 것에 비해 회사를 얼마나 더 효율적으로 운영할 수 있고, 얼마나 더 많은 고객 응대가 가능한지를 보여 주는데 초점을 맞추어야 한다. 실수를 줄여 주고, 커뮤니케이션을 향상시키고, 사기가 높아져서 투자비를 회수하고도 남는다는 점을 보여 주기만 하면 의사 결정자는 구매 결정을 할 가능성이 매우 높다.

두 번째 유형은 '문제'를 가진 가망고객이다. 무엇인가 문제가 있다는 점을 인식하고 그 문제가 주는 고통을 제거해 줄 수 있는 상품이나 서비스를 찾고 있다. 그 문제로 인해서 회사 비용이 증가하고 외부적으로는 고개들에게 그리고 내부적으로는 직원들에게 불만이 쌓이고 있다.

의사 결정자가 어떤 조치를 취할 필요가 있다는 점을 알고 있다. 가령 전화 연결 지연, 메시지 분실, 내부와 외부 커뮤니케이션 문제를 가진 가망고객이라면 우리가 판매하는 최첨단 전화 시스템이 회사 전체를 더 부드럽고 효과적으로 운영할 수 있도록 해 준다는 점을 부각시켜야 한다.

가망고객과 함께 비효율적인 시스템이 빚어내는 수익 상실, 시간 손실, 실수, 혼란 등의 고비용 요인들을 밝혀내게 되면 의사 결정자가 우리 판매 제안에 대해서 비교적 빨리 구매 결정을 내릴 수 있다.

우리가 이미 알고 있는 것처럼 가망고객에게 처음 접근하면 대부분 "관심 없어요."라는 반응을 보인다. 누구나 예상할 수 있는 반응이다. 우리 상품이나 서비스를 사용하면 얼마나 자신에게 도움이 되는지 모르기 때문이다. 사실 가망고객이 처음에 관심을 보이지 않는 것은 다행스런 일이다. 우리 상품을 사용하게 되면 얼마나 자신에게 도움이 되는지 알고 있었다면 누군가 다른 세일즈맨을 통해서 이미 구입해 버렸을지도 모르기 때문이다.

그래서 가망고객이 "관심 없어요."라고 말하면 "바로 그 때문에 제가 방문한 것입니다."라고 대답하라. 가망고객이 그것이 무슨 말이냐고 물으면 "제 고객들 대부분이 처음에는 우리 상품에 관심이 없었습니다. 그러나 우리 상품이 얼마나 도움이 되는지 설명을 듣고 나신 후 주저하지 않고 구매하시고 다른 고객도 소개해 주셨습니다. 그분들께 설명 드린 것과 마찬가지로 설명해 드리겠습니다. 그 다음에 도움이 되는지는 고객님이 직접 판단하시면 됩니다."라고 응답한다.

이 접근 방법은 보통 호기심을 불러일으켜서 상담 약속을 잡을 수 있다. 그러면 가망고객은 우리 상품이나 서비스에서 도움을 받을 수 있는 기회를 얻고 우리는 판매 기회를 갖는다.

세 번째 유형은 '현실에 안주하고 만족해'하는 가망고객이다. 현재의 상황에 만족하기 때문에 변화의 필요성을 느끼지 못한다. 이 유형은 우리 상품이나 서비스 구매를 검토할 생각이 별로 없고, 한 걸음 더 나아가 현재 상황을 흐트러뜨릴 가능성이 있는 일이라면 일절 관심이 없다.

우리 상품이나 서비스가 주는 이익이 비용이나 설치하는 수고보다 크다는 사실을 모르기 때문에 그럴 수도 있다. 이 유형의 가망고객이 누구인지 살펴보면 기업의 경우 혁신과 개선보다는 안정과 현상 유지를 선호하는 고정급을 받는 샐러리맨인 경우가 무척 많다. 이들은 우리가 파는 상품에 욕구를 느끼지 않기 때문에 좋은 가망고객이 아니다. 문제를 해결하거나 상황을 개선해야 할 시급성도 느끼지 못한다. 그리고 아마 최종 구매 결정을 내릴 수 있는 권한도 갖고 있지 않을 것이다.

이 유형의 가망고객을 대상으로 한 판매 활동은 대개 지지부진하고 시간만 낭비하게 된다. 이들이 갖고 있는 문제를 부각시킬 방법을 찾지 못한다면 차라리 상대하지 않는 것이 바람직하다.

마지막 유형은 '부정적' 혹은 '까다로운' 가망고객이다. 이들은 보통 무례하고 모욕적이며 불쾌하다. 세일즈맨을 무시하고 자신이 세일즈맨보다도 더 우월하다고 생각한다. 이들은 종종 상품이나 서비스에 대해서 설명을 시작하기도 전에 돈 낭비일 뿐이라고 치부해 버린다. 이 유형의 가망고객에게는 사실 시간이 아깝다. 상대방이 이 유형의 가망고객이라고 판단되면 정중하게 판매 상담을 중단하고, 첫 번째와 두 번째 유형의 가망고객을 찾는데 노력을 집중하라.

가망고객의 4가지 유형
1. 성공한 가망고객
2. 문제를 가진 가망고객
3. 만족해 하는 가망고객
4. 부정적 혹은 까다로운 가망고객

까다로운 가망고객

판매에서 가장 어려운 일이 까다로운 고객을 상대하는 것이다. 우리는 프로 세일즈맨으로서 오랜 업무 시간, 고된 일, 그날그날 판매 활동에서 오는 좋은 일과 나쁜 일 그리고 실망에는 익숙하다. 그 정도는 감당해 낸다. 판매에 성공하기도 하고 또 실패하기도 한다. 하루가 끝나면 피곤한 몸으로 퇴근하지만 하룻밤 푹 자고 나면 다시 긍정적이고 낙천적인 자세로 새롭게 시작한다. 단, 그렇게 하려면 까다로운 가망고객들에게 너무 많은 시간을 쓰지 말아야 한다. 판매와 삶에서 가장 스트레스를 많이 받는 것은 부정적이고 불만이 많은 사람들을 자주 그리고 오래 만나는 일이다.

로버트 링어는 『백만 불짜리 습관』에서 그런 사람들을 '맥 빠지게 하는 사람'이라고 부르며, 다른 이들은 '유해한 사람'이라고 부르기도 한다. 얼마간이라도 그들을 대하고 있으면 피곤하고, 화가 나고, 답답해진다. 그들은 부정적인 태도를 갖고 있으며 유쾌해지려는 노력은 전혀 하지 않는다. 훌륭한 탐정처럼 우리도 가망고객 발굴 초기에 질문을 던져서 그런 사람들을 파악하고 분류해 냄으로써 시간 낭비를 피해야 한다.

좋지 못한 가망고객은 몇 가지 특징이 있다. 가망고객이 이런 특성을 많이 갖고 있을수록 구매 가능성은 떨어지고 시간을 투자할 가치도 적어진다. 이런 특성을 한두 가지밖에 갖고 있지 않은 가망고객은 종종 구매하기도 하지만, 세 가지 이상 갖고 있다면 시간 낭비일 가능성이 높다.

좋지 못한 가망고객이 가진 첫 번째 특성은 '대체로 부정적인 사람'이라는 점이다. 이것은 굉장히 큰 장애물이다. 왜냐하면 어떤 상품이나 서비스를 구매한다는 것은 본질적으로 희망과 낙천성이 믿음과 결합되어 나타나는 행동이기 때문이다.

우리가 어떤 상품이나 서비스를 구매하는 것은 미래에 지금보다 더 '좋아지는 것'을 기대한다는 의미이다. 무엇을 구매했든지 그 결과로 자신과 삶에 대해서 더 좋은 느낌을 갖게 되리라고 기대한다. 구매 행위는 긍정적인 정신자세를 필요로 한다. 어떤 사람이 삶에 대해서 대체적으로 긍정적인 생각을 하지 않는다면 최소한 우리에게서 어떤 것도 구매하지 않을 것이다.

좋지 못한 가망고객은 부정적일 뿐만 아니라 우리 혹은 우리 상품에 대해서 비판적이고 잘 지내기도 어렵다. 과거에 좋지 못한 경험을 했을 수도 있고, 아니면 그냥 누구든 세일즈맨이 접근하면 일단 의심하고 적대적인지도 모른다. 어떤 상황이든지 우리는 심리치료사나 상담사가 아니라는 점을 알아야 한다. 우리는 사람들을 그렇게 행동하게 만드는 저 깊은 곳에 자리한 무의식적인 충동을 분석하거나 이해할 수 있는 능력을 갖고 있지 않다. 불쾌한 사람과의 상담은 빨리 끝낼수록 더 홀가분하고 더 많은 에너지를 보존할 수 있다.

좋지 못한 가망고객의 두 번째 특성은 '상품이나 서비스의 가치를 증명하기 어렵다'는 점이다. 중요한 비용 대 이익 관계를 보여 주기 어렵다. 왜냐하면 이 유형의 가망고객은 우리 상품이나 서비스를 통해서 자신이 어떻게 그리고 왜 더 좋아지는지 이해하려 들지 않기 때문이다. 그러면서도 상담 초기부터 우리와 우리 가격에 대해서 투덜대고 논쟁한다. 우리 가격을 경쟁자들의 가격과 비교하면서 비판하는데, 주로 우리보다 품질이 떨어지는 상품이나 서비스를 판매하는 경쟁자들이다. 이렇게 되면 화가 나고 사기도 떨어지므로 이런 유형의 가망고객을 만나면 예의 바르게 미소 짓고 빨리 자리를 뜨는 것이 바람직하다.

좋지 못한 가망고객의 세 번째 특성은 판매가 성사되더라도 '소액'에 지나지 않는다는 점이다. 강한 상대에게 두드려 맞는 권투선수처럼 온갖 어려움을 건너어 내고 결국 판매에 성공하더라도 노력에 비해서 판매 규모나 수당이 너무 형편없다.

좋지 못한 가망고객의 네 번째 특성은 '후속 판매 기회가 없다'는 점이다. 한번 구매하고 나면 몇 개월 혹은 몇 년간 재구매를 하지 않는다. 따라서 추가 구매로 연결시킬 수 있는 고객 관계가 형성되지 않는다.

좋지 못한 가망고객의 다섯 번째 특성은 '추천서나 소개를 통한 판매 가능성이 적다'는 점이다. 우리 상품이나 서비스를 구매하더라도 그 가망고객이 구매했다는 사실이 다른 가망고객에게 강한 인상을 주지 못한다. 별로 알려지지 않았거나 그다지 존경받지 못하기 때문일 수 있다. 우리 상품이나 서비스를 사용할 만한 사람들을 잘 모르거나 알더라도 우리에게 알려주지 않는다.

좋지 못한 가망고객의 여섯 번째 특성은 '사업이 신통치 않다'는 점이다. 사업이 어렵다고 계속 불평하고 경쟁자, 정부, 그밖에 생각나는 모든 것들을 비난한다. 가격에 대해서 따지고 툴툴거리며 대금 결제도 늦다. 상품 대금을 받으려면 여러 번 찾아가야 하고 심지어 상품을 회수해야 할 때도 있다. 따라서 좋은 고객이 아니다.

좋지 못한 가망고객의 일곱 번째이자 마지막 특성은 '사업장이 우리 사무실에서 지리적으로 멀다'는 점이다. 찾아가려면 먼 거리를 여행해야 한다. 결과적으로 이동에 많은 시간을 소모하게 되는데, 차라리 그 시간을 가까운 곳에 있는 가망고객 여러 명을 방문하는데 사용하는 편이 낫다.

우리가 팔아야 할 것은 시간이라는 점을 기억하라. 좋지 못한 가망고객을 방문하는 것은 시간을 최대한 활용하는 방법이 아니다. 투여되는 시간에 비해 우리 에너지의 투자 수익률이 높지 않다. 그리고 간혹 판매를 성사시키더라도 만족감을 거의 느끼지 못한다. 그저 일이 끝난 사실이 다행스러울 뿐이다.

좋지 못한 가망고객의 7가지 특성
1. 대체로 부정적이고 비판적이다
2. 상품이나 서비스의 가치를 증명하기 어렵다
3. 판매가 성사되더라도 소액에 지나지 않는다
4. 후속 판매 기회가 없다
5. 추천서나 소개 판매 가능성이 적다
6. 사업이 신통치 않다
7. 사업장이 세일즈맨의 사무실에서 지리적으로 멀다

전략적 세일즈

정상으로 가기 위한 고객 발굴

가망고객 발굴의 기본 전략은 우수한 가망고객에게 더 많은 시간을 사용할 수 있도록 계획하는 것과 체계화하는 것으로 이루어져 있다. 이렇게 하면 자신에 대해서 더 긍정적인 느낌을 갖게 된다. 자신의 운명을 스스로 통제하고 있다는 느낌이 더욱 커진다. 세일즈맨으로서 더 큰 행복감을 느낀다. 승자라는 느낌을 더 자주 갖게 된다.

물건을 고를 때 좋은 것과 나쁜 것, 알곡과 겨를 구분하듯이 세일즈맨도 첫 상담에서부터 가망고객을 측정하고 평가해야 한다. 판매를 증가시킬 수 있는 가장 빠른 방법 중의 하나는 우리 상품에서 가장 큰 이익을 얻을 수 있고, 우리 상품의 가치를 알고 있으면서도 더 자세히 알고 싶어 하는 가망고객들과 매일 더 많은 시간을 보내는 일이다.

가망고객을 찾을 수 있는 정보원 source

어디에서 가망고객을 찾을 것인가? 먼저 자신이 파는 상품이 무엇이고, 그 상품이 개인이나 조직의 삶을 어떻게 향상시켜 주는지 정확하게 파악하는 것부터 시작해야 한다. 고객이 그 상품을 사는 이유는 무엇이며 우리 상품이나 서비스를 사용함으로써 얻는 이익은 무엇인지 알아야 한다.

이상적인 고객, 즉 우리 상품이나 서비스를 통해서 가장 신속하고 눈에 띄게 이익을 누릴 수 있는 사람은 어떤 사람인지 명확하게 규정해야 한다. 그 다음에는 시장을 살펴보면서 이상적인 고객의 요건에 맞는 가망고객들을 선별해야 한다.

대체로 가망고객들은 우리 상품을 구매할 의사가 있는지에 대해서 단서를 준다. 바다에서 물고기가 다른 물고기들에 둘러싸여 있는 것처럼 우리도 가망고객들에게 둘러싸여 있다. 중요한 것은 언제나 주의를 기울이고 있다가 그들이 옆을 스쳐지나갈 때 바로 알아채는 일이다. 가망고객들의 이름, 회사, 직업, 지위에 대한 정보를 얻을 수 있는 자료는 많다. 물론 판매 상품에 따라서 다음에 나오는 자료의 유용성은 달라지지만 그물을 넓게 칠수록 더 많은 고기를 잡을 수 있다. 가망고객에 대한 정보를 제공해 주는 자료를 더 많이 확보할수록 가망고객 파이프라인을 일정한 기간 내에 우리 상품을 구매할 사람이나 조직으로 채울 확률은 높아진다.

신문

먼저 신문부터 시작하라. 지역 신문에서 수백 명의 가망고객을 찾을 수 있다. 많은 세일즈맨들이 일간 신문에 이름이 실리거나 광고를 내는 가망고객만을 상대로 발굴해서 1년 내내 바쁘게 활동한다. 매일 아침 지역 신문에서 제공하는 단서를 빠짐없이 이용해서 판매에 활용하는 것만 해도 시간이 모자란다. 우수한 가망고객의 정의를 떠올려 보면 어떤 회사의 신문 광고를 보는 즉시 그 회사가 성공을 거두고 있으며 더 많이 팔기를 원하는지 아니면 예상보다 매출이 적어서 판매를 늘리고 싶은지 알 수 있다.

광고는 비용이 많이 들고 계획과 선견지명을 필요로 하기 때문에 광고를 내는 회사는 자신이 최우수 가망고객의 범주에 속한다는 사실을 알려주는 것과 같다. 신문광고는 "세일즈맨 여러분! 나를 방문해 주시오. 내게는 풀리지 않은 문제, 충족되지 않은 욕구, 혹은 활용하고 싶은 기회가 있습니다. 나에게 도움이 될 만한 상품이나 서비스가 있다면 돈도 있고 사업을 개선하려는 욕구도 있기 때문에 시장에서 구매하려고 생각합니다."라고 공표하는 것과 마찬가지다. 우리 상품이나 서비스가 광고를 내는 회사에게 비용 대 효과 측면에서 얼마나 유용하고 도움을 줄 수 있는지 생각해 보라. 그 다음 그 회사에 전화를 걸어 광고를 보았다는 점을 알리면서 더 큰 성공을 거두는데 도움을 줄 수 있는 아이디어가 있다고 말하라.

개인이나 회사에 관한 모든 신문 기사, 특히 경제면의 기사를 빠트리지 말고 살펴보라. 헤드라인, 스포츠 기사, 만화 면만 읽는 시간 낭비의 함정에 빠지지 말아야 한다. 우리는 사업가이다. 우리 스스로가 경영하는 판매 전문기업의 사장이다. 신문을 읽는 것은 사업의 성장에 도움이 되는 정보를 얻기 위한 목적이다. 따라서 신문에 실린 기업의 성장이나 축소에 관한 모든 이야기 혹은 언급한 내용을 읽고, 그것을 판매 기회로 활용할 수 있는지 검토해 봐야 한다. 성장하거나 새로운 영역으로 확장하고 있는 회사는 모두 새로운 가망고객이다. 문제를 갖고 있는 회사도 전부 가망고객이다. 이익이 났다고 발표하는 회사와 손실이 났다고 발표하는 회사도 가망고객이다. 어떤 회사가 새로 직원을 채용하면 그 직원은 의미 있는 변화를 추구하고 싶은 욕구가 크므로 자기 담당 분야를 개선하는데 도움이 되는 상품이나 서비스에 대해서 열린 마음을 갖는다.

가망고객 발굴에 대한 도움 이외에도 신문을 읽는 것은 기업계의 동향을 파악하는데도 보탬이 된다. 정기적으로 신문을 읽으면 그렇지 않은 사람에 비해서 더 풍부한 정보를 얻을 수 있다. 가망고객을 만나면 그는 우리가 현 경제의 움직임을 잘 파악하고 있고, 지식과 전문 능력을 갖춘 세일즈맨이라는 사실을 즉각 알아챈다. 그렇게 되면 문제 해결과 목표 달성을 돕는 우리 능력에 대한 가망고객의 신뢰가 높아진다. 사업 정보를 얻기 위해 매일 신문을 읽는 습관은 자신의 분야에서 최고 세일즈맨이 되는데 필수적이다.

비즈니스 간행물

비즈니스 간행물은 **가망고객이 압축되어 있는 자료 중 최고**에 속한다. 대부분의 주요 도시에는 비즈니스 저널과 신문이 있다. 이런 간행물들은 정기적으로 특별호를 발간하는데 그 안에는 특정 산업에 속하는 그 지역의 50대 기업이나 100대 기업이 담겨 있다. 그리고 연간 특집에는 상상할 수 있는 모든 상품이나 서비스에 대한 가망고객 명단을 기재한다. 기사는 대개 지역의 기업이나 기업가의 활약에 관한 내용이다. 사설은 기업가들의 관심을 끄는 조언, 논평과 아이디어로 가득하다.

기업을 대상으로 판매하고 있다면 즉시 지역에서 발간되는 비즈니스 간행물을 정기 구독하라. 간행물이 도착하면 그날 중으로 한 페이지도 빠짐없이 다 읽어야 한다. 우리 상품을 필요로 할 만한 기업은 모두 메모해 두자. 빨리 행동으로 옮겨서 지금 당장 잠재 고객이 될 만한 기업에 모두 전화를 걸어라. 지역의 비즈니스 간행물에 실린 이야기, 광고, 기업 목록을 활용해서 자신의 판매 경력 전체를 쌓은 세일즈맨들도 많다.

지역의 비즈니스 간행물에 직접 기고하는 것도 한 방법이다. 우리 상품이나 서비스가 기업이 갖고 있는 공통적인 문제를 해결하거나 사업 목표를 달성하는데 어떻게 도움이 될 수 있는지에 대해서 써야 한다. 원고료를 받지 못할지도 모르지만 기사에는 우리 이름과 주소, 그리고 상호가 실린다. 가망고객이 기사를 보고 찾아오는 일도 종종 있다. 자신의 기사를 복사해서 판매 자료에 포함시키거나 판매 서신에 첨부할 수 있다. 일하는 분야에서 권위자로 알려지게 되면 가망고객들은 자신의 사업적 필요 사항에 대해 우리와 상의하는 일을 훨씬 더 긍정적으로 생각하게 된다.

업계 간행물과 인명록

가망고객을 찾을 수 있는 또 다른 곳은 판매하고자 하는 산업에서 일하는 사람들을 대상으로 하는 업종 전문지이다. 어떤 특정한 산업을 대상으로 판매하고 싶으면 가망고객이 속한 산업에서 가장 유명한 간행물의 이름을 확인한 다음에 정기 구독하라. 그러면 그 산업의 중요한 흐름을 파악한 후 가망고객과 그의 사업에 관해 충분한 지식을 갖고 대화할 수 있다. 그 산업에 판매하는 다른 회사들도 업계 간행물에 광고를 한다. 그 광고를 보면 가망고객과 대화할 때 우리 상품이나 서비스를 어떻게 포지셔닝 할지 감을 잡을 수 있다. 그 산업 종사자들의 문제와 걱정거리를 알려주고, 그들을 대상으로 가망고객을 발굴하고 판매 활동을 할 때 사용해야 할 전문 용어들도 배울 수 있다.

기업인 인명록은 판매 구역에 있는 회사를 업종별로 나누어서 매출액, 회사 연혁, 주요 경영진, 임직원 수와 사무실 등의 기업 관련 세부 사항과 기타 추가적인 정보를 제공해 주는데, 특정 회사가 어떤 유형의 가망고객인지 판단하는데 도움을 준다. 세일즈맨이 미리 자기 회사에 관해 많은 것을 공부해서 잘 알고 방문하는 일처럼 가망고객을 기쁘게 하는 것도 없다. 협회에 속한 어떤 사람에게 판매한다면 다른 모든 회원들의 이름, 주소, 회사, 그리고 지위가 담겨 있는 회원명부를 빌리거나 구매하는 것이 좋다. 일단 한 회원에게 판매를 하게 되면 판매 구역에 속한 다른 모든 회원들을 훨씬 편하게 방문할 수 있다. 공통점이 있는 누군가가 이미 우리로부터 구매했다는 점 때문에 소개 받고, 상담 약속을 하고, 판매 기회를 포착하기가 훨씬 쉽다.

누구에게든 판매가 이루어지면 반드시 고객에게 기업단체나 협회의 회원인지 물어보라. 고객이 그렇다고 대답하면 회원 명부를 빌릴 수 있는지 물어보라. 그리고 다른 회원들에게도 우리 상품을 소개할 수 있도록 추천서를 써달라고 부탁해 보라.

우리 상품이나 서비스는 어떤 회사가 가진 문제의 해결책이다. 그 회사는 그 문제를 인식하고 있을 때도 있고 그렇지 않을 때도 있다. 우리가 할 일은 그 회사가 가진 문제를 밝혀내는 것이다. 모든 회사가 가진 핵심적인 문제는 경쟁자이다. 경쟁자는 회사의 전략, 판매량, 매출 이익, 수익성, 그리고 다른 많은 것을 결정한다. 가망고객이 직면하고 있는 경쟁상황을 더 잘 이해할수록 언젠가 의사 결정자와 마주 앉을 때 우리의 권위가 더 올라간다.

모든 회사들은 성장과 수익에 관심을 갖고 있으므로 조사 연구하는 과정에서 성장과 수익의 저해 요인을 찾아보아야 한다. 그 회사는 지금 어떤 어려움을 겪고 있는가? 시장에는 어떤 문제가 자리하고 있는가? 상품이나 서비스를 지금보다 훨씬 더 많이 생산하고 판매하는 것을 가로막는 걸림돌은 무엇인가? 그 회사가 직면하고 있는 문제점 중에서 우리 상품이나 서비스가 해결책이 될 만한 점은 무엇인가? 가망고객이 가진 문제에 대해서 더 잘 파악할수록 그리고 우리 상품이 그 문제 해결에 적합할수록 가망고객의 가격 민감성은 떨어지고 구매 결정은 빨라진다.

상공회의소

지역 상공회의소 역시 우리 상품이나 서비스의 가망고객을 찾아낼 수 있는 정보와 비즈니스 간행물을 제공해 주는 곳이다. 어느 지역이나 그 지역에서 가장 유명하고 활발한 활동을 하고 있는 기업들은 상공회의소에 가입해서 활동한다. 기업이 상공회의소에 가입하는 주된 이유는 거래하고 싶은 기업들과 정기적으로 만나길 원하기 때문이다.

전국에 퍼져있는 상공회의소는 본질적으로 비즈니스 네트워크라서 회원 명부는 우수한 가망고객이 가득한 보물창고이다. 우리 회사가 상공회의소 회원이면 회원들을 위해서 만드는 모든 자료를 요청할 권리가 있다. 아직 회원이 아니라면 거래 단서와 추천 판매가 담긴 이 소중한 보물창고를 활용할 수 있도록 가입을 적극 권유하라.

거래 단서는 어디에나 있다

새로운 가망고객을 발굴하는 또 한 가지 확실한 방법은 기존 고객의 소개를 받는 것이다. 판매에 성공하면 즉시 고객이 아는 사람 중에서 두세 명을 소개해 달라고 부탁하라. 만족한 고객으로부터의 소개는 콜드콜에 비해서 열 배에서 스무 배의 가치가 있다. 가망고객이 알고 있는 사람의 소개를 받아서 가면 고객의 신용과 우정을 활용할 수 있다. 기존 고객과 맺은 관계의 연장선상에 새로운 고객이 있다.

비고객으로부터도 좋은 거래 단서를 얻을 수 있다. 가망고객을 만나면 판매 성공 여부와 관계없이 항상 두 명을 더 소개받겠다고 결심해야 한다. 우리 상품이나 서비스가 올바른 해결책이 될 수 있는 문제를 그 가망고객이 갖고 있지 않다는 점이 확실하면 상담이 끝날 때 그냥 부탁하라. "지인 중에 이 상품이 도움이 될 것 같은 분을 두세 분 추천해 주시겠습니까?" 우리가 전문적인 능력이 있고 인상도 좋았다면 가망고객은 자신이 아는 사람들을 소개해 줄 것이다. 가망고객에게 친구나 동료에게 구매해 달라고 억지를 쓰거나 소개해 준 것을 후회하게 하는 일은 결코 없을 것이라는 점을 확실히 하라.

고객이나 비고객의 소개를 받고 사람을 만나고 나면 소개해 준 사람에게 꼭 결과를 알려주어야 한다. 전화 혹은 메일로 어떤 일이 있었는지 알려주라. 도움을 준 것에 대해서 감사의 표현을 하고 혹시 방문할 만한 다른 사람이 있는지 물어보라. 사람들은 보통 100명 정도의 친구와 동료를 갖고 있으며, 그들의 전화번호를 이미 알고 있거나 곧바로 알아낼 수 있다. 황금 고리를 기억하라. 고객들에게 소개를 계속 부탁하고, 소개받은 사람들을 방문하고, 소개해 준 사람에게 결과를 알려주면, 끊이지 않고 새로운 가망고객을 소개받게 되어 새로운 거래가 안정적으로 확보된다.

피닉스 세일즈 세미나에 참석했던 세일즈우먼이 이 방법이 얼마나 성공적인지 주의 깊게 추적해 본 결과를 공개했다. 어떤 가망고객 한 사람은 자신은 구매하지 않았으면서도 3개월 동안에 무려 73건이나 소개를 해 주더라고 말했다. 친구, 친척, 그리고 친지들에게 자신이 특정한 상품을 판매한다는 사실을 알려라. 그 상품이 고객에게 어떤 도움을 주는지, 그리고 가장 큰 혜택을 받을 수 있는 사람들은 누구인지 이야기하라. 혹시 그런 상품을 찾고 있는 사람을 아는지 물어보라. 아는 사람들에게 계속해서 조언과 소개를 부탁하다 보면 얼마나 많은 사람들을 소개받을 수 있고, 거기에서 얼마나 많은 거래가 따라오는지를 알고 깜짝 놀라게 될 것이다.

판매 파이프라인을 채워주는 콜드콜

판매 단서를 찾을 수 있는 또 다른 방법이 콜드콜이다. 초짜 세일즈맨이 가장 선호하는 방법이면서 동시에 고참 세일즈맨에게는 최후의 수단이다. 가망고객도 없고 가망고객에 대한 정보도 전혀 없을 경우에는 콜드콜을 통해서 다수의 가망고객을 만나면 짧은 시간 내에 자신의 상품이나 서비스에 대한 집중 교육을 받을 수 있다.

나도 판매 일을 시작하고 나서 처음 10년 동안 새 거래처를 발굴하기 위해 주로 사용했던 방법이 콜드콜이었다. 콜드콜은 '배짱 판매'라고 불릴 정도로 처음에는 엄청난 용기를 필요로 한다. 그러나 여러 번 반복하다 보면 콜드콜에 대한 두려움이 점차 줄어들다가 나중에는 이슬처럼 사라진다. 결국 두려운 것이 전혀 없는 세일즈맨으로 성장하게 된다. 어느 때라도 상대방이나 상대 회사가 누구든 상관없이 방문할 수 있다. 뛰어난 세일즈맨과 평범한 세일즈맨을 구분하는 심리적 장벽을 돌파하는 것이다.

20대 때 나는 유럽, 아프리카, 동남아시아, 중남미 등 세계 각지를 돌아다니며 일을 했다. 어디에서든 머물러서 일을 할 때는 나가서 수당제 판매 일을 구했다. 새로 판매 활동을 시작할 때는 항상 판매의 기본 기법을 활용했다. 판매 경력을 일신하고 싶거나 폭발적인 성장을 원한다면 여러분도 이 기법을 사용할 수 있다. 처음에는 약간의 용기가 필요하지만 점점 나아진다.

바로 이런 방법이다. 최단기간에 100명의 새로운 가망고객과 100번의 판매 상담을 한다. 나는 그들이 구매할지 구매하지 않을지에 대해서는 걱정하지 않기로 했다. 이 번개 작전의 목적은 온갖 질문을 하고 다양한 이유로 거부하는 다수의 가망고객들과 직접 만나는 과정에서 내가 판매하는 새로운 상품에 대해 정통해지는 것이었다. 이 방법은 언제나 효과가 좋았다. 새로운 가망고객 100명과 이야기를 하고 나면 거절에 대한 두려움을 완전히 극복할 수 있었다. 어서 나가서 또 다른 가망고객을 만나고 싶었다. 다른 이득도 있었는데, 그 다음 해에는 첫 30일 동안 방문했었던 사람들과 거래를 하고 있었던 것이다.

이 단순한 완전 몰입 방법을 통해 내가 일했던 모든 세일즈 회사에서 최고가 되었다. 여러분도 이 방법을 사용해서 판매 경력에 활력을 불어넣거나 새로 시작할 수 있다. 그냥 앞으로 30일 동안 밖으로 나가서 100명의 가망고객에게 자신의 상품에 대해서 말하겠다고 결심만 하면 된다. 그들이 구매할지 하지 않을지에 대해서는 걱정할 필요가 없다. 걱정하지 않겠다는 결심, 자신에게 어떤 압박도 가하지 않겠다는 결심 그 자체가 최고 상태에서 판매할 수 있도록 해 준다. 노력하지 않아도 저절로 판매가 이루어질 것이다.

사무실 임대 세일즈를 할 때는 엘리베이터를 타고 빌딩의 꼭대기 층에 올라간 뒤에 1층까지 각 층에 있는 사무실을 한 곳도 빼지 않고 다니면서 가망고객을 발굴했다. 펀드를 판매할 때는 이 빌딩에서 저 빌딩으로 그리고 이 사무실에서 저 사무실로 상담할 경영진을 찾아다녔다. 사무용품을 판매할 때는 사무실 건물과 공업단지에 있는 모든 회사들을 다 찾아갔다. 어린 시절 비누를 팔 때는 집에서 2~3마일 안에 있는 모든 이웃집의 문을 두드렸다. 새로운 상품이나 서비스의 판매를 시작할 때마다 다시 편안해

질 때까지 의식적으로 콜드콜을 반복하면서 그 공포를 극복했다. 그 이후에는 매우 빠른 속도로 배울 수 있었고 판매 실적은 치솟았다.

다른 판매 활동을 할 때도 콜드콜을 활용할 수 있다. 만일 가망고객 발굴이 아닌 다른 판매 활동을 위해서 어떤 특정 건물이나 지역을 방문할 일이 있다면 그 부근에 있는 다른 기업들을 대상으로 가망고객 발굴을 하는 것이다. 옛 판매 격언에 따라서 "이왕 가는 김에 옆에 있는 상점도 찾아가라." 첫 번째 가망고객과 판매 상담을 마치고 나면 옆에 있는 사무실로 가서 안내 직원에게 자신 있게 말하라. "안녕하세요? 저는 OO회사에 근무하는 OO입니다. 옆에 있는 OO회사의 OO씨와 우리 회사의 사무자동화 기기에 대해서 상담을 했는데 이 회사도 관심이 있을 것 같다는 생각이 들더군요. 어느 분께 말씀드리면 좋을까요?"

인간들 사이에는 강한 군중심리가 있다. 옆 사무실이나 건물에서 우리 상품이나 서비스의 구매를 고려하고 있다는 말을 들으면 호기심이 생기고 그것이 무엇인지 궁금해진다. 그래서 즉시 판매 상담이 이루어지는 일이 종종 생기고, 경우에 따라서는 판매로 이어지기도 한다. 원래의 가망고객보다 옆에 있는 상점에서 더 규모가 크고 만족스러운 판매를 한 세일즈맨들도 많다. 물어보는 데는 비용이 들지 않기 때문에 어떤 고객에 대한 방문이 끝나면 언제나 근처에 있는 회사를 방문하는 습관을 길러라.

큰 거래처 발굴하기

가망고객 발굴을 할 때 양과 질 사이에는 명백한 차이가 있다. 판매하는 상품과 판매 구역 내 가망고객의 숫자에 따라서 어느 쪽이 더 적절한지가 결정된다. 많은 거래처를 대상으로 소규모 판매를 할 때와 소수의 거래처를 대상으로 대규모 판매를 할 때는 접근 방법이 무척 다르다. 판매 사이클이 짧고 금액이 크지 않은 작은 상품을 판매할 경우에는 방문 횟수가 판매 성공의 주요 결정 요인이다. 우리 판매 구역에 수천 명의 가망고객이 있다면 판매고는 활동량, 방문 횟수, 그리고 상담한 가망고객의 수에 따라서 결정된다.

평균의 법칙과 확률의 법칙에 따라서 우리가 접촉하는 가망고객의 수와 판매 성공 사이에는 직접적인 관계가 있다. 판매 사이클이 길고 고가의 큰 상품을 판매할 때는 판매 구역에 가망고객의 숫자가 적은 것이 보통이다. 이 가망고객들은 한 사람 한 사람이 소중하기 때문에 제대로 준비되지 않은 판매 활동으로 인해 놓치지 않는 일이 대단히 중요하다. 각 가망고객을 세심하게 분석한 다음 그 가망고객에게 맞는 전략을 개발해서 거래를 뚫어야 한다. 복사기를 판매한다면 모든 사무실이 다 가망고객이다. 가능한 한 많이 방문하는 것을 목표로 해야 한다. 그러나 대기업용 데이터처리 시스템을 판매한다면 판매 구역 내에 우리 상품에 대한 가망고객은 열 군데에서 열두 군데 정도밖에 안 될 것이다. 따라서 접근 방법이 달라야 한다.

소규모 판매에서 성공의 열쇠는 '활동'과 '노출'이다. 대규모 판매에서는 '계획'과 '전략'이다. 계획적인 접근 방법의 첫 단계는 가망고객 발굴 즉 맨 처음에 고객에게 어떻게 접근할 것인가이다. 대규모 가망고객은 수도 매우 석고 대단히 소중하므로 어느 것 하나라도 운에 맡겨두면 안 된다. 첫 번째 상담 약속을 정하기 전에 고객기업과 핵심 의사 결정자에 대해서 철저하게 연구해야 한다. 미리 철저하게 사전 준비를 해서 가망고객과 대규모 판매를 협의할 수 있을 정도가 되어야 한다.

큰 거래처는 우리 판매 구역의 전체 잠재력에 엄청나게 큰 가치를 지니고 있으므로 거래처에 접근하기 전에 먼저 간접적 가망고객 발굴을 통해서 초기 정보를 입수해야 한다. 간접적 가망고객 발굴은 그 회사에 있는 누군가를 접촉하는 일이다. 가능하면 우리 상품이나 서비스를 판매하고자 하는 담당 부서가 아닌 다른 부서에 있는 사람이 바람직하다. 적진을 습격할 때와 마찬가지로 첫 번째 할 일은 회사 안으로 들어가는 것이다. 반드시 회사 내에서 구매 결정이 어떻게 이루어지는지 알고 있고, 어떤 큰 거래에나 존재하는 권력과 영향력의 미묘한 정치적 역학관계를 헤쳐 나가는데 도움을 줄 수 있는 '판매 조언자'를 찾아야 한다.

예를 들어서 제조부서에 판매하려고 한다면 회계부서에 있는 사람에게 전화를 한다. 부서장과 이야기하고 싶다고 말하라. 그리고 부서장에게 자신이 누구인지 말하면서 그 회사에 판매 제안하려는 것에 대해 잠시 의견을 구하고 싶은데 가능한지 물어라. 그러면서 판매 제안을 하려는 것이 회사에 적절한지 확신이 가지 않아서 그러니 의견이나 조언을 부탁한다고 말하라.

가망고객 발굴을 위한 이 예비 접촉에서는 상품이나 서비스를 소개하거나 판매하려고 해서는 안 된다. 그냥 우리 상품이나 서비스를 통해서 다른 회사들이 얻고 있는 아이디어나 이익을 설명하고 난 후에 그 회사에도 관련이 있거나 적용 가능성이 있다고 생각하는지 물어라. 이 시점에서 우리가 바라는 것은 오직 솔직한 답변뿐이다. 한 가지 좋은 전략은 안내사원에게 전화해서 그 회사 최고 세일즈맨의 이름을 물어보는 것이다. 그 사람과 연결이 되면 자신이 누구인지 밝혀라. 자신도 세일즈맨이라고 말하고 나서 우리 상품이나 서비스가 그 세일즈맨이 일하는 회사에 큰 도움이 될 것 같다면서 도움을 요청하라. 세일즈맨에게 누구와 접촉해야 하는지 혹은 어떻게 접근해야 될지 모르겠다고 말하면서 도움이나 조언을 부탁해라.

세일즈맨은 보통 어느 조직에서나 가장 협조적인 사람들이다. 최고 세일즈맨이라면 다들 사람을 우선시하고, 협력하기 때문에 기꺼이 직접 도와주거나 아니면 복잡한 의사 결정 과정을 헤쳐갈 수 있게 안내해 줄 누군가를 추천해 줄 것이다. 본인이 잘 모를 경우에는 알아보고 나서 연락해 줄 것이다. 이따금 세일즈맨이 내부에서 '코치' 역할을 해 줄 사람을 소개해 주는 경우도 있다. 그들은 서로 협력하면서 판매가 이루어질 수 있도록 도와준다.

대규모 판매에서는 하위 직급에서 거래가 성사되도록 도와줄 사람을 확보하기 전에는 의사 결정자에게 접근하지 않는 것이 일종의 규칙이다. 먼저 우리 상품이 해결해 줄 수 있는 문제를 갖고 있는 사람에게 우리를 소개해 줄 사람을 찾아야 한다. 업무 절차를 잘 알고 거래 성공을 바라는 그 회사 내부의 조력자 없이 판매를 추진하면 십중팔구 실패한다.

모든 대규모 판매에는 경쟁자가 있다. 우리 경쟁자는 의사 결정자와 접촉하기 전에 먼저 내부 조력자를 찾아 그의 도움을 받는 단순한 행위를 통해서 그 거래처를 뚫을지도 모른다. 대규모 판매에서는 고객기업 내부에 있는 사람을 많이 알수록 경쟁자에 비해서 우위를 차지하고, 거래를 따낼 수 있게 해 주는 소중한 정보를 입수할 가능성이 높아진다. 따라서 가장 먼저 내부 조언자를 찾은 다음에 그의 조언을 받아가면서 최종 의사 결정자와 판매를 진행시켜 가는 것이 바람직하다.

큰 거래처를 발굴할 때는 먼저 그 거래처가 어떤 회사인지 그리고 그 거래처가 우리에게서 구매할 가능성이 있는 상품은 무엇인지를 파악해야 한다. 방문할 가치가 있다고 생각되는 모든 회사의 목록을 작성하라. 각 회사에 관한 현황 양식 혹은 파일을 만든 다음에 관련 정보를 찾아서 채워 넣어라. 상장된 회사라면 전화를 걸어서 연차보고서와 기업실적 보고서를 요청하라. 두 가지 자료에는 모두 기업 활동 현황과 계획 그리고 미래 재무상태 전망에 관한 자세한 정보가 실려 있다. 해당 업계 간행물과 자료를 찾아서 그 회사를 인수하기 위해 회사에 관한 모든 것을 알아보는 자세로 조사 자료를 만들어라. 조사와 사전 준비가 마무리 되었다면 이제부터 시작이다. 대규모 판매이든지 아니면 소규모 판매이든지 초기 접촉 방법은 상당 부분 동일하다. 거의 대부분 전화로 시작된다.

전화를 통한 가망고객 발굴 기법

전화도 사업 도구 중 하나다. 자동차, 신용카드, 팩스 혹은 PC와 마찬가지다. 따라서 능숙하고 효율적으로 사용하는 방법을 배워야 한다. 가망고객과의 처음 접촉 그리고 그 이후 후속 업무의 99퍼센트는 전화로 이루어진다. 전화를 능숙하게 사용하면 많은 돈을 벌거나 절약할 수 있다. 그런데 많은 세일즈맨들이 전화를 통한 가망고객 발굴을 불편하게 생각한다. 어떻게 하면 잘할 수 있는지 모르기 때문이다. 무의식적인 두려움으로 인해 전화 걸 엄두도 내지 못하는 사람들도 있는데 그에 관해서는 조금 뒤에 설명하겠다. 지금부터 전화를 최대한 효과적으로 활용하여 가망고객을 발굴할 수 있는 방법을 알아보자.

먼저 **전화를 거는 목적이 단지 약속을 잡기 위해서라는 점을 알아야 한다.** 지금 상품이나 서비스를 팔려고 하는 것이 아니다. 고객을 만나지 않고도 거래를 마무리 지을 수 있는 증권 판매처럼 즉시 주문을 받을 수 있는 경우가 아니라면 무엇을 파는지에 대해서 말할 필요도 없다. 또한, 전화로 상품에 대해서 이야기하고 상담을 시작하고 싶은 유혹도 이겨내야 한다. 만일 그렇게 한다면 판매는 실패라고 봐도 무방하다. 일단 안내 사원에게 전화를 걸어서 자신을 소개하라. 그리고 "이 분야에서 의사 결정자가 누구시죠?"라고 물어라. 안내 사원의 업무는 해당 직원에게 신속히 연결해 주는 것이며 솔직하고, 정직하고, 직접적이어야 한다. 또한, 따뜻하고 친밀해야 한다.

안내 사원이 우리 상품이나 서비스의 구매 담당자가 누구인지 잘 모르거나 의사 결정자의 비서가 전화를 연결시켜 주지 않을 경우에는 탑다운

top-down 전략을 사용하라. 안내 사원에게 전화해서 회사의 사장과 통화하고 싶다고 말하라. 그러면 사장 비서에게 연결해 줄 것이다. 그러면 이렇게 자신을 소개하라. "저는 ○○회사의 ○○입니다. 도와주시면 고맙겠습니다." 사람들은 누군가가 도움을 요청하면 거의 대부분 기꺼이 도와준다. 비서에게 회사가 앞으로 몇 달 안에 돈을 벌거나 절약할 수 있도록 도움을 줄 수 있는 아이디어가 있는데, 누구와 이야기하는 것이 좋을지 잘 모르겠다고 말하라. 그리고 사장에게 이야기하는 것이 좋을지 아니면 다른 사람에게 이야기해야 되는지 물어보라. 비서는 거의 틀림없이 다음 셋 중에 한 가지 조치를 취할 것이다.

담당 부서의 책임자가 누구인지 알고 있는 경우에는 그 사람에게 우리를 소개하면서 연결시켜 줄 것이다. 아니면 우리가 누구와 통화하는 것이 좋은지 사장에게 물어본 다음에 연결시켜 줄 것이다. 이 둘 중에서 어느 경우든지 우리가 통화하게 될 사람은 이 일이 사장실에서 내려온 것이라는 사실을 안다. 그러면 아무래도 우리 이야기를 성의 있게 듣게 된다. 비서가 취할 수 있는 세 번째 조치는 우리가 전화한 이유를 직접 설명하고 사장이 결정할 수 있도록 사장에게 연결시켜 주는 것이다. 누구와 이야기하게 되든지 우리가 이제 할 일은 상대방의 시간을 10분간 얻어내는 것이다. 우리 상품이나 서비스에 대해서 설명하거나 팔기 위해서가 아니다. 난지 더 진행할 필요가 있는지 결정하기 위해서 10분간 직접 만날 기회를 얻자는 것이다.

미리 답변을 준비하고 있어야 할 핵심 질문

가망고객은 누구나 마음속에 몇 가지 질문을 갖고 있다. 고객이 그 질문을 실제로 할 수도 있고 안 할 수도 있지만, 상담 약속을 얻어내고 궁극적으로 판매에 성공하려면 어쨌든 이 질문에 대답할 수 있어야 한다. 우리가 대답해야 할 첫 번째 질문은 "내가 왜 당신 이야기를 들어야 합니까?"이다. 대화에 조금이라도 진전이 있으려면 이 질문에 답할 수 있어야 한다.

가망고객은 바쁘다. 그리고 상품을 팔기 위해서 세일즈맨들이 계속해서 접근해 온다. 그 사람이 우리 이야기를 들어야 하는 이유는 무엇인가? 서두에 우리 상품의 아이디어, 이익, 결과를 다뤄야 한다. 바로 판매 파이프라인의 저쪽 끝 가망고객 쪽에 가서 우리 상품이나 서비스 사용의 결과로 누리게 될 핵심적인 이익에 대해 이야기해야 한다. 예를 들어서 이렇게 시작하는 것이다. "고객님의 회사에 많은 비용을 절약해 줄 아이디어가 있습니다." 내 경우에는 예전에 세일즈 훈련 프로그램을 판매할 때 먼저 이런 질문을 던졌다. "앞으로 6개월 동안에 판매를 20~30퍼센트 늘릴 수 있는 확실한 방법이 있는데 관심이 있으신가요?"

서두에 제대로 된 질문을 던지면 가망고객은 두 번째 질문을 하게 되는데, 우리가 그 질문에 제대로 답변해야 상담 약속을 얻어낼 수 있다. 두 번째 질문은 이것이다. "그것이 무엇이지요?" 서두에 질문이나 이야기를 했는데 상대방이 이 질문을 하지 않으면 우리가 말을 잘못했거나 상대방이 가망고객이 아니라는 의미다.

가령 우리가 "품질이나 효율성을 떨어뜨리지 않으면서 종이 비용을 20퍼센트 줄일 수 있는 방법이 있는데 관심이 있으세요?"라고 질문을 했는데 가망고객이 "값이 얼마지요?", "저는 관심 없습니다.", "제 부서 일이 아닙니다." 등의 대답을 한다면 그것은 상대방이 우리가 찾는 사람이 아니라는 의미이다. "그것이 무엇이지요?"라고 묻는다면 우리가 찾는 사람이다. "그것이 무엇이지요?"라고 가망고객이 물으면 "고객님, 그것이 무엇인지가 바로 제가 말씀드리고 싶은 것입니다. 10분간만 시간을 내 주시면 자료를 보여 드리면서 설명 드리겠습니다. 그 다음에 고객님께 도움이 될지 결정하시면 됩니다. 판단은 고객님이 하십시오."라고 대답하라.

　전화로 상담 약속을 잡으려면 상대방에게 다음의 네 가지를 확신시켜 주어야 한다. 첫째, 상대방이 적임자라는 것. 둘째, 방문이 짧을 것이라는 사실. 셋째, 강매하지 않을 것이라는 점. 넷째, 가망고객에게 어떤 의무도 없다는 점이다. "10분간만 시간을 내 주십시오. 그 다음에 직접 판단하시면 됩니다."라고 말하는 순간, 네 가지 요건 중에서 세 가지가 곧바로 충족된다. 바쁜 가망고객은 거의 대부분 "전화로 말씀해 주시겠어요?"라거나 "만나기 전에 그것이 무엇인지 대략 말씀해 주시겠어요?"라고 할 것이다. 그 질문에 대답하고 싶은 유혹이 생기겠지만 그것은 함정이다. 그 유혹에 빠지면 대개 이 가망고객을 직접 만날 수 있는 기회가 사라져 버리기 때문이다. 상품이나 서비스에 대해서 조금이라도 정보를 제공하면 고객은 이런 반응을 보일 것이다.

　"관심 없습니다."
　"돈이 없네요."
　"현재 공급자에게 만족합니다."
　"지금 당장은 필요 없습니다."
　"빌써 구매했어요."
　"지금은 구매할 계획이 없습니다."
　"사업이 신통치 않네요."

그 외 판매업에 잠시라도 몸을 담았다면 여러 번 들었을 말들을 할 것이다. "상품에 대해서 조금 이야기해 주시겠어요?"라고 고객이 질문하면 "저도 그렇게 하고 싶지만 꼭 보여 드릴 것이 있습니다."라고 대답하라. '보여 드릴 것'이라고 말하는 순간 그 단어는 상대방의 호기심을 자극한다. 가망고객은 우리에게 질문하는 대신에 "그것이 무엇인지 궁금하군요."

로 바뀌게 된다. 가망고객이 자료를 우편으로 보내달라고 하면 정중하게 거절하면서 대신 이렇게 말하라. "보내드리고 싶지만 우송하다보면 가끔 문제가 생겨서요. 차라리 제가 잠시 찾아뵙고 직접 전해드리겠습니다. 다음 주 목요일 오후에 제가 그쪽으로 가지요. 시간이 괜찮으세요?" 그리고 다시 "10분이면 됩니다. 고객님이 찾고 계시던 상품인지는 직접 판단하세요."라고 말하라. 가망고객이 "정말 시간이 없습니다. 그리고 시간을 낭비하도록 하고 싶지도 않고요. 상품에 대해서 조금만 이야기해 주시면 지금 바로 답을 드리지요."등의 말을 하면 이렇게 대답하라. "고객님. 딱 10분이면 됩니다. 수많은 회사들이 이미 우리 상품을 만족스럽게 사용하고 있거든요. 일단 보시고 나서 판단하시지요."

가끔 가망고객이 "좋아요. 다음 주에 전화주시면 약속을 잡지요."라고 말할 경우가 있다. 그렇게 빠져나가도록 해서는 안 된다. 즉시 이렇게 대답하라. "고객님. 혹시 옆에 달력이 있습니까? 지금 시간을 정하시지요. 다음 주 목요일 10시경이 어떠세요? 아니면 금요일 아침이 더 좋으신가요?" 과거처럼 '대안 제시로 약속 시간을 확정하는 방법'을 써서 가망고객의 마음을 상하게 하고 처음부터 관계가 비뚤어지게 해서는 안 된다. 예전에는 세일즈맨들에게 "목요일 10시 또는 수요일 2시 중 어느 쪽이 좋으세요?"라고 물어보라고 훈련을 시켰다. 요즘 그렇게 말하면 고객은 이내 자신을 조종하려 든다고 해석해서 우리가 하는 다른 모든 말에 귀를 기울이지 않는다. 만일 가망고객이 "나도 지금 시간을 정하고 싶지만 목요일에 외부에 있을지 모르겠네요."라고 하면 "고객님, 지금 시간을 정하시죠. 혹시 사정이 생기시면 바꿀 수 있으니까요."라고 대답하라.

전화로 상담 약속을 잡을 때는 주장을 굽히지 않는 것과 고집을 부리는 것 사이에 엄청난 차이가 있다. 가망고객은 대부분 공손한 태도로 자기주장을 굽히지 않으면서 상담 약속 일시를 구체적으로 정하려는 사람에게는 호의를 갖는다. 가망고객이 불쾌하게 생각하는 것은 너무 자기주장을 강요하고, 예의가 없거나 수용적이지 않은 고집불통 혹은 저돌적인 세일즈맨이다. 태도가 싹싹하고 공손하기만 하다면, 상담 약속을 확정하지 않으려는 가망고객의 시도를 부드럽게 피할 수 있다. 새로운 가망고객과 전화로 상담 약속을 정하는 일은 축구에서의 킥오프와 같다. 경주의 출발을 알리는 신호이다. 판매 과정의 시작을 알리는 종소리로써 판매로 이어질 수도 있고 그렇지 않을 수도 있다. 미리 계획하고, 연습하고, 세세한 사항까지 숙지해야 한다. 제대로 된 견실하고 전문가다운 가망고객 발굴은 커다란 판매 성공을 위한 도약대이다.

가망고객 발굴에 대한 두려움

가망고객 발굴에 대한 두려움은 세일즈맨이 자신의 잠재력을 완전히 발휘하지 못하는 중요한 원인이다. 사람들이 우리를 긍정적으로 대하면 우리도 자신에 대해서 좋은 느낌을 갖는다. 그러나 사람들이 우리에게 부정적이거나 비판적으로 대하면 마음이 상하고 화가 난다. 우리가 하는 가망고객 발굴 노력에 대해 너무 많은 부정적인 반응에 접하게 되면 결국에는 의욕을 잃고 판매업을 떠나게 된다. 마음속에서 자신의 부정적인 경험을 반복해서 생각하게 되면, 새로운 가망고객을 방문한다는 생각만 해도 겁이 나고 불안해져서 가망고객 발굴 활동을 완전히 멀리하게 된다.

중요한 점은 바로 이것이다. **고객들이 처음에 우리가 하는 말에 대해서 흥미를 느끼지 못하는 것은 정상적이고 자연스런 반응**이라는 사실이다. 그들의 정상적인 반응은 당연히 "노!(NO)"일 것이다. 고객은 자신의 일로 바쁘고 자신의 문제 때문에 다른 생각을 할 여유가 없다. 전화 혹은 직접 방문을 통해서 우리가 그들과 함께 한다는 것은 경제 활동과 일상적인 활동에 대한 방해일 수밖에 없다. 따라서 그들이 보이는 첫 번째 반응은 거의 대부분 "관심 없어요."라는 것이다.

판매에서 가장 먼저 배워야 할 것은 "거절은 개인에 대한 것이 아니다."라는 점이다. 거절은 우리와 아무 관계가 없다. 가망고객은 우리를 받아들이거나 거절할 만큼 우리를 잘 알지 못한다. 심지어 우리가 누구인지 또는 무슨 일을 하는지도 모른다. 자기 자신의 삶과 상황에만 온전히 몰두해 있다. 거절은 절대 개인에 대한 것이 아니다. 로라 헉슬리 Laura Huxley는 『당신에게 그런 것이 아니다 You are not the target』라는 책을 썼다. 그 제목이 모든 것을 말해 준다. 까다로운 고객을 상대할 때는 언제나 그 말을 기억하라. "당신에게 그런 것이 아니다(즉 나에게 그런 것이 아니다!)." 거절을 개인적으로 받아들여서는 안 된다. 오리가 물을 털어버리듯이 가망고객의 부정적인 반응을 툭툭 털어버려라. 미소를 짓고, 어깨를 한 번 으쓱한 후에 다음 고객을 방문하라.

중요한 것은 가망고객의 어떤 부정적인 반응에도 의욕을 잃지 않는 것이다. '예스'라는 대답을 한 번 들으려면 '노'라는 대답을 수없이 들어야 한다. 최고의 시장, 최고의 상품이라도 다섯 번 중에서 네 번은 거절당한다. 다소 어려운 시장이라면 열 번 중에서 아홉 번 거절당한다. 아주 어렵고 경쟁이 심한 시장이라면 스무 번 중에서 열아홉 번 거절당할지도 모른다. 거절당하는 횟수를 줄이기 위해서 할 수 있는 최선을 다해야 하지만, 그렇다고 거절당하는 일이 완전히 없어질 수는 없다. 단골 고객들 중에도 처음에 전화하거나 방문하면 일단 제안을 거절하는 사람들이 많을 것이다. 사실 우리 일은 '판매업'보다 '거절사업'이라고 부르는 것이 타당할지도 모른다. 거절을 당할 때마다 무엇인가를 배우고, 그래서 그 다음 방문에서는 전보다 더 잘 하고 지혜롭게 대처하게 되기 때문이다. 거절 횟수가 충분히 쌓이게 되면 지혜와 경험이 생겨서 자신의 모든 판매 목표를 달성할 수 있다. 거절을 많이 당할수록 더 빨리 배운다. 오늘 더 많이 거절당할수록 내일 더 큰 성공을 거둘 것이다.

파블로프 기법

러시아의 저명한 생리학자 이반 파블로프 Ivan Pavlov는 조건 반사의 힘을 최초로 증명한 사람이다. 그는 굶주린 개에게 고기를 보여 주고 개가 침을 흘리면서 고기에 달려들 때 종을 쳤다. 며칠 동안 이 일을 반복했더니 개는 그냥 종만 쳐도 침을 흘리면서 고기를 찾기 위해 주위를 두리번거렸다. 두 가지 자극을 함께 주었더니 그 중 한 가지 자극만 주어도 다른 자극을 떠올린 것이다. 개는 소리에 대해서 조건 반사가 형성되었고, 그 결과 자극이 주어질 때마다 개가 어떤 행동을 할 것인지 예측할 수 있게 되었다.

우리도 마찬가지다. 아주 다양한 자극에 자동적으로 반응하도록 조건 반사가 형성되어 있다. 좋아하는 음식 냄새를 맡으면 뱃속에서 꾸르륵 소리가 난다. 다정한 소리가 들리면 미소 짓는다. 싫어하는 사람을 보거나 생각만 해도 인상이 찌푸려진다. 이들은 모두 오랜 시간에 걸쳐 반복과 연습 과정을 통해 학습된 자동적인 반응이다. 우리가 하는 모든 일의 무려 95퍼센트가 습관에 의해서 결정된다. 습관에는 좋은 습관도 있지만 나쁜 습관도 있고, 도움을 주는 습관도 있지만 해를 끼치는 습관도 있다. 다행스러운 점은 우리 삶과 경력에 도움을 주는 건설적인 습관을 의식적으로 개발할 수 있다는 사실이다.

간단하고 증명된 프로세스를 사용해서 가망고객 발굴 활동을 갈망하도록 자신을 조절할 수 있고, 긍정적이고 열정적으로 여기도록 자신을 훈련할 수도 있다. 그리고 매일 새로운 사람들을 만날 수 있는 기회를 고대하도록 자신을 가르칠 수도 있다. 즉 판매 성공이 보장되어 있다고 해도 지나치지 않을 가망고객 발굴 습관을 스스로 연마할 수 있다. 훈련 과정은 네 단계로 이루어져 있다. 그것을 꾸준히 반복하여 가망고객 발굴에 대해서 생각할 때마다 새로운 방식으로 반응하게끔 습관화해야 한다.

1단계는 자기 관찰이다. 가망고객 발굴에 대해서 생각하고 있거나 한 걸음 더 나가서 전화기를 쳐다보고 있다고 상상하라. 자신이 긴장하고 불안해 한다는 것을 느낀다. 그리고 회피 행동을 시작한다. 일어나서 커피를 한 잔 더 마시거나 다른 세일즈맨들과 잡담을 하고 신문을 읽는다. 자기관찰 훈련에서는 한 걸음 뒤로 물러나서 이런 회피 행동을 하고 있는 자신을 관찰하는 것이다. 불교에서는 이것을 '해탈'이라고 부른다. 정신적으로 자신에게서 떨어져 나와 특정한 행위를 하고 있는 자신을 바라보는 것이다. 두려움으로 인해 생긴 행동에서 자신을 분리시키면 감정에서도 떨어져 나올 수 있다. 그러면 자신을 더 차분하고 또렷하게 볼 수 있다. 자신에게 "저 친구 좀 봐. 전화기를 집어 드는 것(또는 낯선 사람을 방문하는 것) 같은 간단한 일을 피하려고 별 이상한 짓을 다하고 있네."라고 말할 수 있게 된다.

2단계에서는 심리학자들이 '패턴 인터럽트 pattern interrupt'라고 부르는 행동을 한다. 이것은 음반에서 턴테이블의 톤암 torn arm 을 쳐내 버리는 것과 같다. 정신적 CD 플레이어에서 디스크를 빼내 버리는 것으로써 부정적인 생각의 흐름을 끊어 버리는 일이다. 몇 가지 방법이 있다. 벌떡 일어나서 손을 흔드는 방법도 있고, 크게 손뼉을 치는 방법도 있다. 자기를 꼬집거나 단호하게 '스톱!' 이라고 외치는 방법도 있다. 패턴 인터럽트를 통해서 전화걸기와 전화걸기의 두려움을 반복해서 생각하는 순환 고리를 부수고 생각의 흐름을 차단한다. 그러면 우리 마음은 잠시 동안 진공 상태가 된다.

3단계에서는 재빨리 새로운 디스크를 집어넣고 가망고객 발굴이 주는 성공과 성취감을 느낀다. 전화를 걸어 판매 상담을 하고 나서 고객이 되었던 사람에 대해 생각하는 것이 방법이다. 상담 약속을 하고, 상품이나 서비스를 프레젠테이션하고, 거래를 마무리한 다음에 고객과 악수했던 경험을 회상하면서 그때의 기쁨을 되살린다. 가능하면 가망고객 발굴 과정에서 가장 좋았던 고객의 명함을 사진으로 찍어서 눈앞에 두고, 새로운 가망고객에게 전화하기 전에 보라.

이 자신감과 만족감을 마음에 가득 채운 상태로 즉시 전화기를 들고 목록에 있는 첫 번째 가망고객에게 전화하라. 앞에서 설명한 가망고객 발굴 대본에 따라서 진행하라. 침착하고, 긍정적이고, 예의 바르고, 프로다운 모습을 보여라. 아무것도 걱정하지 마라. 무슨 일이 일어나든지 그냥 담담하게 받아들여라. 최선을 다하고, 전화 속 가망고객에게 미소를 짓고, 편안한 마음을 갖고, 시간을 내줘서 고맙다고 말하라.

4단계는 가망고객에게 전화한 것에 대해서 즉시 자신에게 보상하는 일이다. 커피 한 잔, 쿠키 한 개, 도넛 한 조각, 혹은 일어나서 심호흡하면서 스트레칭 하는 것도 보상이 될 수 있다. 과거의 성공과 의식적으로 연결시킨 어떤 일을 한 직후에 자신에게 보상을 하면 그 활동의 기쁨은 강화된다. 실제로 그 보상을 기대하도록 자신을 훈련하게 되는 것이다.

가망고객 발굴 행위를 넘어서 그 행위를 완료하면 받게 될 보상이 주는 기쁨을 보고, 생각하고, 느낀다. 얼마 지나지 않아서 가망고객 발굴을 생각하면 자신도 모르게 미소를 짓고 행복감을 느끼게 된다. 가망고객 발굴을 생각만 해도 가슴이 설레고 열정이 생긴다. 가망고객 발굴을 고대하게 된다. 즉 가망고객 발굴에 대해서 조건 반사가 형성된다. 파블로프의 개가 침을 흘리는 데에 고기를 보거나 냄새 맡을 필요가 없었던 것처럼, 가망고객 발굴에 대해서 열정적이 되는 것에 더는 즉각적인 보상을 필요로 하지 않게 된다. 상품이나 서비스에 관해 이야기하기 위해서 새로운 가망고객을 방문한다는 생각을 할 때마다 우리도 인상을 찌푸리기보다 미소 짓게 된다.

가망고객 발굴 훈련의 4단계

1. 자기 관찰을 한다

2. 부정적인 생각의 흐름을 끊는다

3. 성공과 성취감을 느낀다

4. 즉시 자신에게 보상한다

대중 연설

심리학자들은 일정한 두려움들이 마치 전선 다발처럼 잠재의식 속에 한 묶음으로 자리하고 있다는 점을 발견했다. 이처럼 묶음으로 자리하고 있는 두려움이 가망고객 발굴에서 나타나는 '거절에 대한 두려움'과 청중 앞에서 이야기할 때 나타나는 '대중 연설에 대한 두려움'이다. 이 두려움 중 하나를 끊어 버리거나 없애 버리면 동시에 다른 하나의 두려움도 제거할 수 있다. 거절에 대한 공포를 극복하면 대중 연설에서도 더 편안하고 자신감을 갖게 된다. 대중 연설에서 더 편안하고 자신감을 갖게 되면 거절에 대한 공포를 극복할 수 있다.

직장 생활과 미래를 위한 최고의 투자 중 하나는 연설하는 방법을 배우는 일이다. 다른 사람들 앞에서 연설하는 것에 대한 두려움이 다른 어떤 요인보다도 많은 사람들의 삶과 직장 생활을 가로막고 있다. 하지만 우리가 진정으로 원하기만 한다면 이 두려움을 극복할 수 있다.

거의 **대부분의 두려움을 극복할 수 있는 방법이 바로 '체계적 둔감법'이다.** 이것은 자신이 두려워하는 일을 더 이상 두렵지 않을 때까지 반복해서 하는 것이다. 우리가 가진 '두려움 근육'이 완전히 지칠 때까지 우리에게 두려움을 주는 행동을 반복해서 둔감해지게 만드는 것이다.

토스트마스터 인터내셔널 Toastmasters International 이나 크리스토퍼 리더십 코스가 개발한 프로그램은 대중 연설에 대한 두려움이 수많은 사람들의 직장 생활과 삶에 장애 요인이 된다는 사실을 발견한 후 여러 해에 걸쳐서 개선되었고, 지금은 전 세계에 걸쳐있는 지부를 통해서 교육되고 있다. 교육 과정은 무척 간단하다. 그룹의 크기는 30명을 넘지 않도록 제한되는데 지부가 너무 커지면 분할해서 새로운 지부가 만들어진다.

이 소그룹의 사람들이 매주 모임을 갖고 그 모임에서 멤버들은 모두 그룹 앞에서 연설할 기회를 갖는다. 이 목적을 잘 달성할 수 있도록 여러 가지 훈련이 설계되어 있다. 멤버들은 매주 한 주도 빠짐없이, 일어서서 30초, 60초 혹은 그 이상 동안 그룹을 대상으로 연설을 한다. 그리고 멤버들은 지지해 주고, 박수를 쳐 주고, 재치 있는 유머를 던져서 힘을 보태 준다. 매주 한 번씩 이 두려움에 맞서게 되면 멤버들은 3~6개월 안에 대중 연설에 대한 두려움으로 꼼짝도 못하던 사람에서 사전 예고가 거의 없더라도 바로 이야기할 내용을 구상해서 연설할 수 있는 능숙한 발표자로 변모하게 된다.

세일즈맨이 능숙하게 대중 연설을 할 수 있는 능력을 갖게 되면 가망고객을 대할 때 훨씬 역동적이고, 자신감 있고, 개방적이 된다. 대중 연설 능력이 향상될수록 거절에 대한 두려움도 동시에 줄어든다.

토스트마스터 인터내셔널이나 크리스토퍼 리더십 코스 등을 통해서 대중 연설 능력을 기르면, 1년도 채 안 되서 자기 회사나 업계 전체에서 가장 긍정적이고 유능한 세일즈맨이 될 수 있다. 거절에 대한 두려움과 대중 연설에 대한 두려움이라는 쌍둥이 두려움을 제거함으로써 자신을 해방시키고, 업무와 개인 생활에서 완전한 자기표현의 길로 신속하게 나아갈 수 있다.

가망고객 발굴을 위한 멘탈 리허설

많은 세일즈맨들이 처음 가망고객에게 접근할 때 초조해 하고 불안해 한다. 지금까지 설명한 방법을 따랐고, 상담 시간과 장소도 구체적으로 정했지만 너무 긴장과 불안이 심해져서 최고의 모습을 보여 주지 못할 수 있다. 다행히 매일 연습하면 가망고객과 대면했을 때 최고의 능력을 보여 줄 수 있는 일련의 기법들이 있다.

첫째, 완벽하게 준비해야 한다. 다른 무엇보다도 이것이 우선이다. 사전 조사를 해서 회사, 회사의 상품과 서비스, 특정 가망고객, 그 특정 가망고객의 직위와 배경, 시장에서 가망고객의 업무에 영향을 미치는 요인들 등 가능한 한 모든 것에 대해서 정보를 입수해야 한다. 준비가 잘 되어 있을수록 더 자신감 있고 편안하게 가망고객과 만날 수 있다.

둘째, 약속 시간 최소 10분 전에 도착하도록 계획을 세워야 한다. 가망고객에게 좋은 인상을 줄 수 있을 뿐만 아니라 다가올 상담에 대비해 생각을 가다듬고 마지막 준비를 할 수 있는 기회를 준다.

셋째, 자신이 다른 사람의 도움을 받거나 돈을 벌기 위해서 일할 필요가 없을 만큼 충분한 돈을 갖고 있는 사람이며, 회사를 대표해서 예의상 이 회사를 방문한다고 상상하면 불안감이 줄어든다. 이 판매를 성사시키고 싶은 마음이 강하지만 판매 성사의 여부가 자신에게는 큰 차이가 없다고 상상하라. 상담 결과에 대해서 태연한 자세를 취하고, 어떤 말이나 행동은 해도 되고 어떤 것은 안 된다고 긴장하거나 걱정하지 마라.

첫 방문을 준비할 때 가장 중요한 것이 멘탈 리허설 Mental rehearsal 이다. 상담 장소에 몇 분 일찍 도착했다고 하자. 멘탈 리허설을 하기 위해서는 차 안이나 가까운 화장실에 조용히 앉는다. 심호흡을 하고 긴장을 푼다. 다섯 번에서 일곱 번 천천히 숨을 들이마시고 내뱉는다. 이것은 뇌파활동을 낮

춰서 창의적인 알파 상태로 만들어 준다. 잠재의식은 이제 프로그래밍 할
수 있는 준비가 되었다.

이렇게 채 1분이 걸리지 않아서 만들어진 이완 상태로, 곧 있을 판매 상
담에서 완벽하게 상담을 수행하는 자신의 모습을 마음속으로 그려 본다.
차분하고 긍정적이며 편안하게 상담 과정을 완벽하게 통제하고 있는 자신
의 모습을 자기 눈으로 직접 본다. 편안하고 긍정적인 자세로 자신이 하는
말에 큰 관심을 갖으며 듣고 있는 가망고객의 모습도 본다.

상담이 단계별로 진행되어 서명이 끝난 주문서나 계약서 같은 이상적인
결과로 마무리되고, 판매의 다음 단계로 진행되어 가는 것을 마음속으로
그려 보라. 그러면서 자신에게 이렇게 긍정적으로 말하라. "정말 멋진 상
담이야!" 이 말을 여러 번 반복하라. 이 말과 마음속 그림을 연결시키면 완
벽한 성공과 행복의 느낌이 생긴다. 상담에 대한 이상적인 결과를 마음속
으로 그리면서 긍정적으로 말하고 계속 편안하게 호흡하라.

이 모든 과정에서 핵심은 '느낌을 갖는 것'이다. 자신이 상상한 그대로 상담
이 마무리되었을 때 느낄 행복감을 상상해 보라. 마음속에서 판매 성공이
가져올 즐거운 느낌을 그려라. 그 느낌을 마음속 그림 및 긍정적인 말과
함께 간직하라. 그 감각을 경험하고 성취의 기쁨을 즐겨라. 모든 것이 생
각한 대로 이루어졌다는 느낌과 방문이 완벽한 성공이라는 느낌을 맛보고
나면 방금 경험했던 모든 것을 해제한다.

마치 풍선에서 바람을 빼는 것과 같다. 그리고 생각, 마음속 그림, 긍정
적인 말을 놓아 버려라. 이제 눈을 뜨고 미소를 지으면서 자신 있게 상담
장소로 들어가라.

이 과정을 처음 해 보면 눈에 띄게 마음이 편안해지고 자신감을 느끼게
된다. 더 긍정적이 되고 미소를 짓게 된다. 안내 사원과 가망고객에게 더

따뜻하고 친절해진다. 상황을 잘 통제하고 있다는 느낌을 갖게 된다. 상담이 끝날 때까지 자신이 말과 행동을 적절하게 잘하고 있다는 느낌이 든다. 대부분 상담이 시작되기 전에 마음속에 프로그램해서 넣었던 것과 완벽하게 일치한 결과를 갖고 상담 장소를 나서게 될 것이다.

첫 대면 상담

첫 번째 상담 약속을 정했다고 하자. 가망고객이 몇 분 동안 시간을 내 주기로 했다. 가망고객은 대개 바쁘고 다른 일에 신경을 쓰고 있다. 따라서 우리는 약간 초조하고 불안한 마음이 든다. 여기까지 오기 위해서 많은 시간과 노력을 투자했다.

가망고객은 마음속에서 다른 일을 생각하고 있으므로 우리와의 상담을 빨리 끝내고 자신의 문제, 자신의 일을 계속하고 싶어 한다. 기회의 문이 열려있기 때문에 문이 닫히기 전에 이 기회를 최대한 활용할 수 있도록 준비되어 있어야 한다. 시간이 그다지 많지 않다. 스스로 여기에 판매하러 온 것이 아니라는 점을 상기시켜야 한다.

우리가 할 일은 이 사람이 '가망고객처럼 보이는 사람'인지 아니면 '진짜 가망고객'인지 밝혀내는 것이다. 임무는 오직 하나다. 이 사람이 우리 상품이나 서비스가 비용 대비 효과적으로 해결할 수 있을 만큼 큰 문제나 욕구를 갖고 있는지 알아내는 것이다. 그 차이를 알아내는 것이 주된 목표다. 우리 상품이나 서비스에 대한 이야기 혹은 다른 화제로 상담이 흘러가도록 해서는 안 된다.

암시가 가진 힘에 관해 앞 장에서 이야기하면서, 사람들이 세일즈맨을 아주 빨리 판단한다는 사실을 알 수 있었다. 우리가 첫 번째로 할 일은 가망고객에게 좋은 인상을 주는 것이다. 친밀감을 형성하고, 거부감을 줄이고, 가망고객이 마음을 열고 대화하며 우리말에 귀 기울이도록 해야 한다.

가망고객을 처음 만나는 순간부터 우리가 하는 모든 행동은 이 핵심적인 목표 달성에 도움을 주거나 아니면 방해가 된다. 가망고객이 미팅룸으로 들어오거나 아니면 가망고객의 사무실로 안내를 받을 때, 가장 먼저 할 일은 미소를 지으면서 상대방의 눈을 쳐다보고 힘차게 악수하면서 "안녕하세요? 만나 뵙게 되어서 정말 반갑습니다."라고 말하는 것이다. 처음에 이렇게 하면 가망고객은 즉시 우리를 존중하고 관심을 가질 만한 사람이라고 생각하게 된다. 거부감이 줄어들고 호기심이 생긴다. 가망고객은 우리의 방문 목적에 흥미를 느끼게 된다.

첫 상담에서 서두에 말하는 네 가지 방법

첫 상담에서 가망고객의 거부감과 의심을 줄이기 위해서 서두에 말하는 방법에는 네 가지가 있다.

첫 번째 방법은 '감사의 표현'으로 시작하는 것이다. "고객님, 고맙습니다. 바쁘신데도 시간을 내 주시니 뭐라고 감사드려야 할지 모르겠습니다. 오래 걸리지 않도록 하겠습니다." 무엇에든 감사를 표시하면 상대방의 자부심을 높여 주고 우리에게 호감을 갖게 한다. 가망고객이 우리를 위해서 하는 무엇인가에 대해서 "고맙습니다."라고 말을 할 때마다 가망고객은 우리를 그만큼 더 좋아하고 존중하게 된다.

두 번째 방법은 '기대감을 불러일으키는 것'이다. 이 방법은 대단히 강력한 방법이다. 호기심과 흥미를 유발하여 가망고객의 관심을 완전히 사로잡는다. 예를 들어서 이렇게 말하는 것이다. "제가 지금부터 보여 드리는 것이 정말 마음에 드실 겁니다." 혹은 " 제가 보여 드리는 것이 업무 방식을 개선시킬 겁니다." 아니면 "귀사의 전산 비용을 30일 이내에 질반으로 줄일 수 있는 프로세스를 저희 회사에서 개발했습니다." 이런 말은 무의식적으로 " 바로 내가 찾던 거야!", "궁금해서 견딜 수가 없네!"와 같은 반응을 불러일으킨다. 우리 상품이나 서비스에 대한 구매 의사 결정이 상대방의 업무 범위 내에 있다면 우리 제안이 무엇이든지 더 많이 알고 싶어 할 것이다.

세 번째 방법은 '반전'이다. 가망고객이 세일즈맨인 우리에 대해 거부감이 크다고 느낄 때 사용하는 방법이다. 이런 가망고객은 과거에 저돌적이고 공격적인 세일즈맨으로 인해 불쾌한 경험을 했기 때문에 자신이 비슷한 상황에 처했다는 사실을 알고 긴장하고 있다. 그때는 이렇게 말한다. "고객님, 먼저 제가 여기에 온 이유가 물건을 팔기 위해서가 아니라는 점을 말씀드리고 싶습니다. 단지 고객님께 잠시 몇 가지 질문을 드리고 우리 회사가 고객님의 목표 달성에 도움이 될 수 있는 방법이 있는지 알아보고 싶을 뿐입니다."

가망고객에게 진정으로 좋은 인상을 주고 싶으면 고객과 토의하고 싶은 세 가지에서 다섯 가지 정도의 질문지를 미리 준비하라. 가망고객에게 질문지를 한 장 주면서 이런 분야에 대해서 알아보고 싶다고 말하라. 그렇게 해도 괜찮은지 미리 물어라. 만일 괜찮다고 대답하면 이렇게 말하라. "시작하기 전에 한 가지 여쭤 봐도 될까요? 고객님께서 담당하시는 업무는 정확하게 무엇입니까?" 상담의 초점을 무엇인가 판매하는 데에서 몇 가지 탐색적 질문으로 바꾸고, 그가 담당하는 업무와 경력에 대해서 질문하면, 상대방은 거의 대부분 긴장을 풀고 마음을 연다.

그때부터는 모든 관심을 상대방과 상대방의 상황에 집중하라. 적절한 질문을 하고 답변을 경청하라. 아마도 가장 가망고객의 긴장을 잘 풀어 주고 입을 열도록 하는 질문은 "어떻게 이 일(업무)을 시작하게 되셨나요?"일 것이다. 사람들은 대부분 자신의 경력에 매료되어 있다. 따라서 경력에 관해 질문하면 신이 나서 이야기하므로 그 얘기를 들으면서 신뢰를 쌓을 기회를 얻는다.

네 번째 방법은 '문제'로부터 시작하는 것이다. 최고의 판매 프레젠테이션은 고객과 대면해서 하든 라디오나 TV, 아니면 문서로 하든지에 관계없이 문제 제기로 시작하여 상품이나 서비스가 주는 해결책으로 넘어간다. 가망고객과의 첫 번째 상담에서도 마찬가지다.

이를테면 이렇게 말한다. "고객님, 이 업종에 있는 모든 회사에서 건강 관리 비용이 급속하게 증가하고 있습니다. 저희 회사에서 그 비용을 물가 상승률 이하로 통제할 수 있는 방법을 개발했습니다." 이렇게 서두를 시작하면 가망고객은 이런 마법의 언어로 반응할 것이다. "그것이 무엇이죠?" 그러면 이렇게 말함으로써 상담의 다음 단계로 부드럽게 넘어갈 수 있다. "먼저 몇 가지 질문을 드려도 될까요?" 가망고객이 질문을 허락하면 판매 상담의 검사 단계를 시작해서 가망고객의 상황에 관해 가능한 한 많은 점을 파악한 다음, 진단과 처방 단계로 넘어간다.

첫 상담 서두에 말하는 법
1. 감사의 표현으로 시작한다
2. 기대감을 불러일으킨다
3. 반전 기법을 사용한다
4. 문제로부터 시작한다

2단계 판매

작고 값이 싼 상품을 파는 것이 아니라면 단 한 번의 방문으로 판매를 마무리하기는 어렵다. 판매를 진행시키려면 거의 대부분 다음에 고객을 다시 방문해야 한다. 이 사실을 안다면 첫 방문을 할 때 우리는 그것을 두 번 이상 예정된 상담 중에서 첫 번째 상담으로 봐야 하고, 고객에게도 그렇게 생각하고 있다는 점을 명확하게 알려야 한다.

이런 접근 방법은 거부감을 낮추고 호기심을 갖게 해서, 고객이 우리 판매 제안에 대해 더 수용적이 되게 해 준다.

가령 이렇게 말한다. "고객님, 오늘 잠시 고객님께 몇 가지 질문을 드리고 이 분야에 대한 정보를 조금 얻고자 합니다. 그 다음에 사무실로 돌아가서 저희 회사 전문가 몇 분과 고객님의 상황에 대해서 검토하겠습니다. 좋은 방안이 있으면 나중에 고객님을 다시 뵙고, 판매 증대(비용 절감) 방법을 말씀드리겠습니다." 혹은 달리 표현하거나 즉석에서 상황에 맞춰서 말을 할 수도 있다.

중요한 점은 이 첫 방문이 단지 조사 목적이라는 것을 고객에게 분명히 알리는 일이다. 그러면 고객은 긴장을 풀게 된다. 그리고 질문에 대해서 더 충실하게 대답하게 되어 상담이 더 유익해진다.

인터뷰 기법을 활용해서 몇 가지 질문을 하고 고객이 쉽게 볼 수 있도록 답변을 적는 방법도 있다. 상담이 끝날 때는 가망고객에게 시간을 내 준 점에 대해 감사의 표현을 하고, 약 일주일 후에 몇 가지 아이디어와 권고안을 갖고 다시 방문하고 싶다고 말하면서 괜찮은지 물어라.

위에 설명한 방법 중 한 가지를 사용해서 상담을 시작하면 프로 세일즈맨답게 보인다. 그것은 고객과 장기적인 관계를 맺는 출발점이다.

방법 하나하나는 실무적이고 효율적이며 고객의 시간을 소중히 배려한다. 무엇보다도 그 방법들은 첫 상담에서 상대방이 가망고객인지 아닌지 판단할 수 있도록 해 준다. 그래서 우리와 상대방 모두 시간을 절약해 주며, 그 고객에게 노력을 집중하거나 아니면 가능성이 더 큰 다른 가망고객을 찾아갈 수 있게 돕는다.

성공적인 판매의 출발점은 성공적인 가망고객 발굴이다. 우리 상품이나 서비스를 구매하고 일정기간 내에 대금을 지불할 능력과 구매의사가 있는 사람을 찾지 못하면, 우리는 다른 재능과 능력을 활용할 기회를 갖지 못한다.

시장이 갈수록 세분화되고 복잡해지기 때문에 가망고객 발굴 프로세스는 그 어느 때보다 더 경쟁이 치열하며 어렵고 힘들다. 우리와 만나고 우리에게 구매할 가망고객들이 주위에 넘치지만 경쟁으로 인해 가망고객 발굴은 결코 쉽지 않다. 미리 철저하게 계획하고 준비한 다음, 이 장에서 설명한 절차에 따라야 한다.

여기서 설명한 기법들과 접근 방법들은 모두 오랜 시간에 걸쳐서 개발되었고 현장에서 시험과 검증을 마친 것들이이며 간단하고, 실용적이고, 효과적이다. 이 기법들과 방법들을 배우고 연습하면 경쟁자들에 비해서 뚜렷한 경쟁 우위를 확보할 수 있을 것이다. 우리가 해야 할 일은 우리 상품이나 서비스에 대해서 주의 깊게 생각하는 것이다. 가망고객을 찾을 수 있는 정보원을 지속적으로 확장해야 한다. 또한, 사전 조사를 하고 새로운 가망고객 발굴을 고대하도록 스스로를 단련해야 한다. 전화를 사용한 가망고객 발굴에 능숙해져야 하고, 멘탈 리허설 방법을 사용해 판매 상담에서 최고의 능력을 발휘해야 한다.

미지막으로 첫 대면 싱담에서 우리가 신뢰할 수 있고 마음을 터놓을 수 있는 완벽한 전문가라는 사실을 인식시켜야 한다. 모든 면에서 뛰어난 가망고객 발굴자가 되면 우리 상품이나 서비스를 점점 더 많은 고객들에게 판매할 수 있는 기회가 믿기 어려울 만큼 늘어난다.

사실 판매에는 대단한 비결이 없다. 더 많은 사람을 만나면 훨씬 더 많은 판매를 할 수 있다. 당신이 만나는 사람들의 질이나 프로필이 구매할 사람의 퍼센티지를 결정할 것이다. 명확하게 이상적인 가망고객을 찾고 효과적으로 가망고객을 만나는 시간 관리 능력은 당신의 판매량과 품질에 정비례한다. 좋은 고객 발굴자가 되는 핵심은 실천방법과 능숙하게 대처하는 법을 배우는 일이다. 다음 연습 문제들이 그렇게 하도록 당신을 도와줄 것이다.

1. 1~10까지의 범위(1은 서투름을 의미, 10은 뛰어남을 의미)로 가망고객 발굴하기의 다음 세 가지 측면에 대해 자신을 평가하라.

   a. 고객 찾기　　　b. 상품/서비스 판매　　　c. 판매 달성하기

2. 현재 얼마나 많은 시간을 가망고객 발굴에 쓰고 있는가?

3. 당신의 가망고객 발굴 프로세스는 무엇인가?

4. 현재 당신이 고객을 발굴하는 방법의 강점들은 무엇인가?

5. 당신이 지금 가지고 있는 고객을 발굴하는 방법의 약점들은 무엇인가?

6. 단지 당신의 상품이나 서비스를 칭하는 것보다 더 나아가서, 재판매하는 것은 정확히 무엇인가?

7. 누가 당신의 상품이나 서비스를 구매하는지 고객의 프로필을 작성해 보자. 그 또는 그녀는 누구인가?

8. 고객은 왜 구매하는가? 어떤 유익을 찾고 있는가? 욕구는 무엇인가?

9. 앞선 대답에 관계없이, 당신의 상품이나 서비스의 이상적인 고객 특징을 말하라.

10. 신뢰, 교감, 신용을 구축하는 다음 두 가지 타입의 질문들에 대해 구체적인 가망고객의 각각 다섯 가지 예를 제시하라.

    a. 개인적인 질문들　　b. 상황 질문들

11. 당신의 가망고객 발굴 기술을 향상시키기 위해 지금 취할 수 있는 특별한 행동은 무엇인가?

How to Make Powerful Presentations

" Relationships are not peripheral to a successful life ,
they are central."
인간관계는 성공적인 인생에서 부차직인 것이 아니라 중심이다.

9

강력한 프레젠테이션을 하는 방법
How to Make Powerful Presentations

판매는 프레젠테이션에 의해서 좌우된다. 미식축구에 비유하면 가망고객 발굴은 킥오프이고 프레젠테이션은 골라인을 향해서 공을 움직여 가는 과정이다. 즉 달리기, 블로킹, 패스에 해당한다. 그런 것들을 잘한다고 경기에서 승리하는 것은 아니지만 그런 것들을 하지 않으면 터치다운을 하거나 필드골을 넣을 수 없다. 프레젠테이션도 마찬가지다.

세일즈맨들은 대부분 자신이 프레젠테이션을 잘한다고 생각한다. 가망고객 발굴을 하다 보면 당하기 마련인 거절이나 판매마무리가 주는 스트레스는 싫어하지만 그 과정에서 가망고객과 상담하는 일은 즐긴다. 그 상담에 자신이 능숙하다고 생각하기 때문에 대부분 결과가 신통치 못하다. 대체로 세일즈맨들이 생각하는 효과적인 프레젠테이션은 가망고객에게 그 상품이나 서비스를 구매해야 하는 온갖 이유를 다 말해 주는 것이다. 그래서 상품 안내 책자에 나온 내용을 반복하거나 구매 권유를 되풀이한다. 상품이 가진 모든 특징과 이익을 제시하면 가망고객이 아주 깊은 인상을 받아서 마음이 흔들리고 구매할 수밖에 없을 것이라고 생각한다. 그런 세일즈맨들은 얼마 지나지 않아서 진척이 있었는지, 다음에 해야 할 일이 무엇인지도 모른 채 다시 거리로 나서게 된다.

프레젠테이션을 하는 것은 외과 수술을 하는 과정과 흡사하다. 수술과 마찬가지로 복잡하기 때문에 많은 준비와 지식이 요구된다. 환자의 생존 즉 판매 성공은 의사 바로 세일즈맨의 민감성과 솜씨에 달려 있다. 단 한 번의 실수가 환자의 생명을 앗아갈 수 있듯이 단 한 번의 실수가 판매를 망쳐 버릴 수 있다. 결코 가볍게 대할 일이 아니다. 따라서 훌륭한 세일즈맨은 외과 의사가 수술에 임하는 것과 매한가지로 대단히 신중한 자세로 프레젠테이션에 임한다. 어떤 것도 운에 맡기지 않는다.

전체 판매 과정에서 볼 때 프레젠테이션은 다른 어떤 판매 활동보다도 더 세일즈맨으로서의 능력을 보여 줘야 할 부분이다. 프레젠테이션을 하는 것은 무대에 서는 것과 같다. 프레젠테이션을 시작하는 것은 프로 세일즈라는 경기장에 선수로서 입장하는 것이다. 오직 자신밖에 믿을 사람이 없으며 누구도 도와주지 않는다.

적절한 말은 판매에 도움을 주지만 중요한 말을 빠뜨리면 판매에 해를 끼친다. 따라서 우리가 할 일은 판매 기회가 있고 프레젠테이션을 할 기회가 주어지기만 한다면 반드시 판매를 성사시킬 수 있다는 완벽한 자신감을 갖게 될 때까지 프레젠테이션을 계획하고, 조직하고, 준비하고, 훈련하고, 리허설하는 것이다.

판매에 성공하려면 네 가지 일을 반복해서 해야 한다. 첫째, 우리 상품이나 서비스를 구매할 능력이 있는 사람을 찾아야 한다(가망고객 발굴). 둘째, 우리 상품이나 서비스가 충족시켜 줄 수 있는 가망고객의 문제점 혹은 욕구를 찾아야 한다(자격 확인). 셋째, 우리 상품이나 서비스가 가망고객이 가진 문제에 대한 최상의 해결책이며 구매에 경제적 타당성이 있다는 사실을 보여 주어야 한다(프레젠테이션). 마지막으로 가망고객의 질문에 대답하고 구매 약속을 받아야 한다(판매마무리). 세상에는 판매라는 주제를 다룬 책이 거의 수천 권에 달하고 갖가지 다양한 관점에서 판매 과정을 분석하고 있다. 그리고 그 책들은 모두 이 네 가지 영역에서 독자들에게 도움 주는 것을 목적으로 하고 있다. 지금부터 뛰어난 판매 프레젠테이션 능력을 갖추는데 필요한 최고의 아이디어와 실무 관행을 배운다.

차이 분석

가망고객에게 구매 능력이 있다는 사실이 반드시 구매한다는 의미는 아니다. 구매 능력과 구매 의사는 별개의 문제다. 단순히 우리 상품이나 서비스를 구매하면 더 좋다고 해서 우리 혹은 다른 판매자로부터 구매하지는 않는다. 가망고객이 우리 상품을 필요로 할 수는 있지만 필요하다는 것만으로는 충분하지 않다. 가망고객이 구매하기 위해서는 필요성이 충분히 크고, 우리 상품이나 서비스가 최상의 선택이어야 하며, 구매 결정을 하게 되면 그렇지 않을 경우에 비해서 상황이 훨씬 더 좋아질거라는 확신이 있어야 한다. 우리는 세일즈맨으로서 차이 분석업에 종사하고 있다. 우리는 문제를 찾는 탐정이다. 우리가 해야 할 일은 경찰 수사관처럼 우리 상품이나 서비스가 이상적인 해결책이 될 수 있는 문제를 찾는 것이다. 어떤 의미에서 우리 상품이나 서비스는 열쇠이다. 그리고 우리는 그 열쇠로 열리는 자물쇠를 찾고자 가망고객을 방문하는 것이다. 가망고객 발굴 단계에서는 열쇠를 자물쇠에 넣어 보고 맞는지 살핀다. 프레젠테이션 단계에서는 열쇠를 돌려서 자물쇠를 연다. 마무리 단계에서는 손잡이를 돌려서 문을 연다.

우리는 말로 문제를 푸는 탐정이다. 그리고 질문을 도구로 사용한다. **질문을 사용해 약속을 정하고, 문제를 밝혀내고, 가망고객의 현재 상태와 우리 상품이나 서비스를 통해 갈 수 있는 상태의 차이를 알아낸다.** 그런 다음 가망고객에게 우리 상품이나 서비스를 소유하게 되면 그의 상황이 얼마나 좋아질 수 있는지 보여 준다. "욕구가 없으면 프레젠테이션도 없다."는 말이 있다. 프레젠테이션을 하기 전에 먼저 우리 상품이 없는 현재 위치(지금의 현실)와 우리 상품이 있어서 갈 수 있는 위치(미래의 이상적인 모습)와의 거리가 분명해야 한다. 가망고객이 스스로 충족되지 않은 욕구 혹은 해결되지 않은 문제가 있다는 사실을 인식해야 하는 것이다.

또한, 가망고객이 현재 상태와 이상적인 상태의 차이가 너무 커서 조치를 취하지 않으면 안 되겠다고 느껴야 한다. 구매 욕구는 한편에서는 구매자의 필요성과 정비례 관계가 있고, 다른 한편에서는 우리 상품이나 서비스가 주는 해결책의 명료성과 정비례 관계가 있다. 가망고객을 처음의 냉담함에서 미지근함으로 그리고 다시 뜨거움으로 변화시켜 가는 이 과정은 차이를 밝혀낼 수 있는 적절한 질문을 통해서 이루어진다. 그런 다음 결국 고객이 구매 결정을 하지 않을 수 없게 만든다.

미래는 질문하는 사람의 것

질문은 판매 성공의 열쇠이다. 능숙한 질문 능력과 판매 각 단계에서의 성공 사이에는 밀접한 상관관계가 있다. 질문은 처음 가망고객을 찾아낼 때도 중요하고, 마지막 구매 약속을 받아낼 때도 중요하다. 프레젠테이션에서는 고객의 문제를 명확하게 파악하고, 우리 상품이나 서비스가 그 문제를 어떻게 비용 대비 효과적으로 해결할 수 있는지 명확하게 보여 주는 것이 필수적이다.

판매 상담에서는 질문을 하는 사람이 주도권을 갖는다. 최고 세일즈맨은 언제나 판매 과정을 자신감 있게 의식적으로 통제하며, 따라가기보다는 이끌어 간다. 질문하는 내용의 수준과 논리적 순서에 따라 질문하는 능력을 통해, 우리가 완벽한 전문가로서 모든 면에서 정통한 사람임을 보여 줄 수 있다. 또한, 질문은 관심을 끈다. 질문은 손을 뻗어서 가망고객의 옷깃을 붙잡아 우리 쪽으로 끌어당긴다. 가망고객이 질문에 대답하는 시간 동안 우리는 그의 관심을 독점한다. 잘 짜인 질문에 대답하면서 동시에 다른 생각을 하는 것은 불가능하기 때문이다. 질문이 계속될수록 가망고객은 점점 더 상담에 빠져든다. 논리 정연하고 순차적인 질문을 통해 우리 상품이 가망고객이 원하는 바로 그것이라는 피할 수 없는 결론으로 움직이도록 이끌 수 있다.

말하는 것은 판매하는 것이 아니다. 사람은 1분에 평균 125단어에서 150단어를 말하지만 생각하는 것은 500단어에서 600단어라는 점을 기억하라. 우리가 말하고 있을 때, 가망고객은 우리말을 들으면서 동시에 다른 여러 가지에 대해 생각할 수 있다. 우리가 말을 많이 하면 할수록 가망고객이 거절, 비판, 의심, 두려움, 그 밖에 개인적인 어려움이나 잡다한 문제에 대해 생각할 수 있는 시간이 늘어난다. 그러나 **우리가 질문을 하고 조용히 대답을 기다리는 순간, 가망고객의 모든 관심은 우리에게 집중된다. 대답하는 동안은 다른 어떤 것에 대해서도 생각할 수 없다.**

세일즈맨이 상품 소개 책자에 나와 있는 대로 상품이나 서비스에 관해서 이야기하는 것은 어렵지 않다. 바로 그 때문에 세일즈맨은 대체로 상담 시간의 대부분을 상품 설명에 사용한다. 그러나 세심하게 잘 만들어진 일련의 질문을 중심으로 프레젠테이션을 구성하는 데는 많은 통찰력, 계획, 상상력과 훈련이 필요하다.

기본 규칙은 '물어볼 수 있는 것은 결코 말하지 않는 것'이다. 질문에 대답하거나 말을 할 때 사람의 주의 지속 범위와 시간에는 한계가 있다는 점을 명심해야 한다. 사람은 연속해서 세 문장 이상을 들을 수 없다. 그것을 넘어서면 정신적으로 과부하가 걸린다. 그 시점부터 눈이 흐릿해지고 우리가 하는 말이 더 이상 귀에 들어오지 않는다. 가망고객들이 우리말을 이해하고 검토하는 데는 시간이 필요하다.

대기업 구매 관리자들이 가진 제일 큰 불만은 세일즈맨들이 너무 말을 많이 한다는 점이다. 그리고 그들이 가장 좋아하는 것은 자신이 하는 말을 주의 깊게 듣는 세일즈맨이다. 그들이 자주 구매하는 세일즈맨은 좋은 질문을 던진 후 집중해서 대답을 듣는 세일즈맨이다. 그들이 가장 존경하는 세일즈맨은 자신이 판매하는 상품이나 서비스를 통해서 구매 관리자가 업무를 더 잘하도록 돕는 방법을 꾸준히 찾는 세일즈맨이다.

판매에서 강력한 원칙 중 하나는 "경청이 신뢰를 형성한다."는 사실이다. 질문을 하면 경청할 수 있는 기회가 생긴다. 더 많이 들을수록 가망고객은 우리를 더 좋아하고 신뢰한다. 가망고객이 우리를 좋아하고 신뢰할수록 더 마음을 열고, 우리말을 듣고 더 진지하게 우리 상품이나 서비스를 검토한다. 그래서 미래는 좋은 질문을 던진 후 가망고객의 대답을 경청하는 데에 가장 뛰어난 능력을 보여 주는 세일즈맨의 것이라고 말한다.

뉴욕 생명보험 New York Life 의 전설적인 보험 세일즈맨 벤 펠드먼 Ben Feldman 은 세계에서 가장 위대한 세일즈맨으로 기네스북에 오르기까지 한 사람이다. 그는 '펠드먼 기법'으로 불린 방법을 사용하여 개인 고객들을 대상으로 일대일 상담을 통해 전성기 때는 1억 달러 이상의 생명보험을 판매했다. 펠드먼은 그가 사용한 방법이 두 가지의 구체적인 활동을 토대로 하고 있다고 말했다.

첫 번째 파트는 '날카로운 질문'을 할 수 있는 능력이다. 이것은 잘 만들어진 질문을 재치 있게 하는 것으로써 가망고객이 아무리 의심이 많은 사람이더라도 즉시 관심을 끌고 호기심을 불러일으킨다. 한번은 가망고객 한 사람이 생명보험에는 관심도 없고, 흥미도 없고, 보험 없이도 잘 살 수 있을 만큼 사업도 잘된다고 하자 잠시 침묵한 뒤에 이렇게 말했다. "한 가지만 여쭤 보겠습니다. 사모님이 미망인이 되셔도 지금처럼 옷을 잘 차려 입으실 수 있을까요?"이런 질문은 가망고객을 멈칫하게 만든다. 아마 즉 각 이런 반응을 보일 것이다. "그게 무슨 뜻이지요?"그러면 가망고객에게 불상사가 발생할 시 사례와 통계 자료를 볼 때, 그 부인이 상속에 따른 세 금으로 인해 3년 안에 빈털터리가 되고 지인과 친척들에게 의지할 수밖에 없게 된다고 설명했다. 이때쯤 되면 가망고객의 관심은 온통 펠드먼에게 집중된다. 펠드먼은 계속 추가 질문을 던져서 가망고객이 인식하지도 못 하고 있던 경제적 문제나 부족액을 파악했다.

펠드먼 방법의 두 번째 파트는 날카로운 질문을 통해 밝혀지고 가망고 객이 인식하게 된 문제를 해결할 수 있는 '아이디어를 찾는 것'이다. 이때 재무 설계 도구를 사용한다. 다양한 판매 분야에서 일하고 있는 최고 세일 즈맨 중 다수가 판매 활동을 할 때 일상적으로 이 2단계 절차를 사용한다.

고객이 우리에게 질문을 할 때는 언제나 고객이 주도권을 행사하고 있 다. 그때는 대답하지 말고 미소를 지으면서 편안한 마음으로 오히려 질문 을 던져야 한다. 고객의 질문에 대해서 질문으로 대답한다는 것은 우리가 상담의 주도권을 부드러운 방법으로 가져오고 있음을 의미한다.

주도권을 유지할 수 있는 세 가지 유형의 질문

상담 프레젠테이션을 시작하고, 친밀감을 형성하고, 효과적인 판매에 필 요한 정보를 알아내고, 거부 반응을 해결하고, 구매 결정을 이끌어 내기 위 해서 우리가 사용할 수 있는 질문에는 크게 세 가지 유형이 있다.

그 중 첫 번째면서 가장 일반적인 유형의 질문은 '개방형 질문'이다. 이 것은 '예' 혹은 '아니요'로는 대답할 수 없는 질문을 말한다. 개방형 질문은 〈무엇을〉, 〈언제〉, 〈어디에서〉, 〈누가〉, 〈어떻게〉, 〈왜〉라는 단어로 시작한 다. 이런 단어로 시작되는 질문은 자세한 답변을 요구하므로 효과적인 판매 프레젠테이션 준비에 필요한 것들을 더 많이 숙지할 수 있는 기회를 준다. 이런 질문은 셀 수 없이 많다. 몇 가지 예를 들어 보면 다음과 같다. "지금 하시는 업무는 정확하게 무엇입니까?", "이 상품을 얼마 동안 사용하고 계십니까?", "그 분야에서 생산을 시작한 것은 언제부터입니까?", "그 서비스에서 가장 많은 문제가 발생하는 곳은 어디입니까?", "그 분야의 생산량을 증대할 필요가 더 큰 것은 언제입니까?", "이 사업은 요즘 상황이 어떻습니까?", "그것을 그렇게 하시는 이유는 무엇입니까?"

가망고객을 방문하기 전에 자신이 할 여러 개방형 질문을 주의 깊게 준비해야 한다. 질문을 작성하고 수정하는 과정을 반복해서 표현이 매끄럽고 좋은 답변이 나올 수 있도록 해야 한다. 이 질문지의 사본을 가망고객에게 보낸 후에 "이번 미팅에서 질문 드리고 싶은 것들입니다."라고 말하는 방법도 있다. 개방형 질문은 가끔 발산형 질문이라고 불리기도 한다. 대화의 문을 활짝 열어서 가망고객의 생각이 다양해지고 확산되도록 하기 때문이다. 개방형 질문을 하게 되면 가망고객의 상황을 다양한 측면에서 파악한 다음 우리 상품이나 서비스가 해결책이 될 수 있는 문제를 찾을 수 있다.

두 번째 유형의 질문은 '폐쇄형 질문'이다. 종종 수렴형 질문이라고도 불린다. 폐쇄형 질문은 대화를 한 가지 요점이나 하나의 결정으로 점차 수렴시킨다. 대답은 '예' 혹은 '아니요'이다. 이 질문은 대화의 범위를 좁혀서 결론을 내리거나 구매 약속을 얻을 수 있는 구체적 답변을 얻고자 할 때 사용한다. "앞으로 2개월 이내에 결정을 내리실 수 있을까요?", "이 상품의 공급자를 바꿀 생각이 있으신지요?", "고객님이 찾고 계신 것이 이런 종류이신가요?" 또한 폐쇄형 질문은 가망고객에게 특정한 입장을 취하도록 유도한다. "제가 보여 드린 것이 마음에 드십니까?", "지금까지 말쓰드린 것이 이해되십니까?", "바로 시행하시겠습니까?" 이 유형의 질문은 명확한 답변을 얻고 싶을 때나 판매 상담을 마무리하고 싶을 때 사용할 수 있다.

세 번째 유형의 질문은 앞서 말한 두 가지 유형의 변형으로 '부정 답변 유도 질문'이다. 이 질문에 대해서 '아니요'라는 답변은 우리 제안에 대해서 '예'를 의미한다. 만일 "현재 공급자에 대해서 만족하십니까?"라는 질문에 대해서 고객이 "아니요."라고 대답한다면 그것은 새로운 공급자를 고려해볼 수 있다는 의미이다. "기대한 만큼 결과가 나오고 있습니까?"라는 질문에 대해서 고객이 "아니요."라고 대답한다면 그것은 고객이 우리 상품이나 서비스를 대안으로 고려해볼 수 있다는 뜻이다.

질문할 때 사용할 수 있는 세 가지 강력한 단어

가망고객에게 질문할 때 사용할 수 있는 세 가지 강력한 단어가 있다. 각 단어는 뒤로 갈수록 점점 더 강한 다짐을 고객에게 요구한다. 각 단어는 판매 상담이 진행되는 동안 처음부터 끝까지 사용할 수 있다.

첫 번째 단어는 '느낌'이다. "그것에 대해서 어떻게 느끼십니까?"라고 물으면 상대방은 대답하기에 편하다. 사람은 누구나 느낌을 갖고 있다. 그것은 부드럽고 형체가 없으며 느낌에 대해서 말하는 것은 쉽다. 그리고 느낌에 대해서 질문을 받으면 대답하지 않는 것이 거의 불가능하다. 가망고객에게 "현재의 비즈니스 상황에 대해서 어떤 느낌이 드십니까?"라고 질문하거나 "최근 선거에 대해서 어떤 느낌을 갖고 계십니까?"라고 질문하면 그 질문 자체는 완벽하게 중립적이다. 그렇지만 그 질문은 온전하게 감정적인 답변을 이끌어 낸다.

두 번째면서 더 명확한 단어는 '생각'이다. 만일 우리가 "이것이 현재 사용 중인 것보다 더 좋다고 생각하십니까?"라고 질문한다면 그것은 상대방에게 훨씬 더 분명한 입장을 취하라고 요구하는 것이다. 사실 이 질문은 "고객님의 지식과 경험에 비추어 볼 때 이 상품이 현재 사용 중인 것보다 더 낫지 않을까요?"라고 묻고 있는 것이다. 사람들은 '생각'을 물어보는 질문에 대해서는 대답을 더 주저하지만 일단 대답을 하고 난 다음에는 그 입장을 더 확고히 고수한다.

세 번째 단어는 '의견'이다. 느낌이라는 단어는 부드럽다. 생각이라는 단어는 그보다 강하다. 의견은 가장 단정적이고 구체적인 단어다. 만일 "고객님의 의견은 이 문제를 해결하는데 이 상품이 최선의 선택이라는 것입니까?"라고 질문한다면 우리는 상대방에게 확고한 입장을 정하도록 요구하고 있는 것이다. 만약 상대방이 "예."라고 대답한다면 이미 구매하기로 결정을 내린 것이다. 사람들은 어떤 주제에 대해서 자신의 의견을 이야기하고 나면 그 의견에 묶이게 된다. 그 다음에는 자신의 결정을 바꾸기보다는 방어하고 정당화하려고 한다.

잘 만들어진 질문은 판매 과정의 어느 단계에서나 사용할 수 있는 강력한 도구이다. 더 많은 질문을 준비하고 더 적절히 사용할수록 자신감도 커지고 판매도 더 많이 할 수 있다.

고객이 던지는 무언의 질문

고객이 실제로 묻지는 않을지라도 우리가 대답하지 않으면 안 될 질문이 몇 가지 있다. 이 질문은 가망고객의 마음 한구석에 숨어서 우리에 대한 느낌과 반응에 영향을 미친다. 이 질문 중 어느 하나라도 답하지 못하면 판매에 치명적인 영향을 미칠 수 있다. 모든 것을 다 잘했어도 이 질문 중 어느 것 하나에 만족스럽게 답하지 못한 채 프레젠테이션을 끝내면 판매에 실패할 수 있다.

모든 판매 노력의 출발점은 **"내가 왜 당신 말을 들어야 합니까?"**라는 질문에 답하는 일이다. 가망고객과의 첫 번째 상담이나 미팅에서 이 질문에 대한 답이 명확하지 않으면 판매 과정은 중지되고, 가망고객은 우리와 다시 이야기하거나 만나고 싶어 하지 않는다. 가망고객들은 너무 바빠서 그 이유가 무엇인지 이것저것 추측할 시간이 없다.

두 번째 질문은 고객의 첫 번째 질문에 대한 우리의 답변에 뒤따르는 것으로 **"그것이 무엇인데요?"**라는 질문이다. 첫 미팅에서 우리 상품이나 서비스가 주는 이익에 대해 고객의 호기심을 불러일으키지 못하면 그는 시간을 들여서 우리를 다시 만나 주지 않을 것이다.

나는 가끔 세미나 참석자들에게 '3년 미팅'이라는 말을 들어본 적이 있는지 물어본다. 청중들은 즉시 웃음을 터뜨린다. 내가 무슨 말을 하고 있는지 잘 알기 때문이다. 첫 번째 미팅에서 이 두 가지 질문에 제대로 대답하지 못했더니 그 다음 3년 동안 가망고객에게 전화할 때마다 '회의 중'이라는 말을 들었다는 얘기다. 계속 전화를 해 보지만 비서는 언제나 "방금 회의에 참석하셨습니다.", "지금 막 회의를 시작하셨습니다.", "회의 때문에 외출 중이십니다."라고 말한다. 이런 일이 생기는 이유는 고객이 바쁘기 때문이다. 그래서 우리가 전화하면 고객은 비서에게 회의 중이라고 응대하게 한다. 그냥 관심이 없다고 대답하는 무례를 저지르고 싶지 않기 때문이다. 첫 번째 좋은 기회를 놓치면 그 기회는 다시 오지 않는다. 가망고객이 가진 핵심 질문에 대해 세일즈맨이 만족할 만한 답변을 하지 못했기 때문에 다시는 기회가 없는 것이다.

상담 내내 대답해야 할 세 번째 질문은 **"나에게는 어떤 이익이 있습니까?"**이다. 사람들은 각자 나름대로의 이유로 구매하는 것이지 우리 때문에 구매하는 것이 아니다. 고객은 판매 제안을 통해서 개인적으로 어떤 이익을 얻을 수 있는지에 대해서만 관심을 갖고 있다. 따라서 우리가 하는 모든 말과 행동은 어떻게 해서든지 이 질문에 대한 답이 될 수 있는 방향으로 맞추어져야 한다. 그렇지 않으면 고객은 흥미를 잃고 상담이 끝나기만 기다리게 된다. 고객이 실제로 묻지는 않지만 마음속에 갖고 있다고 생각해야 할 네 번째 질문은 "**그래서 어떻다는 겁니까?**"이다.

"저희 회사는 이 일을 50년째 해오고 있습니다."

"그래서 어떻다는 겁니까?"

"저희 회사는 23년 동안 같은 장소에 있습니다."

"그래서 어떻다는 겁니까?"

"저희 제품은 국내에서 가장 큰 기업체 상당수가 사용하고 있습니다."

"그래서 어떻다는 겁니까?"

'그래서 어떻다는 겁니까?'라는 질문에 대한 대답은 '나에게는 어떤 이익이 있습니까?'에 대한 대답과 동일하다. 우리가 제공하는 모든 자료와 정보는 가망고객에게 어떤 이익이 있는지와 연결되어야 한다.

우리와 가망고객 사이에 있는 탁자 위에 스포트라이트가 있다고 상상해 보라. 우리가 가망고객에 관해서 이야기할 때 그리고 '가망고객에게 어떤 이익이 있는지'에 대해서 이야기할 때마다 그 스포트라이트가 가망고객을 비춘다고 상상해 보라. 가망고객은 미소를 짓고 있고 행복하다. 호기심과 흥미를 느끼고 있다. 마음을 열고 있고 수용적이다. 가망고객과 그의 상황이 스포트라이트를 받고 있는 것이다. 그러나 우리가 우리 자신, 우리 상품, 우리 상품의 특징, 우리 회사에 관해서 이야기를 시작하면 스포트라이트가 방향을 틀어 우리를 비춘다. 가망고객 대신에 우리가 주인공이 되고 주요 인사가 된다. 가망고객은 어둠 속에 묻힌다. 가망고객의 개인적인 관심사는 이제 뒤로 밀리고 가망고객은 흥미를 잃는다. 지루해지고 조급해진다. 가망고객은 자신의 다른 문제에 관해 생각하기 시작하고, 우리가 떠나자마자 무엇을 할지 계획을 세우기 시작한다.

가망고객에게 개방형 질문을 던지거나 어떤 이익이 있는지에 관해서 이야기하면 스포트라이트는 다시 가망고객에게 돌아오고 그는 또 한 번 대화의 중심이 된다. 우리가 하는 모든 말이 '나에게는 어떤 이익이 있습니까?'라는 가망고객의 질문에 대한 대답이 될 수 있도록 함으로써 판매의 스포트라이트가 언제나 가망고객을 비추도록 하는 것이 우리가 해야 할 일이다.

가망고객이 대답을 듣고 싶어 하는 다섯 번째 질문은 **"당신 말고 다른 증인이 있습니까?"**이다. 가망고객의 판매나 세일즈맨과 관련된 과거의 경험 때문에 이 질문에 대한 대답이 판매 성사 여부를 결정할 수 있다. 고객은 누구나 세일즈맨에게 속은 경험을 갖고 있다. 따라서 프레젠테이션을 시작할 때는 언제나 이 고객도 지금까지 오랫동안 세일즈맨으로부터 과장된 선전에 당해 온 사람이라는 점을 염두에 두어야 한다. 우리가 아무리 정직하고, 경험이 많고, 믿고 신뢰할 수 있는 사람일지라도 가망고객에게 우리가 하는 말은 왠지 의심스럽게 들린다. 우리가 '세일즈맨'이기 때문이다. 세일즈맨은 자신의 상품이나 서비스를 최대한 좋게만 이야기할 것이라고 생각한다. 최대한 부풀리고 포장하므로 실제보다 더 좋아 보이거나 더 좋게 들린다고 생각한다.

종종 냉소적이고, 부정적이며 시큰둥한 가망고객을 만난다. 그들은 조심스럽고 의심스러운 눈으로 우리를 바라본다. 우리 상품이나 서비스에 대해서 설명하면 때때로 믿지 못하겠다는 눈치를 보인다. 과거에 세일즈맨에게 데었던 경험이 너무 많아서 다시는 그런 일이 생기지 않게끔 극도로 주의하고 있을 가능성이 높다. 그들은 우리가 상품이나 서비스에 관해서 뭐라고 하더라도 다 전에 들었던 말이라고 생각한다. 궁금해 하는 것은 오직 "당신 말은 어디까지가 사실입니까?"라는 것뿐이다. 우리 외에 다른 누군가가 가능하면 객관적인 제삼자가 우리 상품을 실제로 그렇게 좋다고 하는지 알고 싶어 한다. 가망고객이 우리말을 편견 없이 공정하게 듣길 바란다면 언제든지 이 질문에 대답할 수 있도록 준비되어 있어야 한다. 우리 상품에 대해서 좋은 평가를 하는 사람이 오로지 우리뿐이라면 우리와 가망고객 사이에는 보이지 않는 회의와 불신의 벽이 자리할 수 있다.

여섯 번째 질문은 **"다른 사람도 구매했습니까?"** 이다. 누구도 첫 번째 구매자가 되고 싶어 하지 않는다. 누구든 실험용 쥐가 되고 싶지 않은 법이다. 아무도 어떤 상품이나 서비스를 구매하고 사용하는 유일한 사람이 되길 바라지 않는다. 가망고객은 자신 이외에 어떤 사람이 그 상품을 구매했는지 알고 싶어 한다. 인간은 군중심리를 가지고 있어서 사람이 많으면 안전하다고 생각한다.

다른 대다수의 사람들도 그 상품이나 서비스를 구매했고 만족해 한다는 사실을 알면 그 상품이나 서비스가 좋을 것이라고 믿는다. 사람들은 실수하는 것을 싫어한다. 너무 비싸게 사거나 잘못된 상품을 구매하는 일을 싫어한다. 그들은 실패에 대한 두려움을 갖고 있다. 그러나 다른 많은 사람들도 우리 상품이나 서비스를 구매했고, 만족해 한다는 점을 보여 줄 수만 있다면 "다른 증인이 있습니까?" 그리고 "다른 사람도 구매했습니까?"라는 두 가지 질문에 한꺼번에 답하게 된다.

고객이 던지는 무언의 질문
1. 내가 왜 당신 말을 들어야 합니까?
2. 그것이 무엇인데요?
3. 나에게는 어떤 이익이 있습니까?
4. 그래서 어떻다는 겁니까?
5. 당신 말고 다른 증인이 있습니까?
6. 다른 사람도 구매했습니까?

증언 : 전폭적 신뢰의 열쇠

판매 과정에서 가망고객과 만날 수 있는 기회를 얻으려면 신뢰가 있어야 한다. 그러나 판매를 성사시키려면 전폭적 신뢰가 필요하다. 상담 기회를 얻는 것은 단순한 신뢰로도 가능하지만 상품을 구매할 정도의 위험을 고객이 감수하도록 하려면 엄청난 신뢰와 믿음이 있어야 한다.

전폭적 신뢰를 쌓는 가장 강력한 방법 중 하나는 판매 활동을 할 때 증언을 활용하는 일이다. 때로는 효과적인 증언만으로 판매가 이루어지는 경우도 있다. 가장 강력한 것은 가망고객과 유사하거나 친숙한 사람들로부터의 증언이다. 사람들은 자신과 비슷한 사람들이 특정한 상품이나 서비스를 구매해서 이용하고 있다는 사실을 알게 되면 심하게 영향을 받기 때문이다.

장비를 팔기 위해서 어떤 회사를 방문한다고 하자. 우리가 이야기하고 있는 임원은 판매 제안에 대해 관심이 없다. 그때 "그런데 고객님, 시내 건너편에 있는 고객님 경쟁사에서는 얼마 전에 이 장비를 두 대 구매했습니다."라고 말해 보라. 그러면 관심을 보이지 않던 가망고객이 180도 변해서 "사겠습니다!"라고 할 때가 가끔 있다. 많은 사람들이 자신이 알고 있고 존경하는 다른 사람이 상품을 이미 구매했다는 사실을 알게 된 순간 자기도 즉시 구매한다. 자세히 들을 필요도 없다. 그 사람 마음에 들 정도라면 내 마음에도 들 것이라고 생각한다.

증언에는 세 가지 유형이 있다. 편지, 고객리스트, 사진이다. 편지 즉 추천서는 고객들에게 엄청나게 강력한 영향력을 발휘한다. 유명한 회사나 조직의 고위직에 있는 사람이 회사의 공식 편지지에 우리 상품이나 서비스의 가치와 품질을 보증하는 내용으로 쓴 편지는 새로운 가망고객을 만날 때 전폭적 신뢰를 가져온다. 특정 산업 분야에서 추천서를 충분히 확보하고 있다면 그 분야에 속한 거의 모든 회사에 판매할 수 있다. 그리고 유사한 고객에게 판매를 많이 할수록 다음 고객에게 판매하는 일은 그만큼 더 쉬워진다. 거대 산업에 속한 한 회사에 판매한 다음, 그 판매와 추천서를 지렛대 삼아서 동종 산업에 속한 다른 기업들에 차례로 판매한 세일즈맨들이 많다. 고객의 추천서는 바인더에 넣어서 가지고 다녀야 한다. 추천서의 핵심 문구에는 노란 형광펜으로 표시를 해 놓고, 고객이 추천서를 살펴볼 때 눈이 바로 그곳으로 향하도록 하라. 그리고 기회가 있을 때마다 바인더에 추천서를 추가해야 한다.

증언의 두 번째 유형은 고객리스트이다. 넓은 지역에 걸쳐 있는 많은 기업들을 대상으로 판매할 경우에는 이미 우리 상품이나 서비스를 사용하고 있는 50개, 100개 혹은 500개 회사를 이름순으로 정리해서 리스트를 만들어라. 가망고객은 이렇게 생각한다. "이미 수백 개의 회사가 이 상품이나 서비스를 세심하게 평가했고, 경쟁이 심한 시장에서 다른 회사가 아니라 이 회사 것을 구매하기로 결정했다면 우리도 구매한다고 해서 무슨 문제가 있겠어? 리스트에 실린 회사들을 보니 모두 상세한 구매 절차 시스템이 완비된 회사들이네. 이런 회사들이 모든 사항을 고려한 후 이 회사에서 구매했다면 우리도 그렇게 하는 것이 안전하고 지혜로운 결정이 될 게 분명해."

그리고 마지막 유형의 증언은 상품이나 서비스를 배달받거나 사용하고 있는 행복한 고객의 사진이다. 내 친구 중에 주거용 부동산을 판매하는 친구가 있다. 어느 날 그 친구가 집을 판 다음, '판매 중'이리고 쓰인 팻말 위에 '팔렸음'이라는 안내 표지를 붙이고 있는 행복한 고객의 모습을 폴라로이드 사진기로 찍었다. 친구는 그 사진을 프레젠테이션 책자에 넣고 다음 가망고객을 방문했다. 프레젠테이션 도중에 그 사진을 보자 가망고객은 바로 그것에 관해 물었다. 고객은 상세한 내용을 모두 알고 싶어 했다. 집의 위치는 어디였는지, 매도 희망 가격은 얼마였는지, 판매에 소요된 시간은 어느 정도였는지, 실제 매매 가격은 얼마였는지, 살던 사람은 어디로 이사 갔는지, 프레젠테이션의 모든 초점이 내 친구가 집을 팔아 줘서 만족해 하는 고객의 사진 한 장에 모아졌다.

그날 이후 내 친구는 항상 사진기를 들고 다니면서 '팔렸음'이라는 안내 표지를 붙이고 있는 만족스러운 모습의 고객 사진을 부동산이 팔릴 때마다 몇 장씩 찍었다. 그리고 사진을 인화해서 프레젠테이션 책자에 끼워 넣었다. 프레젠테이션 책자의 두께와 내 친구의 수입 둘 다 하늘로 치솟았다. 이 방법을 시도했던 사람들도 모두 같은 경험을 했다. 부동산 판매를 의뢰하는 것에 대해 가망고객들이 갖고 있던 모든 걱정을 사진이 쓸어 없애 버리는 듯했다.

증언은 그 유형이 어떤 것이든 간에 매우 중요하다. 따라서 증언 없이 가망고객을 방문해서 프레젠테이션을 하려는 시도는 거래 실패와 돈 낭비를 초래한다. 증언은 경쟁 시장에서 고객을 확보하는데 필요한 전폭적 신뢰를 쌓는데 있어 핵심적인 부분이 되어야 한다.

우리가 대답해야 할 다른 질문들

고객이 대답을 원하는 다른 질문들은 다음과 같다.

"내게 개인적으로 어떤 이익이 있습니까?"

"내가 얻는 보상은 무엇입니까?"

"상품은 어떻게 구성되어 있습니까?"

"당신에게 구매하면 그 결과로 내가 얻는 것은 정확하게 무엇입니까?"

나는 대기업 사장들에게 판매를 한 적이 있었다. 그들은 보통 수천 명의 직원과 수천만 달러의 자금을 관리하고 있었다. 임원진이 그들을 보좌하고 있었고 세계를 무대로 사업을 했다. 그 당시 나는 아직 나이가 어렸기 때문에 치명적인 실수를 한 가지 범하고 말았다. 그것은 그들이 아는 것이 많고 유능해서 내 상품이나 서비스를 구매하기만 하면 바로 이해할 것이라고 생각한 점이다.

얼마 지나지 않아 현실을 인식했다. 그들이 자신의 분야에서 전문가이고 거물이라고 해서 내 업무나 내 상품에 대해 잘 아는 것은 아니라는 사실을 깨달았다. 그들은 내 상품을 좋아하면서도 상품을 이해하지 못해서 거절했던 것이다. 나는 그들의 능력이 특정 업무에 한정되어 있다는 점을 알았다. 그 다음부터는 충분한 시간을 들여서 내 상품의 상세한 내용과 고객이 지출하는 돈의 대가로 정확하게 무엇을 얻을 수 있는지 상세하게 빠짐없이 설명했다. 여러분도 그렇게 해야 한다.

고객이 던지는 마지막 무언의 질문은 **"어떻게 받습니까?"**이다. 다시 말하지만 상품의 제조, 배달, 설치, 서비스, 관리, 교환에 대해서 고객이 잘 알 것이라고 추측해서는 안 된다. 프레젠테이션을 할 때 가망고객에게 상품의 정확한 인도 방법과 최대한 활용할 수 있는 상세한 매뉴얼을 설명하지 않고 지나가면 마지막 순간에 판매를 놓칠 수도 있다. 가망고객은 자신이 모른다는 사실을 인정하거나 무지해 보이는 것을 싫어한다. 상품의 구매 방법이나 사용 방법에 자신이 없다고 말하기보다는 차라리 "글쎄요, 자료를 주고 가시면 검토해 보지요."라고 말한다. 물론 과거에 우리 상품이나 서비스를 여러 번 구매하고 사용해 본 가망고객들도 많다. 그들은 작동원리를 잘 알고 있기 때문에 설명이 불필요하다. 그들의 가장 큰 관심사는 우리 상품이나 서비스가 현 상황에서 최선의 선택인지 하는 점이다. 사용 방법에 대해서는 자세하게 설명하지 않아도 된다. 대체로 상품이나 서비스를 우편으로 집이나 사무실로 보내면 그 다음부터는 자신들이 알아서 처리할 수 있다.

프레젠테이션 초반에 이런 질문을 하는 것이 좋다. "이 상품을 구입하시거나 사용하신 적이 있습니까?"그리고 프레젠테이션 후반에는 상품이나 서비스가 고객이 완벽하게 만족할 수 있도록 배달 및 설치된다는 점을 설명해야 한다. 가능하면 완벽한 상품을 고객이 활용하는데 전혀 문제없는 상태로 받을 수 있도록 전적인 책임을 지겠다고 제안하는 것이 바람직하다.

〈포춘〉지에 매출과 수익 감소를 겪고 있는 대규모 컴퓨터 회사의 고객들을 대상으로 그 회사 세일즈맨들과의 상담 경험을 조사한 결과가 실렸다. 세일즈맨들은 세계에서 가장 훈련을 잘 받은 전문가들이었다. 단독으로 고객을 방문하려면 그 전에 18개월 동안의 집중 훈련을 받아야 했다. 그 분야에서 평균 9년의 경험을 갖고 있었으며 추가로 수백 시간의 훈련을 받은 사람들이었다. 그럼에도 불구하고 "어떻게 받습니까?"라는 핵심적인 질문에 대해서 답하지 않는 치명적인 실수를 저지르고 있었다.

인터뷰했던 고객들의 일치된 견해는 "그 사람들은 활짝 미소를 지으며 들어와서 힘 있게 악수를 하고는 안부를 묻습니다. 그 다음에는 우리 회사에 도움이 될 수 있는 제품 사용법에 대해서는 알려주지도 않고 그냥 가버립니다."라는 것이었다. 결국 그 회사 고객들은 최고의 가치를 얻을 수 있는 방법을 세일즈맨이 하나하나 알려주는 회사로 거래처를 옮겼다.

고객 유형별 상담 방법

가망고객에 따라서 접근 방법이 달라야 한다. 세일즈맨들은 대부분 다른 사람을 다 자기와 똑같은 사람인 것처럼 대하는 경향이 있다. 상품이나 서비스에 관해서 이야기할 때도 자기가 가장 좋아하는 점에 대해서 이야기한다. 새로운 가망고객에게 접근하거나 판매 프레젠테이션을 할 때도 자기 생각에 빠져서 누구나 개성이 다르므로 각각 다른 대화 방법을 써야 한다는 사실을 깨닫지 못한다. 판매에서는 기본 성격 유형을 네 가지로 분류한다. 정사각형을 그리고, 그 정사각형의 가로와 세로의 중앙에서 각각

수직선과 수평선을 그리면 정사각형이 4등분된다. 그 4등분된 작은 정사각형 하나하나가 각기 다른 성격 유형을 나타낸다고 생각해 볼 수 있다. 중앙을 가로지르는 수평선의 왼쪽은 '내향성' 성격을 나타내고 오른쪽은 '외향성' 성격을 나타낸다. 수직선의 아래쪽은 '업무 중심' 성격을 나타내고 위쪽은 '사람 중심' 성격을 나타낸다. 그러면 사람 중심/내향성, 사람 중심/외향성, 업무 중심/내향성, 업무 중심/외향성의 네 가지 성격 유형을 얻을 수 있다. 그 네 가지 성격 유형을 각기 관계형, 사교형, 분석형, 경영자형이라고 부른다.

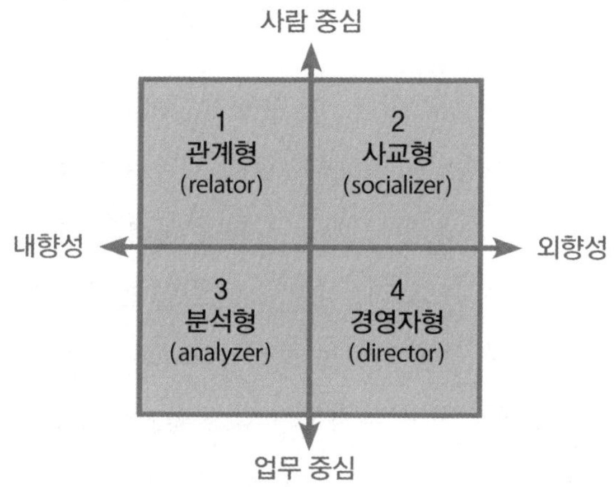

관계형 성격

첫 번째 유형은 관계형 성격이다. 이 유형에 속하는 사람은 서두르지 않고, 조용하고, 인간 지향적이고, 다소 결정력이 부족하다. 다른 사람들의 호감을 얻는 일과 팀의 일원으로서 원만하게 지내는 일에 가장 큰 관심을 갖는다. 또한, 상품이나 서비스의 구입이 다른 사람들에게 미칠 영향에 대해서 대단히 민감하다. 관계형 가망고객과 상담할 때에는 서두르지 말아야 한다. 인내심을 발휘해야 하고 반응에 민감해야 한다. 이 유형이 구매 결정을 하려면 다른 사람들로부터 많은 조언과 격려가 필요하다. 우리가 말을 빨리하거나 속히 결정하도록 재촉하면 마음이 불편해지므로 서두르면 안 된다.

관계형은 다른 사람들의 의견에 신경을 쓰고 집과 직장 모두에서 다른 사람들의 인정을 받으려고 한다. 상품이나 서비스를 프레젠테이션 할 때는 상품의 평판이 좋다는 점, 많은 사람들이 좋아한다는 점, 현재 업무 진행 방식과 잘 맞는다는 점, 다른 사람들도 이 구매를 긍정적으로 평가할 것이라는 점을 강조해야 한다. 관계형 고객에게는 따뜻하고 친절하게 대해야 한다. 인내심이 필요하다. 의사 결정이 느리지만 결국에는 결정을 한다.

사교형 성격

두 번째 유형은 사교형 성격이다. 이 유형에 속한 사람은 외향성을 갖고 있으며 사람 중심적인 성향이 강하다. 말이 지나치게 많은 편이고 자신과 상대방에 대해서 말하기를 좋아한다. 사교형 성격은 대단히 성취 지향적이다. 주변을 상장 액자, 트로피, 상패로 장식한다. 권력과 영향력에 무척 관심이 많다. 이 유형은 종종 임원형 성격이라고도 불린다. 사람들을 조직하고 조정해서 특정한 과제를 달성하는 일을 좋아한다. 상상력이 무척 풍부하고, 열정적이고, 개념적이다. 어디로 튈지 알 수가 없다. 어느 날 급작스럽게 약속을 했다가 그 다음 날은 까맣게 잊어버린다.

사교형은 우리 상품이나 서비스를 통해 다른 사람들이 목표를 성취한 이야기 혹은 증언에 가장 크게 영향을 받는다. 이 성격 유형을 가진 사람들에게 판매하려면 우리도 속도를 빨리 해야 한다. 상대방 중심으로 상담을 진행하고 상대방의 성취에 관심을 보이고 크게 인정해 주어야 한다.

분석형 성격

세 번째 유형은 분석형 성격으로 내향성, 업무 중심적이다. 이 유형은 회계, 행정, 공학, 컴퓨터 프로그래밍 분야에서 자주 발견된다. 분석형은 정확성과 세부 사항에 가장 큰 관심을 갖고 있고, 다른 무엇보다도 정확한 업무 처리를 중시한다. 이 성격 유형을 가진 가망고객에게 판매할 때는 세세한 사항에 관해서 아주 정확해야 한다. 프레젠테이션을 할 때도 절제되고 질서 정연해야 한다. 주장을 할 때는 정확성을 증명하기 위해서 증거와 증언을 제시해야 한다. 분석형은 아주 세세한 부분까지 하나도 빠트리지 않고 철저하게 검토하지 않으면 결정할 때 마음이 편치 않다.

분석형에게 판매할 때는 자신의 스타일을 고객 유형에 맞춰야 한다. 속도를 늦추고 세세한 사항을 일일이 설명해야 한다. 결코 결정을 빨리하도록 독촉해서는 안 된다. 생각할 시간이 필요하기 때문이다. 이 유형은 결정을 내리기 전에 판매 자료를 세심하게 검토하고 우리와 함께 상품 소개 책자도 꼼꼼히 살펴본다. 그들은 세부 사항에 무척 관심이 많다.

경영자형 성격

네 번째 유형은 경영자형 성격이다. 이 유형은 외향성 성격을 갖고 있고 업무 중심적이다. 이 유형은 기업가와 판매, 판매 관리, 그 외에 구체적으로 측정 가능한 결과를 계속해서 요구받는 직종에서 자주 발견된다. 경영자는 손익과 목표 달성에 가장 관심이 많다. 급하고, 직선적이고, 명확하다. 세세한 사항에는 흥미가 없고 솔직한 답변을 원한다.

경영자 유형은 결정이 빠르고, 결정을 내린 후에는 바꾸지 않는다. 경영자 유형의 유일한 질문은 이것이다. "이것은 업무를 더 빠르고 효과적으로 하는데 어떤 도움이 됩니까?" 이 유형은 언제나 자신이 상황을 지배하고 통제하기를 원하며, 항상 리더의 역할을 수행하고 높은 지위에서 일한 기회를 추구한다. 우리 상품이나 서비스도 더 높은 성취를 가능하게 해주는 도약대라는 관점에서 본다. 따라서 그 점에 맞춰 프레젠테이션을 해야 한다.

가망고객의 성격 유형을 파악하는 방법

상대방이 어떤 유형인가 하는 것은 보통 그 사람이 하는 업무나 조직에서의 지위 혹은 직책을 보면 알 수 있다. 인사 담당 임원은 관계형이고, 회계 담당자는 분석형인 경우가 많다. 또 창조적인 분야의 임원은 주로 사교형이며 기업가는 주로 경영자형이다.

그들이 하는 질문의 유형을 통해서도 성격 유형을 파악할 수 있다. 관계형은 상품이나 서비스에 대한 다른 사람들의 생각과 주변 사람들에게 미칠 영향을 중심으로 질문한다. 사교형은 상품이 팀 성과 향상에 어떤 도움을 주는지에 관심이 있다. 분석형은 누가 상품을 구입했고, 왜 구입했고, 사용해 본 결과는 어떠했는지 정확하게 알고 싶어 한다. 경영자형은 다른 무엇보다도 생산량과 성과의 향상에 관심이 크기 때문에 손익에 관한 질문을 주로 한다. 프로 세일즈맨으로서 우리는 신중하게 질문을 던지고 고객의 말을 주의 깊게 들어야 한다. 모든 감각을 동원하여 고객에게 주의를 집중하고 있으면 상대방의 성격 유형이 보인다.

가망고객의 사무실이나 작업장에서도 단서를 발견할 수 있다. 관계형일 경우 화분과 가족사진, 심지어 아이들이 보낸 카드와 편지가 있다. 분석형은 작업 환경이 깔끔하고 정돈되어 있으며 학위와 자격증 액자가 보인다. 사교형은 성공과 성취의 상징물이 있다. 경영자형은 파일과 종이가 책상, 캐비닛, 바닥에 쌓여 있는 번잡하고 어지러운 작업 환경인 경우가 많다.

성격 유형과 관련하여 기억해야 할 가장 중요한 사항은 고객이 원하는 방식대로 판매해야 한다는 것이다. 가망고객의 성격에 따른 욕구와 맞도록 접근 방법과 판매 스타일을 바꿔야 한다. 관계형성과 관련하여 2장에서 배운 것들이 모두 다른 성격 유형을 가진 사람들을 대하는데 큰 도움이 될 것이다.

자아실현형 성격과 냉담형 성격

판매에서 경험하게 될 가망고객의 성격 유형에는 추가로 두 가지가 더 있다. 종종 만나게 되지만 그 유형에 대한 설명을 찾기는 어렵다. 그 두 가지는 자아실현형 성격과 냉담형 성격이다. 이 성격 유형은 각기 가망고객 20명 중에서 1명 즉 5퍼센트를 차지한다. 이 두 가지 성격 유형은 정반대의 특성을 보인다.

자아실현형 성격을 가진 고객은 상담을 시작하기 전에 이미 자신이 원하는 것을 정확하게 알고 있다. 앞서 필요한 연구와 사전 조사를 다 마쳤다. 경험도 많이 축적되어 있다. 그리고 충분히 생각했고 결론을 내려서 곧바로 결정할 준비가 되어 있다.

이런 유형은 우리 상품이 무엇인지, 어떻게 작동하는지, 가격은 얼마인지, 언제 받을 수 있는지 묻는다. 우리 상품이 자신이 원하고 필요한 것이라면 즉시 구매 결정을 한다. 바로 대금을 결제한 후에 고맙다는 말을 하면서 우리를 배웅할 것이다. 이렇게 판매를 성사시키고 나면 정신이 없다. 판매가 너무도 쉽게 이루어진 것에 대해서 깜짝 놀란다. 또 무엇인가 빠뜨리고 나온 것 같은 느낌이 들기도 한다. 우리 쪽에서는 한 일이 아무 것도 없었을 테니 말이다. 매일 이린 사람만 만난다면 금방 부자가 될 것 같은 생각이 든다. 그러나 이렇게 자기가 원하는 깃이 무엇인지 알고 즉시 결정을 내릴 준비가 되어 있는 자아실현형 성격의 고객은 대단히 드물다는 사실을 기억해야 한다. 가끔 그런 유형을 만나면 운이 좋았다고 생각하라.

성격 스펙트럼에서 자아실현형 고객의 정반대 편에 있는 것이 냉담형 고객이다. 이 유형은 너무나 가라앉아 있어서 더 나빠질 수 없을 정도이다. 언제나 부정적이고 냉소적이다. 어떤 일에도 지겨워하고 관심이 없다. 정말 상대하기 힘든 유형이다. 영원한 구경꾼으로 절대 구매는 하지 않는다.

시간만 낭비시키는 이유가 궁금해질 때가 있다. 냉담형 구매자를 상대하면 피곤하고 스트레스를 받으며 우울해진다.

상대방이 이 유형이라고 판단되면 가능한 한 빨리 상담을 중지하고, 시간을 내준 것에 대해 정중하게 감사를 표시한 후 다음 가망고객을 향해서 떠나야 한다. 그리고 그 이후에는 그 사람에 대해서 생각도 하지 말라. 냉담형 성격을 가진 고객은 세일즈맨의 골칫덩이다. 조심하지 않으면 자신과 자신의 능력에 대해서 회의를 느끼게 만들 수 있다.

자기 자신이 되라

다양한 성격 유형과 서로 다른 정보 처리 방식을 가진 사람들을 대하면서 내가 발견한 것이 있다. 매번 판매 상담 전에 편한 마음으로 미리 정신적인 준비를 한 다음, 자기 본모습대로 행동하기만 하면 고객의 말과 행동에 자연스럽게 맞춰진다는 사실이다. 억지로 노력하지 않아도 올바른 때에 적당한 말과 행동을 하게 된다. 반면에 의식적으로 자신의 원래 모습과 다르게 행동하려고 노력하면 불편함을 느끼게 된다.

그러면 긴밀한 인간관계를 구축하고 유지하는데 필요한 자연스러움이 사라져 버리고 가식적인 행동이 되어 버린다. 상대방이 어떤 유형인지 그리고 자신의 성격을 어떻게 바꾸면 더 설득력을 갖게 될 수 있을지 생각하기 시작하는 순간, 진실성이 결여되고 설득력을 잃기 시작한다.

중요한 점은 마치 제삼자인 것처럼 판매 상담에서 한 걸음 물러나 자신과 가망고객 사이에서 일어나는 일을 관찰할 수 있어야 한다는 것이다. 상담이 끝날 때마다 가망고객에 관해 잠시 생각해 봄으로써 그 사람이 어떤 사람인지, 그 사람이 우리를 편하게 대할 수 있게 하려면 어떻게 해야 하는지에 대한 육감을 키울 수 있다. 이것이 최고의 성과를 내면서 판매를 계속하기 위해 우리가 할 수 있는 최선의 방법이다.

판매 과정

기본적인 판매 과정의 세 가지 요소를 다시 살펴보자. 세 가지 요소는 친밀감 형성, 문제점 확인, 해결 방안 제시이다. 과거에는 세일즈맨을 교육할 때 "가망고객과 상담할 때는 쓸데없는 데에 시간 낭비하지 말고 바로 본론으로 들어가라!"고 가르쳤다. 그러나 지금은 하이테크 시장이고, 이 시장은 '하이터치' 접근법에 의한 판매를 요구한다. 가망고객과 먼저 감성적으로 교류하려는 노력 없이 판매만 하려고 하는 시도는 고객을 불편하게 하고, 좋은 첫인상을 줄 기회를 망쳐 버린다.

판매 과정에서 친밀감 형성 단계의 주된 목적은 고객이 우리를 좋아하고, 신뢰하고, 우리가 고객의 이익을 위해 노력한다는 사실을 믿도록 하는 것이다. 따뜻하고 믿을 수 있는 관계를 어느 정도 형성하여 가망고객이 마음을 열고 우리 메시지를 받아들이도록 하기 위해서다. 그런데 어떤 이유로든 첫 상담 초반에 그렇게 할 수 없을 경우에는 차라리 그냥 물러나서 다시 방문 약속을 잡는 쪽이 좋다.

어느 날 한 세일즈우먼이 가망고객을 방문했다. 정시에 도착했고 좋은 첫인상을 남길 수 있도록 준비도 잘 되어 있었다. 처음 전화로 가망고객과 접촉했었을 때는 상담이 유쾌했고 전문가다웠다. 그런데 그날 미팅을 하기 위해 도착해 보니 가망고객이 화가 나 있고, 산란해서 안절부절 못하는 것처럼 보였다. 무언가 문제가 있다는 것을 알고 그녀는 약속대로 프레젠테이션을 진행하는 대신에 이렇게 물었다. "이야기하기에 적절한 때가 아닌 것 같습니다. 다른 날 다시 방문해도 괜찮을까요?" 의무감으로 그냥 앉아 있는 것이 분명해 보였던 가망고객은 흠칫하더니 그녀를 뚫어지게 바라보았다. 잠시 후 마음을 열고 사정을 말해 주었다. 주요 고객이 전화로 대규모 주문을 취소해서 상사가 화가 많이 났을 뿐만 아니라 비서가 병가를 내서 자료도 어디에 있는지 찾을 수 없다는 것이었다.

그녀는 "잘 알겠습니다. 며칠 뒤에 전화를 드려서 다시 약속 시간을 정하지요."라고 말했다. 당연히 그 가망고객은 자신의 힘든 상황을 이해해 준 점을 무척 고마워했고, 두 사람은 악수를 한 뒤 기분 좋게 헤어졌다.

며칠 뒤에 그 가망고객이 전화를 해서 새로 상담 약속을 정했다. 이번에는 그도 편안하고, 우호적이고, 자신을 완전히 통제하고 있었다. 판매 상담은 순조롭게 진행되었고 그 후 이 세일즈우먼과 그녀가 소속된 회사의 단골 고객이 되었다.

가격을 논의하는 시점

상담 초기에 가망고객이 상품이나 서비스의 가격에 관해서 질문하면 대답을 뒤로 미뤄야 한다. 가격을 알려주면 판매가 성사되지 않을 가능성이 크기 때문이다. 가격에 대한 질문을 뒤로 미루는 아주 효과적인 방법 중 하나는 "아직은 모르겠습니다. 정확한 가격을 계산하기 위해서는 몇몇 요인을 고려해야 하거든요. 제가 드리는 몇 가지 질문에 대답해 주시면 말씀드리겠습니다."라고 말하는 것이다. 그 다음에 준비된 질문을 차례로 하라. 가격이 널리 알려졌거나 판매 자료에 인쇄되어 있지 않다면, 어떻게 해서든지 가격 논의를 상담의 후반으로 미뤄야 한다.

가망고객이 우리 판매 제안의 전체적인 범위와 이익을 다 이해한 다음이어야만 가격 논의의 의미가 있다. 그 전에 가격 얘기가 나오게 되면 가격이 논의의 초점이 되어 그 이후에는 원가가 얼마인지, 가망고객이 지불 능력이 있는지, 다른 곳에서 더 싸게 구입할 수 있는지에 대해 논쟁하고 다투면서 시간을 보내게 되어 버린다.

강한 인상을 주면서 판매 상담 시작

친밀감을 형성하는 한 가지 방법은 가망고객에게 우리 회사가 가진 중요한 강점이나 특성을 이야기함으로써 강한 인상을 주고 판매 상담을 시작하는 일이다. 자리에 앉은 다음 가망고객에게 "혹시 우리 회사에 대해서 '아주 많이' 아십니까?"라고 물어라. '아주 많이'라는 단어를 사용하면 가망고객은 '아니요.'라고 대답하게 된다. 우리 회사에 대해서 '약간' 알지는 모르지만 아주 많이 알지는 못하기 때문이다. 그 질문을 통해서 우리가 대답할 수 있는 무대가 마련된다. 그런 다음 우리가 자랑스럽게 생각하고 고객이 거래처를 선택할 때 중요시할 만한 우리 회사의 특성이나 업적을 두세 가지 이야기한다.

최근에 컨설턴트 한 사람이 우리 회사에 와서 프레젠테이션을 할 때였다. 그 질문을 던지더니 이렇게 대답했다. "저희 회사는 이 업계에서 주 전체를 통틀어서 가장 큰 회사입니다. 28년째 이 일을 해오고 있고, 업계 최고의 120개 회사로 이루어진 세계적인 그룹에 속해 있습니다. 고객들에게 저희가 청구하는 비용 1달러마다 5달러의 비용을 절감해 드림으로써 명성을 쌓아 왔습니다." 그것은 대단히 인상적이고 관심을 끄는 서두였다. 그 말을 통해서 그는 자신과 자신의 회사를 그 분야에서 중요한 역할을 하는 회사로 차별화시켰고 그 결과 수천 달러짜리 거래가 성사되었다. 그 컨설턴트의 프레젠테이션은 고객이 우리로부터 구매할 것인지에 커다란 영향을 미치게 될 세 가지 요소를 담고 있다. 그것은 회사의 규모, 회사가 해당 사업을 해온 기간, 해당 상품이나 서비스의 시장 점유율이다.

회사의 규모가 클수록, 해당 사업을 해온 기간이 길수록, 해당 상품이나 서비스를 구매한 고객이 많을수록 우리가 하는 말의 신뢰도는 높아진다. 가망고객은 즉시 상대방이 오랜 고객 만족의 역사를 지닌 믿을 수 있는 회사에서 온 중요한 세일즈맨이라는 사실을 알아차린다. 이런 첫인상은 전폭적 신뢰를 불러와서 가망고객이 가진 의심의 대부분을 첫 5분 안에 제거해 버린다. 무대가 마련된 후에는 개인적 질문과 업무적 질문을 던져서 친밀감을 계속 쌓아 간다. 개인적 질문을 많이 할수록 가망고객은 자신의 삶과 경험에 대해서 더 많이 이야기하게 되고, 그럴수록 긴장이 풀리고 우리에게 편안함을 느끼게 된다. 자신에 관해 이야기할 때 집중할수록 가망고객은 우리를 더 좋아하고 신뢰하게 된다. 적절한 개인적 질문을 던지고 답변을 경청하는 일은 판매 성사에 필수적인 인간관계를 구축해 가는 좋은 방법이다.

하비 맥케이 Harvey Mackay는 자신의 저서『상어와 함께 헤엄쳐라 Swim with the Sharks』에서 '맥케이66'에 관해 이야기한다. '맥케이66'이란 세일즈맨이 새로운 고객을 만날 때 첫 1년 안에 대답을 들어야 할 개인적 질문 66가지의 목록이다. 고객을 만날 때마다 매번 개인적 질문을 던져서 66개 질문 모두에 대한 대답을 듣는다. 그 다음부터는 그 고객을 잃을 일이 없다. 세일즈맨은 그 고객이 다닌 학교, 가장 좋아하는 스포츠 팀, 아이들의 이름과 나이 그리고 취미, 배우자의 이름과 생일, 결혼기념일, 그 밖에 무수히 많은 세세한 것들에 대해서 알고 있다. 그리고 생일축하 카드, 꽃, 스포츠 경기 입장권 등 감사의 표시를 한다. 자신의 상품을 구입한 고객으로 뿐만 아니라 한 사람의 인간으로도 진심 어린 관심을 보여 줌으로써 평생 고객을 만든다.

그러나 많은 세일즈맨들이 저지르는 중대한 실수는 개인적인 문제에 관한 질문에만 지나치게 집중한다는 점이다. 개인적인 질문은 하기도 쉽고 대답하기도 쉽기 때문이다. 고객들은 우리와 마찬가지로 자신에 관해서 이야기하기를 좋아한다. 한 시간 내내 개인적인 질문을 던지더라도 고객은 자신의 배경, 주변 사람, 견해, 그리고 경험에 대해서 길게 세세한 부분까지 모두 이야기할 것이다. 그러나 판매 상담이 끝났을 때 고객은 상담 시작 전과 비교해서 전혀 나아진 것이 없다. 대화는 즐거웠을지 모르지만 얻은 것이 없다. 즐거운 시간이었을지는 모르지만 본질적으로 시간낭비일 뿐이다. 그리고 세일즈맨 입장에서는 가망고객을 고객으로 바꿀 수 있는 기회를 날려 버린 것이다.

개인적인 질문을 중심으로 오랫동안 대화를 나누고 나면 고객은 친근하고 다정하게 이런저런 이야기를 하면서 우리를 배웅한다. 시간을 내줘서 고맙다고 하며 판매 자료를 검토하겠다고 약속한다. 곧이어 작별인사를 한다. 그리고 사무실에 들어가면 다시는 우리와 만나지 않는다. '3년 회의'를 시작하는 것이다. 그 고객이 우리를 싫어한다는 게 아니다. 우리를 좋아한다. 하지만 고객은 이미 한 시간이나 통째로 허비했다. 잘 알지도 못하는 우리와 재차 만나서 아무것도 얻는 것이 없는 무의미한 개인적 대화를 나누게 될지 모르는 위험을 또다시 감수하고 싶지 않은 것이다.

친밀감을 형성하기 위해서는 업무적인 질문도 해야 한다. 이것은 상품이나 서비스와 관련된 분야에서 가망고객이 현재 하고 있는 일에 관한 질문이다. 보통 개방형 질문을 통해 일반적인 것에서 출발해서 구체적인 것으로 옮아간다. 업무적 질문은 우리 상품이나 서비스가 해결할 수 있는 문제 혹은 차이를 찾아내는 프로세스를 시작하기 위해서다. 업무적 질문을 통해 우리는 고객이 현재 하고 있는 일에 대해 더 효과적으로 생각해 볼 수 있도록 돕는다. 고객은 현재 상황을 분석해 보고 자신이 지금 사용하고 있는 상품이나 서비스의 강점과 부족한 점을 검토해 본 후, 우리 상품이나 서비스와 비교해 본다. 가망고객이 불만스러워하는 점이 있을 때는 우리가 하는 업무적인 질문이 그 점을 밖으로 끄집어내어 준다.

업무적인 질문을 많이 할수록 고객은 우리를 컨설턴트로 인식하고, 그만큼 더 우리가 자신의 문제 해결이나 목표 달성을 돕기 위해 상담하고 있다고 느낀다. 상황 중심의 적절한 질문을 하고, 고객의 답변을 주의 깊게 들으면 신뢰 수준이 높아질 뿐만 아니라 가망고객이 가진 “나에게는 어떤 이익이 있습니까?”라는 질문에 대답을 줄 수 있는 전문가로 보이게 된다.

업무적인 질문과 개인적인 질문의 비율은 대체로 2대1 정도가 좋다. 처음에는 개인적인 질문을 주로 하다가 점차 업무적 질문을 주로 한다. 질문의 범위는 일반적인 것에서 구체적인 것으로 옮아간다. 예를 들면 “현재 어떤 일을 하고 계십니까?”라고 질문한 다음에 “지금까지의 성과에 대해서 어떻게 생각하십니까?”라고 물어본다.

최고 세일즈맨은 상담을 하는 동안 평범한 세일즈맨과 비교해서 두 배의 개방형 질문을 한다. 질문과 대답을 부드럽게 이어가면서 균형 잡힌 대화를 한다. 호기심과 관심이 많지만 심문하는 느낌은 들지 않는다. 고객에게 질문을 던진 다음에는 고개를 끄덕이고, 미소를 짓고, 열심히 들어서 고객이 자신의 이야기를 더 깊이 있게 할 수 있도록 한다. 몸을 앞으로 기울이고 공감하는 모습을 보임으로써 대답을 더 충실하게 할 수 있게 격려한다.

최고 세일즈맨은 고객을 상대할 때 ‘무조건적 긍정적 존중’이라는 심리치료 기법을 사용한다. 이것은 어떠한 판단도 내리지 않는 기법이다. 가망고객이 어떤 말을 하더라도 평가하거나 판단하지 않는다. 항상 상냥하고 따뜻하면서도 중립적이다. 가망고객이 어떤 말을 하더라도 그냥 내버려두고 긍정도 부정도 하지 않는다. 대화를 재촉하거나 끊지 않는다.

뛰어난 세일즈맨은 정치, 종교, 혹은 사생활처럼 감정적이거나 논쟁을 일으킬 만한 주제에 대해서 말하는 것을 삼간다. 가망고객이 그런 주제에 대해서 이야기를 시작하면 듣고 수긍한 다음에 자신의 판단이 들어 있지 않은 말을 한다. 가령 가망고객이 “바보 같은 정치인들이 경제를 파탄낼 겁니다.”라고 한다면 “앞으로 그 사람들이 어떤 일을 할지 알 수가 없네요."라고 대답하는 것이다. 최고 세일즈맨들은 항상 유쾌하고 긍정적이고 태평스럽다. 여유가 있고 미소를 띠고 있다. 논쟁이 될 수 있는 화제를 피한다. 자신의 방문 목적을 잊지 않는다. 시간의 소중함을 알고 있으므로 상품이나 서비스와 관계없는 일에 대한 이야기로 시간을 낭비하지 않으려고 노력한다. 화제란 그것에 휩쓸리거나 언급하지 않으면 저절로 사라진다. 판매에 도움이 되지 않는 이야기에 시간을 써 버려서는 안 된다.

문제점 확인

우리 상품이 경제적으로 해결할 수 있는 문제를 정확하게 파악하는 능력은 판매 성공의 열쇠이다. 문제를 파악하고 그것이 해결할 가치가 있는 문제라는 점을 보여 주기 위해서 두 가지 유형의 질문을 사용한다. 하나는 상황 질문이고 다른 하나는 의미 질문이다.

상황 질문을 계속 던져서 고객이 현재 사용하고 있는 상품이 정확하게 무엇인지, 사용 목적은 무엇인지, 단점은 무엇인지에 대해서 더욱 철저하게 파악한다. 가망고객 중에는 가끔 자신의 상황이 이상적인 모습이 아니라는 사실을 인정하기 꺼려하는 경우가 있다. 그들은 "당장 구매하려는 것은 아닙니다. 단지 미래에 대비해서 어떤 상품이 있는지 알고 싶습니다." 혹은 "현재 공급자에게 만족하고 있습니다만, 지금 상황이 어떤지 나른 공급자들과도 이야기해 보고 싶습니다."라고 말한다.

그런 경우에는 "고객님, 현재 거래하고 계시는 OO회사는 괜찮은 회사입니다. 역사도 오래되었고 상품도 좋습니다. 그러나 우리 회사는 고객님의 현재 상황에 대해서 그 회사와 다른 접근 방법을 가지고 있습니다. 그래서 그 회사의 중요한 고객들도 서래처를 우리 쪽으로 옮기고 있습니다. 무슨 애긴지 보여 드리겠습니다." 그런 다음에 이어서 우리 회사가 가진 상대적인 강점에 대해서 설명한다.

설명을 마친 다음에는 우리 상품과 관련된 분야에서 고객이 현재 무슨 일을 하고 있는지, 고객이 달성하고자 하는 목표는 무엇인지 파악하기 위한 질문 프로세스로 다시 돌아간다. 그들이 가진 전반적인 문제는 무엇인가? 그들이 가진 구체적인 문제에는 어떤 것들이 있는가? 그 분야에서 딱 한 가지를 바꾼다면 그것은 무엇인가? 계속 문제를 파헤쳐서 우리가 해결할 수 있는 문제가 무엇인지 알 수 있는 열쇠를 찾아라.

두 번째 유형의 질문은 의미 질문이다. 가망고객이 어떤 기계 혹은 업무 프로세스에 문제가 있다고 이야기할 때는 이렇게 질문한다.

"그 문제는 고객님께 어떤 의미가 있습니까?"

"그로 인한 손해는 얼마입니까?"

"그것이 얼마나 많은 사람들에게 영향을 미칩니까?"

"그 기계가 고장 나서 생산이 지체되면 실제 피해액은 얼마입니까?"

"기계의 작동 오류와 관련된 간접 비용에는 어떤 것들이 있습니까?"

가망고객들은 또 쾌락 원칙에 의해서 동기유발 된다. 고통을 피하려고 하고 쾌락을 추구한다. 불편함 또는 불만족에서 안락함과 만족을 향해 움직인다. 그들은 고통이 있어야만 행동한다.

우리가 하는 질문의 목적은 아픈 곳이 어디인지 밝혀내는 것이다. 그 다음 후속 질문은 작은 불편을 잠재적인 큰 불편으로 바꾸는 것이 목적이다. 문제를 방치해서는 안 되고 즉시 해결해야 한다는 점을 가망고객이 알게 하는 것이다. 능숙한 질문을 통해서 작은 것처럼 보이는 문제가 사실은 큰 문제라는 점을 보여 준 다음, 우리 상품이 그 문제에 대한 이상적인 해결책이라고 가망고객에게 납득시키면 완전히 새로운 판매를 이끌어 낼 수 있다.

해결 방안 제시

판매 과정의 세 번째 단계는 해결 방안 제시이다. 판매 프레젠테이션의 전 과정이 여기에 해당된다. 문제점 확인 단계에서 정확한 진단을 내리면 이 단계가 훨씬 쉬워진다.

판매 과정 중 프레젠테이션 부분에서는 우리 상품이나 서비스가 어떻게 해서 가망고객이 가진 문제를 경제적으로 해결할 수 있는지 보여 준다. 가망고객에게 우리 상품을 사용할 경우, 다른 상품을 사용하거나 아무 것도 사용하지 않을 경우에 비해서 어떻게 더 빨리 그리고 더 확실하게 수행할 수 있는지 알려 준다. 우리 상품이 어떤 일을 하는지, 어떻게 작동하는지 설명한다. 그러면서 "나에게는 어떤 이익이 있습니까?"라는 질문에 프레젠테이션의 모든 초점을 맞춤으로써 "내가 얻는 것은 무엇입니까?"라는 가망고객이 가진 핵심 질문에 답한다.

이제부터 프레젠테이션 과정에 대해서 더 자세하게 설명하겠다. 이 단계에서 가장 명심해야 할 것은 판매 과정의 각 단계를 순서대로 밟아야 한다는 점이다. 먼저 개인적 질문과 상황적 질문을 사용해서 친밀감을 형성해야 한다. 그 다음 보다 날카로운 질문을 던지고 우리가 파악한 문제나 차이가 초래할 실제 비용이나 의미를 조사함으로써 문제점을 확인한다. 가망고객과 우리가 해결할 가치가 있는 문제를 파악했다는데 대해 명확하게 인식하게 되면 해결 방안의 제시 단계로 넘어간다. 가격에 대한 논의는 이 3단계 과정을 끝낸 다음에 시작해야 한다. 가격에 관한 질문에 대처하는 방법은 10장에서 다룬다.

구매 과정

세일즈맨이 일정한 판매 과정을 철저하게 지키듯이 고객도 마찬가지로 일정한 구매 과정을 지키면서 구매한다. 이 구매 과정은 의식적으로 이루어질 수도 있고 무의식적으로 이루어질 수도 있다. 우리도 물건을 구매할 때는 고객의 입장에 서기 때문에 지금까지 명확하게 생각해 보지 않았을지는 모르지만 이미 이 과정에 대해서 잘 알고 있다.

구매 과정은 3단계로 진행된다. 첫 번째 단계는 고객이 특정한 상품이나 서비스에 대한 욕구가 있다는 점을 인식하는 단계이다. 고객이 자신의 마음속에 있는 욕구 인식이라는 선을 넘기 전에는 우리 상품을 팔 수 있는 가능성이 없다. 우리가 처음 접촉하는 가망고객들은 대부분 그 선을 넘지 않은 사람들이다. 그들은 자신이 우리 상품이나 서비스를 필요로 한다는 사실도 전혀 모른다. "관심이 없어요.", "구매할 생각이 없습니다.", "구매할 능력이 없습니다."라고 말하는 이유가 바로 그 때문이다.

두 번째 단계는 문제를 해결하거나 자기 삶의 어떤 부분을 향상시키려면 특정 상품이나 서비스가 필요하다는 사실을 인식하는 단계이다. 시장에 어떤 상품이 나와 있는지 살펴보면서 여러 가지 대안을 평가하고 비교하기 시작한다. 상품이 비쌀수록 그리고 구매가 복잡할수록 결정을 내리기 전에 더 많은 정보를 입수하고 더 많이 비교한다.

마지막으로 구매 과정의 세 번째 단계는 각 대안과 관련된 남아 있는 의문을 해결하고 결정을 내리는 단계이다. 우리가 고객으로서 구매할 때는 어떤 것을 구매하든지 욕구를 인식하고, 가능한 한 여러 가지 대안을 비교한 다음에 결정을 내린다. 효과적으로 판매 활동을 하려면 고객과 보조를 맞춰서 고객이 구매하는 방식에 따라서 판매해야 한다.

판매 과정의 두 번째 단계인 '문제점 확인'은 구매 과정의 첫 번째 단계 즉 가망고객과 우리 둘 다 가망고객에게 욕구가 있다는 점을 인식하는 단계에 해당된다. 가망고객에게 현재의 상황에 대해서 질문하면서 우리 상품이 해결할 수 있는 문제를 밝혀낸다. 고객의 현재 위치와 이상적인 위치

사이에 있는 차이를 부각시켜서 고객이 불만족과 불편을 느끼기 시작하도록 만든다. 질문을 통해서 그 차이를 키우면서 우리 해결 방안이 가진 장점과 가치 그리고 우리 해결 방안을 통해서 가망고객의 상황이 얼마나 더 개선되는지 설명한다.

그런데 장애물이 존재한다. 가망고객에게 우리 상품이나 서비스가 필요하다는 사실을 인식시키고, 계속해서 우리 상품이나 서비스가 그가 가진 욕구에 이상적이라는 점도 보여 주었다. 가망고객은 확실히 이해한 듯 보이고 우리는 판매 성사가 눈앞에 다가왔음을 느낀다. 그때 갑자기 고객이 고맙다고 말하고 판매 자료와 제안서를 두고 가도록 부탁하면서 다음에 다시 만나자고 하는 것이다. 가망고객은 문까지 배웅하며 방문해 줘서 고맙다고 말한다. 이런 일이 꽤 자주 있는데 도대체 왜 그럴까?

'위험'이라는 못된 유령이 나타난 것이다. 고객은 비싼 품목을 살 때 먼저 여러 군데 알아본다. 그리고 가장 좋은 조건이라는 확신이 들기 전까지는 구매하지 않는다. 이 점에 주의하지 않으면 경쟁자의 판매만 도와줄 수 있다. 우리 상품에 대해서 고객의 구매 욕구를 불러일으켰더니 고객은 우리 경쟁사에 전화를 걸어서 제안서를 받는 것이다. 그렇게 되면 우리는 상품에 대한 1차 공급자가 아니라 단순한 경쟁 입찰 참가자 중 하나일 뿐이다.

구매 과정의 두 번째 단계는 고객이 문제 해결에 필요한 여러 가지 대안을 평가하기 위해서 정보를 가능한 한 많이 입수하는 단계이다. 이 단계에서 우리는 판매를 성사시킬 수 있는 아주 좋은 기회를 얻을 수 있다. 하지만 무엇을 해야 하는지 알아야 하고, 또 그것을 잘해야 한다. 우리가 해야 할 일은 고객이 올바른 구매 결정을 할 수 있도록 돕는 것이다. 그리려면 이 단계에서 우리는 세일즈맨이 아니라 컨설턴트나 고문이 되어야 한다. 고객과 함께 앉아서 이 구매 결정에서 고객이 중요하게 생각하는 점이 무

How to Make Powerful Presentations

엇인지 명확하게 정의해야 한다. 한 상품이나 서비스가 열 가지의 특징과 이익을 지니고 있을 수 있고, 고객에게 수많은 도움을 줄 수도 있다. 그러나 고객의 관점에서 보면 결정에 중요한 영향을 미치는 것은 세 가지 항목에서 다섯 가지 항목 정도에 불과하다.

네 가지 핵심 항목

대부분의 구매 결정과 협상은 '네 가지 핵심 항목' 결정을 중심으로 이루어진다. 네 가지 항목은 한 개의 주 항목과 세 개의 부 항목으로 구성된다. 주 항목은 판매 성사 여부를 결정하는 핫 버튼 또는 핵심적인 이유가 된다. 우리가 해야 할 일은 가망고객이 구매 결정의 기초가 되는 세 가지에서 다섯 가지의 항목을 찾아내도록 돕는 것이다.

합리적인 구매 결정에서 누구나 맨 먼저 하는 일은 구매를 통해서 얻고자 하는 것이 무엇인지 판단의 기준이 될 항목들을 확정하는 것이다. 두 번째 단계는 가장 중요한 것부터 가장 덜 중요한 것까지 중요도 순으로 정리한다. 세 번째 단계는 여러 가지 대안을 자신이 정한 선택 기준 항목과 그 항목의 중요도에 비추어 보면서 비교한다. 그리고 네 번째 단계는 비교 결과를 바탕으로 결정을 내린다.

고객이 처음 두 단계를 밟을 때 도움을 줄 수 있다면 판매를 우리가 통제할 수 있다. 그리고 고객이 우리 상품과 경쟁자들의 상품을 비교할 때 우리 상품이 비교표의 맨 위에 오도록 할 수 있다. 고객이 우리는 약하고 경쟁자가 강한 항목을 가장 중요하게 여긴다고 하자. 그 경우 우리의 강점이 고객이 전에 생각한 것보다 사실은 훨씬 더 중요한 항목이라는 점을 납득시켜야 한다. 다른 상품이 아니라 우리 상품을 선택해야 고객이 진정으로 원하는 것을 성취할 수 있다는 점을 입증하는 것이다. 예를 들어서 고객이 최우선으로 고려하는 것은 가격이라고 말한다고 하자. 다른 모든 조건이 동일하다면, 우리는 가격과 비용 사이에는 차이가 있다는 점을 지적해야 한다. 가격은 물품을 획득하기 위해 처음에 지급하는 금액이다. 비용은 그 물품을 사용하는 전 기간에 걸쳐 이루어지는 실제적인 지출이다. 비록 우리 가격이 초기에는 약간 비쌀지 모르지만 사용 기간 전체에 걸쳐서 실제로 지출되는 총비용은 더 적다는 사실을 설명한다. 품질이 좋기 때문에 고장이 적고 따라서 생산성을 더 꾸준히 유지할 수 있기 때문이다.

가망고객이 생산 속도가 가장 중요하다고 말한다고 해 보자. 그런데 우리 상품은 속도는 늦지만 더 튼튼하고 내구성이 좋다. 그 경우에는 가망고객이 실제로 관심을 갖고 있는 것은 어떤 순간의 속도가 아니라 일정 기간 동안의 생산량이라는 점을 납득시킨다. 그리고 우리 상품이 비록 속도가 느리기는 하지만 고장이 적고 신뢰도가 높기 때문에, 속도는 빠르지만 고장이 잦은 기계에 비해서 일정 기간의 생산량은 더 많다는 사실을 밝혀야 한다.

우리가 가진 강점이 가망고객이 실제로 원하고 필요로 하는 것이라는 점과 우리가 부족한 영역이 구매 결정에 중요하지 않다는 점을 가망고객에게 이해시키는 것이 중요하다. 경쟁사들의 판매 제안을 파악하고, 제안이 가진 강점과 약점에 대해서도 가망고객과 함께 전문가답게 검토해야 한다. 다른 회사들도 각기 다른 방식으로 판매 제안을 하고 있지만 모든 것을 종합해 보면 가망고객에게 우리 상품이 최선의 선택이고 가장 위험이 적다는 점을 지적해야 한다.

가망고객이 결정을 내리기 전에 이곳저곳 다른 공급자들과도 접촉하리라는 사실을 알고 있을 때는 떠나기 전에 마지막으로 "어떤 결정을 하시든지 가장 중요하게 고려해야 할 사항은 …입니다."라고 말해 두어야 한다. 그 가장 고려해야 할 사항이 바로 우리의 '고유 판매 제안' 즉 우리의 가장 큰 강점, 우리가 가진 비교 우위, 탁월한 분야가 된다. 우리 상품이 비교

How to Make Powerful Presentations

우위를 가진 요소를 가장 중요하게 고려해야 한다는 점이 언제나 가망고객의 머릿속에 남아 있게 된다. 그 후 우리 경쟁자들의 판매 제안을 평가할 때면 항상 그 특정한 요소에 관심이 집중되게 된다.

구매 과정의 세 번째 단계는 세부 사항 마무리, 고객의 우려 사항 해결, 그리고 남은 거부감의 해소다. 구매 금액이 클수록 작지만 핵심적인 문제들이 최종 결정 순간까지도 미해결 상태로 남아 있을 가능성이 높다. 판매가 95퍼센트까지 성사되었다고 하더라도 이 최종 단계를 제대로 마무리하지 못하면 판매에 실패할 수 있다. 판매 과정의 초반에 견고한 인간관계를 구축했다면 이 단계에서 가장 큰 영향력을 발휘하게 된다.

가망고객이 어떤 이유에서건 망설이거나 애매한 태도를 취하면 직접 가서 상황이 어떤지 물어보라. 언제쯤 결정을 내릴 수 있는지 또는 우리가 도울 수 있는 의문이나 걱정거리가 있는지 등을 물어본다. 만족스런 대답을 들을 수 없을 경우에는 눈을 똑바로 보면서 "고객님, 구매를 망설이시는 진짜 이유는 무엇입니까?"라고 묻고 침묵하라. 이렇게 하면 대답을 들을 수 있는 경우가 많다. 망설이는 이유가 크든 작든 곧바로 "어떻게 하면 그 점을 충족시킬 수 있을까요?"라고 계속해서 물어라. 이것을 판매마무리 조건이라고 부른다. 가망고객이 이 판매마무리 조건을 말하고 그 다음 우리가 그것이 진짜 이유인지 조사해서 사실이라고 판단되면 그 조건을 충족시켜서 판매를 진행해야 한다. 그 조건을 만족시키면 거래를 마무리할 준비가 된 것이다.

핫 버튼

고객의 욕구와 필요에는 큰 차이가 있다. 고객이 우리 상품을 필요로 한다고 해서 반드시 그것을 원하지는 않는다. 또 고객이 특정 상품이나 서비스를 원한다고 해서 반드시 필요로 하는 것도 아니다. 필요로 하는 것은 논리적이고 측정 가능하다. 원하는 것은 감정적이고 무형적이다.

판매를 성사시키려면 가망고객의 욕구와 필요 모두 구매 결정에 포함되도록 판매 제안을 해야 한다. 가정이 있는 남자라면 문이 네 개 달린 세단이나 왜건형의 차가 필요할지 모르지만 그가 진짜로 원하는 것은 스포츠카다. 그가 필요로 하는 것은 가족을 보호해 줄 보험일지 모르지만 그가 원하는 것은 '안전하다는 느낌'이다. 업무에 특정 상품이나 서비스가 필요할지 모르지만 그가 진짜로 원하는 것은 동종 업계의 대기업들이 이미 사용 중인 상품이나 서비스다. 그가 필요로 하는 것은 우리 상품이나 서비스일지 모르지만 그는 업계에서 가장 큰 회사에서 구매하는 것을 원할지도 모른다. 이 두 가지를 혼동해서 필요 충족만을 토대로 프레젠테이션을 한 후 고객이 반응을 보이지 않는다고 답답해 하는 세일즈맨들이 많다.

'핫 버튼'은 감정적인 요소라서 가망고객이 가진 지위, 존경, 인정, 명성, 개인적 즐거움에 대한 욕구에 호소할 때 작동된다. 고객들 중에는 최첨단을 걷고 싶다는 욕구에 의해서 동기유발 되는 사람들도 있다. 즉 가장 혁신적인 기술을 가진 상품이나 서비스를 사용하길 원한다. 이런 것들이 그 고객의 핫 버튼이다. 어떤 고객들은 창조적이고, 기업가 자질을 갖고 있고, 진보적인 선택을 하는 사람으로 보이고 싶어 한다. 가끔 상품이나 서비스가 더 편리하고, 속도가 빠르고, 비용을 절감해 준다는 사실 자체가 핫 버튼이 되기도 한다. 심미주의가 핫 버튼일 수도 있다. 그 경우에 고객은 상품이 가진 매력이나 아름다움에 의해 동기유발 된다.

핫 버튼이 무엇이든지 우리가 능숙하게 질문한 다음 고객의 답변을 잘 들으면서 찾아보면, 가망고객은 자신이 가진 핫 버튼을 드러낸다.

우리가 누구와 대화하든지 상대방은 항상 그 순간에 자신에게 가장 중요한 점에 대해 생각하고 있다. 주의 깊게 들으면 가망고객은 우리 상품이나 서비스에 관해서 핵심적인 단어나 문구를 무심결에 말해 버릴 것이다. 그러면 그 단어나 문구를 통해서 그 가망고객의 핫 버튼을 알 수 있다.

가망고객이 우리 상품이나 서비스에 관해서 감정적인 단어를 사용할 때가 있다. 그 감정적인 단어는 우리 상품이나 서비스의 여러 가지 이익에 관해 가망고객이 실제로 어떤 느낌을 갖고 있는지 알 수 있는 단서를 제공해 준다. 그 감정적인 단어를 잊어버리지 않도록 유념해야 한다. 필요할 경우에는 적어 두었다가 우리 상품이나 서비스에 관해서 더 자세히 소개할 때 그 단어를 사용해 설명해야 한다.

고객들은 중립적이거나 사무적인 단어를 사용한다. 상담에서 감정적으로 어느 정도 거리를 두고 빠져들지 않으려는 의도다. 그러다가도 대화 중에 우리가 무엇인가 민감한 부분을 건드리면 감정적인 단어를 사용하게 된다. 고객이 "괜찮네요."라고 한다면 그것은 관심 없다는 뜻이다. 그러나 상품의 어떤 특징이나 이익에 대해서 "매력적이네요.", "대단하네요."라고 한다면 가망고객의 감정적 의도 즉 구매 동기에 제대로 대응하고 있음을 나타낸다. 그러면 나중에 상품에 대해서 이야기할 때 "참 대단한 기술입니다." 혹은 "생각해 보면 너무나 매력이 있습니다."라고 고객이 사용했던 같은 단어를 반복 사용함으로써 고객의 욕구를 더 자극할 수 있다. 판매 상담에서 가망고객이 사용했던 단어를 우리가 똑같이 쓰게 되면 가망고객은 우리 상품에 점차 더 관심을 갖게 된다. 가망고객의 감정적 의도에 대응한다는 사실은 항상 그가 필요로 하는 것이 아니라 그가 원하는 것에 대해서 이야기한다는 의미다.

어떤 직업에 종사하든 누구나 자신의 업무를 잘 해내는 것 외에 일정한 감정적 욕구를 지니고 있다. 이 감정적 욕구의 중심에는 대부분 상사로부터의 인정과 존중이 자리하고 있다. 가망고객에게 상품이나 서비스를 설명할 때는 언제나 구매를 하게 되면 다른 사람들에게 얼마나 좋은 인상을 주고 존경을 받을 것인지, 그리고 직장 상사들에게 얼마나 더 좋은 이미지를 줄 수 있을지라는 관점에서 접근해야 한다. 그러면 구매 욕구가 더 커지고, 가망고객은 우리 상품이나 서비스를 구매하면 자신에게 개인적으로 어떤 이익이 있을지에 대해 더 깊이 생각하게 된다.

그렇다면 핫 버튼은 어떻게 찾을 수 있을까? 가망고객이 우리 판매 제안의 어떤 요소가 자신의 감정적 욕구를 자극하는지 명확하게 알고 있는 경우도 가끔 있다. 때로는 어렴풋이 알기도 하고, 때로는 전혀 모르고 있어서 우리가 핫 버튼을 찾은 다음에 끊임없이 자극해야 할 때도 있다. **일련의 질문을 통해서 핫 버튼 즉 핵심 구매 동기를 찾아낼 수 있다.** 판매 상담을 할 때 적절한 시점에서 그 질문을 사용하라.

가상적 접근

첫 번째는 가상적 질문을 던지는 것이다. "고객님, 언젠가 5년 혹은 10년 뒤에라도 이 상품을 구매하신다면 '그때' 어떤 점에 대해 확신이 생겨야 구매 결정을 하시겠습니까?" 이런 유형의 질문은 가망고객으로 하여금 생각해 볼 기회를 갖게 한다. 질문을 들으면 가망고객은 즉시 우리 상품이나 서비스에 관해 알고 있는 것들을 자신의 삶이나 업무 상황과 비교, 평가하면서 그 점이 무엇인지 찾아보게 된다. 무엇이라고 대답하든지 대체로 그것이 핫 버튼이다. 그 다음에 '즉시' 구매하면 바로 그 이익을 누릴 수 있다는 점을 이해시키면 판매에 성공할 수 있다. 예를 들어서 고객이 "동종 기업에서 나와 비슷한 위치에 있는 사람들도 이 상품을 구매해서 만족스럽게 사용하고 있다는 사실을 확인해야 합니다."라고 말한다고 하자. 그러면 그와 위치나 상황이 비슷한 사람들 중에서 이미 우리 상품을 구매했고, 구입 결정에 만족해 하는 사람들의 증언과 추천서를 통해 입증하는 것이 우리가 해야 할 일이다. 가상적 질문에 대해 가망고객이 만족할 수 있는 답변을 하면 판매의 주된 장애물을 제거하면서 동시에 핫 버튼을 누를 수 있다.

요술지팡이 기법

고객이 망설이거나 프레젠테이션에 거부 반응을 보일 경우에 쓸 수 있는 두 번째 방법이 '요술지팡이 기법'이다. "고객님, 만일 요술지팡이를 흔들어서 고객님이 원하는 대로 이루어진다면 이 상품을 구매해서 고객님이 얻고 싶은 가장 이상적인 결과는 무엇입니까?"라고 질문한다. 질문한 다음에는 입을 다물고 고객에게 생각할 시간을 주어라. 우리가 한 질문 그리고 답변에 대해서 생각해 볼 수 있도록 하라. 고객이 대답하면 "어떤 의미지요?" 또는 "그것이 고객님에게 정확하게 어떤 영향을 미칩니까?"라고 추가로 질문해서 더 자세하게 알아본다.

　고객이 우리 상품이나 서비스를 사용했을 때의 이상적인 미래 모습을 머릿속으로 그려 보고 미리 내다보게 하면, 오늘 판매를 성사시키기 위해 고객에게 확신시켜 주어야 할 핵심적인 이익이 무엇인지 알아낼 수 있다. 가망고객들은 특정한 상품이나 서비스를 사용할 경우에 얻을 수 있는 이상적인 이익이나 결과를 머릿속으로 그려 보는 일을 대체로 좋아한다. 만일 머릿속으로 그릴 수 없다면 우리 상품을 가망고객이 구매하는 일은 불가능에 가까울 것이다.

진행 상태 측정

핫 버튼을 알아낼 수 있는 세 번째 질문은 "고객님, 한 가지 여쭤 보고 싶은 것이 있습니다. 1부터 10까지 등급이 있는데 1은 우리 상품을 '절대 구매하지 않겠다', 그리고 10은 '즉시 구매하겠다'라고 한다면 고객님은 지금 어디 있다고 생각하십니까?"이다.

판매 제안에 대한 자신의 느낌이 1부터 10까지 사이에서 어디쯤에 해당되는지 묻는 이런 질문에는 거의 누구나 다 대답할 수 있다. 고객이 "지금이라면 1이나 2정도입니다."라고 대답한다면 그것은 판매를 성사시킬 가능성이 희박하다는 의미다. 한마디로 말해서 그 고객은 지금 상품을 구매할 의사가 없다. 좀 더 노력하는 것은 시간 낭비다. 그러나 고객이 "글쎄요, 5나 6정도인 것 같네요."라고 대답한다면 그것은 가망고객이 흥미는 있지만 아직 걱정이 많다는 뜻이다. 그 경우에는 "고객님, 10이 되려면 지금 필요한 것이 무엇입니까?"라고 물어라. 그리고 입을 다물어라. 고객의 말을 기다린 다음에 잘 들어라. 고객이 무엇인가 답을 한다면 그것이 판매를 성사시키기 위해서 지금 우리가 이해시켜 줘야 할 사항이다. 바로 판매 마무리를 위한 조건이다.

고객이 "글쎄요, 상품이 제 기능을 하지 않는데도 어쩔 수 없이 떠안아야 하는 일이 없다는 보장이 있어야겠지요."라고 말한다고 하자. 그럴 때는 "100퍼센트 만족을 보장해 드리고, 만에 하나 그렇지 못할 경우에는 상품을 회수하고 환불해 드린다면 지금 구매하시겠습니까?"라고 물어라. 우리가 판매마무리 조건을 충족시켜 주었기 때문에 가망고객은 대체로 구매 결정을 내릴 것이다. 그가 가진 주요 거부 사항을 제거했고 동시에 우리 상품이나 서비스가 제공하는 핵심 이익을 통해 그가 가진 핫 버튼을 눌렀기 때문이다. 구매 결정이 즉시 내려지지는 않는다고 해도 최소한 판매를 성사시키려면 어떤 점을 설득해야 하는지 훨씬 더 알아낼 수 있다.

무료 제공을 가정한 질문

까다로운 가망고객 특히 가격 때문에 저항하는 가망고객에게 쓸 수 있는 또 하나의 기법은 "고객님, 만일 이 상품이 무료라면 받으시겠습니까?"라고 묻는 방법이다. 너무나 뜻밖의 질문이기 때문에 가망고객은 아마 깜짝

How to Make Powerful Presentations

놀랄 것이다. 잠시 생각한 다음에 이렇게 대답할 것이다.

"글쎄요, 무료라면 안 받을 이유가 없지요."그러면 잠시 침묵한 다음에 미소를 짓고 가망고객의 눈을 똑바로 쳐다보면서 "왜요?"라고 물어라. 다시 입을 다물고 대답을 기다린다. 고객의 대답을 잘 들어 보면 고객의 핫 버튼이 드러난다. 또한, 고객이 우리 상품을 구매하기로 결정하려면 어떤 점에 대해서 확신이 있어야 하는지 알 수 있다.

가령 우리가 투자 상품을 판매하고 있다고 하자. 고객에게 위와 같은 질문을 하면 아마 이런 대답을 할 것이다. "공짜라면 받지요. 내 딸 명의로 해서 그 애가 고등학교를 졸업한 다음에 쓸 대학 학자금을 마련하겠어요."그 고객의 핫 버튼을 누른 것이다. 이제 그가 이 투자 상품을 산다면 왜 사는지 그 핵심 이유를 알게 된 것이다. 이제부터는 그가 항상 가슴에 품고 있던 그 목표를 달성하는데 우리 상품이 현 시점에서 최상의 선택이라는 점을 확신시켜야 한다. 우리 투자 상품을 하나하나 설명할 때마다 그것이 고객과 그의 딸 대학 학비 마련에 어떤 도움이 되는지 설명한다. 딸과 대학을 언급할 때마다 고객의 구매 욕구는 커져 간다. 프레젠테이션을 마칠 때가 되면 고객은 구매하고 싶은 강한 욕구를 가지게 된다. 자신이 가장 큰 책임감을 느끼고 있는 일을 미리 준비해 두었다는 만족감을 하루 빨리 즐기고 싶기 때문이다.

가망고객의 구매 전략 파악

가망고객의 핫 버튼을 파악하고 구매 저항을 극복하는 마지막 방법은 **고객에게 이런 상품은 어떤 방식으로 구매하는지 혹은 예전에 이 상품을 구매한 적이 있는지 물어보는 일이다.** "과거에 이런 상품이나 서비스를 구매하신 적이 있습니까?"라고 물어보라. 만일 그렇다고 대답하면 다시 "어떤 방식으로 구매 결정을 내리셨습니까? 그것이 올바른 결정이라는 사실을 그때 어떻게 아셨습니까? 어떤 절차를 거쳐서 그 결론에 도달하셨습니까?"
라고 묻는다.

　사람들은 누구나 특정한 상품이나 서비스에 대한 자신만의 구매 전략을
갖고 있다. 구매에서 가장 중요한 요인들의 목록 만들기, 다른 사람들과
의논하기, 여러 업체들을 비교·평가하기, 판매 자료를 주의 깊게 검토하
기, 최종 구매 조건에 대해 협상하기 등이다. 우리 상품이든 아니면 유사
한 다른 상품이든 가망고객에게 해당 상품이나 서비스를 과거에 어떤 방
식으로 구매했는지 물어보면 구매 과정을 알려준다. 그러면 그 과정을 현
재의 판매에 적용해야 한다.

　인간은 습관의 동물이다. 과거에 한 일 그리고 편안한 일을 반복한다.
자신에게 익숙한 중요한 의사 결정 방식을 선호하고 변화를 싫어한다. 자
신의 안전지대를 갖게 된다. 따라서 우리도 그들과 함께 그들의 안전지대
로 들어가야 한다. 가망고객이 의사 결정을 했던 방법과 과거 구매 방식
에 맞춰 우리 상품이나 서비스를 프레젠테이션 해야 한다. 가망고객이 가
장 편안해 하는 구매 방식과 꼭 들어맞도록 프레젠테이션을 하면 판매가
점점 더 쉬워진다.

　많은 세일즈맨들이 가망고객에게 이런 결정을 이떤 방식으로 하는지 물
어보지도 않고 판매를 시도하는 실수를 저지른다. 예를 들어서 가망고객
이 "일단 어떤 상품이 필요하다고 판단되면 최소한 세 공급자로부터 견적
을 받은 다음에, 담당 팀에게 견적을 평가하도록 하고 그 결과에 따라서
최종 결정을 내립니다."라고 말한다고 하자. 우리가 이 가망고객과 접촉하
는 첫 번째 공급자라고 가정해 보자. 그 경우 고객이 다른 두 공급자를 평
가할 기회를 갖기 전에 우리 상품을 구매하도록 시도하면 판매 가능성 자
체를 없애 버릴 수 있다. 차라리 프레젠테이션을 뛰어나게 잘한 다음 가망

고객에게 다른 공급자들을 접촉해 보도록 권하면서 "다른 어떤 공급업자들과 비교하시더라도 고객님께 최고의 만족을 드리는 쪽은 우리가 될 것이라고 확신합니다."라는 말로 프레젠테이션을 마치면 훨씬 결과가 좋다. 이처럼 구매 압력을 거의 가하지 않고 판매 상담을 끝내는 일은 장기적인 관계, 신뢰 구축, 전문가다운 판매라는 목표에 전부 도움을 줄 수 있는 올바른 투자 방법이기 때문이다.

고객은 질문을 통해서 자신의 핫 버튼이 무엇인지 알려주는 경우가 많다. 우리 상품이나 서비스의 어떤 특징에 대해 자주 언급하면서 더 자세한 설명을 부탁하거나 사용해 본 다른 고객들이 그 특징 덕택에 어떤 이익을 얻었는지에 대해 더 많은 정보를 요청한다면, 그 특징이 바로 고객이 가장 중요하게 생각하는 핫 버튼이다.

핫 버튼을 찾고 나면 그 한 가지 포인트에 의해서 판매 전체가 결정되도록 만들어야 한다. 우리에게서 구매하면 그 핵심 이익을 확실히 누릴 수 있다는 점을 가망고객이 온전히 믿게 만들어야 한다. 가망고객이 다른 사항에 대해 거부감을 나타낼 때마다 우리는 그 핵심 이익을 언급하면서 우리 상품이나 서비스가 바로 그 핵심 이익 측면에서 다른 어떤 업체보다 나은 최상의 선택이라는 사실을 강조해야 한다.

고객의 핫 버튼을 누르고 우리 상품이나 서비스에 대한 고객의 욕구를 더 높이는 또 다른 방법은 '관련사례 마무리'이다. 관련사례를 통한 마무리 혹은 접근 방법은 사람들이 왼쪽 뇌를 사용해서 분석적인 생각을 하지만 구매 결정은 오른쪽 뇌를 사용한다는 사실에 근거하고 있다. 왼쪽 뇌는 선형 방식으로 제시되는 사실과 정보에 의해서 자극받는다. 오른쪽 뇌는 이야기, 일화, 이미지에 의해서 자극 받는다. 우리 상품이나 서비스를 사용했거나 혹은 사용하지 않는 사람들에 관한 이야기를 하게 되면 가망고객의 오른쪽 뇌가 활성화되어 가망고객에게 세상 그 어떠한 판매 자료보다도 더 강한 인상을 준다.

자신의 구매 경험을 생각해 보자. 동일한 상품을 구매한 다른 사람들에대해서 세일즈맨이 했던 이야기가 구매 결정을 내린 다음에도 몇 달 그리고 몇 년씩이나 기억에 남아 있다는 사실을 깨닫는다. 상품 소개 책자와 제품 설명서에 담긴 정보는 모두 잊었을지 모르지만, 이야기는 마치 어제 들었던 일처럼 생생하게 기억한다. 가망고객에게 우리 상품이나 서비스를 구매하는 것이 현명한 선택이라는 점을 더 깊이 인식시키고 싶을 때는 항상 그 상품이나 서비스를 구매해서 사용해 보고 그 결과에 만족스러워하는 고객의 성공 사례를 이야기하라.

가망고객이 망설일 때는 이렇게 말하는 것이 좋다. "망설이시는 것을 이해합니다. OO회사의 OO선생님도 구매할 때 망설이셨거든요. 결국 구매하셨는데, 지난주에 제게 자신이 했던 최고의 구매 결정이었다고 말씀하셨습니다. 가격은 조금 비싸지만 우리 상품이 주는 가치와 즐거움이 그 초과 비용보다 훨씬 크다고 하셨습니다. 지금 추가로 두 개 구매할지 검토하고 계십니다. 같은 업종에 계신 친구 몇 분도 소개해 주시더군요."

어떤 회사나 세일즈맨이라도 자신의 상품을 구매해서 만족스럽게 사용하고 있는 사람들의 성공 사례는 다 가지고 있다. 좋은 성공 사례 하나가 가망고객의 마음속에 자리한 우리의 위치를 높여 준다.

고객들은 구매 결정을 할 때 다른 무엇보다도 해당 상품을 과거에 사용해 본 결과에 가장 큰 관심을 갖는다. 그런데 자신과 비슷한 사람들이 동일한 상품을 구매해서 사용해 보고 그 결과에 만족해 한다는 사실을 알게 되면, 자신도 그런 혜택을 누리고 싶은 욕구가 생긴다. 판매 프레젠테이션을 할 때 상품을 이미 구매해서 우리가 설명하는 특징이나 이익을 누린 다른 고객들의 이야기를 집어넣으면 가망고객의 구매 온도는 끓는점까지 올라간다.

실패 사례도 가망고객의 구매 동기를 자극할 수 있다. 가망고객이 더 검토해 보고 다음 해에 구매하고 싶다고 말한다고 하자. 그때는 더 검토해 보겠다고 했던 다른 고객의 사례를 들려주면서 그 고객이 나중에 전화로 구매 결정을 미뤘던 점을 무척 후회한다고 했던 이야기를 해 준다. 아니면 다른 저렴한 상품을 샀다가 후회한 고객의 이야기를 해 줄 수도 있다. 좋은 실패 사례는 종종 가망고객의 망설임을 극복하고 구매 결정을 내리도록 유도하는 자극제가 된다.

상품과 관련된 성공과 실패 사례를 사용하면 욕구와 두려움이라는 서로 다른 구매 동기 요인을 자극하게 된다. 사람들이 상품을 구매하는 것은 이익에 대한 욕구 아니면 손실에 대한 두려움 때문이다. 프레젠테이션을 하면서 성공 사례와 함께 실패 사례를 이야기하면 그 두 가지 동기를 모두 자극할 수 있다. 구매에 만족한 사람들의 사례를 통해 우리 상품을 설명하면서 동시에 구매하지 않아서 후회하는 사람들의 이야기를 들려주면 가망고객은 모든 망설임을 떨쳐 버리고 즉시 구매 결정을 내리게 된다.

각인

핫 버튼 공략 그리고 '관련사례 마무리'와 함께 사용할 수 있는 간단한 기법이 '각인'이다. **각인은 프레젠테이션을 하면서 일정한 단어와 문구를 반복해 가망고객의 잠재의식 속에 명령을 주입시키는 기법이다.** 이 명령은 판매 메시지와 결합되어 판매 상담이 끝날 때 구매 결정을 내리게 만드는 경우가 많다. 예를 들어서 우리가 각인시키고 싶은 메시지가 '이 상품이 있으면'이라고 하자. 프레젠테이션을 하면서 "이 상품이 있으면 그 문제가 다시 발생하지 않을까 하는 걱정은 다신 하지 않으셔도 됩니다."라고 말한다. 그 상품을 구매할 때 얻는 이익 중의 하나가 어떤 특정한 문제가 발생할 때마다 그 문제를 처리해 주는 점이라면 이 말은 강력한 판매 메시지가 된다.

이번에는 "오늘 구매하라."라는 메시지를 각인시키고 싶다고 하자. 그러면 이렇게 말한다."만일 오늘 구매하시면 주중에 배송이 가능해서 주말부터 바로 사용하실 수 있습니다."

상품이나 서비스의 이익을 누리고 싶다는 판단을 하고 나면 고객은 마음이 급해진다. 지금 바로 사용하고 싶어진다. 긴급성과 배송 속도가 구매 결정을 내리는 중요한 동기유발 요인이 된다. "사용하기 시작하라."는 메시지를 각인시키고 싶다면 "이 기계를 설치해서 사용하기 시작하면 과거에 2시간 걸리던 작업이 20분밖에 걸리지 않습니다."라고 말하라. 우리 목적은 가망고객이 프레젠테이션을 들으면서 자신이 기계를 사용하기 시작한 모습을 상상하도록 하는 것이다. 이 메시지는 프레젠테이션이 끝날 때 고객으로 하여금 구매하는 쪽으로 마음이 가게 만든다.

일반 소비자 대상 판매에서 "사 가십시오."라는 메시지를 각인시키고 싶다고 하자. 많은 판매가 충동에 의해서 이루어진다. 고객이 바로 앞에 서 있을 때 판매할 가능성이 가장 크다. 그러나 고객이 생각해 보기 위해서든지 아니면 대안을 찾아보기 위해서 다른 곳으로 일단 가 버리면 돌아와서 구매할 가능성은 급격히 떨어진다. 그때는 "지금 사 가시는 게 어떠세요?"라고 하거나 "사 가시면 집에 가서 바로 쓰실 수 있어요."라고 하든지 아니면 "지금 사서 바로 사용하시는 것이 가장 현명한 방법입니다."라고 말한다.

꼭 기억해야 할 점이 있다. 이 기법들은 가망고객을 교묘하게 조종하거나 가망고객이 자신의 이익에 부합하지 않는 행동을 하도록 만드는 방법이 아니라는 사실이다. 단지 어지럽고 경쟁이 심한 시장에서 매일 수백 가

지의 상업적인 메시지에 시달리고 있는 가망고객에게 더 좋은 인상을 줄
수 있도록 도와주는 입증된 방법일 뿐이다. 우리 메시지가 더 부각되고 가
망고객의 마음속 깊이 뿌리내릴 수 있도록 도와주는 방법이다. 이 기법들
을 더 많이 사용할수록 고객의 상황과 관계없이 우리 상품을 구매할 가능
성이 더 높아진다.

프레젠테이션 도구

"모든 것이 해당된다!(Everything counts!)"세일즈맨이 한 사소한 행
동 혹은 하지 않은 사소한 행동 하나 때문에 판매의 성패가 결정된다. 고
객은 바쁘고, 의심 많고, 용서가 없다. 고객은 세일즈맨의 판매 활동 수준
이 떨어지면 즉시 그 세일즈맨의 회사도 수준이 낮고, 상품이나 서비스의
질도 떨어질 것이라고 생각해 버리는 경향이 있다. 고객은 실수를 범하는
일을 두려워한다. 사소한 문제도 대단히 큰일인 것처럼 생각하는 경우가
많다. 세부적인 사항에 대해서도 무척 민감하며 우리가 거래하기에 적합
한 사람인지 아닌지 판단할 수 있는 단서를 끊임없이 찾고 있다.

판매는 정신적인 게임이다. 세일즈맨은 단순 근로자가 아니다. 우리가
가진 자산은 우리 상품이나 서비스 그리고 그 상품이나 서비스를 사용하
여 가망고객의 업무와 삶을 향상시키는 방법에 관한 지식이다. 마치 의사
처럼 우리가 가진 상품은 환자(고객)를 위해 자신이 가진 지식을 적용하
는 능력이다. 그 지식을 적용하는데 더 능숙할수록 판매도 증가하고 수입
도 증가한다.

성공적인 프레젠테이션을 하기 위한 첫 번째 도구는 '**상품 지식**'이다. 세
일즈맨은 자신의 상품에 대해서 완벽하게 알아야 한다. 우리 상품이나 서
비스의 개발 과정, 작동 방법과 원리, 효용, 다양한 활용 방법 등 세세한
분야까지 정통해야 한다. 경쟁자의 상품에 대해서도 마찬가지로 숙지해

전략적 세일즈

야 한다. 시장에서 서로 경쟁하고 있기 때문이다. 우리 상품과 비교해서 경쟁 상품이 가진 강점과 약점을 알고 철저하게 분석해서 우리 상품을 어떻게 자리매김하면 고객의 눈에 최상의 선택으로 보일지 기억해야 한다.

최고 세일즈맨은 자기가 판매하는 상품이나 서비스 분야에서 누구도 넘볼 수 없는 최고 전문가의 위치에 오른다. 꾸준히 연구하고 관련 서적, 잡지, 논문을 읽는다. 가능한 한 모든 교육과정과 세미나에 참석한다. 상품이나 서비스에 관해 질문을 받았을 때 완벽한 대답을 하지 못하는 그런 상황은 절대 만들지 않겠다고 굳게 다짐하고 있다. 최고 세일즈맨은 자존심을 걸고 그 누구도 자신의 상품이나 서비스에 대해서는 자기보다 더 통달하는 일이 없게끔 노력한다.

우리가 필요로 하는 두 번째 프레젠테이션 도구는 '**고객 지식**'이다. 고객 지식이란 고객의 상황에 관한 철저한 이해와 우리 상품이나 서비스를 통해서 고객이 목표를 달성하고 문제를 해결하는 방법이다. 고객에게 최고의 만족은 세일즈맨이 프레젠테이션을 하기 전에 고객의 상황을 파악하고 상품이나 서비스를 통해서 도움을 줄 수 있는 방안을 찾기 위해 많은 노력과 수고를 아끼지 않았다는 사실을 알게 되는 것이다. 반대로 고객이 처한 상황을 제대로 알지도 못하면서 상품이나 서비스를 권유하는 세일즈맨만큼 기분을 상하게 하는 존재도 없다.

얼마 전에 학벌도 좋고 잘 차려입은 첨단기술 회사의 세일즈맨 한 사람이 나를 찾아왔다. 우리 회사에서는 고급 멀티미디어 세일즈 프로그램을 개발하는데 수십만 달러를 투자하고 있었다. 그 세일즈맨은 몇 주 전에 우리 회사 직원을 통해서 나와 상담 일정을 잡았다. 그는 정시에 도착했다. 옷차림은 단정했고 외모도 깔끔했다. 쾌활하고 지적인 모습으로 악수에는 힘이 있었고 성격도 좋아 보였다. 간단한 소개와 인사를 나눈 다음에 본론으로 들어갔다. 우리 상품과 서비스를 개선하기 위해서 자기 회사가 할 수 있는 다양한 일에 대해서 이야기하기 시작했다. 자기 회사가 기업 교육에 활용할 수 있는 비디오 그래픽, 쌍방향 교육시스템, 컴퓨터를 이용한 교육 등의 기술 분야에서 얼마나 앞서 있는지에 대해서 설명했다. 그 과정에서 말은 빨랐고 몇 가지 질문도 했다. 이야기를 들으면서 나는 그 세일즈맨이 내 사업에 대해서 아는 것도 없고 이해하고자 노력도 하지 않았다는 사실을 알 수 있었다.

혼자 10분 정도 이야기하도록 내버려둔 다음에 말을 끊고 이렇게 물었다. "우리 회사와 우리 회사가 하는 일에 대해서 얼마나 알고 있습니까?" 그 세일즈맨은 당황한 모습이 역력했다. 우물우물하면서 앞뒤가 맞지 않는 말을 얼마 동안 하더니 결국 잘 모른다고 털어놓았다. 나는 그에게 상담 일정을 잡아준 우리 회사 직원에게 정보를 달라고 부탁했는지 물어보았다. 너무 바빠서 그렇게 하지 못했다는 것이 그의 대답이었다. 그 다음에 그가 한 말이 돌이킬 수 없는 마지막 실수였다. 그는 "저희 회사와 거래를 하기로 결정하신다면 지금부터 고객님 회사에 대해서 더 많이 알도록 노력하겠습니다."라고 말했다.

뭐라고? 판매가 성사되기 전에는 우리 회사에 대해서 알아보고 싶지도 않다는 말인가? 바로 그것이 그가 하고 있는 말이었다. 나는 즉시 자리에서 일어나서 상담을 끝냈다. 방문해 줘서 고맙다고 말하자 그 세일즈맨은 놀란 듯했다. 나는 그를 문으로 안내하면서 우리 상황과 업무 활동에 대해서 전혀 알지 못하면서 자신의 서비스를 설명하고자 나를 만나러 오는 일은 내 입장에서 시간 낭비일 뿐이라고 말했다.

그다음 그가 "네 고객을 알라!"는 판매의 제1법칙을 어겼다는 점을 알려주었다. 문 앞에서 작별인사를 하면서 세일즈 트레이너 입장에서 앞으로 어떤 회사의 대표와 약속을 잡을 경우에는 미리 그 회사에 대해 알아보는 것이 좋겠다고 조언했다.

사실 지금도 수많은 세일즈맨들이 가망고객에 관해서 미리 알아보지도 않고 방문하고 있다. 큰 고객이면 큰 고객일수록 그리고 담당 구역의 고객 수가 적으면 적을수록 고객을 잘 아는 것은 그만큼 더 중요하다. 사전 조사를 하라. 그 어떤 것도 운에 맡겨 두어서는 안 된다. '고객 지식'은 중요한 자산이다. 판매에 있어서 필수적인 역할을 하기 때문이다. 우리가 가진 고객 지식의 양과 질이 다른 어떤 요소 못지않게 우리의 수입을 결정한다.

세 번째 프레젠테이션 도구는 판매 상담을 위한 '**철저한 준비**'다. 세일즈맨이 프레젠테이션과 판매마무리에 필요한 자료를 준비하지 않은 채로 고객을 방문해서 거래를 성사시키지 못하는 일이 오늘도 비일비재하다. 철저하게 준비하면 두 가지 이익을 동시에 누릴 수 있다.

하나는 우리의 자신감이 커진다. 판매 프레젠테이션 도중에 혹시 어떤 일이 벌어지더라도 그 일을 잘 처리해 낼 수 있으리라는 믿음이 생기기 때문이다. 그리고 다른 하나는 가망고객도 우리가 자신의 욕구를 충족시켜 줄 수 있는 능력을 갖고 있다는 데 대해서 더 큰 믿음을 갖게 된다.

준비하는 과정에서 서류가방도 간과해서는 안 된다. 서류가방은 세신하고 깔끔하게 잘 정리정돈 되어 있어야 한다. 가방 안에는 프레젠테이션에 필요한 것과 판매마무리에 필요한 것만 들어있어야 한다.

그 외에 다른 것들은 집이나 사무실에 두고 와야 한다. 고객은 우리가 서류가방을 열 때 안을 들여다보면서 우리의 전문성을 평가하는 경우가 많다. 우리 가방이 얼마나 잘 정리정돈되어 있는가를 보면서 우리 일 전체가 얼마나 체계적인지 추측한다.

가방 안이 어지럽고 쓸데없는 물건이 가득하면 고객은 우리 회사 역시

어지럽고 체계적이지 못할 것이라고 여긴다. 사무실을 떠나기 전에 반드시 미리 가방을 확인하고 재차 체크해야 한다. 그 노력에는 결국 보상이 따르기 마련이다.

판매 상담 전에 미리 준비해야 할 중요한 것이 또 하나 있는데, 복잡한 판매라서 고객을 여러 번 방문해야 할 경우에 유념해야 할 사항이다. 거래 성사를 위해 동일한 고객을 여러 번 방문해야 한다면 각각의 방문을 사전에 잘 계획하고 준비해야 한다는 사실이다. 방문할 때마다 지난번에 했던 이야기를 반복할 수는 없기 때문이다. 매번 방문할 때는 지난번 방문 때보다 논의가 진전되어야 한다. 그전 상담에서 도달했던 논의 결과를 토대로 각 상담에서 달성해야 할 구체적인 목표를 정해야 한다. 고객에게 상담이 진전되고 있다는 느낌을 줘야 한다. 각각의 방문에는 그 방문에 해당하는 구체적이고 문서화된 목표가 준비되어 있어야 한다.

판매 관리자가 우리와 함께 고객을 방문 중이라고 상상해 보자. 지금 우리 옆에 앉아서 이렇게 묻는다. "이 고객을 지금 방문하는 정확한 '이유'는 무엇이고, 달성하고자 하는 '목표'는 무엇이며, 방문의 성공 여부는 '어떻게' 판단하겠습니까?" 다음 문장의 빈 곳에 간략하게 단어를 채워 넣어서 문장을 완성시켜 보라. "이번 방문의 목적은 …이다." 그다음 판매 상담을 할 때는 처음에 그 목표를 가망고객에게 알려야 한다. 이번 상담에서 달성하고자 하는 목표가 정확하게 무엇인지 그리고 판매 상담이 종료되는 시점에 상담이 어디까지 진척되어 있기를 원하는지 말하라.

고객이 볼 수 있도록 상담 목적을 깨끗하게 타이핑해서 가져가면 아주 좋은 인상을 줄 수 있다. 그는 우리를 진정한 프로 세일즈맨으로 보게 된다. 상담이 끝나면 바로 상담 일지를 꺼내서 상담 중에 다루어졌던 모든 사항을 하나도 빠짐없이 재빨리 기록한다. 특히 방문 목표를 읽어보면서 그 목표들이 달성됐는지 확인해야 한다. 목표가 달성되지 않았다면 그 이유도 기록한다. 방문 목표는 사다리의 발판과 같다. 사다리의 맨 밑에서 맨 위까지 올라가려면 발판을 차례차례 밟고 올라가야 한다. 마찬가지로 판매를 성사시키려면 여러 가지 목표를 하나하나 달성해 가야 한다.

어떤 판매 프레젠테이션에나 필요한 네 번째 도구는 '**타이밍과 시간 엄수**'다. 모든 노력을 경주해서 유망한 가망고객과 상담 일시를 확정한 다음에는 그 일정이 연기되거나 취소되는 일이 없도록 해야 한다. 사무실을 나서기 전에 약속을 다시 확인해서 시간이 낭비되는 일이 없도록 해야 한다. 전화를 하면 가망고객이 약속을 취소할지 모른다는 걱정 때문에 약속 확인을 꺼리는 세일즈맨들이 가끔 있다. 이 문제를 해결하는 간단한 방법이 있다.

자신이 직접 전화를 하거나 아니면 비서에게 가망고객의 사무실에 전화를 걸도록 해서 고객이 자리에 있는지 확인한다. 안내 사원이나 비서가 그 고객이 자리에 있다고 대답하면 이렇게 말한다. "OO회사의 OO이 약속대로 10시에 방문할 예정이라고 전해 주세요. 고맙습니다." 이처럼 전화로 약속을 확인하면 혹시 고객이 약속을 잊고 있었을 경우, 약속을 상기시켜줄 뿐만 아니라 우리가 상담을 중요하게 생각하고 있다는 점을 알려주는 효과가 있다. 가망고객은 전화로 확인하지 않았을 때와 비교해서 다른 일정을 취소하고, 우리와 약속했던 시간을 비워 둘 가능성이 높다.

반드시 약속 시간보다 10분 일찍 도착하도록 하라. 어떤 이유로든지 늦어지게 될 경우에는 미리 전화해서 양해를 구하라. 다른 고객과의 상담이 너무 많이 늦어지거나 거리가 너무 멀리 떨어져 있을 경우에는 차라리 약속을 새로 잡고 날짜와 시간을 확정하라. 어떤 일이 있더라도 늦게 도착한 다음에 "교통 정체 때문에 늦었습니다."라는 '어리석은 변명'은 하지마

라. 그런 변명은 하면 할수록 더 바보처럼 보이고 가망고객이 가진 문제와 우리가 제안하는 해결 방안에 관해 논의를 시작하기도 전에 우리 신뢰도를 떨어뜨릴 뿐이다.

다섯 번째 프레젠테이션 도구는 '**연습과 리허설**'이다. 상품에 대한 프레젠테이션은 프로 세일즈맨으로서 우리가 가진 능력을 보여줄 수 있는 부분이다. 최고 세일즈맨들은 누구나 철저히 계획된 프레젠테이션을 한다. 그들은 새벽 3시에 잠을 깨워서 프레젠테이션을 하라고 해도 바로 일어나 일반적인 사항에서 시작해 구체적인 사항을 거쳐 판매마무리까지 순서대로 프레젠테이션을 할 수 있다.

최고 세일즈맨들은 고객을 만나러 가기 전에 프레젠테이션 예행연습을 하고 그 결과를 검토한다. 그 후에도 몇 분 동안 모든 세부적인 사항을 다시 한 번 재점검한다. 고객 파일을 살펴보면서 고객이 제공했거나 자신이 전에 수집했던 정보를 숙지한다. 경기에 출전하는 최고의 운동선수처럼 충분히 몸이 풀려서 여유롭고 유연하며 절정의 기량을 발휘할 준비가 되어 있다.

여섯 번째이면서 마지막 프레젠테이션 도구는 '**탁월한 건강 습관**'이다. '탁월한 건강 습관'은 상담에서 '비교 우위'를 차지할 수 있게 해 준다. 세일즈맨의 인간적 매력은 고객의 잠재의식을 통해 궁극적으로 판매 결과에 큰 영향을 미친다. 모든 최고 세일즈맨들은 긍정적이고 활력이 넘친다. 또한, 고객의 반응에 민감하게 대응하며 밝고 쾌활하다. 가망고객이 그들에게 받는 첫인상은 활력이 가득하고, 언제든지 출동해서 업무를 수행할 준비가 되어 있다는 것이다. 높은 활력과 열정을 창출하고 유지하는 비결은 다이어트, 운동 그리고 휴식이다.

나는 지금까지 수천 명에 달하는 최고 세일즈맨들을 만났다. 그리고 그들 중 대다수가 격렬한 운동 프로그램에 맞춰 개인 훈련을 하고 있다는 사실을 알고 놀라지 않을 수 없었다.

그들은 무척 건강하기 때문에 고객들에게 긍정적인 인상을 주고, 그것은 다시 판매 상담 전체에 강한 영향을 미친다. 마지막으로 충분한 휴식을 취해야 한다. 최소한 일곱 시간에서 여덟 시간의 수면이 필요하고 일찍 잠자리에 들어야 한다. 일찍 잠자리에 들면 아침 일찍 일어날 수 있고, 보통 사람들이 일어나기도 전에 하루 일과를 계획할 수 있다. 몇 년에 걸쳐서 성공한 사람들을 조사해 봤는데, 그들 중 늦잠을 자는 사람은 한 사람도 없었다.

판매 상담을 하기 위해 회의장에 들어가려면 평상시의 뛰어난 신체적 건강 유지 이외에 마지막으로 해야 할 일이 하나 더 있다. 바로 심호흡이다. 판매 상담을 하기 전 멘탈 리허설을 할 때 심호흡도 잊지 말아야 한다. 먼저 몇 차례 크게 심호흡을 한다. 횡격막이 아래로 늘어날 정도로 최대한 숨을 들이마신 다음에 이번에는 폐에 숨이 전혀 남아 있지 않을 때까지 내뱉고 자신의 어깨를 앞뒤로 흔든다. 그렇게 하면 상체에서 스트레스와 긴장이 자신도 모르는 사이에 빠져나간다.

마지막으로 손가락 끝에 묻은 물을 털어내듯이 손을 흔든다. 이렇게 하면 신체의 스트레스를 상당 부분 제거할 수 있다.

성공적인 프레젠테이션을 위한 도구
1. 상품 지식
2. 고객 정보
3. 판매 상담을 위한 철저한 준비
4. 타이밍과 시간 엄수
5. 연습과 리허설
6. 탁월한 건강 습관

프레젠테이션 과정

깊은 친밀감과 신뢰를 형성하고 가망고객이 가진 주요 문제점이나 욕구를 명확하게 파악했다면 판매 프레젠테이션을 할 준비가 끝난 것이다. 이 시점까지 핫 버튼을 파악했을 수도 있고 아직 못했을 수도 있지만, 고객이 아주 강한 반응을 보이는 것이 있는지 계속 주의 깊게 관찰해야 한다. 이제 정식으로 프레젠테이션을 시작할 준비가 되었다.

프레젠테이션을 시작하는 가장 좋은 방법은 가망고객과 인식이 일치하는 문제 혹은 목표를 재진술하는 것이다. "고객님이 가장 큰 관심을 갖고 계시는 것은 기존 생산량과 생산 품질을 유지하면서 원가를 절감하는 일로 보입니다. 제 말에 동의하십니까?" 프레젠테이션을 본격적으로 시작하기 전에 먼저, 우리가 지금부터 이야기하고자 하는 내용과 가망고객이 관심을 갖고 있는 문제가 서로 일치한다는 동의를 받아야 한다. 그렇지 않으면 고객이 관심을 갖고 있는 것과 전혀 다른 주제에 대해서 프레젠테이션을 하게 될 우려가 있다.

프레젠테이션은 일반적인 것에서 구체적인 것으로 진행해야 한다. 우선 우리 상품이나 서비스가 어떤 문제를 해결하거나 어떤 욕구를 충족시키기 위해서 개발되었는지에 대한 설명으로부터 시작한다. 그 다음 고객의 상황을 해결하기 위해서 우리 회사가 검토했던 여러 가지 접근 방법에 대해 이야기한 후, 그 중에서도 이 상품이나 서비스를 최선의 해결 방안으로 최종 선택한 이유를 설명한다.

프레젠테이션을 할 때 각 단계마다 고객의 이해와 동의를 구하는 일이 중요하다. 경험이 부족한 세일즈맨은 프레젠테이션을 일단 시작하면 서둘러서 끝까지 진행하면서 고객에게 아무런 피드백도 요구하지 않는 경우가 많다. 그러나 경험이 많은 세일즈맨은 다르다. 프레젠테이션을 일련의 분리된 단위로 나눈 다음에 피드백 요청과 '마무리 시도 질문' 기법을 사용해서 그 분리된 단위들을 하나로 묶어 낸다.

'마무리 시도 질문'은 프레젠테이션을 진행해 가는 도중에 하는 질문으로써 '예' 혹은 '아니요'로 대답할 수 있다. '마무리 시도 질문'은 '마무리 확인 질문'으로도 불린다. 예를 들면 이렇게 질문하는 것이다.

"이 방안이 마음에 드십니까?"

"지금까지 말씀드린 것에 공감하십니까?"

"이 특성이 현재 하시는 업무에 도움이 됩니까?"

"이 색상이 마음에 드십니까?"

"이것이 현재 고객님이 하고 계시는 것보다 더 좋다고 생각하십니까?"

"이것이 고객님 마음에 두고 계셨던 것인가요?"

내가 오랫동안 사용해 온 성공적인 프레젠테이션의 기본 공식은 세 단어로 요약할 수 있다. **"보여 주고, 말하고, 질문하라."**는 것이다.

가망고객에게 어떤 사실이나 특성을 보여 준 다음에, 그것이 이익에 어떤 영향을 미치는지 말하고, 그 이익이 그에게 얼마나 중요한지 질문해서 확인하라.

한 가지 아주 좋은 프레젠테이션 방법은 중요한 포인트를 일일이 적거나 혹은 미리 준비한 자료를 통해서 보여 주고, 말하고, 질문하는 것이다. 일반적인 것에서 구체적인 것으로 프레젠테이션을 하지만, 동시에 고객이 쉽게 동의할 수 있는 간단한 사실이나 관찰 결과에서 시작하여 고객이 구매 결정을 내리려면 거쳐야 할 복잡하고 구체적인 결론으로 진행한다. 각 단계에서 고객이 잘 이해하고 있는지 확인한다.

어떤 시점에서라도 고객이 주저하거나 망설일 경우 프레젠테이션을 중지하고 "방금 말씀드린 점에 대해서 질문이나 의견이 있으십니까?"라고 물어라.

한 가지 무척 중요한 사항이 있다. 그것은 **판매 상담 중 침묵을 편안하게 생각해야 한다**는 점이다. 세일즈맨들은 대부분 너무 긴장하고 불안한 나머지 쉬지 않고 추가적인 설명을 한다. 그래서 고객들은 세일즈맨이 제공하는 정보를 소화할 기회가 없다. "교육은 말로 이루어지지만 학습은 침묵 속에서 이루어진다."는 사실을 명심하라.

고객에게 질문을 한 다음에는 고객이 답변할 때까지 침묵해야 한다. 그것이 '부분 마무리'를 위해서든, '전체 마무리'를 위해서든 아니면 중요한 정보를 입수하기 위해서든지 다 마찬가지이다. 가끔 정확한 답변을 찾기 위해서 고객의 머릿속이 분주할 때가 있다. 그때는 고객이 답변할 때까지 인내심을 갖고 기다려야 한다. 그렇지 않으면 질문을 한 의미도 없고 판매 상담에 미치는 힘과 영향도 사라진다. 우리는 질문을 받으면 대답하도록 길들여져 있다. 유아 시절부터 부모님들은 누군가가 말을 걸어오면 응대하고 질문을 받으면 대답하도록 가르쳤다. 그 결과 성인이 되어서도 질문을 받으면 자동적으로 대답을 한다. 소리를 내지 않을지는 모르지만 속으로는 대답을 하고 있다. 그때 질문자가 침묵하면서 충분히 기다리면 상대방은 결국 소리내어 대답하게 된다.

예를 들어서 누군가가 우리에게 "지금 어떤 종류의 차를 운전하고 계세요?"라고 질문한다고 하자. 그러면 바로 머릿속에 자신의 차가 떠오른다. 어떻게 그 차를 샀고, 그 차의 어떤 점이 좋은지, 지금 어디에 있으며 차 상태는 어떤지 등이 동시에 생각날 수도 있다. 질문을 받는 순간 꼬리에 꼬리를 물고 온갖 생각이 떠오르지만 아직 말은 한마디도 안 했을 수 있다.

우리가 고객에게 어떤 질문을 던지더라도 이와 같은 일이 일어난다. 우리에게 아무 말도 안 할지 모르지만 속으로는 그 질문에 대답한다. 우리는 '상품의 특성은 관심을 일으키지만 이익은 욕구를 유발한다.'는 사실을 이미 알고 있다. 상품 특성을 설명할 때는 그 특성을 바로 가망고객에게 주는 이익과 연결시켜서 "나에게는 어떤 이익이 있습니까?"라는 고객이 가진 무언의 질문에 답변해야 한다.

판매 프레젠테이션을 진행하는 간단한 3단계 방법이 있다. 그것은 상품 특성, 상품 이익, 그리고 고객 이익 순으로 이루어진다. 상품 특성은 특정한 목적을 이루기 위해 설계되고 제작된 우리 상품이 가진 특성이다. 상품 이익은 우리 상품이 다른 상품에 비해서 좋은 이유를 의미한다. 고객 이익은 그 상품이 고객에게 주는 이익 즉 그 상품의 사용이 가져오는 삶과 업무의 향상을 뜻한다. "이 OO때문에 OO이 가능합니다. 따라서 그것은 OO을 의미합니다."라고 말하면 된다.

이 프레젠테이션 방식에서 가장 중요한 내용은 '따라서'라는 단어 다음에 나오는 말이다. 우리는 상품이 가진 특성과 특징을 언제나 고객이 누릴 수 있는 이익 그리고 그 전 상담에서 파악한 고객이 중요하게 생각하는 사항과 연관지어 설명해야 한다. '따라서' 다음에 나오는 말, 즉 고객 이익은 "그래서 어떻다는 겁니까?"라는 무언의 질문에 대한 대답이다. 판매 상담을 망치는 지름길은 상품의 특성을 고객 이익으로 연결시키지 않거나 고객이 관심을 갖고 있지 않은 이익에 관해 이야기하는 것이다. 우리가 계속해서 보여 주고, 말하고, 질문해야 하는 이유가 바로 그 때문이다. 주기적으로 고객의 의견을 물어서 고객과 우리가 한 방향으로 가고 있음을 확인해야 한다.

프레젠테이션 과정에서 암시의 힘은 무척 강하다. 상품을 사용하면 얼마나 행복해질 것인지에 대해서 끊임없이 이야기함으로써 암시의 힘을 활용해야 한다. 이것은 '판매 이후를 이야기하는 기법'의 한 형태로 가망고객은 구매 결정을 내릴 때 상품을 사용함으로써 얻게 될 즐거움을 토대로 한다는 사실에 근거한다. 상품을 구매하면 경험하게 될 즐거움을 우리가 생생하게 묘사해 주면 고객도 자신의 그런 모습을 상상하게 된다. 예를 들어서 이런 식으로 말하는 것이다. "이 기계는 아주 조용하고 고장이 거의 없기 때문에 직원들이 무척 좋아할 것입니다.", "이 차의 코너링과 지면에 딱 달라붙는 느낌이 정말 마음에 드실 겁니다. 특히 비가 오는 날은 더 그렇지요.", "이 프로그램을 사용하시면 컴퓨터를 켜고 명령키를 누르자마자 전날 판매 수치가 모두 화면에 나타납니다.", "고객님 회사에서 이 프로세스를 사용하고 있다는 사실을 고객들이 알면 다른 회사에서 구매하는 일은 아예 생각조차 하지 않을 겁니다."

이와 같은 긍정적이고 암시적인 말은 대단히 중요해서 반드시 미리 계획하고 연습해야 한다. 목표는 프레젠테이션을 진행하는 동안에 가망고객이 마치 상품을 이미 구입해서 사용하고 있는 것처럼 느끼게 하는 것이다. 우리가 원하는 것은 고객에게 '상품을 이해시키는 일'이다. 그렇게 할 수 있는 가장 효과적인 방법은 구매하게 되면 고객이 얻게 될 기쁨과 즐거움을 잘 나타내는 생생하고 감정적인 이미지를 창출하는 것이다.

우리 상품에 약점이 있고 경쟁자에게 강점이 있을 경우, 그것에 대해서 이야기하기를 두려워하지 마라. 가망고객이 우리의 가장 강력한 경쟁자에게도 공식적인 판매 프레젠테이션을 요청하고, 그 경쟁자가 고객에게 우리 상품 그리고 우리 상품이 가진 문제점에 대해서 모두 설명할 것이라고 생각해야 한다. 경쟁 상품과 대비해서 우리가 상대적으로 취약한 점을 고객에게 미리 말해 두면 경쟁자가 프레젠테이션 도중에 그 취약점을 지적한다고 하더라도 얻을 것이 거의 없다.

또한, 상품의 약점에 대해 설명하면서 고객이 진정으로 원하는 점에 비추어 볼 때 그 약점이 그다지 중요하지 않다는 것을 알려줄 수도 있다. 요즘 같은 첨단 기술 시대에도 다른 경쟁 상품들과 비교해 자신의 상품이 지닌 부가적인 특성에 대해 자랑하면서 자신의 상품을 밀어붙이는 세일즈맨들이 많다. 현명한 세일즈맨은 나중에 고객을 찾아가서 "그런 부가적인 특성은 어차피 사용하지도 않으실 텐데, 왜 불필요하게 추가로 비용을 지불하십니까?"라고 말한다. 이런 접근 방법은 경쟁사의 어떤 주장도 뿌리째 흔들어 버릴 수 있다. 그러나 반드시 미리 준비하고 있어야만 그것이 가능하다.

전폭적 신뢰 형성 방법 재확인

가망고객에게 구매 온도라는 것이 있어서 그 온도가 비등점에 도달해야 우리 상품을 구매한다고 상상해 보자. 그러면 우리가 하는 모든 판매 활동을 가망고객의 구매 온도 상승이라는 관점에서 볼 수 있다.

가망고객에게 상품이 주는 이익을 제시하고 가망고객이 그 이익의 중요성을 인정할 때마다 구매 온도는 상승한다. 프레젠테이션 하는 항목에 대해서 가망고객이 "예."라고 할 때마다 구매 온도가 올라간다. 판매 프레젠테이션을 능숙하게 진행해서 고객이 각 프레젠테이션 단계마다 잘 이해하고 동의하게 되면, 구매 온도가 비등점까지 올라가서 갑자기 "사겠습니다. 언제 받을 수 있지요?"라고 말하는 경우도 때때로 발생한디.

우리 회사의 규모와 수준, 그리고 다수의 만족해 하는 기존 고객에 대한 정보를 제공하면 구매 온도는 상승한다. 우리 상품이나 서비스의 품질과 가치를 입증하는 만족한 고객들의 증언을 제시하면 고객의 구매 온도는 올라간다.

또한, 우리가 하는 말을 신뢰하게 되고 구매 저항과 망설임은 줄어든다. 가망고객에게 무엇인가를 건넨다든지, 움직이도록 부탁한다든지, 계산을 하게 한다든지 해서 판매 프레젠테이션에 참여하도록 하면 고객의 구매 온도는 상승한다.

가망고객의 판매 프레젠테이션에의 참여와 구매 결정 사이에는 직접적인 관계가 있다. 고객이 프레젠테이션에서 행동을 많이 할수록 나중에 상품을 구매할 가능성이 커진다. 그가 하는 행동이 구매가 바람직하다는 점을 증명해 주기 때문이다.

신뢰도를 높이는 또 하나의 중요한 방법은 우리 상품이나 서비스의 품질을 입증하는 권위 있는 기관의 자료 그리고 신문기사 스크랩, 잡지 기사, 〈컨슈머 리포트 Consumer Report〉와 같은 잡지의 상품 평가 자료를 제시하는 일이다. 권위 있는 외부 전문 기관이 우리 상품을 다른 상품들과 비교한 후에 높은 평가를 하면 구매 온도는 올라간다. 믿을 수 있는 제삼자가 우리 상품을 평가한 다음에 높은 점수를 주기 전에는 구매하지 않는 고객들도 있다. 적절하다고 판단될 경우에는 사진을 이용하는 것도 좋다.

우리 상품의 가치와 품질을 입증하는 사례, 증언, 권위 있는 기관의 평가를 프레젠테이션의 처음부터 끝까지 가미하면 판매 프레젠테이션의 힘과 영향력을 배가시킬 수 있다. 우리와 우리가 하는 말에 대한 고객의 신뢰가 높아지면 고객의 본능적인 회의와 망설임은 감소한다.

우리가 프레젠테이션 과정을 제대로 진행했다면 프레젠테이션이 끝날 때 고객은 구매 결정을 내릴 준비가 되어 있을 것이다.

TDPPR 기법

여러 번의 방문이 필요한 판매에서는 매번 판매 상담이 끝날 때마다 다음 네 가지 중 한 가지 일이 일어난다. 고객이 구매에 동의하거나, 관심이 없다고 결정하거나, 날짜를 확정하지 않고 나중에 연락을 달라고 하거나, 아니면 논리적인 다음 판매 단계로 이행하는데 동의하는 것이다.

우리가 할 일은 판매를 진행시키는 것이다. 추진력을 만들어 내고 유지시켜야 한다. 주도권을 잃어서는 안 된다. 판매 과정을 시작했으면 계속

전략적 세일즈

다음 단계로 진전시켜야 한다. 그렇지 않으면 판매 과정은 중단되고, 그 순간 판매 성사 가능성은 아예 사라져 버린다.

판매 과정이 진행되도록 하는 방법이 바로 TDPPR기법이다. TDPPR은 **시간** time, **날짜** date, **장소** place, **사람** person, 그리고 **이유** reason를 뜻한다. 판매 관리자가 "그 건은 어떻게 진행되고 있지요?"라고 물으면 현재 판매의 진행 단계와 다음 상담 약속의 시간, 날짜, 장소, 사람, 이유는 어떤지 정확하게 대답할 수 있어야 한다. 이 점을 명확하게 하지 않고 가망고객과 헤어지게 되면 판매의 추진력을 잃어버리고 가망고객마저도 놓칠 수 있다.

복잡한 판매를 성사시키려면 상담할 때마다 각각 일정한 목표를 달성해야 한다. 매번 상담이 끝나고 나면 사무실로 돌아가 다음 상담을 준비하는 데 필요한 정보를 충분히 수집한다.

다음 상담은 지금 앞에 앉아 있는 사람과 할 수도 있고 아니면 추가적인 정보 입수에 필요한 다른 사람과 할 수도 있다. 그러면서 점차 필요한 모든 정보를 입수해서 그 정보를 최종 판매 제안에 반영한다.

최종 판매 제안은 고객에게 할 최종 프레젠테이션의 토대가 된다. 매번 판매 상담이 끝나면 다음과 같은 말을 통해서 상담의 주도권을 잡아야 한다. "오늘 논의한 내용에 비추어 볼 때 다음 주 말쯤에 다시 만나 뵙는 게 좋을 것 같습니다. 그때까지 다음 단계로 진행하기 전에 고객님이 검토해 보셔야 할 수치와 비교 데이터를 준비하겠습니다. 괜찮으시겠습니까?"

일정 계획표나 다이어리를 꺼내서 우리가 제안한 날짜에 해당되는 페이지를 넘긴다. 상담이 끝나기 전에 최대한 다음 상담의 시간, 날짜, 장소, 사람, 그리고 이유를 확정해야 한다. 확정된 후에는 실수를 예방할 수 있도록 가망고객에게 그 내용을 말해 주고 정확한지 확인해야 한다.

가망고객들은 대부분 무척 바쁘다. 구매 가능성이 높은 유망한 가망고

객이라고 할지라도 너무 먼 앞날의 일정을 미리 확정하는 것은 부담스러워
한다. 그 점에 유념하면서 상담이 끝날 때 TDPPR을 결정하도록 하되 예
상치 못한 일이 발생하면 변경할 수 있다는 점을 알려주어야 한다.

　필요할 경우 바꿀 수 있다고 하면 가망고객은 시간과 날짜를 구체적으로
정하는데 거의 예외 없이 동의한다.

주요 내용 정리

판매에서 성공하려면 프레젠테이션을 위한 사전 준비를 철저히 한 다음에
흥미 있고, 유익하고, 논리적이며 설득력 있는 프레젠테이션을 할 수 있는
능력이 있어야 한다. 연구 결과에 따르면 판매 과정의 다른 모든 부분에서
평범한 수준이라고 하더라도 유망한 가망고객 앞에서 강력한 프레젠테이
션을 할 수 있으면 판매에서 큰 성공을 거둘 수 있다.

　아무리 사소한 것 하나라도 운에 맡겨 두어선 안 된다. 세일즈맨이 말하
는 핵심 요인 한 가지 혹은 구매 결정에 도움을 주는 믿을 만한 증거 제시
하나 덕분에 많은 거래가 성사되었다. 그리고 그에 못지않게 많은 거래가
세일즈맨이 그렇게 하지 않아서 실패로 돌아갔다.

　뛰어난 프레젠테이션을 하는 열쇠는 연습밖에 없다. 계속해서 계획하
고, 연습하고, 리허설하고, 검토해야 한다. 매번 실시하기 전에 예정되어
있는 프레젠테이션의 처음부터 끝까지 하나도 빠뜨리지 않고 검토해야 한
다. 가망고객이 생각할 수 있는 어떤 질문과 주장에도 완벽하게 대처할 수
있도록 준비된 상태로 미팅 장소에 들어가야 한다.

　가망고객이 호기심이나 예의 때문에 우리를 만나는 경우가 자주 있다.
약속을 잡을 때 전문가다운 태도로 끈기가 있었다는 단순한 이유로 만나
주기도 한다.

전략적 세일즈

　그러나 그런 가망고객은 막상 첫 상담을 할 때 우리 상품이나 서비스에 대해서는 전혀 관심이 없다. 그들은 바쁘고 머릿속에서는 딴 생각을 하고 있으며 마음은 다른 곳에 가 있다. 우리와 만나는 것은 단지 하루 중 수행해야 할 의무사항일 뿐이며 우리 상품에 대한 태도는 중립적이거나 부정적이다.

　판매의 대부분은 긍정적이고 준비되어 있는 세일즈맨과 부정적이고 관심이 없는 가망고객과의 만남으로부터 시작된다. 프로 세일즈맨은 그런 만남에 대한 철저한 준비가 되어 있다. 상품에 대한 가망고객의 불신에서 시작해서 그 상품이 필요로 하는 바로 그것이라는 완벽한 확신에 도달할 때까지 한 단계 한 단계씩 판매의 전 과정을 이끌고 갈 준비가 되어 있다.

　친밀한 관계를 만들고, 질문을 던져서 진정한 욕구를 찾아낸 후 철저하게 계획된 판매 프레젠테이션을 하는 일이 의심하는 가망고객을 고객으로 바꾸는 열쇠이다.

　이것이 우리가 몸담고 있는 판매업이며 우리는 대부분 상품에 관심이 없는 사람들과 상담한다. 그들은 우리의 제안을 받아들이면 자신들의 삶과 업무가 얼마나 향상될 수 있는지 전혀 모르고 있다. 우리가 할 일은 적을 친구로 바꾸고 의심 많은 사람을 확고한 고객으로 만드는 것이다. 좋은 성격과 설득 기술을 이용해서 고객과 질 높은 인간관계를 구축해야 한다. 그 인관관계는 현재 시점에서 판매를 성사시켜 줄 뿐 아니라 그 후로도 계속 판매와 추천을 가능하게 해 준다. 우리가 받는 보상은 바로 그것이고 꾸준히 노력하면 무한히 성장해 갈 수 있다.

오늘날 판매는 의사소통, 영향, 협상, 설득에 기반을 둔 정신적인 과정이다. 당신이 지식 근로자라는 사실을 명심하라. 사실 이 지식이야말로 세일즈맨이 팔아야 할 모든 것이다.

뛰어난 세일즈맨은 행동을 취하기에 앞서 엄청난 양의 지식을 모으고 통합할 수 있는 사람이다. 각 판매 상황에 관련된 다섯에서 일곱 가지의 중요한 성공 요인을 잘 살펴보면서, 특별한 정보에 의해 지원받은 결과에 주의를 집중하라. 다음 연습 문제들은 향상된 정보 수집의 문을 열 기회를 제공한다.

1. 다섯 명의 현재 고객 또는 주요 가망고객에 대해 당신이 알고 있는 모든 정보와 알 필요가 있는 정보를 브레인스토밍 하기 위해 아래의 공간을 이용하라. 이것은 자유 형식의 연습 문제이므로 마음대로 형식에 관계없이 쓰면 된다. 또한 수집할 필요가 있는 정보를 분류할 때, 그 정보 수집을 도와줄 정보원에 대해서 생각해 보라.

2. 적어도 6개월 동안 성취할 목표로, 가능한 한 구체적으로 자신뿐만 아니라 고객, 가망고객, 회사 및 업계에 대해 어떤 방법으로 더 많은 지식을 얻을 수 있을지에 대해 서술해 보자.

Closing the Sale :
The Endgame of Selling

" Your life is too precious to waste a single minute dwelling
on the unfortunate experiences of the past."
당신의 인생은 과거의 불운한 경험을 곱씹으며
시간을 낭비하기에는 너무나 소중하다.

" Never worry about things you can't do anything about.
Instead, focus your energies on the things you can do something about."
당신이 아무것도 할 수 없는 것들에 대해 절대 걱정하지 말라.
그 대신, 당신이 무언가 할 수 있는 것들에 당신의 에너지를 집중하라.

판매마무리 : 판매의 최종 단계
Closing the Sale : The Endgame of Selling

판매는 세상에서 가장 힘든 직업 가운데 하나이다. 현실에서 매일 부딪치게 되는 어려움, 지체, 좌절에서 우리를 보호해 주는 완충 장치도 없다. 감정의 롤러코스터는 끊임없이 오르내림을 반복하고 마음은 외롭다. 최전선의 병사처럼 매일 몸을 일으켜서 거절의 총알이 빗발치는 전쟁터로 나가야 한다. 내 잘못이 없는데도 불구하고 모든 판매 노력이 수포로 돌아가 버릴 수 있는 가능성과 두려움에 끊임없이 직면해야 한다. 그래도 계속해야 한다. 왜냐하면 우리가 몸담고 있는 판매업이 그것을 요구하기 때문이다.

판매는 늘 어렵다. 지금까지도 그래왔고 앞으로도 계속 그럴 것이다. 아무리 뛰어나고 경험이 많은 세일즈맨들에게도 판매는 부단한 노력의 연속이다. 가망고객 발굴, 프레젠테이션, 판매마무리와 같은 핵심 영역의 능력을 개발하면 판매가 더 쉬워지기는 하지만, 그렇다고 해서 결코 세일즈가 쉬운 직업이 되지는 않는다. 그러나 판매가 어려운 직업이라는 사실을 받아들이는 순간 의외로 판매는 좀 더 쉬워진다. 판매를 있는 그대로 받아들이고 다른 모습을 기대하지 않으면 대부분의 스트레스는 사라진다.

판매는 또한 놀라운 전문 직업이다. 세계 어디에서나 평범한 사람들에게 엄청나게 큰 성공을 거둘 수 있는 기회를 제공한다. 판매를 통해서 얼을 수 있는 소득의 크기는 세계 인구의 95퍼센트가 꿈도 꿀 수 없을 만큼 거액이어서, 결국 경제적으로 독립할 수 있다. 미국에서 자수성가한 백만 장자의 5퍼센트는 판매에서 뛰어난 능력을 발휘한 세일즈맨이다.

여기서 질문을 하나 하겠다. 우리가 맥도날드에서 주문을 받는 직원이라고 하자. 손님이 다가와 맞은편에 서 있다면 거래가 성사될 확률은 얼마나 될까? 거의 100퍼센트일 것이다! 맥도날드를 찾아서 매장에 들어와 줄을 서서 기다리다가 직원 앞에까지 왔다면, 무엇인가를 살 가능성은 100퍼센트다. 그렇다면 맥도날드에서 주문을 받는 직원은 얼마나 벌 수 있을까? 최저 임금이나 그보다 약간 많은 정도일 것이다. 그것이 전부다. 판매가 보장되어 있다면 단순히 주문만 받으면 되는 직원에게 회사는 최저 급여 이상을 결코 지급하지 않는다. 주문을 받는 직원이 아무리 일을 잘한다고 해도 받을 수 있는 급여는 그를 대체하는데 필요한 최저 급여가 한계다.

세일즈맨으로서 자기 자신과 가족들에게 멋진 삶을 제공하며 목표를 성취하고, 자신의 꿈을 이룰 수 있는 이유는 판매가 어렵기 때문이다. 그냥 어려운 정도가 아니라 극도의 어려움을 겪는 경우도 적지 않다. 판매 주기가 길거나 판매 금액이 클수록 세일즈맨에게 회사가 지급해야 할 금액도 커진다. 경쟁이 심한 시장에서 복잡한 상품이나 값비싼 상품을 판매하고, 그 일을 유능하게 잘하면 자기 분야에서 최고 소득자가 될 수 있다. 매일 아침 일어나면 마음속으로 판매가 어려운 일이라는 사실에 대해 감사 기도를 드려야 한다. 만일 판매가 누구에게나 쉽다면 수많은 아마추어들로 넘쳐날 것이고 우리 소득은 대폭 줄어들 것이 분명하다. 그러나 다행스럽게도 판매는 너무나 어려워서 전문가가 되기만 하면 우리 앞에는 꿈같은 미래가 펼쳐진다.

Closing the Sale : The Endgame of Selling

판매마무리

골프에 "드라이버는 쇼고, 퍼팅은 돈이다."라는 말이 있다. 이 말을 판매에 적용한다면 "프레젠테이션은 쇼고, 고객의 거절 극복과 구매 약속 획득은 돈이다." 고객의 거부 반응에 효과적으로 대처하고 판매를 성사시키는 능력은 세일즈맨이 얼마나 뛰어난지에 대한 진정한 평가 기준이다. 판매 과정에서 마지막 단계인 판매마무리는 가장 힘들고 도전적인 부분일 것이다. 판매 과정을 마무리하는 일은 가망고객이 제기하는 의문을 풀어주고, 구매 약속을 꺼리는 가망고객의 본능적인 망설임을 극복해 내는 세일즈맨의 능력이다.

이 단계는 또한 세일즈맨들이 가장 싫어하고 고객들이 가장 스트레스를 많이 받는 부분이기도 하다. 따라서 철저하게 계획하고 확실하게 준비해서 가장 빨리, 가장 적절한 순간에 자연스럽게 마무리할 수 있도록 해야 한다. 다행히 이것은 자전거 타기 혹은 타이핑처럼 하나의 기술이기 때문에 공부하고 연습하면 습득할 수 있다. 고객의 거부 반응 처리와 판매마무리는 판매 과정에서 다른 부분이지만 서로 밀접하게 관련되어 있으므로 이 장에서는 하나의 기능으로 보고 설명한다.

사람들이 상품을 구매하는 것에 이유가 있는 것처럼 상품을 구매하지 않는 데에도 이유가 있다. 고객의 거부 반응 처리와 걸림돌 제거가 판매를 성사시키는데 있어서 핵심적인 요소가 되는 경우가 많다. 고객의 거부 반응을 처리하면서 동시에 판매마무리를 할 수도 있다. 또한, 고객이 거절하는 이유를 구매 이유로 바꿀 수도 있다. 상품을 구매하는 주된 이유, 즉 핫 버튼이 있듯이 구매를 가로막는 주된 거부 이유도 있다. 핫 버튼을 강조하면서 주된 거부 이유를 제거하면 판매는 자연스럽게 이루어진다.

가망고객을 찾은 후 첫 상담에서 전체적인 프레젠테이션을 마칠 수 있는 소규모 상품이나 서비스의 판매마무리 방법은 수주 혹은 수개월에 걸쳐 여러 번의 방문을 필요로 하는 대규모 상품의 판매마무리 방법과는 다르다. 기간이 짧고 금액이 적은 거래에서는 프레젠테이션이 끝났을 때 가망고객이 구매 결정을 내리는데 필요한 모든 점을 이해한다. 그때는 가망고객이 미심쩍어 하는 것들을 해소해 준 다음에 주문 요청하기를 목표로 삼는다. 거래 규모가 클 경우에는 가망고객이 구매 결정을 내리기까지 몇 차례 만나야 하므로 인내력과 끈기가 필요하다.

완벽한 프레젠테이션을 통해서 상품이 주는 이익과 함께 유망한 가망고객이 가진 모든 의문을 해소해 주면 판매가 저절로 마무리되기도 한다. 프레젠테이션을 마치면서 가망고객이 우리 판매 제안의 이익과 가치를 충분히 이해했는지 확인하면 가망고객은 이런 식의 반응을 보인다. "마음에 드네요. 어떻게 구매하지요? 카드도 받습니까?" 자신이 원하는 것이 무엇인지 정확하게 아는 가망고객을 대상으로 우리 상품이 그가 가진 욕구를 완벽하게 충족시킬 수 있다는 사실을 입증할 수 있도록 프레젠테이션을 구성하면, 가망고객은 즉시 구매 결정을 내리고 판매가 마무리된다. 그러나 판매에서 이런 경우는 거의 기적에 가깝다. 기적이 일어나지 않는다는 말이 아니라 기적에 의존해서는 안 된다는 얘기다.

매번 상담하러갈 때는 가망고객이 해소되지 않는 의문, 풀리지 않는 걱정거리, 극복해야 할 거부감을 갖고 있을 가능성에 대비해서 준비하고 있어야 한다. 판매 과정의 여러 다른 단계에서 판매를 마무리할 수 있는 다양한 기법을 익혀서 가망고객의 유형과 시점에 따라 적절한 기법을 사용할 수 있어야 한다. 최고의 장인처럼 우리도 훌륭하게 업무를 수행하는 데에 도구가 필요하다. 최고 세일즈맨은 언제나 판매 상담을 긍정적으로 마무리하는데 요구되는 핵심적인 기법에 가장 숙련된 사람이다.

Closing the Sale : The Endgame of Selling

판매 상담에서 가장 먼저 그리고 계속 해야 할 일은 질 높은 인간관계를 구축하고 유지하는 것이다. 친절하고 따뜻하게 고객을 대하고 협조적인 태도를 보여야 한다. 식견이 풍부해야 하고 우리 상품이나 서비스를 통해서 고객의 문제를 해결하거나 고객의 목표를 달성할 수 있도록 돕는 것에 집중해야 한다. 판매에서 신뢰가 차지하는 중요성에 비추어 볼 때 구매를 강요하거나 불쾌하게 만들거나 지나치게 공격적이어서는 절대 안 된다. 그리고 사람을 조종하는 것처럼 느껴질 수도 있는 말과 가망고객이 자신의 이익에 반하는 행동을 하도록 유도해서도 안 된다. 우리가 할 일은 고객의 상황을 완벽하게 이해한 다음, 그가 올바른 구매 결정을 내릴 수 있도록 적절한 판매 제안을 하는 것이다.

판매마무리가 어려운 이유

판매마무리가 스트레스를 주고 어려운 이유는 그 외에도 몇 가지 더 있다. 앞에서 설명한 대로 가장 중요한 이유는 가망고객의 '실패에 대한 두려움'이다. 자신의 과거 부정적인 경험 때문에 가망고객은 무의식 중에 세일즈맨과 그의 판매 노력에 대해서 의심하고 회의적이며 경계한다. '구매하는 것'은 좋아하지만 '판매 당하는 것'은 싫어한다. 너무 비싸게 구매하는 것은 아닌지, 그리고 다른 데서 더 싸게 구매할 수 있진 않을까 걱정한다. 잘못된 구매 결정을 했다고 다른 사람들이 비난하는 것을 두려워하고, 나중에 물건을 잘못 샀다는 사실을 발견하게 되지나 않을까 겁낸다. 이 실패에 대한 두려움, 즉 우리 상품을 구매하는 것이 잘못이 아닐까 하는 두려움 때문에 사람들은 구매 결정에 대해 거부감을 보이고, 망설이고, 뒤로 미룬다.

판매를 가로막는 두 번째 주된 장애물은 세일즈맨이 가진 '거절에 대한 두려움', 비난과 반대에 대한 두려움이다. 가망고객을 발굴하기 위해서 오랫동안 열심히 노력했기 때문에 혹시라도 관계를 망칠지 모르는 말은 하고 싶지 않다. 가망고객에게 이미 투자한 것이 많으므로 확고한 구매 요청을 해서 불쾌하게 만들지도 모르는 위험 보다는 그냥 흐름에 순응하는 쪽을 택하는 것이다.

판매마무리가 어려운 세 번째 이유는 고객들이 '바쁘고, 정신없기' 때문이다. 우리 상품이 주는 이익에 관심 없는 게 아니다. 단지 일이 너무 많아서 우리 판매 제안을 깊이 생각해 보고 구매 결정을 할 시간이 없을 뿐이다. 우수한 가망고객일수록 그만큼 더 바쁜 경향이 있다. 따라서 판매 과정 전반에 걸쳐 추진력을 유지하다가 적절한 시기가 되면 부드럽게 힘을 가해서 결론을 내야 한다.

'타성'도 결론 없이 판매 과정이 정지하게 만드는 요인이 될 수 있다. 고객들은 변화를 싫어하고 현실에 안주하려는 경향이 있다. 그들은 우리 상품이나 서비스가 가져올 변화 혹은 새로운 업무 방식 때문에 아주 힘든 노력을 해야 할지도 모른다. 우리 상품이 개선을 가져온다는 것은 알지만 상품을 구매해서 설치하게 되면 뒤따를 여러 가지 귀찮은 일들과 비용 부담을 감수하긴 싫은 법이다. 하지만 사람들은 누구나 지금까지 새로운 상품과 서비스를 구매해 왔고, 앞으로도 계속 구매할 것이다. 우리에게서 구매하지 않아도 다른 사람에게서 구매할 것이다. 우리는 고객들의 본능적인 심리적 장애물을 극복할 수 있는 방법을 찾고, 우리가 상담하는 가망고객 대부분에게 판매할 수 있는 기술을 연마해야 한다. 그것이 이 장에서 다룰 핵심이다.

판매를 가로막는 4가지 장애물
1. 가망고객의 '구매실패에 대한 두려움'
2. 세일즈맨이 가진 '구매거절에 대한 두려움'
3. 고객의 정신적 · 시간적 여유 부족
4. 변화를 싫어하고 안주하려는 경향

판매에서 거부 반응의 역할

고객의 거부 반응은 나쁜 일이 아니다. 거부 반응은 판매 과정에서 필수적인 요소이며 거부 반응이 없는 판매란 없다. 우리가 프레젠테이션을 아무리 완벽하게 하더라도 가망고객은 여전히 의문 사항과 걱정거리를 갖고 있다. 판매를 마무리하려면 그 전에 그런 것들을 해결하지 않으면 안 된다. 고객들은 의심하고, 망설이거나 모호한 태도를 보인다. 가망고객은 최소한 자신이 영리한 사람이고, 상황을 잘 파악하고 있으며 상품을 완벽하게 알기 전에는 구매하지 않는 사람이라는 점을 우리가 알아주길 바란다. **거부 반응은 관심이 있다는 사실을 알려준다. 거부 반응이 없다는 것은 관심조차 없다는 뜻이다.** 가망고객과 상담을 하고 있는데 이렇다 저렇다 말도 없고, 질문을 던지면 대답도 거의 없고, 판매 자료에는 신경도 쓰지 않으면서 가만히 앉아만 있다고 상상해 보라. 얼마나 끔찍하고 비참한 상황인가!

성공한 판매는 실패한 판매에 비해서 거부 반응이 두 배나 된다. 고객들 중에 심한 말로 무시하듯이 거부 반응을 표시하는 사람들이 가끔 있다. 우리 상품에 문제가 많다는 것이 너무 뻔해서 구매할 생각도 하지 않을 듯이 말한다. 이런 거부 반응을 들을 때 조심하지 않으면 마치 감정의 급소를 주먹으로 맞은 것처럼 느낄 수 있다. 실망감이 들고 화가 나거나 방어적이 된다. 우리 상품이 가망고객에게 공격당하고 있다는 느낌이 들기 때문에 반격하고 싶은 충동이 생길 것이다. 그러나 아주 잘못된 접근 방식이다.

어느 조용한 오후에 잔잔한 호수에서 낚시를 하고 있다고 생각해 보자. 낚싯줄 끝에서 부드럽게 끌어당기는 느낌이 오는 순간, 즉시 기분이 좋아질 것이다. 낚싯줄 끝에서 고기가 입질하고 있다는 사실을 알기 때문이다. 입질은 곧 고기를 낚을 수 있으리라는 첫 번째 신호이다. 같은 맥락에서 가망고객이 우리 판매 제안에 대해 문제를 제기하면 마음속으로 감사해야 한다. 드디어 고객의 관심을 불러일으키고 감정적 반응을 촉발시켜서 판매 과정이 진행되기 시작한 것이다. 거부 반응 때문에 좌절하지 말고 고객의 거부 반응이 아무리 거칠더라도 오히려 기뻐해야 한다. 이제 판매를 진전 시킬 기회가 왔기 때문이다.

거부 반응은 또한 판매 과정을 우리가 얼마나 잘 해내고 있는지 알려준다. 그것은 프레젠테이션과 판매 제안에 대해서 고객이 주는 피드백이다. 판매를 성사시키려면 궁극적으로 해결해야만 할 문제들이 무엇인지 그리고 확신시켜 주어야 할 점들이 무엇인지 고객 스스로 알려주는 이정표이다. 거부 반응은 구매 행동 뒤에 숨겨진 동기를 드러내 준다. 가망고객이 어떤 부분에 대해 이의를 제기한다고 하자. 그것은 그 부분이 자신에게 중요하니 더 많은 정보를 달라고 말하고 있는 것이나 다름없다.

또한, 가망고객이 그때까지 형성된 두 사람 사이의 인간관계를 시험해 보기 위해 프레젠테이션의 어떤 부분들에 대해서 이따금 거부 반응을 보이는 경우도 있다. 대부분의 고객들은 보통 불만을 제기하지 않으려고 한다. 그 과정에서 세일즈맨과 언쟁하기 싫은 것이다. 마찬가지로 고객들은 보통 거부 반응을 보이는 것도 싫어한다. 세일즈맨과 대항해서 논쟁을 하고 싶지 않기 때문이다.

중요한 점은 가망고객들이 마음에 걸리는 것이 있을 때 편하게 이야기 할 수 있는 심리적인 환경을 만드는 일이다. 가망고객이 무엇이든지 편하게 이야기하고 질문을 해도 괜찮겠다고 느껴야만 마음을 열고, 판매마무리에 걸림돌이 되는 자신의 걱정거리를 제거할 수 있는 기회를 준다. 가망고객이 쉽게 거부 반응을 보일 수 있도록 하라. '무조건적인 긍정적 태도'를 연습하라. 처음부터 끝까지 긍정적이며 편안하게 웃는 모습을 유지하라. 고객의 느낌과 의견을 인정하고 존중하라. 고객이 어떤 말을 하든지 그것을 우리 상품에 대한 진지하고 사려 깊은 관찰의 결과로 생각하라. 고객이 우리를 편안하게 생각할수록 구매 가능성은 그만큼 더 높아진다.

6의 법칙

판매 활동을 하는 과정에서 우리는 수많은 질문을 받고, 걱정거리에 대해서 듣고, 거부 반응을 경험한다. 어떤 가망고객은 우리 서비스와 우리 사업의 과거, 현재, 미래는 물론이고 그밖에도 다른 많은 사항들에 관해 수십 가지의 크고 작은 질문을 할 것이다. 그러나 가망고객이 보이는 거부 반응의 수가 아무리 많더라도 그것은 여섯 가지 이내의 범주로 집약하거나 묶을 수 있다. 이것을 '6의 법칙'이라고 부른다. 고객이 보이는 모든 거부 반응은 여섯 가지의 주요 질문을 중심으로 이루어진다. 가끔 질문이 두세 가지인 경우도 있지만 여섯 가지를 넘는 경우는 거의 없다.

우리 상품이나 서비스에 해당하는 여섯 가지를 찾으려면 먼저 지금까지 고객들이 했던 모든 거부 반응을 하나도 빠뜨리지 말고 기록해야 한다. 다른 세일즈맨과 함께 일하고 있다면 그룹으로 이 작업을 해야 한다. 그룹 전체가 자신이 기억하는 거부 반응을 빠짐없이 발표하고, 한 사람이 플립 차트 flip chart 에 기록하는 것이 좋다. 기록이 끝난 차트는 벽에 붙여서 모두 볼 수 있도록 한다. 불만사항이 더는 나오지 않을 때까지 이 작업을 지속한다.

가장 일반적인 거부 반응을 모두 끄집어내서 기록했다면, 다음 단계는 그 거부 반응들을 주요 질문 중심으로 그룹으로 묶는다. 예를 들어서 가장 자주 듣는 거부 반응들을 가격, 성능, 애프터서비스, 경쟁, 지원, 품질 보증의 여섯 가지 질문 중심으로 그룹을 만들었다고 하자. 그 여섯 가지를 그룹의 명칭으로 정한 다음에 다른 모든 세부적인 거부 반응은 그 여섯 가지 중 하나로 분류한다. 그 다음 각 그룹에 해당하는 주요 거부 반응을 까다로운 가망고객이 던질 수 있는 의문문의 형태로 약 25단어 이내에서 만든다. 가령 '성능' 그룹은 이렇게 만들 수 있다. "이 상품이 당신 말처럼 작동할지 그리고 기존에 사용하고 있는 것보다 계속해서 더 효율적으로 작동할지 내가 어떻게 확신할 수 있어요?" 다른 그룹에 대한 주요 거부 반응이나 질문도 동일한 방식으로 만든다. 주요 거부 반응을 모두 만들었다면 그 다음에는 각각의 질문에 대해서 반박할 수 없는 완벽한 답변을 만든다. 그 답변은 증거, 증언, 연구 결과, 그리고 문서화된 비교 자료에 의해서 뒷받침되어야 한다. 또한, 흠잡을 데 없고 논리적이며 완벽해야 한다. 우리 목적은 그 질문에 대해서 철저하게 준비하는 것이다. 그래서 다음에 가망고객이 실제로 그 질문을 할 때 우리 답변이 너무나 설득력이 있어서 상담 과정 중 다시는 그 문제가 등장하지 않도록 만드는 일이다.

"내 고객이 … 라고 문제를 제기하지 않는다면 나는 상담하는 모든 고객에게 판매할 수 있다."라는 문장 완성 연습 문제가 있다. 이 문장을 완성해 보라. 고객들이 구매하지 않는 주요 이유는 무엇인가? 그리고 주요 거부 반응은 무엇인가? 특정한 거부 반응을 완전히 뿌리 뽑기 위해서 가망고객에게 입증해야 할 것은 무엇인가?

최고 세일즈맨들은 가망고객이 구매하지 않는 이유를 깊이 생각해 본다. 그 다음 그것을 반박할 수 있는 빼어난 논리와 문서화된 증거 자료를 준비해 놓고, 고객이 질문을 하면 마음속으로 미소 짓는다. 그들은 해박한 지식을 갖고 있는 고객이 아무리 까다로운 거부 반응을 보이더라도 자신이 잘 대처해 낼 수 있다는 자신감을 갖고 있다. 우리도 자신이 몸담고 있는 분야에서 최고가 되려면 일반적인 고객들의 거부 반응에 능숙하게 대처할 수 있도록 최대한 능력을 길러서, 상담할 때 고객들이 거부 반응을 보이는 것을 오히려 기다릴 정도가 되어야 한다.

고객의 거부 반응을 다루는 기본 태도

이런 짧은 시가 있다.

　세상 모든 문제들은

　해결 방안이 있거나 아니면 해결 방안이 없다.

　방안이 있는 문제라면 가서 찾아내 최선을 다해라.

　방안이 없는 문제라면 빨리 잊어라.

이것이 우리가 고객의 거부 반응에 대해서 가져야 할 태도이다. 항상 가망고객의 어떤 합리적인 거부 반응에도 반드시 논리적이고 실행 가능한 해답이 존재한다는 가정에서 상담을 시작하라. 그러나 이유가 무엇이든지 간에 그 가망고객의 거부 반응이 진정으로 극복할 수 없는 것이라면 그 현실을 태연하게 받아들이고 다음 가망고객을 찾아야 한다. 가망고객이 어떤 말을 하더라도 언제나 차분하고, 긍정적이고, 편안하고, 우호적인 태도를 유지해야 한다.

　거부는 상황과 다르다. 거부에는 논리적인 해결 방법이 존재한다. 그러나 상황은 고객이 우리 상품이나 서비스를 구매할 수 없는 진정한 이유다. 상황에는 정답이 없으며 우리가 할 수 있는 일이 아무 것도 없다. 그저 그 상황을 받아들이고 그 가망고객이 우리 상품의 고객이 아니라는 사실을 인정할 수밖에 없다. 가령, 가망고객이 자신의 회사가 곧 문을 닫는다고 말한다면 이것은 상품을 구매할 수 없는 상황이다. 가망고객이 기한이 5년이나 되는 유사한 상품을 바로 얼마 전에 구매했다거나 특정한 상품이나 서비스의 공급업체를 자회사로 갖고 있으면서 그 회사에서만 구매하는 일도 상황이다.

　거부가 아니라 상황이라면 그것은 우리가 제거할 수 없는 장애물이다. 흥미로운 사실은 대부분의 가망고객들이 자신의 거부 이유를 상황이라고

전략적 세일즈

인식한다는 점이다. 자신에게 거부 이유가 있을 경우 그것이 구매하지 않아야 할 타당한 이유가 된다고 생각한다. 그리고 그 거부 이유를 세일즈맨에게 제시하면서 그것이 상담의 끝이라고 간주한다. 우리는 가망고객의 그런 생각을 알고 있어야 한다. 그리고 그가 제시하는 거부 이유가 실은 상황이 아니라, 적절한 해결 방법이 있는 장애물이나 어려움에 지나지 않는다는 점을 논리적으로 입증할 수 있도록 사전에 준비하고 있어야 한다.

거부 반응 처리 시기

가망고객의 거부 반응을 처리하거나 질문에 대답해 줘야 할 올바른 시기는 언제일까? 여러 가지 요인에 따라서 달라질 수 있지만, 기본적으로 다음과 같이 다섯 번에 걸쳐 처리할 시기가 있다. 첫 번째 시기이고 일반적으로 가장 좋은 시기는 '**거부 반응이 제기되기 이전**'으로 선제공격이라고 불린다. 매번 판매 상담을 할 때마다 일정한 거부 반응이 제기된다면 그 거부 반응을 끄집어내어 미리 제거해 버리는 것이다. 그러면 판매 상담을 하는 내내 그 거부 반응이 가망고객의 마음 한쪽에 자리해서 집중을 방해하는 일이 없게 된다. 예를 들어 우리 상품이 경쟁 상품에 비해 상대적으로 비싸서 가격 문제가 주된 거부 반응이 될 것을 이미 알고 있다고 하자. 그럴 때는 판매 상담을 이런 방식으로 시작한다. "고객님, 시작하기 전에 먼저 우리 상품이 시장에서 가장 비싼 상품 중 하나라는 점을 말씀드리겠습니다. 하지만 그럼에도 수백(혹은 수천) 명의 고객이 매년 이 상품을 구매해 주셨습니다. 이유가 궁금하시지요?" 이렇게 선제공격을 해 두면 가망고객은 나중에 "가격이 경쟁사들에 비해서 비싸네요."라고 말할 수 없게 된다. 이미 비싸다는 점을 이야기했기 때문이다.

얼마 전 매출이 줄어들고 있는 큰 통신 회사와 함께 일을 한 적이 있다. 세일즈맨들은 좌절감을 느끼고 있었다. 사기는 저하되어 있었고, 회사의 가격 정책에 대해 지속적으로 불만을 토로하고 있었다. 판매 조직의 구성원들은 누구나 시장에서 가격이 가장 높기 때문에 매출이 줄어든다고 생각하고 있었다. 더구나 경쟁사들은 신문에 가격 비교 광고까지 내고 있었다.

우리는 그들에게 선제공격 방법을 가르쳤다. 가격 문제를 먼저 제기한 다음 "그럼에도 불구하고 왜 그렇게 수많은 기업들이 매년 이 상품을 구입할까?"라는 질문에 대한 대답에 모든 노력을 집중하도록 했다. 가르친 방법에 따라 판매하기 시작하자 한 달이 채 되기도 전에 매출이 개인별 할당액의 165퍼센트로 뛰어올랐다. "당신들 가격이 시장에서 가장 높다는 걸 알고 있습니다. 그래서 사고 싶지 않습니다."라고 이야기하던 고객들에게도 판매가 이루어지기 시작했다. 세일즈우먼 한 사람은 시장 최고가라는 거부 반응으로 시작된 콜드콜에서 5만 4천 달러짜리 시스템에 대한 구매 계약을 이끌어 냈고 계약금으로 1만 7천 달러를 받았다. 전체 판매 과정은 45분밖에 걸리지 않았다.

주요 거부 반응이 무엇이든지 먼저 그것을 선제공격하라. 그 거부 반응을 붙잡아서 매트에 내리꽂는 것이다. 그 거부 이유를 제거해서 가망고객이 다음에 구매 거절의 이유로 사용할 수 없게 만들어야 한다.

거부 반응을 처리할 수 있는 두 번째 시기는 **'거부 반응이 프레젠테이션 초반에 제기될 경우'**이다. 거부 반응 중에는 즉시 처리해야만 할 것들이 있다. 기업의 정직성 혹은 우리 상품이나 서비스의 품질에 관한 것들이 대표적이다. 그런 문제에 대해서 제대로 답변하지 않은 채 프레젠테이션을 진행하면, 그 문제가 가망고객의 마음을 어지럽히기 때문에 집중하기 어렵다. 그런 문제는 솔직하고 완벽하게 처리해서 고객이 완전히 만족할 수 있도록 해야 한다. 예를 들어서 상담을 하기 위해 자리에 앉았는데, 고객이 바로 "당신 회사가 품질 보증 약속도 지키지 않고, 많은 상품이 설치 이후에 제대로 작동하지도 않는다고 들었습니다."라고 말을 한다고 하자. 그럴 때 대처하는 방법을 미리 준비하고 있어야 당황하지 않는다. 그런 말을 들으면 긍정적이고 전문가다운 태도로 처리해야 한다. 고객의 걱정하는 마음을 존중하고, 잘못된 정보임을 입증할 수 있는 설득력 있는 증거를 반드시 제시해야 한다. 고객이 부분적인 정보만을 갖고 있거나 그가 가진 정보가 완전히 잘못된 것일 수도 있으므로 우리 설명을 듣고 제대로 납득하기 전에는 상담을 일방적으로 진행해서는 안 된다.

거부 반응을 처리할 세 번째 시기는 '**프레젠테이션 진행 도중**'이다. 자신의 상품에 대한 프레젠테이션을 여러 번 하다 보면 무슨 말을 할 때 혹은 상품의 무엇을 소개할 때 어떤 거부 반응이 나올지 예측할 수 있다. 거부 반응이 예측되는 시점 이후의 프레젠테이션에 설득력 있는 답이 담겨 있도록 준비해야 한다.

프레젠테이션을 할 때 고객의 거부 반응을 예측하고 미리 준비하면 진정한 전문가라는 느낌을 준다. 거부 반응을 예측하고 답변할 준비가 되어 있는데 고객이 질문하지 않는다면, "이 부분에서 많은 분들이 어떻게 그런 주장을 할 수 있느냐고 묻곤 합니다. 지금부터 근거에 대해 말씀드리겠습니다."라고 말하라. 고객은 깊은 인상을 받을 것이다. 프레센테이션 후반에 제기되어 판매를 망칠 수도 있는 장애물이 제거되면서 신뢰도가 높아지고 거래에 대한 믿음도 커진다.

거부 반응을 처리할 네 번째 시기는 '**프레젠테이션 후반**'이다. 이때는 막연하거나 가벼운 질문들이 많기 때문에 일일이 전력을 다해서 답변할 필요는 없다. 그냥 "그 문제에 대해서는 조금 뒤에 답변을 드리면 어떨까요? 대답을 들으시면 만족하실 겁니다."라고 말하면 된다. 가망고객이 "그렇게 하세요."라고 대답하면 프레젠테이션을 계속 진행한다. 고객의 질문은 머릿속에 기억하고 있다가 상품의 주요 이익에 대한 설명이 명확하게 마무리된 다음에 답변하면 된다.

거부 반응을 처리할 다섯 번째 시기는 '**없다.**' 프레젠테이션 초반에 제기된 거부 반응이 다시 제기되지 않으면 그냥 지나가라. 가망고객들은 그저 자신이 집중하고 있다는 사실을 보여 주기 위해서 거부 반응을 보이거나 질문하기도 한다. 거부나 질문 그 자체는 그다지 중요하지 않다. 가망고객이 나중에 다시 언급하지 않는다는 점은 그것이 별로 중요하지 않거나 잊어버렸다는 뜻이다.

판매에서는 '타이밍이 전부'라는 사실을 기억하라. 말에도 올바른 시기가 있고 그렇지 못한 시기가 있다. 너무 빨라서도 안 되고 너무 늦어서도 안 된다. 프로 세일즈맨으로서 우리는 올바른 시기를 선택한 다음 정보와 주장을 논리적이고 체계적으로 제시해야 한다. 긴장을 풀고 올바른 시기에만 거부 반응을 처리하라.

거부 반응에 대응하는 방법

거부 반응은 언제나 부드럽고 세련되게 처리해야 한다. 고객이 상품 프레젠테이션의 어떤 부분에 관해 불평하거나 비판하면, 우선 그 말을 경청하라. 그 다음에 가망고객이 한 말에 대해서 3~5초 정도 주의 깊게 생각해보고나서 정확한 의미를 확인해 달라고 요청한다. "무슨 뜻이죠?" 또는 "정확히 어떤 의미인가요?"라는 개방형 질문을 들으면 대답하지 않을 수 없다. 가망고객이 거부 반응을 보일 때 이렇게 대응하면 가망고객은 언제나 걱정하는 사항에 대해서 더 자세히 말하거나 거부하는 이유를 설명할 것이다. 이 질문은 여러 번 반복해도 좋다. 질문을 반복할수록 가망고객은 더 많은 정보를 준다. 이 질문을 던져서 고객에게 말할 기회를 주면 고객은 자신이 제기한 거부 반응에 대해서 스스로 답변하는 경우도 많다. **고객의 거부 반응은 더 많은 정보를 제공해 달라는 요청으로 생각해야 한다.** 거부 반응을 질문으로 바꿔라. 가령 가망고객이 "너무 비싸네요."라고 말할 경우에는 "좋은 지적이십니다. 왜 이 상품은 이렇게 비쌀까요?"라고 응대한다. 거부 반응을 우리 상품에 대한 현명하고 사려 깊은 논평으로 생각하라. 가망고객의 거부 반응에 찬사를 보낼수록 다시 거부 반응을 보일 가능성이 높아진다. 그러다보면 가망고객은 우리 상품이나 서비스의 구매와 관련해서 자신이 갖고 있던 우려 사항을 전부 털어놓게 된다.

가망고객이 어떤 이유로든 거부 반응을 보이면 "좋은 질문입니다. 그 질문을 해 주시니 고맙습니다."라고 말하라. 가망고객이 좋은 질문을 해 준 것에 대해서 찬사를 보내면 그들은 우리를 더 편안하게 생각하고 좋은 질문을 더 많이 하고 싶어진다. 고객의 거부 반응을 듣고 그것을 질문으로 바꿔서 대답하면 대화에서 부정적인 부분이 제거되고, 대화는 '사실 확인' 과정이 된다. 얼마 지나지 않아서 고객은 "이것은 어때요?", "저것은 어때요?"하면서 온갖 질문을 던질 것이다. 고객은 편안한 마음으로 상품이나 서비스의 구매와 관련되어 생각나는 크고 작은 문제들에 대해서 우리가 하는 설명을 듣는다. 고객이 더 많은 질문을 할수록 구매 가능성은 높아진다. 다시 강조하지만, 고객이 모든 기부반응에 먼서 찬사를 보내 줘야 한다.

거부 반응을 제거하고 판매 상담의 주도권을 잡을 수 있는 강력한 말이 또 하나 있다. 그것은 "고객님, 그렇게 말씀하실 때는 '고객님께 분명히' 그만한 이유가 있을 것입니다. 그 이유를 여쭤 봐도 될까요?" 이 말에서 두 핵심 단어는 **'고객님께 분명히'** 이다. 말 속에 이 두 단어가 들어가면 가망고객의 걱정이 현명하고 타당하며 '분명히' 깊은 사고 끝에 나온 말이라고 생각한다는 느낌을 준다. 은연중에 가망고객에게 찬사를 보내면서 걱정하는 사항에 대해 더 자세히 이야기하도록 만든다. 고객이 걱정하는 사항에 대해 상세하게 이야기할수록 양쪽 모두 문제를 더 명확하게 이해할 수 있다. 또한, 우리는 그 문제에 더 효과적으로 대응할 수 있다.

고객이 무슨 말을 하든지 무조건 끝까지 들어라. 고객의 거부 반응이 과거에 아무리 많이 들었던 것이라도 참을성 있게 집중해서 들어라. 중간에 끼어들어서 미리 잘 준비해 둔 답변으로 무너뜨리고 싶은 충동을 억제하라. 가망고객 입장에서는 우리에게 걱정 사항에 대해 말하는 것이 이번이 처음이라는 사실을 명심하고, 먼저 고객의 질문을 존중하는 자세가 필요하다.

중간에 끼어들지 않고 고객의 질문 전체를 끝까지 들어야 하는 중요한 이유는, 질문이 끝에 가서 예상과 크게 달라지는 경우가 종종 있기 때문이다. 질문이나 거부 반응의 마지막 20퍼센트 안에 거부 반응의 가치나 중요성의 80퍼센트가 담겨 있는 경우가 많다. 가망고객의 말을 끝까지 들은 다음에 "무슨 의미신가요?"라고 질문해서 다시 의미를 확인하면 마음속에 있는 진정한 질문을 이해하고 대답할 가능성이 훨씬 높다.

"경청이 신뢰를 구축한다."는 점을 절대 잊지 말라. 고객의 모든 거부 반응이나 질문은 고객과의 신뢰를 더 깊게 할 수 있는 좋은 기회가 된다. 깊은 신뢰가 있어야 가망고객이 구매 결정을 내릴 때 필수적인 좋은 인간관계를 형성할 수 있다. 세일즈 트레이너 톰 홉킨스 Tom Hopkins는 "거부 반응은 판매 성공으로 올라가는 사다리의 발판이다."라고 말한다. 거부 반응은 판매 과정에서 핵심적인 요소로써 거부 반응에 대응하는 방법에 따라서 판매의 성패가 결정된다.

거부 반응의 일반적인 유형

고객은 다양한 방식으로 거부 반응을 보이고 또 의문을 제기한다. 권투선수가 효과적으로 반격하려면 상대방의 다양한 공격 기술을 알아야 하는 것처럼 여러가지 거부 반응의 유형을 알아야 적절하게 대응할 수 있다. 가망고객이 판매 제안의 가치에 대해 의문을 제기하는 다양한 방식을 잘 알수록 자신감이 커지고 판매 상담도 더 잘할 수 있다.

첫 번째 유형은 **일반적인 판매 저항**이다. 우리로서는 쉽게 받아들이기 어렵지만 고객들은 세일즈맨을 그다지 좋아하지 않는다. 고객들은 자신의 경험에 비추어서 세일즈맨들이 구매를 강요하고, 시끄럽고, 다른 사람들의 감정을 배려하지 않고, 공격적이고, 무례하고, 정직하지 못하다고 믿는다. 그들은 세일즈맨을 도움이 될 만한 상품이나 서비스가 혹시 시장에 나와 있는지 살펴보기 위해 참아 내야 할 필요악이라고 본다.

가망고객을 처음 만나면 어느 정도의 판매 저항은 예상하고 있어야 한다. 그것에 구애받지 말아야 한다. 판매 저항은 '개인적'인 것이 아니라는 점을 꼭 기억하라. 가망고객과 처음 만날 때 모든 세일즈맨을 기다리고 있는 것이 바로 판매 저항이기 때문이다. 미소를 짓고, 편안하게 판매 상담을 시작해야 한다.

'일반적인 판매 저항'을 다루는 좋은 방법은 관심을 돌리는 것이다. 우리가 그에게 무엇인가를 강요하고 있다는 생각에서 빗어나 자신과 자신의 상황에 관심을 집중하도록 해야 한다. 고객에 대해서 질문하거나 아니면 방문 이유를 설명하라. 가망고객이 가지고 있는 문제를 우리 상품이나 서비스가 해결해 줄 수 있다는 점을 강하게 표현하라.

코닝 글라스 Corning Glass의 최고 세일즈맨에 관한 유명한 이야기가 있다. 그는 미국에서 안전유리를 제일 많이 판매한 사람이었다. 그에게 판매 상담을 할 때 맨 처음에 뭐라고 말을 꺼내는지 궁금해 질문했더니, 상담하러 들어가자마자 "혹시 깨져도 산산조각 나지 않는 유리를 보신 적이 있습니까?”라고 묻는다고 대답했다. 가망고객이 도저히 믿지 못하겠다는 반응을 보이면 그는 가방에서 안전유리 샘플을 꺼내서 가망고객의 책상 위에 놓고 망치로 내리쳤다. 가망고객은 튀어오를 유리 파편을 피하려고 놀라서 뒤로 물러나지만 깨진 파편은 없었다. 그 세일즈맨은 가망고객의 관심을 사로잡을 수 있었고 그 다음부터 상담은 신속하게 진행되었다. 그는 이 안전유리 판매방법을 전국 세일즈맨 대회에서 다른 모든 세일즈맨들에게 공개했다. 그 이후 코닝 글라스의 세일즈맨들은 누구나 안전유리 샘플과 망치를 들고 가서 고객들에게 시연했다. 그런데도 그는 다음 해에 다시 전국 최고 매출을 올렸다. 그래서 다른 세일즈맨들도 모두 같은 판매 기법을 사용하고 있는데 어떻게 훨씬 더 많이 판매할 수 있는지 물어 보았다.

그는 다음 해에는 약간 방법을 바꿨다고 말했다. 이번에는 가망고객을 만나면 “망치로 내리쳐도 산산조각이 나지 않는 유리를 보고 싶지 않으세요?”라고 묻고는 가망고객에게 망치를 건네주고 직접 유리를 깨뜨리도록 했다.

고객을 만나서 이야기하는 처음 열 단어에서 열다섯 단어가 상담 분위기를 결정한다. 가망고객이 가진 실제 관심사를 건드릴 수도 있고 그렇지 않을 수도 있다. 서두에 할 말을 신중하게 계획해서 상담이 시작되면 바로 이야기할 수 있도록 준비해 두어야 한다. 전문 연설가가 서두에 할 말을 한 단어 한 단어 신중하게 고르듯이 우리도 프로 세일즈맨으로서 똑같이 해야 한다. 이것이 바로 상담을 시작하면서 ‘일반적인 판매 저항’을 줄일 수 있는 가장 확실한 방법이다.

두 번째 유형은 **정보 요청**이다. 이 유형의 질문이나 거부 반응은 바로 우리가 원하는 것이다. 이런 정보 요청을 받으면 그것을 환영하고 더 많은 정보 요청을 하도록 유도해야 한다. “좋은 질문입니다. 그 이야기를 꺼내

주셔서 고맙습니다."라고 말한 다음에 질문에 완벽하게 답을 해 준다. 그리고 "질문에 대해서 답이 되었나요? 그것이 고객님이 궁금하셨던 점입니까?"라고 물어서 다시 한 번 확인한다.

세 번째 유형은 **객관적인 거부 반응**이다. 상품이나 서비스에 대한 우리 주장에 대해 가망고객이 이의를 제기하는 것이 이 유형이다. 가망고객은 우리 주장에 대한 증거를 보고 싶어 한다. 가망고객이 알고 싶은 점은 '누가 그런 말을 했는지' 혹은 '어떤 증거가 있는지'이다. 우리 주장만으로는 고객에게 증거가 되지 못한다는 사실을 명심하라. 그가 원하는 것은 상품에 대한 우리 주장의 진실성을 증명해 줄 수 있는 증거다. 이 유형의 거부 반응에 대해서 빈틈없이 답변할 수 있도록 사전에 준비해서 고객을 완벽하게 만족시킨 다음에 다음 단계로 진행해야 한다.

네 번째 유형은 **주관적인 거부 반응**이다. 이 유형의 거부 반응은 세일즈맨이 자신과 자기 회사에 대해서 지나치게 많은 이야기를 할 때 생기는 거부 반응이다. 세일즈맨들이 자기 이야기에 몰입하다 보면 그것이 가망고객에게도 아주 관심 있는 주제라는 착각에 빠지기 쉽다. 가망고객이 예의 바르게 자신의 이야기를 잘 들어주기 때문이다. 하지만 그것은 완벽한 착각이다. 가망고객이 시종일관 관심을 갖는 것은 자기 자신에 대해서 뿐이다. 세일즈맨이 자신에 관해 너무 많은 이야기를 하면 가망고객이 아니라 세일즈맨이 주인공이 된다. 아마 가망고객은 "그 상품을 팔아서 큰돈을 버셨겠네요."라는 말을 자주 할 것이다. 가망고객이 우리에게 그런 말을 하면 즉시 개방형 질문으로 돌아가서 다시 관심을 고객에게 집중해야 한다. "나에게는 어떤 이익이 있습니까?"라는 무언의 질문에 대한 대답으로 돌아가야 한다.

　다섯 번째 유형은 변명이다. 이것은 **피상적인 거부 반응**으로써 고객이 너무 바빠서 정신이 없거나, 아니면 우리가 고객이 가진 문제나 욕구에 제대로 초점을 맞추지 못해서 고객의 관심을 끌지 못할 때 나오는 거부 반응이다. 고객은 "지금은 너무 바빠서 이것에 대해 생각할 여유가 없어요."라고 하거나 "지금은 구매할 계획이 없습니다."라고 말한다. 또 색깔이나 포장이 마음에 들지 않는다고 하거나 사소한 문제에 대해서 트집을 잡는다. 그러나 그것들이 관심 없는 진짜 이유는 아니다.

　판매 프레젠테이션에서 이런 피상적인 형태의 거부 반응으로 인해 진전이 없다면 그 질문에 대한 대답을 미루고, 다시 가망고객과 가망고객의 상황에 대한 질문으로 되돌아가는 것이 좋다. "좋은 지적이십니다. 그 부분에 대해서는 자료를 찾아 본 후 나중에 답변해 드려도 될까요?"

　여섯 번째 유형은 **과시형 거부 반응**이다. 우리 상품이나 서비스에 대해서 아주 잘 알거나 아니면 잘 알고 있다고 생각하는 가망고객을 이따금 만난다. 그가 우리 업종에서 일한 경험이 있는 선배일 가능성도 있다. 이런 가망고객은 자신이 가진 지식과 경험에 대해 자부심을 갖고 있어서 그 전문능력에 대해 인정받기를 원한다. 그들은 "그 종류의 상품에 대해서는 경험이 많습니다."라고 하든지 "그 업계에 대해서는 제가 잘 압니다."라고 말한다. 고객이 그런 반응을 보일 때는 우리도 장단을 맞춰줘야 한다. 우리 업계에 대해 이렇게 잘 아는 분을 만나서 무척 기쁘다고 말하고 조언을 요청하라. 시장에 나와 있는 경쟁 상품과 대비해서 우리 상품에 대한 솔직한 비평과 의견을 요청한 후 우리 업계에서 일하는 스승이나 대선배처럼 대접하라.

　인간이 갖고 있는 가장 큰 욕구 중의 하나는 인정받고 싶은 욕구이다. 상대방이 가진 지식과 지혜에 대해서 존경하고 인정하면 그는 우리를 좋아하고 신뢰하며 우리에게 구매하는 것에 더 열린 마음을 갖게 된다. 고객보다 많이 알더라도 그것을 대놓고 드러내기 보다 고객이 우월감을 느끼도록 하라. 우리가 할 일은 판매에서 이기는 것이지 논쟁에서 이기는 것이 아니다.

일곱 번째 유형은 **악의적인 거부 반응**이다. 가망고객 중에는 아무런 이유도 없이 아주 까다롭게 구는 사람들이 있다. 그들의 그런 거부 반응은 우리와는 아무 관계가 없다. 전적으로 과거 어떤 상황에서 다른 사람들과의 경험 때문에 생긴 반응이다. 그런 경우 우리가 할 수 있는 유일한 방법은 전문가답게 행동하는 일이다. 가끔 가망고객이 우리 상품, 업계, 혹은 업무 방법을 공격할 때가 있다. "이 상품을 파는 사람들은 대부분 일확천금을 노리는 사람들이지요."라고 하거나, 아니면 "몇 년 전에 이 업계에 있는 사람에게 사기를 당한 적이 있어요. 다시는 그런 일 당하지 않을 겁니다."라고 말한다. 이런 사람과 만났을 때 사용할 수 있는 마술 같은 표현이 하나 있다. 그것은 "고객님의 느낌을 잘 알겠습니다. 저도 고객님 입장이라면 같은 느낌일 겁니다."라고 말하는 것이다. 그 말은 고객의 부정적인 느낌을 누그러뜨린다. 고객이 실제로 원하는 것은 자신의 느낌을 먼저 이해해 달라는 요청일 수도 있다.

심리학적으로 고객은 마음속에 단 한 가지라도 부정적인 생각이 들어 있으면 프레젠테이션에 집중할 수 없다. 고객이 프레젠테이션에 집중하도록 하려면 먼저 고객의 마음속에서 불쾌한 감정을 완전히 제거해야 한다. 그렇게 하기 위한 최선의 방법은 질문하고, 경청하고, 정중하며 공손하게 고객을 대하는 일이다. 가망고객이 자신의 불쾌한 사건에 대한 이야기를 시작하면 역으로 그것을 신뢰 구축의 기회로 생각하라. "그래서 어떻게 되었죠? 그래서 어떻게 하셨습니까?" 등의 질문을 해서 가망고객이 자신의 마음속에 있는 것을 모두 다 털어낼 수 있도록 도와라. 가능한 한 계속해서 "제가 그 입장이라도 똑같은 느낌이었을 겁니다."라고 말하라.

　친밀한 인간관계의 저변에는 이해받고 싶은 욕구가 자리하고 있다. 좋은 거래 관계도 마찬가지이다. 고객들을 인터뷰해 보면 매번 최고 세일즈맨에 대해서 이야기하는 것 중의 하나가 "그 사람은 정말로 내 상황을 잘 이해하고 있습니다."라는 말이다. 고객이 부정적이거나 까다로울 경우, 최소한 맞대응을 해서는 안 된다. 부드럽고 중립적인 자세를 유지해야 한다. 가능하면 못 들은 척하라. 괜히 뭐라고 말해서 불난 집에 부채질하는 꼴이 되어서는 안 된다.

　여덟 번째 유형은 **무언의 거부 반응**이다. 가장 위험한 유형이다. 적절한 시기에 그것이 무엇인지 파악해 제거하지 않으면 판매가 실패로 돌아갈 수 있다. 무언의 거부 반응은 눈에 빤히 보이는 판매와 우리 사이를 가로막는 방패와 같다. 그것은 고객의 닫혀 버린 마음의 문이나 프레젠테이션의 핵심 포인트가 전달되지 못하도록 들어 올린 도개교와 같다. 많은 판매가 95 퍼센트까지 성공한 뒤에도 마지막 무언의 거부 반응을 인식하지 못하거나 끄집어내어 효과적으로 처리하지 못한 탓에 실패로 돌아가 버린다. 판매 과정 전반부에서 탁월한 인간관계를 구축해 놓으면 가망고객이 최종 거부 반응을 제기하도록 하는 일이 훨씬 쉽다. 또한, 고객이 가진 최종 거부 반응을 파악하기 위해서 '남은 거부 반응 마무리' 기법을 사용할 수도 있다.

남은 거부 반응 마무리

가망고객이 구매 결정을 하지도 않고 그 이유도 말해 주지 않을 때는 "고객님, 마음속에 무언가 걸리는 게 있어서 구매 결정을 망설이시는 것처럼 보입니다. 그것이 무엇인지 여쭤봐도 되겠습니까?"라고 물어라. 질문을 던진 후에는 침묵하라. 우리가 프로 세일즈에서 사용할 수 있는 유일한 압력 수단은 핵심 질문을 던진 다음, 기다림과 방안에 가득한 침묵이다. 잠시 침묵하고 있으면, 가망고객이 결국 그 상태를 바꾸기 위해 답변을 한다.

고객이 우리 질문에 대한 대답으로 어떤 질문을 하거나 거부 반응을 보이더라도 그것을 인정하고 칭찬해 주어라. "좋은 질문입니다, 고객님. 그 질문을 해 주셔서 고맙습니다. 그 밖에 혹시 지금 바로 구매 결정을 내리는데 주저하게 만드는 다른 이유가 있습니까?" 그리고 다시 침묵하라. 첫 번째 거부 반응은 단지 연막에 지나지 않는 경우가 많다. 진짜 거부 이유는 더 깊은 곳에 자리하고 있다. 고객이 다른 거부 이유를 대면 다시 그것을 인정하고 질문을 계속한다. 가망고객이 최종적으로 "그것이 마지막입니다."라고 할 때까지 계속해서 "그 밖에 다른 이유가 있습니까?"라고 물어라.

이 진행 과정을 살펴보면, 마치 가망고객이 중요한 거부 반응을 제기하기 전에 먼저 여러 가지의 작은 거부 반응을 내놓는 것처럼 보인다. 가망고객은 우리가 자신이 가진 주요 거부 반응을 알아내서 그에 대해 답변하고 나면 구매 결정을 미룰 구실이 없어진다는 점을 안다. 그래서 구매 결정을 회피하려고 마지막 거부 이유를 감추려고 하는 것이다. 그러면 다시 고객에게 "고객님, 이 마지막 문제를 고객님이 완전히 만족하실 수 있도록 해결하면 지금 구매 결정을 하실 수 있습니까?"라고 물어라. 그리고 고객이 "예, 그 문제가 해결된다면 구매하지 않을 이유가 없지요."라고 대답할 때까지 기다려라. 그리고 다시 "고객님, 그 문제에 대해 어떻게 하면 만족하실지 말씀해 주시겠어요?"라고 물어라. 이 질문에 대한 가망고객의 답변이 바로 '마무리 조건'으로써 판매를 성사시키려면 반드시 극복해야 할 마지막 장애물이다. 고객이 마무리 조건을 제시하면 그가 만족할 수 있도록 그 조건을 충족시켜 판매를 마무리하는 일은 이제 우리 몫이다. 가망고객이 "최종 결정을 하기 전에 우리 업계에서 이 상품을 만족스럽게 사용하고 있는 두세 사람과 이야기를 해 봐야겠네요."라고 하는 경우가 있다. 그때는 "고객님, 시간을 아끼기 위해서 차라리 그것을 거래 조건으로 하시지요. 고객님이 다른 두세 분과 이야기해 보시고 만족해야 한다는 조건으로 해서 지금까지 논의한 그대로 주문서를 작성하겠습니다."라고 말하라. 이름과 전화번호를 찾아서 가망고객에게 알려주는 대신에, 앞으로 3~7일 사이에 추천인 명단을 제공한다는 조건으로 일단 주문서에 서명하도록 요청하는 것이 좋다. 비록 조건부일지라도 항상 그 자리에서 거래를 확정하도록 노력하라. 그렇게 하는 편이 나중에 다시 찾아오는 것보다 판매 성공 가능성이 훨씬 높다는 것을 명심하라.

판매 실패 기법 또는 문손잡이 기법

프레젠테이션이 종료될 때까지 판매 과정을 모두 끝냈는데도 고객이 구매 결정을 내리지 않고, 그 이유조차 말해 주지 않을 경우에는 '판매 실패' 기법 또는 '문손잡이' 기법을 사용해서 구매 결정을 가로막는 이유를 찾아낼 수 있다. 더는 잃어버릴 것도 없다. 구매 약속도 받지 못하고 주요 거부 이유도 모른 채 가망고객과 헤어진다면 어차피 판매는 실패한 것이나 다름없으며 나중에 되돌릴 수도 없다. 우리가 주차장에 도착할 때쯤이면 벌써 고객은 우리 이름조차도 기억하지 못할 것이다. 따라서 이렇게 하는 것이 좋다.

역 심리학을 이용해서 판매 노력을 계속하는 대신 정중하게 상담을 끝낸다. 그리고 "고객님, 시간을 내주셔서 정말 고맙습니다. 상담 기회를 주신 것도 고맙고요. 나중에 다시 뵐 수 있었으면 좋겠습니다."라고 말한다. 그 다음 서류를 정리해 가방에 넣고 일어나서 악수한 뒤 문을 향해서 간다. 가망고객은 우리가 떠나는 것을 보면 더는 방어하거나 설명해야 할 필요가 없어지므로 긴장이 풀린다. 이미 머릿속으로는 우리가 떠나고 나면 무슨 일을 해야 할지 생각하고 있다. 마치 라운드가 끝났다고 생각하고 가드를 내린 권투 선수와 같은 상황이다.

문에 도착하면 나갈 것처럼 문손잡이를 잡는다. 그리고는 갑자기 생각난 듯이 가망고객을 향해 돌아서면서 "그런데 고객님, 가기 전에 한 가지 부탁이 있는데 들어 주시겠습니까? 제가 조금 전 프레젠테이션을 할 때 어떤 점에 문제가 있었는지 알려주시면 다른 고객님들을 만날 때 큰 도움이 될 것 같습니다. 구매하지 않기로 결정하신 진짜 이유가 무엇이죠?"라고 말하라. 그런 다음 미소를 지으면서 완벽하게 침묵을 유지하라. 이제 완전히 긴장이 풀린 가망고객은 아주 작은 선물 하나를 주는 심정으로 마침내 진짜 이유를 말해 주는 것이 보통이다.

일반적인 반응은 이렇다. "글쎄요. 내가 진짜 걱정하고 있던 것은 현재 우리의 활동 수준에 비춰 볼 때 그 비용이 정당화될 수 있는가 하는 점이었습니다." 그러면 문손잡이에서 손을 떼고 이렇게 말하라. "고객님, 그것은 제 실수였습니다. 우리 프로그램 중에서 그 부분에 대해 설명 드리지 않았으니까요. 단 몇 분만 시간을 내주시면 그런 경우에 정확하게 어떻게 해 드릴 수 있는지 설명 드리겠습니다. 고객님이 걱정하시는 섬에 대한 완벽한 답이 될 겁니다." 그리고 자리로 돌아가서 가방을 열고 서류를 꺼낸 다음에 다시 판매를 시작한다.

정말이지 이런 간단한 과정을 통해서 얼마나 많은 판매가 실패 직전에 되살아나는지 알면 놀랄 것이다. 수많은 세일즈맨들이 전국에서 이 방법에 관해 편지와 의견을 보내왔다. 내 세미나에 참석한 젊은 세일즈맨 한 사람은 이 간단한 기법을 사용해서 일생에서 가장 큰 판매를 성사시켰다고 말했다.

막판 거부 반응

막판 거부 반응은 판매 프레젠테이션의 마지막 순간에 나오는 거부 반응이다. 가망고객은 이미 구매 결정을 내렸으면서도 마치 낚시 바늘에 걸린 물고기처럼 조금 발버둥을 쳐보는 것이다. 고객은 "이 가격이 가장 좋은 가격이라는 것을 내가 어떻게 알 수 있지요?", "더 할인은 안 됩니까?", "내가 지금 해선 안 될 일을 하는 것은 아닙니까?" 등의 질문을 한다. 그때는 미소를 지으면서 올바른 일을 하고 있다고 고객을 안심시켜 주어야 한다. "아주 훌륭한 결정을 하셨습니다. 아주 좋은 선택을 하셨어요. 정말 만족하실 겁니다."라고 말해 준다. 막판 거부 반응 때문에 마음이 흔들려서는 안 된다. 밝고 예의 바른 태도를 유지하면서 판매의 세부 사항 정리와 거래 마무리를 계속해야 한다.

고객이 어떤 거부 반응을 보이더라도 판매 상담의 주도권을 계속 유지할 수 있는 질문 두 가지가 있다. 그것은 "정확하게 어떤 의미신지요?"라는 질문과 "그렇게 말씀하시는 데는 분명히 타당한 이유가 있으리라 생각합니다. 그것이 무엇인지 여쭤 봐도 될까요?"라는 질문이다. 질문하는 사람이 주도권을 갖는다는 점을 명심하라. 질문에 질문으로 답하면 우리는 판매 과정에서 계속 주도권을 갖는다. 질문을 해서 가망고객이 자신의 관심사에 대해 자세히 설명하게 하라. 그러면 우리는 경청하고, 신뢰를 구축하고, 관계를 향상시킬 수 있는 또 한 번의 기회를 맞이한다.

가격에 대한 거부 반응

이제 가격 문제에 대해서 생각해 보자. 가격에 대한 질문은 거의 대부분의 판매 상담에서 초반부터 빠지지 않고 제기된다. 우리 상품에 대해 잘 알기도 전에 먼저 "얼마지요?"라는 질문이 가망고객의 입에서 튀어나온다. 어떤 상품인지 그리고 가격이 얼마인지에 관계없이 고객의 첫 반응은 "너무 비싸요. 그 정도 지불할 능력이 없어요. 현금이 없어요. 사업이 잘 안 돼요. 판매가 저조해요. 다른 데서 더 싸게 살 수 있어요. 지금은 구매 계획이 없어요. 그 정도로 비싼 줄 몰랐어요. 예산이 없어요. 자료를 두고 가세요. 생각해 볼게요. 나중에 전화 주세요." 등등이다. 그런 말을 들으면 참기 어렵다. 가격이 얼마든 상관없이 항상 고객은 무조건 자신이 생각했던 것보다 비싸다고 말하기 때문이다. 조심하지 않으면 처음에는 가격에 대해 논의하다가 결국 논쟁으로 비화하곤 한다. 그래서 우리 가격과 경쟁사 가격과의 차이, 고객이 지불하고자 하는 가격과의 차이에 대해 말다툼만 하면서 시간을 허비하게 되어 버린다.

그러나 '지불할 용의'가 있다는 것과 '지불할 능력'이 있다는 것은 전혀 별개라는 점을 명심해야 한다. 고객들이 처음에 일정한 금액을 '지불할 용의'는 없을지도 모른다. 하지만 고객에게 우리 상품의 가치가 가격 이상이라는 점을 이해시킬 때 '지불할 능력'이 없다는 의미는 아니다. 우리가 해야 할 주된 업무가 바로 판매 과정에서 고객을 이해시키는 일이다.

이미 말했듯이 오직 가격 때문에 물건을 구매하거나 구매하지 않는 경우는 거의 없다. 가격을 구매 거절 이유로 제시하는 것은 경험상 그것이 거절하는 가장 쉬운 방법이라는 점을 알기 때문이다. 제품마다 가격이 다른 이유는 무엇일까? 그것은 '차별성'때문이다. 어떤 상품의 가격이 경쟁 상품보다 비싸거나 싼 것은 그 상품이 경쟁 상품과 어떤 점에서든 다르기 때문이다. 궁극적으로 상품의 가격을 결정하는 것은 언제나 고객이다. 기업이 정하는 가격은 고객이 궁극적으로 지불할 금액의 추정치에 지나지 않는다. 차별화가 전혀 되어 있지 않은 상품일 경우에만 가격이 유일한 선택 기준이 된다. 상품이 너무나 똑같아서 고객들이 구분할 수 없을 경우에만 가격이 구매의 결정적 요인이 된다는 의미다. 그리고 심지어 그럴 경우에도 가격이 반드시 결정적인 요인이 되는 것은 아니다. 우리가 할 일은 비가격적 요인을 토대로 해서 우리 상품을 차별화할 수 있는 방법을 찾은 후, 가격이 아니라 고객이 받는 혜택에 초점을 맞춰서 판매 프레젠테이션을 하는 것이다.

나는 가끔 내 세일즈 세미나의 참석자들에게 낮은 가격은 어떤 상품을 구매할 때도 핵심적인 이유가 되지 않는다는 점을 증명해 보이고 싶은데, 동의하느냐고 물어본다. 그들이 고개를 끄덕여서 동의하면 "지금 몸에 걸치고 있는 옷이나 액세서리 중에서 값이 가장 싸다는 이유만으로 구입한 것이 단 하나라도 있는 분은 손을 들어주시겠습니까?"라고 질문을 던진다. 천 명이 넘는 참석자 중에서 가격이 가장 싸다는 이유만으로 구입한 물건이 하나라도 있는 사람은 한 사람도 없다. 모든 참석자들은 자신이 소지한 물건을 전부 비가격적인 이유로 구매했다. 고객이 오직 가격을 기준으로 구매하는 유일한 경우가 있다면 세일즈맨이 매력적인 가격 외에 상품을 구매해야 할 다른 이유를 제시하지 못했을 때이다.

누구나 가격을 물어본다. 그것은 우리 사회에서 돈이 유일한 공통 분모이기 때문이다. 우리는 경제 사회에 적응하기 위해 돈과 가격을 사용한다. 돈과 가격은 모든 상품이나 서비스를 다른 것과 대비해서 분석하고 비교할 수 있게 해 준다. 우리가 가격을 궁금해 하는 이유는 특정 상품이 여러 가지 다양한 상품들 중 어느 정도의 위치에 있는지 알려주기 때문이다. 그러면 마음이 다소 편안해진다. 고객들이 돈에 무관심하다는 것이 아니다. 일단 가격이 얼마인지 알고 난 다음, 구매 결정은 다른 요인들을 토대로 해서 한다는 뜻이다. 따라서 세일즈맨으로서 우리가 할 일은 그 다른 요인이 무엇인지 찾아내서 판매 프레젠테이션의 모든 초점을 그 요소에 맞추는 것이다.

가격을 논의할 올바른 시기

세일즈맨의 관점에서 보면 가격은 결코 판매 결과를 결정하는 핵심 요인이 아니다. 고객이 당장 가격을 알아야 한다고 고집할 때는 단 몇 가지 질문에 대해서만 답변을 해 주면 정확한 가격을 이야기할 수 있다고 말하라. "두세 가지 질문에 대해서만 답변을 해 주시면 오차가 몇 달러 되지 않을 만큼 정확하게 말씀드릴 수 있습니다. 제가 알아야 할 것은 ….." 처럼 말하면 된다.

나는 전화로 상담 약속을 정할 경우 담당자와 연결되면 이렇게 나를 소개했다. "안녕하세요, 고객님. 브라이언 트레이시입니다. 경영자 교육원에서 근무하고 있습니다. 혹시 6개월 이내에 매출을 20퍼센트에서 30퍼센트 증가시킬 수 있는 방법을 알고 싶어 하시지 않을까 해서 전화 드렸습니다." 내가 상대하는 사람들이 판매 관리자와 판매 담당 임원 등 바쁘고 성미가 급한 사람들이어서 거의 대부분 돌아오는 대답은 "가격이 얼마지요?"였다. 교육 서비스의 가격을 말해 줄 경우 그들이 즉시 "지금은 그럴 여유가 없습니다. 우편으로 자료를 보내 주세요. 마음이 바뀌면 알려드리겠습니다."라고 한다는 점을 나는 오래 전에 알아챘다. 그래서 그 이후 상남 약속을 할 때는 서비스에 관한 정보를 주거나 가격에 대한 언급은 일절 하지 않기로 결심했다.

내가 사용한 방법은 이것이다. 전화를 해서 내 소개를 하고 가망고객이 "가격이 얼마지요?"라고 물으면, 즉시 "고객님, 그것이 저희 회사의 장점입니다. 마음에 쏙 들지 않으면 무료니까요."라고 답한다. 그러면 상대방은 깜짝 놀라기 마련이다. 잠시 침묵이 흐르다가 상대방이 다시 "무료라고요? 그것이 무슨 말입니까?"라고 묻는다. 그러면 나는 아주 단호하게 "고객님, 제가 어떤 것을 소개하더라도 마음에 들지 않으면 구매하지 않으시겠지요. 그렇지 않습니까?"라고 대답한다. 그러면 상대방은 "물론입니다. 구매하지 않지요."라고 답한다. 그때 나는 전화기에 대고 미소를 지으면서 이렇게 말한다. "고객님이 구매하지 않으시면 당연히 무료지요. 전혀 돈이 들지 않습니다. 단지 상품을 소개하는데 필요한 약 10분간의 시간만 할애해 주십시오. 그 다음 제 말이 타당한지 아닌지는 고객님께서 직접 판단하시면 됩니다."

정말이지 이 방법은 무척 성공적이었다. 나는 전화번호부에 나와 있는 번호에 전화를 걸어 다섯 번 중에서 네 번 혹은 열 번 중에서 아홉 번 정도 상담 약속을 잡을 수 있었다. 이 방법은 대면 판매에서도 마찬가지로 효과가 크다.

시카고에 살고 있는 세일즈우먼인 친구가 있었다. 경쟁이 극심한 시장임에도 매년 15만 달러 이상을 판매 수수료로 받고 있지만 그녀도 항상 가격 문제에 부딪치는 것은 마찬가지다. 부부가 매장에 들어오면 그 중 한 사람이 바로 "돈이 얼마나 들까요?"라고 묻는다. 그녀는 따뜻한 미소를 지으면서 이렇게 말한다. "글쎄요, 만일 마음에 드는 상품이 없으면 사시지 않겠지요. 그렇지 않나요?" 그러면 부부 중 한 사람이 언제나 이렇게 대답한다. "예, 그렇지요. 물론 안 사겠지요." 그러면 그녀는 다시 "사지 않으면 돈이 하나도 들지 않지요. 그렇지요?"라고 말한다. 부부는 그녀의 말에 고개를 끄덕이며 동의한다. 그러면 그녀는 다시 "먼저 정말로 마음에 드는 것이 있는지 찾아보세요. 만일 있으면 그때 적절한 가격에 드릴 수 있는지 알아보도록 하지요. 어떠세요?"라고 말한다. 그녀는 자신의 분야에서 가장 성공한 판매원 중 한 사람이다. 그것은 그녀가 초반에 가격 문제가 나오면, 고객들이 구매를 결심한 다음에 다룰 수 있도록 나중에 부드럽게 피하는 방법을 알고 있기 때문이다.

고객이 프레젠테이션을 듣기 전에 가격을 알고 싶다고 고집할 때, 그것을 피하는 또 다른 방법은 "고객님, 고객님이 유일하게 걱정하시는 점이 가격인가요?"라거나 "오직 가격만으로 구매 결정을 하실 건가요?"라고 묻는 것이다. 가끔 고객이 "예, 그래요. 정말 가장 저렴한 가격에 사고 싶어요."라고 말할 때가 있다. 그때는 "고객님, 가격이 가장 싸기만 하면 상품의 매력, 편리성, 품질, 내구성, 수리, 애프터서비스, 보증기간, 사용 가능 기간에 관계없이 구매 결정을 하실 건가요? (우리 상품이나 서비스가 가진 강점을 문장 안에 끼워 넣는다)"라고 응대한다.

이렇게 질문할 때 "그렇다."고 대답하는 고객은 단 5퍼센트에 지나지 않는다. 이 질문을 통해서 우리는 고객에게 우리 상품을 평가하고 다른 상품과 비교할 때, 고려해야 할 다른 핵심 사항들이 있다는 사실을 알려줄 수 있다. 고객이 시야를 넓혀서 합리적인 구매 결정에 필요한 모든 사항을 고려하도록 함으로써 우리는 고객에게 큰 도움을 주게 되는 것이다. 닐 래컴은 저서 『대규모 거래처에 대한 판매 전략 Major Account Sales Strategy』에서 "경험이 적은 대기업 구매 담당자는 납품업체로부터 싼 가격에 구매하는 것에 가장 큰 관심이 있다. 그러나 경험이 풍부한 구매 담당자는 자신의 경험에 비추어서 최고 품질의 상품을 가장 적정한 가격에 구매하는 데에 주안점을 둔다. 그 결과 경험이 많은 구매 담당자들이 언제나 더 좋은 구매 결정을 내리는 것으로 보인다."라고 말한다.

같은 맥락에서 경험이 풍부한 구매자들은 고품질 상품이 결국에 가서는 비용이 덜 드는 경향이 있다는 점을 터득한 사람들이다. 이구동성으로 "일단 품질이 좋은 제품을 사서 쓰게 되면 그 다음부터는 좋은 제품을 안 살 수가 없다."고 하는 이유가 바로 그 때문이다.

가격과 비용은 큰 차이가 있다. 가격은 처음 상품을 구매할 때 소요되는 금액이다. 비용은 그 상품의 사용 기간에 걸쳐서 소요되는 금액이다. 그 점을 가망고객들에게 조심스럽게 알려주는 것이 무척 중요하다. 고객이 가격을 가장 중요시할 경우에는 더욱 그렇다. 처음 구입 가격은 싸지만 끝에 가서 보면 고비용인 경우가 있는가 하면, 반대로 처음 구입 가격은 비싸지만 끝에 가서 전체적으로 따져 보면 저비용인 경우도 종종있다.

고객이 관심을 가져야 할 점은 상품의 사용 기간 전반에 걸쳐서 들어가는 총액이지, 처음 구매 시에 지불하는 금액이 아니다.

예를 들어서 5만 달러짜리 자동차를 구입해서 5년간 사용한다고 가정해보자. 품질이 무척 좋은 차이기 때문에 나중에 새 차를 살 때 2만 5천 달러를 인정받을 수 있다고 할 경우 보험료, 수리비, 기름 값을 제외하면 그 차는 매년 5천 달러 혹은 매달 500달러 미만의 비용이 든다. 반면에 1만 5천 달러짜리 자동차를 구입했는데, 보증 기간이 끝나자마자 고장이 나기 시작했다고 가정해보자. 2년째부터는 수리비를 감당하기 어려울 테고, 3년째 말이 되면 자동차 상태가 너무 엉망이라서 그 차를 폐차시키고 새 차를 사야할지 모른다. 결국 1만 5천 달러짜리 자동차에 실제로 들어가는 총비용이 5만 달러짜리 자동차에 들어가는 총비용보다 훨씬 더 많을 수도 있다. 게다가 그런 일들을 처리하는 과정에서 이것저것 골치 아픈 문제들은 또 얼마나 많겠는가?

이것이 바로 가격 문제를 다루는 열쇠이다. 만일 지금 값이 비싼 상품을 팔고 있다면 철저하게 검토해서 상품의 사용기간 전반에 걸친 총비용 관점에서 프레젠테이션을 해야 한다. 숫자와 탄탄한 수학적 논리를 사용해 가망고객의 관심을 가격표에서 실제가치와 지불하는 총비용으로 돌려야 한다. 똑같아 보이는 상품이나 서비스에 대해서 더 많은 돈을 지불하고 싶은 사람은 아무도 없다.

우리 상품을 경쟁 상품들과 차별화하고, 고객에게 우리 상품을 구매할 경우 추가로 지불하는 가격을 상쇄하고도 남는 가치를 얻게 된다는 사실을 입증하는 능력이 이 유형의 판매에서 성공하는 열쇠이다.

"가격이 너무 비싸요."

중요한 것은 가격에 대한 거부 반응 자체가 아니라 그 뒤에 숨어 있는 진짜 이유라는 점을 이제 우리는 알고 있다. 따라서 고객이 우리 가격에 대해 이의를 제기할 때는 으레 논쟁을 벌이는 대신에, 가망고객이 진정으로 의도하는 것이 무엇인지 규명하고 탐색해야 한다.

우리가 해야 할 첫 번째 질문은 **"무엇 때문에 그러시죠?"**이다. 때로는 아무 이유도 없이 그런 말을 하는 가망고객들이 있다. 또 그냥 습관적으로 무조건 비싸다고 하는 경우도 있다. 일종의 반사 작용이다. 어떤 경우라도 과민 반응을 해서는 안 된다. 그냥 예의 바르게 궁금한 듯이 "무엇 때문에 그러시죠?"라고 물어라. 어쩌면 가망고객은 지금 구매하고 싶지 않아서 무조건 가격에 대해서 이의를 제기하는지도 모른다. 나도 그런 고객들을 여러 번 만났다. 그들은 500달러짜리 상품을 5달러에 판다고 해도 비싸다고 할 것이다. 현금이 없을 수도 있고, 실제로 경제직으로 힘든 상황일 수도 있나. 우리 상품이나 서비스가 아부리 매력적이라고 하더라도 추가적인 지출을 할 생각은 없다. 그 경우에는 "언제쯤 구입할 생각이십니까? 이 제안을 진지하게 검토해 보시는데 걸림돌이 있나요?"라고 물어라.

아니면 가망고객이 가격에 대해서 불평할 때 **"그렇게 '느끼시는' 이유가 무엇입니까?"**라고 물어라. 사람들은 자신의 '느낌'에 대해서는 솔직하게 이야기하는 경향이 있다. 값이 너무 비싸다고 '느끼는' 이유를 물으면 아마 이야기해 줄 것이다. 고객이 하는 말은 근거가 탄탄할 수도 있고 아니면 빈약할 수도 있다. 그러나 가망고객이 거부 이유로 제시하는 가격이 아니라 바로 그것이 우리가 찾고 있는 진짜 이유이다.

어떤 고객은 우리가 더 낮은 가격을 제시하도록 만들려고 이의를 제기하기도 한다. 그 과정에서 세일즈맨을 괴롭히면서 재미를 느끼는 사람들이 꽤 있다. 혹은 고객이 일하는 업계에서는 처음에 높은 가격을 불렀다가 깎아 주는 일이 관례이기 때문에 우리도 마찬가지일 것이라고 생각할 수도 있다.

사람들은 또한 모든 것을 혼자 독차지하려고 하는 경향이 있다. 협상을 통해서 더 좋은 가격을 얻을 수 있다고 느끼면 무슨 수를 써서라도 협상을 하려고 한다. 가격이 최저 수준까지 내려가지 않았을지 모른다는 의심이 조금이라도 들면 아예 구매를 하지 않는 경우도 많다. 따라서 가격에 대한 이의 제기가 협상 전략은 아닌지 파악해서 그에 따라 적절하게 대응해야 한다.

한 가지 주의할 점이 있다. 고객이 구매결정을 하기전 가격할인에 관한 언급은 너무 시기가 빠르다. 가망고객이 우리 상품이나 서비스를 구매하고 싶다고 분명히 말하기 전에는 가격을 양보하거나 가격 할인을 해 주면 안 된다. 가격 할인을 고객의 구매 욕구를 불러일으키는 도구로 사용하지 말아야 한다.

할인은 결정적인 순간 가망고객이 구매 결정이라는 심리적 경계를 넘게 해 주는 비장의 무기다. 그러나 너무 빨리 사용해 버리면 판매마무리 시점에서 쓸 수 있는 수단이 없어진다.

고객이 우리 상품을 사고 싶다고 마음먹기 전에 가격 할인을 제시하면 실제로 거래를 놓칠 우려가 크다. "구매 욕구는 가격 민감성을 떨어뜨린다."는 것이 판매의 기본 법칙이다. 더 갖고 싶을수록 그만큼 가격에 대해서 무뎌진다는 말이다. 우리가 능력을 발휘해서 상품이 고객에게 주는 놀라운 가치를 입증하면, 고객의 구매 욕구는 최고조로 높아지고 가격은 더 이상 걸림돌이 되지 못한다.

가격 대 가치 : 가망고객의 관점

가망고객과 처음 만나서 상품과 가격에 대해서 상담을 시작할 때 가망고객은 자신의 시각에서 상품을 본다. 고객의 시각에서 보면 가격은 높고 가치는 낮아 보인다. 아직 상품이 가진 가치를 충분히 입증할 수 있는 기회가 없었기 때문에 가격이 상품에 비해서 과도하게 비싸 보이는 것이다.

풍선 두 개를 머릿속으로 그려 보자. 하나는 크고 다른 하나는 작은데, 둘은 가느다란 관으로 연결되어 있다. 가망고객을 처음 만나면 가격을 뜻하는 P라고 적힌 첫 번째 풍선은 크고, 가치를 뜻하는 V라고 적힌 두 번째 풍선은 작다.

우리가 상품을 소유할 때 얻을 수 있는 이익에 관해서 상세하게 설명하고, 특히 고객의 핫 버튼을 누르게 되면 가치 풍선은 커지고 가격 풍선은 작아진다. 가망고객이 가진 문제나 욕구를 정확하게 파악한 다음, 우리 상품이나 서비스가 고객에게 어떤 도움을 줄 수 있는지에 대해 프레젠테이션의 초점을 맞췄다고 하자. 그러면 판매 상담이 끝났을 때 고객 마음속의 가치 풍선은 가격 풍선에 비해서 훨씬 클 것이고, 고객은 가격표가 아니라 상품이 가진 강점을 토대로 구매할 준비가 되어 있을 것이다.

고객의 지속적인 가격 저항은 "나에게는 어떤 이익이 있습니까?"라는 무언의 질문에 대해서 그때까지도 세일즈맨이 만족스런 답을 주지 못했다는 분명한 징표다.

따라서 그 경우에는 판매 활동에 더 집중해야 한다. 우리 상품을 소유하고 사용함으로써 누릴 수 있는 이익에 대해서 고객에게 설명하는 일만이 실질적인 판매 활동이라는 점을 알아야 한다.

우리 상품 구매에 그다지 큰돈이 들지 않는다는 점을 알리기

앨런 심버그 Alan Cimberg는 아무리 작고 약한 고객이라도 "너무 비싸요."라는 말 한마디로 가장 크고 강한 세일즈맨을 무력화시킬 수 있다고 말한다. 가망고객이 비싸다고 하면 세일즈맨은 당황하고 답답함을 느낀다. 가격에 대한 통제권이 없기 때문이다. 가격은 주어진 상황이어서 세일즈맨이 바꿀 수 있는 것이 아니다.

우리 제품의 가격이 명백하게 더 높을 경우 고객의 우려를 줄여 줄 수 있는 방법이 몇 가지 있다. "가격이 너무 비싸다."는 고객의 말에 대응하는 가장 간단한 방법은 "얼마나 더 비싼가요?"라고 묻는 것이다. 차이가 나는 금액이 얼마인지 정확히 알아야 하므로 "금액 차이가 얼마인가요?"라고 물어라.

가망고객이 우리 상품이나 서비스의 가격을 경쟁사와 비교할 경우 총액에 대해서 이야기할 필요는 없다. 양쪽의 가격 차이만 정당화하면 된다. 우리 가격이 1,200달러이고 경쟁사 가격이 1,000 달러라면 문제가 되는 금액은 200달러이다. 우리가 해야 할 일은 첫째, 경쟁사 제품에 비해서 우리 제품이 200달러 이상의 추가적인 사용 가치를 지니고 있다는 점을 설명하는 것이다. 그리고 둘째로 고객이 얻는 이익에 비춰 보면 200달러라는 금액은 사소하다고 의미를 축소해야 한다. 그렇게 하기 위한 한 가지 방법은 추가되는 200달러를 상품의 사용 가능 햇수에 걸쳐서 배분하는 일이다. 상품의 사용 가능 햇수가 1년이고 연간 영업 일수가 250일이라면 200달러를 250일로 나눌 경우, 하루에 추가되는 비용이 80센트밖에 되지 않는다는 점을 설명해 주어야 한다. 하루에 80센트는 상품이 주는 큰 이익과 비교해 볼 때 미미한 금액이다.

사용 기간이 긴 상품이나 서비스를 판매할 때는 가장 작은 공통 분모에 해당하는 단계까지 가격을 나누면 가격의 중요성을 떨어뜨려서, 최종 결정에 반영할 요인 중 하나에 지나지 않게 만들 수 있다.

공감대 형성 기법

모든 거부 반응을 처리할 수 있는 마지막 방법은 "공감대 형성기법"이다. 이것은 이야기를 통해서 가망고객의 우뇌를 활성화시키는 방법이다. 이것을 사용하면 고객에게 좋은 인상을 주어 우호적인 구매 결정을 하게 한다. 가망고객이 "살 돈이 없어요."또는 "너무 비싸요."라는 말을 한다고 가정하자.

그 경우 우리는 잠시 침묵한 다음에 미소를 짓고 이렇게 대답한다. "고객님, 지금 어떤 느낌이신지 잘 압니다. 다른 고객님들도 처음에 가격을 보고 똑같이 느꼈으니까요. 그러나 고객님들은 이것을 알게 되셨습니다." 그러면서 처음에는 비싼 가격 때문에 고민했지만 결국 구매하고 나서 매우 만족스러워한 고객의 성공담을 이야기해 준다.

가격에 대한 고객의 거부 반응이 단순한 반사 작용에 지나지 않든지 아니면 심각한 고민이든지 간에, 고객은 우리가 자신의 이야기를 진지하게 들어주고 예의 바르게 대해 주기를 바란다. 고객에게 중요한 것은 우리가 시간을 들여서 자신의 거정과 느낌을 이해하려고 한다는 점이다.

"고객님 느낌을 잘 이해합니다."라는 말은 우리가 진정으로 고객에게 관심을 갖고 그의 상황을 개선히는데 진심으로 노움이 되고자 함을 알리는 좋은 방법이다.

우리가 진심으로 고객을 생각하고 있다는 사실을 알게 되면 고객은 긴장을 품고 마음을 열기 시작한다. 긱정하고 근심하는 것을 솔직하게 토로한다. 상담이 진행될수록 자신이 아는 모든 것을 다 털어놓는다. 그래서 좋은 결정을 내리도록 우리가 고객을 도울 수 있다.

지불한 만큼 받기

고객이 계속해서 가격 문제를 다시 언급할 때 쓸 수 있는 마지막 방법이 하나 있다. 고객이 가격에 집착해서 가치에 대해 프레젠테이션을 할 수 있는 기회를 안 줄 때가 있다. 그때는 이런 방법을 사용해 보라.

부드럽게 "고객님, 한 가지 여쭤 보고 싶은 것이 있습니다. 지금까지 아무런 대가 없이 공짜로 물건을 받으신 적이 있습니까?"라고 질문한 뒤 침묵하라. 고객에게 대답할 시간을 주어야 한다. 고객은 결국 대가 없이 받은 것은 아무것도 없다는 사실을 인정할 것이다. 대답을 들었으면 다시 "고객님, 지금까지 싸구려 물건을 샀는데 나중에 보니 아주 품질이 좋았던 경험이 있습니까?"라고 물어라. 이번에도 고객이 대답을 할 때까지 끈기 있게 기다려라. 그런 일이 없었다는 사실을 또 한 번 인정할 것이다.

그 다음에 다시 "고객님, 지불한 만큼 받는다는 말이 사실 아닐까요?"라고 물어라. 그것은 구매와 판매에서 위대한 진실 중 하나이다. 이런 식으로 이야기를 하면, 고객은 우리가 말하는 것이 진실이라는 점을 부정하기 어려울 것이다.

지불한 만큼 받는다는 것은 진실이며 세상에 공짜는 없다. 돈을 조금 지불하면서 좋은 물건을 사려고 하면 안 된다. 더 싼 물건을 사서 돈을 절약하려고 한 적이 있다면 남는 것은 후회뿐이었을 것이다.

마지막으로 "고객님, 우리 상품은 경쟁이 치열한 시장에서 무척 공정한 가격이 매겨져 있습니다. 최저가로 드릴 수는 없습니다만 아마 그것은 고객님이 원하시는 일도 아닐 겁니다. 분명한 점은 우리 상품이 현재 판매되고 있는 동종 제품 중에서 종합적으로 가장 좋은 조건이라는 것입니다."라고 말하라. 이 말이 힘 있는 것은 그 내용이 진실하기 때문이다.

가망고객은 우리가 매우 정직하고 솔직하다는 것을 느낀다. 또한, 우리가 가격을 양보하지 않을 것이라는 점도 인식한다. 우리는 지금 경매를 하고 있는 게 아니다. 상품을 손에 들고 관심이 있으면 입찰에 참여해 달라고 부탁하는 것이 아니라, 좋은 상품을 공정한 가격에 판매하려고 하고 있는 것이다. 따라서 우리 상품이 고객이 가진 문제를 해결하거나 고객의 목적을 달성하는데 도움을 주는 가장 좋은 방안인지를 중심으로 논의가 진행되어야 한다.

판매마무리

결정의 순간이 오면 고객과 세일즈맨의 마음속에 실패와 거절에 대한 두려움이 밀려온다. 양쪽 모두에게 돈과 자존심이 걸린 문제이기 때문이다. 판매마무리 즉 결정의 순간은 두 사람 모두에게 있어서 큰 충격을 줄 수 있는 사건이다. 모든 판매 상담의 50퍼센트는 세일즈맨이 가망고객에게 구매 결정 또는 판매 과정의 다음 단계에 약속을 해달라는 요청도 하지 못한 채 끝나 버린다.

여러 차례에 걸친 연구 결과, 판매의 90퍼센트는 세일즈맨이 구매 결정을 해달라고 다섯 번 전화하거나 요청한 다음에야 이루어진다는 사실이 밝혀졌다. 연구 결과는 또 대부분의 세일즈맨이 첫 번째 전화나 방문이 실패하면 포기해 버린다는 사실을 보여 준다. 즉 10퍼센트에도 미치지 못하는 세일즈맨들만이 판매가 성사될 때까지 노력을 지속한다. 어떤 업종에서나 상위 10퍼센트의 최고 세일즈맨들이 새로운 고객의 80퍼센트를 발굴하고, 수수료의 80퍼센트를 받는 이유가 바로 그것이다.

판매 상담의 서두에서 가장 중요한 요인은 인간관계이다. 다른 어떤 요인도 그보다 더 중요한 것은 없다. 인간관계가 형성되지 않으면 한걸음도 앞으로 나갈 수 없기 때문이다. 모든 개인적 그리고 업무적인 준비는 고객과의 신뢰와 우호적인 분위기 조성에 집중되어야 한다. 그래서 고객이 우리를 좋아하고 우리가 자신의 이익을 위해서 최선을 다하고 있다고 믿어야 한다. 그것이 상담이 제대로 진행되기 위한 선행조건이다.

판매 과정 전반에 걸쳐서 우리가 해야 할 중요한 일은 따뜻하고, 우호적인 사람 그리고 상품 지식에 정통하고, 유능하며, 도움을 주는 세일즈 컨설턴트라는 이미지를 구축하는 것이다. 상품의 규모가 클수록 그리고 금액이 거액일수록, 그만큼 더 많은 상호 작용이 있어야 고객이 심리적 임계점에 도달해서 자신감을 갖고 구매 결정을 내릴 수 있다.

세일즈맨에게 있어서 판매 과정의 출발점은 가망고객과의 첫 번째 접촉이다. 그러나 고객의 관점에서 보면 판매 과정은 구매 결정에서 시작된다. 고객은 "예. 사겠습니다."라고 말하기 전까지는 세일즈맨으로부터 독립된 상태이다. 우리 판매 제안을 자유롭게 받아들이거나 거절하고, 판매 제안을 평가한다. 또한, 우리 상품을 경쟁 상품과 비교하고 구매하거나 구매하지 않는 등의 모든 결정이 자유롭다. 구매하기 전 가망고객은 우리를 선택할 수도 버릴 수도 있다. 완전한 자유를 갖고 있는 것이다.

그러나 가망고객이 주문서에 서명하고 수표를 발행하는 순간 가망고객은 고객으로 변한다. 이제 그는 상품이나 서비스의 배달과 세일즈맨의 약속 이행에 대해서 세일즈맨과 그의 회사에 의존할 수밖에 없다. 가망고객은 다른 사람에게 의존하고 싶어 하지 않는다. 세일즈맨에게는 더욱 그렇다. 판매의 복잡성이 갈수록 증가함에 따라서 요즘엔 판매가 이루어진 이후에도 판매 활동이 계속되므로 계약 체결은 새로운 시작일 뿐이다.

세일즈맨은 상품의 배달, 대금 지불, 설치와 운용이 잘 이루어지고, 고객이 구매 결과에 만족해 하도록 모든 노력을 기울여야 한다. 고객과의 관계를 돈독하게 하기 위해 정기적으로 고객에게 전화를 걸어서 구매 결과에 만족하고 있는지 확인해야 한다. 이렇게 하는 과정에서 고객과 오랜 세

전략적 세일즈

월에 걸친 판매 관계가 형성되는 경우가 많다.

최종 구매 결정을 하는 순간 고객은 일종의 '사업상의 결혼'을 하는 것과 마찬가지다. 그때까지는 사업상 사귀면서 구혼을 하는 과정이다. 사귀는 과정에서는 서로 상대방을 평가하면서 가까워지기도 하고 멀어지기도 한다. 그동안 고객은 우리가 장기적인 관계를 맺을 만한 상대인지 결정한다. 판매 과정의 초반에 관계가 중요한 역할을 했다면 이제 고객이 상품을 구매할지 말지를 결정하는 순간, 다시 한 번 관계가 결정적인 역할을 한다.

너무 가혹하다는 느낌이 들지 모르지만 모든 구매 거절은 고객이 우리를 충분히 좋아하거나 신뢰하지 않는다는 의미를 어느 정도 담고 있다. 유망한 가망고객이 우리 제안을 거절한다면 그가 우리를 장기적인 거래 관계를 맺을 만큼 충분히 신뢰하지 않는다는 뜻이다. 이로 인해서 다른 어떤 이유보다도 더 많은 판매가 실패로 돌아간다. 결정의 종류에 관계없이 모든 중요한 결정에는 스트레스가 따른다. 큰돈을 지불하고 몇 개월 혹은 몇 년에 걸쳐서 일정한 행동을 하겠다는 약속을 가망고객에게 요구할 경우, 고객이 "내가 실수하는 것은 아닌가? 문제는 없을까?"라는 생각을 하게 되는 일은 당연하다.

판매마무리가 불필요하다고 말하는 사람들도 있다. 그들은 판매마무리가 구시대에 훈련했던 판매 기법이라고 주장한다. 고객이 가진 정확한 문제와 욕구에 초점을 맞춰서 프레젠테이션을 하면 판매는 저절로 성사된다는 말이다. 유감스럽게도 그것은 전혀 사실이 아니다. 구매 결정이 미치는 영향이 클수록 구매 과정이 정점을 향해 진행되면서 정치, 관료주의, 두려움, 무력감이 개입할 가능성은 높아진다. 고객 그리고 관련된 모든 의사결정자들과 더할 나위 없이 좋은 인간관계를 유지하고 있다고 하더라도, 결정적인 순간 외과 의사처럼 자신감 있고 능숙하게 행동할 수 있도록 우리는 준비되어 있어야 한다. 또한 주문을 해달라고 자신있게 요청할 준비가 되어 있어야 하는 것이다.

　한 대기업의 사장과 함께 회의실에 앉아 있던 기억이 난다. 사장 주위에는 고위 임원들이 자리하고 있었다. 그 순간까지 모든 것을 올바르게 처리했다. 내가 그 회의실에 앉아 있는 목적은 최종 프레젠테이션을 한 다음 판매를 마무리하고 판매 대금을 받기 위해서였다. 판매 금액은 350만 달러였고, 나는 사장이 우리 상품을 구매하고 싶어 한다는 사실을 알고 있었다. 그런데 프레젠테이션이 끝나자 사장이 발을 빼기 시작했다. 최종 결정을 연기하자고 제안하면서 주위에 있는 임원들의 동의를 구하는 것이었다. 임원들도 중요한 결정이기 때문에 추가 검토가 필요하다는데 의견이 일치했다.

　그때까지 내 프레젠테이션은 판매 제안의 데이터, 세부 사항, 그리고 고객이 얻게 될 이익에 초점이 맞춰져 있었다. 그러면 다른 말을 할 필요도 없이 결론은 자명하다고 생각했기 때문이었다. 그런데 갑자기 다 성사된 줄 알았던 판매가 이상한 방향으로 흐르고 있다는 점을 깨달았다. 거의 1년 가까이 성사시키고자 온갖 노력을 해왔는데, 손이 닿지 않는 먼 곳으로 멀어져 가는 순간이었다.

　나는 몸을 앞으로 기울이고 사장과 시선을 맞췄다. 방안에 있는 다른 사람들에게는 신경도 쓰지 않았다. 그리고 낮은 목소리로 이렇게 말했다. "사장님은 지금 의사 결정에 필요한 모든 정보를 갖고 계십니다. 지금까지 사장님의 모든 질문에 대해서 답을 드렸고 요구사항을 전부 충족시켜 드렸습니다. 이 거래를 원하는 다른 회사들도 있었지만 우리는 사장님 회사와 거래하고 싶었습니다. 이 거래를 오늘 마무리하려면 350만 달러짜리 수표가 필요합니다. 지금 당장 의사결정이 필요합니다."

방안에는 숨소리조차 들리지 않았다. 사장과 나는 마치 검투사들처럼 시선을 고정한 채 서로를 응시했다. 두 사람 중 누구도 눈길을 돌리지 않았다. 시간이 흘렀다. 약 30초 정도밖에 안 되는 짧은 시간이 3일처럼 느껴졌다. 사장이 팽팽한 긴장을 깨고 미소를 지으면서 회계 책임자에게 "계약서에 서명하는 동안 수표를 가져오세요."라고 말했다. 마침내 거래가 성사되고 판매는 마무리되었다.

또 한 번은 내가 고객의 입장에서 동일한 상황이 발생했다. 세일즈맨이 나를 방문해서 내 요구를 분석했다. 그 다음에 나와 함께 검토하면서 준비한 제안서가 내 요구 조건을 모두 만족시킨다는 동의를 받았다. 그리고 다음 주에 전화를 걸어왔다. 새로 이사한 우리 사무실을 보고 싶다고 하면서 잠깐 커피나 한 잔 마실 수 있느냐고 물었다. 사무실 구경을 한 후에 책상을 마주보고 앉았다. 그는 나에게 혹시 자신의 제안에 대해서 의문이 들거나 걱정되는 사항이 있는지 물었다. 나는 그런 것은 없고 다 마음에 든다고 대답했다. 그리고 제안서를 잘 만들어 줘서 고맙다고 말했다. 나는 사실 시간이 나면 세심하게 끝까지 읽어 볼 생각이었다.

그 세일즈맨은 내 쪽으로 몸을 기울이면서 이렇게 말했다. "브라이언 선생님. 이것이 선생님께서 원하시던 것이고 더 이상 의문 나는 사항이 없으시다면 보증금으로 950달러를 주십시오. 지금 바로 사인이 필요합니다." 정중하지만 단호한 태도였다. 그리고 내 눈에서 시선을 떼지 않았다. 그는 우호적인 사람이었지만 자신이 원하는 것에 대해서는 명확했다. 그가 나를 응시하는 동안 나도 그를 바라보았다. 결국 나는 미소를 지으며 회계 책임자를 불러서 그가 이야기한 금액으로 수표를 발행하라고 지시했다.

핵심 포인트는 이것이다. 두 사례 모두 그때까지 모든 일이 정확하게 처리되었다. 그 대기업 사장도 그 상품을 원했고 나도 내 상품을 원했다. 둘

다 더는 의문도 없었고 거부 사항도 없었다. 두 사람 모두 그 상품을 소유하면 누릴 수 있는 이익을 고대하고 있었다. 구매하지 않을 이유가 없었다. 그럼에도 불구하고 만일 내가 그 사장에게 요청하지 않았거나 그 세일즈맨이 내게 요청하지 않았다면 그 사장이나 나는 구매하지 않았을 것이다. 계속해서 늑장 부리면서 뒤로 미뤘을 것이다. 무한정 그 상태가 지속되었을지도 모른다.

오늘날 판매에서 가장 커다란 취약점 중의 하나는 세일즈맨들이 판매 과정을 최종 순간까지 잘 끌고가 놓고서도 가망고객의 기분을 상하게 하거나 반감을 살지 모른다는 두려움 때문에 구매 요청을 망설인다는 점이다. 의외로 고객들은 자신감있게 주문을 요청하는 세일즈맨을 좋아하고 존경한다. 반대로 가르치려고 하거나 지시하듯이 말하거나 깔보는 것처럼 말하는 세일즈맨을 싫어한다. 자신이 의사 결정의 주체라고 느끼고 싶어 한다. 훌륭한 조언과 상담을 원하고 최고의 구매 결정을 할 수 있도록 도움을 받고 싶어 한다. 프로 세일즈맨과 우호적인 인간관계를 맺고 싶어 하고, 올바른 일을 하고 있다는 자신감을 스스로가 느끼고 싶어 한다. 그러나 그 무엇보다도 우리가 주문 요청을 해 주길 바란다.

판매마무리의 열 가지 조건

고객에게 구매 요청을 하려면 그 전에 해야 할 일련의 일이 있다. 그 일 중에서 단 하나라도 빠뜨린 채 판매 과정을 마무리하려고 하면 판매가 실패로 돌아가 버릴 수 있다.

첫째, 고객이 우리가 판매하는 상품이나 서비스를 '**원해야**' 한다. 고객에게 구매 결정을 요청하기 전에 고객의 구매 욕구가 충분히 유발되어 있어야 한다. 우리 판매 제안이 마음에 들고 우리 상품이나 서비스가 주는 이익을 누리고 싶다는 욕구를 고객이 명확하게 표현했어야 한다. 이 시점이 되기 전에 구매 결정을 받으려고 하면 ,고객의 마음이 상하고 판매가 실패로 돌아갈 수 있다.

둘째, 고객이 우리를 '신뢰해야' 한다. 고객이 우리를 신뢰하고 우리와 우리 회사가 약속을 지킬 능력을 갖고 있다는 사실을 확신해야 한다. 프레젠테이션 과정에서 고객에게 우리가 건전하고 믿을 수 있는 거래 상대라는 점을 의문의 여지없이 입증했어야 한다.

셋째, 고객이 우리의 상품과 서비스를 '필요로 해야' 한다. 우리 상품이 고객이 가진 문제를 해결하거나 고객의 목표 달성에 효율적으로 도움을 줄 수 있다는 사실이 고객과 우리 모두에게 명확해야 한다. 최고 세일즈맨은 고객이 자신의 상품이나 서비스를 원하고 구매하고 싶어 하더라도 상품이 고객에게 진정으로 필요하다는 확신이 들지 않으면 주문받기를 미룬다.

넷째, 고객이 제품을 '사용할 수 있어야' 한다. 최고 세일즈맨은 고객이 최대한 활용할 수 없는 제품은 판매하지 않는다. 그들은 컴퓨터를 모르는 고객에게 비싼 컴퓨터나 소프트웨어를 팔지 않는다. 아마추어에게 고급 스포츠 장비를 팔지 않는것과 마찬가지다. 또 고가의 복잡한 기계를 소규모 회사에 팔지 않는다. 최고 세일즈맨은 항상 시간을 투자해서 고객이 자신의 상품에서 최대한의 가치를 얻을 수 있도록 한다.

다섯째, 고객이 '지불 능력이 있어야' 한다. 지불할 돈을 갖고 있는데 그치지 않고, 그 돈을 흔쾌히 지불할 수 있어야 한다. 돈에 쪼들리지 않고도 상품을 구입할 수 있을 만큼 충분한 자금이 있어야 한다는 말이다. 이것은 두 가지 이익이 있다. 고객이 충분한 지불 능력을 갖고 있다는 점을 확인하면 세일즈맨은 상품이나 서비스를 배송한 다음 대금을 제대로 받을 수 있는지에 대해 걱정할 필요가 없다. 동시에 고객이 상품 대금을 지급한 다음에도 계속해서 다른 상품을 구입할 수 있는 능력이 있다는 사실을 알 수 있다.

여섯째, 고객이 우리 판매제안의 전체적인 성격과 범위를 완전히 '이해

해야’ 한다. 구매 물품, 구매 이유, 그리고 사용 방법을 확실하게 알아야 한다. 자신이 지게 될 의무, 구매에 따른 결과와 영향도 이해해야 한다. 고객이 구매에 따른 제반 사항을 완벽하게 이해할 수 있도록 세일즈맨은 참을성을 가지고 고객을 잘 안내해야 한다.

판매마무리에 가장 커다란 장애물 중 하나는 고객이 판매 제안을 명확하게 이해하지 못하는 것이다. 구매 결정을 해야 할 순간에 가서야 구매하는 상품이나 올바른 사용법에 대해서 잘 모르고 있다는 점을 깨닫게 되는 것이다. 그러면 고객은 망설이거나 뒤로 미루게 된다. 세일즈맨으로서 우리 책임 중 하나는 고객이 우리 판매 제안을 확실하게 이해하고 있다는 사실을 반복해서 확인하는 일이다.

일곱째, 세일즈맨은 판매를 성사시키고자 하는 ‘**열망**’을 품고 있어야 한다. 가망고객이 상품에서 누릴 수 있는 이익에 대해서 긍정적인 생각과 확신을 갖고 그것을 누릴 수 있도록 돕겠다는 굳은 각오가 있어야 한다.

우리 회사만 해도 매년 수백만 달러에 달하는 상품과 서비스를 세일즈맨과 외부 기업에서 구매하고 있다. 그런데 놀라운 일은 전화를 걸어서 고객 발굴 절차를 밟으면서도 판매 성공 여부에 별로 신경 쓰지 않는 듯한 세일즈맨들이 지나치게 많다는 사실이다. 세일즈맨에게서 열정이 느껴지지 않으니 당연히 우리도 별로 의욕이 생기지 않는다. 따라서 구매 결정을 미루거나 아예 구매하지 않게 된다.

여덟째, 세일즈맨이 ‘**좋은 마무리 기술**’을 갖고 있어야 한다. 무엇인가를 배우려면 오직 연습을 반복하는 수밖에 없으며 마무리 기술 역시 마찬가지다. 가장 좋은 방법은 마무리 문구를 종이에 적어 거울 앞에서 연습하는 것이다. 그리고 아이들과 배우자를 상대로 사용해 봐야 한다. 개인 생활 그리고 업무 생활에서도 활용해야 한다. 마무리 기법이란 사람들이 결정을 내릴 수 있도록 돕는 방법에 지나지 않는다는 점을 기억하면, 다양한 마무리 기법을 연습해 보는 일이 즐거워질 것이다.

우리 아이들의 경우 잠잘 시간이 되어서 자라고 하면 자지 않으려고 투덜댄다. 그러나 내가 "몇 시에 잘래? 9시에 잘 거야 아니면 9시 반에 잘 거야?"(양자택일 마무리 기법)라고 물으면 아이들은 바로 9시 반을 선택한다. 9시 반이 되면 아이들은 꼬마 병정들처럼 침대를 향해서 행진해 간다. 아이들은 아무것도 모른 채로 '마무리' 제안에 응한 것이다.

아홉째, 세일즈맨은 **'거절을 당하더라도 판매를 계속할 준비'**가 되어 있어야 한다. 주문을 요청했는데 고객이 이의를 제기하거나 연기하는 등의 거절을 기꺼이 감수할 수 있어야 한다.

마지막으로, 세일즈맨은 마무리 질문을 던진 다음 **'침묵할 수 있어야'** 한다. 최고 세일즈맨은 판매 상담 도중에 침묵을 사용하는 전문가들이다. 고객의 말을 잘 듣고 이해할 뿐만 아니라, 핵심 질문을 던진 다음에는 완벽하게 침묵을 유지한다.

마무리 질문을 던진 다음에 침묵이 길어질수록 가망고객이 구매할 가능성은 높아진다. 먼저 입을 여는 쪽이 대부분 진다. 견디지 못하고 우리가 먼저 침묵을 깨면 고객은 구매 결정을 미룰 수 있는 기회를 포착하거나 그 자리에서 해결할 수 없는 또 다른 문제를 제기한다. 고객이 우리 질문에 대해서 심사숙고 하는 동안 침묵하는 일은 엄청난 절제를 요구하지만 결국 큰 보상을 안겨 준다.

보험 세일즈맨으로 시작해서 큰 보험 회사의 사장이 된 사람이 있었는데, 회사 전체적인 사무 자동화를 위해서 수십만 달러에 달하는 컴퓨터 시스템 구매를 하려고 프레젠테이션을 듣고 있었다. 프레젠테이션이 끝나자 그 업계의 전문가인 컴퓨터 세일즈맨이 마무리 질문을 던졌다. "언제쯤 일을 시작하면 될까요?" 그 사장은 미소를 지으며 의자에서 몸을 뒤로 젖

혔다. 그리고 세일즈맨을 응시하기 시작했다.

　세일즈맨도 가만히 아무 말 없이 앉아서 꿈쩍도 하지 않았다. 두 사람은 5분 동안이나 그렇게 말도 없이 어떤 움직임도 없이 자리에 앉아 있었다. 방안에 있던 다른 사람들은 불편하기 짝이 없었다. 5분이 지나자 사장이 시계를 보더니 미소를 짓고 이렇게 말했다. "내가 만난 사람 중에 최고요. 인정하겠습니다. 계약합시다."

　실은 미팅이 시작되기 전 사장이 직원들에게 세일즈맨이 자신에게 마무리 질문을 던지면 입을 다물고 아무 말도 하지 말도록 지시해 두었던 것이다. 사장은 세일즈맨이 마음의 동요없이 얼마나 버틸 수 있는지 알고 싶었기 때문이다. 그가 세운 기준은 5분이었고 5분이 지나면 계약을 할 생각이었다. 그리고 그 5분이 지나자 사장은 자신이 거래하고 있는 상대방이 최고 수준의 세일즈맨이라는 사실을 확인할 수 있었다.

판매마무리의 10가지 조건
1. 고객의 구매 욕구
2. 고객과의 신뢰관계
3. 상품과 서비스의 필요성
4. 제품 사용 능력
5. 고객의 지불 능력
6. 판매 제안에 대한 완벽한 이해
7. 세일즈맨의 열정
8. 세일즈맨의 좋은 마무리 기술
9. 거절당하더라도 판매를 계속할 준비
10. 세일즈맨의 침묵

판매마무리 단계에서 범해서는 안 될 다섯 가지 실수

판매 상담 과정에서 세일즈맨들이 공통적으로 범하는 다섯 가지 실수가 있다. 그 실수를 범하게 되면 상대방이 아무리 유망한 가망고객이라고 하더라도 판매에 문제가 생기거나 판매를 망칠 수 있다. 따라서 그 실수에 주의를 기울여서 어떻게 해서든지 저지르는 일이 없도록 해야 한다.

첫째, '**논쟁**'이다. 가망고객과 논쟁을 한다는 사실은 간접적으로 고객이 틀렸다고 말하는 것과 같다. 사람은 자신이 틀렸다고 지적받는 것을 싫어한다. 특히 자신이 틀렸다는 것이 명백할 때 더욱 그렇다. 사람은 자신의 잘못을 지적하는 사람을 싫어한다.

판매 상담을 할 때는 언제나 고객의 말에 동의하는 태도를 지녀야 한다. 가망고객이 제품에 관한 우리들의 설명에 이의를 제기하면 '공감대 형성 기법'을 사용해서 "그렇게 느끼시는 것이 이해가 됩니다. 다른 분들도 그 점에 대해서 같은 느낌을 가지셨습니다. 그러나 직접 사용하시면서 실제로는 이렇다는 점을 알게 되셨습니다."라고 말하라. 우리가 해야 할 일은 논쟁에서 이기는 것이 아니라 고객의 마음을 얻는 것이다. 고객이 우리 회사의 신뢰도나 상품의 품질에 관해서 의문을 제기하지 않는 이상 논쟁하지 말고 그냥 스쳐 보내는 것이 좋다. 우리 상품이 고객에게 어떤 도움을 줄 수 있는지에 집중하고 나머지는 무시하라.

세일즈맨이 범하는 두 번째 실수는 '**개인적인 견해**'를 표현하는 일이다. 특히 종교적이거나 정치적인 문제에 대해서는 더욱 그렇다. 자신의 신념에 대해서 확신이 있겠지만 다른 사람들도 마찬가지로 그들의 신념에 확신을 갖고 있다는 점을 명심해야 한다.

고객들은 자신과 유사한 사람으로부터 구매하고 싶어 한다. 따라서 우리가 고객과 명백하게 다른 견해를 표현하게 되면 고객은 우리에게서 구매하고 싶어 하지 않을 가능성이 크다. 절대로 고객이 우리 고유의 신념에 동의해 줄 것이라고 기대해서는 안 된다.

세일즈맨이 범하는 세 번째 실수는 '**경쟁사를 비난하는 것**'이다. 셰익스피어는 "장미를 던진 손에는 장미 향기가 남는다."고 말했다. 무엇을 던지든지 그 향기가 우리 손에 남는다. 판매를 할 때에도 매한가지다. 평가가 상품 주위를 맴돈다.

고객이 경쟁사에 대해서 언급하지 않으면 우리도 언급하지 말아야 한다. 이름을 지정해 경쟁사에 관한 이야기를 해서는 절대 안 된다. 경쟁사 상품을 우리 상품과 비교하기 위해서든지 아니면 어떤 이유로든지 경쟁사를 공격하기 위한 목적으로 들먹여서는 안 된다.

고객이 경쟁사로부터의 구매 또는 경쟁사와의 상담에 관해서 무엇인가 이야기할 경우에는 이렇게 고객의 말을 그냥 인정하라. "OO회사는 아주 괜찮은 회사입니다. 역사도 오래되었고 고객에게도 잘합니다." 경쟁사에 대해서 칭찬하는 것은 자신과 자신의 상품에 대해서 간접적으로 칭찬하는 것과 마찬가지며 고객은 좋은 인상을 받는다. 특히 그 전에 경쟁사가 고객을 만나서 우리 혹은 우리 상품에 대해 좋지 못한 이야기를 했을 경우에는 더욱 그렇다.

가망고객이 우리와 특정 경쟁 회사 중 한 곳에서 구매할 계획이고, 경쟁사 상품 대신 우리를 선택해야 하는 이유를 고객에게 알리고 싶을 경우에는 우회적인 방법으로 경쟁사에 대한 평가를 끌어내려야 한다. 이름을 거명하면서 직접적으로 공격하는 대신, 그들이 사용하는 방법이나 프로세스가 고객의 특정한 문제를 해결하는데 부적절하고 불충분하다는 점을 공격해야 한다. 우리의 접근 방법이나 틀이 그 고객의 요구를 해결하는데 있어 경쟁사들에 비해서 우수하다는 사실을 입증하는데 초점을 맞춘다.

세일즈맨이 피해야 할 네 번째 실수는 '**과장 판매**'이다. 예를 들어서 우리 상품에 실제로는 없는 기능을 마치 있는 것처럼 말하는 일이다. 과장 판매는 부풀리기와 왜곡의 경계선에 자리하고 있다. 신뢰라는 요인이 마지막에 가면 판매를 성사시키는 결정적인 촉매 역할을 한다는 점을 고려할 때, 그 신뢰를 깨뜨릴 수 있는 말이나 행동을 하는 것은 엄청나게 어리석은 일이다.

오늘날의 판매에서는 사실 절제된 표현이 과장보다 더 좋은 인상을 준다. 상품이 가진 특별한 기능에 관해서 이야기하는 대신에 고객들의 경험담을 들려주는 편이 좋다. 다른 사람의 입을 통해서 이야기하라. 고객에게는 우리가 아닌 제삼자의 긍정적인 말이 수용하고 믿기 쉽다.

세일즈맨이 피해야 할 다섯 번째 실수는 권한이 없으면서도 '**권한이 있는 척 하는 것**'이다. 가령 할인이나 납기 단축을 약속해 놓고 지키지 못하는 일이다. 가망고객에게 다시 가서 약속을 지킬 수 없게 되었다고 이야기하는 순간, 신뢰도가 떨어지고 판매 관계 전체의 토대가 되는 믿음의 고리가 약해져 버린다. 일을 할 때는 올바르게 해야 한다. 절대 올바르지 못한 방법을 사용해서는 안 된다. 도움이 되지 않는 일은 해를 끼치는 일이다.

판매마무리의 장애물

세일즈맨이 판매에 실패하는 중요한 이유 하나는 '**부정적인 예상**'이다. 부정적인 예상은 세일즈맨이 가망고객에 대해서 부정적인 편견을 가질 때 일어난다. 가망고객이 구매하지 않을 것이고 결국 자기 시간만 낭비하고 말 것이라고 단정해 버리는 일이다. 그렇게 되면 가망고객의 가격이나 제품 성능에 대한 질문에도 과잉반응을 하게 된다. 기운이 빠지고, 프레젠테이션에서 활력과 확신이 사라진다. 상담이 끝날 때쯤 되면 그 가망고객은 포기한 상태가 되고 마음은 이미 다음에 무엇을 할 것인지에 가 있다.

이런 생각의 덫에 대한 해결책이 있다. 그것은 항상 가망고객이 구매하리라 생각하는 것이다. 가망고객의 질문, 불평, 거부 반응 때문에 사기가 꺾여서는 안 된다. 즐겁고 유쾌한 분위기를 유지하면서 가망고객과 그의 상황에 집중하라. 가망고객과 그가 직면한 문제에 관해서 대화하라. 가망고객에게서 나오는 부정적인 신호를 극복하라. 어떤 경우에도 자연스럽고 편안한 마음을 잃지 마라.

판매는 '열정의 전이'로 정의된다. 상품에 대한 우리의 열정이 가망고객의 머리와 마음에 전이될 때 판매는 이루어진다. 마치 전기 불꽃과 같다. 상품이나 서비스에 대한 우리의 신념과 열정이 강할수록 더 큰 에너지 불꽃이 우리로부터 고객에게 전달된다. 가망고객이 우리 상품에 대해서 우리 못지않은 열정을 갖게 될 때 판매는 성사된다.

내가 아는 최고 세일즈맨 중 한 사람은 시각 장애인이다. 판매를 시작한 이후에 교통사고를 당해서 시력을 잃었다. 그러나 그는 자기 연민에 빠지거나 삶을 포기하지 않았다. 병원에서 퇴원하자 업무에 복귀했다. 비서에게 자기 대신 전화 다이얼을 돌리게 했다. 앞을 볼 수 없었지만 고객들과 대화하고, 상호 작용하고, 약속을 정하고, 만날 수 있었다.

가망고객을 만나러 갈 때는 비서가 그와 함께 다니면서 안내했다. 비서는 가망고객의 맞은편에 그를 앉힌 다음 자신은 한 쪽 옆에 비켜 앉았다. 그 세일즈맨은 앞을 볼 수 없었기 때문에 그냥 가망고객이 자기를 보고 반가워하고 자기 상품을 사고 싶어 한다고 생각했다. 그는 흥분, 열정, 확신을 갖고 상담했다. 가망고객이 거부 반응을 보이거나 질문을 하면 상품이 가망고객의 눈에 그렇게 보이는 것이라고 액면 그대로 받아들이고 긍정적으로 완벽하게 답변했다. 그리고 주문을 요청했다.

비서는 사실 가망고객들은 대개 별로 관심이 없었다고 했다. 몸동작이나 얼굴 표정이 부정적이었다. 시계를 들여다보고 시선을 딴 데로 돌리기도 했다. 손으로 탁자를 두드리거나 심지어 우편물에 서명을 하기도 했다. 그렇지만 시력을 잃은 세일즈맨은 가망고객을 볼 수 없었다. 그래서 가망고객이 마치 자신의 말을 한마디도 놓치지 않으려는 듯이 경청한다고 여기고 말을 계속했던 것이다. 결국 그 세일즈맨의 열정과 확신은 가망고객을 무너뜨렸고 그들은 상품을 구매했다.

마무리의 두 번째 장애물은 '**진실성의 결여**'이다. 이것은 세일즈맨이 가망고객과 가망고객의 상황보다는 판매 성사와 판매 수수료에 더 관심을 가질 때 생긴다. 우리가 가망고객의 이익이 아니라 우리 자신의 이익에 대해서 생각하기 시작하는 순간, 그는 즉시 자신이 새장 속에 갇힌 카나리아이고 우리는 밖에서 입맛을 다시면서 침을 흘리는 고양이라고 느낀다. 가망고객은 곧바로 마음의 문을 닫고, 우리 상품이나 프레젠테이션에 대한 관심도 사라져 버린다.

판매의 세 번째 장애물은 우리와 고객의 '**파장이 다를 때**' 나타난다. 어떤 이유에서인지 모르지만 서로 소통이 되지 않는다. 서로 다른 배경, 교육 수준의 차이, 관심 분야나 철학의 차이가 원인이 될 수 있다. 성격 차이 그리고 삶과 인간에 대한 성향 차이일 수도 있다. 유망한 가망고객과 왠지 모르게 소통이 잘 이루어지지 않는 경우가 있다. 그때는 밀어붙여서 판매를 성사시키려고 하지 말고, 물러설 줄 아는 성숙함을 보여야 한다. 그가 우리 회사의 가망고객이라는 점을 생각할 때 관계를 파탄으로 몰아가서는 안 된다.

차라리 그와 잘 맞는 다른 세일즈맨에게 넘기는 편이 낫다. "고객님, 고객님의 상황은 특별한 것으로 저희 회사에서 진정으로 도움을 드릴 수 있을 듯합니다. 이 분야의 전문가가 고객님을 뵙고 고객님의 목표 달성에 도움을 드릴 수 있는지 검토하도록 하면 좋을 것 같습니다." 가망고객은 대접받는 느낌이 들고 관계도 나빠지지 않을 것이다. 그런 다음 사무실로 돌아가서 그 가망고객과 소통이 더 잘 이루어질 수 있는 세일즈맨을 보내라.

그렇게 하면 위기에 처한 많은 판매를 되살려 낼 수 있다. 기업 내의 모든 사람들이 이러한 상부상조의 자세를 갖게 되면, 마음 내켜하지 않는 가망고객에게 판매를 강요할 때에 비해 더 좋은 성과를 낼 수 있다.

판매마무리의 네 번째 장애물은 가망고객과의 '**성격 충돌**'이다. 판매의 기본 규칙은 "싫어하는 사람에게는 판매할 수 없고, 가망고객은 세일즈맨을 좋아하기 전에는 구매하지 않는다."는 사실이다. 가망고객은 세일즈맨이 자신의 친구이고 자신을 도우려 한다는 확신이 들기 전에는 구매하지 않는다. 그 조건이 충족되지 않으면 가망고객이 아무리 구매 가능성이 높은 고객이고 상품이 아무리 적절해도 판매는 성사되지 않는다.

어떤 이유에서인지 모르지만 가망고객이 마음에 들지 않을 경우에는 그를 비난하거나 개인적으로 기분 나쁘게 받아들이지 말아야 한다. 그런 일이 있을 수 있다. 인생을 살다 보면 마음에 들지 않는 사람들을 곧잘 만난다. 판매하는 과정에서도 마찬가지다. 마음에 드는 고객만 만날 수는 없는 일이다. 가망고객이 마음에 들지는 않지만 상품이나 서비스를 구매할 가능성이 높다고 판단될 경우가 있다. 그때는 정중하게 상담을 중지하고 회사 내의 다른 세일즈맨에게 연결할 수 있도록 모든 노력을 다해야 한다. 다른 세일즈맨들에게도 그와 동일한 일이 일어날 수 있다. 그때는 그들이 고객을 나에게 연결시키도록 하라.

내가 전에 근무했던 한 회사에서는 세일즈맨 두 사람이 가망고객을 만나기 전에는 그 가망고객에 대한 판매를 포기하지 않는 방침을 도입했는데, 도입 첫 달에 벌써 매출이 30퍼센트나 증가했다. 놀랍게도 한 세일즈맨에게는 구매를 거절했던 가망고객이 다른 세일즈맨으로부터는 구매하는 일이 상당히 많았다.

전략적 세일즈

판매마무리의 4가지 장애물
1. 부정적인 예상
2. 진실성의 결여
3. 고객과의 파장이 다름
4. 가망고객과의 성격 충돌

구매 신호

고객이 전달하는 메시지는 주로 그의 동작과 손짓, 표정, 눈을 통해서 전달된다. 잘 관찰하기만 하면 우리가 상담을 잘하고 있는지 아닌지를 고객이 알려준다. 가망고객은 또한 자신이 구매 결정을 내릴 준비가 되어 있는지도 우리에게 알려주기 때문에, 가망고객이 주는 신호를 잘 포착하면 정확하게 언제 구매 결정을 요청해야 하는지도 알 수 있다.

상품에 대한 프레젠테이션을 시작한 이후에 가망고객이 가격과 조건에 대해서 질문하는 것이 첫 번째 신호이자 가장 명백한 신호이다. 가격은 얼마이고 어떻게 지불해야 하는지에 관해서 묻는 것이다. 이런 질문을 받으면 프레젠테이션을 즉시 중지하고 판매마무리를 시도해 보라. 그 질문에 대해서 이런 질문을 역으로 던져라. "언제까지 필요하십니까? 필요한 수량은 얼마나 됩니까? 사무실로 보낼까요, 아니면 댁으로 보낼까요?"

두 번째 유형의 신호는 상품의 어떤 측면에 대해서 더 상세한 정보를 요청할 때다. 이것은 우리가 가망고객의 핫 버튼을 건드렸다는 신호일 경우가 많다. 가망고객이 상품이나 서비스의 어떤면 때문에 마음이 끌려 호기심과 흥미를 느끼고 매료되어 있는 것이다. 가망고객이 세부적인 질문을 던지기 시작하면 그 특성에 논의를 집중하라. 제품의 성능이 얼마나 좋은지 그리고 구매하게 되면 얼마나 즐거울지에 대해서 이야기하라. 이런 식으로 말하라. "그것이 이 제품에서 사람들에게 가장 인기를 끌고 있는 점 중 하나입니다. 아주 마음에 드신다면 이번 주말까지 하나는 배송이 가능할 겁니다."

세 번째 신호는 납기에 대해서 질문할 때다. "상품을 납품받으려면 얼마나 걸립니까?"라고 고객이 질문하는 것이다. 그때는 "이 주소로 배달해드릴까요?"라고 질문해서 구매 신호인지 아닌지 확인할 수 있다. 고객이 그렇다고 대답한다면 이미 구매하기로 결정을 내린 것이다. 혹은 "얼마나 빨리 필요하시죠?"라고 질문하라. 고객이 언제가 되든지 일정을 말한다면 그것은 이미 구매 결정을 내렸다는 의미다. 그때는 바로 프레젠테이션을 중지하고 판매마무리를 시작해야 한다.

고객이 구매할 준비가 되었다는 사실을 알리는 네 번째 신호는 자세나 몸동작을 바꾸는 것이다. 가망고객이 구매할 준비가 되었을 때 취하는 두 가지 자세가 있다. 하나는 '주전자 자세'이고, 다른 하나는 '깊이 생각하는 자세' 또는 '턱 문지르기 자세'이다.

주전자 자세란 한 손은 아래쪽 허리에 대고 다른 쪽 팔은 무릎에 올려놓은 상태로 몸을 앞으로 기울인 자세이다. 그것은 '준비' 자세로 출발선에서 출발 신호를 기다리는 육상 선수와 마찬가지다. 고객이 그런 자세를 취하면 우리도 몸을 앞으로 기울여 고객과 유사한 준비 자세를 취하면서 "지금 바로 시작할까요?"라고 물어라.

구매 결정을 내릴 준비가 되어 있다는 두 번째 자세는 '깊이 생각하는 자세' 또는 '턱 문지르기 자세'이다. 프레젠테이션 도중 어느 시점에서 가망고객이 동작을 중지하고 손이 턱으로 올라간다. 머리를 숙이고 깊은 생각에 잠긴다. 연구조사에 따르면 턱 문지르기는 구매 적중률이 99퍼센트에 달한다.

가망고객의 손이 턱으로 가고 깊은 생각에 빠진다면 지금 우리 상품을 구매하는 방법에 관해서 생각하고 있는 것이다. 그는 더이상 우리 말을 듣거나 우리를 보고 있지 않다. 따라서 턱으로 가있던 가망고객의 손이 다시 내려올 때까지는 말을 멈추고 조용히 앉아서 기다려야 한다. 가망고객은 얼마 후 손을 내리고 고개를 들면서 우리와 눈을 마주칠 것이다. 구매하겠다는 의사 표시다. 그 경우에는 고객이 손을 내리고 눈을 마주치는 순간 판매마무리 질문을 던져라. "어디로 보내 드릴까요? 금요일까지는 배송이 가능합니다. 아니면 월요일도 괜찮으십니까?"

주문을 요청할 시기가 왔다는 사실을 알 수 있는 또 다른 신호는 고객이 숫자 계산을 시작하는 것이다. 즉 가격이 얼마인지, 합당한 가격인지, 상품이나 서비스의 사용이 수익을 얼마나 증대시키거나 비용을 감소시키는지 등을 계산하는 것이다. 가망고객이 숫자 계산을 시작할 경우에는 침묵을 유지하고 방해해서는 안 된다. 숫자 계산을 하면서 동시에 우리 이야기를 들을 수는 없기 때문이다. 가망고객이 숫자 계산을 마치고 고개를 들어서 우리를 쳐다보면 "이 중에서 어떤 걸로 하시겠어요?"라고 물어라.

고객들은 또 갑작스런 친근감으로 구매 준비가 되었다는 신호를 보내기도 한다. 그때까지 거부감을 보이고 쌀쌀하던 사람이 갑자기 따뜻하고 친근감 있게 변하는 것이다. 우리를 자신이 초대한 손님처럼 대하기 시작한다. "그런데 우리 사무실은 한번 둘러보셨어요? 커피 더 드시겠어요? 자녀는 있으세요? 여기 사신지는 얼마나 됐습니까?" 등의 질문을 한다.

가망고객이 우호적인 태도를 취하기 시작하는 것은 의사 결정에 따르는 긴장이 풀어졌다는 사실을 의미한다. 이제 마음이 편해지고 구매 결정을 내릴 준비가 되어 있는 것이다. 실제로 그런지 확인하기 위해서는 미소를 지으면서 "어떤 색깔을 더 좋아하세요? 어디로 배달해 드릴까요? 언제까지 보내 드릴까요?"와 같은 판매마무리 질문을 던져라.

가망고객이 드디어 구매 결정을 내릴 준비가 되었다는 마지막 신호는 연막용 거부 질문을 던지는 것이다. 예를 들어서 "가장 좋은 거래 조건이라는 사실을 어떻게 알 수 있지요? 이것이 우리에게 맞는 상품이에요? 가격을 좀 낮출 수 없어요?"와 같은 질문을 한다. 고객이 이런 유형의 거부 반응을 보이는 것은 상품을 구매하겠다고 결정하고 지불 능력이 있을 때 뿐이다. 이미 구매 결정을 내릴 준비가 되어 있는 것이다. 고객은 마치 벼랑 끝으로 미끄러지면서 마지막으로 지푸라기 하나라도 잡으려는 것과 같다. 우리가 할 일은 구매가 올바른 결정이라는 점을 고객에게 재차 확인해 주는 것이다. "올바른 선택을 하셨습니다. 사용해 보시면 무척 만족하실 겁니다."라고 말해 준다.

침묵의 소리

세일즈맨에 대한 가장 큰 불만은 말이 너무 많다는 점이다. 사람들은 특히 긴장이 되고 거절에 대한 두려움을 느낄 때 목소리가 커지고 말이 빨라지는 경향이 있다. 세일즈맨 중에는 '말솜씨'를 타고 났으니 판매를 아주 잘할 것이라는 말을 들어온 사람들이 많다. 그러나 매일 수천 명의 세일즈맨들이 고객이 구매 결정을 내린 후에도 끝없이 말을 하다가 판매를 놓쳐버리고 있다. 결국 가망고객은 더 기다리지 못하고 이렇게 투덜거리게 된다. "자료를 두고 가시지요. 제가 나중에 검토해 보겠습니다." 그러면 세일즈맨은 지금 어떤 일이 일어났는지도 모른 채 다시 거리로 나선다.

말이 많아서 판매에 실패할 수는 있지만 잘 들어서 판매에 실패하는 일은 거의 없다. 훌륭한 세일즈맨은 침묵을 불편하게 생각하지 않는다. 그들은 고객이 말을 하도록 한다. 고객이 말하는 동안 그들은 잘 듣고 신뢰를 구축하느라 바쁘다. 고객의 움직임과 무의식적인 버릇을 관찰한다. 고객이 실제로 어떤 생각을 하고 있는지 그리고 고객이 정말 원하는 것이 무엇인지 알려주는 신호를 찾는다. 연습이 필요하다. 정기적으로 시간을 내서 다른 사람들 즉 가족들과 직장 동료들을 관찰하라. 작은 동작 하나, 미묘한 표정 변화에 담긴 단서와 신호에 주목하라. 다른 사람들의 생각, 감정, 그리고 행동에 민감해질수록 결정적인 순간이 왔을 때 판매를 확정하는 능력도 커진다.

일곱 가지 판매마무리 기법

아마도 지금까지 개발된 판매마무리 기법은 백여가지 이상일 것이다. 그 중에서 괜찮다고 생각되는 기법들은 직접 시험도 해 봤다. 세일즈맨은 자신에게 제일 편하고 효과적인 기법을 선택해야 한다. 가장 대중적인 몇 가지 마무리 기법은 20세기에 만들어진 것들이다.

그 중 '애완견' 마무리 기법은 가망고객이 상품이나 서비스를 잠시 사용해 보도록 하는 기법이다. 고객이 애착을 느껴서(애완견에게 정을 느끼는 것처럼) 그대로 계속해서 사용하겠다고 결정하게 만드는 것이다.

'벤 프랭클린 Ben Franklin' 마무리 기법은 가망고객에게 종이를 한 장 준 다음 가운데에 수직선을 긋도록 한다. 그리고 한쪽에는 구매해야 할 이유와 다른 쪽에는 구매하지 말아야 할 이유를 적도록 하는 기법이다.

'시각 바꾸기' 마무리 기법은 고객이 거부 반응을 보이면 그것을 구매 이유로 바꿔주는 기법이다. 예를 들어서 가망고객이 "매달 그렇게 큰 금액을 감당할 능력이 없어요."라고 한다면 세일즈맨은 "기간을 늘려서 할부 금액을 낮추면 구매하시겠어요?"라고 대응하는 것이다. '떠나기' 마무리 기법, '치우기' 마무리 기법, 그리고 '오늘 한정' 마무리 기법도 있다. 또한, 기본 마무리 기법들의 변형과 혼합형도 있다.

우리는 프로 세일즈맨이다. 따라서 판매 활동을 할 때 고객에게 구매 압력을 가하지 않는다. 불가피할 경우에도 압력을 약하게 하려고 노력한다. 판매 관계의 토대를 이루는 약한 신뢰에 손상을 주지 않기 위해서 어떤 진실하지 못한 말이나 행동도 하지 않는다. 우리가 하는 모든 행동은 솔직하고, 정직하고, 공개적이다. 고객의 이익에 해가 되는 행동을 하도록 조종당했다는 느낌을 줄 수 있는 속임수나 기교를 절대 사용해서는 안 된다. 어떤 식으로든지 가망고객을 조종하려고 하면 안 된다. 위와 같은 원칙에 맞도록 판매 상담을 마무리하고, 그 이후에도 좋은 관계를 유지할 수 있는 일곱 가지 방법이 있다.

첫 번째 기법은 '**권유형 마무리**'다. 이것은 간단하고, 차분하며, 품위가 있고, 강력한 방법으로 판매 상담의 마지막에 거래를 마무리하기 위해서 사용된다. 권유형 마무리를 하기 전에 먼저 '마무리 시도 질문'을 한다. 예를 들어서 "고객님, 지금까지 제가 다루지 않은 의문 사항이나 마음에 걸리는 사항은 없습니까?"라거나 "고객님, 지금까지 제가 한 말에 동의하십니까?"라고 묻는다.

이렇게 질문하는 것은 판매마무리를 가로막을 수도 있는 최종적인 거부 반응이 가망고객의 마음속에 없다는 점을 다시 한 번 확인하기 위해서다. 그 다음에는 이런 말로 구매 결정을 내리도록 권유한다. "지금까지 소개해 드린 상품이 마음에 드신다면 한번 사용해 보시는 게 어떠신지요?"

고객에게 구매를 권유하는 것은 강력한 힘이 있다. 구매 권유는 질문을 통해서 고객이 행동으로 옮기도록 주의를 환기시키는 부드러운 방법이다. "시험 삼아 사용해 보시면 어떨까요?"라고 말하면 된다. 서비스를 판매할 경우에는 "저희에게 기회를 주실 수 있으세요?"라고 하면 된다. 더 대담하고 직접적인 방법을 사용하고 싶을 경우에는 그냥 "구매하시는 것이 어떠세요?"라고 물을 수도 있다.

내 세미나 수료생 중 한 사람은 판매마무리 질문을 바꾸는 것만으로도 매출이 두 배로 늘었다. 프레젠테이션이 끝나면 그는 가망고객에게 혹시 추가로 질문할 사항이나 마음에 걸리는 것이 있는지 물었다. 가망고객이 없다고 하면 그는 다시 "마음에 드시면 구매하시는 것이 어떠세요?"라고 물었다. 놀랍게도 많은 가망고객들이 즉시 구매하지 말아야 할 타당한 이유를 찾지 못했다. 판매 성사 비율이 뛰어올랐고 그와 함께 그의 수입도 치솟았다.

두 번째 기법은 '**지시형 마무리**'다. 가끔 '가정형 마무리' 또는 '마무리 후 기법'이라고도 불린다. 이것은 가장 강력한 마무리 기법 중 하나로 모든 업종의 최고 세일즈맨들이 사용한다. 생각의 초점을 '구매 여부 결정'에서 '상품의 소유와 사용에서 얻는 즐거움'으로 바꾸기 위해 사용하는 기법이다. 이 기법의 주된 강점은 세일즈맨이 주도권을 잡고, 판매 과정을 통제하고, 자신의 보조에 맞춰서 판매를 마무리할 수 있다는 점이다. 또한, 매우 간단하다. 판매 상담이 끝날 때 "지금까지 들으신 소감이 어떠신지요?"라는 '마무리 시도 질문'을 한다. 고객이 만족스럽다고 하면 "고객님, 그렇다면 다음 단계는 ….."이라고 말한다. 그러면서 실행 계획이나 그 시점 이후 어떤 일이 있을지 설명한다. 판매 계약서나 주문서를 꺼내서 작성한다. 그러면서 이런 식으로 이야기한다. "다음 단계는 고객님의 서명과 수표를 받아서 회사에 제출하는 일입니다. 3일 후에 나와서 초기 계획을 세우겠습니다. 다음 달 셋째 주까지는 전체 프로세스 설치를 완료해서 운용이 가능할 것입니다."

세일즈맨이 이 두 가지 마무리 기법 중 하나를 사용할 때 고객이 동의하고 판매마무리에 협조할 수도 있지만 아직 남아있는 질문을 계속할 수도 있다. 어떤 이유에서든지 고객이 질문을 할 경우에는 그 질문에 완벽하게 답변해 준 후에 다시 주문을 요청한다. 판매 과정이 끝날 때가 되면 고객은 마치 난로 위에서 끓고 있는 냄비 물과 같이 엄청나게 뜨겁다. 그러나 난로에서 내려놓으면 바로 식기 시작한다. 그대로 한동안 놔두면 마치 언제 끓었냐는 듯이 다시 차가워져 버린다.

고객도 비슷하다. 그 전에 몇 번 방문했었는지와 관계없이, 판매 과정이 끝날 때 바로 주문 요청을 하지 않으면 고객의 마음이 식어버린다. 마음이 바뀌고, 심지어 자신이 처음에 왜 그렇게 구매하고 싶어 했는지조차도 잊어버린다.

세 번째 기법은 '**양자택일형 마무리**'다. 선택 마무리라고도 불리는 기법으로 사람들이 선택권을 갖고 싶어 한다는 사실에 근거를 두고 있다. 고객은 '살 것인가 말 것인가'하는 최후 통첩을 받는 일을 싫어한다. 이 기법을 적용하려면 다음과 같은 틀로 마무리 질문을 한다.

"둘 중에서 어느 쪽이 더 마음에 드시는지요? A입니까 아니면 B입니까?" 양자택일형 마무리를 하면 고객이 둘 중에서 어느 쪽을 선택하더라도 판매는 이루어진다. 따라서 언제나 고객이 선택할 수 있는 두 가지 대안을 제시할 수 있도록 노력해야 한다. 단 한 가지 품목만을 판매하더라도 지불 방법이나 배송에서 두 가지 대안을 제시할 수 있다.

"사무실로 배달해 드릴까요 아니면 댁으로 배달해 드릴까요?", "마스터와 비자카드 중에서 어느 쪽으로 지불하시겠어요?", "XYZ 26으로 하실 건가요 아니면 XYZ 30으로 하실 건가요?" 등의 방법으로 마무리 질문을 한다.

네 번째 마무리 기법은 '**파생조건 마무리**'다. 대단히 인기가 높은 마무리 기법으로 가망고객이 먼저 작은 사항들을 결정하도록 해서 큰 결정을 내릴 수 있게 돕는다. 이 기법은 고객에게 상품이나 서비스의 구매 결정을 하도록 요청하는 대신에 부차적인 세부 사항에 대해 질문한다. 그 질문에 대해서 답한다는 것은 고객이 그 상품이나 서비스를 구매하기로 결정했다는 사실을 의미한다. "나무 상자에 넣어서 보내 드릴까요, 아니면 종이 상자도 괜찮을까요?", "커튼과 커튼 봉을 포함해 달라고 하셨나요?", "표준 휠로 하시겠어요, 아니면 주문 제작한 경주용 휠로 하시겠어요?"

각각의 경우에 고객이 그 작은 항목에 동의하거나 선택한다는 사실은 간접적으로 판매 제안 전체에 대해서 "예."라고 하는 것과 같다. 사람들은 큰 부담이 있는 일보다는 작은 세부 사항에 더 쉽게 동의하는 경향이 있다. 이 기법은 '점증적 마무리' 기법이라고도 불린다. 조금씩 확약을 받아내어 결국 전체 판매 제안에 대한 구매 결정으로 연결시키기 때문이다.

다섯 번째 마무리 기법은 '**승인 마무리**'로 수백만 달러짜리 큰 거래의 마무리에도 흔하게 사용된다. 세일즈맨은 판매 상담이 끝날 때 가망고객에게 아직 해결되지 않은 문제나 염려 사항이 있는지 가볍게 물어본다. 가망고객이 없다고 하면 세일즈맨은 계약서를 꺼낸다. 그리고 서명란이 있는 페이지를 펼쳐서 고객이 서명해야 할 곳에 체크 표시를 한 다음 고객에게 밀어 주면서 "그러시다면 여기에 승인만 해 주시면 즉시 일을 시작하겠습니다."라고 말한다. 승인이라는 단어가 서명이라는 단어보다 낫고, 체크 표시가 X 표시보다 더 낫다. "즉시 일을 시작하겠다."라고 제안하는 편이 일이 잘되기만 바라며 그냥 앉아서 기다리는 것보다 낫다.

'승인 마무리'의 변형이 '**최후 통첩 마무리**'다. 가망고객과 상당 시간 서로 밀고 당기기를 한 다음에 사용한다. 가망고객에게 많은 시간과 노력을 투자했기 때문에 고객을 잃고 싶지 않다. 그런데 고객은 구매할지 아닌지 분명하게 결정하지 않는 것이다. 그럴 때는 그 고객과의 판매를 성사시키든지 아니면 그 고객을 포기하고 판매 기회가 더 큰 다른 고객에게 가든지 명확하게 결론을 내야 한다.

이 마무리 기법을 사용하려면 이미 몇 차례 만난 적이 있는 가망고객에게 전화를 걸어서 찾아뵙고 싶다고 말한다. 도착하면 자리에 앉아서 이렇게 말한다. "고객님, 많이 바쁘시다는 점 잘 압니다. 이 상품에 대해서 상당한 시간 논의해 왔습니다만, 고객님께 이 상품이 유용할 수도 있고 아닐 수도 있을 겁니다. 만일 이 상품이 유용하다면 지금 즉시 결정을 해서 일을 시작해야 합니다. 그렇지 않다면 다시는 고객님의 귀중한 시간을 빼앗지 않겠습니다. 여기에 승인만 해 주시면 즉시 일을 시작하겠습니다."

미리 작성한 판매 계약서를 맞은편에 앉은 고객에게 밀어 주면서 체크 표시가 되어 있는 계약서 서명란 옆에 펜을 올려놓는다. 그리고 미소를 지으면서 입을 다물고 가만히 앉아 있어라.

이 기법의 성공률은 60퍼센트다. 결국 가망고객이 계약서에 서명하고 상품을 구매할 가능성이 높다. 중요한 것은 세일즈맨이 입을 다물고 가만히 앉아 있어야 한다는 점 그리고 인내심을 발휘해야 한다는 점이다. 나머지 40퍼센트의 경우에는 가망고객이 계약서를 다시 우리 쪽으로 밀면서 최종적으로 구매하지 않기로 결정했다고 말하면서 상담이 끝난다. 어느 쪽이든지 그 건이 마무리되었기 때문에 이제 나머지 판매 활동을 계속할 수 있다.

여섯 번째 마무리 기법은 '**주문서 마무리**'다. 이것은 아주 간단하다. 판매 상담이 끝날 때 주문서나 판매 계약서를 꺼내서 작성하기 시작한다. 가망고객이 중지시키지 않으면 구매 결정을 내린 것이다. 실제로 구매 결정을 내렸는지 다음 질문 중 하나를 던져서 확인하라. "고객님, 정확한 주소가 어떻게 되십니까?", "고객님, 오늘이 며칠이지요?"

각 질문을 던진 다음에는 펜을 계약서 위에 대고 고객이 대답할 때까지

펜만 쳐다보고 고개를 들어서는 안 된다. 인내심을 갖고 조용히 기다려라. 고객이 정확한 주소나 오늘 날짜를 대답해서 적는다는 사실은 이미 구매 결정을 했다는 뜻이다. 그다음 계약서의 나머지 부분을 마저 작성해서 계약을 마무리한다.

마지막 일곱 번째 마무리 기법이 바로 **'생각해 볼게요 마무리'**로 내가 아는 한 놓쳐 버린 판매를 되살릴 수 있는 유일한 방법이다. 이제 "생각해 볼게요."라는 고객의 말이 실제로는 구매할 생각이 없다는 뜻임을 알 것이다. 경험에 비춰 볼 때 고객들은 다시 생각해 보지 않는다. 누가 자리에 가만히 앉아서 계산기와 펜을 들고 상품 안내 책자와 가격표를 세심하게 검토하겠는가?

반면에 우리가 만나는 가망고객의 무려 50퍼센트는 세일즈맨의 판매 프레젠테이션이 끝나면 구매 결정을 내릴 준비가 되어 있다. 아주 작은 격려만 있으면 된다. 구매 결정이 주는 스트레스 때문에 도움이 필요하다. 고객들은 긴장되고 불안하며 실수하는 것은 아닐까 하는 두려움을 느낀다. 지금 구매하겠다고 말을 할까 말까 망설이고 있는지도 모른다. 그리고 바로 그 순간 세일즈맨의 전문적인 안내가 주어지면 구매라는 결단을 내리게 된다. 그러나 세일즈맨이 "생각해 볼게요."라는 말을 액면 그대로 받아들이고 자리를 뜨면, 그 가망고객을 다시 만날 기회도 그리고 다시 판매할 기회도 영영 사라져 버린다.

이런 방식으로 하면 된다. 가망고객이 "생각해 볼게요."라고 하면 그 말을 담담하게 받아들여라. 그리고 미소를 지으면서 서류가방을 챙기고 자료를 정리한다. 그러면서 이렇게 말한다. "고객님, 잘 생각하셨습니다. 중요한 결정이니 서둘지 않으시는 게 좋겠지요." 이 말을 들으면 고객은 긴장이 풀어진다. 그리고 우리가 떠나려는 것을 안다.

고객의 구매 저항은 우리가 프레젠테이션과 판매 노력을 중지하는 순간 사라진다. 그다음 호기심에 찬 목소리로 "고객님, 생각해 보시겠다고 할 때는 분명히 그만한 이유가 있을 겁니다. 마지막으로 그것이 무엇인지 여쭤 봐도 될까요? 혹시 돈 문제입니까?" 그리고 고객의 얼굴을 바라보면서 입을 다물고 기다려라. 온화한 미소를 지어라. 깊이 숨을 들이마시고 천천히 내뱉어라. 그때가 결정적인 순간이다.

다시 말하지만 어차피 더 잃을 것도 없다. 그냥 떠나면 그 사람은 가망고객으로서 끝이다. 최악의 상황이라고 해 봤자 가망고객이 특별한 이유도 없이 그냥 생각해 보겠다고 하는 것뿐이다. 그러나 대부분 가망고객은 다음 둘 중에서 한 가지 대답을 할 것이다. 고객은 "예, 돈 문제입니다." 라고 하거나 아니면 "아니요. 돈 문제가 아닙니다."라고 할 것이다. 고객이 "예, 돈 문제입니다." 라고 하면 즉시 비용이나 가격에 대한 거부 반응을 처리하는 질문을 던진다.

"정확하게 어떤 의미입니까? 무엇 때문에 그러시지요? 왜 그렇게 느끼시지요? 가격 차이가 얼마나 납니까? 가격만 문제입니까, 아니면 다른 문제가 더 있나요?"와 같은 질문이다. 고객이 "아니요. 돈 문제가 아닙니다." 라고 대답하면 "실례가 아니라면 무엇 때문인지 여쭤 봐도 될까요?"라고 재차 질문한다.

고객의 답변을 기다리는 동안 마찬가지로 완벽하게 침묵한다. 고객은 대부분 짧게는 단 몇 초 그리고 길게는 1분 이상 생각해 본 후에 마지막 걱정거리나 거부이유를 말해 줄 것이다. 그것이 구매 결정을 망설이는 진짜 이유이다.

우리가 그 마지막 조건을 충족시켜줄 수 있다면 거래를 성사시킬 수 있다. "고객님, 우리가 이렇게 한다면…?" 또는 "그 문제에 대해서는 완벽한 해결책이 있습니다."라고 말하라. 그러면 판매가 다시 손만 뻗으면 닿을 거리 안으로 들어온다.

최고 세일즈맨은 어떤 것도 당연하게 생각하지 않는다. 고객과 만나기 전에는 언제나 판매 프레젠테이션을 다시 살펴본다.

고객의 이야기를 경청하면서 고객의 생각과 느낌을 나타내는 단서를 찾는다. 고객이 구매 결정을 내릴 준비가 되어 있다는 신호를 놓치지 않으려고 항상 주의를 집중한다. 그리고 고객의 구매 신호를 포착하면 자신 있게 주문을 요청한다.

판매마무리의 7가지 기법
1. 권유형 마무리
2. 지시형 마무리(가정형 마무리 또는 마무리 후 기법)
3. 양자택일형 마무리(선택 마무리)
4. 파생조건 마무리
5. 승인 마무리(최후통첩 마무리)
6. 주문서 마무리
7. '생각해 볼게요' 마무리

판매마무리에 대해서 마지막으로 하고 싶은 말

거부 반응 처리와 판매마무리는 서로 뒤얽혀 있다. 판매 과정의 마지막 단계에서 서로 분리할 수 없는 요소들이다. 질문에 만족스럽게 답변해 주고 우려 사항을 해결해 주는 능력을 갖춘다면, 판매라는 경기에서 다른 사람들보다 앞서 나갈 수 있다. 그러나 결국 승부를 결정짓는 것은 자신 있게 주문을 요청하는 능력이다. 세상의 결과는 긍정적으로 요청하는 사람의 것이다. 그러나 사람들은 대부분 자신이 원하는 것 그리고 필요한 것을 요청하지 않는다. 실패와 거절에 대한 두려움 때문이다.

암시하고, 귀띔해 주고, 힌트를 주면서도 요청하는 일은 망설인다. 타인에게 거절당하고 싶지 않아서다.

인생에서 성공과 행복의 많은 부분은 자신이 원하는 것을 요청할 수 있는 능력과 의지에 달려 있다. 긍정적인 생각으로 밝게 웃으면서 요청하라. 예의 바른 자세로 긍정적 답변을 기대하면서 요청하라. 정보를 주면서 상담 약속을 요청하라. 망설이는 이유 그리고 고객이 하는 말속에 담긴 진짜 이유를 알려 달라고 정중히 요청하라.

마지막으로 **주문을 요청하라. 판매의 마지막 단계에 이를 때까지 필요한 모든 것을 다 한 다음에는 고객에게 결정해 달라고 요청하라.**

성경구절처럼 "구하라. 그러면 너희에게 주실 것이다." 용기와 대담성은 최고 세일즈맨의 대단히 중요한 특성이다. 두려움을 극복하고 계속되는 실패, 좌절, 거절이 빗발치는 속에서도 용감하게 앞으로 전진해 갈 수 있는 용기를 가진 세일즈맨만이 자신의 잠재력을 십분 발휘할 수 있다.

도로시아 브랜드 Dorothea Brande 는 저서 『깨어나서 삶을 살아라 Wake up and Live』에서 그녀의 인생을 바꿔 놓은 성공의 비밀에 대해서 이야기한다. 그것은 한 마디로 "자신이 원하는 것이 무엇인지 결정한 다음에는 실패가 불가능한 것처럼 행동하라. 그러면 반드시 이루어진다!"는 것이다.

판매라는 직업에는 성취의 한계가 없다. 만일 있다면 그것은 의심과 두려움으로 인해서 자기 스스로 만들어 낸 것이다. 마치 실패가 불가능한 것처럼 대담하고 씩씩하게 계속 행동하라. 그러면 시간이 흐르면서 용기가 자기 성품의 중요한 부분으로 자리잡아 평생 동안 삶에 큰 도움을 줄 것이다. 판매에서의 성공도 보장된 것이나 마찬가지다.

판매의 마무리, 즉 실제로 주문을 받는 것은 세일즈맨의 상위 10퍼센트가 빛나고 있는 곳이다. 주문을 요청하고 그것을 달성하고 새로운 비즈니스 관계를 완료하는 것은 가망고객들로부터의 핵심 단서와 신호에 달려 있고, 당신이 그것에 민감할 때 실질적으로 더 많은 거래를 얻을 수 있다. 다음 연습 문제들은 판매마무리에 있어 객관화가 필요한 주제에 대해 살펴본다.

1. 판매마무리에 대한 당신의 느낌은 무엇인가? 마무리의 긍정적, 부정적 측면 양쪽에 대해 명확히 답하라.

   판매를 위해 당신은 무엇을 즐기는가?

   아니면 무엇을 두려워하는가?

2. 마무리의 측면에서 당신의 장점은 무엇인가?

3. 마무리의 측면에서 당신의 약점은 무엇인가?

4. 최근에 놓친 판매에 대해 회상해 보고, 그 판매마무리에서 당신은 무엇을 유지했어야 했는가?

5. 당신이 최근에 만났던 세 명의 가망고객을 떠올려라. 각각에 대해 미해결 관심사와 이런 문제를 나타내는 전후 징후들과 당신이 무엇을 할 수 있는지를 기입하라.

6. 다음 마무리 타입 각각에 맞는 상황에 따라 판매를 위해 당신이 사용할 수 있는 접근 방법에 대해 기입해 보라.

   a. 지시형 마무리

   b. 양자택일형 마무리

   c. 권유형 마무리

   d. 승인 마무리

   e. 주문서 마무리

맺음말

　나는 위대한 세일즈맨은 아니다. 나보다 뛰어난 많은 세일즈맨들을 만났기 때문이다. 그러나 나는 프로 세일즈맨이라고 자부한다. 그리고 내가 만났던 거의 모든 세일즈맨들이나 만나지 못한 많은 세일즈맨들보다 더 높은 성과를 내고 더 많이 팔 수 있었다. 이 책에서 설명한 논리적인 판매 프로세스를 따른 덕분이다.

　우리가 반드시 커다란 빌딩을 단숨에 뛰어넘는 '슈퍼 세일즈맨'이 되어야 하는 것은 아니다. 그러나 의사나 변호사가 자신의 전문 분야를 공부하듯이 우리는 판매라는 전문 분야를 진지한 자세로 공부해야 한다. 세부적인 사항에도 주의를 기울여야 한다. 우리가 판매하는 상품이나 서비스가 사람들의 삶에 큰 영향을 미치기 때문이다. 판매에 필요한 기술만이 아니라 항상 우리 자신도 갈고 닦아야 한다. 매일 공부하고, 배우고 성장해야 한다. 이 책을 선택한 후 당대 최고의 세일즈맨 중 한 사람이 되겠다는 결심이 필요하다. 그런 모든 것을 실천한다면 여러분의 앞에는 무한한 미래가 펼쳐질 것이다.

　역사상 뛰어난 세일즈맨들에게 지금보다 더 멋진 삶을 살 수 있었던 시기는 과거에 결코 없었다. 지금 우리를 둘러싼 경제시스템이 세일즈맨들에게 최고의 환경을 제공해 주기 때문이다. 판매업에는 한계가 없으며 얼마든지 더 높게 그리고 더 멀리 갈 수 있다. 더 좋은 세일즈맨이 될수록 더 좋은 고객들에게 더 많이 판매할 수 있으며 수입도 점점 더 많아진다. 그

전략적 세일즈

리고 주위 사람들로부터 존경과 존중을 받는다. 더불어 자신의 인생과 운명의 주인이 되어, 자신의 삶에 주도권을 갖고 일어나는 모든 일을 스스로 결정할 수 있다. 상상하지도 못했던 높은 수준의 경제적인 독립, 성공, 만족, 기쁨, 그리고 자아실현을 달성할 수 있다.

과거에 일어났던 어떤 일도 우리가 미래에 창출해 낼 수 있는 일에 부정적 영향을 주지 못한다. 셰익스피어가 말한 것처럼 "과거는 전주곡일 뿐이다."

'어디에서 왔는지'보다 인생에서 중요한 것은 '어디로 갈 것인가'이다. 앉아서 행복한 하루가 되기를 기다리지만 말고, 밖으로 나가 행복한 하루를 스스로 만들어 내기 바란다. 당신의 행복과 행운을 진심으로 바란다.

브라이언 트레이시 코리아

리더십 세미나

최고의 성과, 진정한 성공을 원하십니까?
브라이언 트레이시 코리아가
그 해답을 드립니다.

브라이언 트레이시 코리아는 동기부여, 리더십,
세일즈 등의 분야에서 세계적으로 인정받고 있는
브라이언 트레이시 인터내셔널의 한국 독점
파트너로서 고객의 성공과 행복을 돕기 위해
현실적이고 성과지향적인 리더십 교육프로그램을
제공하고 있습니다.

정규과정

1. BT Strategic Leadership (리더십, 22H)
2. BT Perform at Your Best (성과향상, 23H)
3. BT Goals (목표/동기부여, 14H)
4. BT Managing Your Time (CEO 시간관리, 14H)
5. BT Eat that frog! (시간관리 / 동기부여, 13H)

특강

1. BT Strategic Leadership (리더십, 1.5H)
2. BT Perform at Your Best (성과향상, 1.5H)
3. BT Managing Your Time (CEO 시간관리, 1.5H)

BT 리더십 과정 추천

· 직장 및 개인생활에서 리더십이 필요하신 분
· 성취 동기부여와 명확한 목표달성을 원하시는 분
· 인생의 진정한 행복을 찾고 원하시는 분
· 긍정적인 사고와 혁신을 통해 자기변화를 추구하시는 분
· 각 분야의 CEO 및 임원
· 각계 전문분야의 대표(의사, 변호사, 회계사 등)
· 지역 단체장 및 기관장
· 임직원의 동기부여를 통해 회사의 성과 극대화를 추구하는 기업

㈜브라이언트레이시코리아

서울시 강남구 역삼동 682 남전빌딩 9층 T. 02)538-7702 F. 070-4205-2928

세일즈 세미나

세계에서 가장 인기있는 세일즈 트레이닝 프로그램은?
25개 언어로 번역되었고, 50여개 국가에서 운영되고 있는 <브라이언 트레이시 세일즈 세미나>입니다. 세계적으로 검증된 체계적이고 과학적인 세일즈 교육은 <브라이언 트레이시 세일즈 세미나> 뿐 입니다!

Brian Tracy Sales Seminar는 어떤 책이나 자료보다 더 크게 판매를 늘리는데 도움을 줄 것입니다. 왜냐하면 **BT 세일즈 세미나**는 30년 이상에 걸쳐 고객들과 직접 대면하면서 상품과 서비스를 판매한 경험에 기초하고 있기 때문입니다.

이 세일즈 프로그램 하나하나는 모조리 가혹한 실제 판매 현장에서 시험을 받고 검증된 것입니다. 온갖 다양한 분야에서 일하는 셀 수 없이 많은 세일즈맨들이 이 **BT 세일즈 세미나**에 담긴 아이디어, 방법, 기법을 사용함으로써 자신이 속한 조직에서 최고가 되었습니다.

정규과정
1. BT Superior Selling Skills (세일즈, 23H)
2. BT Superior Sales Management (세일즈 코칭, 26H)
3. BTK Social Sales Marketing (SNS세일즈 / 마케팅, 14H)

특강
1. BT Superior Selling Skills (세일즈, 1.5H)
2. BT Superior Sales Management (세일즈 코칭, 1.5H)

BT 세일즈 과정 추천
· 프로세일즈맨으로 크게 성공하고 싶은 세일즈맨
· 영업에 대한 체계적인 교육을 원하는 세일즈맨
· 영업현장에서 적용 가능한 실전적인 세일즈 스킬을 원하는 세일즈맨
· 세일즈 경험과 능력을 교육을 통해 보완하고 향상시키길 원하는 세일즈맨
· 체계적인고 검증된 세일즈 교육 프로그램을 원하는 영업조직
· 전략적인 세일즈로 판매 극대화를 추구하는 기업

■ 기업교육 & 강사섭외 문의 ┃ www.briantracykorea.com / 1588-2928

■ 강의, 오디오CD, 책 온라인판매 ┃ www.talkconcert.net / 1588-2928

한국 크리스토퍼 리더십센터

크리스토퍼 리더십 코스는 좁은 이기주의에서 탈피, 타인의 고통을 함께 느끼며 사랑을 베풀고 나누는 정신을 익힌다. 크리스토퍼는 자신에게나 타인에게 생생하게 살아 있는 사람을 말한다. 그 사람은 화합과 통합의 건설자이며, 의미와 최상의 가치를 찾는 사람이기도 하다. 크리스토퍼는 리더십과 효과적인 의사소통에 대한 기술을 개발시키도록 디자인된 프로그램이다. 크리스토퍼라는 이름은 진정한 리더십을 연상시켜 준다.

리더십은 한 가정, 회사, 그리고 여가를 즐길 때 다른 사람들을 지배하고 조종하기 위해 사용되는 것이 아니다. 진정한 리더는 그저 옆에서 조용히 할 일을 하면서도 다른 사람들을 도와주며 개개인의 고유한 최고의 능력을 끄집어내어 주는 사람이라 할 수 있다.

■ 교육목표

- 리더로서 개인의 잠재 능력 개발
  세상에서 유일무이한 존재로서 남과의 경쟁을 중시하기보다 자기와의 경쟁을 통해 용기와 자신감을 스스로 개발하고 회복시킴
- 사람과 조직을 움직이는 전문가로서 의사소통 능력 향상
  조직의 성과를 극대화하기 위해 적극적 경청을 중요시하고 나아가 조직의 원활한 의사소통의 중요성을 인식하며 대중 앞에서 발표력을 향상시킴
- 더불어 사는 삶과 지혜의 공유
  타인을 배려하고 사랑과 나눔의 기쁨을 누리며 공동체 의식을 함양시킴

■ 교육 프로그램

- 사전 준비 프로그램 학습과 적극적인 참여식 방법으로 진행됨
- 강사가 팀(4~5명)으로 구성되며 전원 자원봉사로 활동함
- 1주일에 3시간씩 11주간 진행되며 단계적이고 점진적으로 구성됨
- 이론과 주입식 교육을 탈피하고 참여식 교육으로 진행하여 개인이 갖고 있는 잠재 능력을 최대한 이끌어냄
- 재충전의 기회를 통해 교육 후 삶에 있어 용기와 자신감을 회복하고 자신의 일과 주변 상황에 열정적으로 대처함

한국 크리스토퍼 리더십센터 www.christopher.co.kr
서울시 서초구 서초동 1626-3 제일빌딩 1층 B02호 T.02) 598-5114 / F.02) 598-5330

Advanced
Selling
Strategies

Advanced
Selling
Strategies